Jean-Pierre POLY

La Provence et la Société féodale (879-1166)

Contribution à l'étude des structures dites féodales dans le Midi

Collection « Etudes »

Bordas

© Bordas, Paris, 1976 — N° 011 276 0407
ISBN 2-04-007740-5

Introduction

Il y a peu de mots aussi riches et aussi mal utilisés dans la langue courante que celui de féodalité. A tonalité péjorative, le terme évoque presque toujours la menace d'un type d'organisation incompatible avec une société fondée en principe sur l'intérêt général [1]. On désigne dans ce cas des liens créés en marge du pouvoir central, mal connus de lui, et qui échappent à son contrôle. Mais la féodalité c'est en même temps l'idée d'une disparition de l'Etat, si cher au cœur des Français jacobins, d'une dislocation irrémédiable de la société, c'est l' « anarchie » féodale. Il est inutile de souligner l'importance que peut avoir dans les mentalités une telle image, à une époque où les conflits s'exacerbent, où se font jour des revendications régionalistes, ou parfois autonomistes et de profondes critiques du rôle de l'Etat. Les « siècles de fer » de la féodalité traînent encore dans les consciences comme des spectres mal exorcisés.

Contre cet usage purement « idéologique » du terme, plusieurs historiens ont travaillé, durant ces trente dernières années, à fournir des définitions plus précises, et surtout mieux fondées, de la notion. D'où des études célèbres, qui distinguent la féodalité au sens étroit du terme, limité à ces institutions qui, autour de la vassalité et du fief, caractérisent l'organisation juridique de l'époque ; et la féodalité, au sens plus large de société féodale, dont le trait le plus frappant est la dislocation de l'autorité publique, jusqu'à un niveau parfois extrêmement bas [2]. La plupart de ces études présentent pourtant un inconvénient : elles sont fondées, pour l'essentiel, sur l'étude de certaines régions à partir desquelles on est tenté d'extrapoler. Marc Bloch

---

1. « Il faut enfin libérer la République de la féodalité des partis », Ch. de Gaulle, *Manifeste du R.P.F. juin 1951, et* les autres exemples cités par R. Boutruche, *Seigneurie et féodalité,* tome I, *Le premier âge des liens d'homme à homme,* Paris 1959, p. 19 et ss.

2. Cf. la double définition, négative et positive de M. Bloch, *La société féodale,* Paris 1939, réédit. 1968, p. 605 et ss. ; celle de R. Boutruche, *op. cit.,* p. 295 ; de F.L. Ganshof, *Qu'est-ce que la féodalité* ? Bruxelles 1957, p. 11 ; de J.F. Lemarignier, *La France médiévale, institutions et société,* 1970, p. 102.

sentait la précarité de la synthèse, lorsqu'il écrivait : « Que la France ait eu pour destin, dès le Moyen Age, d'assembler par le lien vigoureux de l'unité nationale — comme, selon le mot de Mistral, le Rhône accueille la Durance — un faisceau de sociétés que séparaient originellement de puissants contrastes, chacun le sait ou le pressent. Mais nulle étude n'est aujourd'hui moins avancée que celle de cette géographie sociale [3]. »

Trente ans après, on s'aperçoit que si les régions d'Outre-Loire ont souvent attiré l'attention des chercheurs, les régions méridionales de la Gaule restent encore mal connues. On ne dispose guère, pour le Midi, d'études d'ensemble comparables à celles qui existent pour des régions plus septentrionales, Poitou, France mineure, Picardie, Anjou, Chartrain, Berry, pour ce citer que les travaux de la décennie écoulée [4].

Certes, de nombreux articles ou travaux partiels ont ouvert la voie à une meilleure compréhension des sociétés méridionales du haut Moyen Age et deux ouvrages récents comblent en partie la lacune [5], mais le retard de la recherche reste ici important et gênant. Il contribue à isoler l'étude de la société médiévale dans les limites de l'actuel territoire français, de celle de ses voisines méridionales d'Italie et d'Espagne. Il risque d'entraver les synthèses et de les appauvrir. Ce serait singulièrement amoindrir notre connaissance des institutions et des mécanismes de la société féodale que de considérer qu'elle n'a intéressé que le tiers de l'Europe ou même moins. D'où la question posée à la recherche : le schéma classique de la féodalité, tel qu'il a été bâti, puis enrichi et nuancé à partir de sources provenant surtout des régions du Nord de la France et des pays germaniques est-il vrai, peu ou prou, pour le Midi. Le doute est en pareille matière assez inquiétant ; car ces vastes régions auxquelles on est tenté d'extrapoler, sont des pays dont nul n'ignore qu'ils ont présenté, à la période antérieure à celle qui nous intéresse, de profondes différences avec leurs voisins plus germanisés du Nord-Est de la Gaule. Là seulement, au nord de la Loire et du Plateau de Langres, l'influence barbare a prédominé ; non que les Francs aient entièrement

---

3. M. BLOCH, *op. cit.*, p. 251, et la description de la « carte » féodale *ibidem*, p. 609. La recherche était reprise par Georges DUBY, *La société au XIe et XIIe siècles dans la région mâconnaise*, Paris 1953, qui en soulignait la nécessité, *op. cit.* p. 645, et encore en 1966, *Le gouvernement royal aux premiers temps capétiens, à propos d'un livre récent, in* MA 1966, p. 542. Inversement C. PARDIN et P. VILAR, présentant en traits brefs et clairs *l'évolution du système féodal européen* (C.E.R.M. *Sur le féodalisme*, Paris 1971, p. 26) estiment que si leur schéma « vaut surtout pour une région : ici la France de l'Est et du Nord... La nature des faits n'en est pas moins partout semblable. »

4. M. GARAUD, *Les châtelains de Poitou, op. cit.*, (1964) ; J.F. LEMARIGNIER, *Le gouvernement royal, op. cit.* (1965) ; R. FOSSIER, *La terre et les hommes en Picardie jusqu'à la fin du XII siècle*, Paris 1968 ; O. GUILLOT, *Le comte d'Anjou et son entourage au XIe siècle*, Paris 1972 ; A. CHEDEVILLE, *Chartres et ses campagnes* (XIe-XIIIe siècles), Paris 1973 ; G. DEVAILLY, *Le Berry du Xe au milieu du XIIIe siècle*, Paris 1973. Sans compter les riches et nombreux travaux de L. Musset sur la Normandie ou l'étude de G. Duby sur le Mâconnais, qui a suscité bien des vocations.

5. Cf. la présentation des problèmes par J. SCHNEIDER, *Ouverture du colloque de Toulouse, in* Les structures sociales de l'Aquitaine, du Languedoc et de l'Espagne au premier âge féodal, Paris 1969, p. 12. Et *infra*, bibliographie. On dispose à présent pour la Septimanie de l'ouvrage d'E. MAGNOU-NORTIER, *op. cit.* (1974) et, pour la Catalogne, déjà mieux connue par les travaux des auteurs ibériques, de la passionnante synthèse de P. BONNASSIE, *op. cit.* (1975).

peuplé ces régions, mais ils ont été assez nombreux pour y faire disparaître l'empreinte de la civilisation romaine, et cette partie de la Gaule s'est largement ouverte à de nouvelles pénétrations germaniques venant d'Outre-Rhin. La fusion romano-barbare s'y est donc faite dès le VIe siècle aux dépens de l'élément romain. A cette Gaule « barbare », Austrasie et Neustrie, s'oppose une Gaule « romaine » du Sud, Aquitaine, Burgondie, Septimanie et Provence, où subsistent, au moins jusqu'au VIIe siècle, des familles « sénatoriales » issues des *optimates* du Bas-Empire [6], et trois cités florissantes [7] où l'Eglise, conciliaire et citadine, contraste avec celle de la Gaule du Nord, fière de ses grands monastères ruraux [8], où se maintient une culture spécifiquement « romaine » [9]. Et les contemporains ont eu une conscience très nette de cette opposition [10]. Il n'est donc pas inutile de se demander si la société féodale a réellement existé dans ces régions « romaines » de la Gaule, en même temps que dans la Gaule « barbare », et si oui, sous quelles formes. Répondre à une telle question dépassait de loin nos forces et nos capacités. Nous nous bornerons à présenter ici une étude de la société féodale dans une région du Midi que l'on considère généralement comme l'une des plus romanisées, la Provence. Etude de la société féodale : le terminus *a quo* en est donc la dislocation totale de l'Empire carolingien, la fin du IXe siècle ; ou, si l'on veut une date plus précise, 879, qui marque l'audacieuse accession du premier roi non carolingien, le noble usurpateur Boson au trône de Provence, démembré en 855 de l'ancien royaume de Lothaire [11]. Le terminus *ad quem* peut être placé vers le milieu du XIIe siècle, au moment où déjà s'installe le deuxième âge féodal [12] lorsque à partir d'une hiérarchie féodale, se réédifient de véritables monarchies. La prise en main du comté de Provence par Anfos, roi d'Aragon et comte de Barcelone, en 1166, fournira une date commode, encore que conventionnelle. Voici pour les limites chronologiques.

Il faut à présent préciser le champ d'investigation. Qu'est-ce que la Provence au Xe siècle ? La Provence n'est plus alors l'ancienne *provincia romana*, la Narbonnaise, qui avait englobé au Ier siècle le Languedoc, le Viennois et l'actuelle Provence moins les Alpes-Maritimes et Cottiennes. Dès le IVe siècle, ce vaste ensemble avait été fractionné en Narbonnaise première, à l'ouest du Rhône, en Viennoise, qui allait de Vienne jusqu'à Arles et Marseille, Narbonnaise deuxième, à l'est de la Viennoise, avec comme

---

6. K.F. STROHEKER, *Der senatorische Adel im spätantiken Gallien*, Tübingen 1948, p. 233.

7. « Ville d'Arles au premier rang, toi qui passes les autres villes, seconde seulement à Narbonne », écrit à la fin du VIIIe siècle Théodulfe, évêque d'Orléans (*Paroenesis ad judices* MGH. Poetate Aevi Karolini I p. 996 et ss.). Un peu plus tard, Florus de Lyon, (*ibidem* II, p. 545). Sur Avignon, qui impressionne les envahisseurs francs au VIIIe siècle, cf. le contin. de Frédégaire (MGH. SS rer merov. II p. 175). En général, FÉVRIER, *op. cit.*

8. J.F. LEMARIGNIER, *Quelques remarques sur l'organisation ecclésiastique de la Gaule du VIIe à la fin du IXe siècle, principalement au Nord de la Loire, in* Settimane di studi... Spoleto XIII, 1966, pp. 461, 462.

9. P. RICHE, *Education et culture dans l'Occident barbare*, Paris 1962, pp. 232 et 473.

10. M. ROUCHE, *Les Aquitains ont-ils trahi avant la bataille de Poitiers?* MA 1967, p. 22 montre l'opposition entre Francs et Méridionaux.

11. R. POUPARDIN, *Le royaume de Provence sous les Carolingiens*, Paris 1901.

12. J.F. LEMARIGNIER, *op. cit.* (xxx), p. 248 et ss.

métropole Aix. Dans le même diocèse, les Alpes-Maritimes prenaient Embrun pour métropole. Lorsque, vers la fin du siècle, le préfet du prétoire des Gaules quitta Trêves pour venir s'établir en Arles, cette cité, déjà résidence impériale à l'époque de Constantin, s'opposa à Vienne comme métropole, divisant pratiquement la Viennoise en deux parties rivales. Puis, en 449, le Nord de la Viennoise est occupé par les barbares, et se sépare des cités plus méridionales, qui obéissent encore à l'autorité des fonctionnaires impériaux. La Narbonnaise, tombée au pouvoir des Wisigoths, en fait autant, et devient la « Gothie [13] ». Ce qui reste du « diocèse des sept provinces », entre la mer, le Rhône et les Alpes, demeure « la Province », la dernière province impériale en Gaule [14]. Lorsque Burgondes et Wisigoths la partageront, ils ne changeront pas ce nom ; la région avait donc acquis une certaine unité, qu'elle gardera lorsque les Francs s'en empareront en 536. La Provence est désormais considérée comme formant un tout nettement défini, un ensemble de territoires déterminés qualifié au xe siècle de *regnum* [15]. Royaume qui n'est pas désigné, à la différence de la Francie, de la Bourgogne, ou de la Jurane, par le nom du peuple qui y domine, mais bien par son nom géographique [16]. Elle comprend alors une vingtaine de « pays » ; ce sont ceux de Fréjus, de Riez, de Gap, de Vaison, d'Apt, d'Orange, de Transit et de Diois [17] et sans doute aussi ceux de Sisteron, Embrun, Vénasque, Aix, Marseille, Nice, Digne, Toulon, Antibes, Vence, soit les territoires des anciennes cités.

Il s'agit donc de toute la région qui s'étend aujourd'hui du Rhône jusqu'à Nice, et, en gros, jusqu'à l'actuelle frontière italienne, et de la mer jusqu'à S. Paul Trois Châteaux, au sud de Valence, et jusqu'à Embrun [18], soit une superficie de près de 30 000 kilomètres carrés, passage obligé, par terre, entre l'Italie et l'Espagne, et débouché du sillon Rhodanien. A l'ouest, ce sont les plaines du Bas-Rhône, limons autour d'arêtes rocheuses. A l'est, des plateaux puis des massifs montagneux, parfois coupés de quelques bassins importants, comme celui d'Apt, de Trets, de Forcalquier, de Fréjus ou de Gap, mais qui deviennent de plus en plus inextricables à mesure qu'ils s'élèvent vers le nord et vers l'est, jusqu'aux Alpes [19]. Cette opposition entre la Provence rhodanienne et maritime du Sud-Ouest, et la Provence des montagnes au nord-est, est, au moins depuis le XIIIe siècle, une constante de l'histoire démographique de ce pays [20] comme de son histoire agraire ou écono-

---

13. 960 *In regno Gothie* (Bibl. Carpentras ms 706 f° 555 : HGL V col. 233 avec de légères différences) et autres exemples, HGL V col. 2, 4, 110, 117, 125.

14. G. de Manteyer, *La Provence du Ier au XIIe siècle, études d'histoire et de géographie politique*, Paris 1908, pp. 3 et 15. Plus récemment B. Bligny, *Le royaume de Bourgogne : la Provence, in* Karl der Grosse, *op. cit.* I Düsseldorf 1965, p. 254 et ss.

15. *In regno Provinciae* : 956 (cart. d'Agde n° 320) — 960 (note 12) — 981 (Catalogue n° 22).

16. Cf. les titulatures *Rex Francorum, Dux Burgundionum,, Rex Alamannorum.*

17. Enumérés par le texte désigné *supra* note 15 et 999 (CLU 2470) pour le Diois.

18. Les limites de la Provence médiévale ont été minutieusement précisées par G. de Manteyer, *op. cit.*, p. 163 et ss. Sur les limites des *pagi* cf. Guerard, CSV p. LV et LXI, 431, 433, 1081 (Venaissin), 425, 427 (Apt et Cavaillon), Arc. B. du R. 1 H 10, 40 (Aix-Marseille).

19. J. Sion, *La France Méditerranéenne*, Paris, 1941.

20. E. Baratier, *La démographie provençale du XIIIe au XVIe siècle*, Paris 1961, pp. 78, 85 et 94.

mique : Provence des forêts ou des garrigues, de l'olivier ou du châtaignier, de la richesse ou de la pauvreté. Mais, si opposées qu'elles soient, Haute et Basse-Provence entretiennent d'étroites relations, dont le meilleur exemple fut longtemps celui de la transhumance [21].

Pour cette région assez vaste, la documentation semble au premier abord bien maigre : quelques actes de la pratique — environ deux mille — conservés dans des cartulaires, ou épaves de chartriers qui furent parfois riches, quelques vies de saints, pas de chroniques. Le tableau est cependant moins noir qu'il n'y paraît, et cela pour plusieurs raisons. D'abord, la documentation est inégalement répartie, et cette inégalité, dans une certaine mesure, nous sert. Si l'on trace sur la carte une ligne séparant la Provence en deux parties égales, un peu au nord d'Avignon et de Nice, et si l'on répartit ensuite les actes qui concernent un lieu déterminé, soit environ 1800, on voit que la Basse-Provence est plus riche en actes que la Haute-Provence (5/6 des actes au sud de la ligne, dont 3/6 pour la seule zone Aix-Marseille-Arles-Avignon qui ne représente que le 1/5 de la superficie totale) ; et cela est assez normal : d'importantes étendues de la Haute-Provence sont en effet inhabitables et il ne faut pas demander aux rocs alpins de riches archives. Nous sommes donc mieux informés sur les régions plus peuplées du pays.

Si l'on considère maintenant la répartition des actes dans le temps, on voit que leur nombre est assez faible au xe siècle (9 %), s'élève au XIe (68 %), s'abaisse légèrement dans la première moitié du XIIe (23 % pour 60 ans). Une courbe générale montre un sommet vers les années 1030, suivi d'une dépression entre les années 1070 et 1090, puis d'une remontée continue jusqu'à la fin de la période considérée. Cette courbe générale est évidemment très influencée par la courbe des actes victorins, à cause de leur masse (les deux cartulaires de S. Victor comptent plus de 800 actes). Si l'on examine d'autres courbes, on s'aperçoit qu'elles présentent des physionomies différentes : ainsi les cartulaires des cathédrales d'Arles et d'Apt fournissent un bon nombre d'actes aux environs de l'an 980, puis le nombre des actes baisse avant 1030, pour remonter dans les années 1046-1060 et baisser de nouveau jusqu'en 1091-1105. La constitution ou la reconstitution du temporel des différentes églises ne s'est évidemment pas faite au même moment, de là ces variations. Mais dans l'ensemble les actes sont plus nombreux au XIe ; ils sont aussi souvent plus intéressants : certains scribes rédigent alors des notices qui valent largement des fragments de chroniques, compensant en partie l'absence de cette catégorie de sources [22].

Un appoint appréciable est fourni par les vies de saints, au nombre de huit ; six de ces *vitae* ont été composées au XIe, mais elles n'ont pas toutes le même intérêt : La première, celle de saint Beuve († 896) a été rédigée par un Italien sans doute un chanoine de Voghera ; elle est donc d'un emploi délicat. La seconde est la vie, ou plutôt les vies, de l'abbé de Cluny Maïeul († 994) rédigées en Bourgogne, et qui n'intéressent que

---

21. Th. SCLAFFERT, *Culture en Haute-Provence,* Paris 1959, *passim.*

22. Le « creux » de la fin du XIe siècle est aussi constaté en Catalogne par P. BONNASSIE, *op. cit.* (xxx), p. 28, ainsi que l'assouplissement des actes vers 1040. Il s'agit de phénomènes généraux.

partiellement la Provence. Par contre, les vies d'Isarn abbé de S. Victor († 1047), et d'Estève, évêque d'Apt († 1046), rédigées par des gens qui les ont vu vivre, sont pleines d'enseignements, comme — mais à un moindre degré — les vies de Pons, abbé de S. André d'Avignon († 1087) et d'Arnoux, évêque de Gap († 1074 ?). Ce sont là des sources très révélatrices de la mentalité des milieux réformateurs dans la seconde moitié du XIe siècle, et beaucoup moins stéréotypées que l'hagiographie habituelle. Enfin les vies de Lambert, évêque de Vence († 1154) et d'Ollegaire, abbé de S. Ruf d'Avignon, puis évêque de Barcelone et archevêque de Tarragone (rédigées par un chanoine barcelonnais) contiennent quelques détails intéressants. Aux actes et aux *vitae*, on peut ajouter un certain nombre de documents peu loquaces, mais cependant précieux : listes épiscopales — pour Arles et pour Sisteron, fragments pour Riez, et Trois-Châteaux — ou abbatiales — Lérins, « chronique » de S. Victor — obituaires — une douzaine — quelques épitaphes ou autres inscriptions, quelques lettres.

Tout cela n'est évidemment pas grand-chose à côté des quinze mille actes catalans du Xe et du XIe siècle [23]. Mais il faut bien nous en contenter.

Cette documentation suggère irrésistiblement, tant par ses formes que par ses quantités, une coupure entre les années 1000 et 1030, coupure que nous allons devoir confirmer et préciser. Avant l'an mil, en effet, les actes conservent l'allure traditionnelle et un peu guindée qu'ils doivent aux formulaires anciens. Et cela nous indique par avance que le Xe siècle, qui s'ouvre pourtant par une période de crise et de troubles, est encore un temps où subsistent les vestiges de la société carolingienne. Passé l'an mil au contraire les actes secouent leur manteau carolingien ; leurs longs préambules rhétoriques, leurs digressions historiques, l'emploi un peu erratique qu'ils font de mots jusqu'ici étrangers aux formulaires, tout trahit de profondes modifications sociales. Là encore, une crise extrêmement grave a secoué la société provençale dans les années 1019-1037, crise que l'on distingue aussi en Mâconnais ou en France mineure et qui marque le point de non-retour du morcellement féodal. C'est autour de cette crise centrale qu'est bâti le plan de cette étude.

23. Et surtout, par le nombre important d'actes transcrits dans les cartulaires, la documentation provençale tombe sous le coup des remarques critiques de P. Bonnassie, *op. cit.* (xxx), pp. 22 et 35.

Première partie

De la paix des Francs à l'anarchie féodale

Chapitre premier

La fin des invasions et la crise du Xe siècle

Qui veut étudier la société provençale au Xe siècle, est frappé de l'importance que donnent les historiens aux dévastations des envahisseurs sarrazins. Quels que soient les problèmes abordés : naissance de la seigneurie, construction des châteaux, changement des structures agraires, tout paraît naître de la table rase qu'auraient faite en Provence les pirates espagnols [1]. Certes, Marc Bloch avait déjà montré le poids, parmi les éléments qui présidèrent à la naissance de la société féodale, de cette cause primordiale « tout à fait étrangère à l'évolution intérieure des sociétés européennes » : les dernières invasions des IXe et Xe siècles. Formée « dans le brûlant creuset des invasions germaniques, la nouvelle civilisation occidentale » disait-il « fait à son tour figure de citadelle assiégée ou, pour mieux dire, plus qu'à demi envahie [2] ». Quittons la vaste synthèse de Marc Bloch, et reportons les yeux sur le terrain plus étroit de notre étude, et sur la documentation. Il ne conviendrait plus de parler de citadelle envahie, mais bien purement et simplement engloutie. Rien, ou presque, n'en serait resté que quelques épaves documentaires « rares nageurs dans le vaste gouffre ». Le manque de documentation ne signifierait ici que l'absence de société et il serait vain de vouloir aller au-delà de l'établissement d'un fait simple et brutal : l'invasion. Dès le départ, l'enquête paraît se perdre dans une

1. « Avec la chute de la forteresse sarrazine se clôt cette période de quatre vingts années environ où toute vie avait été pour ainsi dire suspendue dans les pays situés entre le Rhône, les Alpes et la mer. C'est ensuite seulement que recommence véritablement l'histoire de toute la partie méridionale des Etats de Conrad le Pacifique » (R. POUPARDIN, *Le Royaume de Bourgogne,* p. 103).

Et Poupardin lie à cette crise le développement de la féodalité : « A ce point de vue, l'invasion sarrazine a joué un grand rôle dans le développement de la féodalité provençale. Le Roi est loin et n'a pas pris part à la « reconquista ». Le vrai maître du pays c'est son libérateur, le comte Guillem qui partage le pays entre les chevaliers qui l'ont aidé dans sa tâche et ceux-ci à leur tour, peut-être pour prévenir un retour offensif des Sarrazins, le couvrent de châteaux ».

Cf. aussi N. DIDIER, *Les Eglises de Sisteron,* p. I et Th. SCLAFFERT, *Cultures en Haute-Provence,* p. 9.

2. M. BLOCH, *La société féodale,* p. 23.

ombre épaisse d'où sortent toutes armées les institutions « féodales ». L'histoire n'a plus de passé, le vide explique tout, et donc n'explique rien. Si peu que ce soit, il faut sonder ce vide et peupler ce désert.

La terreur barbaresque a laissé, dans le bassin méditerranéen, bien des souvenirs inauthentiques, d'autant plus nombreux que furent tôt confondus païens et sarrazins, monuments antiques et constructions mauresques. En présence d'une documentation pauvre et rare, l'historien est tenté d'admettre certains témoignages bien postérieurs à l'époque qu'il examine ; tentation dangereuse, car l'accumulation de la peur dans la conscience collective a fait au Maure ravisseur une ombre plus grande que le corps [3]. Quels sont en fait les témoignages indiscutables ? A partir d'eux, et d'eux seuls, quelle importance faut-il donner à la « cause étrangère » de Marc Bloch, voilà un premier problème.

Le second problème est plus délicat. Peut-on véritablement parler d'une cause extérieure, étrangère au milieu sur lequel elle agit ? Les terribles pirates du Freinet n'étaient qu'une poignée de brigands ; comment ont-ils pu, si impunément, commettre tant de ravages ? L'un des premiers historiens modernes de la société médiévale en Provence, Georges Pinet de Manteyer, voyait juste lorsqu'il disait, sans trop préciser son affirmation, que les pillages des Sarrazins n'avaient été possibles qu'à la faveur d'une crise interne : « Ce que les Sarrazins peu nombreux n'auraient pu faire de leurs propres forces contre les Provençaux unis, ils arrivent à le faire grâce à la guerre civile qui ravageait ce malheureux pays [4]. »

Il faudra, après avoir strictement délimité l'importance et l'extension des pillages sarrazins, chercher à démasquer les divisions d'une société qui les avait rendus possibles.

— LES FLÉAUX ÉTRANGERS —

Il n'est pas étonnant que seuls les pillards étrangers aient accaparé l'attention des historiens modernes : les textes de l'époque les dénoncent volontiers, alors qu'ils se contentent souvent d'allusions imprécises et prudentes à de « mauvais chrétiens » tout aussi déprédateurs. Certes, il était plus facile de chercher les responsables de la crise passée parmi les païens, fléaux de Dieu, que de rappeler la violence et les cruautés de tel ancêtre d'une lignée toujours puissante au pays. Dès le XIe siècle, s'amorce, dans les préambules des chartes, le courant d'idée qui chargera les « Agaréniens » disparus de tous les péchés d'Israël [5]. Si l'on veut rétablir un tableau assez sûr, il faut se méfier même des témoignages du XIe siècle, et ne s'appuyer, pour l'essentiel, que sur les textes des siècles antérieurs. Une première

---

3. Encore de nos jours les « bravades ». Sur les Sarrazins en Provence, cf. L. MUSSET, *Les invasions, op. cit.*

4. G. de MANTEYER, *La Provence du premier au XIIe siècle,* p. 238.

5. Dès le XIe siècle, le terme de Sarrazin sert à désigner soit des païens en général (Hugues de Flavigny, Lib. I, anno 919, MGH. SS VIII, p. 357), soit même de mauvais chrétiens (ainsi Adalbéron de Laon, dans son Poème au roi Robert, cf. J.F. LEMARIGNIER, *Le Gouvernement royal,* p. 79, note 53).

constatation s'impose : ces textes nous donnent des Sarrazins du Xe siècle une image différente de leurs prédécesseurs du IXe.

A la fin du règne de Charlemagne, les Maures se mirent à exercer la piraterie [6], mais sans grande envergure puisque l'établissement de postes de garde dans les ports et à l'embouchure des fleuves suffit à empêcher tout dommage grave, à l'exception des attaques de Nice et de Civita Vecchia. Par contre pendant presque tout le milieu du IXe siècle, la Provence endure les assauts continuels de pirates sarrazins, mais aussi normands ou grecs. Leur tactique est toujours la même : ils opèrent à partir de leurs navires et attaquent les villes côtières ; s'ils débarquent ils n'édifient que des campements provisoires, généralement en Camargue, à l'embouchure du Rhône. Mais seule la Basse-Provence de l'Ouest, la plus riche, est dévastée ; ses monastères et ses villes sont des proies de choix pour les pirates : Marseille en 838, Arles en 842, Marseille à nouveau en 848, puis Arles en 850, Arles encore et Nîmes en 859, Valence en 860, Arles en 869. Marseille semble avoir été la plus touchée, et les textes précisent que la ville a réellement été dévastée, alors que dans les autres cités, seul le terroir est atteint [7]. Dans de telles conditions l'église d'Ugium (Lavalduc), non loin d'Arles, est incapable de payer le cens qu'elle devait au prévôt de la cathédrale car, dit son desservant : « elle est dépeuplée par l'assaut des Barbares [8] » ; et les domaines des religieuses de S. Césaire d'Arles, presque tous situés en Camargue, « devenus déserts comme bien d'autres à cause de l'oppression des païens ne peuvent plus les faire vivre [9] ». Pendant toute cette période aucune résistance sérieuse ne paraît avoir été organisée : la rébellion du duc Folcrade en 845, les rivalités, à partir de 863, entre Lothaire II, Charles le Chauve et Louis le Germanique pour l'héritage de Charles de Provence devaient occuper les guerriers provençaux [10]. Seul un naufrage permet parfois de défaire les pirates qui, autrement, s'emparent des villes avec une facilité déconcertante : n'avaient-elles donc plus de murailles [11] ?

---

6. « Mauros nuper pyraticam exercere adgressos » (EGINHARD, *Vie de Charlemagne,* édit. Halphen, Paris 1967, p. 52 et note 4).

7. Les textes sont trop connus pour être cités ici ; la plupart se trouvent dans les *Annales Bertiniani,* édit. F. GRAT, Paris 1964, pp. 24, 42, 55, 59, 80, 83, 165. On peut y ajouter : 858 (= 859 ?) « Normanni Nemausum et Arelatem de predaverunt » (Chronique de Nîmes. Edit. HGL (1875) tome V, col. 27).

« Per oppressionem paganorum monasterium Psalmodiense mutatum est in locum qui dicitur Corneliacensis ubi ecclesiae constructae sunt, id est anctae Mariae et Sancti Petri apostoli et Sancti Juliani martyris cum cellulis et ecclesiis id est Sancti Clementis et Sancti Vincentii et Sanctae Virginis Agathae nuper a Sarracenis destructae »... (Diplôme de Charles le Simple pour Psalmody 5 juin 909, Lauer, n° 61). La suite du diplôme est probablement interpolée. — Psalmody est située dans le delta du Rhône, à l'ouest de l'embouchure.

8. « Jamdicta ecclesia et barbarorum impetu depopulata et nec satis nec... cannonica institutione dotata, probabatur » (Arles 27 mais 874, GCNN, Arles n° 214).

9. ... « oppressione tamen paganorum seviente, (res) ipsius loci unde Deo sacrate sustentabantur deserte facte sunt sicut et multe alie » (Testament de l'archevêque Rostaing, 6 juin 897, GCNN Arles n° 233).

10. POUPARDIN, *Le Royaume de Provence,* p. 24, mentionne un combat livré aux Normands par Girard de Vienne, en 860.

11. FÉVRIER pense qu'une ville comme Antibes avait conservé ses murailles, *op. cit.* p. 93.

Il faut attendre la fin du siècle pour entrevoir une défense organisée des cités. Un peu avant 869, l'archevêque d'Arles s'était enfin préoccupé de barrer l'entrée du Petit Rhône en construisant un château sur un domaine de Saint-Césaire [12]. Ce château n'était que de terre : certes les pierres sont rares en Camargue, mais on aurait pu les faire venir des carrières de Fontvieille, qui en fourniront tant dans l'antiquité. Le même archevêque Rolland devait laisser son nom à une tour de l'enceinte d'Arles, tour également improvisée, si l'on peut dire, puisqu'il s'agit d'une arcade du théâtre antique tant bien que mal transformée en ouvrage défensif. A la même époque vivait l'évêque de Marseille Beuve (Babon) qui laissa lui aussi son nom aux fortifications de la colline Saint-Laurent qui domine l'entrée du Vieux-Port [13]. Ceux qui doivent affronter les pirates préfèrent abriter leur courage derrière ces fortifications souvent médiocres. Lorsque l'archevêque Rolland vint avec les Provençaux combattre les Sarrazins débarqués en Camargue, il s'enferma dans son château de terre plutôt que de lutter en rase campagne : les Sarrazins n'étaient pourtant que cent cinquante guerriers, l'archevêque avait à sa disposition plus de trois cents hommes. La résistance de Rolland fut un demi-échec : sa rançon vint enrichir les pirates, mais la ruse qu'ils durent employer pour la toucher montre qu'ils ne se souciaient guère d'aller l'exiger jusqu'en Arles. Après 869, aucun texte ne mentionne plus de ville pillée par les Sarrazins. Il est possible qu'il y ait eu alors un répit. Si des barques sarrazines pouvaient encore venir chercher fortune le long des côtes, le temps des flottes assez importantes pour s'attaquer aux cités était sans doute passé : le biographe de Beuve, un grand propriétaire du Nord qui combattit les Sarrazins, indique une période de calme à la fin du IXe siècle, séparant deux « assauts » des pirates.

Le second assaut, celui des pirates du Freinet, près de S. Tropez, est fort différent du premier. Ces gens du Freinet ne sont, à leur début, que des continuateurs à la fois médiocres, malchanceux et attardés des grandes flottes du milieu du siècle.

Une seule barque de vingt hommes, venant d'Espagne, poussée par un vent contraire, vint naufrager dans le golfe de Grimaud, entre 883 et 912, dans une région encore fort déserte au XIXe siècle. Privés, au moins provisoirement, d'embarcations, les maraudeurs espagnols massacrent d'abord les habitants de la villa la plus proche, ce qui les laisse seuls occupants d'une presqu'île rocheuse admirablement située. Leur succès les enhardit : coupant les rares chemins qui traversent la forêt des Maures, aussi épaisse et épineuse alors qu'elle l'est aujourd'hui, ils en font un « maquis ». Des

---

Orange en avait certainement vers 860 (ARP n° VI) et Avignon avait une citadelle dès 898 (ARP n° 36).

12. Cf. texte cité, note 7. Les domaines de Saint-Césaire sont au nombre de trois : le Mas d'Agon près du Vaccarès, les Saintes Maries de la Mer et Saint-Césaire au nord d'Albaron, tous lieux situés vers le petit Rhône. Cf. *infra*, p. 82.

13. 870. (GCNN Marseille col 42). Le nom n'apparaît qu'en 1178 (GCNN Marseille 1104). La ville basse est devenue *castrum* dès 904 (ARP 45).

renforts venus d'Espagne leur permirent d'être bientôt une centaine [14] ; dès 890, leur renommée est établie, et l'on sait qu'ils ravagent la Provence [15]. Mais ravagent-ils toute la Provence ? Reprenons quatre exemples, les plus importants, quatre histoires significatives, celles de Beuve (de Noyers), de Fouquier (de Valensoles), de Drogon, évêque de Marseille, et d'Oudry, archevêque d'Aix.

Beuve, qui vivait à la fin du IXe siècle, était fils d'Audifré et d'Adalinde, d'une famille très noble et très riche. Il avait reçu une éducation guerrière — équitation et tir à l'arc. Le centre de son domaine était à Noyers, dans le val du Jabron, au comté de Sisteron. Il s'était illustré déjà en repoussant les assauts sarrazins. Après une accalmie, que son panégyriste attribue à sa renommée et à sa vaillance, les Sarrazins, forts de la presqu'île du Freinet qu'ils avaient occupée, se mirent à dévaster sérieusement le pays. Leur tentative réussit et ils firent beaucoup de captifs. Ils se mirent à harceler Beuve dans l'espoir que, lui vaincu, ils viendraient aisément à bout des habitants plus faibles. Il construisit alors une fortification sur un mont, Peire Impie : c'était là quelque chose de nouveau, à cette époque les châteaux étaient rares en Provence et on saisit sur le vif le mouvement qui, dans l'insécurité, pousse les puissants à se fortifier sur leurs domaines, à se rendre protecteurs des faibles. On doit noter que l'attaque des Sarrazins se situe dans le comté de Sisteron, donc en Provence orientale. La vie de Beuve s'interrompt brusquement, lorsque son auteur nous dit soudain qu'il vint en Italie et mourut à Vóghera, non loin de Pavie le samedi 22 mai 891 ou 896, veille de la Pentecôte [16].

---

14. Nous paraphrasons ici Liutprand, clair et précis comme à son habitude. (*Antapodosis* Lib. I MGH. SS tome III, p. 275). Pour l'emplacement dans la presqu'île de Saint-Tropez, voir MANTEYER, *La Provence*, p. 238, plutôt que POUPARDIN, *Le royaume de Bourgogne*, p. 253.

15. Comparer le texte du concile de Mantaille en 879 (CSH VII D, p. 265), qui mentionne des ennemis chrétiens de l'Eglise, avec celui du concile de Valence en 890 qui ne parle que des Sarrazins (MGH. Capit. tome II, p. 377).

16. « In partibus Provinciae, castello quod Nugherium dicitur, nobilissimis et christianissimis parentibus natus est beatissimus Bobo. Pater ejus Adelfredus, mater Odilinda nominabantur, opibus divites et nobilitate sublimes, vana gloria et secularibus cupiditatibus depulsis. ... Exercens se arcu et pharetra et equestri luctamine ... Proposuerant enim Hispanicolae devastare Provinciam, quod saepe numero tentaverant, quibus ipse, magis mori desiderans quam Christianum nomen illis subjiceretur, viriliter obsistebat ... Crevit igitur hujus valentiae fama laudabilis ita ut nonnulli paganorum piratarum quoque et latrocinantium regionem praefatam soliti deturbare, a barbarico impetu acquiescerent ... Post paucum vero tempore accidit ut paganorum perfidia superabundanter excrescerit... Postquam vero praescripta incursio praevaluit, jam multis in captivitatem ductis, Bobonem lacessere moliti sunt, ut fortiore devicto, accolas leviores ocius delerent ... Montis unius cacumen, quod Petra Impia nuncupatur praeoccupans speque vivens in Domino, saecularis sue munitionis ibi construxit aedificium. »

Le texte de la *Vita Sancti Bobonis* est donné par les Bollandistes, d'après trois manuscrits. A - Un très ancien recueil de vies de saints appartenant aux chanoines de l'église Saint-Laurent de Voghera ; B - Un recueil de 1480 appartenant au monastère de Blaubeuren (près d'Ulm) ; C - Un recueil du XVIe siècle.

Elle a été rédigée selon nous, après le départ des Sarrazins — l'auteur indique que la « Provence est à présent très fertile » et sans doute peu après. Elle a été mise en doute par Pourpardin. Pourtant elle n'est choquante ni dans la forme ni dans le fond. Dans la forme des expressions comme « ipse viriliter obsistebat », « (eum) lacessere moliti sunt » se trouvent dans la vie d'Arnoux, évêque de Gap du XIe (Mabillon AA SS OSB pars 2 p. 237 à 242) ; « paga-

Quelques années après la mort de Beuve, le jeune Maïeul [17], futur abbé de Cluny, souffrit de grands revers. Vers 916, ses parents Fouquier et Raimonde, étaient morts, ses biens familiaux ruinés, « réduits en solitude par l'invasion des barbares ». Maïeul étant qualifié d'Avignonnais on a conclu un peu vite que la région d'Avignon avait subi les attaques des Sarrazins. Mais l'une des *villae* de Fouquier, son père, était Valensole près de Riez ; si Fouquier, comme beaucoup de grands dans le Midi, résidait souvent en ville, ses alleux étaient presque tous situés à l'est, surtout au comté de Fréjus : pour 7 *villae* au comté d'Apt, d'Aix et de Sisteron, il en avait 4 au comté de Riez, et surtout onze autres dans l'arrondissement actuel de Draguignan, dans un rayon de 80 kilomètres à partir du Freinet.

Un peu plus tard le 13 juin 923, l'évêque de Marseille, Drogon, vint trouver l'archevêque Manassès en Arles ; « avec des gémissements dans la voix » il lui demanda certains biens qui faisaient partie du domaine de l'Eglise d'Arles : l'abbaye Saint-André de l'île de la Cappe sur le Rhône, avec les terres qui en dépendaient, et l'église Saint-Sauveur de Fos avec les églises Saint-Gervais et Saint-Vincent d'*Ugium*, près de l'étang de Berre. Il justifia ainsi sa demande « les domaines de l'Eglise de Marseille, d'où lui et les fils de son église de l'un et l'autre sexe, serfs ou libres, tiraient leur subsistance, avaient été abandonnés par ceux qui y demeuraient à cause des assauts des Sarrazins [18] ». On voit que les domaines réclamés par Drogon sont en Camargue et près de l'étang de Berre, précisément dans les régions qui au IXe siècle, étaient les plus exposées aux attaques des pirates. S'il les recherche, c'est qu'elles ne le sont plus. Par ailleurs, on a souvent conclu, à partir de ce texte, que l'Eglise de Marseille avait été détruite, en suivant Guérard qui avait compris que les chanoines « *suis in locis manere non posse* » alors que le document, très abîmé à cet endroit, donne plutôt « colonici » que « canonici » ; la suite du texte qui parle « des fils de son

---

norum incursio » dans une bulle de 1057 (Catalogue n° 159) : « paganorum perfidia superabundater excresceret » est l'équivalent de « perfidia paganorum passim ingruente » (1025, CSV n° 100) ; Les occupations guerrières de Beuve « exercens se arcu et pharetra », sont celles de Manassès « ... cum arcu et pharetra » (MGH SS VIII p. 6) ; des tours comme « hujus valentiae fama laudabilis », « suae audacis crudelitatis auxilium », « saecularis suae munitionis aedificium » sont normaux.

Quant au fond, la description du Freinet comme une presqu'île était exacte à l'époque et c'est ainsi qu'Al Ishtari le voyait (LACAM, Bibl. Arabo Sicula I p. 7 — cité par POUPARDIN : *non vidi*). Peire Impie est bien un rocher du terroir de Noyers. Une remarque telle que « rarae quoque munitiones in regione illa habebantur » est historiquement très juste.

17. (Maïolus » ... « ex Avennicorum opido parentibus splendissimis est procreatus, provincialis quidem genere, nobilium galliorum clarus generositate ... Processu itaque temporis decursa pueritia, cum eum jam sibi vindicaret adolescentia, parentibus humana sorte praeventis, paternisque praediis barbarica invasione in solitudinem jam redactis divina disponente providentia, naturale solum coactus est deserere ac Burgundiae partes expetere » (*Vita beati Maïoli auctore Syro.*, col. 788). Sur les alleux de Fouquier voir, *infra*, p. 88.

18. « Noverit industria fidelium universorum (qualiter veniens venerabilis vir ?) Drogo (Massiliensis) episcopus (cum) lacrimabili gemitu adiit presentiam nostram singultuoso planctus (colonicos sue) ecclesie (... Sarra) cenorum impetus suis in locis manere non posse conquestus ... Precat (us est ita) que ut alquid suplementum quod esset juris ecclesie nostre ei concederemus unde victum et vestimentum (tam ipse) quam filii ecclesie sue *utriusque videlicet sexus* servi ac liberi, habere potuissent » (GUERARD CSV n° 1).

église de l'un ou l'autre sexe, serfs ou libres » ne laisse, elle, place à aucun doute. L'Eglise de Marseille était toujours intacte : c'étaient les paysans qui avaient fui les Sarrazins et s'étaient réfugiés près de l'évêque. Or le gros des domaines de l'Eglise de Marseille est situé en Provence orientale [19]. L'évêque Drogon voyait donc ses revenus fort diminués ; heureusement la faveur du marquis de Provence, Hugues, lui permit de trouver une compensation dans cette donation de l'archevêque d'Arles. C'est à cet abandon des domaines orientaux que font allusion les textes qui évoquent, plus tard, la ruine du monastère Saint-Victor de Marseille, non à une destruction du monastère lui-même [20].

Le domaine de l'Eglise de Marseille n'était pas le seul dévasté. Celui de l'Eglise d'Aix l'était aussi et Oudry, son archevêque, préféra venir à Reims entre 923/928, où il reçut du comte Herbert de Vermandois l'abbaye Saint-Timothée, à charge de remplir le ministère épiscopal à la place du fils du comte, Hugues, encore enfant. Flodoard qui rapporte l'affaire, ne dit d'abord rien, dans ses annales, des causes qui ont poussé Oudry à partir de Provence. C'est seulement dans l'Histoire de l'Eglise de Reims qu'il ajoute que Oudry avait quitté son siège « à cause de la persécution des Sarrazins [21] ». Or Oudry n'était pas provençal ; parent d'Hugues comte de Chaumontois et d'Eve, elle-même parente de l'évêque de Metz Adalbéron, frère du comte Arnoul, il était venu chercher fortune en Provence [22]. La place n'était pas aussi belle qu'il le croyait [23] ; là encore, les Sarrazins avaient dû ravager, non pas tout le domaine de l'Eglise d'Aix, mais la partie Est du diocèse où se trouvaient encore au XIIe siècle la plupart des églises relevant de l'archevêque [24].

---

19. Sur les 13 domaines de l'Eglise de Marseille en 813/814, 5 seulement sont situés à l'ouest. Ce sont à cette époque les plus déserts, les moins prospères. Sur les domaines de l'église de Marseille, cf. *infra* p. 83.

20. Le thème de la disparition de S. Victor revient assez souvent dans les préambules des chartes de cette abbaye. Le texte le plus complet est de 1005 ; après avoir commencé par une petite histoire des origines du monarchisme et rappelé que S. Victor a reçu des dons et des privilèges de Charlemagne, il dit très clairement :

« Sed post multorum curricula annorum, cum idem piissimus princeps (Charlemagne) a seculo decessisset, et omnipotens Deus flagellare vellet populum christianum per seviciam paganorum, gens *barbarica* in regno Provincie irruens, circumquaque diffusa, vehementer invaluit, ac munitissima queque loca optinens et inhabitans, cuncta vastavit, ecclesias ac monasteria plurima destruxit ; et loca que prius desiderabilia videbantur in solitudine redacta sunt, et que dudum habitatio fuerat hominum, habitatio postmodum cepit esse ferarum. Sicque factum est ut monasterium illud quod olim precipum ac famosissimum in tota Provintia fuerat, adnullatum et pene ad nichil redactum » (CSV n° 15). On peut ajouter encore 1025 (CSV n° 100) 1027 (CSV n° 269) 1038 (CSV n° 155 qui impute la ruine de S. Victor aux « Vandales »), 1044 (CSV 659), 1045 (CSV n° 691) après 1047 (CSV 565), 1050 (CSV n° 5) — le même thème est traité dans la *Vita Isarni...* p. 609.

21. Comparer Flodoard, *Annales* 928, édit. Ph. Lauer, Paris 1966 p. 42, et Flodoard, *Hist. Eccl. Remens.*, MGH SS tome XIII, p. 579.

22. MANTEYER, *La Provence*, p. 219.

23. POURRIÈRE, *La ville des Tours d'Aix-en-Provence*, Aix 1958.

24. Eglises du chapitre fin XIe (GCNN tome I, instr. col. A et 1264) — *Ibidem* instr. col. 36) Eglises de l'archevêque 1251 (*Ibid* instr. col 21). Eglises de l'abbaye de Montmajour : 1118 (*Ibid.* instr. col. 8 et 9). Eglises de l'abbaye de S. André d'Avignon 1165 (*Ibid.* instr. col. 12). Le domaine de l'église d'Aix avait été important aux temps mérovingiens (Cf. Grégoire de

D'autres textes permettent de préciser l'aire des dévastations. Le diocèse de Toulon, jusqu'à la Cadière à l'ouest, avait été déserté par ses cultivateurs, au point que les limites des territoirs y étaient incertaines [25]. La cité de Fréjus avait été détruite, les habitants s'étaient enfuis et l'on n'y savait plus rien des propriétés de l'Eglise [26]. L'Eglise d'Antibes avait reçu des domaines près d'Istres, les églises Saint-Pierre et Saint-Martin, avec les terres et les serfs, et cela évoque ce qui s'était passé pour l'Eglise de Marseille. En 964, le roi Conrad en disposait en faveur de la nouvelle abbaye fondée à Montmajour, ce qui laisse à penser qu'il n'y avait plus d'évêque pour en jouir [27]. Il n'y avait pas non plus d'évêque à Toulon après Armode qui siégeait en 899. Lorsque des évêques de Toulon reparaîtront vers 1020, ils seront chanoines de l'Eglise de Marseille et n'auront pratiquement pas de domaine dans le comté de Toulon [28]. Le titulaire de l'évêché de Fréjus au début du siècle paraît s'être éteint sans successeur immédiat et lorsqu'on nommera un nouvel évêque de Fréjus, le comte lui créera un domaine de toute pièce [29]. Dans le comté d'Antibes, le monastère d'Arluc (aujourd'hui Saint-Cassien), près de Lérins, et l'île de Lérins elle-même, étaient abandonnés lorsque le Pape et le roi Conrad les donnèrent en 964 à Montmajour, avant même la défaite des Sarrazins [30]. Plus tard, la famille d'Anti-

---

Tours, MGH. SS Merov. Tome I, p. 788). Au xᵉ siècle il en subsiste : le Puy Sainte Réparade (GCNN tome 1 instr. col. 11 et 27) et Pertuis (catalogue n° 9). Un texte de la fin du xiᵉ siècle (GCNN tome I instr. col. 3) parle des destructions des païens et de la désertion de la cité d'Aix. Mais il est trop tardif, puisque dès 1033, on ne savait s'il fallait attribuer les ruines d'une église aux Maures ou à la vétusté (CSV n° 101).

25. « Igitur cum gens pagana fuisset e finibus suis, videlicet de Fraxeneto, expulsa, et terra Tolonensis cepisset vestiri et a cultoribus coli, unusquisque secundum propriam virtutem rapiebat terram, transgrediens terminos, ad suam possessionem » (c. 1 000 catalogue n° 21).

26. « (Venit) Riculfus, Forojuliensis episcopus, in villa Manoasca, ante presentiam domini Wilelmi Provincie comitis, et, genibus ejus provolutus, rogavit eum ut ecclesiam Sancte Marie. Sanctique Leontii honore dicatam non pateretur esse inhonoratam. Namque civitas Forojuliensis in qua ipsa ecclesia constructa est, acerbitate Saracenorum destructa atque in solitudinem redacta, habitatores quoque ejus interfecti seu timore longius fuerunt effugati ; non superest aliquis qui sciat vel predia vel possessiones que prefate ecclesie succedere debeant ; privilegia quoque seul alia testimonia aut vetustate consumptua aut igne perierunt. Nihil aliud nisi tantum solo episcopatus nomine permanente » (990 Catalogue n° 32).

27. « Et ad castello quod dicunt Ystro, ecclesias duas, una S. Petri et altera S. Martini, cum terris, campis et salinariis et sunt terras quas nominant S. Mariae Antibolensis cum servis et ancillis » (964. Catalogue n° 5).

28. Cf. LEP. Diocèse de Toulon. Dieudonné, l'évêque de 1020, avait par contre un domaine dans la banlieue de Marseille près de S. Just (1045 CSV 25) et près de S. Peire du Paradis (CSV 35-39-40). Il paraît y résider parfois (1030 CSV 48 — 1044 CSV 61).

29. Pour le début du xᵉ siècle, il existe deux évêques de Fréjus : Bénézet (909-911) et Gontier (2 mai 916 - 10 décembre 954, + le 22 avril). Il y a ensuite une lacune probable car l'épiscopat de Gontier n'a guère dû dépasser une quarantaine d'années et son successeur Riculfe n'est devenu évêque qu'entre 972 et le 19 juillet 975 (cf. LEP dioc. de Fréjus). On peut penser que la destruction de la cité a eu lieu sous l'épiscopat de Gontier et qu'à sa mort plus personne n'était intéressé par un évêché sans revenus. La nomination de Riculfe ne serait intervenue qu'après la reprise du Freinet en août 972.

30. « Monasterium desertum antiquumque Horlucum cum omnibus adjacentiis vel pertinentibus suis (964. Arc. BdR 2 H 1). Et in coeteris locis taliter nuncupatis Orluco monasterio et in insula maris monasterium Lirinis vocatum » (964. Catalogue n° 5). Les monastères de Lérins et de Saint Cassien seront donnés plus tard à Cluny et à l'abbé Maïeul (978, CLU n° 1445).

bes-Grasse recevait l'évêché d'Antibes, c'est-à-dire ici le territoire, et considérait qu'elle l'avait acquis dans la guerre contre les Sarrazins [31]. A une vingtaine de kilomètres plus à l'est, le monastère de Notre-Dame-la-Dorée et Saint-Véran-du-Loup au diocèse de Vence, était encore, au début du XIe siècle, dévasté, et son domaine en friche [32]. La liste épiscopale de Vence présente une lacune de 879 à 1015/1029 [33].

Dès les années 920-923, les campagnes de la Provence orientale sont désertées ; leurs habitants fuient moins la mort que la captivité : les textes s'accordent pour indiquer que les esclaves étaient l'un des bénéfices les plus sûrs retirés par les Sarrazins de leurs pillages ; beaucoup devaient être envoyés en Espagne, comme les enfants de Georges ; d'autres étaient parfois vendus tout près, à Verceil, comme le grand oncle du chroniqueur de la Novalaise. Lorsqu'il s'agissait de personnages importants, les pirates pouvaient en demander rançon, comme ils le firent pour l'abbé de Cluny, Maïeul [34], ou pour le grand oncle du chroniqueur de Novalaise, un noble turinois, racheté à Verceil grâce à l'argent prêté par son compère l'évêque Ingo [34].

Tous ces témoignages contemporains concordent : pillages et dévastations restent limités à la Provence orientale. La situation est ainsi totalement inversée par rapport à celle du IXe siècle où ce sont les cités de l'Ouest et la région du Bas-Rhône qui sont ravagées et où les domaines de l'Est, montagneux et retirés, restent intacts. Désormais, cette région de l'Est, zone de prédilection des grands domaines alleutiers, porte tout le poids de l'assaut sarrazin, et le porte d'autant plus mal qu'elle est dépourvue de châteaux. Par contre, si l'on établit la liste des châteaux existants dans la première moitié du Xe siècle, on comprend mieux pourquoi la Provence occidentale n'est pas touchée : c'est qu'elle a été mise à l'abri. Certains châteaux barrent le cours du Rhône : une tour dans l'île de la Cappe, les cités d'Arles et d'Avignon, les châteaux de Lers et de Mornas. D'autres forment une barrière extrêmement serrée sur les confins est du comté d'Arles : Le Vernègue, Salon, Saint-Chamas, Istres et Fos, ce dernier interdisant en même temps l'accès de l'étang de Berre. En avant de ce

---

31. Cf. Catalogue n° 39 et 68 bis. « Ego Guillelmus ... dono mecum ... totam illam quartem partem quam ex Avinionensi castri territorio michi bello adquisivi in nomine Sancti Maïoli, que videlicet pars Mandans locus appelatur » (XIe siècle, Flammare, CL n° 3 — Il s'agit de Mandelieu, non loin de Lérins, et de Guillem Gruette, fils de Rodoard).

32. En 1005, Durand de Saint Eusèbe et ses compagnons : « venientes et flumen nomine Lupum transmeantes invenerunt ecclesiam Beate Dei genitricis quam quondam Magnus Karolus rex edificaverat et magnis donis ditaverat quam etiam ipsa antiquitas Deauratam nominavit, nunc vastam, desertam et incultam. Hunc itaque locum isdem Poncius sibi elegit quia juxta mare erat et omnia conveneentia utpote habili loco cernebat, prope etiam ecclesiam domni episcopi Duranti. Precedens ergo immanem lignorum silvam invenit oratorium Sancti Petri juxta ecclesiam atque beati confessoris Verani » (1015 CL n° 146, acte de 1055). Début du texte cité *infra* p. 190 note 120.

33. Cf. LEP, diocèse de Vence.

34. Cf. les textes cités *supra*. Un aptésien, Georges, parle de ses enfants : « Si Deus filiis aut filiabus nostris de liminio vel captivitate revertere jubet », juillet 906 ou 916 (CA n° X).

L'évêque Ingo (961 — + le 9 décembre 977 — GAMS, *Series Episcoporum*, p. 832) (Chronicon Novalic. Lib. V Chap. X in MHP. SS tome III Turin 1848 col. 43 et sq).

barrage, vers l'est, le Château Arnoux de Trets commande la voie aurélienne de Tourves à Aix. Une autre ligne de châteaux suit le cours de la Durance sur sa rive droite : Ansouis, le Mont d'Or — *castrum Bosonis* — Forcalquier, Lurs, la citadelle de Sisteron et peut-être, dès cette époque, Mison. Toutes les autres localités qui apparaissent dans les textes à cette époque sont qualifiées de *villae*. Les plus anciens châteaux paraissent donc bien constituer une défense de la Provence occidentale. A l'abri de ce rempart, les textes nous montrent une activité normale, des ventes et des échanges, des précaires ou d'autres contrats. Pendant que la Provence de l'Est se dépeuple, celle de l'Ouest, la vieille Provence des fiscs et des domaines d'Eglise, recommence à vivre [35].

Mais le vide de la Provence orientale finit par poser un problème aux Sarrazins eux-mêmes ; là où il n'y a rien, le diable perd ses droits. L'épuisement du champ de leurs opérations les force à devenir plus audacieux, à s'enfoncer plus loin encore. Pourtant ils n'essaient pas de s'infiltrer à l'ouest, preuve que la défense de cette région est dès lors efficace. Les pillards vont aller là où leur poussée rencontre la moindre résistance, vers le nord. Ce faisant, ils abordent une nouvelle phase de leurs activités : ils rencontrent et coupent un courant commercial resté l'un des plus importants de cette époque [36]. Dès 921, ils avaient lancé des raids sur les cols des Alpes où passaient les caravanes de pèlerins et de marchands. Entre 912/920 et 929 ils avaient incendié le monastère de Novalaise abandonné par ses moines réfugiés à Turin, privant ainsi de refuge les voyageurs qui se rendaient par le col du mont Cenis vers le tonlieu de Suze [37]. Vers la même époque, ils détruisent Oulx [38], étape après le col du Montgenèvre et l'on sait que l'évêché d'Embrun eut à souffrir de leur passage [39]. En 931, ils attaquent Aqui, d'ailleurs sans succès. En 936, ils arrivent en Alémanie, et s'en prennent à l'abbaye de Saint-Gall et aux environs de Coire, barrant ainsi les cols de Spluga et de Saint-Bernardin qui correspondent respectivement aux tonlieux lombards de Chiavenna et de Bellinzona. En 940, ils occupent le bourg de l'abbaye Saint-Maurice-d'Agaune sur la route du Grand-Saint-Bernard.

---

35. Cf. *infra*, p. 125. Sur la zone ravagée, consulter la carte p. 17.

36. Cf. *infra*, p. 235.

37. (Chronicon Novaliciense. Lib. IV cap. XXII à XVI) — Les moines étaient encore à la Novalaise sous l'abbé Joseph évêque d'Ivrée (*Ibid.* Lib. II cap. XX) qui vivait le 10 octobre 845, et en 853, et qui était mort avant 867 (GAMS. *Series episcoporum* p. 816) et sous l'abbé Airard, à l'époque du roi Lambert (896 — + octobre-novembre 898) et de l'évêque de Turin Amiel (899 — GAMS p. 824) (Chron. Noval. *Ibid.* cap. XXI). Ils se sont transportés de Novalaise à S. Benoit de Turin sous l'épiscopat de l'évêque Guillaume (*Ibid.* cap. XXIX) qui vivait en 906-920 (GAMS. p. 824). Ils reçurent Brême en 929. C'est l'abbé Domnivert qui avait décidé de se rendre à Turin et son abbatiat dura 41 ans (*Ibid.* Lib. V cap. II). Son successeur fut Belegrimus (*Ibid.* Lib. III cap. XVIII) dont l'abbatiat dura 19 ans (*Ibid.* Lib. V cap. VIII). Celui-ci obtenait un diplôme de Jean XIII pour Brême le 21 avril 972 (Jaffé, n° 3761). L'abbatiat de Domnivert a donc commencé au plus tôt en 912.

38. « (Ecclesia Ultiensis) olim destructa a Sarracenis, modo reedificata Deo opitulante a christi Dei servulis » (XIe Donation de Guiniman archevêque d'Embrun. Rivautella, *Chartularium Ultiense* n° 174 p. 151).

39. « Animadvertantes Ebredunensem ecclesiam primo quidem incursione et pervasione Sarracenorum ... prostratam miserabiliter et corruptam » (1057, Catalogue n° 159).

En 942, ils tiennent à nouveau le col ; c'est sur cette route, à Orsières, qu'ils capturent l'abbé de Cluny, Maïeul, en 972. Entre 921 et 942, il n'y aura pas moins de dix raids sur les cols des Alpes, soit presque un tous les deux ans [40], sans compter le passage des Hongrois en 925. Tantôt ils tuent les voyageurs pour les dépouiller, tantôt ils les enlèvent pour les rançonner quand ce sont de grands personnages ; tantôt ils lèvent un tribut sur les caravanes. On peut dire qu'au milieu du siècle, les cluses des Alpes — c'est-à-dire tout le trafic terrestre entre l'Europe du Nord et l'Italie, riche alors de Pavie, de Venise et d'Amalfi — sont régulièrement soumises aux déprédations de quelques centaines de brigands sarrazins [41].

Les Sarrazins sont ici à l'apogée de leur triste carrière ; ils ont cessé d'être une « plaie » provençale pour devenir une gêne internationale. Les assassins furtifs de la salle Gontran sont désormais une puissance avec laquelle les grands d'Europe doivent compter.

— LES LUTTES INTESTINES —

Cette puissance est toute relative et ne doit pas nous faire illusion. Certes, on a fait remarquer que la tactique employée par les Maures les rendait difficilement saisissables : il était impossible à des cavaliers lourdement armés, tels que devaient l'être les guerriers provençaux, d'accrocher, au flanc des crêtes alpines, des bandes au pied montagnard. Mais les Sarrazins, comme les guerillas modernes, plus qu'elles, même, avaient un point faible : leur base. Elle était pour eux une nécessité vitale ; ils n'avaient rien à attendre d'un pays qu'ils avaient dévasté, et où leurs amis ne pouvaient qu'être rares. Seul un port fixe leur permettait de recevoir des renforts d'Espagne, d'y expédier le produit de leurs rapines, et d'y retourner en profiter. Or, on ne saurait trop insister sur ce point : chaque fois qu'ils sont attaqués dans leur repaire — comme ce fut le cas en 931 et 942 où les chélandes grecques

---

40. La plupart des mentions sont fournies par Flodoard de Reims pour les années 921, 923, 929, 931, 933, 936, 940, 951 (édit. Lauer). Il faut y ajouter des mentions pour 927, où Aimery, archevêque de Narbonne, ne peut se rendre à Rome à cause des Sarrazins qui barrent la route des Alpes (GCN, II, col. 27), 936, où Liutprand les montre ravageant les régions hautes de l'Italie (*Antapodosis*, Lib. II § 33, cité *infra* note 47). Entre 936 et 940, les Sarrazins atteignent l'évêché de Coire (*Codex Dipl. Cur. Roetiens.* Coire 1848, I, p. 66 n° 44) et l'abbaye de Saint Gall (Ekkehard, Casus S. Galli, MGH. Scriptores tome II p. 369. En 942, Sarrazins dans les Alpes (Liutprand, *op. cit.*). En 961/972, Sarrazins près de Verceil (*supra* note 31). — 22/23 juillet 972, capture de Saint Maïeul à Orsières en Valais.

Tous ces faits sont parfaitement résumés par le moine de Cluny, Syrus, lorsqu'il écrit, à propos des Sarrazins : « Angustas namque inter Alpes obsidentes aditus, insperato obsidiabantur apostolorum limina perentibus » ; (la défaite des Sarrazins) « ..., praecipitatis impiis eliberavit cunctis viam Romani itineris. » (*Vita S. Maïoli,* Syrus Lib. III cap. I p. 670). Cf. aussi Raoul Glaber (IV, 8).

41. L'invasion des Hongrois, qui venaient d'incendier Pavie, est passée au Nord de la Provence et s'est terminée en Languedoc, où elle semble avoir causé certains dégâts : 924 (Flodoard, *Les Annales,* éd. Lauer, *op. cit.,* p. 23), 924 Vienne (RHF. IX p. 689), 925 (chronique de Nîmes HGL. V col. 27 ; Bréviaire de S. Gilles, *in* PITHON, *Annales de la Sainte Eglise d'Aix,* p. 87 ; GCN. II col. 27).

brûlèrent leurs barques avec le feu grégeois — ils sont complètement défaits, et paraissent impuissants à soutenir un effort militaire organisé [42].

Comment expliquer cette faiblesse au regard de l'impunité de leurs pirateries ? Liutprand nous en donne la raison : clerc de Pavie, évêque de Crémone, conseiller du royaume lombard d'abord au service de Bérenger, puis réfugié près d'Otton, il est allé deux fois en ambassade à Byzance. L'un de ses ouvrages, *l'Antapodosis* est dédié à l'Espagnol Recemund, évêque d'Elvire, ambassadeur du calife de Cordoue à la Cour impériale en 956. Liutprand est donc quelqu'un de très bien informé, notamment sur les Sarrazins [43]. Il distingue quatre phases dans l'histoire du Freinet : d'abord l'arrivée des pirates ; ils sont peu nombreux, sur la défensive, ils suppriment les rares sentiers qui trouent l'épais maquis des Maures, ils agissent de nuit ou en cachette [44]. Pendant ce temps des troubles éclatent en Provence. L'un des partis prend les Sarrazins comme auxiliaires ; il est alors en mesure de terroriser ses adversaires, de les tuer et de dévaster leurs domaines [45]. Dans un troisième temps les Sarrazins, profitant du désordre, agissent pour leur propre compte et se retournent contre ceux-là même qui les utilisaient [46]. Enfin, après la déconfiture des Provençaux, les Sarrazins se mettent à barrer les cluses italiennes et en viennent à attaquer Aqui [47]. Les textes permettent de vérifier la chronologie de Liutprand : les trois premières phases, proprement provençales, de l'activité des Sarrazins se placent pour lui dans la période 883-927 et les passes alpines sont coupées peu avant 931. Nous avons vu en effet que l'arrivée des Sarrazins au Freinet précède d'au moins quelques années le concile de Valence de 890, que de grands domaines provençaux sont dévastés en 896/916, en 923 et en 923/928, que les cols des Alpes sont attaqués à partir de 921. Il reste à vérifier l'explication proprement dite de Liutprand : les succès des Sarrazins sont la conséquence d'une crise interne, bien plus grave.

L'un des traits caractéristiques de l'histoire de la Provence et de l'Italie à cette époque est l'emprise brutale sur ces régions d'un ensemble de familles alliées et de leur clientèle. Ces familles franques viennent de la

---

42. Cf. *infra*, notes 100, 103 et 104.

43. Duemmler, MGH. SS tome IIfi p. 273 et s. Décrivant le Freinet au début de son œuvre Liutprand fait remarquer à Recemund : « cujus (Fraxineti) ut cunctis liquido pateat situs, quemadmodum temet latere minime reor, immo melius scire sicut ab ipsis qui vestri (Recemundi) sunt tributarii regis Abderahamen scilicet, potestis conicere. » (*Antapodosis*, loc. cit. p. 275).

44. Texte cité *supra* note 14. Les concordances données par Liutprand montrent que cela se passait entre 883 et 927.

45. « Interea Provincialium quae illis gens erat vicinior invidia coepit inter sese dissidere, alius alium jugulare, substantiam rapere, et quicquid mali excogitari poterit facere. Sed quia pars partem ... satis sibi facere non poterat, hos quos praediximus Saracenos ... in auxilium rogat, cumque his una proximum conterit ; nec juvat solum modo proximum trucedare, verum terram fructiferam in solitudinem reddere... » (*Antapodosis*, p. 275).

46. « Saraceni cum suis hoc viribus minime possent, alteram alterius auxilio partis debellantes, suasque copias ex Hispania semper augentes quos primo defendere videbantur, modis omnibus insecuntur Seviunt itaque, exterminant nil reliqui faciunt » (*Antapodosis*, p. 275).

47. « Sed et Saraceni qui sicut dixi Fraxenetum inhabitabant, post labefactionem Provincialium, quasdam summas Italiae partes sibi vicinas non mediocriter laniabant, adeo ut depopulatis plurimis urbibus, Aquas venirent » (Liutprand, *Antapodosis*, p. 296).

Bourgogne et leurs contemporains brossent un portrait peu flatteur de ceux qu'ils appellent les Bourguignons : « Ignorez-vous leur avidité et leur orgueil ?... moi je les appelle les Bourgueulgnons », fait dire Liutprand au romain Albéric, « parce que ces orgueilleux ont une grande gueule ou mieux, parce qu'ils sont un peu trop portés sur les plaisirs du gosier ». « Gens sauvages et barbares », dit plus simplement Rathier de Vérone, une fois tombé en disgrâce auprès d'eux [48]. Tous se rattachent à l'ambitieux Boson, beau-frère du roi Charles le Chauve, un temps duc de la Bourgogne franque — dont la capitale est Autun. Son fils Louis, roi de Viennoise et de Provence, a pour parents Hugues, le futur roi d'Italie, et son frère Boson [49]. Liutprand les qualifie de Bourguignons et nous savons qu'ils étaient fils de Thibaud (fils d'Hubert, duc de Bourgogne Jurane) et de Berthe (fille de Lothaire et de Waldrade). Leurs ambitions dans le Nord avaient pris fin lorsque Thibaud allié à Hugues, bâtard de Lothaire, avait été battu près d'Attigny, dans les Ardennes en 880 [50]. Avec Hugues et Boson vinrent leurs parents, tel Manassès, qui allait devenir archevêque d'Arles puis de Milan et qui était fils du vicomte de Sens et comte de Troyes, Garnier, mort le 6 décembre 924 en combattant les Normands. Il avait des alleux à Jully-les-Buxy, près de Châlon [51]. Robert, l'évêque de Valence, avait les siens à Charlieu, à la limite de l'Autunois, du Forez et du Mâconnais [52]. L'archevêque d'Aix, Oudry, était parent d'Hugues, comte de Chaumontois [53]. A eux s'associent d'autres Francs, venus de plus loin encore : tels Hilduin, évêque de Tongre-Liège, en rivalité avec le protégé de Charles le Simple, l'abbé de Prüm, Richer ; excommunié par le pape Jean X, Hilduin vint à Hugues qui le fit évêque de Vérone, puis archevêque de Milan [54]. Avec Hilduin vint le moine de Lobbes, Rathier, qui lui succéda à Vérone avant d'encourir la disgrâce de Hugues ; chassé de son siège, il resta quelques temps en Provence, où il éduqua un jeune noble, Rostaing, qui eut ensuite un évêché [55]. Tous font montre d'une totale absence de scrupules et d'une grande voracité pour les charges publiques. Il n'est donc pas

---

48. « An Burgundionum voracitatem et superbiam ignoratis ? ... ego tamen Burgundiones quasi Gurguliones appelo, vel quod ob superbiam toto gutture loquantur, vel quod verius est, edacitati quae per gulam exercetur nimis indulgeant » (*Antapodosis,* lib. III, 44). « Gens effera atque vobis barbara » (RATHIER, *Praeloquia,* Lib. III, 25 *in* P.L. 136, col. 243). « Populus brutus » (DONIZON, cité par POURPARDIN, *Le Royaume de Provence...,* p. 222).

49. Sur la famille de Boson, cf. POUPARDIN, *Le Royaume de provence...,* p. 41 à 55. Ces liens entre Bourgogne et Provence étaient plus anciens : le comte Girart de Vienne, fondateur de Vézelay, était venu mourir en Avignon (R. LOUIS, *Girart, Comte de Vienne...,* p. 120).

50. *Annales de Flodoard,* LAUER, Paris 1906, p. 35, note 5. — *Annales de S. Bertin,* GRAT, Paris 1964, p. 242.

51. LAUER, *op. cit.,* p. 26 note 3 et p. 29 note 2. — GUERARD, CSV n° 1. — CLU n° 726 et 2888.

52. ARP n° 22. Il y fit édifier l'abbaye.

53. Cf. *supra* note 21.

54. LAUER, *op. cit.,* pp. 3, 4, 7. — Liutprand, *Antapodosis* Lib. III, § 41, p. 312.

55. Folcuin de Lobbes (P.L. tome 137, col. 553, 562). C'est l'élève, Rostaing, qui devient évêque en Provence (dès 945, CLU n° 724), et non son maître Rathier qui précise lui-même n'avoir jamais tenu que deux évêchés (Vérone et Liège, P.L. tome 136, col. 51). Rostaing était apparenté aux Sabran et aux Castellane (LDP-E) et il était peut-être évêque de Viviers.

étonnant que des résistances se soient manifestées dès le début chez certains grands de Provence.

Lorsque le duc Boson fut élu roi à Mantaille, ce fut, certes, parce qu'il avait beaucoup promis aux évêques, mais aussi parce qu'il avait menacé certains d'entre eux [56]. Examinons le procès-verbal de son élection. Sur vingt-trois évêques provençaux, onze seulement sont venus : trois sont de chauds partisans des Bourguignons et l'usurpateur récompensera leur fidélité : ce sont Rostaing, l'archevêque d'Arles, qui recevra confirmation de l'abbaye de Cruas, Ratfrid l'évêque d'Avignon qui reçut l'abbaye de S. Ruf [57], Arbert l'archevêque d'Embrun à qui dès 877 le pape Jean VIII reprochait ses manœuvres en faveur de Boson [58].

Occupons-nous à présent des absents. Si l'on reporte sur une carte les diocèses non représentés à Mantaille, on voit qu'ils forment deux blocs : l'un regroupe les évêchés de Sisteron, Apt, Carpentras-Vénasque, l'autre ceux de Fréjus, Digne, Vence, Antibes, Nice, Senez et Glandevès [59]. Certes, il a pu y avoir des malades, des sièges vacants, ou disparus [60], comme Nice. Mais d'autres sont certainement des absents volontaires : ainsi l'évêque de Vence, Walden, élu en concurrence avec le candidat de Boson, Guifré (58) ; ainsi Paul, l'évêque d'Apt (867-886...) ; en 896 le nouveau comte de Provence Thibert, qui est un Viennois fidèle de Louis l'Aveugle, déclare que l'Eglise d'Apt avait été ruinée « tant par les barbares que par la méchanceté de certains chrétiens [61] ». De même, peut-être l'évêque de Sisteron. Nous avons vu les tribulations de Beuve de Noyers ; revenons à sa vie, plusieurs détails frappent maintenant. Son panégyriste insiste sur la noblesse de sa famille et sur l'avidité de celle-ci pour les biens de ce monde [62]. A l'époque où vit Beuve, l'évêque de Sisteron s'appelle Vincent et le village de Saint-Vincent, au cœur du domaine de Beuve, pourrait être sa fondation funéraire [63]. Or Beuve n'avait pas que des Sarrazins pour ennemis mais aussi des chrétiens ; son frère fut même tué par l'un d'eux, auquel notre héros dut pourtant donner le baiser de paix. Quels étaient ces ennemis ? La réponse

---

56. « Interca, Boso... partim comminatione constrictis, partim cupiditate illectis pro abbatis et villis eis promissis et postea datis, episcopis illorum partium persuasit ut eum regem ungerent et coronassent » (GRAT, *op. cit.*, p. 239). Cf. aussi les reproches d'Hincmar (Flodoard, Hist. Rem. Eccle., MGH. SS XIII, p. 545) et de Jean VIII (P.L. tome 126, lettres n° 256 et 257).

57. ARP n° 21 et 51.

58. 25 mai 877 (PL tome CXXVI col. 750).

59. Assemblée de Mantaille, 15 octobre 879 (MGH. capitularia II p. 365). *Ricardus* et *Baldemirus* suffragants d'Arles sont déjà connus en 855 (cf. p. 45 note 72). *Ricardus* figure dans la liste de Trois-Châteaux (corriger Agathensis = Trigastensis ?). Baldemir, évêque de Cavaillon ?

60. Antibes, Sénez et Glandevès n'ont pas d'évêques connus à cette époque. Par contre Vence et Digne en ont certainement un et Fréjus n'a été détruite qu'au début du Xe siècle. Nice a été détruite au IXe.

61. LEP dioc. d'Apt et 896 (ARP n° 34).

62. *Vita S. Boboni*, cité *supra* note 16.

63. Vincent (vers 888-899). Après Vincent vient un Eustorge (924/925 - vers 900-943). Le nom est rare à l'époque et évoque l'Eustorge, évêque de Toulon qui était, lui, à Mantaille (cf. LEP dioc. de Sisteron et de Toulon).

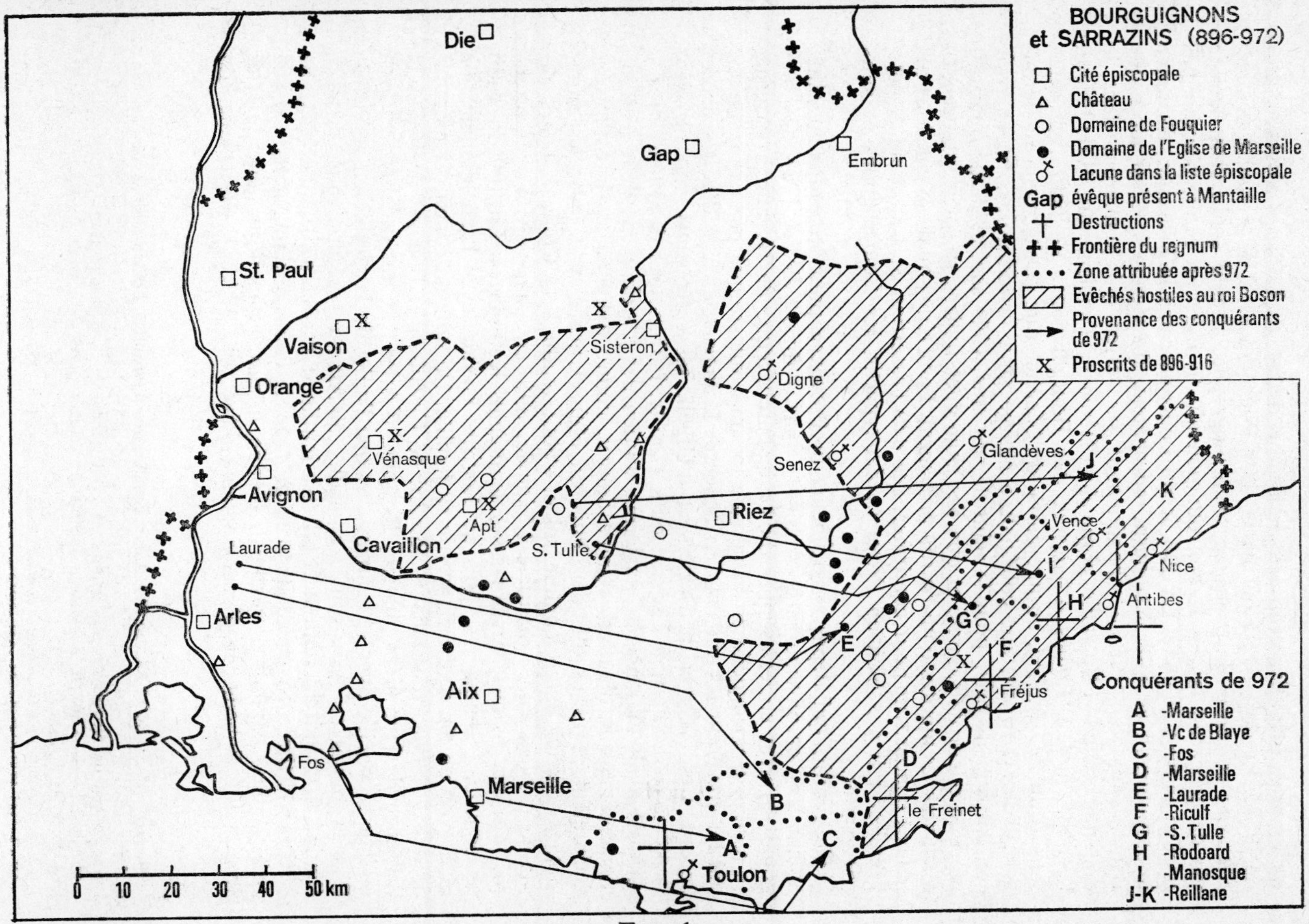
BOURGUIGNONS
et SARRAZINS (896-972)
Cité épiscopale
Château
Domaine de Fouquier
Domaine de l'Eglise de Marseille
Lacune dans la liste épiscopale
Gap évêque présent à Mantaille
Destructions
Frontière du regnum
Zone attribuée après 972
Evêchés hostiles au roi Boson
Provenance des conquérants de 972
Proscrits de 896-916
Conquérants de 972
A -Marseille
B -Vc de Blaye
C -Fos
D -Marseille
E -Laurade
F -Riculf
G -S. Tulle
H -Rodoard
I -Manosque
J-K -Reillane
Die
Gap
Embrun
St. Paul
Vaison
Orange
Sisteron
Digne
Senez
Glandèves
Vénasque
Avignon
Apt
Riez
Cavaillon
S. Tulle
Laurade
Arles
Aix
Vence
Nice
Antibes
Fréjus
Fos
Marseille
le Freinet
Toulon
0 10 20 30 40 50 km

FIG. 1

est fournie par le lieu et la date de la mort de Beuve. Le lieu : Voghera, près de Pavie. La date : 891 ou mieux 896. Pourquoi est-il allé mourir si loin ? S'il avait entrepris un pèlerinage, son biographe, attentif à chercher dans la vie de ce grand laïque le peu qui pouvait en faire un saint, n'aurait pas négligé ce trait de piété. En 896, le roi Louis parcourt la Provence, d'Orange à Carpentras ; en 898 il séjourne au château d'Avignon [64]. C'est alors que Beuve part pour l'Italie, abandonnant ses terres qui tomberont dans le domaine comtal [65]. En Italie, règne alors Bérenger, l'ancien marquis de Frioul, l'ennemi juré d'Hugues d'Arles et des Bourguignons. Voghera représente sans doute le bénéfice, ou une partie du bénéfice que l'exilé reçut de Bérenger ; il dut y fonder une collégiale à charge pour les chanoines de recevoir son corps et de prier pour le salut de son âme. Cela seul explique qu'il soit mort en odeur de sainteté et que des chanoines italiens se soient préoccupés de vanter les mérites d'un patron provençal. Pour ténus qu'ils soient, tous ces indices concordent pour confirmer, dès 879 l'assertion de Liutprand et pour l'éclairer : il y a bien en Provence deux partis, les Bourguignons et leurs adversaires.

Ce conflit, qui dépassait d'ailleurs la Provence pour s'étendre au Midi, atteint son paroxysme aux premières années du Xe siècle. L'un des plus grands princes ecclésiastiques du Midi, l'archevêque de Narbonne Arnuste, se rendait à un concile en Catalogne lorsqu'il fut attaqué par des inconnus, qui lui crevèrent les yeux, lui arrachèrent la langue, et bien d'autres choses encore. Les évêques de Béziers et d'Urgell, ses suffragants, qui suivaient la même route, vinrent à son secours, trop tard. Il mourut dans leurs bras [66]. Arnuste avait toujours été un ferme soutien des Carolingiens dans le Midi, alors même que d'autres, comme Sunyer, comte d'Ampurias-Roussillon, se déclaraient partisans d'Eudes. Puis, en 899, Arnuste avait, avec les autres Goths, accepté Eudes comme roi et s'était rendu à la Cour, à Tours-sur-Marne [67]. Mais Eudes meurt le 1er janvier 898, et, Charles le Simple rétabli sur le trône, Arnuste revient à ses sentiments légitimistes. En 909, il réunit un concile à Jonquières, près de Lodève, et fait lever l'excommunication qu'il avait portée contre Sunyer et sa famille. On note au concile la présence de deux évêques provençaux, Renard de Cavaillon et Bénezet de Fréjus et l'absence de leur métropolitain, Rostaing d'Arles [68]. C'est précisément lorsqu'il se réconcilie avec ses ennemis, et que l'unité de la Gothie en faveur de Charles paraît se faire sous son égide, qu'Arnuste est assassiné. Arnuste éliminé, il fallait le remplacer ; il est inutile d'insister sur l'importance de l'enjeu : le titre d'Archevêque et le prestige, le contrôle d'une grande partie de Narbonne, capitale du duché de Gothie, la cité la plus importante du Midi avec Arles, l'obédience d'une vingtaine d'évêchés, d'Uzès à Barcelone. La

---

64. ARP n° 33, 34 et 36. En 894, Louis était auprès d'Arnulf à Lorsch (Poupardin, *op. cit.*, p. 159).
65. Le Val de Noyers est aux comtes en 1168 (Hosp. de S. Gilles f° 160).
66. En 912, L. Griffe, *Histoire religieuse des anciens pays de l'Aude*, V, p. 124, in Bibl. Hist. Eccl. de la France, 1933.
67. R. d'Abadal, *Els primers comtes catalans*, pp. 158, 257 et 263.
68. 3 mai 909 (HGL, V, col. 126).

lutte va être à sa mesure, ébranler Gothie et Provence. Là encore nous retrouvons deux partis : d'un côté les « Bourguignons », de l'autre un parti que l'on pourrait qualifier de « légitimiste ». A la tête de ces derniers se trouve une famille qui tient la charge de vicomte à Narbonne, à la fin du IXe siècle. Lorsque fut abattu, en 878 et 879 le clan des Rorgonides, dont l'un des chefs, Bernard tenait le marquisat de Gothie, le jeune roi Carloman vint à Narbonne pour y faire reconnaître Bernard Plantevelue, marquis d'Auvergne et ennemi juré de Boson et des siens [69]. C'est à ce moment-là que dût être installé au gouvernement de la cité le vicomte Aubry, qu'une bulle pontificale de 885/886 appelle « vicomte du comte Bernard » [70] ; son fils Maïeul lui succéda, puis en 911 son petit-fils, nommé comme lui Aubry ; la famille s'était alliée en 909 avec une grande famille provençale, celle de Fouquier de Valensole [71]. Fidèles des Guillelmides, les Aubry étaient, comme il est naturel, partisans des carolingiens [72] et s'entendaient bien avec l'archevêque Arnuste.

Face à eux, se dresse une autre grande famille locale qui prendra plus tard le patronyme de Sabran. Les Sabran étaient des alleutiers du comte d'Uzès, qui fait alors partie du royaume de Provence : leur domaine occupait pratiquement tout le haut du comté, c'est-à-dire la vallée de la Cèze [73]. Leur père Renard avait épousé Doda et tenait en 897 la charge vicomtale à Béziers et à Agde ; il avait reçu en pleine propriété en 881 les fiscs du comté d'Agde-Béziers. Il se disait alors fidèle du roi Carloman [74]. Son fils, Renard, hérita des fiscs agathois. Le frère de ce Renard, Amiel, archidiacre d'Uzès, devint évêque de cette cité dès 885/888 et à ce titre, il était fidèle de Louis l'Aveugle, roi de Provence [75]. A la fin du siècle, les deux frères profitant de leurs fonctions, avaient remarquablement accru leur domaine : en 881, Renard

---

69. Sur la rébellion de Bernard de Gothie, cf. d'ABADAL, *op. cit.*, p. 60 et ss ; sur le voyage de 880, AUZIAS, *l'Aquitaine carolingienne,* Paris 1937, p. 403. Dans le même temps, était mâtée la révolte de Boson, et en 881, Bernard d'Auvergne recevait la cité de Mâcon, enlevée à ses partisans (GRAT, *op. cit.*, p. 243). Bernard trouvera d'ailleurs la mort en combattant les Bosonides en 886. Son fils, Guillaume d'Auvergne, lui succéda dans le marquisat de Gothie (AUZIAS, *op. cit.*, p. 429). Le célèbre imbroglio des comtes Bernard à cette époque a été clarifié par J. DHONDT, *Etudes sur la naissance des principautés territoriales...*

70. « Scripsimus tam archiepiscopo Teudardo quam et comiti Ricardo (corrig. Bernardo) et vicecomiti illius Alberico » (BN lat. 11018, fol. 13 v° — JAFFE n° 2650).

71. Donation de la famille à Arnuste, rappelée dans une autre donation de ce dernier à S. Paul de Narbonne en 911 (HGL, V, col. 130). Mariage de Raimonde, fille du vicomte Maïeul avec Fouquier, fils de Fouquier, (CLU 105 et 1071). Fouquier était, au dire d'Odilon de Cluny, issu de deux très nobles lignages : « In armis strenuus, jure hereditario ceterisque bonis et divitiis ditissimus et... ex utroque parente gemina nobilitate coruscus » (*Vita Maïoli, auctore Odilone*). Le fils de Fouquier et de Raimonde, Maïeul de Cluny, était : « ex Avennicorum opido parentibus splendissimis procreatus, Provincialis quidem genere, nobilium galliorum clarus generositate » (*Vita Maïoli, auctore Syro*).

72. G. DUBY, *La Société...* p. 91.

73. Sur les Sabran et leurs alleux, voir LDP-Q.

74. (HGL tome V, col. 71) — 897 (*Ibid.* col. 92) — Renard II tenait S. Martin de Caux de son père et de sa mère (910, Alaus Cart. de Gellone n° 270), avec son parent Boson qui lui succède (HGL tome V, col. 94) — Agde et Béziers ne forment qu'une vicomté encore en 990 (HGL V col. 318).

75. 896 (ARP 34) 903 (ARP 43).

avait échangé Aspiran, Paulhan et Albaigne — au comté de Lodève, près d'Aniane — contre Tavel — au comté d'Avignon —, propriété de l'Eglise de Béziers, qui était plus proche de ses alleux. En 896/903 Amiel recevait la *villa* Fretus — aujourd'hui Saint-Rémy — au comté d'Avignon — qui avait appartenu à l'abbaye Saint-Rémy de Reims. En 896/902, il avait obtenu pour son église, en fait pour sa famille qui devait en fournir les évêques pendant près d'un siècle, tous les fiscs du comté d'Uzès : sur l'un d'eux s'élèvera plus tard le château éponyme de la famille Sabran. Enfin dès 878, il tenait du Pape l'abbaye de Saint-Gilles à titre personnel [76]. La puissance de Renard et d'Amiel explique que leurs neveux Amaury et Bermond prennent le titre de comtes : ne tenaient-ils pas tout le comté d'Uzès [77] ? Les Sabran étaient alliés à une autre très grande famille possessionnée à Apt et dans les comtés de Senez et Glandevès, et se disant volontiers comtale, à la même époque : celle des Castellane. Le nom de Rostaing était alors fréquent dans cette famille, ce qui expliquerait le rôle joué, aux côtés des Sabran, par l'archevêque d'Arles Rostaing qui était aussi abbé d'Aniane et de Goudargues, toutes deux proches du domaine des Sabran [78].

Rostaing, comme Amiel, ou comme le neveu d'Amiel, Giraud, était engagé dans la fidélité des Bourguignons [79]. L'inimitié entre Sabran et Narbonnais remontait aux dernières années du IXe siècle où le vicomte Aubry paraissait peu disposé à protéger l'abbaye de Saint-Gilles et Amiel, contre l'évêque de Nîmes, Gerbert, qui avait distribué les biens du monastère à ses fidèles [80].

Vers le début du Xe siècle, l'influence des Sabran en Septimanie semble rencontrer une résistance. Amiel avait, comme il était naturel pour un fidèle de Louis l'Aveugle, montré sa sympathie pour Formose. Serge III le lui reproche et Amiel se voit menacé de perdre le soutien du Pape, seigneur éminent de Saint-Gilles [81]. Quelques années plus tard, en 913, l'abbé Arding et un homme puissant, Marc, fidèle de Charles le Simple, suggèrent au roi de faire restituer les fiscs agathois à un nommé Roux et à son épouse Doda car cette dernière y avait droit par hérédité : cette restitution restera d'ail-

---

76. St-Gilles en 878 (RHF. IX 165). Tavel 881 (HGL tome V, col. 71). Saint Remy 903 (ARP n° 43) sera restitué au roi Conrad en 965 (Catalogue n° 5). 896. Les fiscs du comté d'Uzès : les deux parts royales du fisc d'Amilhau (Milcianum : il s'agit de la haute vallée du Tave) — S. Marcel de Carreiret, près duquel s'élèvera le château de Sabran, possession de l'église d'Uzès (GCN VI instr. col. 619) — S. Martin près de Mayran, S. Capres, autrefois bénéfice d'Ogier, Campagnac et Sainte Anastasie (*Marbacum*) (ARP n° 34).

77. 945 (CLU n° 817).

78. Sur les Castellane, voir LDP-E. — Sur l'archevêque Rostaing voir LEP dioc. d'Arles.

79. Cf. *infra*, p. 162.

80. 21 juillet 878. Le monastère de S. Gilles, son abbé Léon et Amiel de Sabran se placent sous la protection du Pape (RHF., IX, 165). Gerbert, évêque de Nîmes, s'empare du monastère le 14 juin 879 : « Veracium relatione comperimus Girbertum Nemausensem venerabilem episcopum quoddam monasterium nostrum quod super eundem episcopum acquisivimus, ipse Girbertus temere invasit omnesque res ipsius monasterii per suos homines distribuerit et illius monachos inde contra sacras regulas omnino expulerit », (MANSI, *Concilia* XVII, 130-245). La protection pontificale était confirmée en 883/884 (RHF, IX, 198 — JAFFE 2617), mais Girbert continuait ses attaques (RHF., IX, 200) et en 885/886 le pape Etienne V demandait à l'archevêque et au vicomte de Narbonne, Aubry, la protection qu'ils auraient dû accorder à Amiel (RHF., IX, 201 = JAFFE, 2650, cité *supra* note 70).

81. HGL tome V col. 1706.

leurs sans effet [82]. C'est cette même année : 913, qu'est fort opportunément assassiné l'archevêque de Narbonne, Arnuste [83]. Aussitôt après sa mort, on voit l'archevêque d'Arles, Rostaing, Amiel et le neveu de celui-ci, Giraud, fidèles d'Hugues d'Arles, se transporter tous les trois à Agde où les Sabran tenaient la charge vicomtale. Là, sans attendre le jour fixé pour l'élection et l'assemblée générale de tous les évêques de la province, Rostaing fait Giraud archevêque de Narbonne. Mais à Narbonne même, pendant ce temps, d'autres évêques élisaient archevêque, Agio, l'abbé de Vabres [84]. Les Sabran viennent alors à Narbonne, font prisonnier Agio et, pour venir à bout de l'opposition qu'ils rencontrent, se mettent à dévaster la province, à main armée, tout en forgeant une fausse bulle pontificale [85]. Les vicomtes de Narbonne s'enfuient à Mâcon, l'une des cités du marquis auvergnat Guillaume [86]. Pendant que les Sabran attaquent en Gothie, ce sont les Sarrazins qui ravagent en Provence les domaines de Fouquier, le beau-frère des Narbonnais. Les dires de Liutprand se vérifient donc : les deux partis s'équilibraient, mais l'un d'eux, en prenant les Sarrazins pour auxiliaires, a pu dominer ses adversaires. Le très jeune Maïeul, son père et sa mère morts tous les deux, réussit à s'enfuir

---

82. En 910 Renard avait pris la précaution de donner ces biens à la cathédrale d'Uzès. En 947, Amiel confirmait cette donation que contestait le marquis Raimon en 949/950 (ALAUS, *Cartulaire de Gellone* n°s 279, 281, 280).

83. Les évêques suffragants ont écrit en faveur d'Agio au pape Anastase (911-913) (CATEL, *Histoire des comtes de Toulouse,* p. 83). C'est Jean X (914-928) qui leur a répondu (Cf. *infra* note 85), peu avant d'adresser une seconde bulle à Agio et à son collègue l'archevêque de Lyon *Austerius* (CATEL, *loc. cit.*), sans doute au moment du concile de Châlon.

84. « Post caedem Arnusti, clerus et populus Narbonae congregati... optime factum putarunt si vicinum suum Rostagnum archiepiscopum Arelatensem ad consilium vocarent. Is, Agatham profectus ante diem electioni praefixam, et antequam episcopi Narbonensis provinciae convenissent in unum, una cum Amelio Uceticensi episcopo al illam metropolitanam evexit sedem Gerardum, Amelii nepotem qui Hugoni... a sacerdote erat, hoc est ab eleemosnis. Sic igitur transgressus in partes, Rostagnus Narbonam se contulit ut Agium, Vabrensem abbatem qui ab episcopis suffraganeis, legitimo interim ordine congregatis, electus fuerat, pelleret eique Gerardum substitueret » (GCN VI col. 24). L'abbaye de Vabre au diocèse de Rodez est une fondation des comtes de Toulouse ; il est probable que l'abbé était leur protégé. C'était un lettré qui avait composé une histoire de la fondation de son monastère (texte in HGL II col. 323 à 328).

85. « Ipse (Gerardus)... nescio quas falsas epistolas per surreptionem quasi ex nostro nomine vobis perferens, episcopatum Narbonensem hac occasione armata manu depraedatur ; venerabilis Agius ejus insidiis captus venire ad hanc apostolicam sedem desertur, et alia quam plurima de illo antequam per vestras litteras cognovimus audientes, quapropter vobis per Eminium archiepiscopum nostras apostolicas letteras misimus ut ipsum saepe nominatum Geraldum per omnia falsidicum tenentes, inter episcopos non haberetis. » Bulle de Jean X (GCN VI instr. col. 14 — JAFFE n° 2724).
Parmi les évêques à qui la lettre est adressée figure Riculf évêque d'Elne qui testa le 9 décembre 915 (HGL V col. 135) et qui était remplacé par son successeur Aumerade avant le 1er septembre 916 (*Ibid.* col. 1507).

86. « Hec sunt nomina comitum Matisconensium : primus Albericus Narbonensis qui accipiens filiam Raculfi vicecomitis, post mortem domini Bernonis matisconensis episcopi, comitem se fecit ; post hunc Leotaldus filius ejus » (RAÇUT, Cart. de S. Vincent de Mâcon, Mâcon 1864 n° 17). Aubry eut pour fils Lieutaud qui fut comte avec lui et Umbert. Aux côtés de Lieutaud on voit paraître les vicomtes Gautier et Aubry qui pourraient être les fils du premier Gautier, narbonnais. Celui-ci ne paraît pas dans les documents mâconnais ; peut-être était-il mort comme les parents du jeune Maïeul (CLU n° 125 et Cart. de S. Vincent de Mâcon n° 488).

avec son frère Henri à Mâcon [87] ; ils sont bientôt rejoints par l'évêque Agio [88].

Ils n'étaient pas les seuls à fuir la vengeance des Bourguignons et c'est une chasse à l'homme sans pitié que laisse supposer la liste des fuyards. En 919/920, l'évêque de Vénasque, Anfos, partisan de Guillaume et de Charles le Simple, n'est plus « qu'un évêque habitant Narbonne [89] ». Son compère l'évêque (de Vaison ?) Ajambert est comme lui exilé [90]. Ils retrouvent parmi les émigrés provençaux leur compatriote Guigue, devenu évêque de Gérone. En 897, Guigue, alors clerc arlésien, était encore auprès de l'archevêque Rostaing, mais en 908, au moment où il est consacré évêque de Gérone par Arnuste, on nous dit qu'il arrive de la cour royale ; c'est donc lui aussi un légitimiste et il a été obligé de chercher hors de Provence la place à laquelle sa noblesse le destinait. Lorsque sera réglé le contentieux de la crise, en 922/923, il donnera à la cathédrale d'Arles son alleu dans ce même *pagus,* l'abbaye de S. André de la Cappe, et tout ce qui lui venait de son neveu défunt, Dadilo ; avec cette étrange condition, qui ressemble fort à de la simonie : son autre neveu, le clerc arlésien Arnoux, possédera ces biens « jusqu'à ce qu'il parvienne, s'il plaît à Dieu, au rang épiscopal » [91]. L'archevêque, le bourguignon Manassès, savait ce qui lui restait à faire s'il voulait que la donation devint effective ; il plût à Dieu qu'Arnoux devienne évêque d'Apt, et Manassès put donner l'abbaye en bénéfice — en juin 923 — à l'un de ses fidèles, l'ex-clerc arlésien Drogon, évêque ruiné de Marseille [92].

La liste épiscopale d'Embrun jette aussi dans cette nuit des premières années du Xe siècle quelques inquiétantes lueurs. L'ancien catalogue, vu par les Messieurs de Sainte-Marthe donne la suite : Arbert-Arnaud-Bénézet-

---

87. « Decursa pueritia cum eum jam sibi vindicaret adolescentia, parentibus humana sorte praeventis... naturale solum coactus est deserere ac Burgundiae partes expetere » (*Vita Maïoli auctore Syro...* col. 788). Le père et la mère de Maïeul, pourtant jeunes encore, étaient morts tous les deux. Maïeul est né peu après 909 ; son enfance s'achevait il allait entrer dans l'adolescence soit l'âge de sept ans, ce qui donne comme date à peu près 916. Cette même année 916, l'évêque d'Avignon parlait pour son église d'une « barbarica vastatio atque depredatio » (CNDD n° 91).

88. Présent au concile de Chalon, avec le vicomte de Mâcon, LABBE *Concilia,* t. IX, col. 579, et CATEL, *op. cit.*, p. 83.

89. LAUER, *Actes de Charles le Simple,* n° 102. Un acte perdu du cartulaire d'Elne (915 ?) indiquait son siège. Il paraît aussi en 922 et 924 (HGL, V, col. 145 et 150).

90. L'évêque *Agembertus* ou *Ajambertus* paraît dès le 13 juin 902 en compagnie d'Arnuste, mais aussi de son archevêque Rostaing d'Arles (HGL, V, col. 111). En juin 922 il se joint à Anfos et à Guigue pour aller à la cour de Charles le Simple (*infra*). Un *Hymbertus S. sedis Avinionensis eniscopus* souscrit la donation de Guigue de Gérone (note 91). Les formes *Agembertus, Agnebertus, Heimbertus, Ainbertus* paraissent équivalentes, rattachées à *Heim-Hagin,* clôture, maison, plutôt qu'à *Agia* = *Ekka,* tranchant de l'épée (M. Th. Morlet, *Les noms de personne...* pp. 24, 120 et 122), L'évêque d'Avignon est à cette date Fouquier (912-916) ; on ne peut rétablir *Venacensis* à cause d'Anfos. Par contre *Vasionensis* et *Venciensis* sont possibles.

91. 897 (GCNN Arles n° 233). 908 (HGL, V, col. 124). 922/923 (GCNN Arles n° 2492), « predictum alaudem possideat Arnulphus clericus, nepotus (sic) meus donec ad ordinem episcopalem, si Domino placet, perveniat ». Les clercs qui entourent Guigue paraissent plutôt catalans que provençaux. L'abbaye de la Cappe avait été fondée par le comte Leibulf (*infra*, p. 40).

92. Acte cité *supra* note 18 ; il faut écarter Arnoux de Vence, devenu évêque au début du XIe siècle et Arnoux de Sisteron, qui n'a été consacré que vers 940. Reste Arnoux, évêque d'Apt en 962, mort en 973/975. Son seul prédécesseur assuré est Paul 867-890 (LEP, dioc. Apt).

Libéral-Boson. Arbert, nous l'avons vu, était partisan des Bourguignons. Arnaud l'est aussi : il a été consacré à Vienne et il est abbé de S. Barnard de Romans. Bénézet, par contre, a « subi le martyre » en 912, à l'époque où est assassiné Arnuste de Narbonne ; on consacre alors à Vienne un Théodulf, omis par le catalogue qui connaît à sa place Libéral et en 916, ce Libéral s'exile à Brioude en Velay, abbaye funéraire du clan des Guillelmides. En 938, Boson succède à Libéral, mais il ne peut ou ne veut se maintenir sur le siège, peut-être à cause des Sarrazins ; il se réfugie à S. Maurice en Valais, ce qui nous indique qu'il est, lui, protégé de Rodolphe II de Bourgogne, devenu depuis 933 roi de Provence [93].

C'est aussi entre 911 et 916 que disparaît l'évêque de Fréjus Bénézet ; la dernière fois qu'on le voit, il est aux côtés d'Arnuste de Narbonne : son successeur Gontier est un fidèle de Manassès, mais Fréjus ayant été détruit par les Sarrazins, il sera obligé, comme son pareil Drogon de Marseille, de se contenter d'une prébende arlésienne [94]. Il est frappant de voir qu'à Fréjus, à Embrun et aux limites des diocèses de Vaison et d'Orange, trois groupes de domaines passeront dans le patrimoine d'Hugues d'Arles, tout comme passent dans le sien, et dans d'autres, les domaines de Fouquier de Valensole.

Liutprand disait de la méthode de gouvernement d'Hugues en Italie : « il donne les dignités aux fils de ses concubines et aux Bourguignons et c'est en vain qu'on cherche un Italien qui n'ait pas été expulsé ou privé de toute dignité [95] ». Il est clair qu'il l'avait déjà mise en pratique en Provence. C'est en 911 qu'il devient marquis de Provence. En 912 commencent les assassinats ; en 916 la fuite est générale. Si l'on prend un peu de recul on trouve à la documentation qui nous renseigne sur l'affaire quelque chose de sinistre : elle n'est faite que de fragments épars, mutilés, de « bizarreries » qu'il faut aller chercher çà et là, parfois bien loin de la Provence, de silences même ; tout ce qui reste d'une demi-douzaine de grandes familles provençales.

On mesure dans cette affaire à quel point le traité de Verdun était un pis-aller. La division des héritiers au trône avait permis à une aristocratie que déchiraient des haines farouches, peut-être immémoriales, de trouver la justification de ses rivalités. Et ces rivalités étaient d'autant plus dangereuses que chacune de ces familles avait constitué, lors de la période d'unité de l'Empire, des zones de puissance très dispersées, au gré des charges reçues, des églises protégées, des donations royales en alleu ou en bénéfice, des alliances avec d'autres familles. On s'explique ainsi que les Sabran aient pu tenir des charges publiques, évêché ou vicomté, à la fois dans le royaume de Provence et dans le marquisat de Gothie, et que, faisant leurs affaires, ils aient aussi fait celles de la royauté viennoise et du parti bourguignon, au détriment de ceux qui restaient partisans d'un roi carolingien, ou à tout le moins « neustrien ». Quoi qu'il en soit, la tentative des Sabran et du parti bourguignon pour mettre la main sur l'archevêché de Narbonne, c'est-à-dire

93. LEP dioc. d'Embrun, notes 1 à 6.

94. Il est prévôt de la cathédrale, *supra*, note 29.

95. « Concubinarum filiis ac Burgundionibus sit dignitates largitus nec ullus invenitur Italicus qui aut expulsus aut non dignitatibus sit privatus » (*Antapodosis...*, p. 885). Cf. aussi POUPARDIN, *Le royaume de Provence...*, p. 223.

au fond, puisqu'ils tenaient déjà Uzès, Agde et Béziers, sur une bonne partie de la Gothie, échoue finalement. Le pape Jean X, créature des Théophylactes et ami de Bérenger de Frioul, ne devait guère se montrer indulgent pour les Sabran, fidèles d'Hugues d'Arles. En 914 il confiait à l'archevêque de Besançon, Aimon, des lettres où il dénonçait Giraud, pseudo-archevêque ; Aimon se trouvait tout naturellement avec Agio et Racoux, vicomte de Mâcon, le futur beau-père d'Aubry de Narbonne, au concile de Châlons ; il était lui-même adversaire déterminé de l'Empire et il avait fait crever les yeux à son rival, l'archevêque Bérenger, qui en était partisan [96]. Dès 922, tout commence à rentrer dans l'ordre. Agio est réinstallé sur son siège, avec l'appui des comtes de Toulouse ; les évêques Anfos, Imbert et Guigue partent à la cour, où la chancellerie royale leur délivrera un diplôme pour le nouvel archevêque [97]. Il est possible que les affaires méridionales aient été réglées à l'assemblée d'Autun, en mars 924, où se trouvent, avec le roi Raoul, Hugues d'Arles et Guillaume d'Auvergne. Dès 924 un nouveau vicomte commande à Narbonne, Eude (Ot) fils de Franco et d'Arsinde. Ce Franco avait lui-même été vicomte, peut-être d'Ausone-Vich ; il avait reçu, en pleine propriété, entre 898 et 929, par diplôme royal, des biens fiscaux près de Narbonne ; il devait être apparenté aux comtes d'Ampurias-Roussillon qui donnaient en 931 pour le salut de son âme et de celle de sa femme et de son fils [98]. L'épouse d'Eude, Richilde, était apparentée à la famille d'Etienne, *vassus regis* en Narbonnais-Roussillon, puisqu'elle avait des biens au Lierre, près de Carcassonne ; mais elle était fille unique, semble-t-il du comte de Barcelone Guifre II Borell et de Garsende. On voit que le vicomte Eude avait derrière lui un certain nombre d'alliances, et de qualité. Son propre nom, assez rare dans le Midi, et celui de sa mère évoquent la famille des comtes de Toulouse.

Dès 924 également paraît à Béziers-Agde un nouveau vicomte, Thion, d'ailleurs mal connu [99].

---

96. 916, texte cité *supra* note 85. Concile de Châlon, *supra* note 88. Sur Aimon, cf DUCHESNE *Fastes épiscopaux...* p. 199 ; Bérenger était neveu de Tierry, archevêque en 875-879, et partisan de Zwentibold et de Formose.

97. Cf. lettre d'Agio à Agambert et Anfos, (HGL, V, col. 145) et diplôme accordé au même à la demande de Guigue le 7 juin 922 (LAUER, *Actes de Charles le Simple*, n° 119).

98. 17 déc. 924, Eude est en compagnie du comte toulousain Raimon-Pons et d'Agio (HGL, V, col. 147) ; il est mort dès 925/926, où sa veuve paraît seule, et où il est remplacé par Volverade (*ibidem*, col. 150 et 153). Pour Franco, le précepte de Charles le Simple est mentionné dans l'acte de 924 ; acte de 931 (HGL, V, col. 157) ; un vicomte Franco paraît en Ripollès et en Ausone avec le comte de Barcelone Guifré, en 878 et 879 (D'ABADAI, *op. cit.* pp. 76. 78, 87, 101) ; il y avait eu jadis un *vicedominus* narbonnais de ce nom, après Etienne (HGL, VI, col. 287). Sur cette autre famille, Théodose, Etienne, *vicedominus* de Narbonne et son fils Etienne, cf. D'ABADAL, *op. cit.* pp. 257 à 259. Sur Richilde, cf. 936 (HGL, V, col. 1510 n° IXII et LXII), 966 (*ibidem* col. 255) et D'ABADAL. *op. cit.* 324. Remarquons que la comtesse Guidinilde, veuve de Guifré I de Barcelone, est avec Richilde à Narbonne en 936 (HGL, V, col. 153) ; puisque le *videdominus* Etienne était parent de Guifré, cette Guidinilde pourrait être sa sœur, Guidinilde était possessionnée en Ampurias (R. MENEDEZ-PIDAL, *Historia de Espana, VI,* Madrid 1964, p. 468).

99. 8 mars 924, *Teudo vicecomes* (Cart. évêque d'Agde, BN lat. 9999, p. 37). A nouveau avec un vicomte Aton en 933 (HGL, V, vol. 161). Un vicomte Jonas avec un vicomte Aton en 937 (*Ibid.* col. 176).

La donation de Giraud repentant, mais portant toujours son titre d'archevêque est une

C'est alors que les alliés sarrazins d'Hugues ont, suivant le mot de Liutprand, persécuté « ceux-là mêmes qu'ils défendaient auparavant ». Ainsi s'expliquent les ravages commis à cette époque sur les domaines de l'Eglise de Marseille dont l'évêque Drogon était pourtant protégé d'Hugues et de l'archevèque Manassès ; ceux commis sur le domaine de l'évêque d'Aix, Oudry qui était un Bourguignon ; ou les attaques régulières sur les cluses des Alpes.

A ce moment seulement, on paraît s'être soucié au Palais viennois d'empêcher les pirates de nuire. Il est vrai que les Sarrazins à cette époque étaient devenus une force avec laquelle il fallait compter, non tellement à cause de leur nombre, bien qu'il se fût accru, mais plutôt par la sécurité que leur donnait leur base du Freinet, isolée du continent par une triple ceinture de terres désertées, de maquis impénétrables et de marais qui, prolongeant le golfe de Grimaud, donnaient à l'endroit presque l'aspect d'une île. La mer offrait en plus une retraite sûre et la possibilité de recevoir des renforts. Mais elle était aussi le point faible du Freinet et, dès 931, les Grecs mirent à la disposition du duc d'Arles, devenu roi d'Italie, quelques navires qui suffirent à défaire les pirates. Flodoard de Reims peut se réjouir : « Grâce au ciel les Sarrazins du Freinet ont été exterminés, les Alpes redeviennent sûres et le voyage en Italie tranquille [100]. » C'était parler trop vite : la même année des brigands prenaient la relève des Sarrazins dans les Alpes et y assassinaient l'archevêque de Tours [101]. Deux ans plus tard les Sarrazins, eux-mêmes, si bien exterminés, étaient de retour et bloquaient les cols alpins au moment même où Hugues, assiégeant Rome, voulait empêcher son rival Bérenger de les franchir [102]. Aussi lorsqu'en 942 les navires grecs et Hugues d'Arles attaquent à nouveau le Freinet, les annalistes à Tours [103] comme à Reims [104], devenus plus clairvoyants, notent que l'expédition s'est contentée de reprendre le Freinet à ses occupants et de les en chasser. Luitprand n'hésite pas à expliquer cette surprenante clémence : Hugues d'Arles aurait pu facilement exterminer les Sarrazins, mais il préfère conclure un pacte avec eux, pour qu'ils bloquent les cols des Alpes au détriment de Bérenger [105]. Ainsi assurés

---

expiation et il est significatif qu'elle soit faite à Cluny dont l'abbé va être Maïeul quelques années plus tard : « Ego Geraldus indignus archiepiscopus scelerum merorum enormitatem considerans offero... per obrenuntiationem seculi et habitus commutationem » — 945 (CLU n° 724).

100. « Graeci Sarracenos per mare insequentes usque in Fraxinidum saltum... celeri, Deo propitio, internecione proterunt, quietam reddentes Alpibus Italiam », 931 (FLODOARD, *Annales...*, p. 47).

101. *Ibid.* p. 48 et *infra,* note 107.

102. « Hugo rex Italiae Roman obsidet et Sarraceni meatus Alpium occupant... » (*Ibid.*, p. 57, op. cit.).

103. « Anno Ottonis III et Ludovici regis II... et tunc Hugo rex Italiae misso sibi graeco igne ab imperatore graecorum Fraxinetum castrum oppugnat et, Sarracenorum navibus exustis, illud expugnat et inde eos fugat » (*Chronicon Turonense* RHF. IX 52).

104. 942, « Rex Hugo Sarracenos de Fraxinido, eorum munitione, disperdere conabatur » (FLODOARD... p. 84).

105. Unde, (Rex Hugo) non bono accepto consilio Graecos ad propria mox remisit, ipseque cum Saracenis hac ratione foedus iniit, ut in montibus, qui Sueviam atque Italiam dividunt,

de l'impunité, même en cas de défaite, les Sarrazins mènent leur propre politique et accueillent indifféremment les bannis qui viennent s'associer à eux. On voit Audibert, fils du roi Bérenger et prétendant à la couronne de Lombardie, chassé par l'empereur Otton, se réfugier au Freinet en 961, en se confiant à la foi des Sarrazins ; il resta deux ans avec eux, au bout desquels le Pape n'éprouva pas de honte à l'appeler à Rome [106].

Encore s'agit-il là d'un cas scandaleux, certes, mais exceptionnel. Plus lourde de menaces pour l'ordre social est l'alliance des Sarrazins avec des brigands « chrétiens » installés dans les Alpes. De ces brigands et de cette alliance, les contemporains nous parlent évidemment peu ; ce n'était guère un sujet convenable pour un annaliste. Raison de plus pour nous intéresser aux quelques textes qui les mentionnent. Ces brigands ne reculent pas devant le meurtre furtif, comme lorsqu'ils assassinèrent l'archevêque de Tours sous sa tente, la nuit, mais ils paraissent étrangement familiers avec certains voyageurs connus, qu'ils respectent, comme l'abbé de Cluny Eude [107]. Le plus célèbre d'entre eux était un certain Aimon, dont le biographe d'Eude montre la modération, et dont le chroniqueur de Novalaise avait assez le souvenir pour lui donner un rôle de premier plan dans ce qui devenait la Geste de la chute du Freinet [108]. Ces insoumis des Alpes, tantôt guides et

---

starent, ut si forte Berengarius exercitum ducere vellet, transire eum omnimodis prohiberent. (Liutprand *Antapodosis* Lib. V § 5-16 et 17, p. 328 et 331).

106. « Omnem Italiam deserens, Fraxinetum adiit seque Sarracenorum fidei commendavit » 963 (Liutprand, *De rebus gestis Ottonis,* cap. 4, MGH., SS, III p. 341). Widuk ind se contente d'une allusion sybilline : « Adelbertus denique per Alpes et mare remeavit versus et reversus » (Lib. III, cap. 75, *Ibid.*, p. 466).

107. « Rotbertus episcopus Turonensis Roma remeans, sub Alpibus, noctu infra tentoria cum comitantibus secum, interimitur a latronibus » (FLODOARD, *op. cit.*, p. 48). Géraud d'Aurillac avait ainsi surpris un brigand la nuit dans sa tente (*Vita Geraldi,* PL tome 133, I, 26). La *Vita Geraldi* et la *Vita Odonis Cluniacensis* fournissent un certain nombre de mentions, presque toutes liées au passage des Alpes. Les brigands ont même leurs territoires, ainsi Eude, « Quodam die iter habens juxta praedonum fines... » (II, 20) ; un jeune brigand s'attache à ses pas.

108. « Quadam namque die Quadraginta, super eum insurrexerunt latrones, cumque unus ex eis qui erat insignior caeteris, Aimon nomine, vidisset eum... » L'écuyer d'Eude, qui avait voulu résister, faillit être percé de coups de lance (*Vita Odonis,* II, 19) ; Aimon s'interposa. Cet Aimon savait les chemins secrets qui permettaient d'arriver au Freinet : sa trahison causa la chute de la forteresse :

« Eodem tempore quo Fusci morabantur in castro Fraxenedello ... quidam eorum fuit nomine Aimo coetaneus illorum. Hic cum his exit devastare terram illam et rapiunt aurum et equas et bubulas, diversasque monilia puellasque et parvulos. Factum est ut servarentur quaeque captaverant et mulier quaedam, pulchra nimis, sortitur in porcione Aimonis. Ex ea autem altercatio fit inter utrosque, venit quidam potentior, ille subtrahit illi. Ipse autem tumefactus mansit extra illos. Volens vero Deus liberare populum, fixit illi in corde quatenus proderet locum illum et homines morantes in eo ». Il révèle les chemins au comte de Provence. Celui-ci demande des renforts à Ardouin marquis de Turin « Haec ultio dolo Aymonis facta est, cujus genus nostris adhuc manet temporis » (*Chron. Novaliciense,* Lib. V. Chap. XVIII MHP SS tome III, Turin 1848, col. 43 et sq.).

Au chapitre X du même livre, le chroniqueur relate l'aventure survenue à son grand-père, compère de l'évêque Ingo de Verceil, et à son grand-oncle qui avaient été capturés par les Sarrazins. Une partie de son information vient donc des histoires qui se racontaient parmi les familles nobles de Turin. Rapprochez le *genus* d'Aimon du *genus hominum que Marrones vocantur* (*infra,* note 109).

tantôt pillards, on les appelle d'un nom étrange, les « marrons [109] », vieux mot que les paysans appliquaient aux animaux domestiques qui s'étaient ensauvagés [110]. Faut-il supposer que les « marrons » des Alpes ne sont autres que d'anciens *servi* enfuis des grands domaines à la faveur des troubles de l'Empire finissant, ou leurs descendants [111] ? Paysans hors-la-loi et pirates espagnols se seraient alors unis dans un commun mépris de l'ordre domanial ; maîtres des montagnes, tant pis pour les grands qui tombaient dans leurs mains ; payer, ou esclaves à leur tour, c'était l'alternative. Seuls quelques justes avaient droit à l'estime ou à la pitié [112]. Ainsi s'explique ce mystère : des marins se mouvant à l'aise dans le labyrinthe des vallées alpines ; les guides, les éclaireurs, les indicateurs, et les auxiliaires, les « marrons » les leur fournissaient. De quelque manière qu'on le considère, le phénomène sarrazin révèle la décomposition à tous les niveaux de la société carolingienne au début du xe siècle.

Mais la fin du Freinet est proche. Hugues, puis Otton Ier avaient envoyé des ambassades, notamment celle de Jean de Corze, au calife de Cordoue, Abderhaman, pour lui demander de ne plus soutenir les pirates du Freinet. En 968, Otton projetait une expédition pour les détruire ; les événements l'obligèrent à la remettre [113]. A la fin de l'année 972, une expédition commandée par les nouveaux comtes de Provence, Guillem et Roubaud, et par le

---

109. Eude de Cluny, biographe de Géraud d'Aurillac, un grand d'Auvergne, vante l'estime en laquelle était tenu son héros par tous, « moines, pèlerins, et ces pauvres qu'on appelle les hôtes, et même les Marrons, ces cruels habitants des Alpes... » : « Ipsi quippe Marruci (corrig. *Marruni*), rigentes videlicet Alpium incolae, nihil quaestuosius aestimabant quam et supellectilem Geraldi per juga Montis Jovina transveherent » (*Vita Geraldi,* I, 17) ; cela n'empêcha pas les voleurs de lui dérober deux « sommiers » pendant le même voyage (I, 18). Jean, le biographe napolitain d'Eude, connaît mal les Marrons : « Inter Burdonum Alpes ... secus autem locum illum habitat quoddam genus hominum qui Marrones vocantur, et arbitror ex Marronea provincia illud nomen traxisse originem. Hi enim, accepta mercede, praebuerunt ei ducatum, sicut et aliis facere consueverant. » (*Vita Odonis,* II, 18) L'allusion à la ville antique de Maronée, dans le Samnium, est évidemment aussi lettrée que fantaisiste. La chronique de S. Trond, abbaye au dioc. de Tongres-Liège dit, à propos d'un voyage en Italie par le Grand S. Bernard (Mont Joux) « Et post aliquot dies praemonstrata eis a praeducibus Maronibus difficillima via. Marones enim appellantur viarum praemonstratores » (Cité par Du Cange tome IV, p. 302). Encore au xixe siècle, on appelait Maroniers les guides de l'Hospice du Grand S. Bernard, cf. Littre, *Dictionnaire de la langue française,* V° Maronier et Marronier.

110. On pense immédiatement aux « nègres marrons » des Antilles, qui sont précisément des esclaves rebelles réfugiés dans les Mornes. Mais le mot s'employait aussi pour d'autres « animaux domestiques », par exemple les cochons « marrons », Littre, *op. cit.* V° Marron, 2. La liaison entre les Marrons-Marroniers, guides et porteurs dans les Alpes, et les brigands est fournie par le terme lui-même : Maronier-pirate et Maronner — faire le pirate sont des sens très courant au xive et au xve siècle, cf. Du Cange, *loc. cit.* Eude de Cluny les considère d'ailleurs comme durs (*rigentes*) et il est frappant que les mentions de *latrones* viennent très souvent juste après celles des *Marroni* dans les textes que nous utilisons.

111. Sur ce problème des fuites de *servi,* cf. *infra,* p. 109.

112. Aimon pour Eude de Cluny, ou deux brigands à l'égard de Maïeul prisonnier. Leurs biographes considèrent ces traits comme des signes de la sainteté de leurs héros.

113. *Vita Johannis Gorz.* (MGH.H SS N p. 370) et *Historia S. Arnolfi Mett.* (MGH. SS XXIV p. 544).

Sur tout cela, cf. Poupardin, *Le Royaume de Bourgogne...* pp. 94 à 96, et P. Bonnassie, *La Catalogne...* p. 341.

comte de Turin, Ardouin, mettait fin aux exploits des Sarrazins du Freinet [114]. Certes des pirates maures apparaîtront encore sur les côtes, mais plus jamais il ne s'installeront sur le sol provençal [115]. A la lignée du comte Guillem, que des moines clunisiens de Provence décoreront au XIe siècle du titre bien ancien et bien littéraire de « Père de la Patrie [116] » et que les chansons de gestes du XIIe siècle confondront sans doute avec le légendaire Guillem au cor nez [117], revenait donc la gloire d'avoir libéré la Provence ou du moins ses confins orientaux. Le combat cessait faute de combattants : d'abord par l'extinction ou l'exil de plusieurs grandes familles autochtones, comme celle de Beuve de Noyers ou de Fouquier de Valensoles. Il est difficile de mesurer les saignées que pouvaient causer les troubles de l'époque dans l'aristocratie : l'exemple voisin de la Lombardie indique qu'elles devaient être très rudes [118].

---

114. Pour la date, mieux vaut adopter celle de 972, habituellement admise, que celle de 983 proposée par MANTEYER, *La Provence* ... p. 246. La date de 972 est en effet établie par la chronologie suivante :
— 968, le Freinet n'est pas encore détruit cf. *supra* note 34.
— 972, 24 avril, Maïeul est à Pavie (Jaffe n° 3764).
— 972, mai, le comte Guillem est à Arles, catalogue n° 12.
— 972, 22/23 juillet, capture de Maïeul à Orcière sur la Dranse. 15 août, mise en liberté, peu après défaite des Sarrazins (cf. la *Vita Maïoli auctore Syro* et le commentaire de MANTEYER (*loc. cit.*)
— 972, Maïeul se repose en Provence, où il apprend la mort d'Otton Ier (18 août 972) (MANTEYER, *loc. cit.*).
— 972, 6 septembre, mort du pape Jean XIII, peu après la capture de Maïeul (*ibidem*).
— 973, avril, le comte Guillem donne à un fidèle, les terres de « Ravaneiras » au comté de Fréjus, à l'est du Réal Martin, pour les repeupler, catalogue n° 13.
— 973, 25 juillet, Maïeul est à Aix-la-Chapelle (Dipl. Ottonis n° 51).
— 975, 19 juillet, Riculf est devenu évêque de Fréjus (LEP. dioc. de Fréjus note 2).
— 978, 22 avril, le pape Benoît VII donne l'abbaye de Lérins à Maïeul et à Cluny (RHF. IX 245).
— avant le 6 février 980, Guillem, vicomte de Marseille et son frère l'évêque Honorat assistent à la donation faite « après la reconquête du Freinet », par le comte à l'abbaye de S. Victor de la ville de la Cadière, au diocèse de Toulon, catalogue n° 21.
POUPARDIN donne comme date tantôt 983, d'après MANTEYER (*Le Royaume de Provence* ... p. 273,) tantôt 972 (*Le Royaume de Bourgogne* ... p. 97).

115. 1020 — Expédition contre Narbonne — (Adhémar de Chabannes, *chronique*, édit. Chavanon, Paris 1897, p. 175). — 18 mai 1046 — Pillage de Lérins : « ... Anno MXLVI ordinatio domni Aldeberti primi, et destructio Lirinensis monasterii » (*Breve Chron. abbatum Lirin.* BN lat 12774 p. 110) ; Lettre de l'abbé Audibert à Odilon abbé de Cluny, in AA SS Boll. mai II p. 668) ; rachat des captifs (*Vita Isarni* AA SS OSB saec. VI p. 626). Sur tout cela, cf. P. AMARGIER, *La mentalité monastique en Provence au XIe siècle*... p. 424. — 1124, pillage de Lérins et d'Antibes (*Moris et Blanc* cart. de Lérins n° 294 ; Doublet, AEA n° 55). — 1178, 17 juillet, pillage de Toulon (AVM n° 264).

116. 1030/1039 (CLU n° 2866).

117. Cf. *infra* p. 356.

118. Liutprand dit qu'un combat entre Rodolphe de Bourgogne et Béranger de Frioul (923) fut si meurtrier qu'à l'époque où il parle, donc au milieu du siècle, les familles chevaleresques de Lombardie étaient peu nombreuses (*Antapodosis* Lib. II cap. 65-66... pp. 50-51). Flodoard dit à propos de la même bataille : « (praelium) ubi mille D viri cecidisse decuntur ». (Flodoard, *Annales*, LAUER, Paris 1906, p. 19). Les chiffres que donne Flodoard concernent généralement les Normands et tournent autour du millier (en 923 : 1200, en 925 : 700, encore en 925 : 1000, en 926 : 1100. — On comparera avec Richer qui pour 925 et 926 donne 13 000 et 8 000) (*Loc. cit.* p. 12, 27, 31, 33 ; p. 12 note 1 et p. 33 note 4). En 869, 300 Provençaux sont tombés en Camargue, massacrés par les Sarrazins. Or, Flodoard, Liutprand, Hincmar sont des auteurs

Le clan bourguignon lui-même s'était dispersé pour avoir voulu trop étreindre et a finalement abandonné la Provence : Hugues d'Arles n'y revient que pour y mourir en 947 et son fils meurt en 950 ; son frère Boson, parti en Italie en 931, y meurt en 936. Son neveu Hugues est comte de Savoie à partir de 925 et y fera souche. Sa nièce Berthe se marie avec Raimon de Rodez peu après 952 [119]. Son parent, l'archevêque Manassès a abandonné son siège depuis 933 et ne rentrera en Provence qu'en 952/953 après s'être vu condamner par le concile d'Augsbourg [120].

Il est temps de conclure : les Sarrazins de Provence n'étaient que le révélateur d'une crise intérieure, et non la cause. A la différence des cavaliers musulmans du VIIIe siècle, dont la poussée avait obligé les Francs à se donner un Etat militaire qui avait soumis le Midi, eux ne faisaient qu'accélérer la décomposition de cet Etat qu'ils n'étaient plus capables de menacer sérieusement. Les véritables destructeurs de l'Etat carolingien, que masquent parfois à nos yeux les pirates maures, ne sont autres que les familles de l'aristocratie d'Empire. Pour elles, passée la plus grande menace, l'Etat, si tant est qu'elles comprennent le mot, n'a plus de nécessité, partant plus de raison d'être ; les notions d'administration, de justice, que s'efforçaient de sauvegarder certains hommes d'Eglise, leur sont profondément indifférentes : les charges publiques ne sont à leurs yeux qu'un moyen commode de légitimer les exactions de la force. Et peu leur importe le lieu où elles les exercent : qu'elles les perdent ici, elles vont ailleurs en trouver. Ce groupe, par son instabilité, donne l'impression de camper dans l'Empire, comme ses ancêtres barbares, plutôt que d'y vivre. Mais ses ambitions, et les luttes qui s'ensuivent, coûtent cher à ceux qui travaillent et à ceux qui prient ; que penser d'Hugues d'Arles et des siens, abandonnant une moitié de la Provence et les Alpes à des brigands, pour pouvoir dominer Narbonne et Pavie ? Sans doute que, pour eux aussi, le temps de paix n'était que l'occasion d'exercer « de vastes brigandages [121] ». La leçon n'était pas perdue pour tout le monde ; la légende d'Aimon, brigand des Alpes rappelle celle du pseudo-Hasting, dont on racontait qu'il n'avait été qu'un misérable paysan champenois, avant de s'enfuir chez les Normands de la Loire et de devenir leur chef [122] ; vrai ou faux, qu'importe ; ces histoires que l'on colportait ici ou là avaient la même morale : mieux vaut être pillards que d'être pillés par les grands, malheur aux faibles. Le brigandage paysan est la réponse à la rapacité des *potentes*. Au moment où s'apaisent les grandes vagues d'invasion, se révèle la fragilité d'un ordre que les nobles francs n'avaient pas pensé mais dont ils avaient un temps fait la force. C'est le fonctionnement de cet ordre qu'il faut à présent examiner.

---

honnêtes et précis. On sait qu'après les batailles importantes on dressait une liste des morts les plus notables, dont les cadavres étaient sans doute enterrés à part.

119. MANTEYER, *La Provence*, p. 125, 145, 151, 155.

120. LEP, dioc. d'Arles note 2 ; GCNN Arles n° 254.

128. « Remota... justitia, quid sunt regna, nisi magna latrocinia ? » S. Augustin, *La cité de Dieu*, éd. P. de Labriolle, Paris 1957, IV, p. 332.

122. « ex infimo rusticorum genere » (Raoul Glaber, Lib. I, V, 19,.. p. 18). L. Musset évoque à juste titre le thème du renégat chrétien dans les chansons de Geste (*op. cit.* p. 194). Mais ce qui nous intéresse ici, c'est l'origine sociale attribuée aux renégats ; pour une fois des héros de légende ne sont pas des nobles.

Chapitre II

Pouvoir et institutions publiques au Xe siècle

Les luttes des années 896-916 forment dans l'histoire du Midi de la Gaule un seuil : elles se déroulent encore au niveau politique et social qui était celui du vieil empire franc ; on s'y dispute des charges publiques, non des patrimoines privés ; le même conflit voit intervenir des archevêques de Narbonne, de Besançon ou d'Embrun, un futur roi d'Italie dont le père est mort en Lorraine, un pseudo-archevêque d'Arles, marquis de Trentin. La dispersion des réfugiés est tout aussi frappante : Voghera, Narbonne, Brioude, Mâcon, Gérone, S. Maurice d'Agaune, Reims. La Reichsaristocratie, ce groupe restreint de quelques grandes familles franques, occupe pour la dernière fois le devant de la scène, et cette scène est à sa mesure.

Cela, une simple description suffit à le montrer. Mais cette crise n'a-t-elle pas un sens plus profond, ou, si on veut, trahit-elle une mutation importante des structures politiques et sociales ? Quel passé institutionnel disparaît dans la tourmente, quel présent le remplace ? Le langage du passé, nous le connaissons ; c'est celui qu'employait un archevêque d'Arles à la fin du IXe siècle pour décrire le Pouvoir : il y a le Roi, puis il y a les évêques et tous ceux qui régissent une église, enfin il y a ceux qui sont commis aux affaires publiques ; *Rex, rectores ecclesiarum, rei publice praefecti* [1]. Schéma désuet, schéma qui fut toujours utopique ou réthorique, construction de l'esprit ? Reste à savoir pourquoi une telle « construction de l'esprit » a pu survivre jusque-là. Examinons successivement ces trois pouvoirs et les relations de domination ou de subordination qu'ils impliquent.

---

1. 897 (GCNN Arles n° 233).

— LE POUVOIR ROYAL —

Depuis que Louis de Provence avait été aveuglé en 905 par son rival en Italie Bérenger de Frioul, ce n'était plus que l'ombre d'un roi, reclus dans un palais viennois [2]. Il meurt le 5 juin 928. A cette époque, le chef des Bourguignons, son parent Hugues d'Arles, est roi d'Italie ; son pouvoir s'étend jusqu'en Provence où sont restés son frère le comte Boson, et son neveu l'archevêque Manassès. En 931, ceux-ci viennent le rejoindre en Italie. En 935, Hugues fit la part du feu, et, pour se débarrasser de son compétiteur Rodolphe, le roi de Bourgogne Jurane, lui céda « toute la terre qu'il avait tenue en Gaule avant de monter sur le trône d'Italie ». Manteyer a fait justement remarquer qu'il ne s'agissait nullement du domaine privé d'Hugues, qu'il léguera à sa nièce Berthe, mais bien des terres publiques qu'il tenait, ou qui étaient tenues de lui au titre de son marquisat. Rodolphe de Jurane devient donc roi en Provence, puisqu'il avait déjà le titre royal, et qu'il se substitue au marquis de la région [3].

Il est habituel d'insister sur la faiblesse de cette monarchie de Jurane. Rien n'est pourtant moins évident. Ecartons Rodolphe II, mort le 11 juin 937, pour regarder de près le règne, « le calme règne de cinquante-six années » de son fils Conrad « le Pacifique [4] ».

La chronologie du règne telle qu'on peut la rétablir à partir de l'étude de Poupardin et de notre propre documentation permet d'isoler cinq périodes dans ce règne assez long : — l'établissement difficile de Conrad sur le trône par l'Empereur Otton (937-945), — le retour d'Hugues d'Arles et de Manassès en Provence (947-963), — la participation de Conrad à la politique d'expansion d'Otton Ier (967-968), — le règlement de la situation née de la chute du Freinet (976/978), — le soutien apporté par Conrad à son neveu Otton II, puis à sa sœur, l'impératrice Adélaïde (978-989). Durant cette dernière période, il paraît s'être détourné de la Provence pour porter son attention vers le royaume de France [5]. Seules les quatre premières périodes nous intéressent donc ici.

A la mort de Rodolphe, les conditions d'exercice du pouvoir royal étaient désastreuses pour la Maison de Jurane. Conrad, âgé de sept ou huit ans, héritait un pouvoir plus théorique que réel. C'est le roi de Germanie Otton Ier qui, se faisant son baillistre, va se charger de l'établir. Etablissement qui n'allait pas de soi, la chronologie le montre : en 940, Otton fait sacrer Conrad à Lausanne [6], donc au cœur des possessions des rois de Jurane, mais

---

2. A partir de cette date tous ses diplômes sont délivrés à Vienne, au palais de S. André c'est-à-dire à l'abbaye de ce nom (POUPARDIN, *Recueil des actes des rois de Provence*, Paris 1920).

3. MANTEYER, *op. cit.* p. 133. POUPARDIN, *Le royaume de Bourgogne...*, p. 43.

4. L'expression est de POUPARDIN, *Le royaume de Bourgogne...*, p. 66.

5. POUPARDIN, *op. cit.*, pp. 82 à 85.

6. POUPARDIN donne 937, *op. cit.* p. 66, mais MANTEYER, *op. cit.*, p. 138 montre que la reconnaissance en Jurane ne date que de la fin de 940, et Poupardin lui même qu'en décembre 938, Hugues d'Arles était sur les bords du Léman, p. 67. Au début de 940, pour Flodoard, Conrad était encore simplement « filius regis Rodulphi » (*op. cit.*, p. 77).

la Viennoise ne reconnaît alors que le pouvoir de Louis IV de France et la Provence celui d'Hugues d'Italie [7]. En novembre 942, Otton Ier fait la paix avec Louis d'Outremer ; aussitôt, en mars 943, Conrad arrive à Vienne où il tient une assemblée avec les grands, ecclésiastiques et laïcs [8] ; à partir de cette date, on le reconnaît en Viennois et parfois en Provence. Enfin, en mai 945, il tient une autre grande assemblée à Arles avec un comte Boson et les évêques de la région [9]. Son pouvoir est définitivement reconnu dans ce que les historiens modernes appellent, faute de mieux, le royaume de Bourgogne-Provence.

Se pose alors le problème de la relation entre le nouveau roi en Provence, Conrad, et ce comte Boson qui est lui aussi un nouveau comte, puisque son prédecesseur, le frère d'Hugues d'Arles, appelé aussi Boson, est parti en Italie en 931 et y est mort en 936. Ce nouveau comte Boson n'a pas été mis en place par Conrad ; c'est le mari de Berthe, la fille de son prédécesseur et nièce d'Hugues d'Arles. Il est donc lui aussi lié au clan bourguignon. On lui a cherché en vain une place dans le cercle restreint de l'aristocratie d'Empire. En fait, il semble qu'il faille l'identifier avec le comte Boson, fils de Roubaud [10], souche de la première famille des comtes héréditaires

---

7. Louis d'Outremer est reçu à Vienne en 941 et c'est le roi Hugues qui attaquait le Freinet en 942 (Flodoard, *op. cit.*, pp. 83 et 84).

8. Vienne, 28 mai 943 (CLU n° 622) et le groupe de diplômes du 23 avril 943 (CLU n° 627 et 628) et du 17 mai 943 (CLU n° 631 = U. Chevalier, *Cart. de* S. André le Bas, appendice n° 24, p. 235).

9. Mai 945 (catalogue n° 2. Décret d'élection de l'évêque Pons d'Orange). Ces reconnaissances successives expliquent les différentes manières de compter les années de règne de Conrad. La chancellerie place le début du règne à la mort du père de Conrad en 937. Un second style date de juin ? 940 ; on en trouve des exemples à Lyon où il semble avoir été général (A. Bernard, *Cart. de Savigny,* Paris 1853, n° 45, 99, 131, 135, 178, 243, 259, et GCN tome IV, instr. col. 71), à Romans (*Cart. de S. Barnard* 2e édit. n° 23 et 38), en Provence à Arles, Marseille et Manosque (GCNN Arles n° 273 ; catalogue n° 15 ; Bibl. Arles ms 882, f° 19 ; CSV n° 70 et 654). Un troisième style date entre le 12 décembre 942 et le 19 février 943, soit probablement de l'entrée de Conrad à Vienne (GCNN Arles n° 252 et trois actes aux Arch. B. du R. 2 H 9). Enfin, à Apt, on considère que Conrad a commencé à régner en 945 (CA n° 28, 30, 31) et au mois de mai (*Ibid.* n° 16).

10. « Bertae, neptae suae, Bosonis Arelatensis comitis viduae, pecunia derelicta, quam etiam, brevi spatio intercedente, memoratus Raimundus, impurissimae gentis princeps impurior sibi maritam effecerat, cujus non solum concubitu verum etiam osculo indignum elegantes formarum inspectores judicant... » (Liutprand *Antapodosis* Lib. V c. 31). Pour identifier Boson, mari de Berthe, Manteyer avait commencé par dresser la liste complète des Boson célèbres, puis en avait éliminé plusieurs pour n'en retenir que deux : Boson, neveu de Manassès et Boson fils de Richard le justicier. Il avait ensuite montré que Boson, neveu de Manassès, n'avait pas l'âge qui convenait (*op. cit.*, p. 157). Restait donc Boson, fils de Richard. Et Liutprand, disait Manteyer, insiste sur ce fait que le deuxième mari de Berthe valait moins que le premier. Le texte que nous citons ne dit pas cela, mais seulement que « les plus raffinés des connaisseurs de la plastique le jugeaient indigne non seulement du lit, mais même du baiser », donc qu'il était fort laid. De plus, outre le fait que ce Boson est souvent présent en Lorraine et jamais en Provence, Flodoard nous indique qu'il est mort en 935 et a été enterré à S. Remy de Reims. Or il existe un comte d'Arles, Boson, en 945 (catalogue n° 2). Il serait curieux que Liutprand parlant de la situation de Berthe en 947 ne fit rien pour nous éviter une fâcheuse confusion entre ces deux Boson. En fait, Manteyer lui-même montre que Berthe n'était sans doute pas encore mariée en 936 (*Ibidem,* p. 152, note 1). Il faut donc nous rabattre sur Boson, fils de Roubaud, comte au moins à partir de 954. Manteyer l'écarte parce que, dit-il : « Berthe était veuve en 947 ». Rien n'est moins évident, car le mot *vidua, viduata,* ne désigne pas forcément

de Provence. Sa famille semble implantée dans le Midi dès la fin du XIe siècle et liée aux Bourguignons. En 901, un comte Roubaud accompagne Louis dans son expédition en Italie [11]. Dans la partie sud du comté d'Avignon outre-Durance, un Roubaud avait reçu de l'archevêque Manassès des terres en complant, à la Laurade, origine du domaine comtal en ce lieu. Toujours dans le même canton du comté d'Avignon, le père de Boson avait acquis une partie de la *villa* de Noves. De même, la *villa* de la Végière, près d'Ansouis, était un alleu acquis *legibus* [12]. Sur le territoire de la *villa* des Arcs, qui avait été à Fouquier de Valensole, existait au XIe siècle, une *sala Rothbaldi* ancienne résidence d'un grand, nommé Roubaud ; en 1039 elle était devenue monastère, mais une partie des Arcs était dans le domaine comtal [13]. Dans ces quatre cas, les seuls où nous pouvons distinguer des alleux de la famille comtale, il s'agit d'acquisitions. Les noms portés dans la famille durant les premières générations sont aussi significatifs : Roubaud, Boson, Guillelm. On trouve de tels noms, au niveau social qui nous intéresse, en Septimanie ; un Roubaud a été juge à Nîmes en 898, et c'est un vicomte Boson qui a remplacé Renard de Sabran à Agde-Béziers en 897 [14]. A l'appui de ces indices, il faut noter la dévotion précoce et manifeste de la nouvelle famille comtale pour l'abbaye nîmoise de Psalmody [15]. La dévotion parallèle à Cluny peut par contre s'expliquer autrement que par une origine bourguignonne ; Cluny était l'abbaye refuge des bannis provençaux, et il était peut-être bon d'apaiser la colère du portier du Ciel, sous la protection duquel s'étaient placés les *rescapés du massacre* [16]. Au VIIIe siècle, le nom de Roubaud était porté par un noble provençal révolté contre les Carolingiens [17].

La conclusion la plus prudente que l'on puisse formuler, et qui essaye de tenir compte de tous ces indices, serait la suivante : la nouvelle famille comtale est provençale, ou peut être venue de Septimanie. Elle a été mise au rang comtal par les Bourguignons. Mais son chef, Boson, a su virer de bord à temps, en rompant son mariage avec Berthe, et en épousant une Constance, qui bien qu'inconnue [18], devait être assez illustre pour donner son nom à sa petite fille, épouse d'un roi de France ; le nom de Guillem évoque, bien entendu, une fois de plus les Guillelmides d'Auvergne. Le

---

une veuve dans les textes de l'époque, mais aussi bien une femme abandonnée par son mari : ce qui est d'ailleurs le sens latin classique. L'exemple le plus célèbre est celui d'Azalaïs d'Anjou, veuve de Raimon de Toulouse, mariée au jeune Louis V. Richer précise en ces termes qu'elle a été abandonnée : « Regina sese viduatam dolens... Wilelmum Arelatensem adiit eique nupsit » (RICHER, Lib. III c. 92 et ss. LATOUCHE, Paris 1964, tome II p. 120). Si Berthe avait été réellement veuve, on aurait attendu d'un auteur aussi précis que Liutprand, une formule comme : « Bosonis quondam Arelatensis comitis vidua ».

11. MANSI, *Concilia,* XVIII p. 239.

12. GCNN Arles n° 214 ; renouvelée en blanc en 981 (*Ibidem* n° 281) ; domaine comtal en 981 et 1040 (Catalogue n° 23 et 125) ; 965 (Catalogue n° 6) ; 979 (Catalogue n° 20).

13. Monastère Sainte Rosseline (CSV n° 570 ; CLU n° 1071 et Catalogue n° 311).

14. HGL, V, col. 94 et GERMER-DURAND, *Cart. de Nîmes* n° 8.

15. 979 (Catalogue n° 20) et 993 (Catalogue n° 38).

16. 993 (Catalogue n° 37 et 46).

17. Testament d'Abbon, 739 (CSH, XXII A).

18. Etait-elle, comme le comte de Vienne Charles Constantin, bâtarde de Louis l'Aveugle ?

FIG. 2

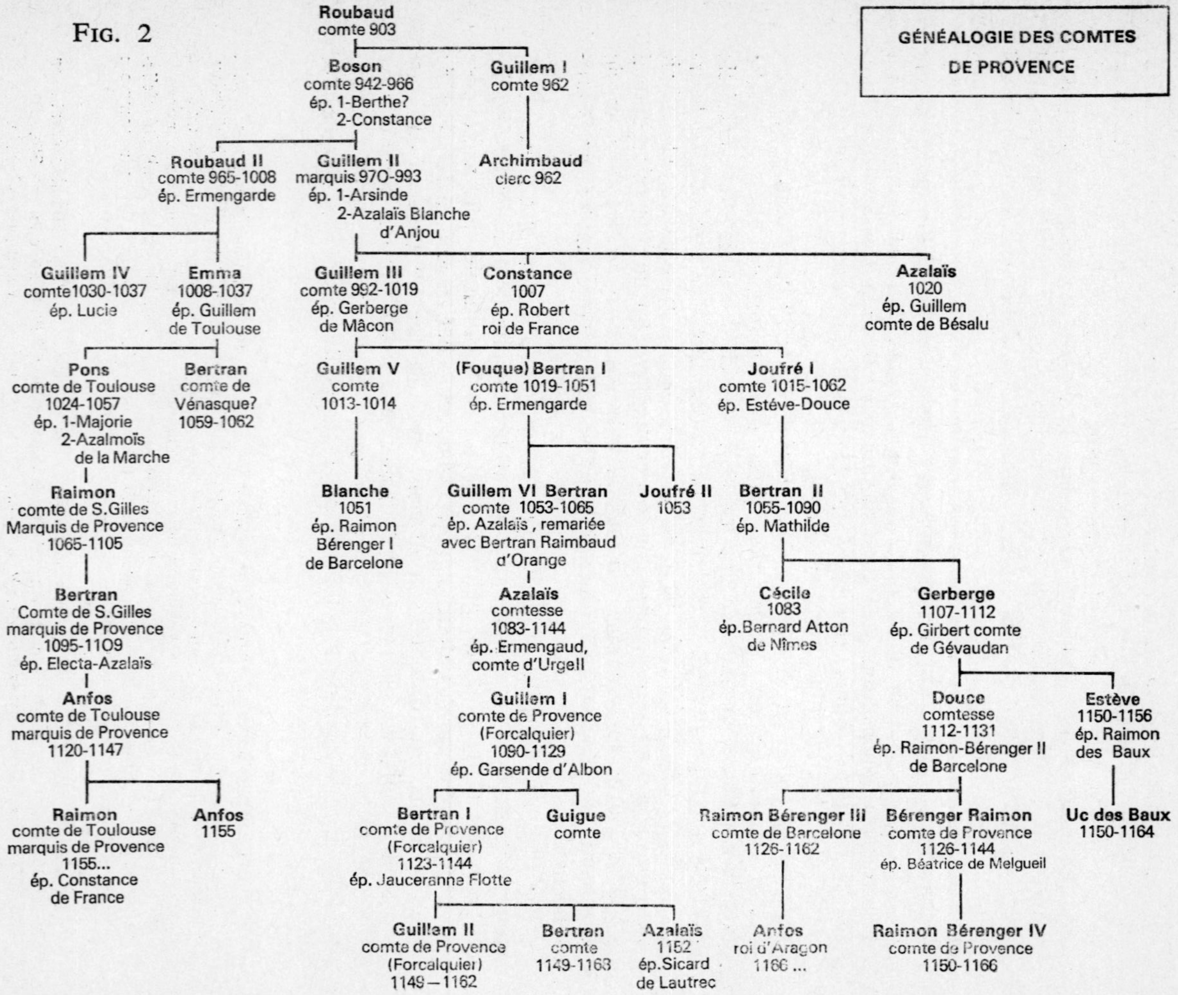
GÉNÉALOGIE DES COMTES DE PROVENCE
Roubaud comte 903
Boson comte 942-966 ép. 1-Berthe? 2-Constance
Guillem I comte 962
Roubaud II comte 965-1008 ép. Ermengarde
Guillem II marquis 970-993 ép. 1-Arsinde 2-Azalaïs Blanche d'Anjou
Archimbaud clerc 962
Guillem IV comte1030-1037 ép. Lucie
Emma 1008-1037 ép. Guillem de Toulouse
Guillem III comte 992-1019 ép. Gerberge de Mâcon
Constance 1007 ép. Robert roi de France
Azalaïs 1020 ép. Guillem comte de Bésalu
Pons comte de Toulouse 1024-1057 ép. 1-Majorie 2-Azalmoïs de la Marche
Bertran comte de Vénasque? 1059-1062
Guillem V comte 1013-1014
(Fouque) Bertran I comte 1019-1051 ép. Ermengarde
Joufré I comte 1015-1062 ép. Estéve-Douce
Raimon comte de S.Gilles Marquis de Provence 1065-1105
Blanche 1051 ép. Raimon Bérenger I de Barcelone
Guillem VI Bertran comte 1053-1065 ép. Azalaïs, remariée avec Bertran Raimbaud d'Orange
Joufré II 1053
Bertran II 1055-1090 ép. Mathilde
Bertran Comte de S.Gilles marquis de Provence 1095-1109 ép. Electa-Azalaïs
Azalaïs comtesse 1083-1144 ép. Ermengaud, comte d'Urgell
Cécile 1083 ép.Bernard Atton de Nîmes
Gerberge 1107-1112 ép. Girbert comte de Gévaudan
Anfos comte de Toulouse marquis de Provence 1120-1147
Guillem I comte de Provence (Forcalquier) 1090-1129 ép. Garsende d'Albon
Douce comtesse 1112-1131 ép. Raimon-Bérenger II de Barcelone
Estève 1150-1156 ép. Raimon des Baux
Raimon comte de Toulouse marquis de Provence 1155... ép. Constance de France
Anfos 1155
Bertran I comte de Provence (Forcalquier) 1123-1144 ép. Jauceranne Flotte
Guigue comte
Raimon Bérenger III comte de Barcelone 1126-1162
Bérenger Raimon comte de Provence 1126-1144 ép. Béatrice de Melgueil
Uc des Baux 1150-1164
Guillem II comte de Provence (Forcalquier) 1149—1162
Bertran comte 1149-1163
Azalaïs 1152 ép.Sicard de Lautrec
Anfos roi d'Aragon 1166 ...
Raimon Bérenger IV comte de Provence 1150-1166

nouveau comte est donc membre d'une de ces familles « de second rang », haussé au pouvoir dans une conjoncture favorable : une alliance heureuse, un changement d'alliance opportun, la reconnaissance par un roi lui-même fort désireux d'être reconnu. Conrad, trouve en Boson un comte moins dangereux et moins ambitieux, parce que « moins noble », désireux par là même de bien s'entendre avec les notables provençaux en apaisant le sang versé ; et les offrandes à Cluny n'ont selon nous pas d'autre sens. La paix succédait à la guerre que Conrad n'avait plus les moyens de mener.

On imagine, dans ces conditions, le trouble que jeta dans ce nouvel équilibre le retour d'Hugues à Arles, en 946, lorsque, chassé par les Italiens, il revint en Provence avec plusieurs de ses parents et notamment le trop célèbre Manassès. Le comte de Rodez, à cette époque maître du Nîmois, et cadet de la puissante famille de Toulouse, vint se commander à lui. Hugues, pour consolider l'alliance, lui donne sa nièce Berthe, qu'avait abandonné Boson, fils de Roubaud. La mort d'Hugues, le 10 avril 947, dut faire pousser à beaucoup un soupir de soulagement [19]. Restait un dernier, et embarrassant témoin de l'épisode bourguignon, Manassès. Il fallait porter le coup de grâce. Ce fut le but d'un concile de mai 947, probablement celui de Tournus [20].Les archevêques de Vienne et de Lyon, entourés de l'évêque du Puy et de celui d'Uzès — qui n'est autre que notre vieille connaissance Amiel de Sabran, vénérable par l'âge plus que par la fidélité, — y convoquent Rathier de Vérone, qui avait précisément été expulsé de son siège par Manassès. Rathier, toujours prudent refusa de venir, pour, dit-il, trois raisons :

— « Je ne suis pas *proprii juris* », soit l'équivalent de la vieille expression juridique romaine *sui juris* ; il est lié à un seigneur et ne peut venir sans son autorisation à un concile où le convoquent des personnages estimables, certes, mais qui n'ont aucun titre à le faire.

— « J'estime un crime exécrable de dire et même de penser du mal de son seigneur. »

— Enfin : « Il n'est pas nécessaire de me présenter à qui que ce soit pour

---

19. Manteyer, *La Provence...*, pp. 145 et 154.

20. La convocation à ce concile n'est connue que par la réponse de Rathier (P.L. tome 136, col. 648) adressée à Gui, archevêque (de Lyon, mort peu avant mars 948 — CLU 670), Sobbon, archevêque (de Vienne, mort le 26 février 949 — GAMS) Godechaut, évêque (du Puy, 932-955) et Amiel évêque (d'Uzès, 888-949). La lettre implique qu'après avoir connu des tribulations (celles de son incarcération à Pavie et à Côme), il est encore en exil, il s'agit donc de la période 940-947.

Il faut sans doute identifier ce concile avec celui de Tournus. Poupardin (*Monuments de l'Histoire des abbayes de S. Philibert,* Paris 1905, p. 94, note 1), le date largement : après mai 945 (abbé Aimin) avant août 949 (archevêque de Lyon Bouchard). Mais nous venons de voir que l'archevêque Gui était déjà mort en mars 948 ; d'autre part, le *chron. Trenorch,* indique que les moines et leur abbé Hervé sont restés près de trois ans en Auvergne avant de ramener les reliques lors du concile. Les fêtes de commémoration avaient lieu le vendredi après l'Ascension, et un missel de S. Vincent de Mâcon donnait comme date de jour le 23 mai : la seule année dans la période qui puisse convenir est 947, où le Vendredi de l'Ascension est un 21 mai. Notons que Godechaut du Puy était présent à Tournus.

qu'on s'enquière de ma vie : le mauvais, comme dit Térence, tout le monde s'en occupe ; le bon, si j'en ai, c'est grâce à Dieu [21]. »

Cette fin de non-recevoir nous indique bien le sens des propositions qui lui avaient été faites : le concile devait le blanchir des accusations qui avaient amené sa déposition du siège de Vérone et, en retour, il devait témoigner contre « son seigneur », c'est-à-dire Hugues [22].

Si Rathier refusa d'aller au concile, il semble bien que Manassès, lui, accepta ; en septembre 948, accompagné d'autres Provençaux et notamment de Berthe, il donnait à Cluny pour le salut de son âme [23]. En 949 il revenait en Italie, où il parvenait enfin à se hisser sur la chaire d'Ambroise [24]. En 952, après le raid d'Otton Ier en Italie, il allait au concile d'Augsbourg pour se justifier à nouveau [25]. C'est pendant cette errance de Manassès que Conrad donna le gros des fiscs marseillais à Arlulf le viennois [26]. Enfin Manassès se résigne ; en 954, il est de retour à Arles [27] toujours aussi gênant puisqu'il tient tous les fiscs arlésiens, soit la plus grosse partie du domaine fiscal [28]. Il meurt de 17 novembre 962/963 [29].

Durant toute cette période, à l'exception du diplôme de 950, la documentation provençale ne nous parle plus de Conrad. A peine Manassès mort, par contre tout change. Le 8 décembre 963, le roi délivre un diplôme pour Montmajour qui constitue une véritable fondation et il le fait « à la prière du comte Boson [30]. En avril 964, le roi vient à Arles où il gratifie d'un diplôme l'évêque de Sisteron [31]. L'année suivante, c'est à Arles qu'est tenu le plaid général de mars par le comte Boson [32]. En 966, le roi règle le problème des possessions provençales de l'abbaye lyonnaise de l'Ile Barbe [33].

En octobre 967, il se rend auprès de l'Empereur, à la diète de Vérone où l'on étudie le projet d'une expédition contre le Freinet [34].

La lacune qui suit dans la documentation, de 967 à 970, pourrait bien

---

21. « Non sum ipse juris proprii... scelus judico exsecrabile de seniore aliquid sinistri nedum dicere vero sentire... Non est necesse me praesentari cujuslibet obtutibus explorandae qualitatis meae causa ; quantum ad pejus cunctus curat populus... ad melius gratia Dei sum si quid sum. » (P.L. 136 col. 648 et 293).

22. Hugues avait certainement été le seigneur de Rathier (P.L. 136, col. 648, note 1252).

23. CLU 726. L'acte est daté du règne de Louis de France. Il a donc été passé hors du royaume de Bourgogne-Provence, sans doute à Cluny même. Mais Manassès était à Pavie en juin 947 (GCNN Arles n° 248).

24. P.L., 136, col. 60.

25. 7 août 949 (MGH. Leges IV, I p. 18).

26. CSV n° 1041.

27. Catalogue n° 2 ; daté de l'an XV du règne de Conrad, soit le 14 août 954 (style le plus employé) ou même 957 (style de 943,cf. *supra* note 9). Manassès est resté archevêque de Milan 5 ans.

28. Cf. *infra*, p. 82.

29. LEP dioc. d'Arles note 2. Sur un concile bourguignon de 960 dirigé contre lui, cf. *infra* p. 90 note 93.

30. Vienne, 8 décembre 963 (catalogue n° 5).

31. Arles, 6 avril 964 (RHF., XI, 702, diplôme interpolé).

32. Mars 965 (catalogue n° 7).

33. Vienne, 20 août 966 (RHF., XI, 702).

34. POUPARDIN, *op. cit.*, p. 81.

correspondre à la part prise par Conrad aux guerres italiennes de son protecteur germanique. Il rentre à Vienne en août 971, au moment où l'Empereur décide d'abandonner le projet d'expédition contre le Freinet [35].

C'est précisément en août 972 que le fils du comte Boson, Guillem aidé de son frère Roubaud et du marquis de Turin, Ardouin, enlève d'assaut la forteresse sarrazine [36]. Les principaux intéressés avaient donc pris les choses en main et ils entendaient bien en tirer le bénéfice. Mais, pour discipliner la curée, pour légitimer l'augment des terres en son pouvoir, le comte avait encore besoin du roi. En octobre 973, Conrad tient un plaid à Lyon « avec tous ses fidèles, évêques ou comtes » [37]. C'est seulement quatre ans plus tard, entre avril 976 et août 978, qu'il tient un grand plaid à Arles, et les préoccupations de cette assemblée valent qu'on s'y arrête. Deux affaires au moins y furent examinées. La première est la plainte portée devant le roi par l'évêque de Valence, Aimon, contre un nommé Aicard, usurpateur de la terre de Saint-Apollinaire. Aicard n'est autre que le fils du viennois Arlulf qui avait obtenu du roi Conrad, les fiscs du Val de Trets en 950, et le petit-fils du comte de Provence Thibert. La branche de cette famille devenue marseillaise, conservait encore des biens en Viennois, en face de Serrières, sur la rive gauche du Rhône. Et le village de Saint-Apollinaire, au canton d'Annonay, était précisément situé entre ceux de Vérane et d'Atticieux, tous deux alleux de la famille d'Arlulfe [38]. Entre le 1er avril 976 et le 6 mars 977, le frère d'Aicard Guillem, venait de recevoir, avec le titre de vicomte, une énorme dotation en fiscs autour de Marseille [39]. C'est dire à quel point cette famille était bien en Cour. On devine l'embarras qui dut saisir l'assemblée. Aicard se sentit assez fort pour négliger de faire droit à la plainte d'Aimon, et, apparemment le roi ne se résolut pas à le contraindre. Aimon, refusant de s'avouer vaincu, alla trouver les prélats ses confrères et leur demanda d'excommunier Aicard. Seuls acquiescèrent à sa demande les deux archevêques de Vienne et de Lyon, l'ex-chancelier Gerold, évêque de Genève, le pieux Isarn, évêque de Grenoble, tous deux suffragants de Vienne, et le puissant Gui d'Anjou, évêque du Puy, le futur défenseur de la Paix de Dieu. Pas un évêque provençal n'avait donné son appui à Aimon, pas même l'archevêque Ithier, alors que le texte de l'excommunication avait été déposé sur le maître-autel de sa cathédrale, pas même l'évêque de Cavaillon Walcaud, à qui le roi venait d'accorder l'autorisation de fonder un monastère sur les biens de son évêché [40]. Aimon fit donc afficher les cinq excom-

---

35. *Ibidem*, p. 96.
36. *Supra*, p. 27.
37. BERNARD, *Cart. de Savigny*, n° 127. L'indication et l'an de règne montrent qu'il faut corriger l'an de lincarnation.
38. Un texte de 972 appelle les terres de Serrières, « terra Massiliensium » (U. CHEVALIER, Cart. S. André-le-Bas, App. n° 115). Les hypothèses de Manteyer sur l'origine d'Arlulf sont donc justes. Sur les alleux familiaux, cf. MANTEYER, *op. cit.*, p. 99 notes 1 et 2.
39. Cf. p. 124.
40 Walcaud déclare le 12 mai 979 (catalogue n° 19) qu'il fonde le monastère de S. Véran de Vaucluse « sur le conseil de son seigneur le roi Conrad » (sur cette église et son autel formé de remplois antiques cf. FOR, fasc. VII, p. 25, n° 55).

munications et la sienne dans la cathédrale d'Arles, « capitale de cette Gaule », et renouvela sa plainte devant le « recteur » de la cité, c'est-à-dire le roi, en formulant le souhait que « sa grâce veuille bien donner son accord à de si éminents patrons » c'est-à-dire à ses confrères [41]. On ne sait si le vœu d'Aimon fut exaucé, mais l'affaire est révélatrice de l'impuissance du roi à condamner un grand personnage.

L'assemblée avait d'ailleurs bien autre chose à faire que s'occuper des doléances de l'évêque. La Provence de l'Est venait d'être reconquise. Il s'agissait de savoir quel régime juridique allaient avoir les terres reconquises à l'est, alors que leurs anciens propriétaires avaient souvent disparu dans les conditions gênantes que l'on sait, et que les nouveaux occupants commençaient à entrer en conflit les uns avec les autres. La question fut réglée dans le sens qu'on pouvait prévoir : les terres abandonnées furent considérées comme tombées dans le fisc royal, et le roi les concéda généreusement au comte, qui en devint donc l'unique répartiteur ; fort de cette donation, il régla souverainement les conflits qui s'élevaient [42]. Et, pour marquer aux yeux de tous le surcroît de puissance et de dignité que sa conquête avait apporté au comte d'Arles, Conrad lui accorda le titre de

---

41. « Noverit itaque omnium fidelium Dei prudentia, qualiter ego Aimo Valentinensis sedis Gratia Dei humillimus presul, proclamaverim me ante presentiam Gondradi regis, senioris nostri, quod Aikardus terram Beati Apollinaris ... injusto ordine tenebat, et contra Deum et Sanctos ejus crudeli temeritate possidet. Et quoniam nulla ratione ipsum ad rectitudinem faciendam invitare potui, dignum duxi ut juditium Eterni Regis Domini nostri postularem ... Hac igitur necessitate imminente ... consilium et juvamen a senioribus nostris episcopis circa nos morantibus deprecati sumus, quorum mercedem et consecuti sumus secundum animi voluntatem : habemus enim excommunicationem domni Theutbaldi Viennensis archiepiscopi et Amblardi Lugdunensis archimandrite, domni Vuidonis Aniciensis presulis, domni Isarni Gratianopolitane sedis antistis, necnon domni Gerauldi Genevensis episcopi ... Et quoniam Arelas caput est et esse debet istius Gallie, proclamationem nostram ante presentiam rectoris ejus deferre decrevimus quatinus ne dedignetur merces ejus tantis patronibus prelibatis assensum accomodare » (CSH, XXV, A). *Terminus a quo* : élection de Gui à l'évêché du Puy en 976 (GCN, III, col. 695) ; *ad quem* : mort d'Amblard, archevêque de Lyon le 8 mai 978 (GAMS P. 570 et GCN IV col. 75). Une autre trace de ce concile est fournie par les souscriptions des évêques Ithier d'Arles, Walcaud de Cavaillon et Garnier d'Avignon, apposée entre 976 et 980, sur une charte de Bouchard archevêque de Lyon pour l'abbaye de Savigny, de novembre 953 (BERNARD, *Cart. de Savigny* n° 38). En 977, trois évêques, dont Garnier, étaient à Arles (GCNN, Arles n° 280).

42. Après la reconquête des terres de l'Est (début du texte cité Chap. I note 25). « Quapropter, illi qui potentiores videbantur esse, altercatione facta, inpingebant se ad invicem, rapientes terram ad posse, videlicet Wilelmus vicecomes et Pontius de Fossis. Qui Pontius pergens ad comitem dixit ei : « Domine comes, ecce terra soluta a vinculo pagane gentis, tradita est in manu tua, donatione regis. Ideo rogamus ut pergas illuc et mittas terminos inter oppida et castra et terram sanctuariam, nam tue potestatis est eam terminare et unicuique distribuere quantum tibi placitum fuerit ». Quod ille, ut audivit concessit et continuo ascendens in suis equis perrexit, cumque fuisset infra fines Catedre ville, cepit inquirere nomina montium et concava vallium et aquarum et foncium, que cum audisset misit terminos in terra sanctuaria qui sunt in carta que est in cartulario Sancti Victoris ita dicendo. « Quantum ego habeo infra istos terminos, hoc est fiscum regalem, dono Sancto Victori. »

Cette notice, un véritable fragment de chronique, a été rédigée vers l'an 1000. (Pour la discussion de son authenticité, cf. Catalogue n° 21). Les événements sont aisément datables : la rivalité entre Guillem et Pons, après 972 ; la donation du comte : après le 31 octobre 977 où S. Victor est fondé à nouveau par le frère de Guillem, l'évêque Honorat, et avant le 6 février 978/980, date de la mort d'Honorat (P.A. AMARGIER, *in Provence Historique,* 1966, p. 309).

marquis [43]. Que pouvait-on encore lui demander, et que pouvait-il refuser ? A ce prix, la royauté est toujours respectée en Provence et, au moins jusque vers l'an 980, c'est toujours au nom du Roi que les maîtres du ban exercent le gouvernement des hommes.

— LES PRAEFECTI REI PUBLICAE —
INSTITUTIONS CAROLINGIENNES OU MÉRIDIONALES ?

Si rare que soit la documentation, on s'aperçoit vite, lorsqu'on tente de dresser le tableau des institutions provençales au XIe siècle, que les institutions franques, si elles y existent, fonctionnent dans le Midi de la Gaule d'une façon assez déroutante. Certes, on trouve au midi comme au nord des *comites* et des *vicarii*, des *advocati*, des *vicedomini*, des *scabini* et des *judices* ; il arrive même qu'on rencontre des *vassi*. Mais gare à celui qui prendrait ces termes à la lettre et qui penserait comtes et voyers, avoués et vidames, échevins et intendants.

L'embarras remonte assez loin ; c'était, sans doute, celui des *missi* Garnier et Armode, essayant tant bien que mal de remettre en ordre les affaires de Provence après les troubles de la reconquête franque. L'une de leurs tâches les plus importantes est de reconstituer le domaine foncier de l'Eglise et notamment de la plus grande d'entre elles, l'Eglise de Marseille ; rude labeur. Un plaid est constitué à Digne, sur place, dans la zone des grands domaines du Nord, apparemment les plus touchés. Dès le départ le scribe ne sait comment dresser la notice : le comte se retrouve parmi les rachimbourgs et tous sont qualifiés de « scabins de la cité ». On invoque devant ces « scabins » la prescription trentenaire du Droit romain. Les débats eux-mêmes ne sont guère plus clairs, où défilent patrices légitimes ou illégitimes et leurs *vicedomini*, où les écrits probatoires sont brûlés ou cachés dans les manches [44]. Le rapport de Garnier tente de débrouiller l'écheveau pour conclure : « Dites-nous ce qu'il faut faire. »

Tâchons, nous aussi, d'y voir un peu plus clair dans la hiérarchie publique du IXe siècle. D'abord à tout seigneur tout honneur, le comte. Dans les textes de l'époque, aucun comte en Provence n'est « localisé » par son titre, sauf exceptionnellement le « comte d'Arles ». Les historiens de la région en avaient conclu qu'il fallait supposer un comte dans chaque *comitatus* provençal ou presque, soumis à l'autorité supérieure d'un comte résidant à Arles ; comme les textes permettent d'établir l'équivalence comté/diocèse et que ces diocèses, une vingtaine, sont assez petits, cela faisait beaucoup de comtes, même en admettant des regroupements de comtés. On accusait l'avarice des textes. Il n'en est rien. Le comte de Provence est un comte unique, un personnage extrêmement puissant, héritier

---

43. Guillem porte ce titre après le 17 août 947 (catalogue n° 15) et le 12 mai 979 (*ibidem* n° 19).

44. 780 (GCNN Marseille n° 41, rapport du *missus*, et n° 42, notice du plaid).

institutionnel de l'ancien représentant du pouvoir impérial, le recteur Patrice de Provence [45].

Le dernier de ces Patrices, Abbon, avait été un gallo-romain mâtiné de franc, mis par Charles Martel vers 737 à la place du Patrice rebelle, Mauronte. Après sa mort on ne connaît plus de Patrice. Un nommé Arding l'alaman est assez puissant pour usurper des domaines d'église et les donner à ses vassaux, mais on ne sait à quel titre il agissait. Il faut attendre 780 pour voir paraître le premier comte, Marcellin, précisément dans le plaid de Digne [46]. Vient ensuite un comte Loup, expressément désigné comme prédécesseur du comte d'Arles, Leibulf [47]. Remarquons, les noms gallo-romains de ces deux personnages. Leibulf, dont on a songé à faire un comte de Narbonne ou un comte chargé de surveiller la Méditerranée [48], est bien un comte d'Arles, comme le constate un plaid provençal de 843/844 [49]. On le trouve dès 803 aux côtés du jeune roi Louis d'Aquitaine au siège de Barcelone [50]. Le 2 avril 812, il est mentionné parmi les comtes méridionaux dans le diplôme de Charlemagne en faveur des réfugiés espagnols. En 814, il intervient comme *missus* dans les *pagi* de Narbonne et d'Agde pour borner les domaines d'Aniane. Le 7 novembre 824, il procède à un échange avec l'archevêque d'Arles, Nothon, et cet échange est immédiatement confirmé le 3 janvier 825 par l'Empereur [51].

L'acte a pour but la fondation, ou mieux la restauration [52], d'un monastère dédié à Saint André dans une île du Rhône proche de la cité, l'île de la Cappe. Il teste en 829 [53] et donnera son monastère à Aniane. Cette dévotion fait penser que Leibulf était peut-être originaire de Septimanie. Cela expliquerait les donations consenties par Louis le pieux entre 816 et 820, qui portent sur des biens Arlésiens, S. Martin d'Arles, Mornas, *Massatia*, et qui n'ont pu être faites qu'avec l'accord du comte [54].

45. Encore à Mantaille, en 879, Boson sera qualifié de Patrice (POUPARDIN, *Royaume de Provence...* p. 104). Liutprand donne à Hugues le titre de « comte des arlésiens ou des provençaux ». (Sur les patrices, cf. BUCHNER, *op. cit.*).

46. Cf. *supra* note 44.

47. Cf. *infra* note 49.

48. DHONDT, *op. cit.*, p. 174 note 1. *contra*, L. AUZIAS, *L'Aquitaine carolingienne*, Paris 1937, p. 72 note 5.

49. CSV n° 26.

50. ERMOLD LE NOIR, *Poème sur Louis le Pieux*, v° 310, édit. E. Faral, Paris 1964, p. 28. Sur les autres chefs et la présence d'un contingent provençal, cf. *ibidem* p. 29 notes 3 et 4.

51. HGL, II, col. 73 et col. 86 ; GCNN Arles n° 195 (exemplaire donné par Leibulfe à l'archevêque) et CL Flammare n° 243 (l'exemplaire de Leibulfe). Confirmation impériale (GCNN Arles n° 196 = CL. Flammare n° 244).

52. Cf. *infra* p. 82.

53. 16 mars 829 (Flammare, n° 245). Ce document, utilisé dès le XIe siècle (*Ibidem* n° 263) est certainement un faux. Il se présente à nous comme un vidimus fait à Barcelone par l'évêque de cette cité, d'après un livre pris à Lérins en 1047 par les Sarrazins, emmené à Tortosa (cf. supra p. 51 note 115) puis récupéré. La trame historique est ici exacte. L'acte lui-même contient des passages inadmissibles pour l'époque, à côté d'autres au contraire très normaux. Bénézet était bien archevêque d'Aix à l'époque de l'acte ; L'*Hildebonus* pourrait bien être un *Aldebranus* — S. Paul Trois Châteaux. La souscription *Noto episcopus*, alors que le faussaire avait parfaitement les moyens de savoir par ses propres archives que Nothon était archevêque d'Arles, paraît indiquer une ancienne souscription autographe. Il semble que l'acte soit interpolé, d'une façon d'ailleurs assez maladroite, plutôt qu'entièrement faux.

54. HGL, II, col. 113 et 54. Le père de Leibulf, Gontier, avait déjà une maison à Arles.

Le successeur de Leibulf fut probablement un comte Audibert. Le nom évoque, lui, nettement les francs. Un homonyme avait été *missus* à Narbonne en 782 et un autre se trouvait en 803 au siège de Barcelone [55]. A l'époque qui nous intéresse, l'un des principaux conseillers de Lothaire est un Audibert, comte de Metz (840-841) [56]. Audibert comte d'Arles est connu par un fragment de polyptyque dressé sur son ordre en 835 et par un plaid de 843/844. Il a peut-être été *missus* en Septimanie pendant la brève période où Lothaire a régné sur ce pays, entre 840 et 843 [57]. Il était le parent, l'oncle sans doute, d'Adalbert Ier, marquis de Toscane : une lettre de Jean VIII à Boson indique qu'en 878 Adalbert de Toscane conservait encore, ou prétendait conserver des *comitata* en Provence [58].

Audibert disparaît en 844/845, peut-être parce qu'il est parti en Italie au côté du jeune Louis. Il est alors remplacé en Provence par un autre franc, fidèle de l'Empereur, Fulcrade. Ce Fulcrade reçoit le 17 février 844 des bénéfices de Lothaire ; il se révolte, très brièvement contre son seigneur avec les provençaux en 845 et revient la même année à la raison, après un passage de Lothaire en Provence ; malgré sa rébellion il était encore comte le 25 août 860, à l'époque où certains provençaux appelaient Charles le Chauve [59]. Le célèbre Girard de Vienne, s'il intervient en Provence, n'y tient pas la charge comtale [60]. Un comte Gautier donna peu après la *villa* de Mastaize, au diocèse de S. Paul Trois Châteaux sur la limite nord de la Provence, à l'abbaye de Donzère ; il faut probablement l'identifier avec l'un des principaux conseillers de Lothaire II, son ministerial en 856, comte et ambassadeur avec Adon de Vienne en 867 [61]. Mais comme la Provence est en principe soumise à Louis d'Italie, il est plus probable que Gautier a été comte de Valence.

C'est en 875 que Boson reçut la Provence et la Lombardie avec le titre de duc, et il est couronné roi à Mantaille le 15 octobre 879. Il est

---

55. HGL, II, col. 47, et Ermold, *op. cit.*, vers 310, p. 28.

56. R. Parisot, *Le royaume de Lorraine...* p. 20 note 5.

57. CSV n° 291 et 26 — HGL, II, col. 359. Un comte Audibert était parent d'Honfroi de Gothie et peut-être d'Odalric, son prédécesseur. Tous venaient de Rhétie (Auzias, *op. cit.* p. 296).

58. « De parte Adelberti gloriosi marchionis seu Rutildae comitissae conjugis suae... ut comitata in Provincia posita, sicut jam tempore longo tenuerunt, ita deinceps... securiter habeant. » 879 ? PL. 126, col. 827. — Jaffe n° 3234). Louis, fils de Lothaire, avait mené son expédition en Italie en 847/849 avec des contingents provençaux (Gay, *op. cit.* p. 61). Adalbert Ier de Toscane était fils du précédent marquis, Boniface II, disgracié par Lothaire (Poupardin, *La Provence...* p. 173). Il faut éliminer Guérin comte de Châlons et de Macon dès 825 et 835, qui en 841 conduisait à la bataille de Fontenoy les contingents méridionaux et notamment les Provençaux. C'est probablement à cela qu'il doit le titre que lui donne un annaliste de « dux Provintie ». Il est aussi nommé une fois « dux Tolosanus ». (Chaume, p. 155 et 165 — Poupardin, *Royaume de Provence*, p. 339).

59. R. Parisot, *Le royaume de Lorraine sous les Carolingiens*, Paris 1898, p. 28 — R. Poupardin, *Le royaume de Provence...* pp. 3 et 4. « Folcradus comes et caeteri provintiales ab Lothario deficiunt sibique potestatem totius Provintiae usurpant » (Grat, *op. cit.* p. 49) — 860 (ARP n° 6). Il est avec un comte Aldric (parent d'Udalric, marquis de Gothie ? — Auzias, *op. cit.* p. 269) peut-être comte à Uzès, où est passé l'acte.

60. Poupardin, *op. cit.* p. 12 et ss.

61. RHF. *Ministerialis* (Parisot, *op. cit.*, p. 90 et 199) — comte (*Ibidem* p. 291). Mastaize est près de Portes en Valdaine qui est en Provence (Manteyer, *op. cit.* p. 168).

alors possible qu'il ait nommé comme comte un Odilon, qui lui restait fidèle en 886 [62].

La période qui suit ne livre aucun nom de comte avant 890, où Thibert paraît au plaid de Varennes avec le fils de Boson, Louis. On le voit ensuite jusqu'en 908. Il était déjà fidèle de Boson dont il avait reçu Mantaille en Viennois et pourrait appartenir à une famille viennoise issue d'un vicomte de la cité [63]. Enfin vient Hugues, fils du comte Thibaud d'abord comte de Vienne puis marquis de Provence de 909 à 926, qui associe à son pouvoir son frère Boson. De 926 à 931, celui-ci reste seul en Provence, avant d'être appelé par Hugues en Italie [64]. De 800 à 931, la charge est toujours tenue par un très grand personnage, à l'exception de la période 886-911, où la présence d'Odilon et du Viennois Thibert trahit peut-être un certain abaissement de la fonction. Il n'est pas étonnant que vers le début du xe siècle, le comte se pare du titre de marquis, affirmant par là qu'il est bien au-dessus d'un simple comte.

Le comte de Provence ne saurait gouverner seul un territoire aussi vaste. Comme le duc en Septimanie, il se fait représenter dans les cités importantes, où il ne réside pas habituellement, par un *vice-dominus*, ou un *vicarius*. Nous trouvons ces lieutenants du comte dans les deux cités restées vivantes, Arles et Marseille. Marseille est administrée par un *vicedominus* [65]. A Arles

---

62. Mars 886 « anno VII regnante domino nostro Bosone rege » (U. CHEVALIER, *Cart. de S. Chaffre* n° 61). Les dons faits sont sis en Diois, comme le rappelle plus tard un diplôme de Conrad (*Ibidem* n° 322). Le *comitadus Diensis* fait partie en 960 du *regnum Provincie* (Testament de Berthe, nièce d'Hugues d'Arles — HGL, V, col. 233).

L'un des personnages importants dans l'archevêché d'Arles s'appelle en 878 Odilon (Cf. lettre du pape Jean VIII au sujet d'*Otilo*, Atho = Atilo — PL 126 n° 381 et 339). Le *Podium odilonis* (Piolenc) était au xe siècle dans le domaine des comtes de Provence (Catalogue n° 52). On fait généralement d'Odilon un comte de Valentinois.

63. ARP n° 28 — MANTEYER, *op. cit.*, pp. 96 à 99. Sur la branche provençale issue de Thibert, cf. aussi *supra* note 38.

C'est à cette époque que, d'après Richer, des contingents provençaux auraient aidé Eudes dans ses opérations contre les Normands en Auvergne, c'est-à-dire en fait contre les Guillemides (Richer, I, 7, édit. Latouche, Paris 1967, p. 18).

64. MANTEYER, *op. cit.* pp. 101 et ss. — p. 122. Sur cette famille, *supra* p. 15. Un acte de 909 montre déjà Hugues et Boson en fonction (GCNN Orange n° 39)

65. A Nîmes et Uzès, Ancienne chronique d'Uzès (HGL, II, col. 27). A Narbonne (HGL, II, col. 134 et 185 — le texte distingue le beneficium comitis vel vicedomini — et col. 287). A Carcassonne (HGL. II, col. 64). En 898, on y voit paraître un « *vicarius comitis* », qui a lui-même un « *vegarius* » (HGL, V, col. 97). Pour l'emploi du terme *vicarius* représentant du comte, dans le Midi, on peut citer aussi un passage de la Lex Gothorum utilisé dans un plaid de 852 (HGL, II, col. 287) : « Nullus commis, vicarius, praepositus, auctor aut procurator quislivet, ingenuus adque etiam serbus, rem ab alio possidentem post nomine regiae potestatis, vel dominorum suorum aut suum usurpare presumat ante judicium quod expectat discussione. » SENN avait déjà montré que les *vicedomini* du Midi n'étaient pas des vidames (*Les Vidames*, Paris 1907 et F.L. GANSHOF, *Charlemagne et les institutions de la monarchie franque, in* : Karl der Grosse I, p. 378).

Marseille : — *Ansemundus vicedominus Massiliensis*. Milieu VIIIe (CSV n° 31).
— *Siegfridus dominus*. Bienfaiteur de l'abbaye marseillaise de S. Victor en 786 et 823 (CSV n° 83 et 88).
— *Nortaldus vicedominus*, *missus* du comte Audibert qui veille sur le patrimoine de S. Victor en 835 (CSV n° 291) (est-ce le même qui était témoin à l'acte de 823 ? CSV n° 28).
— Un anonyme, *vicedominus* cité en 843/844 (CSV n° 26).

le représentant du comte est qualifié de *vicarius*. Il ne faut cependant pas le confondre avec un viguier campagnard : c'est un puissant personnage, qui juge des affaires intéressant tonlieux et abbayes. *Vicedominus massiliensis* ou *vicarius arelatensis* peuvent avoir eux-mêmes des lieutenants, qu'on appelait aussi *vicarii,* mais ces viguiers vivent également en ville et la *vicaria,* en tant que ressort de juridiction, ne paraît pas avoir existé en Provence [66]. Là encore, la terminologie est trompeuse : le « vidame » de Marseille ou le « voyer » d'Arles ne sont pas les équivalents de leurs homonymes du Nord. L'un commande dans une ancienne capitale de l'Empire d'Occident, l'autre dans un port resté longtemps le plus actif du royaume des Francs. Leur présence dans ces cités implique-t-elle que le comte n'y réside pas ? Nous le pensons. Nous constaterons plus loin que les textes du xe siècle gardent la trace d'une division des fiscs en trois masses, l'une rattachée à Arles, l'autre à Marseille, la troisième à Vénasque. Il est donc possible que le comte ait eu sa résidence habituelle dans ce *castrum* très ancien et très fort.

A côté des *vicedomini,* siégeaient, dans les cités importantes, des collèges de juges [67]. Nous ne connaissons les noms de certains juges provençaux qu'au milieu du xe siècle, mais cette institution est une tradition méridionale et non une création des marquis bourguignons. Le *missus* Théodulph, évêque d'Orléans, mais homme du Midi, puisqu'il était parent du duc des Goths de Narbonne, a laissé des tribunaux de Provence et de Septimanie à

Arles : — *Frodingus* prédécesseur de *Rodbertus* (CSV n° 26).
— *Rodbertus vicarius Arelatensis* 843/844 (CSV n° 26).
Le même acte indique qu'avant Froding et Robert, il y avait eu d'autres « *vicarii arelatenses* ». Pourquoi *vicarius* et non *vice-dominus* ? Peut-être parce que jadis le lieutenant du Préfet des Gaules, qui siégeait à Arles, était un *vicarius.*

66. Le terme employé pour désigner une subdivision du *pagus* est celui d'*ager : Agri Sinaca, Caladius, Cilianus* (Castellane, Chaudols, Seillans) aux comtés de Senez, Digne et Fréjus (814 CSV tome II p. 663) ; *Agri Argentea* et *Treboncius,* au comté d'Arles (dès 897 : GCNN Arles n° 233 et 824. — GCNN Arles n° 895) (Argence et Trébon); *Agri Fretensis, Lerensis, Roubianus, Altavensis,* au comté d'Avignon (S. Remy 903 et 992 : ARP n° 43 et Catalogue n° 34 — Lers c. 965 et la Nerte CPA n° 43 — Roubian 981 (Catalogue n° 23 — Le Tavès, fin x^e GCNN Arles n° 261) ; *Ager Variacensis,* au comté de Riez (Valensoles et Brunet, 982-993. Catalogue n° 37). Les seuls *vicariae* connues en Provence sont : sur la rive droite du Rhône, au comté d'Avignon, *la vicaria Vallerica* (Vellorgues et Fours. 916. CNDD XCI p. 93) et sur la limite des comtés de Tricastin et de Valence, *les vicariae Latronacus* (entre la Berre, le Roubion et le Rhône ; 993/1029 GCNN Arles n° 302) et *Bergogiaie* (993/1010 CLU n° 1988). On rencontre aussi des *agri* en Viennois ; par contre les *vicariae* sont fréquentes en Uzège (891/900 GCNN Arles n° 232-945 CLU n° 724-987 GCNN Arles n° 987 — 985 Ibidem n° 283) et dans le Vivarais (891/900 GCNN Arles n° 232 et 993/1010 CLU n° 1988).

67. Lorsque Charles Martel eut maté la rébellion provençale « usque Massiliensem urbem vel Arelatum suis judicibus constituit » (MGH., SS Rer. Mer. II p. 76). En 859, un diplôme de Charles de Provence distingue soigneusement les *judices* des *comites* (ARP n° 4). En 878, à Arles, le pape Jean VIII est entouré de *judices provintiales* (PL 126, n° 147 et 149), là aussi, distincts des comtes. Les rares notices de plaid pour le IXe siècle n'en font pas moins une confusion entre juges et scabins (plaid de 780, CSV n° 31 — plaid de 843/844, CSV n° 26). Juges à Vienne (870 — CLU n° 15), en Catalogne (P. BONNASSIE, *La Catalogne...* I, p. 187). A l'ouest du Rhône (R.H. BAUTIER, *L'exercice de la justice publique dans l'Empire Carolingien* Pos. Th. Ecole Chartes 1943, II, chap. 9). On songe à l'Italie, cf. VIOLANTE, *L'Età della Riforma della Chiese,* Turin 1966, p. 92 et P. TOUBERT, Les structures du Latium médiéval, Rome 1973 p. 1212.

cette époque, une description très vivante, qui montre que le tribunal des juges urbains est unique : devant lui viennent les grands et les humbles, et toutes les causes, aussi bien majeures — *causa libertatis,* successions — que mineures — chevaux disputés, dettes. La procédure comporte normalement l'usage d'avocats — *causidici,* dont la mention est fréquente, pour ne pas dire régulière, dans les textes de plaids méridionaux ; dans les conseillers du juge mentionnés par Théodulph, on peut voir les *boni homines.* Enfin, bien que les autres droits soient mentionnés dans le poème, on voit que le droit normalement appliqué est le droit romain : c'est particulièrement net en matière pénale, puisque Théodulf indique la décapitation, la castration, l'énucléation, la crémation et l'introduction de plomb fondu dans la bouche, tous raffinements caractéristiques des peines du Bas-Empire — C. Th. 9, 6, 1 et 2 ; 9, 7, 6 et 9 ; 9, 24, 1 ; 9, 29, 2. — En matière de conflits privés, le partage des terres allodiales entre frères et sœurs et l'affranchissement *per cartam,* un écrit dont le cas échéant on cherchera à montrer au juge la *falsitas,* tout cela est bien romain. Et pendant tout le VIIIe et le IXe siècle, d'autres textes nous montrent l'usage régulier de ce droit dans la région : tel grand dans son testament, rédigé avec l'institution d'héritier et les cinq témoins légaux, s'inquiète de voir sa cousine revenir sur un pacte qu'ils ont fait ensemble, en utilisant la quarte falcidienne, ce qui évoque C. Th. 5, 1, 4 ; il considère comme nulle une donation faite par son oncle et tuteur parce que celui-ci n'avait pas fait d'inventaire et pas rendu compte — C. Th. 3, 18, 2- ; si ses affranchis servent mal son héritier, ils tomberont sous le coup de la *lex de ingratis et contumacis libertis* — probablement C. Th. 4, 10, 1 et 2. Mais les colons et les serfs fugitifs, lorsqu'on veut les reprendre, se défendent en invoquant la prescription trentenaire — C. Th. 5, 18, 1 [68] — qu'invoquent aussi les possesseurs sans juste titre — *lex tricennaria* in *tempore pacis,* — sans doute C. Th. 4, 14, 1 —, La vieille procédure de l'insinuation dans les registres municipaux est toujours vivante ; il suffit d'invoquer la *lex de interitione cartarum* — C. Th. 11, 8, 3 — [69]. *Bien avant que l'édit de Pistre de 864* reconnaisse la prédominance du droit romain dans le Midi [70], le roi carolingien admet par exemple que l'amende de 600 sous pour bris d'immunité ne s'y applique pas, mais bien « la loi qui est tenue en ce lieu » ; le code théodosien ne prévoit pas d'amende pour les sacrilèges, mais seulement l'exil ; il manquait donc un texte pour fonder la sentence des juges ; il fallut attendre 878 pour que, sous l'autorité du pape Jean VIII on ose ajouter un texte au Code ; encore hésita-t-on entre une constitution de

---

68. Testament du Patrice Abbon en 739 (CSH XXII A), et Diplôme de Louis le Pieux, en 816 et 822 à propos des serfs fugitifs de S. Martin d'Arles (CASSAN, *Cart. d'Aniane,* n° 14 et 17 bis).

69. Toutes deux invoquées lors du plaid de Digne en 780 (CSV n° 31). La prescription trentenaire était invoquée par « quelqu'un, au bénéfice de son seigneur » qui pourrait bien être ici le comte.

70. Pistre (MGH., Cap. II, p. 310, n° 273). L'archevêque d'Arles Rolland y était présent ; est-ce pour se concilier les provençaux que l'édit reconnaît aussi ouvertement la prépondérance du droit romain dans le Midi ? C'était en effet l'époque où Charles avait des partisans en Provence, et manœuvrait pour y entrer.

Justinien — C.J. 1, 3, 13 — et le capitulaire carolingien de 803 [71]. En 855, lorsqu'il s'agit de défendre la juridiction des évêques, le concile de Valence cite une constitution de Constantin [72]. Le juge provençal, comme ses pairs septimaniens, catalans, ou italiens, est donc encore au IXe siècle un lettré qui doit connaître les *codices* de droit romain pour juger.

Nous voyons que se sont maintenues en Provence, jusque vers 900, les vieilles institutions publiques du Midi : gouverneur, vice-domini, collèges judiciaires. Tout ce système vise à contrôler surtout la Provence de l'Ouest. Là subsiste un certain commerce, là résident encore les Provençaux les plus riches, là se maintient une vie publique. L'Est, déjà dominé par le grand domaine, n'a plus besoin de juges ni de chefs de guerre.

Au début du Xe siècle, le système entier sombre avec l'arrivée au pouvoir des Bourguignons : il n'y a plus de *vicedomini* à Arles ou à Marseille ; les fiscs arlésiens sont attribués à l'archevêque Manassès tandis que les fiscs marseillais tombent directement dans les mains du comte Thibert [73]. Il s'agit d'un accaparement sans vergogne où l'enrichissement hâtif a plus de part que le souci de l'administration publique : peu importait à Manassès d'être archevêque ou marquis et à quel titre il commandait, pourvu qu'il commandât. Encore se fiait-il plus à son arc et à son carquois qu'à sa bénédiction pastorale ; ou, comme le disait Liutprand, il était de moins en moins évêque, et de plus en plus guerrier [74]. Aussi l'organisation du nouveau pouvoir comtal à partir du Xe siècle est-elle assez différente de celle que nous venons d'esquisser pour le IXe siècle. Un vicomte, qui est désormais unique, ne paraît pas avoir son siège dans une cité particulière, comme les *vice-domini* du passé. Il s'agit d'un auxiliaire sans ressort déterminé [75] ; il n'est plus qualifié que par son titre, à l'exclusion de toute

---

71. Diplôme de 822 pour Aniane, adressé aux comtes et à leurs juges, en Provence, en Septimanie et en Aquitaine (CASSAN, *op. cit.* n° 3). Le problème sera porté devant Jean VIII à Troyes par l'archevêque de Narbonne (PL 126, ép. n° 150. Un diplôme de Louis l'Aveugle, roi de Provence pour Grenoble, mentionne « l'amende de XXX livres d'or » au code Théodosien. (APR n° 30). Il en existe en effet, mais dans des cas qui ne paraissent guère congruants (C. Th. 9, 40, 16 — 11, 7, 20 — 11, 30, 25 et 59 — 12, 1, 176) ; ces livres n'auraient-elles pas été d'argent ? Le texte a peut-être été interpolé au Xe, si l'on en croit Poupardin.

72. *Const. Sirmond.* 1. Gratien qui la cite (Déc. C. 11, au 1, c. 35, 36 et 37), l'avait trouvée au Code Théodosien, Livre 16, titre 11. On se demande si elle n'est pas apocryphe, (J. GAUDEMET, *La législation religieuse de Constantin,* RHEF, 1947, p. 32) et arlésienne (DUCHESNE, I, 143).

73. Cf. *infra,* p. 81.

74. « Hoc in tempore Manasses, Arelatensis civitatis episcopus... Italiam petiit. Hugo autem rex, regnum securius obtinere sperans si affinitate sibi conjunctis regni officia largiretur, contra jus fasque Veronensem, Tridentinam atque Mantuanam commendavit seu quod verius est in escam dedit aecclesias. Ac nec his quidem contentus, Tridentinam adoptus est marcam, quo impellente diabolo, dum miles esse inciperet, episcopus esse desineret. » (Liutprand *Antapodosis,* p. 316) « Manasses et Adelmannus simul V fuerunt annos non in cathedra sed in arçu et faretra » (Catalogue des arch. de Milan MGH. SS VIII p. 6) et cf. *supra* p. 23 note 95.

75. Manteyer pensait le contraire (Cf. *op. cit.,* p. 33 et ss.). Mais le fait qu'un vicomte ait ses domaines propres ou certains fiscs dans telle ou telle région n'implique pas qu'il puisse jouir d'un pouvoir établi sur cette même région. La liste des premiers vicomtes (avant que l'hérédité s'établisse) n'en montre jamais qu'un à la fois :

— 916, Avignon : Uc vicomte, avec le comte Boson, frère d'Hugues d'Arles (CNDD, 91).

épithète qui le localiserait : *Poncius vicecomes,* et non plus *Ansemundus vicedominus massiliensis.* Il y a pourtant encore en Arles un *vicarius,* mais c'est bien, désormais, un viguier, personnage obscur et effacé, peut-être parce que le comte réside plus souvent dans la cité [76]. Le comte dispose aussi d'un sénéchal, personnage encore moindre que le viguier [77]. Tout cela ne diffère guère de ce que l'on peut voir ailleurs à la même époque.

Toutefois, quelque chose demeure de la tradition institutionnelle méridionale : ce sont les Juges. Mais, comme le vicomte, les juges ne sont plus ceux d'une cité, ce sont des juges qui se déplacent avec le comte. Ce sont des personnages importants dans le comté, les membres de familles riches et influentes. Les premiers que nous connaissions sont Lambert et Renard, qui paraissent ensemble dans un plaid arlésien de 965. Lambert, mari d'Odile, porte son titre dès 953 ; il est la souche des familles de Reillane et de Vence. Renard paraît sans son titre, probablement dès 916 ; on le considère comme la tige de la famille de Châteaurenard [78]. En mai 966, paraissent Bérenger et Warbide. Bérenger est Avignonnais, et le grand-père du futur vicomte de cette cité au XIe siècle, un autre Bérenger. Il vit au moins jusqu'en 970 [79]. Warbide, lui, était peut-être Aptésien [80]. Le 17 avril 981 on le voit en compagnie du juge Audibert et du juge Bonfils, témoin d'une donation du comte ; Bonfils vivra jusqu'en 1003, Audibert, jusqu'en 1062. Il était beau-frère du juge Alleaume, et sans doute de la famille de Châteaurenard. Alleaume porte à son tour le titre de juge aux côtés d'Audibert le 6 mars 990. Lui aussi vit au moins jusqu'en 1002. A cette date disparaissent les juges de Provence, et leur titre. Il n'y aura une exception que pour le futur vicomte d'Avignon, Bérenger, fils d'Alleaume,

— 942 et 962, Avignon : Nivelon vicomte, avec les comtes Boson et Guillem (Catalogue n° 1 et 5) ; famille de Signes (LDP - P).

— 965, Arles (Catalogue n° 7) : Pons vicomte avec le comte Boson (Catalogue n° 7) ; puisqu'il est mort avant 976 il ne s'agit ni de Pons d'Orange Mévouillon, ni de Pons le jeune des Baux ; ce pourrait être Pons l'Ancien de Fos (LDP-G).

— 976, Avignon : Bermond vicomte avec le comte Guillem (Catalogue n° 14).

— 977, mort en 1004 : Guillem, vicomte (Catalogue n° 31-32-35) ; famille des sires de Marseille (LDP-I).

— 1005/1006, Avignon : Aufant vicomte (Catalogue n° 64) ; famille des sires de Boulbon (LDP-Q).

— 1008 : Isnard vicomte, avec l'archevêque d'Arles et l'évêque de Cavaillon (MANTEYER, *La Provence,* p. 523).

76. Cf. le texte cité de 898 (note 36) et la formule : « ut nullus exactor seu vicarius seu potestas aliqua ... ab ipsis teloneum accipere audeat neque ullam exactionem facere praesumat... », (896 ARP n° 31). De ce niveau social sont les viguiers arlésiens du comte : Guigue 954-965 (BN lat. 12685 f° 246 et 247, catalogue n° 7), Bonfils 970-981 (catalogue n° 11, CSV n° 170, catalogue n° 20 et 23), Thibaud, 988-992 (catalogue n° 29 et 35).

78. Catalogue n° 7. Lambert : 20 avril 953 (BN lat. 12685 f° 246 v°, INDI. Inv. bleu f° 18 v°) et deux fois avec la souscription caractéristique « *praesens fui* », qui évoque le souvenir d'une juridiction gracieuse : 17 août 954 (fondation de Montmajour catalogue n° 2) janvier 956 (BN lat. 12685 f° 247, IND. Inv. bleu f° 18 v°) — Sa famille, cf. LDP — Renard 916, CNDD n° 91 : « Signum Ranoardus praesens fui ». — LDP-O. On note le constraste avec les scabins de Bourgogne, d'assez petite condition (G. DUBY, *la Société...* pp. 99 et 104) et qui disparaissent vers 1004.

79. Catalogue n° 8 et 962, 970 (*ibid.* n° 4, 6, 11).

80. Août 971 ou 977 : donation du prévôt Gilbert, entre le *signum* du donateur et ceux des *testes,* « *Signum Warbidone judice praesens fui* ». Catalogue n° 23. Bonfils : Catalogue n° 61.

qui portera parfois le titre de 1033 à 1040, avant d'avoir celui de vicomte ; hérédité d'un titre, plutôt qu'indice d'une fonction [81]. Quant à leurs connaissances de Droit romain, elles sont devenues bien douteuses : on cite encore à peu près correctement C. Th. 4, 15, 2 en 970, mais plus en 984, où la formule est défigurée et transformée ; les faussaires du XIe siècle auront encore des recueils de droit romain, mais ils ne sauront plus les utiliser que pour vieillir maladroitement leurs faux [82].

Un comte, son vicomte, son voyer, son sénéchal : le système de gouvernement de la Provence ne diffère plus guère de ce qu'il est ailleurs. Les vicomtes de Marseille, issus d'une famille comtale [83], ont eux aussi leur viguier urbain et leur sénéchal [84]. Mise à part l'enclave marseillaise, le nouveau comte de Provence gouverne donc la marche sans véritables intermédiaires. Il est vrai que la Provence entre 925 et 972 est réduite de beaucoup.

Comment s'exerce désormais le pouvoir du comte et de ses acolytes sur les *provintiales,* c'est-à-dire sur les hommes libres du comté ? Par l'intermédiaire des plaids généraux qui continuent à se tenir jusqu'à la fin du Xe siècle. L'une des notices du jugement comtal qui nous est conservée indique en effet que celui-ci siégeait lors d'un *placitum generale,* l'un des trois plaids obligatoires [85]. On peut s'étonner d'une telle pérennité. Mais en Lombardie, près de la frontière de Provence, les hommes de Saorge, de Tende, de la Brigue aux comtés de Vintimille et de Savone [86] allaient encore au *placitum generale* au début du XIe siècle ; ils avaient obtenu qu'il

---

81. « Heldebertus judex praesens fuit » (Catalogue n° 27) — CPA n° 48 et 81 — LDP — Sur Audibert et Alleaume, co-fondateurs de S. André d'Avignon, catalogue n° 32, 34, 54, CPA n° 94, GCNN, instr. col. 139, aux côtés de l'archevêque d'Aix Amaury — LDP —. Sur Bérenger, MANTEYER, *op. cit.* p. 340.

82. Catalogue n° 11 et 26. Un faussaire Aptésien du XIe cite la préfecture de Symnaque dans une pseudo-charte comtale de 835 (CA n° 1), « Simmacho juniore praefecturae fascibus infulato » (Il y a plusieurs constitutions au C. Th. addressée à Symmaque, Préfet de la Ville en 384).

83. Cf. *supra*, p. 37.

84. Adalard, *vicarius Massilie,* 978-c. 1000 (CSV n° 77 — arc. des B. du R. 1 H 13, 51), Redemtus, après 1021 (Vita Isarni, *op. cit.* p. 616).

Arlulf, sénéchal, ou aussi dépensier (*dispensator*), 1031-1057 (AVM n° 81, CSV n° 40, p. 60, n° 53, p. 80).

85. 984 (Catalogue n° 26). Sur les *tria placita generalia,* cf. F.L. GANSHOF, *Charlemagne et l'administration de la justice dans la monarchie franque,* in Karl der Grosse, I, p. 401 note 53.

86. « Breve memoracionis de usu et consuetudo hujus terrae quae dedit et investivit domnsu Ardoinus marchio ... Ita ut homines habitatores de istis locis placitum non custodiant nisi placitum residente (sic) semel in anno per tres dies. Et de nostro manente non consenciamus nulla virtute neque potestate facere servicio nisi oste publica ..., et comitalis que est comitis senioris nostri, tam infra comitatu quam infra marca ... Otto et Conradus comites manu sua firmaverunt » (GIOFFREDO, *Storia delle Alpi Maritimi* MH P SS II col. 308 — d'après l'original aux archives de Tende. Il s'agit d'Ardouin, marquis de Turin, d'Otton et Conrad, comtes de Vintimille, cf. LABANDE, *Documents relatifs ... aux Seigneuries de Menton...* Monaco 1909, p. XIX, note 3). On remarquera la distinction entre l'ost public (qui est celui du marquis) et l'ost comtal qui est celui des comtes de Vintimille. Le plaid est évidemment ici le plaid du marquis. C'est un privilège du même genre qu'accorde le marquis Aubert aux hommes de Savone en 1061/62 : « Generale placitum nisi semel in anno, custodiendi tribus diebus, eisdem civibus Saonensis non imponemus ; et hoc generale placitum non require nisi de festivate omnium Sanctorum usque ad Septuagesiman » (GIOFFREDO, *op. cit.* col. 340).

n'y en ait plus qu'un par an, d'une durée de trois jours, et pour ceux de Savone, le texte précise qu'il s'agissait du plaid hivernal, de la Toussaint à la Septuagésime. Pour autant qu'on puisse tenter une reconstitution des *tria placita generalia* en Provence au xe siècle, on distingue bien un plaid de printemps tout près de Pâques, à Arles [87] ; un plaid d'été, correspondant à l'Assomption de la Vierge, le 15 août, toujours à Arles [88] ; enfin un plaid d'hiver correspondant à l'octave de Noël, le premier janvier, qui se serait tenu dans la villa de Manosque où le comte avait un palais [89]. D'une manière générale, entre Pâques et le 15 août, le comte est presque toujours à Arles, alors qu'entre le 15 août et Pâques on le trouve à Avignon, à Carpentras et à Manosque [90].

Ce qui est intéressant dans ces plaids, ce n'est pas la procédure au terme de laquelle les jugements sont prononcés. Elle est extrêmement figée et sa banalité tient probablement à l'emploi régulier de formulaires qui paraissent ici les mêmes que dans d'autres régions : *proclamatio, in presens stare, legis discussio,* présentation éventuelle des écrits, serment déféré aux jureurs d'une des deux parties, *guirpitio* et rédaction de la notice [91]. Le comte préside le plaid et donne l'ordre aux juges de juger [92], plutôt qu'il

---

87. 964. Pâques était le 3 avril : un plaid a dû avoir lieu à Arles, où le roi Conrad et l'évêque de Sisteron étaient présents (Diplôme interpolé RHF. XI 701). 965. Pâques était le 23 mars, le plaid. daté de mars de l'an 965, serait donc du 24/31 mars (Catalogue n° 7). 991, Pâques était le 5 avril, le plaid est ici du 6 mars (Catalogue n° 32).

88. Arles 14 août 954 (Catalogue n° 2). — Arles 20 août 970 (Catalogue n° 11). — Arles 17 août 977 (Catalogue n° 15).

89. Manosque, 2 janvier 984 (Catalogue n° 26) — Manosque, janvier/février 991, (Catalogue n° 31).

90. Catalogue, *passim.* Les seules exceptions concernent trois actes : 12 mai 979, à Avignon ; 4 août 991 à Apt ; 6 mai 992 à Avignon (Catalogue n° 19, 33, 34).

91. « In Arelate civitate publice in conspectu Bosonis comitis, in presentia omnium virorum Arelatensium, judicumque ac principum » (965. Catalogue n° 7). « In Arelate civitas publice ante domno Wilemno inlustrissimo comite et ante vassos dominicos tam romanos quam salicos una cum plurimarum personarum (sic) diversis legibus viventibus (sic)... (et après les seings) et aliis plurimis bonis hominibus qui... notitiam subterfirmaverunt ». (970. Catalogue n° 11). « Surrexit Pontius episcopus sedis Massilie venit in mallo in presentia marchise (sic) Arelate, et judices et escavinos » (978/994. Catalogue n° 75). « In villa Manoasca... in placito generale in presentia Willelmo comite et Heldeberto judice, Garbido judice... et aliis plures (sic) bonis hominibus tam satellites quam pagenses » (984. Catalogue n° 26). « In Arelate civitate... ante presentiam ejus (principis)... Ipse princeps consilium ad suam conjugem vel ad judices suos... necnon et ad ceteros fideles suos qui ibi aderant, quesivit » (991, catalogue n° 32). « Notitia diffinitionis, vel guirpitionis... in presentia bonorum hominum his nominibus... Facta guirpitio ista in Arelate civitate, publice » (*signa* des comtes et 21 noms, catalogue n° 66). R. HUBNER (Gerichtsurkunden der frankischen zeit, I, in ZSS G.A. 1891) mentionne pour notre période les notices de 965, 970 et 984 (Catalogue n°s 7-11 et 26). Il omet celle de 991 (Catalogue n° 32) et attribue par contre à Arles en Provence deux notices roussillonnaises d'Arles sur Tech en 875. Il laisse de côté Arles janvier 905 ? (GCNN Arles n° 241), ou l'inscription de la chapelle des Pennes rappelant un plaid du xe siècle (Catalogue n° 75). Il n'est pas impossible qu'Arles 982 (AST f° 50) et Apt 992 (CA n° 43) mentionnant tous deux une *finis* après un *forfactum,* soient des actes rédigés à la suite d'un procès, encore qu'il ait pu aussi bien y avoir un accord.

92. La formule : « *in praesentia comitis* » ou son équivalent est fréquente (Cf. *supra* note 61). On la retrouve dans des préambules, comme en 1005 : « Omnis actio quae ante principis praesentiam delata in contentionem preruperit, secundum juris statutum definiri oportet ne aliquo succedenti tempore in litem deducatur. » (Catalogue n° 64). La séparation

ne juge lui-même : une formule de plaid de type assez banal, insistant simplement sur le caractère définitif du jugement [93] se trouve modifiée de façon significative : « Tout ce qui aura été arrangé entre les présentes parties aura pleine fermeté et l'on ne pourra changer ce qui aura été conclu devant le prince par un jugement du juge [94]. » Ce qui paraît plus digne d'intérêt, c'est le groupe de ceux qui assistent au plaid.

Tous les hommes d'Arles, nous dit un plaid arlésien. Cela, c'est le principe. Mais ceux que l'on souhaite surtout voir à l'assemblée, ceux qui sont nommés immédiatement après les juges, ce sont les *boni homines,* les bonshommes. Si l'on peut s'interroger sur le sens juridique ancien de ce terme [95] il n'y a plus, en Provence au Xe siècle, de doute sur la qualité sociale des *boni homines.* Ce sont les *principes,* non pas ici les princes [96], mais les principaux d'une cité : un texte l'affirme [97] ; les identifications le confirment. Principaux de la cité ? Il faut même être plus net : ce sont les notables provençaux, car, où que soient leurs domaines, ils ont tous ou presque tous une résidence à Arles ou à Avignon. Y a-t-il encore au demeurant d'autres cités véritables en Provence avant 972 ?

Les Marseille ont des maisons entre les églises S. Lucien et S. Vincent, en plein centre de la cité, comme les Reillanne Vence ; dans la même « île » habite Pato, chanoine d'Arles et abbé de S. Gervais, et ses frères ; Airard, évêque de Vénasque avait une maison près de l'église S. Julien et dans le même quartier la famille des Baux en avait également une. Maïeul, de Valensole, abbé de Cluny, avait des maisons en Avignon, mais aussi en Arles, entre l'église S. Pierre Pesols et le palais comtal, comme, plus au sud, Teucinde (de Châteaurenard) et son neveu, l'évêque de Fréjus Riculf. Les Mévouillon passent des actes à Avignon [98]. Nous ne sommes donc pas

---

entre le comte qui se contenterait d'assister à l'audience et les juges qui dirigeaient la procédure ne doit pas être trop affirmée, comme en témoigne un passage d'une notice de 970 : « Tunc comes prefatus et judex Berengarius judicaverunt ut episcopus perportare fecisset ad servos S. Victoris » (Catalogue n° 11). L'ordre de juger émane du comte comme le montre la formule employée à la même époque à l'ouest du Rhône ; « Judices qui jussi sunt causam audire, dirimere et legibus definire. »

93. Cf. par exemple 970, catalogue n° 11).

94. « Quidquid in presentibus partibus fuerit hordinatum habebit plenissimam firmitatem, nec poterit immutari si quis (= quid) ante principe per judicium judicis fuerit diffinitum », 984 (Catalogue n° 26).

95. Les *boni homines* à Béziers, à Nîmes ou à Carcassonne paraissent bien être, parmi les hommes libres d'un terroir, les voisins, (*manentes, commanentes*) ceux qui ont été choisis (*electi*) par la communauté paysanne pour être les garants du Droit. Mais on voit que lorsque les *commanentes* sont appelés, on interroge les *majores* et les *nobiliores,* et que l'on choisit les *seniores,* ce qui est bien ambigu (MAGNOU-NORTIER, *op. cit.*, pp. 155, 156, 266). Plus de mention des bonshommes après le début du XIe siècle (*Ibidem* pp. 277 et 280).

96. Cf. *supra,* note 92 et 94.

97. Cf. *supra,* note 91.

98. Pons, évêque de Marseille (980-1008) (CSV n° 204). — Fouque de Marseille 1015 (CSV n° 175). — Lambert (de Vence) 1015 (Ibidem). — Pato, 980 et 992 (GCNN Arles n° 291 et 296) et ses frères Audibert et Isnard 1015 (CSV n° 175). — Airard 954/982 (BN lat. 13915 f° 35). — Guillem Uc des Baux. Milieu XIe (GCNN Arles n° 158). — Maïeul 998 (CLU n° 2466) et 1008/1009 (CLU n° 2261). — Teucinde (de Chateaurenard ?) 977 (Bibliothèque d'Arles ms 881 n° 2) avec remise d'usufruit pour son neveu, l'évêque de Fréjus Riculfe. — Mévouillon, 967 (CPA n° 54). Sur l'habitat des grands dans les cités, cf. C. VIOLANTE, *La Società Milanese nell' età precomunale,* Bari 1953, p. 149 et 256.

surpris de retrouver, présents aux plaids arlésiens Arluf (de Marseille), puis ses fils Aicard et Guillem (plus tard vicomte) possessionnés au Trébon, Anno (de Reillanne Vence), puis ses fils Amic et Lambert, qui tenaient du comte les marais de Montmajour, Doon (de Châteaurenard), fils de Renard le juge, Pons l'Ancien (de Fos ?) et son parent Pons le jeune (des Baux), Rostaing et Appollon (de Castellane ?), dont la famille était bienfaitrice de Montmajour, Engueran et Guibert (de Signes-Rocbaron) ; au plaid de Manosque en 981, Jonas (de Salernes), Laugier et Pons (d'Orange Mévouillon), Raimbert (de Bouc ?), parent du juge Lambert [99].

Parce qu'ils habitent encore dans la cité, de moindres personnages se joignent à eux : Dieudonné, père de Volverade et tige de la famille des Porcelet ; leurs maisons sont entre S. Martin et S. Pierre Pesols, près du Rhône [100] ; Quiqueran, qui habite avec sa femme Aytrude entre le marché et le quartier juif [101] ; Leidrade dit Signoret, Uc de Blaye, fidèle du comte, dont les maisons sont aussi près du Rhône, entre le palais comtal et l'église S. Julien [102], Aicard et Audiguier [103], Autrig [104], les viguiers successifs, Gui, Bonfils, Thibaud [105].

Ainsi les bonshommes arlésiens ne sont pas seulement les grands propriétaires provençaux ; des hommes libres moins notables, moins « nobles » côtoient ceux-ci au plaid, précisément parce qu'ils résident dans la cité et peuvent y assister. Autrement dit, faire partie des *boni homines* suppose en fait d'être au-dessus d'un certain seuil social, mais l'alleutier prospère et le maître de plusieurs domaines voisinent. Les textes ne distinguent pas entre eux. Ils font par contre deux autres distinctions : *Romani/Salici ; -Vassi dominici/alii.*

La première vaut qu'on s'y attache. Romains et saliques... est-ce seulement la retranscription mécanique par un scribe d'une formule vieillie [106] ? Pas tout à fait. Il existe encore au xe et même au début du xie siècle en Provence des familles qui ont à cœur de se dire romaines et d'autres, sali-

---

99. Catalogue n° 7-11-19-26-31/32. Sur ces personnages, cf. L.D.P. I 2,1 et I 3,2 et 3,3. 01,1 et 02,1 et 2,4 — F 3,1 — C 1,2 et 2,1 — E 2,5 — N 1,2 — L 3,1 et 3,3 — Sur Raimbert : 20 avril 953 (BN lat. 12685 f° 246 v°) — souscription immédiatement après celle du juge Lambert, suivie de la formule caratéristique : *voluit et consentit.* Cf. aussi *infra* note 207. Sur Engueran, GCNN Arles n° 287, 289, 309.

100. Tige de la famille des Porcelet ; cf. *infra* 2e partie, chap. IV, note 67. Volverade, son frère Amiel, sa nièce, Aicard Ison, c. 1048 (CSV n° 171) et 1056 (CSV n° 202). Aicard Ison avait des maisons où il habitait peu avant sa mort (c. 1032), avec d'autres qu'il possédait hors de la ville, devant les portes (GCNN Arles n° 337).

101. Quiqueran, 967 (GCNN Arles n° 267).

102. Uc de Blaye, le prêtre Geniès et Leidrade, 1008 (GCNN Arles n° 304). Constantin, chanoine, alleutier en Argence, 961-983 èGCNN Arles n° 260 et 283). Cf. aussi *Ibidem* n° 264 (GCNN Arles n° 275). — Guiniman, 1015 (CSV n° 199). Guiniman parait à Rians en 1015 (CSV n° 199) ce qui fait penser qu'il était un suivant des Baux. Constantin et Guiniman ont leurs maisons hors les murs, l'un au Bourg vieux, l'autre, près de la porte S. Etienne.

103. GCNN Arles n° 261.

104. 976, CSV n° 170 et en 1067, le fief d'Autrig (Bibl. Arles, ms 882, I, f° 13).

105. Sur les viguiers et le sénéchal, cf. *supra* notes 76 et 77.

106. « In Arelate civitas publice... ante vassos dominicos tam romanos quam salicos una cum plurimarum personarum diversis legibus viventibus » cité *supra* note 91. Ce type de distinction existe évidemment au IXe siècle, à l'est (845, CSV n° 26), comme à l'ouest du Rhône.

ques. Par exemple, Fouquier de Valensole était de « loi romaine » et son fils Maïeul est « de race provençale, illustre par la noblesse de ses ancêtres gaulois [107] ». Arlulf de Marseille, descendant des vicomtes de Vienne, suit la loi romaine et son petit-fils Fouque aussi [108]. L'évêque d'Apt, Estève, issu à la fin du Xe siècle d'une famille agathoise contrainte de s'exiler, était *natione gallicus* [109]. A l'opposé, Gui (d'Agoult) était salique [110] ; c'était un ami de Rostaing, l'archevêque d'Arles et de Garnier. Rémégaire, évêque de Valence était « de nation franque [111] », comme Robert, vicaire d'Arles en 844 [111bis]. Pour rares qu'ils soient, ces textes sont assez précis pour montrer qu'on sait encore faire la distinction.

Pour aller un peu plus loin que cette simple constatation, il faut scruter le stock onomastique employé par les familles les plus notables. Il n'est pas nécessaire d'insister ici sur l'importance du nom à cette époque comme en d'autres civilisations ; marque magique destinée à lier le futur au passé. L'enfant aura les vertus de celui qui le nomme et dont il reprend le nom et la place [112]. Or le nom ne signifie pas seulement le sang transmis d'âge en âge, mais aussi un choix dans ce sang. Il est frappant de voir que l'aristocratie d'Empire, presque uniquement franque, répugne à porter des noms gallo-romains, celui d'Etienne mis à part [113] ; bien au contraire, elle utilise systématiquement autant qu'elle le peut, les noms royaux. Georges Duby fait de même remarquer le phénomène de concentration des noms chez les chevaliers mâconnais qui, à la fin du XIe siècle, portent par préférence cinq noms, ceux des hommes les plus puissants de la contrée [114]. Dans leurs noms comme dans leurs généalogies [115], « les plus nobles » opèrent des choix qui visent à rendre manifestes les parentés qui les intéressent. Le nom veut être la marque d'une sélection comme celle qu'on pratique sur les bêtes de race [116]. Et dans la question qui nous occupe ici, le port des noms est assez révélateur.

---

107. « Ego Fulcherius... desponso michi juxta legem meam romanam » 909 (CLU n° 109). Sur Maïeul, cf. texte cité supra chap. I note 71. Maïeul est un nom latin.

108. « Ego Fulco desponso mihi juxta legem meam romanam Odila », 1005, RUFFI, *Histoire de Marseille,* p. 484 (*ex archiv. monast. S. Victoris*).

109. « Natione gallicus ex provincia Narbonensis primae, et civitate Agathensi indigena, parentum satis stemmate clarus » (*Vita S. Stefani* p. 311).

110. « Vido commendavit per suum vuadium... secundum suam legem salicam » 904, (CA n° 7).

111. « natione francus » (MANTEYER, *La Provence,* p. 118, note 2).

111 bis. CSV n° 26. Il emploie la procédure de la *disvadiatio.*

112. Un abbé de Montmajour, Raimbert était « illustrissimus nomine », 1030, (Bibl. Arles, ms 881, n° 6). De même lorsque Liutprand déclare, à propos de Manassès : « cognoscas nominis tui etimologiam parentes tuos videntes fuisse intelleges », (*Antapodosis,* Lib. IV, col. 6), il y a peut-être là plus qu'un jeu de mots.

113. Le pape Etienne II n'aurait-il pas été le parrain d'un grand lors de son voyage de 754 ?

114. G. DUBY, *Lignage, noblesse et chevalerie au XIIe siècle dans la région mâconnaise. Une révision, in* Hommes et Structures du M.A., Paris 1973, p. 398.

115. G. DUBY, *Structures de parenté et noblesse dans la France du Nord au XIe et XIIe siècles, Ibidem,* p. 267.

116. « Equi qui nominibus propriis vulgo sunt nobilitati » Guillaume de Poitiers *Histoire de Guillaume le Conquérant,* édit. R. FOREVILLE, Paris 1952, p. 26.

Faisons d'abord un test : voici les Agoult dont nous savons qu'ils sont « saliques » : sur sept noms de mâles, de 950 à 1019, pas un nom gallo-romain. A l'inverse, les Marseille, « romani » dans les documents : sur quinze noms de mâles, de 950 à 1015, il y a un Honorat, deux Pons, un Estève et un Peire, soit cinq noms gallo-romains. Appliquons le même traitement à des familles dont nous ne savons rien. Chez les Mévouillon, sur quinze noms (954-1023), quatre Pons, un Peire ; chez les Castellane, sur treize noms (955-1009), un Pons, deux *Appolonius* ; chez les Pontevès, sur sept noms (989-1007), deux Jonas, un Boniface, sans compter des noms qui évoquent les goths, comme Athanulf, Pandulf. Par contre, chez les Châteaurenard, sur sept noms autour de l'an mil, pas un nom gallo-romain ; chez les Sabran, sur neuf noms un seul nom gallo-romain, *Amelius* ; chez les Reillanne, sur sept, un seul aussi, Boniface ; même proportion chez les Lacoste, avec un Amelius [117].

Un peu moins d'un cinquième des noms des grandes familles est encore gallo-romain entre 950 et 1020, mais la majeure partie n'est portée que dans quatre familles, et plus pour longtemps.

Il est intéressant de comparer ce groupe avec un autre stock onomastique assez précis, celui des noms portés par les évêques. L'instrument de mesure est ici beaucoup moins hasardeux, puisque les listes épiscopales sont presque complètes. Pendant la même période, les noms portés, aussi bien germaniques que romains, sont très variés et la proportion constante de ces derniers est nettement supérieure à ce que nous avons observé : un tiers. Elle se maintient de 1020 à 1090 à un peu plus du quart, mais de façon trompeuse : à ce moment, le nom de Pierre, visiblement devenu un nom de clergé, équilibre tous les autres ; sans lui, la proportion n'est plus que d'un septième. Enfin, de 1090 à 1160, Pierre représente les deux tiers des noms romains ; sans lui, ils ne font plus que le onzième du stock total [118]. A partir de la fin du xe siècle, on ne donne plus de noms gallo-romains aux enfants.

---

117. Listes dressées à partir de LDP. On a éliminé la période antérieure à 950 où les actes sont trop peu nombreux. Ont été également éliminés tous les noms qui ne se rattachent pas de façon *certaine* à la généalogie considérée. Après l'an 1020, les noms de Peire, Pons et Estève se retrouvent plus ou moins dans toutes les familles. Pour déterminer le caractère latin ou germanique des noms, nous n'avons pas toujours suivi M.T. MORIET, *Les noms de Personne...* Ainsi *Abelonius* n'est autre selon nous qu'*Apolonius*. *Amicus* par contre, rangé par elle même les noms latins, est sans doute une « latinisation » d'Emich. Sept noms latins sont portés 16 fois pour un stock total de 87 noms « nobles » (7 Pons, 2 Peire, 2 Apollon, 2 Jonas, 1 Boniface, 1 Honorat, 1 Estève. Deux noms sont probablement gothiques (Athanulf et Pandulf). En tête des noms francs viennent Rostaing (5 fois), Guillem (5 fois), Renard (4 fois) ; il est facile de remarquer qu'un Rostaing a été archevêque d'Arles au début du siècle, un Guillem comte, et un Renard juge.

118. Cette proportion plus élevée s'explique sans doute par la vocation romaine de l'Eglise, nettement perçue dans cette région au xe siècle : l'évêque de Marseille voulut ainsi en 965 « secundum jus Romanae Ecclesiae ea que dicebat confirmare ». (Catalogue n° 7). Liste dressée à partir de LEP. De façon plus précise : 879-950, 28 noms saliques, dont 17 de grandes familles, 3 goths (?), 11 latins (2 Bénézet, Bon, Boniface, Eustorge, Jean, Libéral, Paul, Pons, Rémy, Vincent), deux noms d'origine hébraïque (Manassès, Hélie) dont l'un est porté par un franc — 950-1020, 26 noms saliques, dont 16 de grandes familles, 2 goths (Almérade, Féraud ?), 15 romains (5 Pons, 2 Estève, 2 Peire, Déodat, Gaston, Honorat, Jean, Ours, Silvestre) un nom

Reprenons maintenant la liste des évêques hostiles aux bourguignons et celle de leurs partisans : chez les adversaires du parti franc, un Paul, deux Bénézet, un Vincent, un Libéral, un Arifons (gothique ?), et seulement un Imbert. Dans le parti franc, au contraire, Rostaing, Herbert, Robert, Ratfried, Baudry, Gontier, Girard, Dreux, Arnaud, Théodulf.

Concluons. Pendant tout le xe siècle, la distinction romain/salique doit avoir encore un sens, si atténué soit-il. Certains méprisent les vieux noms sénatoriaux, d'autres s'y accrochent. Le mécanisme social qui règle la répartition des noms chez les notables n'est pas difficile à apercevoir : d'une part, le gouverneur franc et sa maison ; de l'autre, des hobereaux autochtones. Certes des « romains » pouvaient se glisser dans l'entourage comtal et la chose était même parfois souhaitée : c'est probablement à leur souplesse que les Castellane, les Mévouillon et les Pontevès ont dû leur survie et même leur accroissement lors des massacres de 916 ; mais ils devaient se heurter au mépris de ceux qui pensaient, comme Liutprand : « nous, Lombards, Francs, Burgondes, nous avons tant de mépris pour cette race que romain, pour nous, c'est une injure [119] ». Ceux qui ne voulaient pas courber l'échine et s'adapter, ceux qui avaient donné à leurs fils montés sur les chaires épiscopales de leurs églises les noms de leurs ancêtres saints, évêques avant eux pendant des générations sur ces mêmes sièges depuis leur fondation, ceux-là, Hugues et les siens les éliminèrent. La *romanitas* disparaît peu à peu au xe siècle parce qu'elle a fait son temps certes, mais aussi parce qu'on l'a aidée à disparaître. Dans le cercle restreint des assistants au plaid, les francs sont à présent en majorité et les autochtones qui survivent ne souhaitent plus trop rappeler leur « nation romaine ».

Examinons à présent le second doublet qui est en train de prendre le pas sur le premier : *vassi dominici/alii* ou, si l'on préfère *Satellites/pagenses* [120]. Le modèle dans lequel se moule ici la pensée du scribe est un formulaire déjà ancien : à Nîmes par exemple, on cite dans les notices, après les *judices,* les *vassi dominici,* manière d'honorer ceux qui sont engagés dans les liens de la fidélité au Roi [121].

Mais en 1016, Thietmar de Merseburg, habitant d'un pays où s'était conservé le système de la vassalité royale s'étonnait et s'indignait à la fois : dans le royaume de Bourgogne-Provence, ce n'est plus au Roi que les *vassi dominici* doivent leur foi : « ils prêtent hommage aux grands, les mains

---

d'origine hébraïque (Israël) — 1020-1090, 42 noms saliques (dont 4 Raimon, 3 Guillem et 3 Uc), 16 romains dont un (André) pourrait bien avoir été apporté par un gênois (8 Peire, 4 Pons, André, Bénézet, Clément, Durand) — 1090-1160, 48 noms saliques (7 Guillem, 6 Raimon, 3 Bérenger, 3 Giraud, 3 Isnard, 3 Laugier), 17 noms romains (11 Peire, 3 Pons, 2 Bénézet, 1 Grégoire).

119. « Nos Langobardi scilicet, Saxones, Franci, Lotharingi, Bagoarii, Suevi, Burgundiones, tanto dedignamur (romanos) ut inimicos nostros commoti nil aliud contumeliarum nisi Romane dicamus » (*Legatio,* cap. 12).

Le moine de S. Gall regrette le temps où « Gaulois et Aquitains s'honoraient d'être appelés les serfs des francs » (*Gesta Karoli Magni,* I, cap. 10, MGH. SS. II p. 735). Cf. aussi Adrevald, *Mirac. S. Benedicti* (*Ibid.* XV p. 491). Inversement, on connaît la fierté d'être romain chez Jean VIII (A. LAPORTE, *l'Europe et le Saint Siège,* Paris 1895, textes cités p. 276).

120. Cf. textes cités, *supra,* note 91.

121. GERMER-DURAND, *Cart. de Nîmes,* Nîmes 1874, n° 8.

dans les mains, ils les servent comme leur Roi, et c'est ainsi qu'ils ont la paix [122] ». Le mouvement dont l'aboutissement frappait Thietmar avait débuté dans les royaumes de l'Ouest dès la fin du IXe siècle, quand « l'insolence des marquis s'efforçait de soumettre les vassaux royaux [123] ». Vers quelle époque les *vassi regales* en Provence ont-ils cédé à la pression exercée sur eux ? En 903, Walo, le fort homme, intervenant comme *ambasciator* dans la région de Châteaurenard est encore *fidelis regis* ; comme en 920, dans la même région, *Sterchariu*s [124]. Par contre, lorsqu'en 950 Arlulf (de Marseille) obtient du roi Conrad le fisc de Trets, il n'est qualifié par le chancelier que de « quidam homo [125] ». Membre d'une famille qui avait été de rang vicomtal et même comtal, on se serait attendu à ce qu'il soit fidèle du roi ; il est vrai que les circonstances politiques devaient inciter Arlulf à une prudente autonomie [126]. Il reste qu'il n'avait pas fait la *commendatio* au Roi en 945. Vingt ans plus tard il figure en tête des assistants au plaid comtal, immédiatement après les juges et le vicomte, et il est qualifié avec quelques autres de « notables » *(principes)* de la cité d'Arles [127]. On peut donc se demander si les *vassi dominici* de 970 sont encore ceux du *dominus rex,* ou déjà ceux du *dominus comes.* Si le *Lambertus* qui figure en cinquième position dans la liste est Lambert (de Reillanne) il faut choisir la seconde hypothèse [128].

Quoi qu'il en soit, la chose est hors de question en 990 ; ce sont les *fideles comitis* qui sont nommés en tête de ceux qui sont présents au plaid [129]. Le comte est bien à ce moment le *princeps totius Provintie* dont parlent des textes de 982/983, 991 et 992 [130]. Ceux qui viennent à son plaid feront bientôt presque tous partie du cercle de ses fidèles, où seront fidèles de quelqu'évêque. Encore faudra-t-il se demander ce que signifie alors la fidélité.

En tant que lieu où se résolvent pacifiquement un certain nombre de contradictions sociales, le plaid général évolue donc durant le Xe siècle : il était chambre d'arbitrage des conflits entre deux groupes distincts, et parfois sourdement hostiles, propriétaires fonciers autochtones — « romains » —, d'une part, amis et guerriers du gouverneur, venus du Nord — « francs » —, d'autre part. Le pouvoir royal était certes délégué au chef de ce dernier groupe, mais l'octroi judicieux du titre de *vassus regis* à des notables locaux ralliés permettait un équilibre plus ou moins satisfaisant des forces en présence. Lorsque disparaît la double opposition

---

122. Thietmar de Merseburg Lib. VII cap. 21. « Unde hii manibus complicatis cunctis primatibus velud regi suo serviunt et sic pace fruuntur ».
123. Eude de Cluny, *vita Geraldi Auriliac.* I, 32, PL 133 col. 662.
124. ARP n° 43 et 56.
125. CSV n° 1041.
126. Cf. *supra,* p. 36.
127. Catalogue n° 7.
128. Il est en effet expressément qualifié de fidèle du comte dans un acte de 970/978 (catalogue n° 17).
129. « Consilium... ad ceteros fideles suos qui ibi aderant quesivit » (note 91).
130. Catalogue n° 25, 32, 33, 35 et peut-être n° 26 ?

Romains/Saliques, Vassaux royaux/Mesnie comtale [131], le tribunal comtal, ou plus exactement le plaid général ne fonctionne plus que comme une *consorteria* des pillards francs et de leurs collaborateurs locaux. Son effort ne porte plus que sur les bavures de la *reconquista* : lorsque Pons de Fos et Guillem de Marseille se querellent pour occuper les terres en friche du comté de Toulon, Pons de Fos vient devant le comte et lui demande de régler le différend [132]. Lambert (de Reillanne) s'amende auprès d'Aicard l'Ancien pour réparer son forfait, comme le fait Garac de Lacoste envers Umbert d'Agoult [133]. L'évêque de Marseille, Honorat réclame au comte des terres de l'évêché que celui-ci tenait. Son successeur revendique des terres de S. Victor près de Forcalquier, tenues par Aimon, l'évêque Roux [de Gap] et leur famille. En 991, l'évêque de Fréjus, Riculf, pour assurer la propriété de son église sur les terres abandonnées dont il s'est saisi vient demander un titre de propriété au comte [134].

Un autre type de conflit arrive alors devant le tribunal comtal : celui qui oppose les gens d'église et les moyens ou petits propriétaires alleutiers qu'avait saisi, eux aussi l'ardeur des défrichements. Ainsi Garibern et Venance, alleutiers à Tavelle, au comté d'Aix, ou bien les alleutiers de la vallée de Fabregoules, au comté de Marseille, tous condamnés par le tribunal du comte au profit des évêques [135]. Le tribunal comtal frayait ici la voie à la domination du seigneur banal. Mais précisément les conflits de ce type seront, au goût des grands, mieux réglés par leur propre tribunal : les vicomtes de Marseille en 1016 et 1020, les sires de la Javie en 1055 sauront ramener à la raison les alleutiers récalcitrants. Et puisque ces cas lui échappent, le plaid comtal après l'an mil n'enregistre plus que l'accord des grands sur un litige [136].

Ce sont les notables de l'entourage comtal qui constituent à la fin du xe siècle la raison d'être du tribunal et des plaids généraux. Bientôt ils cesseront d'y venir et règleront leurs querelles par la force sans plus se soucier du comte que comme d'un éventuel allié. Les *placita generalia* disparaissent ; quand les conflits passeront la mesure, ce sont des assemblées extraordinaires qui s'efforceront de les apaiser.

---

131. « Homines in mansione sua tenuerunt », pour Manassès qui est à ce moment un véritable comte d'Arles (GCNN Arles n° 261).

132. 973/980 (Catalogue n° 21).

133. Arles, avril 982 (AST f° 50). Il s'agit d'Aicard l'Ancien et de Lambert de Reillanne, aisément reconnaissables l'un à son surnom, l'autre à son épouse Guibourg (LDP -0-2,1). — 992 (CA n° 43). Le même bien est donné en 1010/1032 à la cathédrale par Guillem d'Agoult « ex alode meo, qui mihi ex patre meo venit, qui ipse alodis per mortem patris sui, scilicet avi mei, emendatus est ». (CA n° 65).

134. Catalogue n° 7, n° 26 et n° 32.

135. Catalogue n° 11 et 75.

136. CSV n° 77, 99 et 27 ; CSV n° 739 ; 1005, 1003/1008, 1038 (Catalogue n° 64, 66 et 146).

— LES RECTORES ECCLESIE : RÉFORME ET INVESTITURE LAÏQUE —

Durant ce temps, sous l'égide du pouvoir comtal, l'Eglise de Provence se reconstituait. Elle avait été terriblement touchée par la crise du début du siècle. Plusieurs évêchés étaient ruinés ou extrêmement appauvris : en 896/898, Apt, Sisteron et Vénasque ; un peu plus tard, les évêchés de la côte, à l'est, Toulon, Fréjus, Antibes, Vence, et peut-être aussi Digne, Glandèves, Senez, cessent momentanément d'exister. Pour les monastères, la situation est encore pire : S. Césaire d'Arles, pourtant restauré en 879, S. Victor de Marseille, Lérins, S. Véran de Vence, S. Pons de Nice ont disparu ainsi que les prieurés provençaux de Novalaise [137].

Dès 945 commence la reconstitution de l'Eglise en Provence. C'est à cette date que Cluny reçoit de Giraud de Sabran qui avait beaucoup à se faire pardonner, le domaine et l'église de S. Saturnin du Port et dès 958, le comte Boson montre son intérêt pour la nouvelle fondation en faisant accorder à Cluny par le roi la petite abbaye de S. Amand de Clansayes [138]. En 954 est fondé Montmajour par Teucinde de Châteaurenard. Là encore le comte a dû intercéder et dix ans plus tard la nouvelle abbaye reçoit du roi une très riche dotation qu'elle n'arrivera d'ailleurs jamais à s'approprier. En 972, le comte et l'archevêque d'Arles restaurent S. Césaire [139]. Dès cette époque également, on voit des abbayes extérieures comme S. Symphorien d'Autun tenter de récupérer leurs domaines provençaux [140].

Le mouvement s'accélère vers les années 976/978, en liaison avec l'assemblée arlésienne qui s'est tenue à cette date et en même temps il s'élargit à l'Eglise séculière. A cette date en effet le chapitre d'Avignon reçoit une donation de l'évêque et cette donation ressemble singulièrement à une restauration, accompagnée de sa dotation, d'ailleurs maigre [141]. Des clercs de la ville d'Apt, peut-être sous l'impulsion de leur évêque, l'ex-moine et scribe Nartold, désirent réédifier l'église S. Pierre et forment vers 976 une communauté canoniale ; en 991, ces efforts aboutissent à la fondation par l'évêque et le comte d'un chapitre régulier de douze chanoines [142]. On connaît trois autres fondations du même type, à Carpentras, à Vaison et à Forcalquier. Pour cette dernière église, une communauté avait dû se créer autour des reliques de sainte Mary, transférées du Val Bodon à Forcalquier sous l'épiscopat d'Arnoux 944-959 [143] ? Les chanoines

---

137. L'église d'Apt est réduite à rien en 896 (ARP n° 33), celle d'Avignon très pauvre en 916 (*infra* note 141) et en général *supra* Chap. I.

138. CLU n° 724 et catalogue n° 3.

139. Catalogue n° 2 et 3 — n° 12.

140. 956, 959, après 968, 971/972, (LABBE, *concilia* IX col. 639, 642, 643).

141. Catalogue n° 14.

142. 976 « fratres presbiteri seu canonici qui S. Petrum volunt reedificare » (CA n° 25) — 991 (catalogue n° 33) — Sur *Nortaldus,* cf. LEP Dioc. d'Apt, note 5.

143. Carpentras : 982/983 (Catalogue n° 25). Un monastère y existait en 896 (ARP 33),

d'autres églises souscrivent les chartes de fondation de leurs nouveaux confrères : ceux d'Arles souscrivent la fondation de Carpentras à laquelle assistent aussi leur archevêque et les évêques Garnier d'Avignon, Nartold d'Apt et Pons d'Orange. Les chanoines d'Avignon et ceux de Cavaillon souscrivent la fondation d'Apt en 991 [144]. Les sièges où sont restaurés, et même formés des chapitres réguliers sont tous des sièges qui étaient occupés au début du siècle par des prélats hostiles aux Bosonides. Au moment de la restauration, trois des évêques qui les occupent sont issus de l'entourage de l'archevêque d'Arles ; l'une des chartes de fondation mentionne expressément l'aide de l'archevêque d'Arles Anno, dont on sait qu'il se retirera à Cluny à la fin de son épiscopat. Dès les années 980/990, on observe donc une tentative de restauration des églises épiscopales dans des diocèses où elles avaient dû être passablement bouleversées. Cette restauration est menée sous la direction de l'archevêque d'Arles, peut-être sous l'impulsion de Cluny.

De son côté, l'Eglise monastique continue à se renforcer. Saint Victor de Marseille est restauré par l'évêque Honorat en 977 et son premier abbé Adalard paraît un peu plus tard [145]. En 978, le Pape donne Lérins à Cluny [146]. Saint Véran de Vaucluse est fondé en 979 par l'évêque de Cavaillon, sur le conseil de son seigneur, le roi Conrad, et du comte, et en présence des évêques d'Aix et d'Avignon ; cette fondation ressemble fort à une collégiale de chanoines [147]. Saint André d'Avignon est fondé par le comte et par le juge Audibert en 986/987 [148] ; Saint-Gervais-de-Fos, par l'archevêque d'Arles, le comte et les Fos en 988/989 [149]. S. Pons de Nice existe à nouveau dès avant 999 [150]. Enfin le mouvement se consolide aux alentours de l'an 1000 avec des fondations moins importantes : ainsi peu

---

c'est peut-être à cette époque qu'a été fabriqué un faux de Charles de Provence (ARP n° 14). Vaison : 985/1005, sous l'épiscopat de Umbert (Boyer de Sainte Marthe, *Histoire de l'église de Vaison,* Livre I p. 79). Forcalquier : 999/1030, sous l'épiscopat de Frodon (Livre Vert de l'Eglise de Sisteron, BN lat. 17558 f° 63 à f° 68 v°). Transfert des reliques (*Ibidem*). Dereine, *Vie commune, règle de S. Augustin et chanoines réguliers au XI*e *in* Rev. Hist. Eccl. 1946, p. 365, signale Vaison et Cavaillon (?).

144. Cf. Avignon : 976, 987, 988, 1002 et 1006 (catalogue n° 14, CPA n° 81, CLU n° 1784, GCN I instr. col. 135 et BN lat. 13916 f° 5) — Cavaillon : cf. *infra* note 159.

145. Catalogue n° 16. — Première apparition d'Adalard (977-980) (Catalogue n° 21). Toujours abbé en 984 (Catalogue n° 26). P. Amargier (*in Provence Hist.* Juillet septembre 1966, p. 315) a préféré l'éliminer de la liste des abbés pour faire commencer celle-ci à Guifré. C'est là risquer de se priver de lumière sur le difficile renouveau de la congrégation victorine.

146. 978 (RHF. IX 245).

147. Catalogue n° 19 ; pourtant en 1008, c'est une congrégation de femmes qui y est établie (Manteyer, p. 523, p.d. n° 9).

148. 986 (Catalogue n° 27) et 987 (Manteyer CPA n° 81).

149. Catalogue n° 30 et (1081. CLU n° 3587).

150. CSP n° I. L'abbaye possédait des reliques de Siagrius (S. Siagre ou S. Ciergue) ancien abbé et de Pons évêque de Nice, ainsi que celles de saint Aygulf, abbé de Lérins (Inventaire de 1440, CSP n° 308 et introduction p. 27). Elle avait un autel à S. Martin qui était sans doute son ancien patron. Dès 999, le monastère passe pour avoir été fondé par Charlemagne (CSP I). En 1004, 11 moines élisent le nouvel abbé (CSP II). En 1291, l'abbé réunissait en chapitre 25 moines dont le prieur claustral, 11 prieurs forains et 11 officiers claustraux ou moines profès (CSP introduction p. 20).

avant 1004, S. Eusèbe d'Apt [151] ; avant 1012, Notre-Dame la Dorée de Vence [152] ; et sans doute d'autres que nous ne connaissons pas.

En même temps Cluny, puis Montmajour esquissent un mouvement fédérateur qui se poursuivra dans les années suivantes. Cluny reçoit entre 958 et 998 S. Amand de Clansayes, Ganagobie, S. André de Rosans, S. Pantaléon, Thèze, Valensoles et Piolenc [153]. Montmajour entre 1002 et 1009 reçoit Carluec, Pertuis, Correns, Varages, le Val, Estoublon, S. Maurice de Vénasque [154]. S. Victor commence aussi à acquérir ses premières églises [155].

Il y a donc dans la deuxième moitié du xe siècle, un indéniable renouveau des églises de Provence. Il ne faut cependant pas en exagérer l'importance : 16 chanoines à Forcalquier, 16 à Carpentras, 12 à Vaison, 12 à Apt [156]. Pour les autres églises nous savons que celle d'Arles, la plus riche, réunissait environ 26 chanoines et quatre dignitaires [157], celle d'Avignon de 12 à

---

151. Par Robert et Garac (de Lacoste), 5 août 1004 (Bibl. Carpentras ms 1654 f° 46 — G ch N I col. 377) ; (restauration).

152. En 1012 et 1016 (corriger : 1013) apparaît déjà le premier abbé connu Constantin (Flamare. CL n° 188 et 196) ; (restauration).

153. CLU n° 2466 (998) énumère 5 *cellae* : S. Amand, diocèse de S. Paul Trois Châteaux, donné par le comte (Catalogue n° 3) — Ganagobie, diocèse de Sisteron (avant 964, par Jean évêque de Sisteron, Livre Vert de Sisteron BN lat. 17558 f° 63). — S. André de Rosans (988. CLU n° 1784. — donné par le clerc Ricau). — S. Pantaléon, diocèse de Vaison (donné par les Mévouillon ?). Valensoles est donné par le comte Guillem en 993 (Catalogue n° 37), il n'est que *curtis* en 998/999 (Migne PL 137, 932) et sera *cella* peu après (CLU n° 1991). Piolenc est donné par le comte Roubaud en 994/998 (Catalogue n° 52) et sera *monasterium* en 1037 (Catalogue n° 112). Thèze est possession de Cluny dès 998 (CLU n° 2466).

154. Montmajour avait reçu par le diplôme de 964 (Catalogue n° 5) trois *cellae* : le Monestier d'Allemont (S. Martin), Antonnaves (S. Romain) et Roquefavour (S. Honorat), mais il ne semble pas que cette donation ait eu des effets, pour les deux premières (Plainte de l'abbé au pape, fin xie. — Bibl. Arles ms 881 n° 10). Par contre, il reçoit : Notre-Dame de Carluec en 969/970 (BN lat. 12685 f° 250 ; le prieur au milieu du xie en est Peire, Arc. des B. d R. 2 H 13 et 2 H 10) donné par Robert et Garac de Lacoste. Miramas (Vallis Uleria) avec les églises S. Julien et S. Vincent en 973 (bibl. Arles ms 882 I F° 19) ; — Pertuis en 981 et 1002 (Catalogue n° 22 et n° 59) des comtes ; — Notre-Dame de Correns, pour y faire un monastère, en 1002, de Balda de Chateaurenard (Arc des B d R 2 H 348) ; — S. Pierre et S. Saturnin de Varages en 1009 de Boniface (de Pontevès ?) (BN lat. 13915 f° 49, daté par comparaison avec une donation du même au même monastère à cette date : RHP I p. 160) ; — S. Pierre d'Estoublon en 1011, des Moustier-Gaubert (Labande, *Chartes de Montmajour au Palais de Monaco*, p. 169) ; — Notre-Dame du Val en 1010 (Arc des B d R 2 H 348), des Chateaurenard ; — S. Maurice de Venasque donation du moine *Girbernus* (Arc des B d R 2 H 14) entre 980 et 1009, datée d'après la présence de Pons (de Castellane ?).

155. Villecroze, en 1007 donné par les Pontevès (CSV n° 486 et ss. — *monasterium*, n° 503). L'essor de S. Victor sera tardif (2e partie Chap. I.).

156. Chiffres fournis par les actes de fondation.

157. Cf. les listes données par les actes suivants : 954 22 noms, le doyen est le prévôt et deux abbés qui pourraient bien être aussi des chanoines (Catalogue n° 2) 954 (GCNN Arles n° 256) — 961 (*Ibidem* n° 260) — 972/973 (Bibl. Arles ms 168 p. 44). — 975 (GCNN Arles n° 377). — 977 (*Ibidem* n° 280) — avant 993 (*Ibidem* n° 275). — Sans date (Ibidem n° 264). — 983 22 noms, plus le chantre, le doyen, le prévot et 4 absents (GCNN Arles n° 983). — 985 (*Ibidem* n° 282 et 286). — 986 22 noms, plus le chantre, le doyen, le prévôt, trois absents, et le prêtre Amiel qui écrit l'acte (Ibidem n° 285). — 987 (*Ibidem* n° 289). — 989 (*Ibidem* n° 291). — 992 20 noms, plus cinq absents (*Ibidem* n° 296). — Sans date : 26 noms (*Ibidem* n° 299). — 1011 20 noms plus le doyen, le scribe et un absent, Pato, chanoine et abbé de S. Gervais (*Ibidem* n° 307).

18 [158], l'église de Cavaillon une douzaine [159], celle d'Aix autant [160], celle de Marseille une dizaine [161], celle d'Orange 9, lorsque fut élu l'évêque Pons en 945 [162]. Sur les autres églises, les renseignements sont tardifs [163]. Parmi ces chapitres, il faut distinguer ceux qui ont une vie véritablement communautaire : il semble que ce soit le cas des chapitres fondés à la fin du xe siècle : en témoignent le nom de frères que se donnent les chanoines d'Apt, et les chartes de fondation elles-mêmes. Ces communautés vivent parfois assez loin de leur évêque, ou du moins de l'ancien siège épiscopal : ainsi les chanoines de S. Mary ne vivent pas à Sisteron, ceux de Carpentras pas à Vénasque où réside leur évêque, ceux de Vaison sont en dehors de la cité, à l'église S. Quenin. A la même époque, les chanoines d'Orange paraissent considérer l'ancien monastère S. Florent comme leur église, et non la cathédrale. Inversement nous avons vu que Carpentras était qualifiée à la fin du IXe siècle de monastère. Il y a donc comme une confusion entre ordre monastique et ordre canonial lors de la restauration de certains chapitres cathédraux, confusion qui serait d'ailleurs à l'honneur de ces nouveaux chapitres. D'autres, au contraire, ont une vie fort peu régulière, et on a l'impression que ce sont ceux qui s'étaient maintenus pendant le IXe siècle, tels Arles ou Avignon, qui devront être réformés au XIe siècle. Chacun des chanoines a sa mense, comme à Aix encore au milieu du XIe. Réguliers ou non, on peut estimer le nombre des chanoines en Provence environ à 150.

Les quelques abbayes qui ont été restaurées ne comptent guère plus de monde. Quand Guifré fut élu prévôt de l'abbaye de S. Victor de Marseille, celle-ci n'avait plus que cinq moines. Quand il en devint abbé en 1005, elle en comptait 21. En 1020, elle en aura 50 [164]. Montmajour, vers 978,

---

158. Pour Avignon cf. *supra* note 144. Si le prévôt Raimon qui apparaît en 898 et 903 (n° 36 et 44) est un prévôt d'Avignon, on peut en induire que le chapitre existe à cette date.

159. 979 (Catalogue n° 19) on connaît les chanoines Boson et Ro(doinus) ; 1008 (MANTEYER, *La Provence*, p. 523), et 1014 (G Ch N I instr. col. 155). La liste de 1008 comporte 13 noms et un blanc : Dominique, Boson, l'un des deux Thierry, Daiterius n'y figurent plus et sont remplacés par Bertrand, Guigue, Estève, Giraud et Christian. Celle de 1014 comporte 12 noms : Guigue, Christian ont disparu et sont remplacés par Audibert et le lévite Odilon cf. aussi une liste incomplète en 1034 (CSV n° 430).

160. Le nombre des chanoines d'Aix ne nous est connu que par le polyptique d'Aix rédigé sur l'ordre de l'évêque Pons, entre 1049 et 1056 (LEP diocèse d'Aix). Le document est donc tardif mais reflète un état de chose sans doute plus ancien : la mense canoniale est divisée en deux parties, l'une collective, l'autre partagée entre 11 chanoines dont le sacriste et le grammairien (Vte de Grasset RHP I p. 361 à 374).

161. Les actes de 977, 980 et 984 (CSV n° 23, n° 72 et n° 70) permettent de reconstituer une liste de 7 à 8 noms ; et 1005 (arc des B du R H 7 n° 21) donne 10 noms de chanoines.

162. Catalogue n° 1. Les électeurs sont au nombre de 8 auxquels il faut ajouter l'élu qui était aussi prêtre de l'église d'Orange.

163. Pour Riez, quelques actes avant la fin du siècle donnent un prévôt Pons et 8 à 9 chanoines (CLU n° 1991 — n° 1866 — n° 1990 — CSV n° 615). Les 2 *peregrini* et le *scriba* intercalés dans la liste des chanoines sont sans doute des *presbyteri* et un *subdiaconus* mal déchiffrés (CLU 1991). A Nice, 4 ou 5 prêtres entourent l'évêque et écrivent les actes de donation à la cathédrale (Peire, Teodalaicus, Thibaud, Undila, Vital, « scriniaire ») (999 CSP 1, CN 11-12-19). En 1078, les chanoines n'étaient qu'au nombre de 9 (CSP 13).

164. « Anno ab incarnationis Domini M., cepit massiliense monasterium restaurari domno Guifredo existante ibi prius quinque annorum priore, in quindecim sequentibus annis vivente eodem ibi abbate, qui sic XX anno incarnationis Christi post millesimum obiit in senectute

en a certainement plus que S. Victor [165]. S. Pons de Nice en avait 11 en 1004 [166]. Les prieurés de Cluny-en-Provence comptent aussi au moins une trentaines de moines [167]. Nous ne connaissons rien de S. André d'Avignon. Au total, il pouvait y avoir de 150 à 200 moines [168]. Les abbayes de femmes sont encore faibles. S. Marcel près de Cavaillon compte 3 moniales [169] ; Notre-Dame de Moustiers, 3 également [170]. Il n'y a guère en Provence de grandes abbayes de femmes, sauf S. Césaire à Arles, ce qui donne un chiffre peu élevé. Naturellement, ni les chanoines ni les moines ne sont à eux seuls toute l'Eglise. Il s'y joignait quelques clercs et quelques prêtres des églises suburbaines [171]. Quant aux prêtres de campagne, il ne fallait sans doute pas trop compter sur eux.

L'Eglise de Provence, dans la deuxième moitié du xe siècle, est donc un milieu extrêmement restreint, guère plus de cinq cents personnes. Mais c'est un milieu qui se développe, et qui est aussi très uni. Lorsque le chapitre de Carpentras est restauré, l'étude des souscriptions à l'acte nous montre que les chanoines d'Arles sont présents, au moins plusieurs d'entre eux. De même, lors de la restauration du chapitre d'Apt, les chanoines d'Avignon et ceux de Cavaillon sont venus se mêler à leurs nouveaux confrères. Unis entre eux, les chanoines le sont aussi aux moines. Ainsi les moines de Montmajour écrivent-ils parfois les actes du chapitre arlésien ; et l'on voit les chanoines de Marseille assister à l'élection de l'abbé de S. Victor. Quant

---

bona reliquens monasterium cum L fratribus quod prius accepit cum V, sicut nobis retulerunt fratres qui in tempore illius in monasterio nutriti fuerant. » (ALBANES, *Chronique de S. Victor*). 1005 Election de l'abbé Guifré (Arc des B du R I H 7 n° 21).

165. En 970/978, on connaît avec l'abbé Mauring, le prieur Pons, (futur abbé), les moines Umbert, *Rangisus,* Peire, Audibert et d'autres (Arc des B du R 2 H 9). Parmi ces autres moines, il faut sans doute compter : Rostaing (953. BN lat. 12685 f° 246 v°), Fulcrad (973. BN lat. 12685 f° 251), Archinric (950/965-975-977-981. — CPA n° 48-RHP I p. 48 — *Ibidem* p. 51, 53 — HGL V col. 291), abbé de 1000 à 1021 (CSV n° 169), Raimbaud (970. Arc des B du R 2 H 15). Umbert est connu comme scribe en 1001 et 1002 (BN lat. 13915 f° 46) et sans date (BN lat. 12685 f° 255 v°) ; en 1009 8 moines sont cités : Umbert (sans doute le même que plus haut), Philibert, Roux, Peire, Duran, Estève, Riculf et Josmar. Umbert devait devenir prévôt de Correns vers 1010 (Catalogue n° 69 — BN lat. 13915 f° 49 ; Arch. des B du R 2 H 348) et Josmar abbé en 1022 ou 1027.

166. Election de l'abbé Jean (CSP II).

167. En 962 paraissent 7 moines de S. Saturnin : Audibran, Eldric, Fulcard, Estève, André, Jacques et Clément (CLU n° 1071). Frère Clément et frère Jacques sont connus comme scribes (CLU n° 724 et n° 817). André était possessionné non loin d'Arles et il était déjà prêtre lorsqu'il donna à Cluny en 961/62 (CLU n° 1057) ; ce pourrait être le chanoine arlésien de ce nom qui disparaît des listes canoniales après 954 (Catalogue n° 2) Guillaume de Volpiano y séjournera avec une petite communauté entre 990 et 992. En 1019/1024, on connaît à Lérins le prieur Audibran (venu de S. Saturnin ?) et 4 moines (catalogue n° 90). A Valensoles un prieur, Renard, puis Garnier, et trois ou quatre moines (CLU n° 2284, 1990, 1991, 1886, 1290 et 2268).

168. Cf. l'abbaye voisine de Psalmody, au diocèse de Nîmes : 8 moines sont présents à Marseille avec leur abbé Garnier en 1005 (Arch. des B du R, I H 7 n° 21).

169. 1008 (MANTEYER, *La Provence,* p. 523).

170. CSV n° 1053. L'acte d'élection de l'abbesse donne, en plus du nom de celle-ci, les noms des trois moniales et un blanc.

171. Souscription à l'élection de l'abbé Guifré (arch. B du R, 1 H 7 n° 21). Il est possible que ce nombre soit un peu bas : il faut en effet tenir compte des prieurés (Cf. U. BERLIÈRE, *Le nombre des moines dans les monastères, in* Rev. Bened. 1929 et 1930, *passim* et les chiffres pour Lérins, S. André, et S. Gilles au XIIIe, p. 256 et ss.).

aux liens entre monastères, ils sont tout aussi évidents : restauration de S. Victor par Garnier II de Psalmody, participation d'Archinric de Montmajour et de Pato de S. Gervais de Fos à l'élection d'Isarn de S. Victor. Riculf le futur évêque de Fréjus, était chanoine d'Arles, mais il avait été élevé à Montmajour [172]. De ce milieu, restreint, mais solide, sortiront les réformateurs de la génération suivante.

Voici donc esquissé un tableau de l'Eglise provençale à la fin du xᵉ siècle. Restent à préciser ses rapports avec le pouvoir et les institutions publiques. Il faut à cet égard distinguer les églises épiscopales des églises monastiques, les évêchés des abbayes.

Les textes qui permettent de se faire une idée de l'élection, au sens large, d'un évêque provençal au début du xᵉ siècle ne sont pas très nombreux ; mais ils sont assez explicites et assez clairs pour qu'il soit possible de généraliser. L'évêque d'Avignon, Fouquier, élu en 909/912, a fait lui-même un récit de son élection. « Le clergé et le peuple » le souhaitaient pour évêque. Sur la suggestion du comte Boson, il se rendit à Arles devant le métropolitain Rostaing ; celui-ci s'associa le marquis Hugues et tous deux présentèrent l'élu à l'empereur Louis. C'est sur l'ordre de l'empereur que Fouquier fut alors intronisé [173]. Le texte insiste sur la succession hiérarchique des intercesseurs [174] et marque à la fois l'importance du contrôle royal : « *cujus (imperatoris) jussu... subnixus cathedre* » et l'importance de l'acceptation de l'archevêque : « *si utile perspiceret... eidem sedi pastorem preficeret* ». Par contre Fouquier ne parle ni de la consécration proprement dite, ni d'un rite d'investiture par la crosse. Un texte, antérieur d'une vingtaine d'années, montre que l'archevêque d'Embrun avait dans sa province le même pouvoir prépondérant que celui d'Arles dans la sienne. Le diacre Walden avait été choisi par « le clergé et le peuple » de Vence et ce choix avait été confirmé par le consentement de l'empereur Charles le Chauve. Pourtant l'archevêque Arbert, profitant de la mort de Charles, consacra à son gré un autre clerc, sans doute partisan du futur usurpateur Boson [175]. Maître de la présentation à l'Empereur, l'archevêque l'était donc aussi de

---

172. Cf. *infra,* note 229.

173. ... « Primo quam culmen hujus honoris et discrimen tanti oneris aggrederer, suggerente augustalis prosapie principe Bosone, adii Arelatensem primatem illustrem Rodhstagnum, ut, quia Avinionensis ecclesia viduata sedebat, si utile perspiceret, maxime clerc et populo meam exiguitatem sibi ad hoc expostulantibus, eidem sedi pastorem preficeret... Quid multa ? tandem communi voto, sociato sibi Hugone clarissimo procere, imperiali sum exhibitus presentie ; cujus jussu, licet indignus, Avinionensi subnixus cathedre. » (2 mai 916. CNDD nº 91).

174. Sur le rôle des intercesseurs, cf. G. TESSIER, *Diplomatique Royale Française,* Paris 1962, p. 103 et 273. — On trouvera la liste des intercesseurs des diplômes de Louis l'Aveugle in ARP p. XXIX.

175. « At nunc quia mortuo Venciensi episcopo, non praefatum sacerdotem (Waldenus diaconus) quem ut dictum est, clerus et populus civitatis elegerat piaeque memoriae Carolus Imperator suo consensu firmaverat consecrasti, eodem augusto de praesenti vita subtracto, alterum non juxta norman canonicam electum, ex adverso venientem, nec per ostium sed aliunde introeuntem, tuo tantum libitu ordinasse accusaris » (Lettre de Jean VIII, 25 mai 877, PL tome 126, col. 750). Le Pape invitait Arbert à venir à Rome avec les deux candidats sous peine d'être excommunié et le 10 juin 878, il interdit la célébration de la messe au candidat d'Arbert, Guifré (*Vitfredus*) parce qu'il a communiqué avec l'excommunié, et lui ordonne de se rendre à Rome (GCN, III col. 1216).

la consécration. Il n'y a pas trace dans les deux textes de l'investiture par la crosse. Mais l'on est en droit d'utiliser ici l'acte d'élection de l'archevêque Rainfroi, puisqu'il est peu probable que Louis l'Aveugle ait procédé différemment pour les évêques de Viennoise et pour ceux de Provence. Le texte dit très nettement que le Roi, prenant la crosse qu'on lui avait apportée, comme l'avaient fait ses prédécesseurs, donna à Rainfroi l'église de Vienne. Rainfroi avait été évidemment choisi « *clero et populo* » et la notion de *populus* est précisée : il s'agit essentiellement des comtes et des autres grands de la cité. Enfin, sur l'ordre — *admonitio* — du roi, puisqu'il n'existe pas d'archevêque supérieur, Arnaud, archevêque d'Embrun, assisté des évêques de Toulon et de Digne, Armode et Baudry, consacra l'élu [176]. A l'investiture royale et à la consécration par l'archevêque correspondent deux promesses de l'élu. Au roi, il promet la fidélité. Aucun texte explicite n'est conservé, mais nous savons que l'archevêque Rostaing, les évêques Rémy, d'Avignon, son successeur Fouquier, et Amiel d'Uzès sont qualifiés de fidèles dans les diplômes de l'Empereur. Inversement, Arnaud d'Embrun, Baudry, de Digne et Armode, de Toulon, appellent Louis « leur seigneur [177] ». A l'archevêque, l'évêque promettait l'obédience [178].

On a affaire ici à une procédure fixée de longue date [179], qui se maintient après que Conrad fut devenu roi de Provence. Nous voudrions insister sur un document particulièrement intéressant, la pagelle d'élection de l'évêque d'Orange, Pons, en 945. Intéressant, ce texte l'est à un double titre : d'abord parce qu'il permet de constater la présence en Arles, à cette date du roi Conrad. Ensuite parce que les conditions particulières de l'élection obligent à modifier le processus de façon significative. A cette date, l'archevêque d'Arles, Manassès, dont l'évêque d'Orange est suffragant, est absent, absence que le texte prend soin de mentionner : Manassès était alors en Italie. D'autre part, le précédent évêque d'Orange, Ebroïn, n'est pas mort, mais malade, il est incapable de remplir sa charge. Dans ces conditions une délégation du clergé et du peuple, après avoir obtenu le consentement des princes de la cité, s'en alla en Arles, vers « la magnificence du roi Conrad, du comte Boson et des évêques de la Province ». Les évêques et le comte s'associèrent à la délégation, et obtinrent du roi la permission de changer d'évêque et de choisir un candidat à leur gré [180]. On remarque dans toute cette partie du texte,

---

176. « ... more decessorum suorum regum ferulam accipiens, tradidit ei Viennensem ecclesiam... Quo peracto factus est concursus populorum, comitum videlicet ac reliquorum procerorum, clericorum etiam diverse aetatis, sed et promiscui populi permaxime multitudinis. » Les évêques consécrateurs s'expriment ensuite ainsi : « admoniti etiam a floriosissimo rege nostro Ludovico, venimus ad prefatam urbem Viannensem et petente clero et populo ordinavimus (confratrem) nostrum venerabilem virum nomine Raganfridum » (CSH, D II).

177. ARP n° 42 et 43 (903), 50 (908), 53 (912), 69 (920). Pour Arnaud, Baudry et Armode, CSH, D II. L'abbé de S. Victor, Magnus, et le prévôt (de l'Eglise d'Avignon ?) Raimon, ARP n° 36 (898) et 45 (904). Sur le sens du mot fidèle, cf. *infra*, p. 160 et ss.

178. Par exemple, c. 867, l'évêque de Belley, Adalbaud, à l'archevêque de Besançon. (GCN tome XV col. 608). Henri évêque de Lausanne, élu en 985, promettait toujours obédience à l'archevêque (GCN tome XV, col. 337).

Pour les promesses d'obédience à l'archevêque d'Arles, cf. *infra* note 183.

179. Imbart de la Tour, *op. cit.* pp. 2, 21, 74 et 109.

180. « ...stantes Auraicensis ecclesiae filii, clerus et populus, alterutrum pari meditatu et uno consensu consentientes, consuluerunt sibi ut quandoquidem pastor ipsius ecclesiae, pro

l'adaptation, parfois maladroite, d'un formulaire ancien à la situation particulière : la délégation est conduite en « l'impériale présence », Conrad est qualifié de « César », son autorisation est l'*impérialis licencia.* Toutes ces formules renvoient évidemment au règne de Louis l'Aveugle, ou plus loin encore. En pareille matière, la tradition est tenace. Les Orangeois reviennent donc dans leur cité pour choisir un nouveau pasteur, le prêtre Pons, né dans le *pagus,* et très riche en bien-fonds ; ce nom et ces indications évoquent la famille des Orange-Mévouillon, prédominante dans la région, et qui se distinguera plus tard par une politique systématique d'acquisition d'évêchés. Pons est élu, mais il n'est pas encore évêque ; il faut qu'il soit investi, puis consacré. Comme il est normal, l'investiture est ici faite non par l'Empereur mais par le titulaire précédent qui ne s'était encore dessaisi ni du temporel, ni de la crosse : Ebroïn remet donc à Pons, par sa crosse « *per baculum* », le soin du troupeau et le domaine lié à sa charge « *honorem sui ordinis* ». Ensuite seulement a lieu la messe de consécration, et les trois évêques consécrateurs, Fouquier d'Avignon, Thierry de Cavaillon et Thibaud (de Carpentras ?) souscrivent la pagelle d'élection avec les chanoines [180]. Nous retrouvons bien, encore au milieu du xe siècle, les quatre phases : permission impériale et élection, puis investiture, et enfin consécration. On peut comparer cette élection avec celle d'Isarn, évêque de Grenoble, texte malheureusement très mutilé, mais où le contrôle royal apparaît nettement [181]. En échange de son élection et après son investiture, Pons d'Orange alla-t-il promettre fidélité à Conrad ? C'est probable puisqu'une trentaine d'années plus tard, son confrère de Cavaillon, Walcaud qualifiait encore Conrad de « notre sire », alors que le comte Guillem se voyait appeler « illustre marquis ». Il en était de même pour Aimon, évêque de Valence [182]. Conrad étant d'ailleurs venu

---

fragilitate corporis sui, regimen ecclesiae non poterat tenere, nec curam pastoralem habere idemque inter se tactu contabescebat, prospicerent idoneum quem suae sedi subrogarent antistitem... Quapropter, déficiente metropolitano Arelatensi, consensu augustalium principium, et regis nostri Conradi necnon et Bosonis comitis, et episcoporum comprovincialium comprovincialisque ecclesiae Arelatensis agressi magnificentiam, per eorum consultum seu concessionis animum pastorem obtinuerunt. Eorum igitur communi adminiculo, imperialem adierunt praesentiam proclamantes misericorditer subveniendum, lacrymabili singultu idipsum ingeminantes. Commotus igitur Caesar Conradus rex, immo suadente Bozone comite, obsecrantibus etiam praelibatis principibus, annuit illis imperiali licentia providere quem vellent substituendum pontificem », 945 (catalogue n° 2).

180. « Hac serenitatis clementia... auribus percepta... nullumque melius quam Ponsionem sacerdotem sanctae Auraicensi cathedrae inthronisare consuluerunt, qui utique ejusdem pagi generatus, et praediorum amoenitate uberrimus ; ... Hi denique unanimi coelitus, illis date consilio per consultum ad Ebraum, qui fuit dictae ipsius ecclesiae episcopus, sed fragilis corpore curam ecclesiae non poterat providere, ipse autem per baculum suum quem benedicendo accepit, omnem curam pastoralem et omnem honorem sui ordinis illi deposuit...

Tunc demum in ecclesia Beati Florentii convenientes (lacune) laudibus missarum rite per omnia celebrantes solemniter, laudes insuper debitas Creatori omnipotenti persolventes, Caesarique mercedis gratiam impendentes, eundem Ponsionem sacerdotem inter eos elegerunt » 945 (catalogue n° 2).

181. « ... regali ut dignum est favente imperio, prefatum sacerdotum nomine (Isarnum) consecramus, Dei, ut credimus, voluntate, Gratiopolitane sedis episcopum... Conrado rege imperante. S. Odelbertus » 950/953 (CSH, D, IV).

182. 979 (Catalogue n° 19) et 976-978 (CSH, A., XXV).

trois fois en Arles, il est probable qu'il s'est fait jurer par les évêques qui ne l'avaient pas fait la fidélité qui lui était due.

Après avoir donné sa fidélité au Roi, l'évêque, avant d'être consacré, se reconnaissait soumis au spirituel à l'archevêque. Les termes employés dans la formule arlésienne évoquent l'idée d'un contrôle très strict : *ditio-jussio, obtemperare* ; mais il s'agit d'une simple *professio,* prêtée par l'évêque nommé, *episcopus vocatus* [183]. Le formulaire arlésien change aux alentours de 992 : la *professio* est remplacée par un serment — *promitto coram Deo et sanctis ejus* — ou même : *juro coram Deo,* et l'évêque nommé promet non seulement la sujétion et l'obéissance canonique mais aussi la fidélité. Cette formule subsistera jusqu'aux années 1030, avant d'être modifiée à nouveau dans un sens plus conforme aux idées de l'époque. Retenons simplement qu'entre 986 et 992 les évêques qui sont élus sont devenus les fidèles de l'archevêque d'Arles. L'ancienne promesse d'obédience s'est confondue avec le serment de fidélité [184]. Les formules nous révèlent également autre chose, d'au moins aussi important : l'archevêque d'Arles est devenu le seul métropolitain en Provence. Il reçoit à ce titre non seulement les promesses des évêques d'Avignon, de Vénasque, d'Orange et de Trois Châteaux qui sont de sa province, mais aussi celles des évêques de Fréjus et de Riez qui

---

183. Ces formules arlésiennes de promesse d'obédience ont été réunies sous le titre « *Sacramentale episcoporum de Provincia* » dans le cartulaire de l'archevêque appelé Autographe B (p. 23 et 24). On les trouve également dans deux autres cartulaires de l'archevêque : au Livre Noir (f° 15 v° et 16) et au Livre Rouge (f° 253). La promesse d'obédience de Giraud évêque de Trois Châteaux manque dans ces transcriptions. Elle n'est transmise que par Boyer de Sainte Marthe (*Histoires des évêques de S. Paul Trois Châteaux* p. 59) d'après les archives de S. Paul. La probité de Boyer, qui ne connaît pas les autres formules et qui se trompe d'ailleurs sur la date de celle-ci, est hors de doute. Enfin toutes ces formules, sauf celle de Giraud et celle de Peire, évêque d'Avignon, ont été éditées dans la *Gallia Novissima* Arles : n° 288-294-315-327-370-383-400-408, et dans la GCNN tome I col. 585, note 4. Ces formules sont de trois types : A. - « Ego, N., E. ecclesie vocatus episcopus, profiteor me deinceps sub ditione Arelatensis metropolite consistere et ejus jussionibus obtemperare », employée pour Bernard, évêque d'Antibes (avant 1004), Peire, évêque d'Avignon (992/1002 ?) et Bertran, évêque de Riez (entre 1021 et 1040, ou avant 984 ?). B. - « Ego, N., E. ecclesie vocatus episcopus promitto (juro) coram Deo et Sanctis ejus omnem subjectionem et obedientiam canonicam, et fidelitatem ecclesie S. Stephani Arelatensis ... et N. presenti archiepiscopo et successoribus ejus si eum supervixero », employée pour : Estève de Venasque (986/992) ; Oudry d'Orange (986/994) ; Arnoux de Vence (1003/1029) ; Oudry II d'Orange et S. Paul Trois Châteaux (1030/1033) ; et Benezet d'Avignon (6 mars 1037). C. - « Ego, N. Sancte sedis ecclesie E. nunc ordinandus episcopus debitam subjectionem et reverentiam et obedientiam a sanctis patribus constitutam secunda precepta canonum Sancte sedis Arelatensis ecclesie rectoribusque ejus, in presentia domni archiepiscopi N perpetuo exibiturum promitto, et super sanctam altare propria manu firmo. » Employée pour : Bertran, de Fréjus (1044) ; Pons, d'Aix (1048) ; Rostaing, d'Aix (1056) ; Giraud de S. Paul Trois Châteaux (1064) et Henri de Riez (1066/1069).

184. Une lettre de Fulbert de Chartres s'efforce de distinguer le serment de fidélité de la promesse d'obédience. Il écrit à l'évêque d'Orléans, Foulque, à l'obédience duquel cherchait à se soustraire Gauzlin, abbé de Fleury. Fulbert incite Foulque à avoir une attitude prudente et nuancée : qu'il exige de Gauzlin la sujétion qui lui est canoniquement due mais qu'il le dispense des serments séculiers. On verra qu'il agit pour respecter la règle de l'Eglise et non par ambition temporelle : « Igitur si abbas S. Benedicti... illam deinceps subjectionem promiserit quae vobis canonice debetur hortor et suadeo ut recipiatis ; sacramenta vero et caetera quae ad mundanam legem pertinent, propter amorem Regis domini, missa faciatis, ut religionem magis quam secularem ambitionem vos sectari cognoscat ». (*Vita Gauzlini,* edit. Bautier, Paris 1969, p. 153).

sont de la province d'Aix et même la promesse de l'archevêque d'Aix, devenu simple évêque ; Antibes et Vence dans la province d'Embrun lui prêtent aussi obéissance [185]. Nous avons vu qu'à la fin du IXe siècle, l'archevêque d'Embrun avait encore la consécration de l'évêque de Vence. Un siècle plus tard il ne l'a plus. Mais la prééminence écrasante de l'archevêque d'Arles remonte sans doute plus loin, à l'époque des troubles du début du siècle, et elle est trop caractéristique de l'avidité des Bourguignons pour ne pas leur être attribuée. Il est en même temps certain que des évêchés de l'Est comme Fréjus ou comme Antibes, ont dû leur restauration à des Arlésiens ou à des Avignonnais. En fait, c'est bien avant l'an 1000 que le comte et l'archevêque d'Arles arrivent à placer à la tête des évêchés des clercs de leur entourage : prévôts du chapitre cathédral d'Arles comme Gontier de Fréjus (911/916), Airard de Vénasque (avant 952), Umbert de Vaison (954/985) ; chanoines comme Riculf, de Fréjus ou moines de Montmajour comme *Nortaldus* d'Apt (974/975) ; abbé de S. Chaffre en Velay comme Guigue, évêque de Glandèves (985/990), sans doute protégé de la comtesse Azalaïs [186]. Au demeurant, ni l'archevêque Libéral quittant Embrun pour Brioude (916 ?), ni Oudry abandonnant son église d'Aix pour devenir archevêque de Reims en 928 [187] n'étaient en mesure de s'opposer à la primauté arlésienne. L'archevêque d'Embrun avait au milieu du XIe siècle perdu tous ses suffragants [188]. Quoi qu'il en soit, l'archevêque d'Arles devient au Xe siècle dans l'ordre ecclésiastique ce que le comte est devenu dans l'ordre laïque ; Duprat remarquait déjà que : « le prestige politique d'Arles rejaillit sur le métropolitain. Il est dans l'ordre ecclésiastique ce que le comte est dans l'ordre féodal, aussi peut-on constater autour de lui comme une petite cour. Les évêques de Vénasque, de Fréjus, de Vaison y demeurent et exercent les fonctions de prévôts arlésiens. On a prétendu expliquer la présence des évêques de Fréjus dans la cité rhodanienne par les invasions des Sarrazins qui les auraient chassés de leur siège. Mais quelle raison peut-on donner de la présence à Arles des prélats de Vénasque et de Vaison ? En réalité, ces évêques apparentés aux nobles familles du pays arlésien préféraient rester auprès du comte et du métropolitain dont ils

---

185. Airard de Venasques, prévôt dès 975 et Umbert de Vaison, prévôt c. 985 ont déjà dû jurer obédience à l'archevêque en tant que prévôts. Riculf de Fréjus était un ancien chanoine et Nortald d'Apt un ancien moine de Montmajour, ce qui implique de leur part une sujétion ancienne envers l'archevêque. Quelques omissions s'expliquent. D'abord la copie au XIIe porte surtout sur les évêchés conservés par l'archevêque à cette époque. Ensuite, Embrun ne prête pas obéissance parce que c'est une ancienne métropole. Toulon a dû être donné à l'évêque de Marseille puisqu'un chanoine de l'église de Marseille y est régulièrement nommé évêque (Listes épiscopales : diocèse de Toulon). La permanence des cadets de la famille des vicomtes de Marseille sur le siège épiscopal de Marseille laisse supposer que l'évêché leur a véritablement été abandonné. En 794, au concile de Francfort Arles n'avait toujours que ses 9 suffragants traditionnels (PL 97 col. 194) et une liste viennoise les lui attribuait encore, en supprimant Toulon (alors détruit ?) au Xe siècle (Duchesne, *Fastes épiscopaux*... p. 213).

186. Cf. LEP : Fréjus, notes 1 et 2 ; Marseille note 2 ; Carpentras note 3 ; Vaison note 3 ; Apt note 5 ; Glandèves note 1.

187. Cf. *supra* pp. 23 et 9.

188. Cf. la bulle de Victor II qui rétablit un évêque réformateur sur le siège d'Embrun 1057, catalogue n° 159.

étaient les familiers et dont ils formaient la cour [189]. » Les évêques ne prêtent plus fidélité au roi, mais à l'archevêque d'Arles.

La fidélité à l'archevêque n'est probablement pas la seule qui lie les évêques. Le comte exerce sur les évêchés un pouvoir solide, à partir du moment où il est, avec le consentement du roi, le maître de toutes les terres publiques en Provence [190]. On peut essayer de préciser un peu l'époque où les évêques ont dû le prendre pour seigneur. En 979, nous l'avons vu, le seigneur de Walcaud de Cavaillon était encore le Roi, non le comte ; mais en 982/983, lorsque l'évêque de Vénasque restaure son chapitre, donc dans le même type d'acte, il ne mentionne plus que « le conseil et la volonté du comte », et en 991 son collègue d'Apt emploie la même formule, où le comte est qualifié de « prince de toute la Provence » ; en 990, l'évêque de Fréjus s'agenouille devant le comte [191]. Au XIe siècle, l'évêque de Nice appellera le comte son seigneur [192]. Reste le cas de l'archevêque d'Arles : lui qui reçoit les fidélités de tous, à qui doit-il la sienne ? Manassès était fidèle du roi Louis [193] ; son successeur Ithier était peut-être lyonnais d'origine, il aurait alors été fidèle de Conrad [194]. L'archevêque Pons, qui est allé à Rome pour chercher le *pallium* a aussi fait le voyage de Genève pour aller voir le Roi [195]. Son successeur, Raimbaud se rendra en 1046 à Pavie auprès de l'Empereur, héritier du roi de Jurane, mais lorsqu'il parle de son « bénéfice » ecclésiastique, on peut se demander de qui il le tient [196]. Peut-être prêtait-il deux serments, l'un au Roi, l'autre au comte ?

L'évolution d'ensemble du système n'en est pas moins claire. Durant la majeure partie du règne de Conrad, le système « carolingien » d'élection se maintient tant bien que mal, même s'il recouvre des choix opérés par le comte et l'archevêque. Dans les années 980, Conrad ne paraît plus retenir que la fidélité du métropolitain qui reçoit désormais à sa place le serment dû au Roi. Seulement, le serment à l'archevêque ne remplace pas à lui seul le serment au Prince ; plus exactement il ne tient pas la même place dans ce que nous entrevoyons du déroulement de l'élection. Dans la suite des rites qui créent l'évêque, le serment au comte doit venir en premier ; celui fait à l'archevêque, puisqu'il se glisse dans le moule de la promesse d'obédience, n'intervient qu'ensuite, immédiatement avant la consécration. Le contrôle royal sur les églises n'est plus qu'une fiction maintenue grâce au lien qui unit l'archevêque au roi.

Le pouvoir qui s'exerce sur les monastères est d'une autre nature. Il faut

---

189. *Encyclopédie des Bouches-du-Rhône,* tome II, p. 222.
190. Cf. *supra,* p. 38.
191. Catalogue n° 19, 25, 33 et 32.
192. 1051 (CSV n° 606) ; il s'agit de Raimon de Nice (LEP diocèse de Nice note 6).
193. ARP 69.
194. Son nom est extrêmement rare en Provence, et par contre fréquent en Lyonnais.
195. Catalogue n° 65 et 66 (La charte pour Saint Victor mentionne le consentement de Rodolphe).
196. GCNN Arles n° 376 et 377 (cf. *infra,* p. 163). Raimbaud considérait les biens de son évêché comme faisant partie de ses bénéfices ; cf. un acte de 1041, Henri roi (MLXI corriger MXLI) : il s'agit de l'église des Saintes-Maries-de-la-Mer, et de l'église S. Martin (de Fumières) en Camargue (GCNN Arles n° 414). Les Saintes avaient été en 992 dans les mains du comte (catalogue n° 39), l'archevêque les tenait-il en bénéfice de lui ?

d'abord noter qu'il n'y a plus au xe siècle de monastères royaux en Provence. Il y en avait d'ailleurs très peu eu au ixe siècle [197] : Saint-Martin d'Arles avait été donné à Aniane dès 816 [198], Donzère à l'évêque de Viviers en 849 [199] et S. Césaire à l'archevêque d'Arles en 863 [200]. S. Victor de Marseille, S. Pons de Nice, S. Florent d'Orange et S. Mary de Bodon étaient, en principe, abbayes épiscopales [201].

Ce système des abbayes épiscopales est bien illustré par le cas de l'archevêque d'Arles. Il est au xe siècle maître de plusieurs abbayes. L'abbaye S. Geniès aux Alyscamps, plus tard dédiée à S. Honorat, est sans doute la fondation de l'archevêque Hilaire (429-449) et elle sert d'abbaye funéraire aux archevêques puisque après Hilaire lui-même, Eone (491-502), Virgile (588-610) et Rolland (852-869) y sont ensevelis [202]. Au xe siècle elle est associée à l'église de la Major qui fait partie de la dotation du prévôt [203] ; il est donc naturel que les prévôts Gonthier — l'évêque de Fréjus — et Airard — l'évêque de Vénasque — portent parfois le titre d'abbé [204].

Garnier est aussi un abbé de l'entourage de l'archevêque ; un texte dit même qu'il est « son abbé » [205]. Il s'intéresse à cette époque aux biens nîmois de l'Eglise d'Arles [206], et nous savons qu'il est l'oncle de Raimbert et de Guiran de Bouc et le parent d'une Domitille arlésienne [207]. Vers 979

---

197. Pour la bonne raison que les rois n'en avaient point fondé dans le Midi.

198. 816 (cf. *supra*, p. 40 note 54).

199. Donné par le roi Thierry à Fontenelle. Devient abbaye royale sous les carolingiens ; un comte Gautier lui donne la *villa* de Mastaize, près de Portes-en-Valdaine, au N.E. de S. Paul. En 849, donné par Lothaire à l'évêque de Viviers ; en 862, l'île Frémigière qui lui appartenait était retombée *ad comitatum*, sans doute avec ce qui restait de l'abbaye. Louis l'aveugle la donne au monastère de Tournus (RHF III, 617, VI, 598, 457, 409, VIII, 367 et 387. Th. SCHIEFFER, *op. cit.*, n° 47 et 107, ARP n° 9 et 31).

200. Fondée par l'archevêque Césaire, sous le vocable de S. Jean au VIe siècle ; à la mort de Charles de Provence, son frère l'Empereur Louis, la donna à l'archevêque Rolland pour s'assurer de sa fidélité en 863 (GRAT, *op. cit.*, p. 96).

201. Pour S. Victor, les polyptiques (782-850) confondent biens de la cathédrale et biens de l'abbaye. S. Pons de Nice est une fondation épiscopale. S. Florent est encore à l'évêque au IXe siècle (ARP n° 6) S. Mary (*infra*, p. 84, note 56).

202. FEVRIER, *op. cit.*, p. 70 et GCNN Arles n° 211.

203. Dès 824 (GCNN Arles n° 195) en tout cas dès 937/994 (CSV n° 164). La Major et la mense prévôtale, 897 (GCNN Arles n° 234).

204. Gontier dans l'obituaire de Montmajour, (LEP, dioc. de Fréjus), Airard dans un acte de 954 (catalogue n° 2).

205. « Placuit... Iterio domno atque seniore nostro archiepiscopo et abbate suo Garnerio... » 967 (GCNN n° 266) ; on peut l'identifier de 951/952 à 985 d'une façon régulière (*Ibidem*, n° 256, 260, 270, 277, 232, catalogue n° 12). Il y avait déjà un abbé Garnier à Arles en 908 (*Ibidem* n° 212).

206. Cf. l'acte de 967 (GCNN Arles n° 266).

207. Donation par Raimbert et sa femme Wilitrude à Montmajour de la vallée de Venel au château de Bouc, dans le pays d'Aix : « Vuernarius humilis abba libenti animo roboravit ; Garantus nepos ejus firmavi », (BN lat. 13915 f° 30) ; le testament de Raimbert montre que *Garantus* est son frère (BN lat. 12685, f° 254). Raimbert et sa première femme Odile avaient aussi des biens dans l'île de la Cappe en 964 et 967 (AST f° 41 et BN lat. 13915 f° 28 v°) ; c'est peut-être lui le Ripert-Raimbert qui procède à un échange en 921 avec le marquis Hugues (AST f° 27). De même *Domidia* donne à Montmajour, à l'île de la Cappe et à S. Geniès en Camargue, sauf ce qu'elle a donné à l'abbé Garnier et à Thibert (CPA n° 68 — la souscription d'Airard de Vénasque permet de dater 5 février 949/983). Remarquons qu'un Raimbert « de nom illustre » devint abbé de Montmajour en 1030.

il devient abbé du monastère nîmois de Psalmody, vers qui affluent alors les donations des Provençaux [208]. Ce n'est pas évidemment à ce titre qu'il dépendait de l'archevêque. Il a dû devenir abbé de S. André de la Cappe à la mort de l'évêque de Marseille Drogon qui l'avait reçue de Manassès [209] ; ses parents Domitille et Raimbert y avaient des biens importants. Il a pu joindre à S. André une autre abbaye, celle de S. Romain de l'Aiguille ; elle avait été tenue de Manassès par Isnard (des Baux ?), mais lorsque l'archevêque Gibelin la restitua à Psalmody, on se souvenait qu'elle avait eu comme abbé indépendant un Garnier [210]. Reste l'abbaye de S. Martin dont ont pu être abbés Raimbaud en 933, Gérin en 961 et Uc en 972 [211]. On le voit, ces abbés sont des clercs fidèles de l'archevêque [212], qui trouve le moyen de se les attacher par le titre et par la mense qui s'y rattache.

Le cas de S. Césaire est différent. L'abbaye était épiscopale et avait encore des religieuses en 897 [213]. La période qui suit a dû être sombre puisque l'abbaye est restaurée par le comte et l'archevêque en 972, et un texte de 992 nous précise que c'est le comte qui met en place — *ordinat* — l'abbesse [214]. C'est lui qui en tient le temporel et non plus l'archevêque ; l'abbaye est devenue comtale. Dans le même temps, et sans doute aussi par l'intermédiaire du comte, d'autres monastères épiscopaux sont tombés entre les mains des laïques : par exemple, Notre-Dame de Moustiers où les Moustiers Gaubert participent à l'élection de l'abbesse [215], ou Notre-Dame de la Daurade près de Vence où l'abbé Constantin, qui se dit « frère indigne », sans doute parce qu'il est marié, est appelé « notre abbé » par les

---

208. 24 novembre 979, donation par les comtes de Provence Roubaud et Guillem de la villa de la Vegière au comté d'Aix (Catalogue n° 20). — 29 août 993, donation (sur son lit de mort ?) par le comte Guillem, sa femme, son fils et son frère Roubaud, de la villa de Candillargues (Catalogue n° 38), cette villa faisait partie des alleux d'Hugues d'Arles et avait été donnée par sa nièce Berthe à Montmajour en 960. On voit que les comtes la tenaient au milieu du xe. Toute cette donation à Montmajour par Berthe correspond en fait à un abandon total des domaines provencaux d'Hugues à la nouvelle famille comtale. 1004, donation par Amic et Lambert (de Reillane Vence) pour l'âme de leur père Anno, de la vallée de l'Estrac à Vaugines au comté d'Aix, (MANTEYER, *La Provence,* p. 520). — 1029, donation par l'évêque Pons de Glandevès et son frère Audibert de l'abbaye de Vols au diocèse de Sisteron (BN lat. 12774 f° 201). — 1034-1042, donation par Renaud, sa femme Odile et l'évêque Clément (de Cavaillon) à l'abbé Garnier de l'église S. Lambert. — 1043, donation par Alchier (ou Asquier ?) de l'église S. Pierre de Vitrolles. — XIe, donation par Ranoux de l'église S. Fare au diocèse d'Aix (Cart. de Psalmody Arc. du Gard, H 106).

209. Sur cette abbaye, cf. *supra,* p. 40.

210. Sur la rive droite du Rhône, en terre d'Argence, provençale. Tenue par Isnard (GCNN Arles n° 261). Un Garnier, abbé avant un Roger (GCNN Arles n° 462).

211. GCNN Arles n° 244 et 260 et catalogue n° 12. Gérin, puis Uc ont souscrit des actes où paraissait aussi Garnier.

212. Ils figurent toujours en compagnie des chanoines. Le premier abbé de S. Gervais, Pato, sera un chanoine, 989-992 (GCNN Arles n° 291 et 299 ; catalogue n° 35).

213. 897, GCNN Arles n° 234.

214. Restauration et première abbesse Ermengarde, 972 (catalogue n° 12). En 992, « die qua ordinavit (Wilelmus comes) domnam abbatissam » (catalogue n° 35). Après Ermengarde et l'abbesse inconnue de 992, on connait Accélène, en 1049 (Arch. B. du R. 60 H 25 n° 36) et Galbourg, abbesse de S. Césaire en 1059/1069 (*Ibidem,* 60 H 24, n° 26).

215. La femme chef du clan est qualifiée par l'acte de fondatrice (CSV n° 1053), ce qui ne peut s'entendre que d'une restauration, puisque le monastère a été fondé au Ve siècle. La formule de l'acte est la même que celle employée à Nice en 1004 (CSV n° 2).

Vence et les Orange, maîtres des terres voisines [216]. De cette même famille d'Orange-Mévouillon était Peire de Mirabel, évêque de Vaison, qui se disait abbé de S. Florent d'Orange [217]. Le cas le plus net est celui de l'abbaye S. Pons de Nice : en 1004, le comte Roubaud est présent à l'élection de l'abbé, ce qui indique un certain contrôle de sa part [218], puis l'abbaye tombe dans la première moitié du siècle entre les mains des Orange-Mévouillon et le fameux Raimbaud d'Orange qui s'en dessaisira en faveur de Cluny, dira qu'il avait fait faire de mauvaises ordinations — *ordinavi* [219].

Le système des abbayes épiscopales, dominant aux époques précédentes, survit encore, mais dans un état très dégradé autour d'Arles. Ailleurs, les monastères épiscopaux sont tombés entre les mains du comte puis, pour les moins importants, entre celles des grands.

Un autre groupe de monastères, créés ou restaurés à la fin du Xe siècle, va évoluer tout autrement. Ce sont ceux de Montmajour d'Arles, de S. André d'Avignon et de S. Victor de Marseille, trois monastères d'hommes situés auprès des trois cités importantes.

La Communauté de Montmajour a été rassemblée par son premier abbé Mauring sur une île près de la route d'Arles en Avignon au milieu des marais d'Arles appartenant à l'archevêque [220]. Dès 953, le petit groupe de moines qui vivent « dans l'île qu'on appelle Montmajour » reçoit des donations [221]. Puis le 14 août 954, une noble dame Teucinde échange l'île à l'archevêque contre des biens à la villa de Bassargues [222]. Les moines reçoivent quelques donations des Castellane en 960, tous les biens allodiaux d'Hugues d'Arles en Provence [223] et en 963 et 964 une série de biens publics que leurs confirment le pape Léon VIII et le roi Conrad, à la prière de l'empereur Otton [224]. Le pape donne l'exemption au monastère, rattaché au

---

216. « Frater Constantinus indignus », 997/1027 (MORIS et BLANC CL n° CXIV (*Ibidem*, n° CLIV) et le 31 décembre 1016 (*Ibidem*, n° CLVI-corriger 1013). Une notice rédigée par le moine de Lérins, Guillem Truan, sur l'ordre de l'abbé Audibert, donc entre 1046 et 1102, indique que le successeur de Constantin, Pons, moine de S. Eusèbe d'Apt, avait été amené par son abbé Durand, élu évêque de Vence en 1016. Il avait trouvé l'abbaye dévastée et désertée (cf. *infra*, p. 190 note 120).

217. LEP, dioc. de Vaison note 4. Le monastère existait encore en 896 lorsque le roi Louis y passa (ARP note 24).

218. CSP n° 2.

219. Texte cité *infra*, p. 254, note 30.

220. Cf. texte cité *infra* note 229.

221. 17 janvier 953 (Arc. des B. du R. 2 H 15) : « facio ista scriptura ad domum S. Petri qui est ipse domus in Monte majore, apertinet ipsa obediencia ad S. Petrum (qui) requiescit in Roma. » 20 avril 953 (BN lat. 12685 f° 246 v°) : « donation ad S. Maria et S. Petro in insula ubit vocant in Monte Majore ubi est ipsa ecclesia S. Petri constructa vel ad ipsos fratres qui ibidem tota die serviunt et qui ibidem ascendere desiderunt... »

222. Cf. les deux exemplaires de l'acte d'échange (Catalogue n° 2).

223. Pons et Teucia, leur fils Walo et leur fille Ermengarde. — Janvier 956 (BN lat. 12685 f° 247).
Le comte Griffon son neveu l'évêque (de Viviers ?) Rostaing et la mère de celui-ci Ermengarde. — Apt 955 (GCNN tome I instr. col. 130). Berthe, nièce du roi d'Italie Hugues, 26 février 960 (Cf. *infra*, p. 89, note 88).

224. La bulle de Léon VIII, de décembre 963, est donnée à la demande de l'empereur Otton et d'Adélaïde. Elle n'existe plus en original mais seulement dans une copie du XIe (Arc. des B. du R. 2 H 1) ce qui fait immédiatement supposer un faux ou une interpolation. L'examen du texte lui-même fait penser que l'interpolation existe bien mais se limite à un certain

Saint-Siège avec un cens de 4 sous [225]. Enfin Teucinde qui d'après les moines « avait continué le monastère » leur donna l'île elle-même, peu avant sa mort [226]. Jusque-là l'intervention du comte ne paraît que par une allusion dans le diplôme de Conrad. Mais dès 978 elle devient plus nette. Sur son ordre et sa demande son vassal Lambert de Reillanne, qui les tenait de lui, accorde les marais de Montmajour aux moines [227]. De 963 à 978, les moines sont donc soumis à l'*imperium* de leur abbé et fondateur Mauring. Après Mauring, peut-être choisi par lui comme son successeur, devient abbé l'ancien prieur Pons [228]. Lorsque Pons meurt le 1er janvier (997 ?) un conflit éclate entre les princes, c'est-à-dire le comte Roubaud et la comtesse Azalaïs, et les moines. Les moines ont choisi comme abbé Riculf, le neveu de leur bienfaitrice Teucinde, ancien chanoine d'Arles, éduqué par eux quand il était jeune, plus tard devenu évêque de Fréjus. Riculf qui se sentait inquiet crut bon d'envoyer demander au Pape une confirmation de son élection. Mais avant que la réponse soit revenue, un moine de S. Gilles, Paul, obtint l'abbatiat par ses intrigues et la faveur des comtes. Les moines l'ayant repoussé, ils furent convoqués par les comtes ; ils leur montrèrent le privilège de Jean VIII, présentèrent d'autres candidats possibles de leur abbaye, choisis parmi eux, et discutèrent beaucoup. Peine perdue : les comtes, gagnés à prix d'argent, donnèrent raison au moine de S. Gilles et envoyant leurs chevaliers, dispersèrent les moines, leur interdisant l'accès du monastère tant qu'ils n'auraient pas accepté l'usurpateur. Alors, les moines écrivent à Grégoire V et lui demandent quatre choses : d'abord qu'il ordonne à l'évêque d'Arles de considérer comme annulée l'ordination par celui-ci faite ; qu'il enjoigne aux évêques comprovinciaux d'en faire autant ; qu'il interdise au comte ou à la comtesse de porter aide à un candidat jusqu'à ce que celui-ci porte le titre abbatial, que les comtes fassent pénitence et

---

nombre de lignes dans l'énumération des biens confirmés. Alors que le texte utilise une formule du type : *Confirmamus in comitatu X... villam X...*, l'interpolateur a introduit maladroitement ses ajouts par la formule : *Et sunt in comitatu X... terra X...* (RHP I, p. 33 — Jaffé n° 3702). Le faussaire est sans doute le même que celui qui a interpolé le diplôme de Conrad de Bourgogne de 964 (cf. critique de cet acte, Catalogue n° 6).

225. « Per hunc nostrum apostolicum privilegium vobis vestrisque successoribus in perpetuum confirmamus quatinus sub juridictioni Sanctae nostrae, cui Deo authore praesidemus, Ecclesie constitutum, nullius ecclesia jurisdictioni submittatur, praestante praenominato, monasterio Sanctae nostrae ecclesiae pro luminariis solidos quatuor ... Et ideo omnem cujuslibet ecclesiae sacerdotem in praefatum monasterium dicione quilibet authoritate nisi ab abbate monasterii fuerit invitatus, missarum solemnitatem celebrare omni modo prohibemus. » (963 RHP I, p. 33).

226. « Teucinda... cedo... insulam quam Monte Majore vulgus vocitant... ad monachos qui ibi hodie sub imperio Moringi abbatis habitant et inantea sub quorumlibet abbatum venturi sunt vel etiam regulariter victuri... » 17 août 977 (Original Arc. des B. du R. 276 — Du Roure RHP p 52).

227. « Ego Lambertus ... quia antea non potui absque voluntate senioris mei Wilelmi comitis, nunc ipso jubente et rogante ... dono » 970/978 (Catalogue n° 17).

228. Le Prieur Pons : 970/978 (Catalogue n° 17). — L'abbé Pons apparaît dans un acte daté : « III nonas decembris anno XL regnante Conrado rege. » (BN lat. 12685 f° 252), ce qui donne d'après le calcul arlésien le plus vraisemblable (Cf. *supra* p. 32), la date du 3 décembre 979. Remarquons aussi un acte daté du mois de mai indiction V (BN lat. 13915 f° 28 et 33) ou VI (BN lat. 12685 f° 252 v°) donc soit de mai 992 (puisque Mauring est encore vivant le 17 août 977) soit de mai 978. D'après l'obituaire, Pons est mort un 1es janvier.

qu'ils ne recommencent plus ; enfin que le Pape confirme les privilèges de ses prédécesseurs [229]. Grégoire V donne satisfaction aux moines en leur envoyant une bulle d'avril 998 qui confirmait la libre élection de l'abbé et l'exemption du monastère. Comme entre-temps Riculf était mort le 1er mars 998, un moine de l'abbaye, Archinric, fut élu abbé [230]. Le conflit se termine donc à

229. « Domino et meritis venerabili domno Gregorio pape, omnis congregatio Montis Majoris fideles orationes in Christo. Notum esse volumus paternati vestre quod nostrum monasterium labore et industria almi patris nostri Moringi inchoatum et a devotione cujusdam Thezinde nomine Deo devote, continuatum a quibus sub apostolice sedis defensione commendatum, a domno Leone, memoria venerabili, privilegium accepimus, in quo decretum est et sub anathema damnatum est ut nec rex nec comes vel ulla opposita persona vim coenobio nostro aliquam inferre audeat, nec abbatum si unus obierit alium mittere presumat sed ille sit abbas, sicut regula commemorat quem omnis congregatio petierit eligendum. Praeterea patre nostro debitum carnis solvente (lacune), nos omnes congregati in unum, una cum episcopo Riculfo qui fuit nepus predicte Deo devote, nosterque nutritus, conquirentes cum eo quem abbatem eligeremus, dum enim hoc semel vel bis terque dies in hoc opere versaretur una nobis voluntas extitit ipsum episcopum expetere eligereque patrem, quod pre ipse agere non posse confessus est, quousque ex vestra parte authoritas veniret si episcopus cum foret et episcopatum et coenobium regeret. Interea (lacune) mittentes Romam usque, minime (lacune) quid certius ageret nichil detulentes. Prorupit interim quidam monachus ex monasterio S. Egidii et a negotio seculari vel a principibus ultro se (lacune) facere abbatem. Nos quoque a principibus interpellati, ostendimus eis monachos ex nostro coenobio sanctitate, religione, sapientia excellentissimos qui eum in omnibus precellerent, si isti quem electum habebamus authoritas vetaret. Ostendimus quoque eis ordinationem abbatis in nostro (lacune) esse arbitrio et per privilegium domni Leonis pape et per preceptum piissimi Othonis augusti et Conradi serenissimi regis ita firmatum et ne quis sine (lacune) crimine invenietur (lacune) qui in hujus ordinatione (lacune). His et aliis multis assertionibus eis contradicentibus tam per (lacune) quam per pecuniam in tantum animos principum (lacune) ut parvi pendentes que dicebantur, invitis ovibus, lupum non pastorem nobis imponi, militum cuneis (lacune) non timuerint. Denique omni adjutorio seu solatio destituto, huc illucque dispersis, minando tuetur nisi iniquam ejus electionem firmaverimus monasterium quo nutriti vel conversi fuimus omnem aditum denegandum. Removete eum ab hac presumptione et precipite nos redire in ovile domini nostri ne una ovis morbida omnem gregem contaminet. Episcopo in cujus diocesi monasterium est situm ordinationem inlicitam fecisse innotescite et ut irrita fiat omni modo intimate. Coepiscopis provincialibus ut idem faciant intimate. Comiti vel comitisse rogando interdicite ut nullum ei in hac re, quousque deferat nomen abbatis ferre suffragium impendant et ut poenitentiam agant et ne similia faciant ammonete. Privilegium quoque quod antecessores vestri nostro monasterio condonare dignati sunt, ex vestra mercedis parte roborare non dedignemini. Valete in Christo sanctissime pater et nostri mementote. » (Catalogue n° 51 — Ajouter : D. BN lat. 12762, p. 310).

230. Avril 998. Copie du XIe Arch. des B. du R. 2 H 1. — interpolée pour lui faire confirmer une donation de Bédouin par Ismion (Arch. des B. du R. 2 H 9) sur laquelle le scribe a noté : « Gregorius papa servus servorum Dei firmavit superscriptio ista ». La bulle confirme en réalité : « abbates namque qui consecrandi erunt de ipsa congregatione cum consilio fratrum communiter eligantur et ad eum consecrandum quemcumque voluerint episcopum advocent. » Archinric, diacre et moine, rédige des actes à Montmajour de 950/965, 975, 977, 981 (CPA n° XLVIII - Du Rome RHP p. 47-48, *Ibidem* p. 52-53 — Bibl. Arles ms 881 n° 2). Il est abbé dès le 5 février 1000 (CSV n° 169.) Après Archinric viendra Josmar en mars 1022 ou 1027 (BN lat. 13915 f° 68 donne 1032, ce qui est impossible en raison de la présence de l'archevêque d'Aix Amaury et de Fouque (de Pontevès) et ses fils, dont le père Arbert est donc mort. Il faut sans dout corriger MXXXII en MXXII ou MXXVII). Josmar mourut d'après le nécrologe le 29 mars ; il avait été moine en 1009 (BN lat. 13915 f° 49). Après lui vint Raimbert, dont un acte indique qu'il était le septième abbé (Bibl. Arles ms 881 n° 6. — 1030, probablement le 20 avril puisqu'il s'agit de l'église Sainte Croix dont la dédicace fut faite à cette date, BN lat. 13915 f° 60 v°). Sur les privilèges d'exemption, cf. J.F. LEMARIGNIER, *L'exemption monastique, op. cit.* pp. 298, 301 et l'emploi des formules 77 et 32 du *Liber Diurnus,* édit. H. Foerster, Berne 1958.

l'avantage de l'abbaye, mais de justesse. Le cas de l'abbaye S. André du mont Andaon, tout près d'Avignon, est très semblable à celui de Montmajour. Elle est fondée par un échange entre l'évêque d'Avignon, Garnier, et les juges Audibert et Alleaume [231]. Très vite elle reçoit des donations du comte [232]. Sans doute alarmé par les tribulations de ses frères de Montmajour, l'abbé Martin se rendit à Rome en 998, d'où il rapporta une bulle d'exemption de Grégoire V, confirmant à l'abbé les trois églises du mont, S. André, S. Michel et S. Martin et aux moines la libre élection de l'abbé [233].

Vers 998/999, Montmajour et S. André échappent donc, au moins en théorie, au pouvoir du comte, bien qu'elles aient été, sinon fondées, du moins enrichies par ses soins et « protégées » par lui.

Bien différent est le cas de S. Victor. Dès 974, quelques moines avaient repris le service divin [234] et l'évêque Honorat, avant de mourir, leur confirma une partie du domaine de l'abbaye afin qu'ils puissent vivre selon la règle [235].

Le premier abbé est Adalard qui vit au moins jusqu'en 984 [236], mais après lui le monastère connaît des difficultés dont le responsable n'est autre que celui qui avait promis de le défendre, le vicomte de Marseille, Guillem, frère du fondateur [237]. Trois personnages qui se disent abbés se succèdent : Bernard, Pons et Uc. [238]. En 1000, les vicomtes confient S. Victor à l'abbé de Psalmody, Garnier, qui y nomme Guifré prévôt [239].

---

231. 987 (CPA n° 81). Et donation par Audibert et Alleaume à l'abbaye elle-même, sans date, (CPA n° 82).

232. 986 ? (Catalogue n° 27). — 1005 (Catalogue n° 64). — 1018 (Catalogue n° 79).

233. 999 (CPA n° 91). Le texte est certainement interpolé pour la partie dans laquelle sont confirmés les biens de l'abbaye.

234. « Ego Bonus... cedo aliquit mee proprietatis ecclesie S. Victoris... ut quandiu illic cenobite steterint... teneant ; et si venerit illus episcopus ad ipsius servientes ecclesie subtrahere voluerit... ad proprios nostros revertat », décembre 974 (CSV n° 107).

235. « Ego... Honoratus episcopus cum clericis meis... congregationem monarchorum secundum regulam Sancti Benedicti in abbatia ejusdem beati Victoris constitui optamus... Et ut ibi utilius possint regulariter vivere ex terra que ad eandem abbatiam pertinere dinoscitur aliquid eis concedimus », mercredi 31 octobre 977 (CSV n° 23 ; pour la date, cf. le commentaire d'Amargier, *in Provence historique*, juillet-septembre 1966 p. 309 et ss., où l'on trouve aussi une liste abbatiale modèle, quoique peut-être un peu trop critique).

236. 977-980 (Catalogue n° 21), et 984 (Catalogue n° 26).

237. « Terram S. Victoris videbamus membratim carpere ceu a beluis particulatim dilaniare ab Arnulfo scilicet Sebenco ... necnon et a Wilelmo vicecomite qui nuper professus est se esse terre sanctuarie defensorem. Mortua uxore sua, dotavit Cathedram uxori sue Ermen. garde quam postea duxit, et hec omnia consiliante Arlulfo filio suo. » (Catalogue n° 21). La première femme de Guillem, Belielde, était encore vivante en 984 (AVM n° 13). La seconde paraît le 5 février 1000 (AVM n° 21) et en décembre 1001 (*Ibidem*, n° 25).

238. « Notitia conventionum ville Cathedre inter Adalardum abbatem S. Victoris et Wilelmum vicecomitem Massilie quam ego Pontius abba, successor predicti, volo scribere precipiente et cogente mihi patre meo Inguilberto ... (Arnulfus Sebenc) fraudulenter adquisivit sibi quartonem Cathedre ab anteressore meo Bernardo » (Catalogue n° 21). « Ego Wilelmus et Fulco vicecomites Massilie ... donamus et corroboramus sicut pater dedit Ugoni abbati... » (1035, CSV n° 56).

239. « Wifredus scilicet prepositus ipsius monasterii a domno abbate Guarnerio constitutus ac reliqui fratres. » — 15 octobre 1004 (CSV n° 71) — Guifré était prévôt depuis l'an 1000 (Chron. de S. Victor, texte cité, *supra*, note 164).

C'est en 1004 et 1005 que le statut des monastères confiés à Garnier II se précise. Dans une assemblée de 1004, la restauration du monastère de Psalmody, qu'avait tenu avant lui un autre Garnier, dont nous avons parlé un peu plus haut, lui est solennellement confiée ; ce qui laisse d'ailleurs à penser que son homonyme et prédécesseur, fidèle de l'archevêque d'Arles, n'avait pas été un pasteur modèle. Sont présents, la comtesse Azalaïs et ses trois fils, Guillem de Toulouse, Guillem de Provence et Pons de Gévaudan, le comte Roubaud son beau-frère, les comtes Uc et Pons de Rodez, parents des toulousains, les évêques de Nîmes, d'Uzès, du Puy, de Lodève et de Maguelonne [240].

Une assemblés de même type va régler en 1005 la condition du monastère de S. Victor, toujours présidée par la comtesse Azalaïs qui y est entourée de son fils Guillem comte de Provence, son autre fils Guillem comte de Toulouse, de son beau-frère Roubaud et de la femme de celui-ci, Ermengarde. Sont aussi présents les abbés Archinric, de Montmajour ; Pato, de S. Gervais ; Garnier, de Psalmody ; les archevêques et évêques Pons, d'Arles ; Radon, d'Embrun ; Amaury, d'Aix ; Pons, de Marseille ; Aumerade, de Riez ; les chanoines de Marseille et plusieurs grands laïcs : les vicomtes de Marseille, Guillem et son frère Fouque, bien entendu, Lambert de Vence, leur beau-frère, Franco (de Fréjus), père de l'archevêque d'Arles, Pons [241].

On commence par y faire abbé le prévôt Guifré [242], à la prière du réfor-

240. Octobre 1003 à octobre 1004 (Catalogue n° 63) ; Frotier, 987-1014 (DUCHESNE, *Fastes épiscopaux*, p. 311, GAMS series episcoporum, p. 586). Arbaud, 994 — + le 6 juillet 1026 (GCN tome VI, col. 609, 649, 663, GAMS, p. 645) Frédol (Chro. de S. Pierre du Puy HGL, V, col. 20) Fulcran, 5 février 949 — + en novembre 1025 (GAMS, p. 579). Peire, 999 — + en novembre 1015 (GAMS, *op. cit.* p. 579). Faut-il mettre ces assemblées en rapport avec le mouvement de Paix commencé dans le Midi en 989 et 990 (H. HOOFFMANN, *Gottesfrieden und landsfrieden*... pp. 17, 25, 27, 31) ou avec le culte de Sainte-Foy de Conques ? (*infra* p. 87 note 79).

241. 1005 (CSV n° 15 = Catalogue n° 65) ; le texte débute par un historique des fondations monastiques depuis le Seigneur. Il indique ensuite que le monastère a été restauré par la famille vicomtale de Marseille : « Qui (vicecomites) non solum ex sua ei aliqua reddiderunt, verum etiam de propriis suis possessionibus ... multa largiti sunt, ac monachos aggregantes abbatem ibidem ordinaverunt. Igitur ego Pontius ordinatione omnipotentis Dei Massiliensis ecclesie pontifex ... una cum consensu domni Rodulfi regis Alamannorum et Provincie, seu etiam cum precepto et conibentia domni apostolici pape urbis Rome, cum voluntate etiam domni Rodhbaldi comitis et domne Adalaizis comitisse domnique Guillelmi filii ejus, consentiente etiam pariterque rogante clero ac populo Sancte ecclesie Massiliensis, facio hanc roborationis liberalitatis ac donationis chartam omnipotenti Domino ac S. Victori suo martiri seu et abbatibus ac monachis tam presentis (sic) quam futuris ut ab hac die ipsum monasterium sub nullius hominis manu, nisi ad deffensionem, consistat sed sit, sicut cetera sunt monasteria regularia ad honorem omnipotentis Dei ac Sanctorum ejus consistentia, in his abbatibus ac monachis qui secundum regulam Sancti Benedicti ad sanctos cannones voluerint vivere (Vient ensuite une clause de liberté du domaine, l'excommunication et une clause de confirmation par les parents) (avec une interpolation nette : « super hec autem omnia ... in vinculo auri libros D »).

242. C'est à la prière de Garnier que l'évêque Pons a choisi Guifré comme abbé : « cujus petitione domnus Pontius ... cum totius ecclesiae Sanctae Mariae ordine canonicorum sub eo constitutorum cum consensu etiam prefati S. Victoris coenobii monachorum cum consilio domni scilicet abbatis Archinrici monasteri Montis Majoris atque domni Patoni abbatis S. Gervasii, eligendo decrevit virum nomine Wifredum a Deo bonis moribus dicatum ... concedans ei in

mateur lui-même, Garnier, et c'est l'évêque de Marseille qui l'élit — *eligendo decrevit* — après avoir pris l'avis de ses chanoines, des moines et de deux abbés voisins. Pour conforter Guiffré, Garnier lui laisse le moine de Psalmody Frambert [243]. Puis l'évêque fait rédiger une *carta liberalitatis et donationis* qui confirme l'affectation définitive de ses biens à l'abbaye et interdit à des laïques d'intervenir dans les affaires du monastère, sauf pour le défendre ; l'abbaye sera entre les mains de l'abbé et des moines qui y vivent selon la règle de saint Benoît, ce qui exclut que l'on puisse désormais donner l'abbaye en bénéfice. Mais le choix de l'abbé est laissé à l'évêque, comme le montrent les élections suivantes. Le nouveau régime s'oppose donc à l'ancien, où les vicomtes mettaient en place — *ordinaverunt* — les abbés [244], mais il se distingue aussi nettement de celui dont jouissent alors les abbayes de Montmajour et de S. André. La liberté de S. Victor est une liberté remise en question à la mort de chaque abbé [245].

Coexistent donc autour de l'an mil en Provence trois types de monastères. Ceux qui sont entre les mains du comte, de certains évêques ou de leurs fidèles, dont la situation est très dégradée, si tant est que des communautés arrivent à s'y maintenir. Force est donc à ceux qui veulent vivre la règle de se tourner vers d'autres voies :

— une voie moyenne, c'est ce qui se passe à S. Victor où l'on réaffirme la règle de saint Benoît et où un rôle de premier plan est laissé à l'évêque ;

— une voie hardie et nouvelle, peut-être inspirée par Cluny, c'est celle de Montmajour et de S. André d'Avignon qui se tournent résolument, comme d'autres à la même époque, vers la papauté pour échapper aux désagréments de l'emprise laïque ou, ce qui revient souvent au même en ce temps-là, à la férule épiscopale. Rappelons enfin que le plus puissant des monastères en Provence n'est pas provençal : c'est Cluny, fort de ses nombreux prieurés, et qui a pris sous sa houlette la vieille abbaye de Lérins, ancien phare du monachisme alors bien éteint.

Dès la fin du xe siècle, Montmajour, S. André et Cluny forment l'essentiel de la véritable Eglise régulière en Provence. Que, sous l'impavide direction de l'abbé Isarn, ami d'Odilon de Cluny, S. Victor vienne les rejoindre, et c'est toute la partie vive de l'Eglise monastique qui sort du système ancien pour former une force autonome. La différence d'atttiude des comtes qui font investir Montmajour par leurs chevaliers en même temps qu'ils encouragent Psalmody et S. Victor montre que l'enjeu était assez clair pour tous.

---

adjutorium regendi supradicti loci S. Victoris domnus Warnerius jamdictus fratres (sic) nomine Frambertus ». (Arc. des B. du R. 1 H 7 n° 21). Frambert, qui était scribe, restera aux côtés de Guifré jusqu'en 1012. — Cf. P. Amargier, *Chartes inédites* du Fonds de S. Victor de Marseille-Aix 1967 (dactylographiée) p. 7 et ss.

243. Arch. des B. du R. 1 H 7, n° 21 et P. Amargier, *Chartes inédites* du fond de S. Victor de Marseille, Aix (dactylogr.), p. 7 et ss. — Frambert restera avec Guifré jusqu'en 1012.

244. Cf. le début du texte cité, *supra*, note 242.

245. Sur ces limites de la liberté victorine, cf. P. Amargier, *op. cit.*, pp. 5, 7, 13 et 15, qui examine le problème plus à fond que nous le faisons ici.

Concluons. Au milieu du siècle se tait le fracas des ambitions bourguignonnes. La paix royale est restaurée ; pas pour longtemps. Vers 990, le comte héréditaire arrive à se substituer presque totalement au roi ; il est, à son tour, le plus haut pouvoir effectif — *princeps* — dans le *regnum Provincie* [246]. La « principauté territoriale » est fondée ici avec quelque retard. Mais ce faisant, le comte-marquis ne remplace pas le roi, même au petit pied. Il ne suffit pas de dire que le pouvoir a baissé de niveau : il a changé de base. L'avidité des clientèles guerrières, en supprimant ceux qu'elle ne dominait qu'avec crainte, a mis fin à la principale des contradictions qui permettaient au pouvoir royal de s'ériger dans le Midi en tribunal autonome et d'entretenir tant bien que mal le vieux fantôme de la *res publica*. Il ne suffisait pas à un grand de se mettre un cercle d'or en tête pour jouer le rôle qu'avait tenu le roi carolingien [247]. Ses anciens pairs et frères d'armes savaient bien la différence. Leur victoire, la solution définitive de la question méridionale [248] les disjoint. Libre pour un temps de toutes limites chacun va de son côté. La règle des jeunes monastères exempts est la seule note discordante dans l'harmonie sauvage de la liberté aristocratique. Cette « liberté », nous allons maintenant voir par quoi elle subsiste.

---

246. Cf. texte cité *supra*, note 130 et introduction, note 15.
247. WIDUKIND I, 25, MGH SS III, 428.
248. Qu'on pense aux hésitations des Provençaux durant les règnes des fils de Lothaire, à leurs révoltes au VIIIe et encore au IXe siècle ; ou aux jérémiades des annalistes durant toute la seconde moitié du IXe siècle sur l'inconstance des Aquitains, qui choisissent tantôt un parti, tantôt un autre (*Annales Bertiniani, passim*). C'est d'ailleurs un lieu commun chez les Francs (Cf. par exemple Abbon, *Le siège de Paris*, édit. H. Waquet, Paris 1964, pp. 102 et 106). Au milieu des intrigues palatines, les méridionaux cherchaient leur intérêt et leur survie.

Chapitre III

Seigneurie foncière et seigneurie banale

L'une des divisions fondamentales de la période qui disparaît à la fin du xe siècle, division qui revient si souvent dans les textes que sa banalité même trahit son importance, c'est celle qui oppose les *proprietates* aux terres réservées *ad opus publicum*[1]. Encore au début du siècle, les domaines fonciers sont répartis en deux masses juridiquement distinctes : d'une part les domaines privés, d'autre part les domaines publics divisés eux-mêmes en deux catégories : terres d'Eglise et terres proprement fiscales.

Les domaines privés sont toujours qualifiés de propriété — *proprietas* — ou d'alleu — *alodus, alodium*. Les textes savent parfaitement énoncer la définition traditionnelle de la propriété romaine, cessible et transmissible[2]. L'alleu, qui désignait en droit salique la terre des ancêtres, se plaque en fait sur cette définition, et on le distingue très rarement des acquets : on trouve au contraire à côté des alleux *ex parentibus* des alleux par vente ou par donation — *ex comparacione, ex donatione* —, ou par décision judiciaire — *ex placito*[3]. Des terres peuvent être aussi concédées *in beneficio,*

---

1. Cf. *infra,* p. 97, note 138 et p. 123, note 281.

2. « Diligenda mihi fidele mea Helena ... dono de proprietate mea qui mihi de genitori meo ... et genitrice mea, qui fuerunt, tam ex alode quam ex comparatione legibus obvenit ... quiquid facere volueritis in vestra permaneat potestate sicut lex romana commemorat, id est habendi tenendi vendendi et commutandi nostrorumque parentorum derelinquendi aut aecclesiis Dei. » 901 Dot (AST f° 25 v°). Cf. aussi ventes : 877 (CA n° 3) — 890 (CA n° 4) — 983/990 (CA n° 53) — 984 (AST f° 24 v° 15) — 964 (*Ibidem* f° 41). 986/987 (CA n° 36). Echanges : 991 (CA n° 41) — 997 (CA n° 45).

3. « Arnulfus gratia Dei episcopus ... dono ... aliquid de alode meo proprio qui michi ex progenie parentorum meorum me legibus obvenit » 966/72 (CA n° 22), formule très fréquente; on en trouve aussi de plus précises, telles que « Poncius episcopus ... dono ... aliquid de hereditate mea, que michi sorte hereditatis ac divisionis contingit et a progenitoribus meis ... seu ab avunculo meo », 1008 (CSV n° 18). « Ego Berta comitissa ... dono res proprietatis meae ... quae mihi legibus obvenerunt ex parte avunculi mei Ugonis regis », 960 (HGL V col. 233) — Cf. aussi : 985 (CA n° 31) ; ou encore « jure propinquitatis legibus advenit » lorsqu'il s'agit du legs d'un parent proche ; 967 ou 982 (RHP I p. 37). *Ex donatione* — 963 (RHP I p. 37-38) — Pour un cas semblable cf. c. 1000 (RHP I p. 59) — 980/1009 (*Ibidem* p. 97-98) *ex compa-*

mais les premiers exemples que nous ayons de telles concessions en montrent le caractère provisoire [4]. La concession en bénéfice, en admettant qu'elle ait été très répandue en Provence dès le xe siècle, n'est pas héréditaire et ne modifie pas la nature juridique du bien concédé : alleu ou fisc.

Pourquoi et comment cette *summa divisio* disparaît-elle ? Parce que dès le milieu du siècle elle n'avait plus, ni quantitativement, ni qualitativement, de raison d'être. Quantitativement, parce que le rapport entre fiscs et propriétés est bouleversé au profit des secondes. Qualitativement parce que sur ce bouleversement se fonde un système différent d'exploitation des hommes. Au vaste mouvement de redistribution des terres correspond l'établissement d'une seigneurie de type nouveau.

— LA RÉPARTITION SOCIALE DE LA TERRE : DOMAINE PUBLIC-DOMAINE PRIVÉ —

Le domaine public forme en Provence une masse imposante.

Examinons-la de plus près. A l'intérieur de cette masse il n'y a pas de frontière stricte entre le domaine d'Eglise et le domaine proprement fiscal. Poupardin avait déjà montré que dans les pays du Midi, le patrimoine de l'Eglise était mal distingué de celui que tenait le comte, représentant du roi : « Il semble que l'*Episcopatus* se trouve placé vis-à-vis du roi dans la même situation juridique que le *comitatus*. Certains domaines de l'*épiscopatus* peuvent être affectés, au moins en partie quant à la jouissance, au *comitatus*. Tous deux paraissent considérés comme un prolongement, je dirais presque comme une modalité du domaine royal, et le souverain dispose à son gré de son droit supérieur sur l'un comme sur l'autre [5] ». Remarque essentielle : les terres publiques forment ainsi une masse fixe, à l'intérieur de laquelle des parts variables sont affectées à l'entretien du comte, de sa maison et de ses agents, à celui des églises, et parfois mais assez rarement, à la jouissance de particuliers bien en cour.

Cette situation remonte assez haut ; en voici deux exemples : ceux des domaines des Eglises de Marseille et d'Arles, toutes deux les plus riches de Provence.

L'Eglise de Marseille, et son monastère de S. Victor, avaient reçu le domaine de Chaudols, puis l'avaient perdu lors des troubles qui agitèrent la Provence au milieu du VIIIe siècle. L'évêque Mauronte désire prouver que S. Victor a toujours été propriétaire du domaine et les témoins qu'il produit affirment que Chaudols a été concédé en bénéfice par Metranus, patrice

---

racione : 908 (CA n° 12) — 967 (CPA n° 54) — 978 Catalogue n° 18) — *ex placito* : 968 (CPA n° 58) — *ex commutatione* : 977 (Catalogue n° 15). Ce ne sont là que des exemples et l'on peut dire que l'indication de la provenance est de règle dans les actes provençaux du xe siècle.

4. Une charte de 906 assimile la concession en bénéfice aux autres droits du propriétaire du fond en modifiant la formule habituelle : « habeant licentiam dandi, vindendi, cedendi, donandi, commutandi seu praestum beneficium (sic) largiendi » (CA n° 10).

5. POUPARDIN, *Le royaume de Bourgogne*, Paris 1907, p. 373.

de Provence comme bien de l'Eglise de Marseille. Après lui, le patrice Abbon, le concéda aussi, toujours en qualité de domaine de cette Eglise en bénéfice à Ansemond, son représentant à Marseille, qui fit rédiger un état des biens, un inventaire et le remit à l'église de S. Victor [6]. Et le texte s'attarde sur la situation juridique d'Ansemond : il tenait le domaine de Chaudols, dont il percevait le revenu, de l'église de S. Victor, par le consentement ou la donation d'Abbon ; c'est sur l'ordre de celui-ci qu'il en rédigea la *descriptio*.

Une cinquantaine d'années plus tard, le comte de Provence, Leibulf, successeur du patrice, fait un échange avec l'archevêque d'Arles : il donne un de ses alleux, le domaine de Campublic et reçoit l'île de la Cappe [7] où il voulait fonder un monastère. A cette occasion, la confrontation de l'échange par l'empereur précise que, si l'île était un domaine de l'Eglise d'Arles, elle n'en faisait pas moins partie du *beneficium* du comte et qu'elle était déjà tenue par lui à ce titre. Comment ne pas comparer la situation de Leibulf avec celle où se trouvait quelques années auparavant le comte de Narbonne, Milon, qui, en 782, tenait pratiquement presque tout le domaine de l'archevêché. L'archevêque Daniel revendiquait ces terres en produisant ses titres. Le comte, lui, ne put que répondre : « Mon seigneur le roi Charles m'a donné ces domaines en bénéfice [8]. » Ainsi dès l'origine des parts importantes du domaine d'Eglise sont employées à rétribuer des officiers publics, et le plus important d'entre eux, le Patrice, paraît exercer une tutelle indiscutée sur ce domaine. Quelles peuvent être les causes d'un trait aussi caractéristique de la société méridionale ? Les Eglises du Midi sont anciennes et riches. Il n'est pas certain par contre que le domaine foncier du fisc ait été très développé : les tonlieux provençaux, tant qu'ils fonctionnèrent, purent permettre aux successeurs des fonctionnaires impériaux du Bas Empire de vivre richement. Mais on admet qu'à partir de la

---

6. « Sic omnes (testes) sic affirmaverunt quod ipsam, pro beneficio, Metrano qui fuit patricius in Provincia pro causa Massiliense ipsam villam Caladium ipsius in beneficium cessisset. Et in postmodum Abbo patricius condam, similiter pro causa Massiliense S. Mariae et S. Victoris in beneficium concessit. Et sic dixerunt quod ipsi Ausemundo vicedomino Massiliense ibidem discriptionem ad partes S. Victoris Massiliensis facere viderunt. Et ipsum poleticum ipse episcopus in ipsorum presentia ibidem ostendit ad relegendum ... et ipsi viderunt et cognitum habuerunt quando Ansemundus vicedominus per ordinationem Abbonis patricii condam, ad partes supradicte ecclesie descripsit et ipsam villam per consensum Abbonis patricii vel cessionem, ad partes supradicte ecclesi habuit et omnem inde censum recepit ». (Plaid de 780, CSV n° 31). Cf. GANSHOF, *Les avatars d'un domaine, op. cit.*

7. « Vir inluster Leybulfo comes, per Iddiuinum archicapellanum nostrum nobis suggessit ut liceret ei de quibusdam rebus proprietatis suae comutationem facere cum rebus episcopatus Arelatensis ex beneficio videlicet suo. Nos itaque jussimus per nostras litteras Notoni, archiepiscopo arelatensi ut utrasque res respiceret, et si congrum atque utilissimum ambabus partibus esset, licentiam haberent inter se comutandi et cartulas sicut moris est inter se faciendi... predictus Noto. una per consensum et voluntatem cannonicorum suorum dedisset ex rebus episcopatus sui, de beneficio videlicet predicti Leybulfi, eidem Leybulfo ad suum proprium ad habendum aliquas res de ratione S. Mariae ... Et in contra in compensatione harum rerum dedit predictus Leybulfus comes partibus supradictarum acclesiarum ... ex rebus proprietatis sue. » 825 (GCNN Arles n° 196 d'après AST, CL, p. 259).

8. « Tunc Milo comis in suum responsum dixit : Ipsas villas senior meus Karolus rex michi eas dedit ad beneficio », 3 juin 782 (HGL 1875 II col. 47). Daniel était archevêque depuis 755 (HGL II col. 57).

fin du VIIIe siècle ces tonlieux, s'ils ne disparaissent pas, voient considérablement baisser leurs revenus. Le Patrice, qui avait le contrôle de l'administration du domaine d'Eglise [9] a pu trouver là une compensation financière, et pour lui, et pour ses lieutenants. L'arrivée, parfois brutale, de comtes Francs dans le Midi n'a pu qu'accélérer cette tendance à la confusion des deux patrimoines : le nouveau comte en arrivant trouvait ainsi de quoi se tailler un fisc à la mesure de ses ambitions, sans pour autant supprimer la propriété de l'église, soit au fond l'adaptation méridionale de la « precaria verbo regis ». La distinction entre fisc proprement dit et bien d'église, si elle est faite par les textes, est donc quelque chose de mouvant : la qualification de chaque domaine, toujours provisoire, varie au gré des affectations décidées par le roi [10].

A l'intérieur de la masse du domaine d'Eglise, les biens sont répartis en divers « évêchés », *episcopatus*, et en « abbayes », *abbatia*. Les biens fiscaux, eux non plus, ne forment pas une masse unique, mais, comme l'a également montré Poupardin, sont répartis en groupes distincts, appelés « comtés », *comitatus* [11]. Ces *comitatus* ne peuvent en aucun cas être confondus avec les *pagi* seul terme usité en Provence jusqu'au milieu du Xe siècle [12] pour désigner une division territoriale qui recouvre le diocèse et remonte à l'ancienne division en *civitates*. Un même *comitatus* peut réunir des biens sis en divers *pagi* comme un *episcopatus* peut comprendre des biens sis en dehors du diocèse [13]. *Comitatus* et *episcopatus* ne sont pas des ressorts, mais des menses affectées à l'entretien du comte ou de l'évêque. Gardons-nous pourtant d'une comparaison trop étroite. Il y a un évêque pour chaque *episcopatus* alors qu'un seul comte pour toute la Provence jouit des différents *comitatus*. Pourquoi, dès lors, y a-t-il plusieurs *comi-*

---

9. Pourrait supposer qu'il en était arrivé là par le biais de la surveillance administrative de l'économe de l'évêque. Dans ce sens on connaît une tentative de Marcien (450-457) (J. GAUDEMET, *L'Eglise dans l'Empire Romain*, p. 308).

10. En 896, l'église d'Apt, sans doute vacante, faisait partie du *comitatus* du comte Thibert : « quidam fidelis noster nomine Teutbertus illustris comes nostram (Louis l'Aveugle) adiit presentiam observans ut sedem Aptensis ecclesiae, ipsius scilicet comitatus... » (ARP n° 33).

11. POUPARDIN, *Le Royaume de Provence*, p. 373.

12. Et non, comme l'estime Guérard, vers l'an 1000 (Introduction au cartulaire de S. Victor, p. LVI). Dans les chartes aptésiennes *pagus* est utilisé jusqu'en 972 (CA n° 22) sauf deux fois où l'on emploie *comitatus* : 904 et 906 (CA n° 7 et 8). A partir de 973 au contraire, on trouve régulièrement *comitatus* sauf en 991, 1009 et 1010/1032 (CA n° 39, 40, 60 et 66). Les chartes de Cluny donnent, seulement, deux fois *comitatus* en 909 et 945 (CLU n° 105 et 724), trois fois *pagus* en 961/962 et 988 (CLU n° 1057, 1071, 1784). Dans les chartes du pays d'Arles, on commence à employer *comitatus* en 956 (GCNN Arles n° 252) et l'on trouve encore *pagus* en 961 (*Ibidem* n° 260), 975 (BN lat. 13915 f° 30), 977 (Orig. Bibl. Arles ms 881 n° 2). Dans les chartes avignonnaises, *comitatus* est employé dès 916 et 962 (CNDD n° 91 et 54). Dans les chartes marseillaises, on trouve *pagus* en 924 et en 971 (CSV n° 1040 et 107) et *comitatus* dès 950, 978, 980 et 984 (CSV n° 104 23-72-70) ; *pagus* paraît encore une fois au XIe siècle (CSV n° 343). Dans les chartes comtales, *pagus* est employé en 965/66, 981 et 993 (Catalogue n° 7-22-37) et *comitatus* l'est en 970, 973, 981, 988 (Catalogue n 11-13-23-29).

13. En 923, des biens « racione S. Victoris que sunt in pago Uzetico », sont donnés en bail pour 2 sous par an, par l'évêque de Marseille (CSV n° 1040). En 934, « terra S. Martini que pertinet ad aepiscopatum (Arles) que est in comitatu Auresensi (Orange) » (GCNN Arles n° 256).

tatus ? Sans doute parce que chacune de ces masses domaniales correspond à une résidence habituelle du comte. Les textes nous indiquent ainsi un *comitatus Arelatensis,* un *comitatus Massiliensis,* un *comitatus* V [en] asensis [14] correspondant respectivement au palais de la Trouille à Arles, au palais du Tolonée à Marseille et aux tours imposantes de Vénasque. Tâchons de préciser la localisation et l'importance de ces différentes masses. Une partie des biens composant le « comté » d'Arles nous est donnée dans une liste qui indique, parmi les terres tenues par l'archevêque Manassès, quatre fiscs : les Saintes-Maries-de-la-Mer, Lavalduc, Alleins et Grans [15], auxquels il faut ajouter d'autres biens épars [16], et deux *villae* situées dans la partie Sud du comté d'Avignon, dans la mesure où il n'y a apparemment pas de *comitatus Avenionensis* : il s'agit du fisc de Cadillan et de la *villa* de Seisson [17]. Cela donne pour le comté d'Arles un total de 6 *villae.*

---

14. Comté d'Arles : « similiter pro ipsa terras ... donat Ugo comes et marchio Riperto molinum qui est de comitatu Arelatensi, in loco qui dicitur a la Fossa in fluvio Alsun cum ipsa ripa et cum suis apendiciis atque terminis Habet consortes de una parte Alsun, de alia vero parte terra S. Genesii (et) terram comitalem ». — 921 (AST f° 27). Comté de Marseille : « Ciliani villam ejusdem ecclesie debitam, ex Massiliensi comitatu in Forojuliensi sitam ... prefatam villam Cilianum, ab eodem loco dudum subtractam, ex comitatu Massiliensi in comitatu Forojuliensi sitam, cum omni integritate reddidimus. » 884 (CSV n° 9 — Diplôme de Carloman, Seillans, cant. de Fayence, Var) « In curte de Tresia que est pertinens ex comitatu Marsiliacense et jacet in comitatu Aquense, cum omnibus apenditiis qui inibi pertinent de comitatu Marsilia, cum turre... » 950 (CSV n° 1041 — Diplôme de Conrad, Trets, arrond. d'Aix, Bouches-du-Rhône). Comté de Venaissin : « Hludovicus gratia Dei rex ... mansum de comitatu V[en]asensi consistentem in comitatu Avinionensi, in villis nuncupantibus Tresmalis, Villanova et Biturrita per preceptum auctoritatis nostrae jure hereditario ei concederemus » 908 Avignon ARP n° 36 (et confirmation en 903 ARP n° 44). Notons que la *villa* fiscale de *Tumnetum* donnée en 963 à Montmajour est sise au comté de Venaissin sans que cette fois on éprouve le besoin de préciser de quel comté elle dépend. Le titre de comte de Venaissin est porté dès 1059/1065 par Guillem-Bertrand (BN lat. 13915 f° 101). Le Venaissin désignera au XIIe siècle le regroupement de plusieurs comtés entre Rhône et Durance.

75. « Breve de terris quas Manasses archiepiscopus ... tenuit ... fiscum de Ratis et (de) Ugio et (de) Arigno et (de) Granario » (GCNN Arles n° 261).

16. A *Occisio* en Argence : « in pago Arelarense infra agro Argentea in villa Occisione ... in loco ubi vocant Via Vacaria ... inter consortes ... de occidente terra comitale ... », 901 (AST 25 v°) « Terra ... que est situm in pago Arelatense in agro Argentea subtus villa que nominant Occisione ... et est inter consortes ... de alio vero fronte terra comitabile », 961 (GCNN Arles n° 260).

Des textes tardifs parlent de terres fiscales à Galligan et des marais fiscaux autour d'Arles. Dans les deux cas il semble qu'il s'agisse d'anciens biens de S. Césaire : « subtus Arelatem in terminio quem nominant Gallignano ad ecclesiam S. Mariae ... consortes de uno latere terra fiscalis, ex alio stagno Bonizo ... et subtus clara de Maurana ... consortes ex uno latere terra S. Stephani et ex alio garriga atque ex alio fiscalis ... », 937/994 (CSV n° 164). « Aliquid de fisco quod tenemus pro seniore nostro Guillelmo comite ... paludes videlicet qui sunt in circuitus ipsius monasterii », 970/978 (Catalogue n° 17).

17. « Aliquid ex rebus nostris que sunt in comitatu Avinionense hoc est Cadellianum fiscum cum ecclesia S. Mariae que modo destructa fore videtur cuidam fideli nostro Stercherio ... concederemus », 920 (ARP n° 56). *Stercharius* ne paraît pas avoir laissé d'héritiers, puisque Cadillan n'est qu'un lieu du terroir de Graveson qui appartient au comte au XIe siècle. Un texte d'ailleurs le confirme : Donation par Peire et Hélène à Montmajour de biens au comté d'Avignon, à Graveson : « ... consortes ... de alio (latus) vero terra fiscale », 982 (Bibl. Arles ms 881 n° 3) Un autre texte montre que Louis l'Aveugle réside « in Sicilianis villa » en 896 (ARP n° 31) La localisation de cette villa est précisée grâce au texte de 982 qui localise une terre au pays d'Avignon « inter Candignanicus et Ceciliano ». Il s'agit de Canillac et de Seisson (commune de Châteaurenard).

Nous ne connaissons du « comté » de Venaissin que des biens situés dans la partie nord du *pagus* d'Avignon : Villeneuve-Fontaines, Bédarrides-Pargues et *Tresmales.* Il faut leur ajouter les terres du fisc situées un peu plus au nord du *pagus*, S. Geniès (de Comolas), Notre-Dame, S. Jean et S. Baudile — plus tard, Roquemaure —, S. Côme et S. Damien — plus tard, Châteauneuf-du-Pape — et le fisc de Lirac, soit l'équivalent de 6 ou 7 *villae* [18]. Le « comté » de Marseille nous est connu par une liste tardive, celle de la « vicomté » de Marseille qui, à la différence des alleux des vicomtes, resta indivise entre eux jusqu'au début du XIIIe siècle. Cette terre est définie comme « appartenant à la seigneurie du Tolonée [19] ». En fait la liste contient aussi un certain nombre des domaines de l'abbaye de S. Victor, dont les vicomtes avaient la garde, ou de l'évêché qu'ils tinrent pendant tout le XIe siècle. Si l'on enlève Mazaugues et Plan d'Aups qui étaient à la Cathédrale, puis la Cadière-Castellet et Seillans qui appartenaient à S. Victor, il reste S. Marcel, Aubagne, Roquevaire, Gemenos, Roquefort, Julhans et Ceyreste, soit une demi-douzaine de localités dans la partie Sud-Est du comté. Il faut y joindre la *villa* de Trets dans le *pagus* d'Aix qui faisait partie du « comté » de Marseille, mais qui a été allodialisée par donation royale en 950, et n'est donc plus sur la liste [20]. Enfin Louis l'Aveugle disposait des fiscs du comté d'Uzès, alors provençal : les deux tiers du *fiscum Milcianum* — Sabran — et S. Marcel de Carreiret, S. Martin et Mayran, *Marbacum* — Sainte Anastasie— et S. Capres, qui avait été le bénéfice d'un nommé Ogier [21]. Sur ces quatre masses, l'une le « comté » de Venaissin, est sans doute incomplètement connue ; elle est en tout cas amputée au profit de l'Eglise d'Avignon ; deux autres, celles d'Uzès et de Marseille passent dans les mains de deux grandes familles : les Sabran et les fils d'Arlulf ; la dernière, celle d'Arles, est diminuée de moitié au profit de l'archevêque Manassès. Les textes qui nous font connaître l'organisation des fiscs provençaux à la fin du IXe nous en montrent aussi la désarticulation dès le début du Xe siècle.

Tournons-nous maintenant vers les domaines des évêchés provençaux. Ils sont riches non tellement de leurs biens propres, mais surtout par l'intermédiaire des abbayes qui leur sont soumises.

Parmi les églises provençales, la plus opulente est sans conteste l'église d'Arles. Outre les quelques terres de sa cathédrale, dans la banlieue d'Arles, l'archevêque dispose en effet de plusieurs abbayes : S. Geniès des Alyscamps, Cruas, au comté de Viviers, depuis 854, S. Césaire depuis 869,

---

18. « Ugo dux et gloriosus comes necnon et Boso frater suus sive domnus Rothstagnus archiepiscopus pecierunt ... ut ... Fulcherium videlicet Advenionensis episcopus de rebus fisci nostri copiosus augeremus ... Ergo dedimus ei ... » 912 (ARP n° 53). Fouquier transféra par testament ces biens à sa cathédrale en 916 (CNDD n° 91) Faut-il ajouter des biens qui n'apparaissent que tardivement comme Piolenc, au comté d'Orange (994/998 Catalogue n° 52), Sarrians (994 Catalogue n° 46) ? ou s'agit-il de confiscations faites au début du siècle ?

19. Les vicomtes voulaient : « totam terram vicecomitatus Massiliensis pertinentem quocumque modo ad seipsos et ad dominium Tolonei inter se dividere scilicet universam tum terram duntaxat cum omnibus juribus et pertinentibus suis que est extra Massiliam et territorium ejus pertinens ad dominium Tolonei predicti ». — 1212 (CSV n° 930).

20. Texte cité *supra,* note 14.

21. Ces biens avaient d'ailleurs appartenu autrefois à la cathédrale (ARP n° 34).

S. Martin d'Arles, S. André de la Cappe et Goudargue, à la même époque, S. Romain d'Argence au moins dès le début du xe siècle [22]. S. Geniès avait des terres en Argence, *près d'Occisio* [23] et en Camargue près de la petite église S. Geniès de la Colonne [24]. La Major avait aussi ses terres, sans doute à Gallignan [25] et S. Etienne les siennes, à la Laurade [26]. L'abbaye S. Césaire s'appelait à l'origine S. Jean ; fondée par l'archevêque, c'était une abbaye très riche, qui possédait trois groupes de domaines : l'un près d'Arles — au Trébon, et à Gallignan — et surtout en Camargue — Gimeaux, Malmissane, les Saintes, Ulmet, Agon, S. Césaire de Bozaringue, soit presque toute la Camargue [27] ; l'autre au comté de Vaison, dans le nord, avec Nyons, Vinsobre et Visan [28] ; le dernier au comté de S. Paul Trois Châteaux, avec la *curtis* de *Latronacum* — aujourd'hui S. Pierre du Palais, et Rac [29]. L'abbaye de S. Martin, aussi une ancienne abbaye royale, était assez bien pourvue : elle avait une *villa* au comté d'Orange, Mornas, une autre au comté d'Avignon, *Massatia* [30], et des terres au comté d'Arles parmi lesquelles sans doute S. Martin de Fourques, Le Val des Baux [31], des pâturages en Crau, à S. Martin de Crau [32] et peut-être Fumières en Camargue [33]. Nous avons déjà parlé de S. André de la Cappe, fondation, ou mieux restauration du comte Leibulfe [34]. S. André avait ses domaines près du Rhône et ses pâturages en Camargue, à Prognans [35]. L'Eglise d'Arles avait enfin le domaine de Mollégès, et les pâturages de l'Autavès [36]. Si l'on se rappelle que l'archevêque a reçu entre 920 et 961 la moitié des fiscs arlésiens dont Lavalduc, Alleins et Grans, auxquels correspondent respectivement les châteaux de

---

22. Sur ces abbayes, cf. *supra* chap. II, p. 67.
23. 824 (GCNN Arles n° 195 et n° 260 — AST, f° 25 v°).
24. A *Joncarias* 897 (GCNN Arles n° 234).
25. Au xe et xie ces terres sont appelées terres de Notre-Dame (GCNN Arles n° 261).
26. 923 GCNN Arles n° 244.
27. Malmissane, aujourd'hui S. Cécile, *Silvanum.* où est l'église Notre-Dame = Les Saintes ; *Ormedum* = Ulmet (GCNN n° 131 qui dit être le testament de Césaire). Au xiiie, on retrouve, avec les terres au Trébon, les condamines de Malmissane et Agon, le terroir d'Ulmet et Grenouillet, et des « fiefs de S. Césaire » à Bozaringue, Albaron, et Trinquetaille (Diplôme de Frédéric II, 1224, confirmant un diplôme de Conrad le Salique, 1032/1039, BN nouv. acq. lat. 1367 f° 193 ; cf. aussi un acte de 1221 *ibidem* f° 196, et une bulle d'Honorius III de 1220, Bibl. Arles ms 168 p. 2).
28. 972 et 986 (catalogue n° 12 et GCNN Arles n° 285 et 286), 1224 (BN, nouv. acq. lat. 1367 f° 193).
29. GCNN Arles n° 252 et 302 — identification : Font-Reau, *Cart. de S. Paul Trois Châteaux,* p. 185. — Sur ce site à l'époque antique, cf. G. Boisse, *Le Tricastin,* Valence 1968, p. 201.
30. *Massatia* est probablement une mauvaise lecture pour *Mallana* = Maillane, qu'on trouve dans le patrimoine de l'église d'Arles au début du xe, GCNN Arles n° 261.
31. Les vignes de S. Martin (GCNN Arles n° 261) ; l'église, 897 (GCNN Arles n° 233). La *vallis Felauria* (plus tard terroir des Baux) avec l'église S. Martin (GCNN Arles n° 261).
32. S. Martin de Crau et son terroir sont à l'église d'Arles au xie, GCNN Arles n° 386.
33. Terre de l'église d'Arles dès le début x^e (GCNN Arles n° 241), xie église S. Martin (*ibidem* n° 414) xiie (*ibidem* n° 3234).
34. Cf. *supra* p. 40. C'était l'ancien monastère de l'île surburbaine, dont Césaire avait été abbé. Fevrier, *op. cit.* p. 70.
35. 824 GCNN Arles n° 195.
36. Début x^e, GCNN Arles n° 261.

Fos, de Vernègue et de Salon [37], on voit que le terroir d'Arles lui appartient presque tout entier, au moins en haut domaine.

La seule Eglise qui puisse prétendre rivaliser avec Arles c'est Marseille. Le domaine de l'Eglise de Marseille et de son abbaye de S. Victor fondée au ve siècle est connu par un polyptique daté de 813-814, mais qui a subi des remaniements postérieurs [38]. Certains éléments sont attestés jusqu'en 835 et 880. Il comprenait au début du IXe siècle treize *villae* d'importance différente : un groupe de quatre *villae*, à cheval sur les comtés de Senez, Riez et Fréjus, à savoir Vergons, Trigance, Rougon et *Sinaca* — Castellane [39] — auxquelles il faut ajouter les vallées d'Auveine et de Lagnes [40]. Plus au nord, au comté de Digne, la *villa* de Chaudols. Au sud, un groupe Bargemon et Seillans [41]. A l'ouest, au comté de Sisteron la *villa Betorrida* — les Tourettes, qui correspond à Forcalquier [42]. Ce sont ces *villae* de la Provence orientale qui paraissent au IXe siècle, les plus importantes et les plus prospères. Puis au comté d'Aix, trois groupes de domaines : sur la Durance, Lambesc, dont une moitié, avec l'église S. Cannat, restera à l'évêque, *Bedata* [43] *Marciana* [44] et le tiers de *Domado* [45]. Près de l'étang de Berre, la *villa Campania* ou *Nono* — Campagne — Septème — Fabregoules — Les Pennes [46]. Enfin un groupe Nans [47], Aups, Mazaugues, Riboux, Méounes, Le Latay, Meyranguettes [48], dans le massif de la Sainte-Baume. Et, bien entendu, des terres dans le terroir de Marseille [49] dont la villa de Caravaillan — S. Marguerite [50]. Nous savons enfin qu'au XIIe siècle,

---

37. *Ibid.* En fait on peut se demander si ces fiscs n'étaient pas eux aussi, d'anciens biens d'Eglise. Ainsi on trouve au Vernègue, une très ancienne chapelle S. Césaire construite dans les ruines d'un temple antique. Et Ruffi avait vu dans les archives de S. Sauveur de Marseille un fragment de polyptique pour Salon, de 879 (*Dissert... sur l'origine des comtes de Provence*, Marseille 1712 *infra*, p. 101 note 173).

38. Bien que les domaines soient souvent ceux de S. Victor, le polyptique est au titre de Notre-Dame (la cathédrale) et S. Cyr. Guérard, CSV II pp. 633 à 656.

39. Rougon, église S. Cyr au XIe CSV n° 697 — *Sinaca* n'est pas Sénanque sur la Durance, mais Cioune (Cne de Castellane) et le mont Sennag de 1033 (CSV n° 768) avec les collongues à Bagarry (in *Bagarris*) CSV n° 760-761-777, et à Eoulx (*Eleuici*) cf. aussi le préambule de CSV n° 768.

40. GCNN Marseille n° 53 et CSV n° 613.

41. Encore en 884 CSV n° 9. Non loin, Simian l'église S. Sauveur et la *villa Burnae* (Cne du Puget sur Argens) CSV n° 28.

42. On identifie non pas le S. Probace près de Tourves, mais S. Promace près de Forcalquier et des Tourettes, que récupérera S. Victor au XIe, avec des collongues à Cléoux (*in Cleo* = CSV n° 662, *in Cleu*), au Saignas (*Sugnone* = CSV n° 659 et 674 *Sujone*), à Chamouras (*Camarjas* = CSV n° 654 *Camaricas*, avec citation du polyptique), aux Charmels, près de S. Promace (*in Carmillo S. Promacio*) et à Jeanssaud (*Gencianicus*).

43. Avec une église S. Marcellin, près de la Durance, c'est soit S. Marcellin près de Rognes (Cassini), soit sur l'autre rive S. Marcellin *de Saleta* (CSV n° 284).

44. Entre l'Eze et la Durance, avec le lieu de Fénéailles (cne d'Ansouis) CSV n° 291 et 284. Il y avait aussi là des terres des églises d'Arles et de Gap.

45. Près de *Marciana*, de Soulières et du Gavède (CSV n° 291 et Cassini).

46. La partie du terroir représentée par Les Pennes et l'église S. Victor restera à l'évêque au XIe.

47. CSV n° 83.

48. Connus seulement en 984 et 1001 (CSV n° 70 et 69). Meyranguettes et Méounes passeront à la cathédrale GCNN Marseille n° 148 et 164.

49. GCNN Marseille n° 60.

50. X^e, CSV n° 28.

la cathédrale avait aussi Allauch, S. Julien et S. Just, dans la banlieue de Marseille, le quart d'Evenos et d'Orves, et que les vicomtes tenaient d'elle Aubagne [51]. Le domaine de l'Eglise de Marseille ne le cédait donc à celui de l'Eglise d'Arles ni par l'ampleur, ni par l'ancienneté.

Pour d'autres églises la reconstitution est plus malaisée. L'Eglise de Sisteron avait un domaine groupé le long de la Durance : Volx, devenu abbaye en 812 [52], Lurs, ancienne station romaine d'*Alaunum* [53], S. Jean de Ganagobie, la *villa* d'Aris [54], à quoi s'ajoutaient le *villa Casomalis* avec l'église S. Michel [55] et l'abbaye du Val Bodon avec tout son domaine [56]. L'Eglise de Venasque, avait un patrimoine comparable : Carpentras devenu monastère, Venasque le Beaucet, S. Didier, Malemort, S. Félix [57]. L'Eglise de Nice, qui disposait de l'ancienne abbaye de S. Pons, n'était pas moins riche avec une dizaine de *villae* [58]. A côté des domaines de ces trois Eglises, il faut sans doute placer celui de la métropole d'Embrun [59]. Toutes les autres églises ont des patrimoines beaucoup plus restreints bien qu'ils soient tout aussi anciens ; ainsi l'évêque d'Apt dispose des deux *villae* de Saigon [60] et des Tourettes [61] ; ce sont les anciens domaines, au Bas Empire, de la famille Fronton, et ils ont probablement été donnés à la cathédrale par l'un de ses clercs, Marcien — Saint-Martian [62] —. L'archevêque d'Aix, n'était

---

51. GCNN Marseille n° 148, 164, 149. Nous n'avons pu identifier la *villa Postemana* (comté d'Aix), CSV n° 28 et l'*ager Columbarium* GCNN Marseille n° 47 (Collobrières ?).

52. (GCNN tome I col. 440).

53. 964 (GCNN I instr. col. 443). Sur la station romaine d'*Alaunum,* au lieu dit Notre-Dame-des-Anges, cf. F.O.R. fasc. VI Paris 1937 p. 17 n° 51.

54. Livre vert de Sisteron (BN lat. 17 558 f° 63 — f° 68 v°) Aris et Ganagobie touchent au terroir de Lurs.

55. Livre vert de Sisteron (*ibidem*). Le seul S. Michel connu au diocèse de Sisteron est S. Michel de l'Observatoire où se trouve le collet du Mallet (Cassini).

56. Livre vert de Sisteron (*Ibidem*). L'abbaye S. Mary de Val Bodon.

57. Le domaine de l'église de Carpentras n'est connu qu'en 1159/1160 au moment où le comte le restitue à l'évêque (Catalogue n° 354). L'évêque ne tenait apparemment en 1142/1147 que la cité (*Ibidem* n° 303). En 896 Carpentras est considéré comme un monastère et Louis l'Aveugle y séjourne (ARP n° 33). Le fait qu'un évêque de Carpentras, Boëce (fin VIe siècle) soit enterré dans l'oratoire N.D. de Vie, au terroir de Vénasque impliquerait-il que Vénasque avait été dès cette époque un domaine de l'église de Carpentras ? (FOR Fasc. VII Paris 1939, p. 22 n° 49), cf. Le titre d'évêque de Vénasque porté au Xe par l'évêque. Mais il faut aussi penser que Vénasque était le centre d'une des trois masses fiscales.

58. Son domaine qui était au XIe entre les mains des Orange Mévouillon comprenait alors : — les *villae* des Sagnes (pour moitié) et de Matz près de Nice — celles de Levens, S. Martin, S. Blaise et Colomars (pour moitié) le long du Var ; — celles de l'Escarène sur le Haut Paillon, et de Gordolan sur la Gordolasque dans la Vésubie ; — enfin le monastère Notre-Dame de la Gaude, sur la rive droite du Var au comté de Vence. c. 1075 (CSP n° XII).

59. Il comprenait au XIIe : Vars (église S. Marcellin), Risoul, *Gramisonum* (ou Bramisonum = Bramousse ?), S. Clément, Chateauroux (hameau de S. Marcellin), Crevoux, des droits sur Chorges, et les églises S. Marcellin et S. Symphorien dans la *vallis Vinaria* — 1153 (GUILLAUME, *Hist. des Hautes-Alpes,* III, n° 11, p. 210).

60. Abbaye S. Eusèbe fondée au VIe siècle — Xe (CA n° 26).

61. XIe, la cathédrale a pu récupérer Clairmont et les Tourrettes, avec l'abbaye S. Pierre (CA n° 120, 121, 74).

62. F.O.R. Fasc. VII, Paris, 1939, n° 17, 18 (8 et 48). Martian est né à Saignon, et un oratoire près de S. Pierre des Tourettes porte son nom (*Vita S. Martiani,* Mabillon AA SS OSB, saec. VI, p. 94).

guère plus riche : il avait la « villa de Tours », près de la cité, et les *villae* de Pertuis et de Puy Sainte-Réparade [63]. L'évêque de Cavaillon ne possédait, semble-t-il, au Xe que quelques biens autour de la cité, et la *villa* de Vaucluse [64]. Celui de S. Paul avait le village de S. Restitut, sans doute donation funéraire de l'un de ses prédécesseurs, et peut-être aussi, avant qu'il soit donné à Cluny, le monastère de S. Amand, à Clansayes [65]. Les domaines des autres églises provençales sont soit équivalents, soit plus maigres encore [66]. On peut résumer cette description du domaine des églises provençales du IXe siècle : — deux d'entre elles, Arles et Marseille, sont très riches, et possèdent plus d'une vingtaine de *villae* ; quatre autres ont de beaux domaines de six ou dix *villae* ; les autres vivent dans une médiocrité dorée [67]. Tous ces domaines paraissent très anciens et remontent souvent aux largesses des familles sénatoriales du VIe siècle.

Beaucoup plus fragiles se révèlent les domaines des églises extérieures à la Provence. Le meilleur exemple que nous avons parce que nous pouvons y suivre les avatars d'un de ces domaines, c'est celui des terres de S. Remy de Reims en Provence, et notamment de la *curtis Fretus,* aujourd'hui S. Rémy, au pied des Alpilles. Ces domaines sont encore propriété de l'église de Reims à la fin du IXe siècle. Hincmar, dans sa correspondance, indique qu'ils sont confiés au fameux Girard de Vienne et à sa femme Berthe — donc en 862-870/871 — et demande à l'archevêque Roland — donc avant 869 — sa protection. Le fait que Girard ne soit pas comte de Provence n'est pas un hasard. C'est une politique systématique de l'église de Reims de confier ses domaines éloignés à des grands extérieurs au comté [68]. C'est de sa précaire rémoise que Girard dut tirer son influence

---

63. Pertuis avant 970 (Catalogue n° 9). — Le Puy Sainte Réparade est au XIIe sa résidence favorite. Il paraît correspondre au terroir de la *villa* de Félines = Saint Cannadet, dont l'archevêque acquit les albergues en 1199 et 1200 (GCNNN tome I inst. col. 21, 24 et 26).

64. 979 Catalogue n° 19 — Sur le site, ancien, cf. F.O.R. n° 55 p. 25.

65. Catalogue n° 3 — un évêque de S. Paul, a porté le nom d'Amand.

66. L'évêque d'Orange n'a au début du XIIe que l'abbaye S. Florent et quelques terres autour de la cité probablement celles qu'il avait c. 860 (ARP n° 6) ; l'abbaye S. Florent existe toujours en 896 (ARP n° 34). Celui de Gap avait au XIIe siècle Rambaud et Raboux (Diplôme de Frédéric II — 1184 GCNN tome I, inst. col. 282), mais son église avait peut-être été plus riche puisqu'elle avait des biens au comté de Cavaillon à la *villa Memiana* en 739 (MARION CSH XII A), peut-être ceux-là qui jouxtaient la *villa Marciana,* au comté d'Aix en 835 (CSV n° 291). D'autre part l'évêque Uc, de Gap (965) avait donné dans son diocèse des biens à l'abbaye lyonnaise de l'Ile Barbe (cf. Diplôme de Conrad RHF. IX col. 702) — L'évêque de Vaison avait au XIIe siècle Crestet et la moitié d'Entrechaux, Rasteau et, près de la cité, S. Quentin et le bourg des Bains, 1109 (COLUMBI, *De rebus gestis episc. Vas.* p. 62) — Celui de Glandeves avait au XIe la Penne où il résidait, 1110/1115 (FLAMMARE CL n° 179) — Celui de Senez aurait eu Blieux au XIIe (ISNARD, *op. cit.*, p. 60).

67. Cf. aussi les monastères dans les diocèses d'églises très démunies : Notre-Dame au diocèse de Riez, fondé au Ve siècle par l'évêque, devenu Moustiers, qui existait encore en 1004 et 1009 (CSV n° 1053 et 772, aujourd'hui N.D. de Belvezer). — Celui de S. Véran au diocèse de Vence qui avait disparu au début du XIe et qui fut alors restauré (FLAMMARE CL n° 141). — Celui de S. Barthélemy de Lorgues au diocèse de Fréjus, qui porte le nom d'un évêque de cette église, 1096 et XIe (FLAMMARE CL n° 236 et 42).

68. Ainsi, au milieu du IXe, les biens de S. Rémy en Auvergne étaient confiés au comte de Toulouse.

en Provence, et l'un de ses surnoms légendaires, Girard de Fraite [69]. Les choses changent à partir de 875. C'est le duc Boson qui réussit à mettre la main sur les terres de S. Remy. Hincmar écrit aussitôt à Rostaing, archevêque d'Arles et à Leudoin (l'évêque de Marseille ?) pour leur demander protection, et dans une lettre à Boson, pleine d'une inquiète déférence, il le remercie de veiller sur les terres du Saint, et espère qu'il ne donne pas les biens des autres églises à ses fidèles, « comme il l'a entendu dire de lui » [70]. L'inquiétude d'Hincmar n'était pas sans fondement. En 905, le fils de Boson, le roi Louis, donnait S. Rémy à son fidèle Amiel de Sabran, l'évêque d'Uzès [71]. L'archevêque de Reims se plaignit aux bourguignons, et en 924 Hugues d'Arles lui rendit une partie du domaine de son église, en Lyonnais, mais non ce qui était en Provence [72]. En 963, les terres étaient aux mains du nouveau comte Boson et avec l'assentiment du roi Conrad, il en dotait la nouvelle abbaye de Montmajour [73]. S. Rémy était donc bien perdu pour l'abbaye rémoise, et c'est seulement à la fin du XIe siècle, après la réforme grégorienne, qu'elle en récupérera une partie [74].

Un autre exemple confirme ce qu'Hincmar « avait entendu dire ». Mague — aujourd'hui Caumont sur Durance — avait été donné par le roi Gontran au patrice Mummole en 574, et dut passer peu après au monastère de S. Symphorien d'Autun. Avant 956, un certain Isnard — sans doute le fidèle de Manassès — et les siens s'y étaient installés, et l'évêque d'Autun rapportait en vain des excommunications de Rome. C'est seulement en 971 qu'Isnard se décide à reconnaître les droits éminents du monastère, reconnaissance d'ailleurs sans lendemain [75].

Pareille mésaventure arrivait à l'abbaye septimanienne d'Aniane, dont les domaines provençaux, S. Martin d'Arles et ses *villae,* tombaient au début du Xe siècle dans l'*episcopatus* d'Arles [76] ; à l'abbaye italienne de Novalaise qui perdait ses « cours » des comtés Alpins [77] ; à l'église de Viviers, qui perdait Donzère et Mastaize [78] ; à celles de Lyon, d'Autun, d'Orléans, de

---

69. R. LOUIS, *De l'histoire à la légende, Girard comte de Vienne,* op. cit. avec les remarques de L. LEVILLAIN, *in* M.A. 1949, p. 225 et de R. LEJEUNE, *ibidem* 1950 p. 1. MANTEYER, *op. cit.* p. 77 Girard intervient comme intercesseur pour la Provence en 862 (ARP n° 9) ; sa femme Berthe se réfugiera à Avignon. Fraite = *Fretus,* Montglane = *Glanum,* ville romaine détruite, avec son rocher fortifié du Gaussier.

70. Correspondance d'Hincmar *in* Flodoard, *Hist. Rem. Eccl.,* MGH., SS. XIII, pp. 550 et 514, et pp. 546 et 545 ; lettre à des provençaux non identifiés, Leutard et Adalard, p. 546.

71. ARP n° 43.

72. FLODOARD, *Annales...* p. 20.

73. Catalogue n° 5.

74. CNDD n° 118.

75. Cf. *infra,* p. 89.

76. En 921, Louis l'Aveugle confirmant à Manassès les biens qu'il avait concédés à son prédécesseur Rostaing, y comprend l'abbaye d'Aniane, ce qui doit s'entendre, pensons-nous, des bien provençaux de cette abbaye (ARP n° 59).

77. Les *curtes* de Tallard, Upaix et Valernes, au comté de Gap, avec des biens à Gigors, à Béziers et Brouchon, au comté de Sisteron, Taulignan et *Quonsone* au comté de Vaison, *Wardacelis* à celui de Riez, et *Cronia* à celui de Toulon. Un diplôme de Charlemagne en confirme la propriété au monastère, en 805 (MARION, *Cart. de S. Hugues,* XXII A). Encore en 1044, les moines de Novalaise essayaient de reprendre Gigors à ceux de S. Victor (CSV n° 691).

78. Donnés à Tournus en 896 par Louis l'Aveugle (ARP n° 31).

S. Germain des Prés [79]. Tout cela devait faire une assez jolie masse de manœuvre offerte aux ambitions des Bosonides.

Cette espèce de valse, ou pour mieux dire de quadrille des domaines monastiques durant le IXe siècle se termine, dès la fin du siècle, par leur concentration aux mains des princes qui gouvernent la Provence. Désormais, plus d'églises extérieures qui tiennent sur leur territoire, partant, plus d'autres « protecteurs » qu'eux ; tous ces domaines qui étaient comme autant de dangereuses enclaves aux mains de leurs rivaux tombent dans leur fisc, accroissant leur propre richesse, leur propre largesse, leur propre pouvoir. C'est là sans doute l'un des traits qui marquent la constitution d'une principauté territoriale au Xe siècle. Mais aussi, il faut le souligner, ces biens ne perdent pas pour autant leur qualité de « biens publics », et, jusqu'au milieu du siècle, roi et comtes en contrôlent encore le don, toujours provisoire.

Face à la masse « centralisée » des domaines fiscaux, que représentent à la même époque les domaines allodiaux ? Il est évidemment presque impossible de l'entrevoir. Une seule chose est claire : l'existence de petits alleux, et la présence assez fréquente de communautés d'alleutiers dans les *villae,* à côté des grands domaines, ou même les excluant. Ainsi en Provence de l'Ouest, dans les pays de Marseille et d'Aix : à Plan d'Aups six à dix familles d'alleutiers ; deux au moins à Tavelle, plusieurs à Fabregoules, à Caravaillan et à Auriol [80]. Dans le pays d'Arles, en Argence, des mentions fugitives nous signalent de telles communautés [81], et nous connaissons une famille d'alleutiers, celle du prêtre Theudoin, propriétaire au terroir d'*Occisio* et de Courbessac, près de l'actuel Beaucaire ; fils d'Ansbert et d'Ermilda, il avait deux frères, Augier et Durand et une sœur, Frédégonde, avec lesquels il était en indivision pour le plus gros de leur domaine, vingt modiées, soit une cinquantaine d'hectares. Theudoin étant prêtre, il avait aussi un petit domaine propre, le manse où il habitait, avec sa cour, trois potagers, une treille, des arbres fruitiers et un puits couvert, le tout d'un seul tenant, formant un carré de 160 mètres de côté environ, donnant sur une « place communale » ; enfin deux pièces de vigne closes, chacune d'une modiée, et une quarterée de terre labourable [82]. Les petits alleutiers

---

79. Ste Croix d'Orléans (THILLIER et JARRY, *cartulaire*) ; S. Martin d'Autun, au comté de Fréjus (RHF, IX, 564 et GCN, IV, 71) ; S. Germain des Prés, à Fréjus et à Marseille (DOEHAERD, *op. cit.* p. 163). Il est vrai qu'un mouvement inverse constituera des dotations à certaines églises : Tournus (ARP 31), l'Ile Barbe (*supra* p. 85), Conques où les premières donations se groupent autour de l'an 1004, en septembre, octobre et novembre (G. DESJARDINS, *Cart. de Conques,* Paris 1879, n° 326, 395, 431, 319 et 115). Cf. les grandes assemblées de cette année (*supra* p. 113).

80. Début XIe (CSV n° 91, 96, 97, 99) — 970 (catalogue n° 11) — X^e^ (catalogue n° 75) — XIe (CSV n° 27 et 58). Encore au XIIe siècle, il y avait à Allauch sept ténements qualifiés de libres et qui échappaient complètement aux droits seigneuriaux, 1173 (GCNN Marseille n° 1100). Sur l'existence de ces communautés en Septimanie, cf. E. NORTIER, *La société laïque...* pp. 154, 158 et 207.

81. Arles 984 (AST f° 24 v°) — 824 : *Exagum communale* (GCNN Arles n° 195) — 969 (BN lat. 12685 f° 248).

82. AST f° 26 et 28 v°.

sont-ils plus rares à l'Est ? On en connaît à Chaudols, près de Digne, et à Fontienne, près de Sisteron [83].

Sur les grands domaines alleutiers, nous ne sommes pas mieux renseignés. Le seul que nous connaissions à peu près est celui de Fouquier, ce noble dont nous avons déjà eu l'occasion de parler à propos des luttes du début du Xe siècle. Et cela parce que son fils, exilé et devenu abbé de Cluny, Maïeul, a pris soin de faire dresser la liste des alleux de son père, dans l'espoir de les récupérer pour son abbaye [84]. Ce domaine comporte une vingtaine de *villae* réparties à peu près en cinq groupes le long d'un axe Apt-Fréjus : un groupe au comté d'Apt : Lioux, Gargas, *Lausnava* ; un groupe à cheval sur les comtés d'Aix et de Sisteron : Pinet, *Palus,* Alauze et *Alairacum,* soit la vallée de Reillane ; Valensole au comté de Riez, avec Aubanet, *Pauliniacum,* les Marges ; un autre groupe aux confins des comtés de Riez et de Fréjus : S. Jean de Régusse, Fabrègue et Valmoissine-Aups ; un groupe au nord de Fréjus : Narbone — Montauroux —, Fayence, Draguignon, les Arcs, auxquels s'ajoutent la moitié de Claviers, la moitié de la Valette-Roquebrune et Bagnols ; enfin isolés, 7 manses à Eoulx non loin de Castellane. Nous avons déjà parlé plus haut de Beuve de Noyers. Le noyau principal de son domaine paraît avoir compris au moins toute la vallée du Jabron, quatre ou cinq de nos villages actuels [85]. Les Sabran forment une famille puissante dès la fin du IXe siècle. Leur alleu tel que nous le connaissons en 945 doit donc être assez ancien ; il comprend une dizaine de *villae* dans la vallée de la Cèze [86]. Les Castellane ont déjà à cette époque le noyau domanial qu'ils auront encore au XIe dans le comté de Glandevès, groupé autour du toponyme significatif de Sala-griffon, puisque Griffon est leur plus ancien auteur commun [87].

---

83. XIe (CSV n° 737 et 738 — 1065 (CSV n° 680). On pourrait aussi penser à certaines « zones blanches » dans la carte des grandes seigneuries au XIe siècle.

84. CLU n° 106 complété par CLU n° 105 et CLU n° 1071. — *Ausnava* = *Lausnava,* localisée à l'ouest de Rustrel (BARRUEL *in* CA p. 69) ; *Serrulio* : Solignan ? commune de Gargas (Cassini) ; *Leucus, Leocola* = *Locatus* : Lioux. — *Pinetum in valle Reglana* avec l'église S. Siffrain : Château de Pinet, Suffrein et le couvent, commune de Reillane (Cassini) ; *Ad Ducellam* Ste Croix Alauze ? ; *Alairacum* ? (église S. Pierre). — Valensoles (église Sainte-Maxime) ; *Albia* = *Albiacum* et l'église Notre-Dame : Aubanet et N.D. ; *Marigas* = *Margis* et l'église S. Etienne : les Grandes et les Petites Marges. — *Ardas* et l'église S. Jean : Saint Jean de Régusse ? ; *Vallis Mixenis* et les églises S. Martin et S. Pierre : Valmoissine et S. Pierre de la Costes ; *Fabricas* : Fabrègues. — *Narbona* : Narbone ; *Fagentia, Dragoniano, Arcus,* Faience, Draguignan et les Arcs. — *Centum Clavis* : Claviers. — *Vallis* est la villa *S. Petri de Vallis* du XIe (CSV p. 504, 546, 549, 548) c'est-à-dire S. Pierre et la Valette. — *Evag* : Eoulx — *Bonolas* : Bagnols.

85. La vie du saint ne mentionne que Noyers, mais on sait qu'il avait bâti une fortification à Peire Impie. On relève aussi sur la carte les toponymes significatifs de Bevons, Castel Bevons, la tour Bevons (aujourd'hui Valbelle). On remarquera la forme très particulière de la frontière du diocèse à cet endroit, qui forme une poche.

86. Cf. *supra,* p. 39.

87. LPD-E. Briançonnet, Amirat, les Mujouls, Sallagriffon (église S. André), Puget-Théniers. On peut aussi voir dans la *Sala Laudunii* (= Le Muy) et son église S. Cassien le domaine privé d'un Laudonée ou Leudoin, par exemple l'évêque de Marseille (878/879) où le culte de S. Cassien est évidemment répandu. C'est en 884 que le domaine voisin de Seillans avait été usurpé donc peu après la mort de Leudoin. L'évêque qui s'en plaignait, Bérenger, était partisan des Carolingiens.

On peut également reconstituer un certain nombre de domaines alleutiers appartenant aux exilés de 896-916, à l'aide de la liste des alleux possédés par Hugues en Provence, qui doivent provenir de confiscations [88]. On identifie aussi un lambeau du domaine de Fouquier, la *villa* de Lioux au comté d'Apt [89]. Trois domaines bien groupés, la *curtis* de Valuègne (S. Domnin-Tourtour), et les *villae* de Villecroze et de Vérignon, sont à cheval sur la limite des comtés de Fréjus et de Riez ; on pourrait y voir les alleux de la famille de Bénézet de Fréjus. Autre groupe bien identifiable, au Nord du comté de Gap, non loin d'Embrun, avec Méollion, Chaillol, Les Lunels ; on pense aux deux archevêques d'Embrun éliminés peu avant. Au Sud du même comté, deux autres domaines, la *villa* de Beynave dont l'actuel toponyme, Ste Colombe, évoque une cité chère aux bourguignons et la *villa* de Domène (S. Jacques-Upaix), qui pourrait être une ancienne possession de Novalaise [90]. Enfin Colonzelles et *Paterna* au comté de Transit [91], Caromb au comté de Vaison et Uchaux(?) au comté d'Orange [92] dépouilles, peut-être, d'Arifons de Vénasque et d'Ajambert de Vaison. Voilà des *villae*, dont, sauf Upaix, nous sommes à peu près sûrs qu'elles sont d'anciens alleux.

Il est facile de voir que presque tous ces grands domaines alleutiers sont situés en Provence de l'Est. Ce sont eux qui ont le plus souffert des ravages sarrazins et qui fourniront le gros des terres désertes repeuplées après 972.

C'est donc d'une double manière que vont se constituer les grandes seigneuries du XIe siècle : par l'appropriation des biens d'Eglise, surtout à l'Ouest et par les accaparements nés de la *reconquista* à l'Est.

Pour ce qui est des domaines publics, il est certain qu'il y avait eu au XIe siècle des concessions provisoires dont nous ignorons l'ampleur. Mais ce qui se passe durant le Xe siècle est beaucoup plus grave. Il s'agit d'une véritable foire d'empoigne où va sombrer la notion même de domaine public, fiscal ou ecclésiastique.

Reprenons de plus près l'exemple du domaine fiscal de Mague, à la limite des diocèses d'Avignon et de Cavaillon. Au milieu du siècle, Isnard et les siens s'en étaient emparé, mais sans daigner chercher avec les moines un quelconque accommodement juridique. L'évêque d'Autun, Rodmond,

---

88. Tout ce domaine a été donné par Berthe à Montmajour en 960, quand la partie a été perdue pour les siens, en vain d'ailleurs ; les références de cet acte, souvent très mal déchiffré sont : copie XVIIe Chantelou, BN lat. 13915 f° 32 — XVIIe Biblio. Carpentras ms 706 f° 555 ; éditions : MABILLON, *Annales* n° 33, RUFFI, *Dissertations*, p. 52; HGL V, col. 233, DU ROURE, RHP I, p. 32. Les alleux d'Hugues étaient en Viennois où son père avait été comte (RHF 690-691) ; CHEVALLIER, Cart. de S. Bernard de Romans, 21, 2) ; ceux de Provence ne peuvent être que d'acquisition récente ; or la charte précise que seuls les biens de Savel au comté de Die et ceux de la *Vallis Matceso* (Mastaize ?) au comté de Transit ont été achetés. Les biens restants ne peuvent être que des spoliations ; au demeurant, le cas de Lioux est significatif.

89. Le comté d'Apt est assez exigu et nous sommes très bien renseignés sur sa topoynmie à l'époque, grâce au cartulaire (cf. carte 47, *in Atlas Hist. de Provence,* Paris 1969).

90. La *curtis Opaga,* entre Tallard et Valernes (MARION, *Cart. de S. Hugues,* XXII A).

91. La *villa Paterna* de 960 pourrait être la *villa Paternatis* (S. Pierre de Valréas et S. Martin des étangs), à l'Ouest de Nyons, donnée en précaire par l'archevêque d'Arles en 986 (GCNN Arles n° 286).

92. Le texte donne *Asclannis* ou *Usclannis* : on peut songer à rétablir *Uschavis.*

se rend à la fin de l'année 955 à Rome où le pape Agapet excommunie les coupables. Il revient en Bourgogne et en 960 obtient d'un concile bourguignon l'envoi d'une lettre à Manassès d'Arles, Landry d'Avignon et aux autres évêques provençaux, leur demandant de fulminer à leur tour, après les avertissements d'usage, l'anathème contre Isnard, s'il se refuse à reconnaître qu'il tient de S. Symphorien [93]. Isnard semble avoir été un fidèle de Manassès. Cela explique que l'archevêque se soit montré peu empressé à l'excommunier [94]. Toujours est-il qu'entre 968 et 972, le successeur de Rodmond, Girard, reprenant le chemin de Rome, obtient du pape Jean XIII une troisième excommunication [95].

Les difficultés de l'évêque d'Autun nous rappellent, à la même époque, celles de l'évêque de Valence [96]. C'est seulement en 971 qu'Isnard se décida à venir à résipiscence et demanda à l'évêque de tenir désormais de lui le domaine de Caumont. Il proposait de verser immédiatement un marc d'or pour payer sa jouissance passée, un cens de dix sous tous les trois ans, et, en cas de changement de seigneur, c'est-à-dire d'évêque, la somme de vingt sous. Moyennant le paiement de ce cens Isnard pouvait léguer la terre soit à ses proches, soit à qui bon lui semblerait [97]. Les propositions d'Isnard, on le voit, n'étaient guère généreuses et la précaire qu'il demandait à l'évêque d'Autun n'était qu'un moyen de justifier son usurpation. Et le même

---

93. « Nam domnus Rodmundus nuper a Roma veniens detulit literas ex parte domni Agapiti papae in primis admonitorias de terra S. Symphoriani quae conjacet in partibus Provinciae, scilicet in circuitu Arelatensi et Avenionensi quam tenent Isnardus et socii ejus sine voluntate illorum qui corpus S. Symphoriani custodiunt... Ergo petimus communiter ut omnes illos invasores terrae S. Symphoriani semel, bis et ter vocando ammoneatis ut resipiscant a talibus et permittant tenere S. Symphoriani ecclesiam quod suum est. Et si tenere voluerint, impetrent ab eo qui loco S. Symphoriani praeest quoquo modo impetrare potuerint ; sin autem nec reddere voluerint nec impetrare ... sint anathemisati » (début 956, LABBE, Concilia IX, col. 639, d'après une copie de CHIFFLET. — Agapet est mort en décembre 955. Amblard, archevêque de Lyon cité dans cette lettre, n'a été consacré qu'en 959/960 (Cf. son prédécesseur Bouchard I est encore vivant en 960-CLU 1227 et A. BERNARD *Cartulaire de Savigny,* Paris 1853 n° 126), précisément l'excommunication a été transmise aux évêques (LABBE... col. 643) l'an de l'incarnation 959, l'indication III (= 960), donc au début de l'année 960.

94. Cf. *infra,* note 98.

95. « Johannes papa ... notum volo fieri omnibus qualiter veniens quidam episcopus a partibus Galliarum nomine Girardus Augustudunensis civitatis praesul egregius ... manifestavit mihi humillime reclamando de quibusdam hominibus qui terram de suo episcopatu presumptuose et violenter tenere videntur ... ex ministerio nostro sint excommunicati... » (968/971, *Ibidem* col. 642. — Rodmund, prédécesseur de Girard est mort en 968 GAMS p. 500. Le pape Jean XIII est mort le 6 septembre 972, et Isnard était venu à résipiscence en juillet 971).

96. Cf. *supra,* p. 37.

97. « Domno Girardo summo eximioque pontifici Isnardus... Ego hactenus aliquid possidens sine vestro dono et ideo recognoscens fidei veritatem depraecor vestram clementiam quia ego ignotus sacratissimae majestatis vestrae ut si aliqua incusitatio exinde apud me deget, absolvitur per vestrum ministerium, protestatem et gratiam ... dabo vobis auri dimidiam libram eo modo ut per vestrum donum deinceps teneam et possideam, proximisque heredibus meis et qui voluero derelinquam talique vero ratione ut ad tertium annum persolvatur exinde ecclesie vestre census, vel pondere, vel praetio, directo legato vestro ad nos valente solidos X. Et dum ... alius episcopus locum vestrum subrepserit in primo anno in aerario S. Sedis Ostudunensis ... de moneta nostra libra una persolvatur ... Actum feria III, XVIII kal. Augusti, anno Domini DCCCCLXXII indictione XV regnante quidem rege Gondrado. » (LABBE, *Ibidem,* col 642)

Isnard tenait de Manassès la vallée des Baux, les Saintes en Camargue, les vignes de l'abbaye de S. Martin d'Arles et l'île S. Denis [98].

En 951/956 Gontard, de la famille des comtes de Valentinois, obtient en précaire de Manassès la *curtis* de *Latronacum*. En 954 Pons de Mévouillon obtient au même titre le domaine de Mornas [99]. Teucinde de Châteaurenard et son neveu Riculfe, l'évêque de Fréjus, ont en précaire l'église S. Hippolyte de Crau et son terroir et Riculfe tient aussi Maillane de l'archevêque [100]. Les Châteaurenard ont dû, dans la première moitié du xe siècle mettre la main sur la villa *Cecilianis* où ils édifient Châteaurenard [101], Thibert (frère d'Arnoux, évêque d'Apt ?) a les biens de Goudargues au comté d'Uzès [102]. Pons, petit-fils de Pons de Mévouillon obtient confirmation en 986 d'une précaire plus ancienne pour Nyons, qui était à S. Césaire et un Roux, peut-être son parent, des biens voisins en 985 [103]. Les archevêques d'Arles concèdent donc beaucoup à leurs fidèles et une partie du patrimoine de cette Eglise glisse entre 951 et 986, au titre de la précaire, entre des mains laïques [104].

Les possessions de S. Victor en Provence occidentale sont encore plus éprouvées. En 965, ses biens marseillais étaient entre les mains du comte [105]. Lambesc appartient, au XIe, moitié à la famille de ce nom, moitié (S. Cannat) à l'évêque de Marseille, cadet de la famille vicomtale [106] qui tient aussi Caravaillan et les Pennes-Plan de Campagne [107].

Il est inutile de multiplier les exemples ; contentons-nous de noter la translation d'une grande partie des domaines publics de la Provence occidentale dans le patrimoine privé. Certes cette translation n'est pas définitive et s'accompagne encore de titres juridiques qui la légitiment tout en lui

---

98. « Breve ... de terris quas homines in mansione sua (Manassei) tenuerunt ... VIII modiatas de clauso dominico quas tenet Ysnardus ... mansum de Natale quem tenet Ysnardus ... silvam cum ecclesia S. Mariae de Ratis et terram Autberti, vallem Filauriam cum ecclesia S. Martini et abbatia S. Romani, insulam S. Dyonisii et vineas S. Martini, quas tenet Ysnardus » (961/975 GCNN Arles n° 261). L'île S Denis est sur le Rhône, au sud de Beaucaire (cf. actuellement : la brèche S. Denis carte IGN au 1/2000e). Le toponyme est intéressant. Est-ce la trace d'un ancien domaine médiéval de la grande abbaye parisienne ?

99. 951/956 (GCNN Arles n° 252), avec renouvellement (GCNN Arles n° 308) ; 954 (*Ibidem* n° 256) avec renouvellement en 983, (*Ibidem* n° 283).

100. 975 (GCN Arles n° 277) et « Breve ... de terris quas homines in mansione sua tenuerunt ... ecclesia S. Petri de Maianas quam tenet Riculphus », 963/975 (GCNN Arles n° 261).

101. En 896 la villa de Seisson est encore résidence de Louis l'Aveugle (cf. *supra*, note 17). Le Château Renard aurait été édifié par le juge Renard donc avant 965/966 (Catalogue n° 7) dernière apparition de ce juge.

102. 967 (GCNN Arles n° 268).

103. L'abbaye S. Vincent et S. Ferréol de Nyons avaient pourtant été rendues à S. Césaire lors de la restauration du monastère par l'archevêque Ithier en 972 (Catalogue n° 12). 986 (GCNN Arles n° 285), avec renouvellement en 1011 (*Ibidem* n° 307). 985 (*Ibidem* n° 286). Cf. aussi précaire pour Bernard, évêque de Nîmes, 987 (*Ibidem* n° 290).

104. Ces précaires n'étaient-elles pas plus anciennes ? Sans doute non car celles des précaires qui sont des renouvellements le mentionnent expressément. Cf. 986 (GCNN Arles n° 285). Nous possédons une seule précaire antérieure au milieu du xe siècle (GCNN Arles n° 232) portant sur des biens beaucoup moins importants.

105. Catalogue n° 7. Ils passent aux vicomtes un peu plus tard.

106. LDP-H et GCNN Marseille, col. 47 à 62.

107. CSV n° 27 et CSV n° 72.

conférant un caractère en principe provisoire. Elle commence par les biens des abbayes extérieures à la fin du IXe et paraît s'accélérer au milieu du Xe siècle, donc avant l'expulsion des Sarrazins et les bénéficiaires en sont soit des familles de grands propriétaires de l'est ou du nord, comme les Mévouillon, les Châteaurenard ou les Castellane, soit des familles dont les alleux paraissent assez minces, comme les Baux ou les Lambesc, soit des familles étrangères comme les Marseille qui viennent du Viennois.

Le problème en ce qui concerne la Provence orientale est différent. Il n'est pas douteux que la défaite des Sarrazins du Freinet a permis la réoccupation d'un certain nombre de terres à l'est d'une ligne Marseille-Sisteron [108]. Mais au-delà de cette constatation, il faut déterminer les caractères et l'étendue de cette « recolonisation ». On doit distinguer deux zones : tout d'abord une bande côtière de 20 à 30 kilomètres de profondeur comprenant en gros le diocèse de Toulon, une partie des diocèses de Fréjus, d'Antibes et de Vence. Ici les dévastations paraissent n'avoir rien laissé et notamment aucun souvenir, aucune trace de propriété. Il s'agit donc bien d'une terre redevenue complètement vacante. A ce titre, elle fait théoriquement retour au domaine fiscal ; en réalité, les grandes familles, sous l'arbitrage comtal, se partagent la côte en immenses lambeaux. Ces terres données par le comte en alleu constituent un morceau de choix pour le grand domaine privé : le diocèse de Toulon que se disputaient Guillem de Marseille et Pons de Fos, est divisé en deux parties : la partie ouest et la cité (ou ce qu'il en restait !) tombent aux mains de Guillem ; la partie sud-est, avec les salins, aux mains de Pons [109]. Dans le diocèse de Fréjus, le Freinet, ancien repaire des pirates, échoit en alleu aux Marseille [110]. La partie est du diocèse, presque un quart, est concédée à Riculfe de Châteaurenard pour lui permettre de reconstituer à son profit un domaine épiscopal [111]. D'autres moindres personnages reçoivent aussi des terres dans la même région, et ils les reçoivent du comte, sur les terres que celui-ci s'était réservées : le comte donne ainsi tout le terroir de Collobrières, au sud-ouest du diocèse à son fidèle Uc de Blaye [112]. De même, Truan, petit

---

108. Cf. *supra*, p. 11 et carte p. 17.

109. « Igitur cum gens pagana fuisset e finibus suis videlicet de Fraxeneto expulsa et terra Tolonensi cepisset vestiri ... illi qui potentiores videbantur esse altercatione facta inpingebant se ad invicem, rapientes terram ad posse, videlicet Wilelmus vicecomes et Pontius de Fossis. Qui Pontius pergens ad comitem dixit ei : « domine comes... rogamus ut pergas illuc et mittas terminos » (texte et critique chap. II note 17 et catalogue n° 21). — Domaine des Marseille, LDP-I ; Domaine des Fos, LDP-G.

110. LDP-I.

111. 990 (Catalogue n° 32 ; cf. *supra*, pp. 10 et 55). Le report sur la carte des limites données par le texte montre qu'il s'agit d'une surface immense, mais il est vrai, montagneuse et forestière : il s'agit du territoire compris entre la mer, l'Argent, le Blavet jusqu'au *castrum Gorgia* (cf. la Bastide des Gois, vers la source du Blavet au nord nord-ouest de S. Paul en Forêt) et au Mont de Mercure (c'est-à-dire Mons, ou mieux, les ruines antiques situées un peu au sud de Mons) et enfin la Siagne.

112. En avril 973, moins d'un an après la destruction du camp sarrazin : « Aliquid de proprietate mea ... in comitatu Forojuliense in loco denominato Ravanerias et ultra rivulo Martino et deste ultra usque in la Maura, unam medietatem tibi donamus ad fundum possessions, de vestitura et de ermo. Et inantea, de quantum vestitum erit unam medietatem habeam, illa que ego debeo habere ; et Bonaldus debet ipsa terra vestire et edificare . » (Catalogue n° 13). Du

alleutier au village de Laurade — un domaine comtal près de Tarascon — reçoit des terres à Ampus, au nord de Draguignan [113] ; Uc, fils d'Isnard de S. Tulle — près de Manosque, *villa* comtale en Provence occidentale —, avait reçu du comte des terres à S. Paul, toujours au comté de Fréjus. Plus tard, devenu chevalier de l'évêque, il se targuait d'être « Prince » de Callian, petit village situé dans la partie épiscopale du comté [114]. La moitié du diocèse d'Antibes est donnée à Rodoard et à ses fils qui reçoivent bientôt après l'autre moitié [115]. Enfin le diocèse de Vence, au moins sa partie Sud, paraît avoir été donné à la famille de Lambert le Juge, qui domine aussi le Sud du comté de Nice, peut-être au même titre [116]. Une bande de territoire, d'environ deux cents kilomètres de long, parfois très montagneuse il est vrai, est donc partagée entre une demi-douzaine de grands personnages et le comte. Et cette donation ne tient pas compte des domaines qui existaient auparavant : Hyères et Six Fours donnés à Montmajour, *Borba* et Simian, anciens domaines de S. Victor, Bagnols et Narbone anciens domaines de Fouquier [117]. Dans le reste de la Provence orientale, l'accaparement des terres abandonnées n'a pas le caractère massif qu'il a dans la zone côtière. De grands domaines subsistaient encore ; leurs maîtres les arrondissent aux dépens de voisins malchanceux. Ainsi les Pontevès grossissent leur patrimoine de Valmoissine, Aups, Fabrègues, qui étaient à Fouquier, et de

---

réal Martin, au-delà jusqu'à la Maure, il s'agit d'une très vaste étendue de terre à l'est de Pierrefeu. Uc de Blaye reçut aussi une condamine comtale près de la Laurade, au pays d'Arles (Catalogue n° 23). Son nom attire l'attention ; il est très rare à cette époque qu'un personnage porte un surnom de lieu : on pense donc, non à un Blaye provençal d'ailleurs ignoré et introuvable, mais au célèbre et ancien château de Blaye en Bordelais (Adhémar de Chabane, édit. Chavanon, Paris 1897, p. 165, 193 et 194). Blaye qui était tenu par les comtes gascons de Bordeaux est tombé avant le début du XIe siècle aux mains des comtes de Périgord, alliés des ducs d'Aquitaine (HIGOUNET, *Bordeaux pendant le Haut Moyen Age,* Bordeaux, 1963, p. 45-47). Manteyer remarquait d'autre part que le nom d'Arsinde évoquait le sud-ouest (MANTEYER, *La Provence...,* p. 254). Il pourrait y avoir là un exil dont cette époque donne d'autres exemples (cf. Maïeul, *supra,* p. 21 et Estève d'Agde, évêque d'Apt, *infra,* p. 188).

113. 1019/1024 Catalogue n° 90 — Sur cette famille, cf. CSV 178, 197, 379, 578, 579, 580. C.L. FLAMMARE n° 232, 338, 76, 20 et 330. Apparentés à Pons d'Auveines, à Auzias de Graveson, et à Ranoux Asquier.

114. 1038 (catalogue n° 118). Sur cet Uc, cf. MANTEYER, *La Provence...* p. 368.

115. Catalogue n° 39 et 68 bis. Rodoard paraît une fois aux côtés du comte dans un acte avignonnais de 965 (Catalogue n° 6). Son fils Guillem Gruette donne en se faisant moine à Lérins : « totam illam quartam partem quam ex Avinionensi castri territorio michi bello adquisivi in nomine S. Maïoli, que videlicet pars Mandans locus appellatur. » (Début XIe FLAMMARE CL n° 3. Mandelieu, non loin de Lérins). Guillem Gruette avait un frère Gausserand : s'ils s'étaient partagés la moitié du village repeuplé, cela faisait bien un quart. L'un de leurs chevaliers portait le surnom « de Manosque » (1041. CL FLAMMARE, n° 115, 110 — 1061 *Ibidem* n° 76, 119 et 121).

116. Catalogue n° 44 et LPD-O. C'est ce qui expliquerait que les fils d'Odile et de Miron (qui paraît venir de Sisteron. Cf. LDP-R) n'aient pas de droits dans la région niçoise alors que les fils d'Odile et de son second mari, Laugier (d'Orange-Mévouillon. LDPM) aient pu hériter ces droits de leur mère. Les traces d'un certain nombre d'actes laissent penser que le comte exerçait une co-seigneurie sur les terres niçoises (Catalogue n° 41 et 42), ce qui évoque, comme pour Antibes, le contrat de complant. Le comte conservera le château de Nice, dont les fils d'Odile et de Laugier auront seulement la *castellania* en 1117 (Catalogue n° 243 et 244), et l'évêché, puisque l'évêque est son fidèle (LEP Nice, note 6), ce qui permettra à un texte tardif de parler de « comte de Nice », 1090 (Catalogue n° 203).

117. 964 (Catalogue n° 5), 823 (CSV n° 28), CLU 106.

Valuègne-S. Domnin (Tourtour), Villecroze et Vérignon, d'abord la proie d'Hugues d'Arles [118]. Fouquier avait eu Valensole et les Arcs ; les comtes mettent la main dessus [119]. Les domaines orientaux de l'abbaye de S. Victor lui échappent au profit de laïques : la famille de Griffon a Rougon, Trigance et Sennag où elle édifiera sur un roc le château de Castellane [120]. Les Moustiers Gaubert ont les vallées d'Auveine et de Lagnes [121]. Apparemment ces biens perdent tout caractère fiscal, ils ne sont plus tenus du comte et deviennent des alleux purs et simples.

Ainsi, peu après 972, se termine un profond mouvement de redistribution des terres qui aboutit à la concentration de terres allodiales, ou désormais prétendues telles, dans les mains de quelques grandes familles de l'entourage comtal. Ce saut quantitatif est ici l'un des traits qui marquent la constitution de la seigneurie. Quelles sont ces familles ?

Il n'existe dans toute la Provence guère plus de vingt familles de grands propriétaires, aux environs de l'an mil. Nous en connaissons dix-huit [122]. Sur ce nombre, huit sont certainement des familles anciennes en Provence, riches en alleux.

Les plus puissants sont incontestablement les Castellane — qui sont en Provence au moins depuis la fin du IXe siècle — et leurs alliés les Lacoste. Leur alleu comprend deux groupes de domaines : l'un au comté d'Apt — S. Saturnin, Roussillon, Bonnieux, Lacoste — l'autre au comté de Glandevès, autour de Sallagriffon. L'ancienneté de ces possessions est incontestable ; le pouvoir qu'ils exercent dans les hautes vallées alpines, au nord de leur alleu oriental, est peut-être moins ancien et pourrait provenir d'une mainmise lors du repeuplement qui suivit l'expulsion des Sarrazins. Quoi qu'il en soit, au XIe siècle, ils sont seigneurs des vallées de Tinée, de Blore, du Haut-Var et de Thorame, seigneurie sans doute plus honorifique que fructueuse. Tout cela représente plus d'une trentaine de *villae* en alleu. Ils ont, en outre, les domaines de Saint-Victor autour de Castellane et ceux de l'église d'Apt. Ils ont enfin ce qui reste des deux cités épiscopales de Senez et de Glandevès [123].

Les Mévouillon, à l'ouest, ne le cèdent aux Castellane ni en puissance, ni sans doute en ancienneté. Leur alleu paraît aussi être double : un noyau s'étendant de Mirabel à Barret de Lioure, au nord-est du Ventoux, l'autre autour d'Orange, le tout représentant au XIe une trentaine de villages. Ils

118. Cf. *supra,* notes 130 et 135 et LPD-N.

119. A Valensoles le comte Guillem fera légitimer sa possession par une précaire de Maïeul (Catalogue n° 37). — Pour les Arcs le texte est tardif (1150. Catalogue n° 311).

120. LDP-E. Les Castellane y rétabliront un prieuré de S. Victor en 1040.

121. LDP-L. Lorsque les Moustiers rendront Lagnes à S. Victor (CSV n° 613) c'est que les moines auront montré les documents anciens qui attestaient leurs possessions, sans doute un fragment de polyptique, la *Descriptio de Valle Ovatina,* (GCNN Marseille n° 53).

122. Cf. *Lignées et Domaines de Provence* X^e^-XIe *siècles* (LDP). Une zone reste cependant très mal connue, celle du Nord-Est (cf. LDP-T).

123. LDP-E. Leur premier ancêtre connu est Griffon, mari de Teugarde en 905 et 908. La salle à laquelle il a laissé son nom marque l'un des noyaux allodiaux des « Castellane », mais la toponymie a conservé aussi son nom ou celui de son fils (+ le 23 février 955) au pays d'Apt, au col de Griffon, vers la forêt de S. Lambert, et à Griffon au sud de S. Martin de Castillon sur la rive gauche du Calavon.

possèdent, en outre, deux précaires de l'église d'Arles, à Nyons et à Mornas, et dans la première moitié du XIe siècle, le domaine de l'église de Vaison et le Val Bodon qui appartenait à l'Eglise de Sisteron. Ils tiennent, par un mariage heureux, presque tout le bas pays niçois, domaine de l'abbaye S. Pons de Nice. Ils possèdent également l'abbaye S. Florent d'Orange et une précaire de l'Eglise de S. Paul Trois Châteaux. Le tout représente une bonne vingtaine de villages. On voit que les Mévouillon sont très richement pourvus en biens d'Eglise [124].

Viennent ensuite six familles qui possèdent en alleu entre une dizaine et une vingtaine de villages. Autour d'Aix, les Brussans Palliols ont un alleu d'une vingtaine de villages et apparemment aucun fisc, sauf au XIe, les tours d'Aix, que l'un d'eux gardait pour le comte [125]. A l'est du comté d'Aix, dans le comté de Fréjus, la famille dite de Châteaurenard a son alleu principal autour de Château Vert et Besse ; elle y ajoute Jouques, au comté d'Aix, et une ou deux *villae* au comté d'Avignon ; elle possède en précaire de l'Eglise d'Arles, Maillane et c'est sans doute sur l'ancien fisc de Seisson qu'elle édifiera le Château-Renard [126]. Les Pontevès sont voisins et alliés des Châteaurenard et leurs alleux vont de S. Martin-de-Brôme, près de Riez, à Pontevès. Nous savons qu'ils ont ajouté à leur domaine allodial, sans pouvoir préciser à quel titre, Fabrègue, Valmoissine-Aups qui étaient à Fouquier, père de Maïeul, et Vérignon, Villecroze, Valuègne-S. Domnin (Tourtour) qui étaient à Hugues d'Arles, soit une demi-douzaine de villages [127]. Proches et rivaux des Pontevès sont les Moustiers-Gaubert. Leurs biens près de Digne sont certainement des alleux. La situation est beaucoup moins claire pour leurs biens près de Riez : Moustiers est un ancien monastère fondé par un évêque de Riez ; les biens qu'ils y ont paraissent être donnés par le comte [128]. Les Agoult-Simiane ont leurs alleux, depuis le début du Xe siècle, au nord-est du comté d'Apt, autour de Simiane, Caseneuve et Viens, et à la frontière des comtés d'Apt et de Cavaillon — Gordes et Agoult —. Le seul bien d'église qu'ils tiennent est S. Martin de Castillon [129]. Enfin les alleux des Mison-Dromon forment un certain nombre de groupes épars au comté de Gap, sur la rive droite de la Durance. Ils tiennent du comte, Chaudols, la Javie, ancien domaine de S. Victor, Mison et une partie

124. LDP-M. Leur premier ancêtre connu est Pons, mari de Blismodis, précariste de l'archevêque d'Arles. Ils se font enterrer à St-Florent d'Orange.

125. LDP-D. La généalogie des Brussans Palliol n'est assurée qu'à partir de Peire, archevêque d'Aix (1030-1048). La reconstitution que nous en avons proposée avant cette date est hypothétique. Mais l'existence d'un tel alleu en Provence occidentale fait penser à une famille ancienne.

126. LDP-F. La tige assurée de cette famille est Renard, peut-être parent de Fouquier, père de Maïeul (qui avait la moitié de la Valette, près de Fréjus, *villa* qui sera au XIe aux Chateaurenard), à un acte duquel il souscrit (916, CLU 105). Leur église funéraire au XIe est N.-Dame de Correns : « Matildis... elegi locum utique sanctitatis mirificae, Corrensem quidem nomine..., in quo parentes excubant et se jacere extimant », 1010, (Du Roure, RHP I p. 122-123).

127. LDP-N.

128. LDP-L. Leur église funéraire est S. Michel de Cousson, non loin de Gaubert.

129. LDP-A. Gui, qui est seigneur de Meyrigues (Viens) en 901 était de race franque et de droit salique.

de Chorges [130]. On voit que ces huit familles ont inégalement bénéficié de l'accaparement des biens publics ou de terres abandonnées. Les Mévouillon et les Castellane ont eu beaucoup, les Agoult Simiane et les Brussans apparemment, très peu ; les autres augmentent leur domaine d'un quart ou d'un cinquième. Peut-être faut-il assimiler à ces familles, celle du juge Lambert bien qu'il soit très difficile de déterminer ses alleux originels, qui semblent avoir été autour de Tourves ; les siens tiennent Cucuron, Vaugines et Ansouis, on ne sait à quel titre ; par contre, la vallée de Reillane est un ancien domaine de Fouquier et leurs biens au comté de Vence leur viennent de la *reconquista* de 972 [131].

Les neuf autres familles sont au XIe toutes pourvues presque exclusivement d'anciens biens d'église ou biens fiscaux. Dans ce groupe, on peut mettre à part la famille d'Arluf. Ce sont des gens qui viennent du Viennois. Leurs alleux proviennent tous d'une donation comtale ou royale : Trets est donné en 950 par Conrad ; la partie ouest du comté de Toulon, et, au comté de Fréjus, le Freinet, proviennent de la reconquête ; le reste forme la vicomté, mélange de biens fiscaux et des domaines de l'Eglise de Marseille et de l'abbaye de S. Victor, soit tout ce à quoi pouvait prétendre le comte dans le comté de Marseille et qu'ils ont dû recevoir en 976/977 avec le titre vicomtal. La famille d'Arlulfe est donc arrivée à se tailler dans les terres publiques un domaine qui la met en Provence au niveau des Mévouillon et des Castellane [132].

Les huit familles qui viennent ensuite ont un patrimoine foncier bien moins considérable, parfois constitué uniquement de biens publics. Les Baux ont leurs alleux de Rians et de Marignane, mais le val des Baux et tous les biens qu'ils ont en Camargue, ils les doivent à l'archevêque d'Arles. C'est seulement au XIIe qu'à la suite d'intrigues heureuses ils se hausseront assez pour s'apparenter aux comtes et oser rivaliser avec eux. Les Fos tiennent Fos et Hyères du comte [133]. Les Lambesc ne tiennent que des biens d'église [134]. Les Grasse ont reçu tous leurs alleux du comte, dans le diocèse d'Antibes [135]. Les Marsens ont peut-être Marsens en alleu. Les Rocbaron-Signes et les Sisteron possèdent des domaines étroitement associés à ceux du comte. Quant aux vicomtes d'Avignon qui portent ce titre depuis le XIe siècle, leurs possessions sont restreintes [136]. Les Baux mis à part, toutes ces familles ont au XIe siècle moins d'une dizaine de villages dont la moitié ou la totalité sont des biens publics ou des terres désertées. On a un peu l'impression qu'il s'agit de gens qui n'avaient en Provence au début du

---

130. LDP-K. Valernes possession d'une de leurs branches est sans doute une ancienne cour du patrice Abbon, donnée par lui au monastère de la Novalaise (cf. *supra*, note 77).

131. LDP-O.

132. LDP-I. Guillem le fils d'Arlufe porte pour la première fois le titre de vicomte en 977. En 976 le vicomte était encore Bermond.

133. LDP-C. Nous pensons que les Fos (LDP-G) sont une branche de la famille des Baux, par Pons l'ancien, qu'on pourrait identifier avec Pons de Fos. L'apparition régulière des prénoms Pons et Uc dans les deux familles, ainsi que la communauté de leurs biens à Esparron renforcent cette hypothèse. Leur abbaye personnelle est S. Gervais de Fos.

134. LDP-H.

135. LDP-B.

136. LDP-J, P, R, S. L'église funéraire des Marsens est S. Cassien du Muy.

xe siècle pas grand-chose ou même rien du tout. La faveur du comte ou de l'archevêque les a sans doute fait ce qu'ils sont.

Face à ces domaines privés, le domaine public disparaît sinon en fait, du moins en droit. Les domaines d'Eglise chichement reconstitués vers la fin du xe siècle sont peu considérables : il s'agit surtout de ceux des nouvelles abbayes [137]. L'héritier du domaine public est le domaine comtal qui va, au milieu du siècle, s'allodialiser, se mettant ainsi au niveau des grandes seigneuries provençales, ses rivales. Autour de l'an 1000 et encore jusque vers 1030, on sait que le domaine comtal est principalement un domaine fiscal et que ces fiscs sont, théoriquement, toujours tenus du roi [138]. Lorsque le comte a un alleu, il le précise. Mais en 1040, les comtes appellent alleu des biens qualifiés quelque temps auparavant de fiscaux [139]. Or le domaine comtal du xie n'est pas le simple prolongement des fiscs du début du xe siècle. Les fiscs du comté d'Uzès étaient tombés aux mains des Sabran et le comté lui-même était passé au royaume de France. Ceux du comté de Marseille ont été abandonnés aux descendants du comte Thibert. Les fiscs du nord du comté d'Avignon étaient déjà dispersés au début du xe [140] ; durant le cours de ce siècle les comtes donneront en outre Piolenc et Sarrians à Cluny [141]. Si les comtes continuent à avoir des biens au comté d'Arles ce ne sont plus ceux qui étaient qualifiés de fiscs, mais des domaines d'église : le canton d'Argence, les deux *villae* de Tarascon et de Laurade [142], des biens en Camargue, notamment Albaron, l'île de la Cappe [143] et des

---

137. Cf. *supra,* p. 57.

138. « Ego Lambertus ... donamus ... aliquid de fisco quod tenemus pro seniore nostro Guillelmo comite et fratre suo Rotbaldo. » 970/978 (Catalogue n° 17). Il s'agit ici de l'ancien bien de S. Césaire et de l'Eglise d'Arles.

— Les terres reconquises sont aussi considérées comme bien fiscal : « ...cumque fuisset comes infra fines catedre ville ... quantum ego habeo infra istos terminos donatione regis, hoc est fiscum regalem, dono Sancti Victori... » (Catalogue n° 21). « Quantum infra istas fines concludit aut de fisco, aut de alode aut de qualicumque conquisto qui mihi Wilelmo advenire debet... » 993 ? (Catalogue n° 37). Le comte, restituant l'alleu de Valensoles que Maïeul lui avait donné en précaire croit plus prudent, pour couper court à toute interprétation restrictive de ses héritiers, de donner acquets et fiscs qu'ils pourraient prétendre s'y trouver.

« Ego, Adalax divina favente gratia comitissa et filius meus Wilelmus Tolosamus et uxor ejus, nurus mea, Emma comitissa ... cedimus ... aliquid de nostra fiscali terra pro anima Wilelmi comitis defuncti », 1021 (Catalogue n° 87). Mentions de terres fiscales : Du Roure RHP I p. 42, 74. 87, 95, 98. Droits fiscaux : 994/1002 (Catalogue n° 58 et 59), 1030-1032 (catalogue n° 107) qui montre la permanence de l'idée de délégation royale.

139. Comparer, pour des terres au Trébon, près d'Arles : « Quicquid infra istam donationem ad eorum (comitum) fiscum pertinet... » 1038 (Catalogue n° 121) et « Ego quippe Godfredus et frater meus Bertrannus, comites Provinciae, donamus S. Victori ... ex alode nostro comitale duas petias de terris in Tripontio » (1040) (Catalogue n° 132).

140. Cf. *supra* note 76 et 47.

141. 993 (catalogue n° 46). — 994/999 (catalogue n° 52). Anciennes terres du *comitatus Venacensis* ou confiscations ?

142. Tarascon : 1037, 1080, 1080/1097, 1079/1094, 1143, 1158, , 1150/1161 (Catalogue n° 113, 193, 212. 214, 204, 289, 352, 358). — Laurade : 981, 1037, 1040, 1030/1052, 1057, 1063, 10782-, 1095 (Catalogue n° 23, 113, 122 à 125, 152, 160, 169, 183, 209).

143. Ile de la Cappe (1021. Catalogue n° 87). Albaron (peu après 1063 et 1105) Catalogue n° 107 et n° 219). — Les Saintes Maries ancien bien de S. Césaire, fisc tenu par Manassès, revenu au comte en 992 (Catalogue n° 35), considéré en 1063 par l'archevêque comme son bénéfice (GCNN Arles n° 414) — donation confirmée par le comte en 1067 (Catalogue n° 179).

biens au Trébon [144]. Le seul fisc conservé semble être celui de Cadillan devenu Graveson qui avait été donné en 920 par le roi à un nommé *Sterchartus* qui n'a pas laissé de trace [145]. Mais le comte possède désormais tout un groupe de domaines le long de la Durance : Velorgues au comté de Cavaillon [146], la moitié de Pertuis qui était à l'Eglise d'Aix [147], Manosque un ancien monastère [148], Valensoles ancien alleu de Fouquier finalement laissé au comte en précaire par Maïeul de Cluny [149], le château de Forcalquier construit sur la *villa Betorrida* de S. Victor [150], la moitié de Lurs [151], ancien domaine de l'Eglise de Sisteron, la Brillanne, Aubignosc [152] et la moitié de Châteauneuf Val S. Donat, des biens à *la villa Alsonicus* [153], Fontienne et Marlançon, des biens à Limans [154] et le Val-de-Novers qui était à Beuve [155]. Les plus beaux terroirs du comté de Sisteron sont entre ses mains. Il tient enfin tout le domaine de l'Eglise de Venasque [156] et des biens épars près d'Avignon [157] près d'Aix [158], à Brignoles [159] et à Garéoult [160], un tiers des Arcs [161], des biens près d'Orange [162], près de Gap [163] et près d'Embrun, le val de Seyne et les Orres [164]. Dans ces différents domaines il

144. Aujourd'hui, le Grès du comte : 1038, 1040/1041, 1055, 1060 (Catalogue n° 124, 132, 157, 162).

145. Graveson. (1040. Catalogue n° 125). — Cadillan (920 ARP n° 56).

146. 1040 (Catalogue n° 125). — XIe (CSV n° 431).

147. Avant 970, 981, 1000, 1002, 1009/1012 (Catalogue n° 9, 22, 53, 59, 73 bis) 1018 (DU ROURE RHP, I, p. 127), 1040, 1041/1042 (Catalogue n° 125, 134, 144), après 1053 ? (BN lat. 13915 f° 78 v° = Du Roure... p. 41), 1083/1089, 1120, 1124, 1129, 1130, 1149 (Catalogue n° 200, 246, 251, 269, 277, 308). Malgré les donations réitérées à Montmajour, la majeure partie de Pertuis n'a cessé d'appartenir au domaine comtal.

148. 984, 1013/1014, 1015, 1019, 1021, 1024, 1026, 1037, 1050, 1053/1065, 1096, 1101/1105, 1126, 1127, 1149, 1150, 1152, 1157/1160 (Catalogue n° 26, 76, 77, 86, 88, 92 — CSV n° 655 — Catalogue n° 114, 149, 173, 211, 221, 259, 265, 308, 325, 328, 353). Manosque pourrait être l'ancien *Mananca* identifié généralement avec Ménerbes.

149. 993, 1019, 1037 (Catalogue n° 37, 83, 111 et 112).

150. 1030, 1044, 1060/1065, 1065, 1074, 1102, 1101/1105 (Catalogue n° 99, 103, 139, 140, 174, 185, 187, 217, 221).

151. Lurs 1105/1106 (Catalogue n° 223). — Peut-être est-ce à côté qu'il faut situer la *villa Alsonicus* où les comtes avaient des manses, 1030, (Catalogue n° 100 et 101).

152. 1144 (Catalogue n° 293). — 1152/1155 (*Ibidem* n° 334).

153. 1018 (Catalogue n° 79). — 1040 (*Ibidem* n° 125) près de S. Etienne « aux orgues ».

154. 973 (Catalogue n° 13). — Avant 978 (*Ibidem* n° 18).

155. 1168 Hosp. de S. Gilles f° 160 v° et *supra* p. 20.

156. 1159/1160 (Catalogue n° 354).

157. Plan des Pêcheurs : 986, 1019, 1024, c. 1030 (Catalogue n° 27, 85, 93 et 117). Villa de Meynargues inféodée : 1033, 1041, 1042, 1061 (Catalogue n° 108, 133, 166).

158. Moxiagum (= Mazargues) donné en alleu. 994/1008 (Catalogue n° 68). — Vallon d'Encagnane (inféodé) 1019 (Catalogue n° 84 et 94). Enceinte et tours tenues par Gui (Brussan) : 1049/1056 (*Ibid.* n° 158).

159. 1008 (Catalogue n° 69). — 1016 (CSV n° 360). — milieu XIe (CSV n° 343 et 404).

160. Biens à Forcalquier et Pierrefeu : 1031 (Catalogue n° 105 et 136). — 1060 ? (*Ibid.* n° 163 et 171).

161. 1150 (Catalogue n° 311).

162. 1106 (Catalogue n° 224). — Une condamine comtale et un clos (1136. Temp. Rich. n° 10). — et peut-être Camaret et Sérignan, 1138/1147 (Catalogue n° 302).

163. 1010 (GCNN I instr. col. 273). — 1030, 1105/1129, (Catalogue n° 98 et 268).

164. 1053 (Catalogue n° 156). — Les Orres 1127 (*Ibid.* n° 264). Noter les toponymes Salettes et Puycomtal. — Une tour de la cité 1129/1148 (Catalogue n° 305). Seyne est résidence com-

a ses résidences : à Arles il a toujours le vieux palais de la Trouille ; à Velorgues il avait peut-être un palais, un autre à Manosque. A Forcalquier il y avait en 1143 une *sala vetus* du comte comme à Pertuis avant 1149 ; à Brignoles le palais comtal daterait seulement du XIIe siècle ; à Gap il existe une *sala comitis* au début du XIIe siècle [165].

Au terme de cette énumération, une chose apparaît nettement : le comte, lui aussi, et plus que tous sans doute, a largement profité du pillage des domaines d'Eglise. Il s'est par là considérablement enrichi. Mais cette mainmise radicale, beaucoup plus importante que celle qu'il aurait pu espérer par le passé, il n'a pu l'obtenir qu'en allodialisant le domaine public, en feignant de le considérer comme sa chose ; c'était se placer au niveau des grands propriétaires, et, en supprimant l'idée d'inaliénabilité attachée à la notion de domaine public, le mettre plus encore à leur portée. Au cours du Xe siècle, le domaine public en tant que tel se disloque, et ses dépouilles vont enrichir les grands domaines alleutiers au premier rang desquels se situe désormais le domaine comtal. Mais que faut-il entendre ici par « domaine » ?

— LE « SYSTÈME DOMANIAL » EN PROVENCE —

C'est une idée depuis longtemps enracinée que la société féodale européenne est étroitement liée, au moins dans sa phase de croissance, au système domanial. Depuis que les vieux maîtres allemands en bâtirent le schéma, il n'est guère d'ouvrage qui ne reprenne à son compte, avec plus ou moins de nuances, la description du binôme : réserve/tenures, et de son point central, la corvée. Schéma devenu d'autant plus solide qu'il a été repris par Karl Marx dans son explication des mécanismes et de l'évolution de la rente foncière, elle-même partie de la théorie plus générale de la plus-value. Dans des pages qui frappent encore aujourd'hui par leur clarté et leur solidité, Karl Marx montrait dès 1894/1867 que, dans cet agencement particulier des rapports de production que les historiens appellent système domanial, les trois jours fatidiques de la corvée constituaient une « rente au travail », forme primordiale de la plus-value, cette rente en travail se transformant plus tard en rente en nature, plus tard encore en rente en argent [166].

---

tale en 1146/1147 (Catalogue n° 299) ; limites (F. BENOIT, *Actes des comtes de Provence*, n° 155).

165. La Trouille (GCNN Arles n° 941). — 1165 (Catalogue n° 371). Velorgues : les lieux dits Le Palais et le Petit Palais (carte IGN au 1/200 000e). Manosque : la métairie du palais donnée en 1127. Le Palais est devenu plus tard la commanderie des templiers. Forcalquier : 1143. Cf. les ruines d'une très grosse tour carrée sur le côté nord de la butte (arc. B. du R. 281. Enquête sur les albergues de la région d'Apt), il s'agirait alors de la *Sala Vetus*. Pertuis : Le comte y avait un hôtel vieux et un hôtel neuf édifié entre 1150-1206 (DU ROURE RHP I p. 305 et GCNN I instr. col. 284) Gap : début XIIe (arc. B. du R. 281 enquête sur les droits du comte à Gap).

166. Les quelques pages consacrées à la féodalité dans l'Idéologie Allemande (1845) s'intéressent beaucoup plus aux villes qu'aux campagnes (édit. soc. p. 95 et 48). Par contre entre 1864 et 1875 sont écrites les pages célèbres sur le paysan corvéable (*Capital*, Livre 1, sect. 7, chap. 23, édit. M. Rubel p. 1069) et sur la genèse de la rente foncière (*Capital*, Livre III, sect. 6, chap. 24, *Ibidem* p. 1398 et 1403).

Depuis la deuxième moitié du XIXe siècle, le système domanial proprement dit — la rente en travail — est donc perçu par tous comme une étape primordiale et nécessaire dans la constitution d'une société féodale.

Que le régime domanial ait réellement existé, nul n'en doute, et la partie la plus riche de la documentation carolingienne le montre assez nettement. Mais, voici déjà quelque temps, des doutes se sont élevés sur sa primauté et sa généralisation [167]. Plus récemment, Georges Duby, amplifiant ces doutes, se demandait si le système domanial n'avait pas été quelque chose d'exceptionnel. Surtout, il montrait que notre source essentielle, les polyptiques carolingiens, loin de nous montrer l'apogée du grand domaine, révélaient en fait un système en pleine décomposition [168]. Il faut bien maintenant admettre que le système domanial, structure primordiale de la féodalité, se dégrade au moment où l'on considère que la société féodale est encore en formation [169].

Lorsqu'on étudie la société méridionale aux IXe et Xe siècles, on est encore plus gêné : peut-on même dire que le régime domanial au sens strict a jamais existé [170] ?

Il est certes possible, et nous l'avions fait nous-même [171], de tenter « d'illustrer » le schéma classique à l'aide des quelques textes locaux : le polyptique marseillais de 813/814 servira par exemple à parler des tenures et la charte d'échange entre le comte Leibulf et l'archevêque d'Arles permettra de décrire la « réserve ». Quelques fragments ajoutés çà et là achèveront de nous rassurer : tout est ici « normal ». Cette méthode trouve peut-être sa justification dans la pauvreté extrême de la documentation. Son seul inconvénient est de laisser de côté l'évidence la plus criante que les quelques fragments conservés nous présentent : le polyptique de Wadalde ne parle ni de réserve, ni de corvées et la donation de Leibulf ne distingue ni tenure, ni réserve. Les deux seules descriptions un peu précises de domaines en Provence se désintéressent totalement, chacune à sa manière, de la relation domaniale. Certes, domaine — *colonica dominicalis, mansus dominicus* — et tenures — *colonicae, mansi de censu* — existent bien en Provence [172], mais ce qui manque est précisé-

---

167 En fait, très tôt déjà, A. Dopsch avait mis en doute la prépondérance du grand domaine. En 1956, R. Latouche reprenait cette façon de penser (*Les origines de l'Economie Occidentale,* 2e édit. p. 180-181).

168. « On peut se demander si le système dont le polyptique d'Irminen procure l'image la plus nette n'est pas demeuré en fait d'application exceptionnelle » (C. Duby, *Guerriers et paysans...* p. 105) ; « tout polyptique décrit un organisme en partie décomposé et dont il tente, vainement, de ralentir la désintégration » (*Ibidem* p. 11).

169. C. Parain et P. Vilar, *Féodalité française et mode de production féodal, in* CERM, *sur le féodalisme,* Paris 1971, p. 24 : « Au Xe siècle, le féodalisme est encore en formation. »

170. « Quelques sondages ... incitent à penser que les provinces du Midi ... n'avaient jamais connu un régime de travail obligatoire aussi strict que les campagnes situées au Nord des Alpes et de la Loire. On discerne ici ... une séparation fort nette entre, d'une part, des grosses « familles » d'esclaves domestiques entièrement chargés des besognes domaniales et, de l'autre, des ménages paysans qui portaient au maître une part de leur récolte », C. Duby, *L'économie rurale...* II, p. 427.

171. Cf. l'édition microfilmée de cet ouvrage, chap. IV.

172. *Colonica indominicada,* 813 (CSV, II p. 647). *Mansus dominicus,* 945 (CLU 725) ; on trouve aussi *ortus dominicus, dominicas vineas* (CSV n° 534), *dominicas condaminas* (*ibid.* n° 426), *terra dominica* (CSV n° 555) ; *mansi de censu* (CSV n° 543).

ment l'essentiel : la relation étroite entre les deux sans laquelle il n'y a pas de véritable « régime domanial ».

Reprenons l'examen des deux textes fondamentaux, le polyptique de Wadalde et la donation de Leibulf.

Le polyptique de Wadalde a été rédigé lors des années 813 et 814 et le titre donné par le scribe au premier fragment traduit bien la hantise des grands propriétaires à ce moment, le manque d'hommes — *discriptio mancipiorum Sanctae Mariae, de villa...* Il faut d'abord constater que ce n'est pas un document isolé : nous ne possédons pas moins de six autres mentions de *discriptiones* et un autre fragment, échelonnés de c. 740 à 879 [173]. Notre polyptique est un document que le rédacteur, qui interrogeait probablement les régisseurs, a essayé de rendre aussi précis que possible : là où ses informateurs lui font défaut, il note « à rechercher » ; ailleurs, il fait des corrections, des ajouts [174]. Il précise l'âge des enfants, les liens de parenté, la qualité juridique des tenanciers.

La première chose qui frappe dans le document, c'est l'extraordinaire déséquilibre entre les domaines de l'Est et ceux de l'Ouest. Lorsque les régisseurs les décrivent, les *villae* de l'Ouest sont pratiquement vides : à Lambesc, 7 colongues seulement sur 22 sont occupées : à *Bedada,* une sur 28 ; à *Domado* et *Marciana* (où l'église de Marseille n'est pas le seul grand propriétaire), deux sur sept et une sur onze ; soit un pourcentage d'occupation des tenures de 16 %. Un autre fragment de polyptique nous montre que la situation ne s'est guère améliorée à *Marciana* en 835 : l'église y a désormais vingt colongues, mais deux seulement sont occupées [175].

Au contraire, dès qu'on arrive dans les domaines de l'Est, le peuplement est plus nombreux. Les colongues des Tourettes (Forcalquier) sont déjà peuplées à près de la moitié, celles du groupe de domaines autour de Castellane, aux deux tiers, celles de Chaudols, près de Digne, aux trois quarts ; celles de Seillans-Bargemon le sont toutes. Et un effort pour « garnir » les tenures vides est sensible : après la rédaction, les mistraux ont réussi à amener des paysans sur trois des quatorze colongues vides des Tourettes, et sur cinq autres à Chaudols. Le peuplement même de chaque colongue est

---

173. 1 - Polyptique dressé par Ansemond, *vice-dominus* de Marseille, pour Chaudols, c. 740 (cité en 780, CSV n° 31). 2 - de Venator, pour l'*ager massiliensis,* VIIIe siècle (GCNN Marseille n° 60). 3 - de Gulfaric, pour l'*ager Domnustes,* VIIIe siècle (GCNN Marseille n° 52). 4 - de Wadalde, huit *discriptiones,* 813 et 814 (CSV, II, p. 633). 5 - *discriptio* pour l'*ager* de Collobrières (?) de Wadalde, 818 (GCNN Marseille n° 47). 6 - du *vice-dominus* Nortald, pour la villa Marciana, 835 (CSV n° 291). 7 - de Babon, pour la vallée d'Auveine, 844/878 (GCNN Marseille n° 53). 8 - de Rostaing, archevêque d'Arles, pour Salon (ex-domaine de S. Sauveur de Marseille), 879 (?) (RUFFI, *Dissertation sur l'origine des comtes de Provence*). Sur l'utilisation de ces documents au XIe (et notamment 4 et 7), cf. *infra.* Pour la localisation des domaines, cf. *supra,* p. 83.

174. Mention *ad requirendum* pour une collongue, E 2, F 7 ; pour des enfants, F 4, D 1 ; rectifications : A1 (le nom du prêtre *Aprilis* est expunctué et remplacé par celui du prêtre Martin ; F9, enfant à la mamelle, rajouté ; G2, blanc laissé pour le nom d'un fils ; G2, nom de la collongue rajouté. Les ajouts les plus intéressants sont ceux qui mentionnent l'installation d'une famille sur une colongue enregistrée auparavant comme vide, *passim* ; ou ceux qui mentionnent les chefs d'exploitation « déchargés » — *relevati.*

175. CSV n° 291.

significatif : le groupe de la Durance (Lambesc, *Bedada, Domado, Marciana*) compte un peu plus de trois adultes par tenure ; Forcalquier, cinq ; les groupes de Castellane et de Seillans, huit ; celui de Chaudols, neuf, et dans quelques cas, nettement plus de dix, jusqu'à seize et dix-sept adultes par tenure. Là encore, on le voit, le peuplement est important à l'est d'une ligne Sisteron-Toulon. La natalité est meilleure qu'en bien d'autres endroits du monde carolingien, en moyenne 2,3 enfants par foyer. Notons que cette natalité est assez irrégulièrement répartie, par famille d'abord — certaines familles atteignent 9 à 10 enfants, d'autres n'en ont aucun — et aussi dans le temps [176] ; et que beaucoup d'enfants restent bacheliers, c'est-à-dire célibataires [177].

Si l'on considère maintenant la condition juridique des chefs de manses, on voit que les colons et les serfs s'équilibrent : bien que l'en-tête des listes les confondent tous sous le nom générique de *mancipia,* à l'intérieur de chaque *discriptio* les qualités juridiques sont soigneusement précisées, notamment dans les mariages [178] ; parmi les colons, il y a des clercs, des diacres, peut-être des prêtres [179] ; certains payent un cens assez faible : un porc, des poules et des poulets, des œufs, parfois un pasquier d'une ou deux brebis ou un denier, ou un *tributum* d'un denier [180].

Quant à la réserve, elle n'existe pas : il y avait à Chaudols une colongue et une bergerie de maître ; toutes deux sont garnies [181]. A Rougon, l'Eglise a un tiers des condamines et des terres de S. Victor [182] ; mais on observe qu'ailleurs aussi elle a très souvent un tiers, mais sur des colongues et, dans

---

176. Le rédacteur note les âges de tous les enfants en-dessous de quinze ans (majorité ?) et au-dessus de un an, ainsi que les enfants à la mamelle ; au-dessus de quinze ans, il précise s'ils sont célibataires (*bacalarii*) ou mariés. On peut ainsi dresser une pyramide des âges à partir de ceux de 166 enfants. On y observe des années « moyennes », deux très « bonnes » années (25 enfants au lieu de 12), cinq « mauvaises » années (812 : cinq enfants ; 802, 801, 800, 799, quatre enfants en tout, auxquels il faut sans doute ajouter les douze dont l'âge n'est pas précisé, mais qui sont dits *ad scola*).

177. Pour 117 couples, on a 174 enfants célibataires et 184 célibataires dont la qualité dans la famille n'est pas précisée : certains sont sans doute des parents ou des amis recueillis ; d'autres sont serfs du tenancier.

178. 38 *coloni,* 34 *mancipia,* 3 *quotidiani,* d'anciens serfs journaliers maintenant chassés ; les quatre *accolae* sont probablement des *inquilini.* Les conjoints extérieurs à la seigneurie figurent sous la mention *maritus* ou *marita, extraneus.* Une veuve est mariée à un *mancipium* (H, 40), un libre a épousé une serve (N, 4). Remarquons que les noms d'origine gallo-romaine l'emportent sur ceux d'origine germanique assez nettement, sauf à Chaudols où ils les équilibrent juste. La prépondérance des noms romains est également plus nette chez les colons que chez les serfs.

179. Par exemple F2, N9, H3. En F20, faut-il lire *Ursus clericus mancipium* ou *debilis, mancipium* (son fils, marié, doit tenir *regere debet,* la colongue) ?

180. On paye le *tributum* aux Tourettes (8 colongues sur 10 occupées), à Castellane-Rougon (9 sur 25), à Chaudols (6 sur 31, plus deux familles à titre personnel), mais pas à Seillans-Bargemon, et pas à l'Ouest. A une exception près (H2) ce sont toujours des colons qui le payent. Mention du tributum à Arles en 542 (GCNN Arles n° 131). Cf. survivances au xe siècle en Espagne (C. Sanchez-Albornoz, *El tributum quadragesimale,* Mélanges Halphen, Paris 1951, p. 645).

181. H 66 et 74.

182. L 6. On note qu'un domaine du comte doit exister non loin de là, puisqu'il y a des hommes, qui épousent les serves de l'Eglise, 17.

ces cas, elle ne se soucie pas de savoir qui les habite [183] : c'est donc que ce tiers est le tiers du revenu, non le tiers des terres.

En résumé, que nous montre le polyptique de Wadalde ? Un domaine uniquement composé de colongues, dont le revenu va aux moines, à leurs mistraux ou à leurs bénéficiés ; des traces d'une réserve, sans doute affermée ; des paysans montagnards pas trop misérables, ni trop asservis, bien qu'on les compte soigneusement ; dans les plaines par contre personne pour cultiver les tenures.

Voici maintenant le domaine alleutier du comte Leibulf à Campublic, dans le canton d'Argence, près d'Arles, en 824 [184]. Il comprend l'église S. Pierre, avec ses édifices, sa cour, son jardin, ses arbres fruitiers, deux maisons —*casae, domus* — soixante modiées de terre labourable et deux vignes de quinze et huit modiées ; dans les *villae* voisines, six autres maisons, trois pièces de terre d'un total de trois cents modiées, quatre vignes d'un total de dix modiées et quinze modiées de pré. Soit 1 200 ha de labour, 56 de vigne, une quarantaine de pré [185]. En échange, l'archevêque cède un domaine dans l'île de la Cappe, à quelques kilomètres au sud d'Arles : deux églises, trois maisons et trois masures, une modiée de jardin, quarante de terres cultes et incultes, douze de vigne et six de pré. Il y ajoute, aux Roubines, sur la rive, huit maisons, deux jardins et quatre modiées de vigne et, juste au sud, à Fumières, cinq maisons, un jardin et 270 modiées de terre culte et inculte. Soit un total de 850 hectares. Toute cette description est très concrète : le scribe précise les confronts, donne la surface des pièces de terre, distingue les *domus, casae* ou *mansiones* des *mansionculae.* Elle nous montre trois choses. D'abord que ces terres sont loin d'occuper la totalité des territoires concernés : certes, les terres de l'archevêque à la Cappe occupent toute l'île avec leurs 140 hectares [186], mais ses terres aux Roubines et à Fumières n'ont que 850 hectares sur à peu près 1700 [187]. Les confronts indiqués sont des terres d'église mais nous ne savons pas qui les habite, ni à quel titre. Par contre, pour les terres de Leibulf en Argence, le doute n'est pas possible :

183. A 4, K 7, 8, 9, L 5, N 7.

184. GCNN Arles n° 195. Sur cet échange, cf. *supra* p. 40.

185. On peut ici raisonner avec plus de sûreté qu'il n'est d'usage pour ces problèmes d'équivalences de mesures. Un traité d'arpentage arlésien du XIVe (traduction d'un traité en latin du XIIIe ? — Bibl. de Carpentras, ms 327) indique que le dextre des terres a 15 pans, et celui des vignes 13 pans, et que huit pans font une canne d'Arles. Or MANTEYER a montré, en utilisant les mesures prises par le sculpteur de la dalle funéraire du comte Geoffroi, au XIe, que la canne d'Arles valait au XIe ce qu'elle vaut encore à la fin du XVIIIe : 2,04 m (*La Provence*, p. 204). Avec cette équivalence, les calculs du Livre des Termes arlésien donnent la séterée de labour à 22 ares, et la modiée à 2,6 ha, la séterée de vigne à 16 ares, et la modiée à 1,9 ha. Un deuxième calcul utilise les textes du XIe eux-mêmes, qui nous donnent un rapport entre la surface en modiées et la longueur des côtés d'une terre (CSV 269, DU ROURE RHP 1 p. 40, AST f° 26 pour les terres, CSV 269 et AST f° 26 pour les vignes) : on obtient respectivement 2 ha, 2,6 ha, 2,4 ha et 1,7 ha, 1,6 ha. Par mesure de vérification, on peut remarquer que Rémerville, à la fin du XVIIIe siècle indique qu'en Provence, la stérerée variable selon les lieux, a de 16 à 20 ares (CA p. 58).

186. Les confronts mentionnent : le Rhône de toutes parts.

187. *Ferroniano* des éditeurs est *Femoriario,* que le texte localise sur le bord du Rhône, entre la terre de S. Geniès au nord, et celle de S. Césaire au sud, c'est-à-dire Villeneuve en Camargue. Les deux roubines du nord existent encore. Le chiffre de 1 700 ha n'est cependant qu'indicatif : le Rhône a dû varier de cours.

1300 ha sur les 9000 environ que doit compter le haut Argence [188] et les confronts indiquent trois grands propriétaires ecclésiastiques : S. Martin et S. Geniès d'Arles, Notre-Dame d'Uzès, un autre grand propriétaire laïque, Anastase, et une vingtaine de moyens ou petits propriétaires [189]. Soixante ans plus tard, au même terroir, le prêtre Theudoin décrira le petit alleu de son père Arbert, une vingtaine de modiées, soit un peu plus de cinquante hectares. Ajoutons à cela les « armas » ; on a, à peu près, tout le canton [190].

Mais aussi une mention attire le regard : par deux fois le texte cite dans les confronts la terre des absents — *terra absentorum* [191] — c'est-à-dire une terre vide, abandonnée par ses occupants. On est donc conduit à se poser une question : si des domaines sont vides autour de celui de Leibulf, le sien est-il très peuplé ? Parmi ces hectares, si généreusement échangés, combien sont cultivés ; parmi ces maisons, combien sont habitées ?

Enfin et surtout, à aucun moment le texte ne cherche à préciser les relations qui unissent les *casae* aux terres : soit elles sont vides, soit le rapport n'est pas juridiquement fixé ; il est à la discrétion du maître. Si ces *casae* sont des *colonicae,* et nous savons qu'on assimile parfois les deux termes [192] et s'il n'y a pas de réserve, comme l'absence de précision dans le texte le laisserait croire, alors il faut constater que les *colonicae* sont fort bien pourvues en terre : 150 hectares de labours chacune en Argence, 23 à la Cappe, 65 à Fumières.

Quoi qu'on fasse, on retombe sur le dilemme : ou bien ces domaines sont des domaines morts, ravagés, vides d'hommes — mais que dire de la présence des petits alleutiers dans leur voisinage ? — ou bien il faut constater qu'il n'y a ici ni réserve, ni tenure, mais une terre qui est au maître et des maisons où il loge qui il veut, donc des maisons habitées par de véritables esclaves, par des gens dont la force de travail est entièrement à sa disposition [193].

En fait, si l'on se refuse à considérer ces deux textes comme d'inexplicables bizarreries, on entrevoit deux types de domaines : les domaines de certains grands, composés de cours — *curtes* — garnies d'une *familia* servile encore importante et tirant de quelques *colonicae* éparses ici et là une rente d'appoint : un exemple ancien pourrait être fourni par le testament du patrice Abbon, qui nomme ses cours, cinq en tout, et indique la localisation des terres qui en dépendent, qui nomme un à un les soixantes esclaves affranchis par ses parents, mais qui mentionne assez peu de *colonicae* et pas du

---

188. L'estimation est ici plus sûre : S. Romain est en Argence, Jonquière et S. Vincent, non (*in valle Saxellica,* 921, AST f° 27. Il ne faut pas confondre ce Jonquière avec celui de l'île de la Cappe, ni avec celui de Martigues).

189. Notre Dame d'Uzès : le domaine existe toujours au xe siècle, mais sous le vocable de S. Théodoret, autre patron de la cathédrale (AST f° 23 v°). L'importance du domaine d'Anastase (cité deux fois) ressort de la longueur des confronts.

190. Cf. *supra,* p. 87.

191. Le terme lui-même évoque le droit romain.

192. Comparer le rapport du *missus* Garnier, à propos de Chaudols (GCNN Marseille n° 41) et le fragment du polyptique de Wadalde décrivant la même *villa* (H).

193. On songe aux *quotidiani* mentionnés dans le polyptique de Wadalde, sans doute trois esclaves qui avaient eu la chance d'être chasés.

tout de colons [194]. A l'opposé on trouverait un domaine d'église où, suivant la règle romaine, tout est colongues, ou terres affermées : ce serait le cas de celui de l'Eglise de Marseille. Dans un cas, le domaine d'un maître d'esclaves, dans l'autre, celui d'un rentier.

Dans tous les cas, ce que l'on attend des tenures, c'est un revenu, et c'est bien ce que nous dit le texte d'un plaid, en 780 : lorsque le patrice a donné à son « vidame » de Marseille Ansemond le domaine de Chaudols, pour qu'il le tienne de Notre-Dame et de S. Victor, celui-ci, avant d'entrer en possession, a dressé un inventaire, une *descriptio*, qui ne devait guère être différent de celui dressé par Wadalde ; ensuite nous dit le texte, il en a reçu tout le cens [195]. Expression bien curieuse s'il y a une réserve à Chaudols.

Le même problème d'interprétation se pose lorsqu'on voit le concile de Valence interpréter à sa façon l'obligation faite au fondateur de doter l'église de campagne. Dans le Nord, les capitulaires exigent douze bonniers de terre en réserve. Ici, on décide qu'il faudra donner une *colonica* garnie d'au moins trois *mancipia* [196].

Mais les textes ne nous préviennent-ils pas eux-mêmes de cette réalité en s'accrochant beaucoup plus longtemps que dans le Nord à ce terme de *colonica* : nous sommes en Provence dans une terre où, nous l'avons vu, le Code théodosien est toujours en vigueur au IXe siècle [197]. Comment supposer dans ces conditions que la *colonica* doive ici autre chose que ce qu'elle doit dans les vieux textes romains : le *canon*, ce qu'ailleurs on appelle encore l'*agrarium* [198], ce qu'en Provence on appelle la taxe — *tasca*. Mais tandis qu'en d'autres lieux la corvée se glisse à côté du champart et l'emporte sur lui, modelant la condition du colon sur celle de l'esclave chasé, ici c'est le contraire qui se produit. Le mot même de tasque le rappelle : c'est à l'origine la quote-part des fruits à laquelle on a estimé la location de la terre [199] et ce caractère contractuel de la tasque n'est pas oublié au début du Xe siècle : après une controverse destinée à savoir qui devait donner une terre à Fumière *in beneficio*, l'archevêque d'Arles, l'emportant sur un nommé Ganteaume, fait un contrat avec une femme, Adalgarde, et lui donne

---

194. CSH XXII A.

195. Les témoins « viderunt et cognitum habuerunt quando Ansemundus vicedominus... descripsit, et ipsam villam per consensum Abbonis patricii... habuit et omnem censum recepit » (CSV n° 31).

196. « Sed et ipsi seculares et fideles laïci, si condonare voluerint basilicas in praediis suis, unam colonicam vestitam cum tribus mancipiis donationis gratia eis conferant », 855 (Mansi, *concilia* XV col. 60). Obligation des 12 bonniers, Capitulaire de 818/819, c. 10 (MGH, Cap. I, p. 277 et PL 125 col. 777). Dans le polyptique de Wadalde, les églises de *villae* ont en effet une *colonica* dite *colonica de presbiteratu* (F 25, H 11).

197. Cf. *supra* p. 44. *Colonica*, 739 CSH XXII A), 814 (CSV p. 633), 850 (CSV n° 291), 852 (CA n° 2). *Mansus* apparait en 898 (ARP n° 36), 901 (ARP n° 309 et AST f° 26), 909 (CLU n° 105), 960 (HRL, V, col. 233), 962 (AST f° 23 v°), 977 (CA n° 27). Le terme de *colonica* apparait encore en 984 (catalogue n° 26), mais il s'agit d'une citation du polyptique de Wadalde (F, CSV II p. 633). La *villa* de Seillans avait quatorze collongues en 814 (*Ibidem*, N) et 20 manses de cens à la fin du Xe siècle (CSV n° 543). Or la *villa* n'a pas dû changer de limites (Bargemon, 814, CSV II p. 651, Fayence, 909, CLU n° 705). Encore en 988 on invoque dans un complant le *terminum legis* (cf. *infra* note 213).

198. La *Loi des Bavarois* parle de l'*agrarium* des colons, qui est du dixième (C.E. Perrin, *Recherches sur la seigneurie rurale en Lorraine*, Paris 1935, p. 637).

199. *Taxare - estimare*.

12 arpents de terre non cultivée, à charge pour elle de lui en verser la tasque [200]. Un siècle plus tard, l'abbé de Montmajour Archinric, entrant en possession de Correns, fait un accord avec les paysans du lieu et il rappelle que « pour les terres de labour, c'est l'ancien usage chez nous de donner la dîme et le onzième, ce onzième qu'on appelle vulgairement tasque » [201]. C'est là, semble-t-il, une vieille redevance coutumière du Bassin méditerranéen [202] et au hasard de quelques mentions, nous voyons qu'elle est assez répandue au XIe siècle [203].

Quant au cens proprement dit, il est en Provence remarquablement stable du début du IXe siècle au milieu du XIe. On a vu que plusieurs des tenanciers de S. Victor payaient en 813/814 une ou deux brebis, un porc et un porcelet, quelques poules et poulets, quelques œufs [204]. Les brebis, le polyptique le précise lui-même, c'est le pasquier — *pascherium* ; les porcs, eux, doivent représenter le glandage [205], quant aux poules et aux œufs, on y verrait volontiers les traditionnelles *eulogiae* [206]. Deux siècles plus tard, ce qu'on appelle ici le cens n'a pas changé. Les *brevia* du Xe et du XIe siècles montrent que les manses payent le porc et le mouton, que ce soit à Six Fours au comté de Toulon en 1044, à Seillans au comté de Fréjus, à Plan d'Aups au comté de Marseille vers 1057 ou au Puget Rostaing près de Glandevès [207]. Des textes isolés nous montrent qu'il en était probablement

200. « Convenientia seu promissionis qualiter convenit inter... de terra egresta... de suo beneficio, in ejusdem tenore unde tu vixeris, teneas et possideas et ipsa tasca cum bono studio formare facias », 902 (GCNN Arles n° 241).

201. Entre 1010 et 1021, « In terris cultis que in territorio Corrensi existunt seu modo vel antea fuerint, talis usus longevus apud nos habetur ut deciman et undeciman, que undecima apud nos vulgariter tasca nuncupatur dominis suis monachis habitatores ejusdem loci reddant (BN lat. 13915 f° 51).

202. R. Doehaerd, *Le Haut Moyen Age occidental,* Paris 1971, p. 197.

203. 954/982, tasque et dîme à S. Pierre de Vassols (Arch. B. du R. 2 H 13, 20) et cf. *infra,* notes 208 et 225 et pp. 131-132 et 210.

204. Notons que tous ne le payent pas, indice, une fois de plus, du fait que le revenu principal du manse n'est pas le cens, mais la tasque ; on ne la précise pas puisqu'elle est payée par tous.

205. Pasquier et glandage étaient fixés par la *lex Wisigothorum,* 8, 5, 1, à la dixième brebis et au dixième porc. Au IXe siècle, on le voit, la coutume les fige en une redevance fixe.

206. Mentionnés par Théodulf, et surtout par un texte arlésien de 981 : « XVI denarii in oglogias » (GCNN Arles n° 281). Cf. plus tard les oublies, *oblata, infra,* note 225 et p. 152.

207. Seillans, fin Xe CSV 543. Villecroze, début XIe, CSV n° 519. — *memoratio de mansibus de villa Burnis,* Saint Sauveur du Puget (CSV n° 554, donateur Franco de Fréjus, 1036 CSV n° 564, la moitié). *Breve de Sex furnos quod donavit Fulco vice comes ad S. Victorem* Six Fours les 2/3 (CSV n° 450) (donateur : Fouque de Marseille. 1044 CSV n° 32). — *Breve de Olivulas* — Ollioules, la moitié des 3/4 (*Ibidem* 1044 CSV n° 32). — *Hic est brebis sensualis de villa Almis.* Plan d'Aups (CSV n° 96) (donateur Guillem de Marseille 1001 CSV n °69) et dans la première moitié du siècle cf. 1057 (CSV n° 53). *Carta de onore S. Victoris massiliensis de quartem partem de villa Tavernis de terris cultis et incultis et silvis et pratis et pascum hoc est* (CSV n° 633) (donatrice Bellielde de Salernes 1033 CSV n° 631, mais ici la liste a été rédigée lorsque les moines ont été dépouillés par Fouque de Pontevès, donc entre 1057 et 1077). — *Carta S. Mariae de Poget* (Flamare CL n° 186) (milieu XIe ? d'après le cens). — *Breve de mensiones* (sic) *que sunt in Sancta Maria in valle Garilde, de Rainaldo* (CSV n° 397) (Donateur Renaud). La liste mentionne aussi des donations de Guibert Dragon 1037 (Catalogue n° 115) et du comte Bertran 1011 (Catalogue n° 105). Forcalqueiret, dans la vallée de Garéoult. *Breve de divisione de Novulas* (de) Rainelt (CSV n° 397) (donateur Renaud de Rocbaron/Signes — *Breve de Helemosina* XIe (CSV n° 42).

de même à Félines au comté d'Aix, à Marignane au comté d'Arles, à Grasse au comté d'Antibes [208]. Le mouton et l'agneau sont livrés à la Pentecôte et le porc en octobre [209]. Ce cens tend, dans les brefs postérieurs au Xe siècle, à être converti en équivalents monétaires comme à Six Fours, où les équivalents sont du reste très bas, ce qui laisse supposer que la conversion s'est faite à une date plus ancienne. Le bref de Plan d'Aups n'est pas moins édifiant : certains manses doivent encore le porc et le mouton, d'autres un équivalent monétaire, d'autres la moitié de la prestation en nature, ou en argent, ce qui, à cette date, est la manifestation de la division du manse. Equivalent monétaire aussi au Puget Rostaing [210]. La généralisation de l'équivalent monétaire se réalise pendant le XIe, mais on continue, étonnante pérennité, à mentionner qu'il s'agit « du porc et du mouton ».

Pour les labours, la redevance coutumière du dixième de la récolte ; pour le troupeau de brebis ou de porcs qui pâturent dans les *armas*, une bête ou deux. Pour les vignes, un contrat de complant qui fixe à chaque fois la part de la récolte due [211]. Ce très ancien contrat est encore employé au Xe siècle en Provence indifféremment par l'Eglise et par les laïcs. Le maître de la terre la concède au preneur sa vie durant, parfois aussi pour la vie d'un de ses héritiers. En échange, le preneur recevra l'envoyé du maître une fois la récolte faite et, après avoir enlevé dîme et garde, fera porter la part convenue chez ce dernier. Le contrat peut être renouvelé. Les exemples les plus répandus portent sur des vignes et la part donnée est de la moitié. Il s'agit d'un contrat à mi-fruit qui peut s'appliquer aussi bien à des vignes déjà plantées qu'à celles qui doivent l'être. La non-observation d'une clause entraîne une amende de 5 à 20 sous [212]. Vers 970, le contrat subit parfois une

---

208. Felines : « habet elemosinaria mansum quem tenet Boso ex quo reddit tasca, et medietatem de vino, porcum et multonem » (CSV n° 42).

Marignane, texte cité, *infra*, note 225.

209. 997 (CA n° 46). Il s'agit d'ailleurs là d'un rythme naturel.

210. Plan d'Aups : « unum porcum et unum multo » (trois fois) ou « medio porco et medio multone » (six fois) (il s'agit ici de manses divisés) et 4 conversions : « denarios VIII inter porcum et multonem (9 fois), « denarios IIII inter porcum et multonem » (6 fois), qui pourraient représenter l'équivalent du manse et du demi-manse ; « denarios VIII per porcum et multonem V (1 fois) et denarios VI inter porco et multone » (2 fois), pouvant représenter des accroisements du cens.

Notre Dame du Puget : après avoir énuméré les manses et les *appendariae*, la liste précise : « mansus : sexdecim denarios porci, sex agni, sestarium unum civate, unum fenis ; medius mansus : sex denarios porci, tres agni. »

211. Eglise d'Arles : 908 (GCNN n° 212). — 923 (*Ibid.* n° 244). — 970 (*Ibid.* n° 270). — 971 (*Ibid.* n° 274). — 975 (AST f° 21 v° et 22). — 977 (GCNN Arles n° 280). — 981 (*Ibid.* n° 281). — 986/987 (*Ibid.* n° 287). — 986/987 (*Ibid.* n° 289). — 1013/1014 (*Ibid.* n° 309). — 1014 (*Ibid.* n° 312). Eglise d'Apt : 982 (CA n° 29) — 984 (*Ibid.* n° 33). — 988/989 (*Ibid.* n° 38). — 998 (*Ibid.* n° 47). — 998 (*Ibid.* n° 48). — 1008 (*Ibid.* n° 61). Ces trois derniers pour des moulins. Eglise de Vaison : (BSM I p. 75) (BSM I p. 78). Eglise de Marseille : 817 (CSV n° 163). — 1001 (CSV n° 174). — Eglise d'Avignon : 1031 ? (ou 937 — Ind. 10 (CNDD n° 21) — pour une pêcherie sur l'Auzon à Bédarrides). Le Comte : 984/993 (Catalogue n° 45 — pour une *appendaria*). Cf. R. Grand, *Le contrat de Complant*... p. 169.

212. Cf. par exemple : 923 (GCNN Arles n° 244). 981 (GCNN Arles n° 281). Ainsi le bail à mi-fruit de 923 est renouvelé en 981 (GCNN Arles n° 281). Sur toutes ces dispositions, cf. les exemples donnés note 211 jusqu'en 971.

modification très importante. Il paraît d'abord s'appliquer plus spécialement à des terres qui vont être transformées en vignes ; une fois arrivé le moment où elles portent fruit, au terme légal de cinq ou sept ans, elles sont partagées : une moitié reste en alleu à celui qui l'a plantée *pro aedificatione*, l'autre revient au bailleur soit à ce moment même, soit au moment de la mort du preneur. Toutefois la moitié appartenant à celui-ci, bien qu'allodialisée demeure soumise à une clause de rachat au bénéfice du bailleur. Un tel contrat est dit alors « à mi-plant ». Il y a donc, vers la fin du xe siècle, un développement du petit alleu paysan [213].

Pendant que le petit alleu se renforce, la réserve périclite, car le maître, lorsqu'il cultive son « mas doumenc », manque de main-d'œuvre docile et facilement renouvelable. C'est en effet précisément au cours du xe siècle que disparaît le servage en Provence. Jusqu'au milieu du siècle, les actes de vente ou de donation mentionnent assez régulièrement les *mancipia* ; après cette époque, ils cessent définitivement d'en parler [214]. Les *mancipia*, au dire de Théodulf, sont encore assez nombreux en Provence et en Septimanie à la fin du VIIIe siècle [215]. Mais, un siècle plus tard, lorsque Fouquier constitue un douaire à sa femme Raimonde sur deux gros domaines, Reillanne et Valensole, il ne lui donne que cinquante serfs [216]. Encore un siècle écoulé, et Fouque, vicomte de Marseille, et non moins grand personnage que Fouquier, ne trouvera plus à mentionner dans le douaire de sa nouvelle épousée qu'une serve avec ses fils et sa fille [217]. Les trois textes jalonnent de façon impressionnante cette disparition du servage dans le Midi.

Les serfs chasés se sont-ils mieux maintenus ? C'est peu probable. Le

---

213. « Donat itaque praedictus episcopus ad ipsum Allaldum ipsam terram per talem convenientiam ut ille Allaldus illam terram ad terminum legis, id est par septem annos, beneplantare vitis et propagare atque aedificare studeat » (ex. 988/989 CA n° 38. CSV n° 269 donne une durée de cinq ans) « aliam medietatem teneat pro aedificatione in hereditatem » (984. CA n° 33). Le retour au bout des sept ans de sa moitié au bailleur, tel est le cas le plus fréquent. Mais un texte de 984 (CA n° 33) montre aussi que cette moitié peut être tenue par le preneur sa vie durant *in fidelitate*. Fin xe, contrat *ad medium fructum* (BSM I. p. 78). — en 983-990 : *ad medium* plantum (CA n° 53). En 1014, *a media planta* (GCNN Arles n° 312). La redevance de la moitié du fruit des vignes devient de routine au début du XIe (CSV n° 42).

214. 749 Testament d'Abbon (CSH, A, 22) — 814 Polyptique de S. Victor (CSV tome II). — 814 S. Martin d'Arles (RHF VI p. 514). — 896 Uzège (ARP n° 34). — 896 Apt (ARP n° 33). 897 Avignon (HGL 1875, V, col. 92). — 903 Avignon (ARP n° 43). — 906 Apt (CA n° 9). — 909 (cf. *infra* note 216). — 919 Avignon (CPA n° 42). — 956 Saint-Paul-Trois-Châteaux (GCNN Arles n° 252). — 960 Donation de Berthe, nièce d'Hugues d'Arles (HGL, V, col. 233). — 963 Bulle de Léon VIII (Arc. B. du R. 2 H 1). — 964 Diplôme de Conrad (catalogue n° 5). A l'inverse, le silence des *brevia* de la fin du xe ou du début du XIe siècle sur la condition juridique des occupants des manses est éloquent. (Cf. *supra*, note 207).

215. « Pars numerosa subest populi matrum atque virorum infantum juvenum, sexu ab utroque simul quos pater et genetrix sub libertatis honere liquere, ex illo libera turba manent ». (Theodulf, *Paroenesis ad judices*. DUEMMLER MGH *Poetae Kavoli Aevi* I, p. 496 et ss.). Le passage a ici valeur de généralité .Cf. aussi le testament d'Abbon en 739 qui mentionne 60 affranchis (CSH XXII A).

216. « Fiunt in summa mansa centum in sponsalitium istum, et mancipia quinquagenta », 909 (CLU n° 105).

217. « Et insupra dono tibi servos quorum haec sunt nomina : Dominica cum filiis et filia sua », 1005 (Ruffi, *Histoire de Marseille*, p. 481). Le pluriel *nomina* est significatif : la formule retarde sur la réalité. La Provence ne paraît guère vérifier la thèse de R. Doehaerd qui estime que les esclaves « sont restés nombreux jusqu'au XIe siècle », *op. cit.* p. 187.

polyptique de Wadalde distingue encore au début du IXe les *servi* des *coloni* ou des *accolae*, mais les englobe tous sous le vocable commun de *mancipia*. En 909, Fouquier de Valensole compte ses manses, une centaine, mais ne se soucie plus de la qualité juridique de ceux qui les tiennent [218]. La rareté des serfs se manifeste à d'autres traits : lorsque l'évêque de Béziers échange à Renard de Sabran la *villa* de Tavel en 897, il prend soin de se réserver quatre serfs, avec leurs enfants, et exige deux cents sous de Renard, pour lui laisser les autres [219].

Ce n'est pas, il faut croire, seulement la générosité des maîtres qui a épuisé la catégorie juridique des *mancipia*. Certes, des maîtres pouvaient affranchir leurs « esclaves », quitte pour les héritiers à remettre la main sur les nouveaux libres [220]. Mais est-ce l'affranchissement qui a vidé les domaines occidentaux de l'Eglise de Marseille, et non les domaines orientaux ? Aux deux grandes périodes de trouble en Provence — la reconquête du Midi par la royauté franque dans la seconde moitié du VIIIe siècle, et l'élimination des rebelles autochtones à la fin du IXe siècle — correspondent des fuites d'esclaves : — les serfs et les affranchis d'Abbon étaient en 739 « dispersés en divers lieux par la nécessité des temps » et il donnait pouvoir aux agents de son héritier, l'abbaye de Novalaise, pour les poursuivre et les remettre *in dominatione* [221] — ceux de S. Martin d'Arles avaient en 816 disparu depuis parfois trente ans [222] : La fuite, cette vieille arme des *coloni* du Bas Empire [223], contre laquelle lutte en vain la législation impériale, reste le dernier recours de la paysannerie asservie, durant les périodes de crise.

Dès le milieu du siècle donc, le grand propriétaire ne peut plus disposer comme main-d'œuvre domestique que de valets, ceux que les victorins de S. Promace de Forcalquier appellent leurs « mercenaires » et qu'ils entretiennent quotidiennement [224].

A-t-il pu alors exiger des tenanciers la quantité de travail nécessaire ? Les mentions de corvées les plus anciennes sont bien vagues ; elles semblent faire référence à la coutume [225], et lorsqu'un peu plus tard le contenu de

---

218. Textes *supra*, notes 178 et 216.

219. « Commutat prefatus episcopus partibus Rainardi et uxoris ejus Didae aliquid de rebus S. Nazarii quae sunt in comitatu Avinionensi, videlicet villam quam vocant Tavellis cum... farinariis et mancipiis, excepto tantum quod quatuor ex hiis ad ecclesiam S. Nazarii serviendum praefatus praesul retinuit quorum nomina hec sunt : Andraeas, Ricardus, Ultrannus, Tetutius, cum omni posteritate eorum ; caetera vero mancipia sub omni integritate praedicto Rainardo... funditus transfundavit pro quibus... Rainardus et uxor sua eidem ecclesiae contulerunt solidos ducentos... » 897 (HGL, V, col. 92).

220. Cf. *supra*, p. 170.

221. CSH XXII A.

222. 816 (Cassan, *Cart. d'Aniane* n° 14), renouvelé en 835 (*Ibidem*, n° 17 bis).

223. Cf. Lex Wisigothorum 1, 9, 1 *De fugitivis*. Pour le Xe siècle, cf. les « mansiones tres dirutos, cum curtis et ortos » données non loin d'Arles par Raimbert au marquis Hugues, en 921 (AST f° 27) et *supra*, p. 27.

224. CSV n° 675. Ils continueront à former la *familia* (*infra*, p. 181) et coutume de Correns, BN lat. 13915 f° 51).

225. Avant 1029. « In villa... Marignana... mansum de Bonofredo, cum porco et multone et cum decima et tasca et cum toto servicio quod debet pendere seniori » (GCNN Arles n° 317) ; c. 1025 « Una modiata de terra ad plantandum vineam in tali convenientia : quamdiu ipse vixerit et filii sui, tenenant et quartum reddant, et servitium faciant quale pertinet » (CSV

cette coutume peut être précisé, il faut bien reconnaître que les corvées sont extrêmement faibles. Ainsi à Correns : le prieur n'a pas de vigne, mais s'il en fait une, les hommes du village viendront la tailler, la bêcher et la vendanger ; il fauchent une des grandes condamines, au choix du prieur, et portent les gerbes à l'aire avec leurs ânes [226]. A Allauch, près de Marseille, les masoyers doivent des jours de corvée, c'est-à-dire de labour, qui ne sont pas précisés, et trois jours de charroi avec leur âne « pour l'aire, pour les vendanges et à Noël » [227]. A S. Martin de Brômes, près de Riez, si l'abbé de S. Victor fait une réserve, les hommes lui devront une journée de corvée avec leur attelage [228]. Les corvées peuvent fournir à certaines époques de l'année un appoint intéressant, c'est tout.

Ainsi s'explique le rapport de surface entre les terres directement cultivées par le maître et celles des tenanciers. Le seigneur du domaine a deux ou trois condamines (comme à Correns ou à Pertuis), qui sont des pièces de terre de vingt à quarante-cinq hectares, en moyenne de trente hectares [229].

Le tenancier a lui aussi ses champs, parfois assez dispersés [230] et la surface totale qu'il cultive est évidemment liée aux possibilités de labour d'une charrue, en deux saisons [231] ce qui représente ici une surface moyenne bien

---

n° 330) ; XIe siècle, « mansum Inguilberti... laborem, medietatem in porco et aliam medietatem in multone et aliam medietatem in oblias » (C.L. FLAMMARE, n° 121).

226. « Si autem prior vineas seu vineam in dominicatura sua faceret corroatam in (am) putando, in fodiendo, in recoligendo, homines de Correns facerent ... Iterum quando monachi agros suos seminare volunt homines de Correns ex debito per tres dies corroatam faciant. In recolligendis autem segetibus unam de majoris condaminis quam monachi potius voluerint metunt vel metere faciunt et hoc ex debito corroate. Et hec de corroatis sufficiant, preter quod cum asinis illorum debet prior manipulos segetum in aream quoadunare... » Le texte est attribué à l'abbé Archinric (1000/1021) : « Breve de convenientia seu pacto quod domnus abbas Archinricus, et prior Corrensis, habuit (= habuerunt) apud homines de Conres » (BN lat. 13915 f° 51). Correns a été donné à l'abbaye en 1002, mais l'abbé n'a pu en prendre possession qu'en 1010/1020. Cf. *infra,* p. 174.

227. 1130 (GCNN Marseille n° 143).

228. 1182 (CSV n° 223).

229. « Campestrem agrum ad laboracionem panis cujus quantitas asseritur recepi dum seminatur XII modiorum ... scilicet totam condaminam » (Sannes — 1045 CSV n° 317), soit un peu moins de 30 ha.

Une autre de 12 modiées (Durance XIe CSV n° 248) ; une autre en trois fragments (133 dextres, sur 90 — 100 dextres sur 73—75 dextres sur 37), soit 30 ha : « terra ubi fuerit villam et est condaminam » (Esparron 1027. CSV n° 269). Une de 8 modiées soit 19 ha (Goiron CSV n° 248). La grande condamine comtale à Roubian avait 249 dextres sur 130, soit 45 ha (CSV n° 182 et n° 1042).

230. Le manse d'Isnard, à Sillans compte 12 champs, dont certains assez éloignés les uns des autres : ainsi à Roque Olive, à l'ouest du terroir, puis à trois kilomètres à l'est, sur la rive de la Bresque, et à un kilomètre encore à l'est à Huchanne, au terroir de Salernes (CSV n° 518).

231. « Ecclesia S. Mariae que est in Amarone monte, cum tanta quantitate terrarum que quattuor queant sufficere mansis, ad tres sationes » (Goult 1031 CSV n° 425). « In villa que vocatur Impuris cum terra que in circuitu ipsarum ecclesiarum est (environ 90 ha) ... et excepta hec, de alia terra quantum sufficit mansibus octo » (C. 1020. MORIS et BLANC CL n° 55). « Et alias terras valentes unum dimidium mansum » (fin XIe CLU n° 3761). Cf. G. DUBY, *L'économie rurale et la vie des campagnes dans l'occident médiéval,* Paris, 1962, p. 90, note 4. « Terre aratro et tritico apte, quantum par bovum arare potuerit in duas sationes ». Apt 1010/1046. « Terra ad duo paria bovum ». Arles 1067 (CSV n° 162). « Aratoria terra, ... quantum bis arando sufficit duobus bobus ». Eyguières, 1098 (arc. des B. du R. 17 G 1, f° 46).

plus considérable qu'en d'autre lieux, quarante à cinquante hectares, soit autant qu'un petit alleutier [232].

La position économique des grands est donc assez mauvaise dans la première moitié du xe siècle : ils tiennent des quantités importantes de terres, mais paraissent avoir du mal à trouver des hommes pour les cultiver à des bonnes conditions, bonnes pour eux évidemment. Comment le pourraient-ils ? Ils n'ont ni le monopole de la terre, ni un contrôle solide sur les hommes. La condition servile proprement dite a disparu ; le groupe des paysans soumis tend à décroître et la relation qui les lie au maître du domaine à s'affaiblir. Ce rapport entre les grands propriétaires et les paysans est bien illustré par l'évolution du contrat de complant : les formes antiques laissaient au paysan les deux tiers, parfois les neuf dixièmes, de la récolte [233] ; les divisions par moitié nous montrent que dans la Provence du xe siècle l'offre de terre à cultiver est devenue plus restreinte. La modification qui s'opère à la fin du siècle mérite d'être notée ; la concession au preneur de sa moitié en alleu témoigne du désir des grands de retenir les paysans sur leurs terres de l'Ouest au moment où commencent les défrichements à l'Est. Si une telle disposition s'était maintenue, elle aurait pu aboutir à une augmentation notable des alleux paysans. Mais précisément elle ne s'est pas maintenue ; elle est remplacée par la concession des deux tiers, puis des trois quarts des fruits.

On voit ce qui, au xe siècle, faisait la force du grand propriétaire : il avait de la terre à donner ; si la demande n'était pas à son goût, il pouvait laisser la parcelle en friche ; une réserve de terres gastes maintenait ainsi le rapport de la *convenientia* dans un juste taux — pour le propriétaire — et les paysans voisins dans une saine conscience de leur infériorité à son égard. Rapport fragile qui supposait un certain équilibre entre surplus de terre et rareté en hommes. Mais du jour où, la paix revenue, s'ouvre la perspective de terres neuves et libres, la masse des champs nouveaux est telle qu'elle fait voler en éclats le système de pauvreté artificielle que constituent les friches du grand domaine, système qui était jusque-là l'arme des grands. Il y a à présent trop de terre pour qu'ils puissent la contrôler immédiatement. Les paysans asservis qui ont réussi au xe à devenir de libres tenanciers, les petits propriétaires nombreux, dont l'existence empêche la poigne du maître de trop s'appesantir sur les tenanciers, ce sont tous ceux-là qui par leur résistance obligent l'aristocratie à prendre des mesures décisives. Pour faire pencher la balance du bon côté, il lui faut autre chose que le vieux système du droit de propriété et des tribunaux royaux ; il lui faut un outil essentiel à sa survie en tant que classe dominante : les droits du ban.

---

232. « Una masata de terra arabile, id est modiata XVI » (CSV n° 273) cf. comparaison de deux actes de 1158 (donation de 40 modiées pour deux attelages), Leonard, C.A.R.T. n° 11 et 12. Petits alleux, cf. la famille de Theudouin, *supra* p. 87.

233. Cf. Grand, *op. cit.*, et une redevance du dixième sur le vin en Quercy en 630/655, R. Poupardin, *La vie de S. Didier de Cahors,* Paris 1900 p. 27.

— L'ÉDIFICATION DE LA SEIGNEURIE BANALE —

L'accaparement d'un faisceau de droits de contrainte sur les hommes libres va donner au grand domaine une cohésion qu'il n'avait jamais eue et le transformer en seigneurie justicière, en seigneurie banale pour reprendre l'expression de Georges Duby. Considérons ces droits, leur origine, leurs caractères, leur transfert entre les mains des grands. Nous verrons ensuite comment ceux-ci les exercent.

La première chose qu'il nous faut constater, c'est qu'encore au début du IXe siècle, les propriétaires n'exercent sur les hommes libres aucun droit de commandement. La preuve nous en est fournie par le poème du *missus* Théodulf. Un homme vint le trouver à son tribunal et lui fit une assez malhonnête demande : les parents de ce personnage, avant de mourir avaient affranchi *per cartam* un bon nombre de serfs. L'héritier indélicat proposait au juge un présent de prix, afin que fussent tenues pour fausses les chartes d'affranchissement, et que les malheureux retombassent en son pouvoir [234]. Peut-on croire qu'un propriétaire, que Théodulf range parmi les gens importants qui sont venus essayer de le corrompre, peut-on croire que cet homme aurait eu besoin de faire une telle requête s'il avait eu à sa disposition les puissants moyens de contrainte que fournit l'exercice du ban ? A l'inverse, une série de textes généraux nous rappelle que ces pouvoirs sont réservés à ceux qui tiennent une charge publique, ceux qu'en 897 l'archevêque d'Arles Rostaing appelle, non sans réminiscences littéraires « les préfets de l'Etat [235] », c'est-à-dire aux *missi,* aux comtes, à leurs lieutenants ou à leurs domestiques, aux juges, et au moins en Italie, aux évêques, aux abbés et aux *fideles regis.* On sait ce que représentaient ces droits. D'abord le *mansionaticum* ou *heribergaria* : le comte et sa suite arrivent dans un domaine, s'y installent, s'y logent et s'y nourrissent ; cela correspond parfaitement au mode de vie des grands de l'époque qui en faisaient autant dans leur propre domaine et cela permet au comte de se déplacer dans tout le comté. Il est clair que de tels passages étaient singulièrement lourds pour les hommes d'un domaine et dommageables pour leur maître. Aussi les domaines des Eglises [236] et parfois ceux d'autres protégés,

---

234. Texte cité *supra,* note 215.

235. Dans le préambule de son testament, il s'adresse « omnibus episcopis, ecclesiarumque rectoribus, ac publice rei prefectis » GCNN Arles n° 233 — Une génération auparavant, Nithard nommait le comte de Lyon Bermond « Lugdunensis provincie prefectus » (Lib. I, cap. 2, edit. LAUER, Paris 1964, p. 6). Encore en 1031, le roi de Bourgogne Rodolphe, dans un diplôme délivré aux comtes de Provence s'adressera « omnibus rem publicam agentibus » (CSV n° 1061).

236. « Pervenit ad aures clementiae nostrae quod aliqui duces et eorum juniores, gastaldii, vicarii, centenarii seu reliqui ministeriales ... mansionaticos et parveredos accipiunt non solum super liberos homines sed etiam in ecclsias Dei. » 806-810 : Lettre de Charlemagne à son fils Pépin en Italie (BORETIUS MGH, *Capitularia,* tome I, n° 103). — « Ut in domibus ecclesiarum neque missus neque comes vel judices quasi pro consuetudine neque placitum neque ospitium vindicent sed ... secundum antiquam consuetudinem hospitentur. » — 898 (Cap. Ravenn. NIER-

tels les *arimani* de Lombardie ou les Espagnols de Septimanie en étaient-ils exempts [237]. Ceux qui ne jouissaient pas de telles exemptions devaient l'albergue selon la coutume. Mais tout cela n'était guère respecté. Bien plus, les comtes et d'autres fidèles royaux, alors même qu'ils résidaient dans leurs propres domaines, pillaient impunément, sous couleur d'albergue, les biens de leurs voisins [238]. A l'albergue se joint le plaid : le comte, en même temps qu'il se déplace, rend la justice. Il contraindra les parties à y assister et il fera prendre les plèges. Cela signifie aussi, évidemment, qu'il percevra de lourdes amendes. Enfin le comte peut donner toute une série d'ordres afin de faire assurer des guettes ou des gardes, des transports ou l'entretien des routes. Tout refus est sanctionné par l'amende de ban [239]. Albergues, plaids et autres droits publics permettent donc, en même temps que l'application d'une fonction de police et de justice, quelques profits. Au XIe siècle, les textes parlent toujours d'albergue — *aribergaria* — de justice ou de détroit — *justitia, districtus* — de guette et de garde, et du pouvoir de commandement en général, non pas désigné sous sa forme germanique *bannum*, mais par l'équivalent latin de *mandamentum* [240]. Pourtant ces textes ne sont plus, comme par le passé, des textes normatifs ; ce sont des actes privés, des chartes. Cela nous fait mesurer le chemin parcouru. Certes, l'origine publique de ces droits est encore reconnue par les rédacteurs de chartes. Mais ils sont désormais devenus, ou tendent à devenir des éléments du patrimoine des grands, qui peuvent faire de leur part l'objet de renonciation ou d'achat. Ce qu'avaient les seuls représentants du roi au IXe siècle, les grands l'ont acquis au XIe.

On est tenté de voir dans ce mouvement des droits publics une simple conséquence de celui des terres : en accaparant des domaines fiscaux et ecclésiastiques, traditionnellement immunistes, les grands auraient par là même exercé le ban. Est-on sûr cependant que tous les domaines publics en Provence, domaines d'Eglise pour le plus grand nombre, jouissent de l'immunité ? Ensuite, l'immunité emporte-t-elle forcément dans cette région l'exercice par son bénéficiaire des droits de la puissance publique ? Enfin,

---

MEYER, p. 503). Sur ces prestations, cf. C.R. BRUHL, « *Fodrum, gistum, servitium regis* » *studiien zu den wirtschaftlichen grundlagen des königtums,* I, Köln und Graz, 1968 p. 271 et 565.

237. P. TOUBERT, *La liberté personnelle au haut moyen âge et le problème des Arimanni,* M.A., 1967, p. 127. — 1er janvier 815, *Constitutio de Hispanis,* BORETIUS MGH, Cap. I, n° 132 § 5 est, Ibidem n° 256, confirmation du 11 juin 844.

238. « Quando episcopos, abbates vel comites seu fidelium nostrorum quempiam in propria villa morari contigerit, cum suis in suis maneant domibus, nec sub obtantu hospitii, vicinos opprimant vel eorum bona diripiant », 865 (Cap. pap. NIERMEYER, p. 503).

239. Octobre 811 (Capitulare Bononiense § 2, BORETIUS *Cap.* I, n° 166).

240. *Districtus. baglia et abergaria, de alodariis* Auriol : 1040 (CSV n °58). *Mandamentum... in guaita et in guardia de vineis et in tercia parte de districto* — Auriol : milieu XIe (Arc. des B. du R. 1 H 28-130). — *Albergaria, tollementum* — et l'équivalent du *districtus* à Forcalquier : 1044 (catalogue n° 139). — *Districtus* : 1041/1042 (Catalogue n° 134). — *Justitia et mandamentum et albergariae* Thorame ? : 1064 (CSV n° 763). — *Placita* Rognonas : 1096 (MANTEYER, *La Provence...,* p. 380). Le terme de *bannum* n'apparaît jamais en Provence, au XIe. Il faut attendre le XIIe pour en trouver quelques mentions (La Cadière avant 1178 arc. B. du R. 1 H 93-453 - Pertuis 1124 BN lat. 13915 f° 151). La garde, *custodia,* apparaît aussi en 981 (GCNN Arles n° 281).

le transfert de domaines anciennement publics entre les mains d'un simple propriétaire entraîne-t-il le transfert d'une telle immunité ?

Les domaines de S. Victor avaient l'immunité franque, traditionnelle, conférée par un diplôme de Charlemagne [241]. Ce document est le seul diplôme d'immunité qui nous ait été conservé pour toute la Provence, et cette solitude inquiète. Certes, les archives provençales de cette époque ont, plus qu'ailleurs, disparu ; il serait cependant étonnant, si d'autres immunités ecclésiastiques de même type existaient, qu'il n'en soit resté aucune trace ou que seuls les moines de S. Victor se soient souciés d'en conserver le souvenir [242]. Faut-il envisager une autre hypothèse ? Dans le Midi, comme ailleurs, l'Eglise vit sous la loi romaine. Et plus qu'ailleurs elle a ici le souvenir de cette loi [243], et les moyens de l'invoquer. L'Eglise d'Arles conservait ainsi la mémoire des privilèges accordés aux Eglises par les empereurs Honorius et Théodose II, les exemptant des *munera* [244]. Une forte tradition d'immunité des domaines de l'Eglise, appuyée sur la conservation des constitutions impériales du Vᵉ siècle, subsistait donc peut-être en Provence, rendant inutile la délivrance d'un diplôme d'immunité. Ainsi s'expliquerait que les domaines de S. Césaire aient joui au milieu du VIᵉ siècle, d'une *inmunitas tributorum* [245]. Mais une telle immunité est purement négative, et elle n'entraîne l'exercice d'aucun droit sur les hommes libres vivant dans le terroir. Ce n'est pas le cas du diplôme d'immunité de S. Victor. Comme dans tous les diplômes de ce genre, interdiction y est faite aux juges publics d'entrer sur les terres du monastère pour y rendre la justice, y percevoir des amendes, y exécuter les sentences, y prendre des plèges, ou y exercer l'albergue. Les profits, principalement les amendes, iront à ceux qui dirigent le monastère [246]. Si nous ne sommes pas sûrs qu'il y ait exercice

---

241. Cf. texte cité *infra* note 246.

242. On trouve des souvenirs de « fondation par Charlemagne » à S. Veran du Loup, dans le diocèse de Vence (1005 CL FLAMMARE n° 141), et à S. Pons de Nice (999 et 1003 CSP n° 1 et 2). Lérins prétendait avoir obtenu un diplôme du roi Pépin : « Anno autem ab incarnato Dei verbo septingentesimo quinquagesimo secundo, restitutum (est monesterium) per Eleuterium virum Dei. Hic, adiens Pipinum, Francorum regem, pracmaticum constitutum suo monasterio, ex subscripto etiam Stephani junioris Pape secundi, Romani pontificis, qui cum rege convenerat in loco qui vocatur Carisiacus adeptus est. » (CL. FLAMMARE n° 285), la suite est une donation fantaisiste de la cinquième partie du « duché » de Provence. Mais les mentions historiques du passage que nous venons de citer sont exactes : Pépin et Etienne II ont en effet conféré à Quierzy, en avril 754 (HALPEN, *Charlemagne et l'Empire Carolingien,* Paris 1947, p. 37). Cela ne nous assure cependant ni que le diplôme de Pépin ait réellement existé, ni qu'il ait été une immunité. Il existe également la trace d'un diplôme de Charlemagne pour l'évêque de Sisteron, qu'aurait eu sous les yeux le compilateur du Livre Vert de cet évêché, au XVIᵉ siècle (copie XVIIIᵉ BN lat. 17558 f° 63 à 68 v°), mais le peu que celui-ci en rapporte fait plutôt penser à un faux.

243. Cf. une notice de plaid de 966 (catalogue n° 7).

244. Honorius, 412 (C. Th. 16, 2, 40) — Théodose II (C. Th. 15, 3, 6) — qui reconnaît l'exemption tout en la limitant. Cf. J. GAUDEMET, *L'Eglise dans l'Empire Romain IVᵉ-Vᵉ siècles,* Paris 1958, pp. 312 à 314. *Incipit* du cartulaire de l'Eglise d'Arles « Incipit liber auctoritatum per Apostolice Sedis episcopos, piissimosque Honorium et Theodosium Augustos Arelatensi ecclesie concessarum » (Cartulaire B, p. 1).

245. Cf. le testament du saint, 542 ? (GCNN Arles n° 131).

246. « Nullus judex publicus ad causas audiendum vel freda exigendum, seu mansiones vel paratas faciendum, nec homines ipsius ecclesie distringendum atque fidejussores tollendum nec

des droits publics par les « recteurs » du monastère — à cette époque probablement les évêques de Marseille —, du moins voyons-nous qu'ils en ont le profit. Cette impression se confirme lorsque nous constatons que S. Victor lève sur certaines des collongues de son domaine outre le cens et le pascuage, un *tributum* [247]. La confirmation du diplôme de son aïeul par Lothaire précise que l'immunité s'applique à tous « les hommes du monastère, qu'ils soient serfs ou libres [248] ». Vers la même époque, le polyptique de l'Eglise de Marseille englobait sous le même qualificatif de *mancipia,* des gens dont il précisait plus loin les conditions juridiques, en principe fort différentes. Mais tout ceci peut-il s'appliquer à cette classe d'hommes libres et petits alleutiers dont nos textes nous ont fait connaître la présence au Xe et jusqu'au XIe siècle ? Nullement. D'autre part, on cherche vainement, dans tout le Midi, les traces d'un exercice tant soit peu indépendant des droits publics par les ecclésiastiques, par l'intermédiaire d'avoués. Les *advocati* qui paraissent dans les textes sont de simples représentants en justice [249], et non des officiers de l'évêque ou de l'abbé. Tout laisse en fait penser que le comte, qui a la haute main sur le patrimoine de l'Eglise, intervient lorsqu'il en est prié, pour jouer le rôle d'avoué, comme c'est le cas à Mâcon, où le comte à l'avouerie des églises [250]. Une fois encore, un vocabulaire institutionnel se plaque sur une réalité différente de celle du Nord de la Gaule. L'immunité des domaines d'Eglise dans le Midi, a probablement un caractère assez négatif et restreint, à la fois parce que l'Eglise immuniste s'en remet au comte pour l'exercice des droits publics, et parce que cet exercice ne touche pas des groupes paysans indépendants, restés assez nombreux. Si ceux-ci doivent des prestations ou des services, c'est au comte ou à ses représentants.

Mais alors, si l'immunité des domaines d'Eglise n'emporte pas l'exercice effectif des droits publics, comment de tels droits ont-ils pu être transmis à ceux qui se sont emparés de ce domaine ? Par la contamination qui s'est faite entre ceux-ci et les domaines proprement fiscaux lorsque les terres d'Eglise y ont été rattachées au début du Xe siècle. Sur les terres du fisc, en effet, les droits publics sur les alleutiers environnants, tels l'albergue, devaient être perçus de manière régulière par les agents du comte, devenant ainsi un revenu domanial supplémentaire et coutumier. De la sorte peuvent s'expliquer les cas où le transfert d'un domaine fiscal paraît bien entraîner

---

ullas redibutiones publicas requirendum ibidem quoquo tempore ingredere nec exactare penitus non presumat ... sed sub emanitatis nomine, valeat illis qui nunc tempore ibidem rectores esse videntur suique successores, cum omnibus fredis concessis, quieti vivere et residere. » Mars 790, MUHLBACHER, *MGH, Dipl. Karolinorum,* Hanovre 1906, I, n° 163.

247. Polyptique, GUERARD, CSV tome II, *passim.*

248. « Precipiente ergo jubemus ut nullus judex publicus neque quislibet ex judiciaria potestate ... ad causas audiendas, vel freda exigenda aut mansiones vel paratas facienda, aut fidejussores tollendos aut homines injuste distringendos ipsius ecclesie, tam ingenuos quam et servos, ullo unquam tempore ingredi audeat » ... 6 février 834 ou 841 (T. SCHIEFFER MGH, *Dipl. Lotharii,* Berlin 1966, n° 12.

249. F. SENN, *L'institution des avoueries ecclésiastiques en France,* Paris 1903, *passim.*

250. G. DUBY, *op. cit.,* p. 110 et 111. — Sur le rôle d'administrateur qu'exerce le patrice, puis le comte, cf. *supra* p. 79 ; plus tard le vicomte de Marseille aura l'avouerie de S. Victor, cf. *infra* p. 119.

celui de la puissance publique. Le premier est celui de la confirmation à Montmajour par le pape Léon VIII en 963, de la *villa Tumnetum* au comté Venaissin, « avec tous les dons et l'exercice public [251] ». Cette villa faisait peut-être partie de la dotation fiscale rattachée au *comitatus Venacensis* ; en tout cas, la donation est faite avec la collaboration du comte et la formule employée est bien celle qui sert à la chancellerie pontificale pour désigner les droits publics. Le second cas est celui du domaine fiscal de Trets, donné par le même roi à Arlulf, souche des vicomtes de Marseille. Le diplôme concède en alleu à Arlulf la « cour » de Trets, avec tout ce qui était auparavant « au pouvoir du roi [252] ». La formule est vague et pourrait ne désigner que des terres dépendant de l'exploitation principale. Lorsqu'on examine les limites soigneusement précisées dans lesquelles s'exerce cette donation, cette interprétation n'est plus possible : il s'agit d'une surface énorme, environ 60 000 hectares, et qui dépasse de loin les limites du terroir de Trets [253]. Ce que concède ici le roi à Arlulf, c'est, en plus de la *curtis*, l'exercice et le profit de tous les droits publics qui y étaient rattachés et qui étaient perçus dans ce vaste ressort. Cette interprétation du texte est confirmée par un fait significatif : alors qu'il faisait partie originairement du diocèse d'Arles, le « val de Trets » avec tous ses villages est devenu, au XIIe siècle, une enclave « acéphale », ne dépendant plus ni d'Arles, ni d'Aix, tout proche et dans lequel le situent géographiquement les actes du XIe, ni même de Marseille. Le monastère de S. Victor y percevait ce qu'ailleurs percevaient les évêques [254]. Mais le monastère de S. Victor n'est ici que le donataire de la famille d'Arlulf. Celle-ci avait pu faire du Val une enclave au point de vue ecclésiastique, alors qu'elle n'en possédait pas tout le sol, probablement parce qu'elle y exerçait tous les droits autres que domaniaux. L'enclave ecclésiastique se doublait d'une enclave laïque [255]. Voici donc deux exemples où l'exercice des droits publics paraît attaché à la donation d'un domaine fiscal. Mais ce type d'explication ne peut jouer

---

251. « Villa que Tumneto (vocatur) cum servis et ancillis, vineis seu terris cum omnem dationem et publicam functionem, quae sita est in comitatut bendacense », 963 (Bulle de Léon VIII, Copie remaniée XIe, Arch. des B. du R. 2 H, 1 = Jaffe n° 3702). Tumnetum pourrait être la *villa Dimone* (*Dominetum* ?) auj. Damian et N.-D. du Moustiers au terroir de Bédoin, dont Montmajour avait la moitié. — Formule *datio et publica functio*, cf. TOUBERT, *op. cit.* p. 1027.

252. « ... petens ut quasdam res illi concederemus, quod et facimus, hoc est in curte de Tresia, que est pertinens ex comitatu Marsiliacense et jacet in comitatu Aquense, cum omnibus apenditiis qui inibi pertinent de comitatu Marsilia, cum turre, omnia et in omnibus de nostro jure et potestate in illius tradimus dominatione. »

253. « De uno latus usque in loco que vocant Untinos (corriger : Vininos = Val venne et mas de Valvenne) et usque in Paleria (La Palière,) ita et in monte Bagde (corr. Bajde = XIe Baïdum, Baïda CSV 119, 120, 843 = montagne de Baïle) usque in flumen Belone, (ruisseau de Bayon ou de Bayeux qui se jette dans l'Arc au pont de Bayeux) et de alio latus usque in valle Restones (= XIe CSV 101 l'église S. Zaccharie construite *in loco qui vocatur Restonis*) ita et in monte Bedoe » (corr. Redone = le moulin de Redon sur l'Huveaune). Il s'agit donc de tout l'actuel canton de Trets, dont les limites Est et Nord, avec une partie de la limite sud, sont très reconnaissables. La limite Ouest devait se trouver dans la lacune du texte.

254. CLOUZOT, *Pouillés des provinces d'Aix, d'Arles et d'Embrun*, Paris 1923, p. XXVI, et ALBANES, GCNN tome I, col. 10 et 11.

255. L'usurpation a dû être facilitée par le fait que les vicomtes ont eu pendant la fin du Xe et tout le XIe siècles un évêque dans leur famille.

que pour des domaines proprement fiscaux, ou rattachés assez longtemps au fisc. Il faut donc recourir en même temps à une autre hypothèse, celle d'une délégation du ban par ses détenteurs suprêmes, roi ou comte, un ban qui a été ensuite accaparé, élargi, usurpé au besoin par tous ceux qui, de près ou de loin descendaient des délégataires.

Le comte avait pour auxiliaires au Xe, un vicomte, des juges et un viguier arlésien [256]. Tant que ces personnages sont choisis librement par le comte, le ban n'est entre leurs mains que par délégation. Il n'en est plus de même s'ils réussissent à rendre leurs fonctions héréditaires, car le ban devient alors un élément de leur patrimoine, au même titre que les droits domaniaux. Sur le sort du viguier arlésien après l'an mil nous ne savons rien ; restent les juges et le vicomte. Lorsqu'on examine la liste des titulaires de la charge du juge, on s'aperçoit que la fonction a cessé d'exister avant d'avoir pu devenir héréditaire. Il s'en est fallu d'ailleurs de peu. Au XIe, Bérenger, futur vicomte d'Avignon, qui était fils d'un juge, porte parfois le titre, et c'est là certainement un indice d'hérédité puisque le tribunal comtal n'existe plus depuis au moins une génération. Mais le cas est isolé et sans lendemain ; devenu vicomte, c'est ce dernier titre que Bérenger transmettra à ses héritiers [257]. Tout autre est l'évolution du titre et de la charge vicomtale. Pendant tout le Xe siècle, il semble que la charge ne soit pas encore héréditaire. Différents vicomtes se succèdent sans qu'aucun lien de parenté directe paraisse les unir : Nivelon (962 de la famille de Signes ?) ; Pons (965, de la famille de Fos ?) ; Brémond (976, de la famille de Sabran ?) ; Guillem (977, de Marseille). Lorsque le vicomte Guillem meurt en 1004, on voit paraître un vicomte Aufant qui n'est pas de sa famille, puis en 1008 un vicomte Isnard. Mais les deux fils de Guillem portent quelques années après le titre vicomtal ; les fils d'Aufant le porteront également : le titre devient donc héréditaire à la fin du siècle [258]. La conséquence d'une telle évolution est claire dans le cas des vicomtes dits « de Marseille ». Déjà descendants d'un ancien comte de Provence, ils vont accaparer les pouvoirs du ban, et leurs terres formeront pendant plus d'un siècle une espèce de principauté quasi-indépendante au cœur du comté de Provence.

Les vicomtes ne sont pas les seuls au Xe siècle à disposer des pouvoirs de contrainte et de justice. Dès 896, nous voyons apparaître en Provence une autre catégorie de personnages nantis de la puissance publique : Louis l'Aveugle accordant alors à l'abbé de Tournus l'exemption du tonlieu et d'autres droits pour l'abbaye de Donzère, au comté d'Orange, interdit à trois personnages de les percevoir : les *exactores* d'abord — ici les tonloyers —, les *vicarii* — délégués du comte — et les *potestates* [259].

---

256. Cf. *supra*, p. 46.
257. Cf. *supra*, p. 46.
258. Les fils de Guillem : Guillem II dès 1005 (AVM n° 27 et 29) et très régulièrement ensuite, le second fils Fouque peut-être deux fois vers 1019 (arc. B. du R. B 276 et 1015/1019 AVM n° 43, puis régulièrement à partir de 1031, AVM 81, 83, 93, 100 et catal. n° 119 et 120). Les fils du vicomte Aufant portent le titre en 1041 (cat. n° 133) ceux du vicomte Nivelon en 1017/1018 (Manteyer, *op. cit.*, p. 350).
259. La formule traditionnelle est modifiée ainsi : « ut nullus exactor, seu vicarius, seu potestas aliqua ... ab ipsis teloneum accipere audeat, neque ullam exactionem facere presumat ». ARP n° 31.

Nous retrouvons au XIe siècle sous ce titre la plupart des grands propriétaires fonciers investis des droits publics et notamment de la justice [260]. Dans le sens matériel de pouvoir le terme distingue mal entre droit public et droit privé [261] ; mais lorsqu'il désigne les podestats, il s'agit nettement d'un pouvoir d'origine publique aussi bien pour la justice que pour les albergues. Plusieurs textes montrent ces podestats exerçant dès le début du XIe siècle une fonction judiciaire. Justice qui n'est pas essentiellement différente de l'ancienne justice comtale encore qu'elle semble infléchie dans un sens beaucoup moins contraignant. Examinons deux espèces.

D'abord celle qui opposa vers 1020 [262] les moines de S. Victor aux alleutiers de Caravaillan. Les vicomtes, qualifiés ici de *principes* faisaient retraite l'un à la cathédrale l'autre au monastère de S. Victor. Certains frères allèrent

---

260. Le terme est d'usage courant ; outre les exemples *infra* notes citons : « Si quacumque tempore fuerit archiepiscopus vel qualitercumque potestas ... inquietare voluerit » 962 (AST f° 23 v°) — « in dominicatura potestatis quod decimum domna Constantia et filius suus Bonifacius ... donaverunt », début XIe, Constance et Boniface de Reilanne (CSV n° 418) — « Ego Willelmus et ego Fulco (vicecomites Massilie) donamus ... de ipso molendino quam monachi hedificaverunt ... ipsam tertiam partem que pertinet ad potestatem. », c. 1030, Les Marseille (CSV n° 21) et l'équivalence : « donamus .. quartam partem de tertia que pertinet ad seniorem », c. 1032 Les Lambesc. (CSV n° 237). — « Reddimus feus quos tenuerunt parentes nostri et nos usque nunc ... per domnos atque potestates qui tenuerunt Massiliam », 1044. (CSV n° 166) ... « per seniores et potestates Massilie », 1044 (CSV n° 167). — « Si quis vero de heredibus nostris aut quelibet potestas vel persona hanc donationem inrumpere tentaverit », milieu XIe (CSV n° 266). — « Quam generalem donationem si qua potestas donavit domnus Gosfredus et uxor sua Scocia donaverunt », milieu XIe Joufré de Rians (CSV n° 400). — « Carta de onore S. Victoris Massiliensis de quartam partem de villa Tavernis ... hoc totum perdimus pro potestate Fulcone », milieu XIe Fouque de Pontevès (CSV n° 634). — « Donavit Andreas sacerdos ... et ipse donator fecit morte (sic) subitanea, et ipsa hereditas remansit in manus potestates comites, id est Jofredus sive Bertrannus », milieu XIe (CSV n° 675) (les comtes eux-mêmes sont alors qualifiés de podestats). — « (Donamus) tibi Isnardo Dei gratia episcopo ... potestates Laugerii et Guillelmus Assalit ... », 1108 (CN n° 48) (Orange Mévouillon). R. CAILLEMER trouve encore ce terme employé dans *Lo Codi* (1162-1170 ?) *Ann. du Midi.* 1906, p. 496 note 1.

261. « Auctoritas etenim jubet ecclesiastica et lex precepit romana ut quicumque rem suam in alicumque transfundere voluerit potestatem, per paginem testamenti eam infundat... », 976 (CSV n° 170), type de préambule extrêmement répandu. — « Hugo ... episcopus Dignensis ... et pater meus Guigo in cujus potestate constitutus meus esse videtur episcopatus ... in cujus tuitione constitutus noster videtur episcopatus » 1038 (CSV n° 738) — « Terra mee potestatis meeque dicionis », 1035 (CSV n °57) (Raimbaud de Reillane pour Auriol) et 1040 (CSV n° 58) où il s'agit de droits publics. — « Tue potestatis est eam (terram) terminare », c. 1000 (CSV n° 77) (Pons de Fos au comte). — « Ut consanguinei nostri et vicini, nostraeque potestatis homines firment mandamus... » 1021-1044 (CSV n° 536) — « Petrus vicecomes Guapincensis ... de quibusdam rebus nostre potestatis tamen ipsius S. Victoris heredidatis », 1045 (CSV n° 691). « Gaufredus vivecomes Massiliensis et uxor mea ... tradimus dominium et potestatem ... », 1064/ 1079 (CSV n° 454) (Eglise de Cuers) — « Et sicut regie potestati qui ea que ejus sunt non reddiderit judicatur obnoxius, ita qui que Domino debentur non exolverit divine majestati probatur esse contrarius », 1093 (AST p. 100).

262. C. 1020 ? Notice (Copie du XIIe Grand Cart. de S. Victor f° 9 v°. — GUERARD CSV n° 27) (Caravaillan — Ste Marguerite canton de Marseille B. du R.). L'évêque Pons II fils du vicomte Guillem et neveu de Fouque intervient dans l'acte qui est donc postérieur à la mort de son prédécesseur Pons 1er (1015). Le vicomte Guillem est alors marié avec Estève sa deuxième femme ; l'acte est postérieur à la mort de la première, Accélène, encore vivante en 1015 (Cf. AVP n° 25 — elle est morte avant 1019 — AMV n° 48), mais antérieur à la mort de Guillem (1045/1050).

aux vicomtes pour récupérer « par leur conseil » quelques-uns des biens qui avaient été usurpés « après la destruction du monastère ». Cherchant dans leurs archives et parmi les anciennes chartes de donation, ils en tirent celle de la *villa* de Caravaillan, donnée par Siegfried et Erleuba [263]. Les vicomtes promettent que les hommes qui tenaient ces biens usurpés seraient jugés avant la récolte. Ainsi s'engage une première procédure. Le 21 juin les alleutiers donnent des plèges devant les vicomtes qualifiés alors *potestates,* pour garantir leur comparution à l'instance au fond qui est fixée, passé la fête de S. Pierre apôtre [264] ; puis, laissant passer le terme assigné, demandent un autre délai au bout duquel ils subiraient le jugement de Dieu [265] ; ils prennent une femme de peu et la font jurer. La fausseté du serment de la femme est bientôt prouvée par la brûlure de sa main. Mais les alleutiers prétendent que non et l'instance n'a pas de suite. Passé la S. Victor ils changent le plaid et retournent à Caravaillan en promettant toujours de rendre ou de défendre. Les moines sentant que ces manœuvres vont faire échouer leur cause, les prennent au mot et vont presque camper trois jours et trois nuits à Caravaillan en emportant l'*arca S. Victoris*, l'*arca martyris,* c'est-à-dire la châsse, le reliquaire, avec eux. Peine perdue.

En fait, à travers toute cette affaire, derrière les tergiversations des alleutiers, apparaît la mauvaise volonté des vicomtes, leur curieuse inertie. Les moines trouvent un moyen ingénieux. Ils refusent de rentrer à Marseille avec la châsse. Le résultat ne se fait pas attendre. L'évêque Pons, apprenant l'obstination des moines à ne pas revenir, prend conseil de son père et vient dire aux moines : « Pourquoi restez-vous ici ? Mon père, et sire Fouque, son frère, vous mandent, demain à la prime, ramenez la châsse du martyr à la maison de Dieu. Vous reviendrez devant nous et si vous revenez devant nous, la cause sera terminée. » Les moines retournent à S. Victor et l'on fixe un terme pour un deuxième procès : la nativité de Notre-Dame. Le jour venu, les moines viennent à la cité et font *interpellatio* devant les deux podestats. Ceux-ci appellent alors les alleutiers, qu'ils apostrophent dans un style quasi cicéronien [266] et leur donnent l'ordre de se défendre. Certains, sachant déjà par le précédent jugement qu'ils avaient contesté, qu'au fond ils possédaient à tort, font immédiatement l'abandon. D'autres s'abstiennent et engagent leur foi pour défendre le lendemain. Le lendemain après mâtines les moines viennent devant la cité au milieu du pré avec la châsse de S. Victor et deux champions prêts à défendre la charte. La scène se passe avec un grand concours de peuple attiré par les reliques. Le vicomte Fouque n'était pas là car d'autres affaires l'appelaient. C'est le vicomte Guillem, son frère qui, en leur nom à tous deux, menait l'étendard de S. Victor [267]. Il était donc dans la double position de juge et d'avoué de l'abbaye. On nous indique, et la remarque prouve qu'il était juge habituel en d'autres occasions « qu'il ne pesait pas d'une manière

263. CSV n° 28.
264. « Idem homines qui se dicebant alodarios ante potestates fidejussores dederunt ... consilio utriusque potestatis », (CSV n° 27).
265. Le texte emploie le mot grec *exagion.*
266. « Inimici veritatis, quousque servos Dei fatigatis » (*Ibidem*).
267. « Regebat S. Victoris vexillum » (*ibidem*).

différente le grand ou le petit, et que la cupidité n'avait pas de prise sur lui ». Le vicomte s'adresse alors aux alleutiers : « Je vous avertis, ne trompez plus les moines, si vous ne voulez pas risquer d'encourir la colère de Dieu et de tomber devant lui. » Les alleutiers sont furieux mais ils voient que les vicomtes les repoussent. Ils craignent aussi d'être confondus par la vertu du martyr, présent par ses reliques au milieu du pré ; ils viennent en tremblant à la châsse et rendent honteusement l'alleu. Deux seulement, plus durs que les autres, s'obstinent. Ils ne réussiront qu'à se ridiculiser en recourant une seconde fois au jugement de Dieu [268], et rendent à leur tour l'alleu.

C'est à ce moment que nous apprenons que la plus grande partie de Caravaillan était tenue par la famille vicomtale et plus précisément par l'évêque Pons. Ainsi s'explique la mollesse des vicomtes à faire exécuter le premier jugement contre les alleutiers. Car, les moines ayant triomphé dans leur première demande passent alors à la seconde partie de leur programme de récupération, la plus délicate : ils interpellent l'évêque pour la part qu'il tenait. On sait en effet que Caravaillan avait été rendu par le comte à l'Eglise de Marseille mais surtout, on le voit, à son évêque [269]. Le résultat est ici une fin de non-recevoir pure et simple : « Ce ne fut pas dans sa volonté de le rendre. » Pas d'instance possible contre l'évêque : tout dépend de sa volonté. En fait, quelques jours après cet appel, à Pâques, alors qu'il était au monastère pour veiller et prier, il restitua le reste de Caravaillan. Du Carême aux Pâques de l'année suivante, la récupération de Caravaillan avait duré plus d'un an. Les petits alleutiers avaient dû rendre gorge, mais seule la piété de l'évêque Pons avait permis aux moines la reprise totale de leur bien.

La seconde espèce confirme la première. Le monastère de S. Victor était seigneur de Chaudols que lui avaient restitué le comte et les Mison-Dromon [270]. Il existait, dans le village même, des alleutiers. L'abbé Isarn (1021-1048) avait fait avec eux — Raimbaud, le prêtre, Mainier, son frère et Ermenric — une convention [271]. Cette convention, mal observée, devait amener les alleutiers et leurs fils à se rendre coupables de violences envers les moines, violences qui culminèrent le jour où ils se rassemblèrent en armes dans « le cimetière », s'est-à-dire l'enclos protégé de S. Pierre et S. Martin — l'église des moines à Chaudols —, brisant le moulin et deux paroirs. Stupéfaits, les moines et leur prêtre se plaignirent. Les alleutiers, pour toute réponse, les saisirent, les déshabillèrent et les fouettèrent.

L'affaire parvint aux oreilles du podestat, le sire Arbert. Lui, sa femme et son fils ordonnèrent aux parties de se présenter à eux. L'ordre est bien marqué dès le début : *precipiente domno Arberto* [272]. Pour savoir comment

---

268. Leur champion « ramassé sur la place » subit sans succès l'ordalie de l'eau froide.

269. 965/966 catalogue n° 7.

270. 1038 (CSV n° 738 et n° 737). Malgré le texte même de la donation de 1038, les Mison conservèrent les droits publics auxquels ils ne renoncèrent qu'en 1069 (CSV n° 742).

271. CSV n° 741.

272. « Que res cum pervenisset ad aures predicte potestatis videlicet domni Arberti uxoris ejus domne Guisle et filii ejus Guidonis ... preceperunt ut invicem fidejussorem darent in sua potestate ... habito consilio a potestate suisque militibus ... » — 1055 (CSV n° 739).

l'affaire s'était passée, le sire Arbert ordonne de nouveau, aux deux parties de fournir des plèges pour leur comparution au jour dit. En même temps il fixe l'épreuve : l'eau froide. On ne nous dit pas qui accomplit l'épreuve ; mais les alleutiers se virent reconnaître coupables de sacrilège, et infliger chacun l'amende de 600 sous [273]. L'instance a ici nettement un caractère pénal. Le délit — sacrilège, puisque le cimetière, enceinte de paix, a été violé — est prouvé par le jugement de Dieu ; l'amende s'ensuit, très lourde. Puis, vient une seconde instance, différente de celle-ci. L'abbé de S. Victor et ses moines reviennent devant les podestats et font *interpellatio* en leur demandant que la « cause de tant de mal », c'est-à-dire la possession injuste des alleutiers, soit montrée à tous par un jugement décidant à qui revenait de tenir les terres en litige. La demande de l'abbé est reçue, et l'on en vient, de nouveau, au jugement de Dieu, le podestat étant juge. Le même jour, certains des alleutiers, les fils du prêtre Raimbaud, interpellaient les moines de S. Victor pour récupérer les terres que leur père avait données au saint lorsqu'il s'était fait moine. Ils perdirent par un jugement de Dieu et en firent déguerpissement.

Ici se pose le problème de l'exécution. Lorsque se déroule la seconde instance, les coupables, déjà condamnés pour sacrilège, n'ont toujours pas payé l'amende ; il est vrai qu'elle était ruineuse. Et l'on voit à la fin de cette seconde instance, les alleutiers, ayant pris conseil du podestat Arbert et de ses chevaliers, demander à l'abbé, pour l'amour de Dieu, de ses saints et d'eux-mêmes, de leur pardonner l'amende, en échange de quoi ils feraient un « très ferme et très durable dégeurpissement » des terres qu'ils venaient de perdre. Ainsi le droit est appliqué en théorie dans toute sa rigueur : l'amende infligée, les terres perdues, puisque Dieu a prononcé son jugement. Mais l'exécution réelle reste en la main du puissant, et celui-ci favorise souvent un arrangement. Ici encore apparaît le rôle important du sire, qualifié podestat ; il est *judex judicans,* entouré de ses chevaliers qui le conseillent. Il ordonne ; en cas de délit, il paraît se saisir lui-même. Il est aussi mis en mouvement par *interpellatio* ; il peut refuser la *petitio*. Il défère le serment à l'une ou l'autre partie. Il assure l'exécution et encaisse une partie de l'amende [274].

Mais pour autoritaire qu'elle soit, la justice des podestats paraît moins expéditive et moins sûre d'elle-même que celle du comte. Devant le tribunal du comte, il n'était même pas besoin d'aller jusqu'au jugement de Dieu, le serment suffisait ; maintenant, au contraire, les ordalies se multiplient. On constate aussi que le podestat hésite à exécuter la sentence, soit qu'il répugne à le faire pour des motifs d'intérêt, soit pas négligence. En s'abaissant au niveau des podestats, la fonction de justice n'a gagné ni en impartialité, ni en fermeté. Peut-on même parler encore de fonction ? Bientôt, les « plaids » ne signifieront plus pour le grand propriétaire, que les amendes qu'il a droit d'infliger, et qu'il place parmi ses autres revenus.

C'est une dégradation de même nature que subit le droit public d'albergue

---

273. Cette peine est évidemment en rapport avec la nouvelle législation sur la trêve de Dieu (Cf. *infra,* p. 201).

274. 1055 (CSV n° 739).

exercé lui aussi par les podestats [275]. Là encore l'accaparement semble assez tardif. Nous avons quelques renseignements sur l'exercice de l'albergue vers l'an mille quarante, en trois endroits différents : Auriol près de Marseille, Forcalquier près de Sisteron, et Chaudols près de Digne. Lorsque Raimbaud de Reillanne donne au monastère de S. Victor deux parties du château d'Auriol, la moitié de celui d'Ourgnon [276] il y ajoute l'albergue sur deux parties des *villae Lasa* et Solobre. Avec l'albergue, il donne également le district ou pouvoir de contrainte et la *baglia*, c'est-à-dire la protection et sa contrepartie financière. Ces droits ne correspondent nulllement à ses possessions foncières : quelques biens à *Lasa* et à Solobre. Lorsqu'il donne la moitié de l'albergue et du district à S. Savournin, il précise qu'il n'a qu'un huitième de la *villa*. L'albergue et le district ne s'appliquent encore qu'aux alleutiers, ce qui ne saurait nous surprendre puisque ce sont des droits publics. Il y lie les lauzimes, l'approbation d'une aliénation par les alleutiers de leur alleu, puisqu'ils sont protégés par sa *baglia*. Enfin il paraît entendre qu'Ourgnon, *Lasa,* Solobre et S. Savournin sont des dépendances du château d'Auriol auquel se rattacheraient albergue et district. On voit la similitude : Auriol, deux parts, et *Lasa* et Solobre, deux parts ; Ourgnon, une moitié et S. Savournin, une moitié. Si l'on se rappelle qu'une partie d'Auriol est au comte, la situation des parents de Raimbaud de Reillane s'éclaire. Ils disposaient, sans doute par concession comtale, d'une partie du château — deux tiers — à laquelle est liée une partie des droits de nature publique, judiciaire et militaire, exercés sur les hommes libres — alleutiers [277]. Le tiers restant est gardé par le comte et sera plus tard donné aux vicomtes [278]. On remarque la position de ce bloc territorial isolé au milieu des possessions des vicomtes de Marseille.

De même, lorsque les comtes Joufré et Bertran restituent (en 1038 ?) la *villa* de Chaudols à S. Victor, ils s'associent des « hommes illustres », Guillem, Gui, Isnard, Doon, Pons et Arbert, et précisent qu'aucun d'eux

---

275. « Sub hoc testamento divisit Fulco Langobardus quicquid in Valle Aurea vel ejus territorio jure potestatis exigebat in ospiciis vel arbergariis et ceteris rebus quibus potestas ad eo inibi acquirebatur » (MORIS et BLANC, — CL n° 343) (Fouque Lombard, de la famille de Grasse. — LDP-B).

276. « Terram me potestatis meeque dicionis que mihi obvenit ex jure parentorum meorum ... duas partes de castro que vocant Auriol, cum sala dominica et duabus partibus totius territorii ejusdem castelli vel ville, cum terris cultis et incultis... et dono medietatem castelli Ornonis cum suo territorio. Et iterum dono quod in villa Lasa habeo, et districtum et baglium et albergariam de alodariis de duabus partibus ejusdem ville. Similiter dono de villa Solobii districtum et bagliam et albergariam de alodariis de duabus partibus ejusdem ville ; et hoc quod habeo in villa Sancti Saturnini, hoc est octava pars ejusdem ville, et dono bagliam et districtum et albergariam de medietate ejusdem ville. Ergo alodarii supradictarum villarum non habeant licentiam vendere suum alodem cuiquam homini, sine consilio vel consensu abbatis »..., 1040 (CSV n° 58).

277. La division en tiers est précisée par le bref de la seigneurie de S. Victor à Auriol, qui énumère un clos de vigne, un moulin, un four, trois manses et quatre *braciariae* dépendantes et ajoute : « in ista omnia suprascripta nullus homo non habet mandamentum nisi in guaita et in gardia de vineis et in tercia parte de districto. » (Arc. des B. du R. 1 H 28-130).

278. Guillem de Marseille tenait une part d'Auriol qu'il qualifiait lui-même de comtale. (CSV 757). Le partage par moitié des droits à Ourgon et S. Savournin évoque plutôt le contrat de complant (cf. l'exemple tout proche de S. Zacharie donné en complant par le comte à Aicard de Marseille, 988 cat. n° 29). — Sur cette utilisation du complant cf. *infra* p. 149.

ne demandera plus ni cens, ni service, même par personne interposée : les puissants et les comtes renoncent ensemble aux droits publics. Et, lorsqu'en 1068/1069, Arbert abandonne le *receut*, c'est-à-dire le gîte, qu'il percevait encore, le scribe qualifie ce *receut* de comtal. Par la même occasion, Arbert renonce à toute contrainte exercée sur les hommes de Chaudols, c'est-à-dire au *districtus*. C'est ce même Arbert qui, nous venons de le voir, exerçait quelques années auparavant la justice sur Chaudols [279].

Le caractère public de l'albergue est également mis en valeur dans un texte qui rappelle à dessein le style des diplômes d'immunité carolingiens. Le comte interdit qu'on lève, dans les terres qu'il vient de restituer à S. Promace et à S. Victor, l'albergue ou la tolte, ou qu'on assaille ou prenne quelqu'un pour quelque faute que ce soit. Cet ordre ne s'adresse pas à de simples agents domaniaux, mais bien aux vicomtes, aux viguiers et à ses fidèles, soit plus généralement à tous ceux qui tiennent de son fisc, qu'ils soient ecclésiastiques ou laïques [280].

Dans plusieurs cas, encore au XIe siècle, albergue, *districtus* et autres droits publics sont donc considérés comme exercés par délégation du comte.

Parfois la délégation devient une aliénation, et les droits publics sont bel et bien vendus par le comte, avec l'autorisation royale, à un podestat. Odile de Vence épouse de Fouque de Marseille, avait la *villa* de Mazaugues, en propriété. Jusque en 1030/1032, le fisc comtal, délégation du fisc royal, avait continué à percevoir une redevance en pain, vin et autres denrées, dans laquelle il n'est pas difficile de reconnaître l'albergue : le texte insiste sur ce fait que cette redevance était nécessaire à « l'œuvre publique ». Dame Odile acheta aux comtes ce droit pour 4 once d'or ; il semble même qu'après la vente la *villa* de Mazaugue ne relevait plus de la justice comtale. Que certaines redevances soient des redevances publiques n'est donc pas oublié, au contraire ; un mot pourtant s'est glissé dans le texte : coutume ; « c'était les redevances que le fisc avait coutume de lever à Mazaugues [281] ».

---

279. 1038 (Catalogue n° 146). Les moines de S. Victor se sont servi du plaid de 780 (CSV n° 31) qui est cité dans le texte « Non tollemus, nec apprehendemus neque rapinabimus quicquid, nec ullam invasionis vim inferemus, neque per ullam potentiam homines supradictorum prediorum violenter opprimemus, nec ipsum receut comdal quod injuste accipiebamus, et porcos quos tollebamus, ac servicia quod injuste usque hodie requierebamus, jam amplius in perpetuum non requiremus, nec ullus homo vel femina per nos ulterius ». 1062/1069 (CSV n° 742).

280 « ... Notum autem esse volo omnibus nostre dicionis hominibus hedificare et construere me velle locum ecclesie sancti Promasii pre ceteris qui sunt in mea potestate, ad servicium omnipotentis Dei, ut superius dixi, sive pro pace et quiete ac moderamine potestatis a Deo nobis comisse, et hoc precipue commonemus ac precipimus vice comitibus, vicariis, fidelibus, sive omnibus fiscalibus nostris, ecclesiastici ac secularis ordinis, ut nec ego neque filii mei, aut aliquam vim inferre moliatur in ecclesia, loco aut burgo sancti Promasii neque per arbergariam neque per tollementum et ut infra terminos qui sunt positi in circuitu ecclesie, nullus homo sive ulla persona aliquem assaliat aut predam faciat, pro ulla unquam culpa. » — 1044 (Catalogue n° 139).

281. La *villa* était dans le patrimoine de S. Victor au début du XIe. Elle a dû passer dans celui des vicomtes. « Notum esse volumus ... qualiter vir venerabilis Jausfredus commis Arelate, volente et consenciente fratre suo Bertranno, gestans in manibus quandam auctoritatem domne Hodile in qua continebatur insertum qualiter concessisset vel donasset supra nominatus Jausfredus ad supranominata Hodila totam partem commitalem que ad commitem aut ad fisco commitale vel regale exigere debet de villa et de castro seu de territorio ipsius vel de apendiciis ejus,

L'idée va prendre plus d'importance lorsque l'albergue sera perçue par le sire ; on va la considérer comme un *usage*, mot qui est, dans le Midi, l'équivalent de coutume dans le Nord. Il est inutile d'insister sur la signification de tels termes pour désigner les droits de la puissance publique : « Les pouvoirs d'essence régalienne ne se fondent plus sur une délégation expresse de la souveraineté mais sur l'habitude et sur le témoignage de la mémoire collective [282] ». Ainsi vers le milieu du siècle Enaurs, veuve d'Uc des Baux, ses fils et ses neveux de Rians abandonnent au monastère de S. Césaire les albergues qu'ils percevaient sur la *villa* d'Agon en Camargue et ils précisent : « l'usage qu'eut par l'albergue notre père Uc [283] ». L'albergue était donc exercée par Uc sur un domaine qui était, et n'avait pas cessé d'être à S. Césaire, du moins depuis la restauration du monastère en 972 : le droit est ici nettement distinct de la propriété foncière et si l'albergue s'applique au domaine du podestat, elle continue à être exercée sur les domaines voisins.

La distinction de l'albergue et de la propriété peut être faite ailleurs. S. Pierre de Brauch avait été donné à Lérins en 1033 par les Pontevès, avec la terre qui entourait l'église. Mais ce n'est qu'en 1067 qu'un membre de la famille, Augier, abandonna l'albergue qu'il exerçait sur la *villa* de Brauch [284]. A la même époque, les Orange renonçaient à exercer l'albergue sur tous les domaines de l'abbaye S. Pons de Nice [285]. Dans tous ces cas l'albergue ne suppose pas forcément la propriété de la terre sur laquelle elle s'exerce, au contraire, même. Elle a conservé jusqu'au milieu du XIe siècle son caractère d'origine qui est précisément de s'appliquer ailleurs que sur les domaines de celui qui l'exerce. Et c'est dans la mesure où, cessant d'être considérée comme exercée par délégation publique, elle va être privatisée

---

de villa qu dicitur Madalgas, ideo dat, donat domnus Jausfredus et roborat atque transfundit ad proprium alode ad supra jamdicta Hodile quicquid fiscus regius vel commitalis exinde exigere debet tam de pane quam de vino vel de aliis condicionibus... et exinde accepit precium IIIIor auri uncias ut quicquid ad publicum opus vel ad fiscum regium sive commitalem ex hac villa que nominant Madalgas consuetudo fuit ex had die ad supradictam Hodilam vel rectores illius (lacune) sibi servientibus vel (lacune) cedat. Et D. (lacune) rias similiter dono totam meam partem.

... Ita et deinceps in perpetuo firmum et stabile permaneat omni (tempore ? lacune) ex judiciaria potestate aliquo fisco aut aliquod (lacune) de supradicta villa exactare aut requirere voluerit, vel ullam contrarietatem facere erga pred (icta villa ? lacune) aut ingerere presumat, sed nostris futurisque temporibus inviolabiliter conservetur (lacune) », 1030/1032 (Catalogue n° 107).

282. G. Duby, *op. cit.* p. 207. L'évolution a été décrite par J.F. Lemarignier, *La dislocation du « pagus » et le problème des « consuetudines »* (Xe-XIe siècles), *in* Mél. Halphen, Paris 1951, p. 402.

283. «... usus illos quos per albergariam habuit pater eorum Ugo et ego Enaurs et ipsi habuimus in villa Agonis », 1059/1069 (Arch. des B. du R. 60 H 24 n° 26 — chartes parallèles). Cf. aussi 1040/1080, 1067, c. 1090 CSV n° 665, 827, 4, 605) et c. 1070 (CN n° 5).

284. 1033 (Flammare CL n° 197). « Ego Augerius et uxor mea ... relinquo potestatem inique dominacionis quam actenus apud Braugium exercui, scilicet albergariam et ne solvam per fezoriam neque gratis petam, nec vi auferam aliquid », 1067 (*Ibidem*, n° 198).

285. « Breve helemosine quam faciunt ... de honorem S. Poncii, ipsius monasterii et ville prope presentis. (Suit l'énumération du domaine de S. Pons). Isti supradicti seniores non albergaverint, neque tulerint, illi nec homo nec femine pro illorum consilio et conscientia contra voluntatem abbatis », c. 1075 (CSP n° 12).

qu'elle deviendra précisément un élément du domaine et élargira celui-ci. Dans le même temps et comme les droits de justice, elle se mêle à des prestations d'origine purement domaniale pour devenir une redevance parmi d'autres, fondée sur l'usage. On verra désormais voisiner, dans les comptes des seigneuries, le porc et le mouton du cens, la tasque, la justice, le mandement et l'albergue [286].

Les « droits publics » ont cessé d'exister en tant que tels. La dernière différence entre les représentants, mêmes théoriques, d'un pouvoir commun et souverain, et les plus riches des hommes libres s'efface. Il ne restait plus aux grands qu'à s'emparer d'un dernier droit régalien, celui de construire et de posséder une forteresse.

Tant que les rois sont demeurés puissants, la construction d'un château est restée quelque chose de public, et ceux qui étaient édifiés sans l'autorisation royale furent considérés comme « adultérins », illégitimes [287].

Qu'en est-il en Provence ? Dans la première moitié du Xe siècle, les châteaux sont encore rares, on n'en dénombre qu'une quinzaine, tous en Provence occidentale. Inversement, on ne trouve aucun château dans le patrimoine des grands [288] ; comme le dit fort justement le biographe de Beuve de Noyers : « Les fortifications étaient alors rares dans ce pays, et, avant l'incursion des payens, chacun jouissait de ses biens dans son domaine [289]. » Lorsqu'on examine la liste des châteaux les plus anciens, on s'aperçoit qu'ils sont tous bâtis sur des domaines publics, soit des domaines d'Eglise, soit des domaines fiscaux proprement dits. Ainsi, aux quatre grands châteaux du comté d'Arles, Vernègue, Salon, Istres et Fos, correspondent les fiscs d'Alleins, de Grans, d'*Ugium*, et des anciennes *Fossae Marianae*, où était l'entrepôt du tonlieu encore à l'époque mérovingienne [290]. Ajoutons-y la tour de Jonquières, bâtie dans l'île de la Cappe qui était elle aussi un fisc au IXe [291], et le château de S. Chamas, qui appartient à l'archevêque, et l'on aura tous les châteaux du pays d'Arles [292]. Tous, sauf la tour de Jonquières, dont l'existence n'est assurée qu'en 967, étaient tenus par l'archevêque Manassès. Remontons le Rhône : le château de Lers, sur une

---

286. Deux frères déclarent : « Etenim in eodem manso habebamus duas partes de tasca et receptos, porcum et multonem, justiciam et mandamentum et albergarias ». 1064 (CSV n° 763). Raimon Decan avait à Rognonas des revenus « in cambia, in mestralia et in placitis » — 1096 (MANTEYER, *La Provence*, p. 380). Dans la Vallouise, les podestats prenaient le tiers des sommes mises en jeu dans le plaid, soit l'ancienne *freda*. « De placitis qui fiunt in valle coram eis, accipiebant potestates terciam partem », 1101 (GUILLAUME édit. de Fornier, *Histoire des Alpes-Maritimes* n° 5, p. 198). Pertuis, 1124, *infra*, p. 134.

287. AUBENAS, *Les châteaux-forts au XIe siècle*, in RHD 1938.

288. Cf. par exemple l'alleu de Fouquier ou celui de Giraud de Sabran, *supra* p. 88.

289. « Rarae quoque munitiones in regione illa habebantur sed unusquique in villa sua gaudens ante praescriptam paganorum incursionem propriis utebatur » (*Vita S. Bobonis*, p. 185).

290. « Breve de terris quas Manassès archiepiscopus in dominio suo tenuit : ... Fiscum de Ratis et Ugio et Arigno et Granario, Castrum Alvernicum et de Sallone sive de Fossis » GCNN Arles n° 261 — Fos dès 923 CSV n° 1 « ... ad castellum quod dicunt Istro, ecclesias duas... » 964, donation du roi Conrad à Montmajour (Arc. B. du R. 2 H 5).

291. « Ego Ragambertus ... de rebus proprietatis mee videlicet de villa Jonquarias que mihi jure propinquitatis legibus advenit ... dono ... villam prenominatam cum turrim ... » 967 (Arch. B. du R. 2 H 9) pour l'identification du lieu, cf. 964 (AST f° 41).

292. « Castrum vetustissimum in comitatu Aquense qui vocatur vocabulo S. Amantium », 970 (GCNN Arles n° 271) ; l'archevêque le donne alors à Boson, mari de Fouquière.

île au milieu du fleuve, contrôle le *portus* où passe la route de Vienne en Espagne. Lui aussi est construit dans des domaines fiscaux, tenus par le roi au début du xe siècle [293]. Plus à l'est, le château de Vénasque est bâti en plein cœur des domaines de l'église de Carpentras et probablement est un *caput fisci* [294]. Même chose pour les châteaux qui surveillent la vallée de la Durance. « Château-Boson », bâti sur le terroir de la *villa* comtale de Manosque [295], Ansouis, sur un domaine de S. Victor [296], Forcalquier, sur un autre domaine de S. Victor [297], Lurs, édifié sans doute sur le terroir de la *villa Alaunum*, ancienne *statio* romaine, et domaine de l'évêque de Sisteron [298], Mison, probablement sur un domaine comtal [299]. Enfin, dans le comté d'Aix, barrant la voie aurélienne, la tour du domaine fiscal de Trets, plus tard appelée « Château-Arnoux [300] ».

Il faut attendre la deuxième moitié du xe siècle pour apercevoir les premières traces de « privatisation » des châteaux. Un bon exemple, et sans doute le premier, en est précisément fourni par la tour de Trets, cédée en alleu à Arlulf de Marseille, en 950. De même, le Château-Renard, bâti — ou restauré — par le juge de Provence Renard, avant 966, sur l'ancienne *villa* fiscale de Seisson, où résidait encore le roi au début du siècle [301] ; ou encore le célèbre château des Baux, bâti avant 978 sur le territoire d'un domaine de l'Eglise d'Arles, la *vallis Felauria* [302]. Tous seront plus tard tenus en alleu. Et les châteaux commencent à faire l'objet d'échange — S. Chamas en 970 [303], ou de précaire — La Roque-de-Mornas, ou celle de Saigon, en 983 et 976 [304]. Dans les dernières années du xe, le mouvement

---

293. 912, ARP n° 53. — 916, CNDD, n° 91.

294. Cf. *supra*, p. 80. Les tours sont encore en place.

295. Catalogue n° 114 — Peut-être la tour de Toutes Aures, sur une colline au nord de Manosque —.

296. 966 (Catalogue n° 8). Villa Marciana. Cf. *supra*, p. 83.

297. Les reliques de S. Mary ont été transportées dans l'*oppidum* de Forcalquier à l'époque de l'évêque de Sisteron Arnoux, soit en 944/959 (Livre Vert BN lat. 17558 f° 64 — LEP dioc. de Sisteron note 1). Cette translation correspond à la fondation de la collégiale S. Mary de Forcalquier. Le château, une butte très raide avec un tour carrée pour en barrer l'accès, sur le flanc nord, a toujours été aux comtes. Domaine de *Bettorida* : Les Tourettes, Cf. *supra*, p. 83.

298. Cf. *supra*, p. 84 note 53.

299. 988 (CLU n° 1784), le clerc Ricau en donne la moitié à Cluny, ce qui évoque le contrat de complant (cf. *infra* p. 149). La donation n'a pas été suivie d'effet ; au xie le château sera tenu par les vicomtes de Gap (cf. *infra*, p. 202), et au xiie il sera de nouveau au comte.

300. 950 CSV n° 1041, cité *supra* note 252 ; Château-Arnoux, 1001 (AVM n° 23 chapelle S. Michel ; au terroir de Trets).

301. La *villa* de Seissan est située dans la commune actuelle de Château-Renard. Le château lui-même n'apparaît qu'en 1010 (Arc. des B. du R. 2 H 348) mais il porte le nom de l'ancêtre probable des Renards de Châteaurenard, le juge mort en 965/966 (*supra* p. 46. Sur l'identification de *Sicilianis*, cf. *supra* p. 80 note 17).

302. La *vallis Felauria*, qui correspond au val des Baux (Clouzot, *op. cit.* p. 138, *Ecclesia S. Martini de (Fe) lauria* = S. Martin de Castillon et CSV n° 155) est tenue pour l'archevêque Manassès par Isnard (GCNN Arles n° 261) ; ancien domaine de l'abbaye S. Martin d'Arles, (cf. *supra* p. 82), le château paraît dès 970/978 (catalogue n° 17).

303. Cf. *supra* note 292.

304. Cf. une première précaire de 954 ne mentionne que la *villa de Gigondas* au pied du rocher, c'est seulement dans le renouvellement de 983 que la Roque de Mornas est mentionnée (GCNN Arles n° 256 et 283) — Saignon 976 (CA n° 26). Sur ce genre de concession cf. *infra* p. 147.

de construction se précipite, pour culminer vers les années 1030-1040. Prenons le cas d'une région que nous connaissons bien, grâce à une documentation relativement abondante, celle du *pagus aptensis,* du pays d'Apt. Le *pagus* compte, au xe, environ une vingtaine de *villae*, et apparemment pas un château avant 970. Puis, entre 945 et 976, on construit ou on restaure Saignon, sur un domaine de l'Eglise d'Apt ; avant 972, Bonnieux, bâti sans doute sur le terroir de la *villa Vallis* en 955, et avant la fin du siècle paraissent Roussillon et S. Saturnin, Caseneuve et Viens. Les sept autres châteaux du *pagus* existent tous avant le milieu du XIe siècle [305]. Même à cette époque le nombre des châteaux est loin de l'emporter sur celui des *villae.* Mais, à présent, la plupart de ces châteaux à la différence des anciennes forteresses, sont bâtis sur des alleux. Et il est peu probable que les grands qui les ont édifiés se soient souciés de demander au comte son autorisation. On passe donc d'une douzaine de châteaux publics, dans la première moitié du Xe siècle, à quelques dizaines peu avant l'an mil [306], et à une bonne centaine de châteaux privés vers 1030.

Quelles conclusions tirer de cette évolution ? D'abord, il est évident que cet effort de construction militaire [307] n'a pas été entrepris pour se défendre contre un ennemi extérieur à la Provence, contre les Sarrazins par exemple, qui sont exterminés dès 972. Il ne s'agit donc pas d'une défense du comté, mais bien d'une militarisation des domaines. D'abord par nécessité pour les grands de se défendre eux-mêmes au lieu de s'en remettre à la protection de la puissance publique. La chose est normale : en s'emparant des domaines publics, puis des pouvoirs de ban, en désertant le tribunal du comte, ils ont eux-mêmes détruit les bases matérielles d'un pouvoir unique qui put veiller à la conciliation de leurs intérêts. La paix des Francs n'est plus qu'un souvenir. Force leur est maintenant d'assurer, chacun pour soi, leur sécurité.

Mais surtout le château ne protège pas seulement le grand propriétaire et ses hommes des attaques de ses rivaux voisins. Il se dresse au-dessus de

---

305. Cf. *supra*[e]*;* Saignon, *villa* en 920 et 945 (CA n° 13 et 16), *castrum* en 976. — *Vallis,* 955 (Arch. des B. du R. 2 H 9) avec l'église S. Auban, actuellement commune de Bonnieux-Bonnieux, *castrum* 972 (CA n° 22). — Roussillon, avant 986, CA n° 34) — S. Saturnin paraît être une *villa* encore en 986, (CA n° 34), c'est un château dès l'époque de Pons-Arbaud de Castellane, donc fin x^e^ (Arc. des B. du R. 2 H 14). Caseneuve, *villa* en 976 (CA n° 26), *castrum* en 992 (CA n° 43). Viens, qui paraît en 1006 (CA n° 59) est édifié sans doute sur le terroir de Meyrigues (*Armenranicus*) *villa* en 904 (CA n° 7), lieudit en 1006 (CA n° 57 - Cassini). *Alpester* 1019, (CA n° 62) — *Launanicus* milieu XIe (CA n° 80) — Clairmont, 1041, (CA n° 74) — Lacoste, milieu XIe, (CSV n° 765).

306. Aups 984, (CSV n° 70) ; Auriol, Nans, Gemenos, 1001 (CSV n° 69), dans la même région, Ollières, Peynier, Pourcieux, Aubagne, sont toujours *villae* en 1008, 1014, 1020, 1035, (CSV n° 18, 110, 19 56) — Bouc dès 975 (BN lat. 13915 f° 30 et 12685, f° 254) — Colonzelles, près de S. Paul Trois Châteaux, 998 (CLU n° 2466) — Piolenc 994/998, (catalogue n° 52) (comtal). — Rizou, près de Rosans, 988 (CLU n° 1784) — Salernes, 1007 (CSV n° 486) — Castellane, 1005/1006 (CSV n° 774) — Cucuron, 1004 (MANTEYER, *op. cit.* p. 521) — Jarjaye, au comte de Gap, 1004 (Cartulaire de Conques n° 431).

307. Qu'il ne faut pas exagérer. Beaucoup de ces châteaux sont simplement l'aménagement d'une table rocheuse (Les Baux, Castellane, sont les plus impressionnants) sur laquelle on a bâti une tour. Il est possible que certaines tours de guet romaines aient été réutilisées (*speculae* cf. C. BOISSE, *Le Tricastin* ... Valence 1968, p. 159. Le rocher de Lers et sa tour carrée sont à cet égard frappants.

la *villa*, domine le terroir et les paysans qui y vivent, quelle que soit leur condition. Et comme le puissant fait désormais du château sa résidence habituelle, il y rattache la perception des nouveaux droits qu'il a accaparés, et qu'il étend, ou tente d'étendre à tout ce qui vit à l'ombre de sa Roque. Alors que les châteaux nouvellement construits sont situés par les actes dans le terroir d'une *villa*, ce sont bientôt les *villae* avoisinantes qui se regrouperont pour former le terroir du château [308] ou, mieux encore, son mandement, terme qui exprime alors parfaitement la juxtaposition de la forteresse et des pouvoirs de ban, telle qu'elle s'est réalisée entre les mains des grands [309]. Le château privé, pivot du ban seigneurial, est donc non seulement une défense, mais aussi le moyen privilégié de l'extension des droits publics à tous ceux qui étaient encore libres dans, ou autour du grand domaine ; une menace pour tous ceux qui voudraient aller contre la volonté du podestat. Désormais, dans de vastes étendues, le comte n'a plus rien à faire, et plus rien à exiger. La seigneurie banale, en se développant, restreint son pouvoir à son seul domaine propre et à certaines zones où le grand domaine ne s'était pas développé. Là il pourra encore requérir les services des alleutiers, ou chercher des clientèles. Partout ailleurs, l'espace lui est à présent fermé.

Plus grave : la seigneurie banale, puisqu'elle est dominante, s'attaque aux cités, ou du moins à ce qu'il en reste. Ceux des grands dont les domaines jouxtent une cité osent tenter d'en devenir les seuls maîtres. Ainsi les Brussans, dont les domaines s'étendent à l'ouest et au nord d'Aix, arrivent-ils à tenir, entre les années 1030-1050 à la fois la ville des Tours, avec l'archevêché, et l'enceinte proprement dite, le *claustrum*, c'est-à-dire le Bourg S. Sauveur, avec les trois tours qui formeront plus tard le palais comtal [310]. A Apt, durant le XIe siècle, les Agoult se sont emparés de la « grande Tour », qui était encore, au début du siècle la résidence de l'évêque, et de toute la cité, dont ils disposent comme d'un

---

308. Gautier avait construit son Château Neuf sur le terroir de la *villa* d'Aubignosc (1040. Catalogue n° 122). Mais au milieu du XIe, l'habitat en plaine, quand il s'est conservé, est dit « dans le terroir du château ». Ainsi Brauch est dans le terroir du château de Montbrien (1033. Moris et Blanc CL n° 210) ; Vaugines dans celui de Cucuron (Manteyer, *La Provence*, p. 520) ; Barjols, dans celui de Pontevès (1021. CSV n° 602) ; Villecroze, qui existe dès 960 (Du Roure RHP I, p. 32 et 33) dans celui de Salernes (1005 CSV n° 487) ; Venel dans celui de Bouc (BN lat. 13915 f° 30) ; Remollon, dans celui de Jarjayes (993. Reg. Dauph. n° 1090).

Les *villae* de S. Savournin (CSV n° 130 et 131), de Lasa, de Solobium (CSV n° 58) et de S. Zacharie (1033 CSV n° 101) sont dans le terroir du château d'Auriol ; Sainte Croix du Verdon et S. Saturnin dans le terroir de Moustiers (CSV n° 1092 — Moris et Blanc n° 210, 216 et 300) ; Vénasque et les *villae* qui en dépendent (Catalogue n° 354). — Cf. aussi le titre significatif : « de decimis S. Saturnini et ejus villarum » (1053 CA n° 84 — il s'agit de S. Saturnin d'Apt).

309. Comolas est situé dans le mandement du château de Roquemaure (22 février 1073, *Cart. S. Barnard de Romans* n° 183). Le terme n'est pas propre à la Provence, cf. Letonnelier, *Essai sur les mandements en Dauphiné, in* Annales de l'Université de Grenoble, et Delcambre, *Géographie historique du Velay*, Bibl. Ecole des Chartres, 1937.

310. L'évêque est Peire, de leur famille (LEP, dico. d'Aix, note 7) ; les tours et l'enceinte sont tenues par Gui (catalogue n° 158). Ces tours, la tour du Trésor, qui était un ancien mausolée romain, et la tour du Chaperon, l'une des tours de la porte antique de la cité, ont été détruites lors de la démolition du palais de justice.

alleu [311]. A Sisteron, le *castellum* est aux mains des descendants de Miron [312]. Ce sont là des cités très amoindries, certes, mais non les plus petites ; de cette importance, elles étaient au nombre de sept [313] et dans une seule d'entre elles, Nice, nous sommes sûrs que le comte a conservé un point d'appui [314].

Le triomphe de la seigneurie banale paraît donc complet, dès la première moitié du XIe siècle. Soit qu'ils aient reçu des domaines fiscaux, soit qu'ils aient étendu la délégation de pouvoir consentie, dès le début du Xe siècle, à certains d'entre eux, les podestats, sans doute les gardiens [315] des quelques forteresses publiques existant à l'époque sont les maîtres absolus du pays. Tant que pèse la menace sarrazine, les cadres de la défense commune, publique continuent tant bien que mal d'exister, comme aussi la fonction publique du lieutenant du comte, le vicomte. Quand cesse le péril, cesse aussi la communauté toute apparente de cette société ; les grands se jettent sur les nouvelles terres de l'Est. Le comte qui les a menés à la victoire et qui les maintient dans la concorde, apparemment puissant, dépend en fait entièrement d'eux ; la royauté bourguignonne achève de s'effacer à la fin du Xe siècle. L'Eglise est réduite à peu de chose. Probablement peu après 972, le tournant est pris : ce sont en effet les vicomtes des années 966, 976, 977 qui transmettront le titre à leurs héritiers ; c'est autour de l'an 980 qu'apparaissent les premières forteresses allodiales : c'est dans les premières années de l'an mil que des droits publics sont devenus aussi des alleux [316]. L'usurpation élargit des droits que l'usage consacre. En l'espace d'une génération, et sans pouvoir bénéficier d'une forte tradition immuniste, la seigneurie banale domine le pays.

En passant entre les mains des grands, les droits du ban, jusqu'ici tant bien que mal instruments de la paix royale, de la paix publique, deviennent purement et simplement le moyen d'assujettir les libres et de tirer plus de profit des tenanciers. Mais la seigneurie banale ne peut signifier en Provence, ni sans doute dans tout le Midi, le rétablissement d'un système domanial qui n'y avait jamais réellement existé. Le mandement, ici comme ailleurs masque légitime d'un terrorisme de classe, est impuissant à reconstituer des groupes serviles nombreux, ni à instaurer un système de réserve et de corvées. Terrorisme de classe, le mot est fort dira-t-on [317]. C'est pourtant lui, nous allons le voir, qu'il faut employer.

---

311. Cette tour se trouvait à l'emplacement de l'actuelle mairie. On l'appelle la Tour épiscopale en 990/1000, et les dîmes de l'évêque y sont rattachées. Au début du XIIe, l'évêque Laugier disait la tenir de son père, et la léguait à ses neveux avec sa part de la cité, (CA n° 54 et 125).

312. Cf. 1105/1124, GCNN, tome I, col. 446.

313. Février, *op. cit.*

314. Cf. catalogue n° 41, 42, 43, 203. Le château est aux comtes (Février, *op. cit.* pp. 95 et 182). Les fils d'Odile n'en sont que les *castellani* (cf. *infra* p. 153).

315. Cf. *infra*, p. 150.

316. Ainsi le droit d'albergue qu'abandonnent les Baux en 1059/1069 avait déjà été tenu par leur père Uc (avant 1028, 1053) et par Joufré de Rians, connu dès l'an mil. Les droits de Raimbaud de Reillane lui venaient de son héritage, c'est-à-dire de son père Boniface, connu c. 1000.

317. L'expression est de P. Bonnassie.

Chapitre IV

Les structures sociales autour de l'an mil

On pouvait distinguer dans la société provençale du début du xe siècle six groupes différents : tout en haut de la pyramide sociale, quelques membres de l'aristocratie d'Empire, puis les grands alleutiers du comté, de petits groupes de marchands dans les trois grandes cités, de moyens ou petits alleutiers, des colons ou masoyers, des serfs enfin. Dès le milieu du siècle, le premier groupe a disparu, victime de rêves trop ambitieux. Le dernier, celui des serfs, s'efface un peu plus tard : la traite ne concerne plus que les esclaves de luxe et la source de l'esclavage agraire est tarie, tandis que les affranchissements, les désordres, le vident peu à peu. Ecartons le groupe des marchands qui ne paraît guère avoir changé au cours du xe siècle, et qui ne joue pas de rôle politique important comme en Lombardie [1]. Restent trois groupes, dont la physionomie va être profondément bouleversée au xie par l'utilisation que font les grands des pouvoirs du ban, ou si l'on veut par la patrimonialisation des anciens pouvoirs publics de commandement. Nous allons voir, dans un premier temps, comment se répartissent dans le nouveau cadre de la seigneurie banale, les hommes des deux groupes inférieurs. Nous tournerons ensuite nos regards vers les hommes de la classe dominante, pour poser le problème du lien qui les unit et donne à leur société sa fragile cohésion.

— LA NOUVELLE DIVISION SOCIALE PAYSANS ET CHEVALIERS —

Lorsque disparurent les pirates du Freinet, lorsqu'on recommença à cultiver les terres de l'Ouest, ceux des petits propriétaires alleutiers qui s'étaient maintenus dans la Provence occidentale pensèrent que leur heure

1. C. Violante, *La Società Milanese nel' eta precommunale,* Bari, 1953, p. 41.

était arrivée : les grands et leurs masoyers ne pouvaient à eux seuls occuper toutes les nouvelles terres ; le malheur des Provençaux du xe allait faire le bonheur des survivants ; tous ceux qui avaient conservé leur pleine liberté pouvaient proliférer sans crainte de s'appauvrir ; un « Est lointain » s'ouvrait aux ambitieux. Ils durent bientôt déchanter.

Le meilleur exemple qu'on puisse ici donner, est l'histoire de Thierry et de Noë, les deux alleutiers qui avaient obtenu de l'abbé de S. Victor une association pour la mise en valeur de sa nouvelle *villa* de La Cadière, au comté de Toulon, non sans mielleuses paroles. Le contrat conclu, l'abbé envoya un de ses bouviers avec un attelage de bœufs, pour rompre la terre, afin de se constituer une réserve, restreignant d'autant les friches sur lesquelles portait la convention. Les deux frères se mirent à réfléchir : « Ces moines garderont toujours toute la terre défrichée ; et nous, qui sommes pourtant les métayers, nous n'aurons plus rien et nous serons floués. » L'envie les prit au cœur, ils fouettèrent le bouvier, chassèrent les bœufs des moines. A cette nouvelle, l'abbé et les moines, fort en colère, portèrent plainte devant le vicomte. Celui-ci vit le parti qu'il pouvait tirer de la situation ; il fixa un jour pour un plaid — accord ou véritable instance judiciaire, nous ne savons —, et ce jour venu, comme l'abbé exposait ses griefs, il lui fit la proposition suivante : « Sire abbé, associez-moi pour la moitié de la terre, et investissez-moi pour la durée de ma vie ; j'expulserai ceux qui vous ont lésé, je vous défendrai, et même j'augmenterai le terroir [2]. » Ses guerriers se joignirent à lui. L'abbé, trop crédule aux promesses du vicomte et des siens, accepta, et le domaine de la Cadière sortit bientôt du patrimoine de S. Victor pour tomber dans celui du vicomte. A la Cadière, les petits alleutiers qui croyaient s'enrichir sont donc purement et simplement expulsés.

Ils ne sont guère mieux traités ailleurs ; prenons le cas de Chaudols, près de Digne. Une partie de l'ancien domaine de S. Victor avait été occupée par des alleutiers sur lesquels les comtes et la famille de Mison exerçaient les droits publics. Lorsque, sur la plainte de l'abbé Isarn, le comte et ses fidèles reconnurent les droits de S. Victor, il fallut que les alleutiers transigent. On fit une convenance : les alleutiers cédèrent aux moines une terre pour y faire leur réserve, la moitié de toutes les terres de Chaudols qu'ils avaient eu en alleu, sauf les manses de leurs pères, c'est-à-dire sauf leur propre réserve ; cette moitié s'entend donc des terres qui sont cultivées par des tenanciers. Ils donnèrent aussi la dîme de leurs réserves, et pour les terres incultes, on décida d'établir une double tasque, soit le onzième des fruits pour les moines, le douzième pour les alleutiers, mis à part les terres incultes dont les alleutiers pourraient trouver le rattachement à leur manse [3]. Les alleutiers ne respectèrent pas la convention : ils défrichèrent certaines

---

2. Fin du xe (catalogue n° 21).

3. « Noticia convencionis atque divisionis rectae que fuit facta inter ... fratres cenobiales et alodarios homines ... convenerunt ... ut de omni alode suo qui in terminio de villa Caldol est, medietatem habeat S. Victor ... exceptis mansibus patrum suorum ; et de ipsis mansibus omnem decimum dederunt S. Victori. Insuper convenerunt ut de omnem terram incultam habeant monachi XI partem et ipsi XII, excepto hoc quod ipsi alodarii apprehendent in suo dominio per suos mansos, de quo abere possint idoneos testes », 1021/1048 (CSV n° 741).

parcelles, les soustrayant donc à la tasque, firent des difficultés pour la dîme, les fils de l'un d'eux refusèrent d'exécuter un legs de leur père à S. Victor, et réclamèrent même le lieu où les moines avaient établi leur réserve. Puis, comme Thierry et Noë, ils passèrent à l'action directe. Nous avons vu que leurs exploits leur valurent une lourde amende [4]. Obligés de venir à composition, ils durent rendre les terres qu'ils avaient défrichées pour eux, reconnaître la réserve de S. Victor, et accepter de payer au moins demi-dîme [5].

Une troisième espèce confirme les deux premières. Le vicomte Guillem de Marseille avait reçu de son fils Pons, évêque de Marseille, entre autres biens la moitié de Plan-d'Aups, en pleine propriété, pour qu'il fasse repeupler ce lieu et le remette en valeur [6]. En décembre 1001, le vicomte de Marseille donnait — ou rendait — cette moitié à S. Victor tandis que son fils Pons, l'évêque, et les chanoines abandonnaient tout droit sur la *villa.* Or le vicomte Guillem avait fait une convention avec les alleutiers [7] : sur les nouveaux arrivants il aurait la moitié de la tasque ; les alleutiers, en échange des droits qu'ils avaient sur les friches, auraient l'autre moitié. Seize ans après la donation, donc environ vers 1017, les alleutiers voulurent se saisir de la terre. Les moines dénoncèrent la chose à Guillem II vicomte de Marseille, fils du précédent Guillem et de Bellielde. Parce qu'il y avait dépossession de fait des moines, le vicomte interdit aux alleutiers de saisir la terre et confirme l'état de droit : les hommes des moines cultiveront la terre et les alleutiers auront sur eux la moitié de la tasque, l'autre moitié allant aux moines, successeurs de son père [8].

Dans presque toutes les espèces [9], nous voyons que la terre saisie par les alleutiers est une terre en friche qu'ils veulent cultiver en faire-valoir direct alors que le seigneur préfère y chaser des hommes qui lui payent la tasque et sur lesquels pourra s'exercer plus facilement son ban. Ce qui est mis en cause, c'est le droit des alleutiers sur la partie non-cultivée du terroir, auparavant commune ; en les empêchant d'y étendre leur réserve, le principal propriétaire du terroir les condamne à n'être jamais que de petits exploitants, quitte à les désintéresser en leur laissant (en fief ?) une partie des tasques. Toutes les espèces racontent donc la même histoire : celle des alleutiers qui tentent de s'approprier des friches pour un faire-valoir direct et s'opposent ainsi à la fois à la seigneurie foncière plus préoccupée d'accroître le nombre de ses dépendants et à la seigneurie banale dont la justice désormais les menace. Si les alleutiers de Chaudols avaient été chevaliers

---

4. Cf. *supra,* p. 120.
5. CSV n° 739.
6. 9 février 984 (CSV n° 70). La *villa* faisait partie des biens de Notre Dame et de S. Victor que l'évêque avait donc en main avant sa renonciation en 1005.
7. — ou certains d'entre eux : on nous en nomme trois ; il y en avait d'autres (CSV n° 96, *De alodariis de Almis,* environ 6 familles).
8. « Monachi ierunt ad dominum Willelmum vicecomitem Massilie ... et ei causam indicaverunt. Quibus auditis ... sicut pater suus constituerit, firmavit ... videlicet ut homines monachorum laborarent terram, et alodarii haberent medietatem de tasca et monachi. » CSV n° 99).
9. Cf. aussi le jugement rendu contre les alleutiers de Fabregoules, près de Pennes, en faveur de l'évêque de Marseille (catalogue n° 75).

d'Arbert de Mison, celui-ci les aurait-il aussi facilement condamnés ? A Caravaillan, à Aups, aux Pennes, à la Cadière, à Chaudols, les alleutiers perdent leur procès. S'ils se rebellent, c'est l'amende. Combien d'entre eux à cette époque ont-ils estimé que l'allodialité était une condition périlleuse et l'ont abandonnée pour des liens de dépendance envers le podestat local, rejoignant alors suivant leur niveau de fortune, soit les rangs des chevaliers du sire, soit celui des masoyers ?

Ce n'est là qu'une première étape ; le ban du seigneur s'appesantit de plus en plus sur les alleutiers ; on dit qu'ils sont en sa « baillie [10] », et bientôt, il s'arroge le droit de les donner, comme il donne manses et masoyers [11]. Ne lui doivent-ils pas aussi des prestations et des services, de plus en plus mal distingués des services domaniaux ? Et à mesure que l'on avance dans le XIe siècle, le sire se montre plus exigeant. Les droits tels que l'albergue avaient souvent fait l'objet d'un écrit, au milieu du siècle ; ils étaient donc en principe fixés [12]. Mais quelques années plus tard, sans doute parce qu'ils ont des besoins accrus, les sires s'efforcent d'augmenter les « usages », qui deviennent des « mauvais usages [13] ». En même temps, les tentatives des sires pour étendre leurs pouvoirs se heurtent aux exemptions de certains domaines ecclésiastiques. Ainsi, l'évêque d'Avignon Rostaing, fils du vicomte, passant outre à l'immunité conférée vingt ans auparavant par le comte à S. Promace de Forcalquier, y envoyait ses hommes percevoir la garde des vignes. En fait, comme il l'avoue lui-même, ses hommes enlevaient aux « vilains », tout ce qu'ils pouvaient [14].

Nous verrons plus loin comment le sire Audibert le Fier, c'est-à-dire le sauvage, s'entendait à lever des albergues dans des domaines qui n'étaient pas les siens. Contentons-nous pour illustrer les méthodes des officiers seigneuriaux de rappeler le souvenir de ce « viguier », qu'on appelait le Racheté, à l'âme très violente : pour préparer le repas de son maître, le vicomte de Marseille, il jetait la main à droite, à gauche, sur tout ce qu'il pouvait ; il prit la vache d'un paysan, homme des moines, et ce paysan, courant jusqu'à S. Victor, lassa les oreilles du Père de ses misérables plaintes. Le jour suivant, le Racheté vint lui aussi au monastère pour y prier les

---

10. Cf. texte cité, *supra*, p. 122, note 276.

11. « Ego, senior Aldebertus ... donamus aliquid de hereditate nostra que nostri juris est ... duos mansos et tres alodarios et medietatem decime et tascam, et quartum et decimam de vino, et oblias, et multonem, et de justitia terciam partem. » 1030/1050 (Durand, év. de Vence — Audibert de Castellane) MORIS et BLANC, CL, n° 307.

12. Par exemple la liste des redevances dues aux Castellane à Bairols (MORIS et BLANC, CL, n° 308) qu'il faut joindre au texte cité *supra* note 11. Ou encore un bref pour Villecroze (Arch. des B. du R. 1 H 67, 324), ou pour Aiguines, en 1053 (CSV n° 609) — Pour le XIIe, cf. 1146 (arch. des B. du R. 56 H 5247).

13. Ainsi Audibert de S. Jurs, dit « Le fier » (Cf. son histoire, *infra* p. 181). « ... asenarias et boarias et alberguarias, extra voluntate monachorum, et omnes malos usos quos ibi apprehendebant, in presentia domni abbatis suorumque monachorum et militum qui... ibi aderant, dereliquerunt », 1064-1079 (CSV n° 605).

14. « Ego Rostagnus episcopus Avenionensis ... malum usum habebam in obedientiam S. Promacii apud castrum Furcalcherii, scilicet accipiebant homines mei de vineis supradicti Sancti pro custodiis que vulgo gardias dicuntur, contra morem, quantum illis videbatur. Sed et de villanis qui habitabant in ipsa villa Sancti, consuetudines malas accipiebant, et vi auferebant quod poterant » 1065/1075 (CSV n° 665).

saints martyrs. La prière faite, il sort et se trouve devant le saint Père Isarn qui venait intercéder pour le vilain ; le malheureux paysan se jette aux pieds du viguier. Mais cet homme funeste, à l'âme diabolique, mis en fureur, étend le paysan raide par terre d'un coup de pied sous le menton ; sans égard à la présence du saint. Celui-ci, sans rien dire, son capuchon rabattu sur la figure, rentre aussitôt dans l'église. Le funeste Racheté saute sur son cheval, mais avant qu'il ait passé la clôture, le châtiment divin frappe le pied sacrilège. Et comme tous les médicaments qu'on appliquait à la douleur ne le soulageaient pas, qu'elle était intolérable et qu'il n'en pouvait plus, à la fin, le troisième jour, après avoir cherché en vain quelqu'un qui veuille le lui faire, il prit lui-même une hache et se trancha le pied [15]. L'atroce solitude d'un homme qui se mutile... mais que paie le viguier ? Le coup au paysan affolé de peur ou le mépris d'Isarn, dont le capuchon de moine cache bien peu, ici, le masque de sorcier ? Il faut croire que lorsque Dieu, les saints ou la goutte ne se mêlaient pas de cette sorte d'affaire, le paysan tâchait simplement de se traîner à l'abri d'autres coups.

Il n'est à cette époque plus question d'alleutiers ; il n'y a plus que des paysans, des rustres — *pagenses, rustici* —. Ils sont les hommes d'un seigneur et, tels des enfants sans père, ils sont en sa baillie — *baglia* [16] —. Il les protège contre ses semblables et Dieu sait si cette protection leur coûte cher : il leur « demande » de l'argent ou du bétail ; eux disent qu'il les leur « prend » ; d'où le double nom de la taille méridionale, appelée tantôt queste-*quaerere,* tantôt tolte-*tollere.* Or, contrairement à l'albergue, la queste n'est, à la fin du XIe siècle, toujours pas fixée ; chaque année, le sire demande un peu plus. Qu'on en juge par ce que le comte avait indûment tiré de la *villa* de Pertuis appartenant à Montmajour, ou plus exactement de la moitié qui semblait effectivement tenue par les moines : avant l'année 1120, à partir de laquelle ceux-ci ont relevé les exactions du comte, celui-ci avait déjà promis de rendre 10 bœufs, 3 ânes, 1 mulet et 25 porcs ; loin d'opérer la restitution promise, il leva en 1120 sur les moines et sur leurs hommes une tolte de 370 sous ; en 1121, il leur prit, toujours au même titre l'équivalent de 275 sous ; en 1122 pour 485 sous, en 1123 pour 484 sous ; en 1124, peut-être à cause de la guerre que le comte menait, ce fut pire encore : il exigea 970 sous, 20 ânes chargés de vin, et la recette de tous les droits qu'avaient les moines sur Pertuis ; à cette occasion, ceux-ci les énumérèrent : la justice, le ban, la garde des vignes, qui rapportait 20 tonneaux de vin, les droits du marché et ceux du passage de la Durance, tous droits d'origine publique, auxquels les moines ajoutent le pasquier, la tasque et les quartes, c'est-à-dire les revenus des terres à blé et des vignes données à part de fruit. On le voit, ni les cens ni les corvées ne sont mentionnés. Que valaient les cens des manses dépendants, quelques porcs, quel-

15. *Vita Isarni* ... col. 616.

16. Il est frappant de voir qu'en 845, les *boni homines* d'un plaid sont qualifiés encore de *pagenses,* hommes libres du *pagus* (CSV n° 26). En 984, les *boni homines* sont soit *satellites* (vassaux du comte), soit toujours *pagenses* (CSV n° 654). Dans la première moitié du XIe, le mot prend son sens de paysans (CSV n° 520 : trois hommes, l'un est peaussier, deux autres *pagenses* et le mot a désormais ce sens en 1059, 1073 et 1080/1086, CSV n° 687). Sur la *baglia,* cf. *supra,* p. 122 note 276.

ques agneaux, ou leur équivalent monétaire, quelques deniers à côté de la tolte qui pouvait rapporter en une seule année un millier de sous [17] ? Le ban a servi ici à étendre et à renforcer une protection fort coûteuse pour les protégés, fort lucrative pour le protecteur. Rançonnés par l'albergue et la tolte du podestat, maintenus dans le respect du plus fort par sa justice et son mandement, les plus pauvres des alleutiers et les dépendants sont confondus dans un même groupe social avili : les paysans, soumis au sire et à ses chevaliers.

Or l'appropriation et l'utilisation du ban par les grands de Provence n'a pas pour seul effet de repousser vers le groupe des tenanciers les plus humbles ou les moins chanceux des alleutiers. Le ban devient une frontière où, de part et d'autre, on peut observer une sorte de cristallisation : d'un côté les paysans, de l'autre ceux qui vont former la *militia,* une nouvelle noblesse [18]. Jusque dans la deuxième moitié du Xe siècle, les grands de Provence, les quelques vingt familles qui tiennent les plus grands domaines, continuent à être simplement qualifiés d'*homines* et rien ne distingue dans les actes de la pratique Arlulf de Marseille ou Pons d'Orange-Mévouillon des simples *laboratores* ; c'est tout juste si certains actes distinguent parmi les hommes, ceux qui pourraient faire partie d'une Cour de justice, les *boni homines* [19]. Si l'on veut trouver des qualificatifs nobiliaires, il faut les chercher chez les titulaires d'*honores.* Ainsi, au début du siècle, le comte

---

17. Notice (BN lat. 13915 f° 151 — copie abrégée BN lat. 12685 f° 281 v°). De même, Peire de Mison, fils de Fouque de Grasse, soutirait 300 sous, en une seule année aux hommes de Lérins, à Vallauris : 1125/1131 (AEA, n° 60).

Les « *salvatores* », paysans libres « protégés » par l'archevêque d'Arles, laissaient entre les mains de son baïle de Mésenc quatre sous (par homme ?). (Livre Noir f° 23 v°).

On a peu de chiffres d'albergues : en 1063/1091, le « cens de la seigneurie » de Villecroze était de 12 pains, une ânée de bon vin, 4 deniers ottonencs de viande de porc et un agneau (Arch. des B. du R., 1, H, 67, 324). A Bairols à la même époque, onze tènements donnaient 26 pains, 18 pots de vin (*copa*) et 5 sous, avec quelques setiers d'avoine et d'orge, pour les chevaux (Moris et Blanc, n° 308). Le quart de Meynes et la moitié de Treuils rapportaient à Pons de Meynes, pour les albergues, 32 sous (Arch. des B. du R., 5 H, 5247).

Au XIIe siècle, les paysans doivent, en outre, des prestations comme le « vin de moisson », le « vin de cannage », (dans lesquelles il faut probablement reconnaître les vieilles gardes des vignes et des moissons), la « poule de caramentran », accompagnée d'une fougasse et d'un peu de vin, le tout versé à la N.D. de février, doit alimenter la tournée du seigneur dans ses terres et prendre la place des anciennes *eulogiae* ou « oublies » (*oblata*) (Meynes, texte cité — Rognonas, CNDD n° 63).

18. Cf. G. Duby, *Une enquête à poursuivre : la noblesse dans la France médiévale,* Revue historique, 1961, p. 6.

19. « Quidam homo nomine Arlulfus », diplôme de Conrad pour Arlulfe de Marseille 950 (CSV n° 1041). « Convenientia seu precaria ... inter virum venerabilem dominum nostrum Manassen ... episcopum ... apud aliquem hominem nomine Poncionem et uxori sue Blismodis » 954 GCNN Arles 256 (Pons d'Orange-Mévouillon). « De terris quam homines in mansione sua tenuerunt » (fidèles de Manassès) c. 970 (GCNN Arles 261). « Convenientia ... inter domno Wilelmo comite et uxor sua Adalax apud unum hominem nomine Aicardo » (il s'agit d'Aicard de Marseille fils d'Arlulfe) 988 (catalogue n° 29). Dans tous les cas, les personnages sont identifiées, et sont des grands mais tous les contrats de complant arlésiens appellent de la même façon « aliquis homo » des personnages de peu d'importance, qu'une incise trahit parfois : « Convenientia ... inter Durante et uxore sua Ingiltrude apud aliquos homines nomen Manuhel et uxore sua Aurosa et Walterio et uxore sua Arlate ... per tale conventum ipsi laboratores ... » 975 (AST f° 21 v°). Sur les *boni homines* cf. *supra,* p. 49.

Thibert, puis ses successeurs, Hugues d'Arles et son frère Boson, sont régulièrement qualifiés par la chancellerie royale de très illustres, ou à la rigueur de très nobles, de respectables, de glorieux, comme d'ailleurs leurs pairs, les autres comtes [20]. Inversement, la chancellerie ne donne jamais de qualificatif nobiliaire aux simples fidèles du Roi, même si, par exemple, ils tiennent la charge vicomtale à Vienne [21]. Cela ne signifie pas que ces qualifications ne soient qu'une simple adjonction au titre comtal : on peut être noble sans être comte, et on peut être fidèle du roi sans être noble [22], mais le cercle de ceux que la chancellerie honore de cette distinction paraît bien étroit ; certaines des formules qu'elle emploie invitent même à rapprocher noblesse et parenté avec le roi [23].

Creation by archbishop of new nobility 967-983

Rien ne paraît changé à cet égard dans la seconde moitié du Xe siècle, puisque seul en Provence le comte et marquis est qualifié d'illustre, dans la tradition de la chancellerie royale [24]. On peut certes penser que les formulaire sont en retard sur leur temps. De beaucoup ? On en doute quand on voit le formulaire arlésien se modifier légèrement vers 967 et 983 ; Thibert, frère d'Arnaux, évêque d'Apt et Yson d'Orange-Mévouillon, ayant demandé des précaires ou leur renouvellement, se voient qualifier d' « hommes honorables et nos fidèles » — c'est l'archevêque qui parle — : on sent le scribe gêné de les dénommer simplement, comme il l'aurait fait de leurs pères. Puis, en 985/986, Roux, que nous n'avons pu identifier, est appelé pour la première fois dans une précaire « homme illustre [25] ». De même, au

---

20. POUPARDIN, *Actes des Rois de Provence : nobilissimus comes* : Thibert 23, Hugues 47, *inluster* ou *inlustrissimus comes* : Girard, 1, 5, 9, Thibert 33, Hugues 40, Boson 51. *inclitus dux et marchio* : Guillaume d'Auvergne 41, Hugues 52. Le qualificatif d'inclit est également donné au roi défunt : Lothaire père de Charles de Provence 3, 4, 5, 7. Hugues est aussi appelé *gloriosus* ou *spectabilis comes* 50, 53. Les ecclésiastiques sont très régulièrement qualifiés de *viri venerabiles*.

21. Berlion vicomte (de Vienne), 32, 40, Augier 34, Aimon, 37, Thibert et Bernard 41, Girard, 54, *Stercharius,* 56 ; seul Walo, sans doute un Provençal, se voit nommer *vir strenuus,* mais il ne s'agit pas d'un qualificatif nobiliaire, 43.

22. Rotlinde, femme du comte Alleaume, est qualifiée de *nobilissima,* 42 et cf. : « Per consilium episcoporum et per juditium comitum, nobilium ac ceterorum fidelium suorum » 52.

23. Ainsi dans les préambules, la formule *procerum fideliumque suorum peticionibus* 56, 60, 64 est parfois remplacée par celle-ci *propincuum ac fidelium suorum peticionibus* 61, 62. Le fait est d'autant plus frappant que dans tous ces cas, les intercesseurs sont des proches de l'empereur (Boson, Hugues, Charles-Constantin), nommés comme tels par les diplômes.

24. Les chartes ne donnent au premier comte de cette maison, Boson, que son titre comtal, par contre, son fils Guillem est qualifié dès 970 et 972 d'*illustrissimus comes* (catalogue 11 et 12) puis lorsqu'il devient marquis, d'*inclitus marchio* en 979, 19, d'*inclitus comes et marchio* en 986, 27, d'*inclitus comes* en 990 et 993 ; 31 et 37. Après l'an mil, le formulaire est moins significatif : on trouvera la veuve de Guillem, la célèbre Azalaïs d'Anjou, *illustrissima comitissa,* 1019, catalogue 83, son fils Guillem *inclitus comes,* après 1008, 70, son neveu Guillem, *nobilissimus comes,* 1037, 112.

25. *Viri honorabiles nostrique fideles,* 967, Thibert (GCNN Arles 268), et 983, Yson et son frère Umbert évêque de Vaison, (*ibidem* 288). *Vir inluster, Rodulfus nomine* (GCNN Arles 286). Il faut observer qu'il existait un comte Roux, dont le fils Arnoux, s'était marié avec Fridebourg, veuve de Guigue d'Albon, après 991. Elle était elle-même qualifiée d'*illustrissima* (MONTEYNARD, *Cartulaire de Domène* n° 27) ; son premier fils, comte, s'appelait Guigue, le deuxième, évêque de Grenoble, s'appelait Umbert, comme d'ailleurs son neveu Umbert évêque de Valence (996 CLU 2307 et 1009 Diplôme de Rodolphe III, *in* CHEVALLIER *Cartulaire de S. André le Bas* n° 38). Le nom d'Umbert évoque celui de l'évêque de Vaison (cf. note précédente), or la précaire de Roux jouxte celle des Mévouillon, à Nyons.

Very close parallel with Northern Italy and Milan
Creation of a body of nobles through land donations by Archbishop

début du XIe, Giraud et ses fils. Certes Giraud est comte en Valentinois [26]. Mais dès la première décennie de l'an mil, le doute n'est plus possible et plusieurs textes montrent nettement que les grands de Provence, Pontevès, Marseille, Sabran, Agoult, Châteaurenard, se considèrent et sont considérés par les moines de S. Victor de Marseille, de S. André d'Avignon, ou par les chanoines d'Apt comme des hommes illustres, ou nobles, eux aussi [27]. En 1023, dans les assemblées de Paix provençales, les nobles forment désormais un groupe, à côté des évêques [28]. Les textes invitent donc à considérer que les familles les plus importantes de Provence n'atteignent à la noblesse que vers l'an mil.

Mais le mouvement ne s'arrête pas là : si, laissant de côté les assemblées de 1023, on considère celles des années 1040/1045 qui verront la naissance de la trève de Dieu [29], on constate que, parmi ceux que les textes continuent à appeler « les nobles de Provence » se sont glissés de moindres personnages, et une charte comtale fait pour la première fois la liaison entre « nobles » et « chevaliers [30] ».

Les premiers chevaliers apparaissent dans les textes après l'an mil, désignés la plupart du temps par un terme forgé d'après la langue vulgaire, *caballarii,* et beaucoup plus rarement par *milites* ou d'autres termes, qui semblent être seulement des équivalents littéraires [31]. Le premier texte qui les mentionne est daté de 1029 : l'archevêque d'Arles, Pons donne à sa cathédrale le quart de la *villa* de Marignane, et il précise qu'il excepte de cette donation les manses des chevaliers, au nombre de sept, qu'il désigne nommément [32]. D'autres textes nous le confirment. Ainsi, Giraud Palliol

---

26. *Viri illustrissimi* (GCNN Arles 302). Pour l'identification, cf. FONT-REAULX, *Cartulaire de S. Paul Trois Châteaux,* p. 185.

27. 1006 *nobilissimus vir,* Rostaing de Sabran (BN lat. 13916 f° 5) — 1006 *nobilissimus vir,* Umbert d'Agoult (CA n° 57). 1007 *vir illustrissimus* Atanoux de Salernes - Pontevès CSV 486, 1008 *illustris vir* Aicard de Marseille (CSV 1008). 1010, donation par Mathilde de Chateaurenard, *pro patris anima necnon et matris inclitae* (Arc. des B. du R. 2 H 348). 1015 *illustrissimi nobilesque viri,* Fouque de Marseille et Lambert de Vence (CSV 175). Le qualificatif *illustris* ne dépasse pas le milieu du siècle : on le trouve encore en 1030, pour qualifier l'abbé de Montmajour, Raimbert, *illustrissimus nomine* (Bibl. Arles ms 881, n° 6), et en 1048 (corr. peut-être 1038) catalogue 146, en 1041 (plutôt que 1061, Henri est roi, GCNN Arles n° 414). C'est *nobilis* qui l'emporte dans la seconde moitié du XIe siècle, dans les sources littéraires (*Vita Bobonis, Vita Maïoli, Vita Isarni*) comme dans les chartes : 1033 Jonas père d'Atanoux de Salernes-Pontevès, qualifié *a posteriori vir nobilis* (CSV 631). 1035 Archambert de Bouc (CSV 125). Le juge Lambert, également *a posteriori* de *vir nobilissimus* en 1040 (catalogue n° 126). 1052 Guillem vicomte de Marseille, *vir nobilitatis* (CSV 553). 1062/1083, Guillem-Bérenger, Pons et Peire, non identifiés, *viri nobiles* (AEA n° 44). 1069, Aicard de Marseille, *juvenis quidam nobilissimus* (CSV 589) et les divers textes cités *infra.*

28. 1023 « in consilio ... diversorum episcoporum ceterorumque nobilium utriusque sexus religiosa congregatio » (CLU 2779) « in illo placito ... in Forojuliensi in loco quem vocant Modio ... ubi fuerunt plurimi nobiles homines » (Arc. des B. du R. 1 H 71-345). Sur ces assemblées cf. *infra* p. 77.

29. 1040, le comte *cum totius Provincie nobilibus* (catalogue n° 128). 1045, *in conciliis episcoporum ac provincialium nobilium* (CSV 691). 1048/1065 *in presencia Raimbaldi archiepiscopi clericorumque et nobilium laïcorum ejusdem civitatis*; Arles (CSV 171).

30. 1041, le comte Joufré fait une importante donation à Montmajour, *nostrorum nobilium militum laudatione* (catalogue n° 134)

31. *milites,* cf. les textes cités *infra.*

32. « Exceptis septem mansis, quos tenent caballarii qui ibidem commorantur, qui sunt

avait vendu à S. Victor le manse de son chevalier Arnaud, à S. Maximin ; les neveux d'Arnaud lui en firent de nombreux reproches, au point que, pour les faire cesser, et, dit Giraud « ne voulant pas les perdre », il reprit le manse à S. Victor, lui en donnant un autre en échange [33]. On voit ailleurs le chevalier donné avec son manse [34]. D'où vient ce manse de chevalier [35] ? On peut penser, dans bien des cas, à un petit alleu donné au seigneur, puis immédiatement repris en fief. Des suivants de la maison d'un grand ont pu aussi recevoir leur manse en fief [36] ou même, d'après un texte assez curieux, par une sorte de donation conditionnelle en alleu [37].

Mais dans tous ces cas, on retrouve l'idée d'un service qui, s'il est différent de celui que doivent les tenures paysannes, rapproche cependant d'elles la tenure du chevalier [38]. Celui-ci devra acheter un cheval et un haubert, et prêter l'aide. Le sire lui confiera la garde de son défend [39] celle de son château [40]. Le chevalier s'associera à lui pour édifier un nouveau clos de vigne [41]. Il se tiendra à ses côtés pour le conseiller ; on voit ainsi, autour

---

spetem quorum hec sont nomina : Bernardus, Constantius, Guicherius, Bonusfilius, Rostagnus, Guinimannus, Rahimbaldus. Decimum autem omnem ipsorum caballariorum qui excipiuntur ... dono predicte ecclecie ». 1029 (GCNN Arles n° 319).

33. Cf. la donation qui mentionne « mansus Arnaldi caballarii » (CSV 305). Et en 1053 (CSV 299) : « Ego Girardus, Isnardi Palliol quondam filius, vendidi S. Victori ... mansum de Arnaldo meo caballario. Hoc peracto, quidam viri qui fuerunt ejusdem Arnaldi nepotes, fecerunt mihi multam pro hac venditione rancuram. Eam itaque amplius ferre non valens, eosque perdere nolens, coactus sum cambiare eundem mansum ».

34. « Interim ei (Bernardo abbati) in prenotato castro (Papia) reddo ei militem Gontardum cum universis que pertinent ad illius mansum » 1070 (CSV 217).

35. On trouve dans une charte en 1008, l'expression *Mansus cabalis* (CSV 113), on pense évidemment d'abord à un *mansus capitalis,* le *capmas,* ou chefmanse, mais le texte précise que ce mas est cultivé par un nommé Amalbert.

36. Donation à S. Victor par les sires de la Garde de biens dans la vallée de Gareoult, *excepto uno manso quem olim dederamus ad feus Guarnerio caballario,* 1056 (CSV 376).

37. « ... ego Guillelmus et uxor mea Fida, magnificamus fidelem nostrum nomen Bernardum quod illi damus aliquid de hereditatem nostram que est in comitatu Antipolense, in castro que nuncupant Mugins. Et donamus tibi, Guillelmus et uxor mea Fida, et ad Bernardo et ad mulierem suam et ad proles suos quos habent et qui venturi sint de ista muliere, ad proprium alodem de terra arida aut de culta modiatas duodecim, et comparavit isto alode Bernardus unum caballum et unum autspergum. Ista omnia suprascripta donamus tibi fidelis noster Bernardus (sic) pro amore et dulcedine et benevolentie tue, et propter servicium et fidelitatem et per adjutorium quod nobis facis et inantea cupis facere » 1047 (CL Flammare n° 115). Le donateur est Guillem Gauceran d'Antibes-Grasse. On ne sait si l'on doit traduire « avec cet alleu Bernard achètera » (*comparabit*) ou « a acheté un cheval et un haubert ». Ce qui est certain par contre c'est la formule *propter servicium et fidelitatem* et la mention d'une aide aussi bien future que passée.

38. « Si quis ex nostris hominibus ... haut miles vel rusticus aliquo modo ex suo honore ipsi monasterio dare voluerit ». Donation de Guillem Gauceran d'Antibes et de son frère l'évêque Audibert au monastère de Lérins (CL Flammare n° 69). On retrouve cette clause en 1059 (CSV 687, 689) et 1073 (CSV 532).

39. « Bonifacius ... cedo ... ipsum boscum que secus est ecclesiam S. Mitrii ... sicut ipse Aicardus defendit ... Aichardus caballarius ... firmavit », 1043 (CSV 1067), le donataire est Boniface de Reillane.

40. Cf. *infra* note 126.

41. « in clauso ipso quod ipse (Gauceran de Vitrolles) et Bruningus miles ejus plantaverunt », 1056 (CSV 205).

de l'évêque Gaucelme « quelques-uns de ses chevaliers [42] », soit quatre familles, et autour d'Arbert de Mison, une douzaine d'entre eux [43]. On les distingue dès la fin du xe autour du vicomte de Marseille Guillem, qu'ils entourent de leur adulation, qu'ils servent de leurs mensonges et dont ils attendent en retour qu'il leur cède des bribes des domaines d'église en sa possession [44]. Ces combattants à cheval, parfois chasés par le maître, ont donc à l'origine, tout à attendre de lui. Créés par lui, ils lui sont étroitement attachés.

Mais vers le milieu du siècle, une modification s'opère : le terme de *miles* supplante peu à peu celui de *caballarius,* en même temps qu'il étend son champ d'application. Ainsi, Arlulf, l'auteur des vicomtes de Marseille se voit qualifié *a posteriori* de *miles,* comme Guillem « la Grue » de Grasse, comme Renaud de Signes ou encore Pandulfe de Salernes-Pontevès ; seulement, dans ce cas, le scribe ajoute un adjectif nobiliaire, pour marquer tout de même une différence avec les *milites-caballarii* du début du siècle [45]. De même, le concile de Saint-Gilles distinguera les *milites majores* et *milites minores* [46]. Il n'en demeure pas moins que les grands laïcs se voient gratifiés par les scribes du même qualificatif qui sert à désigner les plus humbles des combattants et leurs propres suivants. Les échelons intermédiaires n'échappent pas, non plus à cette extension de la *militia* : dès 1044, un personnage arlésien assez important, mais qui n'est pas un grand propriétaire, voit ajouter à son nom la précision : chevalier arlésien [47]. Volverade fait partie du groupe des alleutiers modestes, mais qui résident encore dans une des grandes cités provençales. Et un texte de la même époque le qualifie, lui et quelques-uns de ses semblables, de « vassaux de la ville d'Arles » ; ce texte, qui décrit les présences à une assemblée de paix, distingue ceux qu'il appelle les *pri-*

---

42. « Ego Gaucelmus Forojuliensis episcopus ... una cum consilio et consensu de omnibus canonicis meis et aliquantis caballariis meis, videlicet (5 noms de chanoines) et caballario meo Ugone cum sua uxore et Isnardo filio Landrici, et Isnardo Presbitero filio Dominici Presbiteri et Inguberto filio ejus, atque Cotarone et Isnardo et Arberto et Guillelmo fratribus », 1038, (CL Flammare n° 27). Sur Uc de Callian, nommé ici en tête des chevaliers, cf. *supra,* p. 93.

43. « consiliante domno Arberto et uxor ejus Guisla et filio ejus Guidone multisque militibus eorum adstantibus et rogantibus, quorum sunt hec nomina : (13 noms) et aliorum multorum hominum quorum nomina, brevitati studentes supersedere curavimus potius quam scribere » 1055 (CSV 739).

44. « Interea, cum pergerent (monachi) ad placitum et abbas cum suis monachis multum complangeret se ad vicecomitem ... milites vero cuncti, causa adolationis ita laudaverunt ut abbas vestiret eum. Adolardus vero, vicarius Massilie, fraudulenter dixit abbati ... Cumque multi multa dicerent, abbas, nimium credulus promissionibus vicecomitis et suorum » (972/980, catalogue n° 22).

45. Arlulf, *miles nobilissimus* 1040 (catalogue 126). Guillem Gauceran, *miles inclitus,* 1042 (CSV 801). Renaud, *domnus miles Rainaldus,* 1057 (BN lat. 13915 f° 78 v° et Bibl. Carpentras ms 513 f° 68 v° n° 368) ; *domnus Pandulfus nobilis miles* (CLU 2268). Le texte le plus significatif est encore une charte de Lérins où la veuve de Gauceran de Grasse déclare : « ego Belieldis, genitrix duorum Antipolitani regni (!) principum, e quibus alter presul alterque miles fore noscuntur » 1022/1050 (AEA n° 18).

46. Sur ce concile, cf. *infra,* p. 199.

47. Catalogue n° 139. Les témoins laïques mentionnés dans l'acte sont tous des personnages qui, quel que soit leur rang social, ont des rapports avec la région de Forcalquier, sauf précisément Volverade, ce qui explique sans doute qu'on ait éprouvé le besoin de le qualifier. Sur Volverade et sa famille, cf. *infra,* p. 287, note 6.

mates, ici les comtes et les vicomtes de Marseille, les *vasses* (sic) comme Volverade, et les *plebei* et les *urbani*, sans doute les paysans et les simples citadins [48]. Toujours à la même époque, Aicard Yson, fidèle de l'archevêque d'Arles, se voit nommer par lui *vir strenuus nobilitate* [49]. Et en 1067, lorsque des Arlésiens défrichent les marais de Montmajour, l'abbé de ce monastère, Rolland, distinguant parmi eux les nobles et les non-nobles, ne nomme aucun grand, mais un groupe important de ceux qui sont à l'origine des lignages chevaleresques du XIIe [50]. Ainsi, au milieu du XIe siècle, au moins dans les cités, état militaire et noblesse sont deux notions qui sont en train de se confondre, pour donner l'image d'un groupe social où voisinent les grands de Provence, les moyens alleutiers citadins, et d'humbles servants militaires chasés.

La première cause d'une telle évolution est sans doute que les grands ont étendu et chasé leur clientèle guerrière, une clientèle suffisamment forte pour faire respecter leur ban, plus lourd que celui du comte. Mais aussi, on s'aperçoit que des mariages unissent les grands et ceux qui vivent sur le territoire de leur seigneurie. Prenons comme exemple la généalogie de la famille d'Antibes-Grasse telle qu'elle a été dressée par les moines de Lérins au début du XIIe siècle [51] : le premier connu est Rodoard, à qui le comte avait donné le territoire dévasté du diocèse d'Antibes, ou plus exactement la moitié. Il a de sa femme deux fils et une fille ; dans la branche issue du fils aîné, on distingue au moins trois alliances en trois générations, avec de grandes familles : Pontevès, Orange-Nice et Reillane-Vence. Par contre, le fils cadet n'a qu'un fils qui devient moine à Lérins et une fille qui épouse Béraud de Mougins. La fille de Rodoard, Aude, épouse un nommé Signier,

---

48. « Erant ibi congregati utriusque loci (Arles et Marseille) primates ac vasses, plebei quoque ac urbani, diversi ordinis diversaeque aetatis utriusque sexus, quorum aliquot in hac litterarum serie nomen exprimi duximus, domnus videlicet S. sedis Arelatensis episcopus Raimbaldus, domnus quoque Willelmus vicecomes Massiliensis conjuxque una cum filiis suis pusillis cum majoribus, domnus etiam Fulco cum conjuge Odila, Volveradus et Guibertus atque Attanulphus, alius etiam Attanulphus, vasses urbis Arelatensis, abbates quoque », 1040 (catalogue 126). Les souscriptions montrent qu'étaient aussi présents les comtes (qui n'étaient pas directement intéressés à l'acte) le « juge » Béranger (futur vicomte), le clerc Pons (de Chateaurenard, futur évêque d'Aix), Franco (futur vicomte de Fréjus), Uc et Guillem des Baux, Umbert et Autran (de Gardanne cf. *infra*, p. 192).

49. « Ad me enim venit vir strenuus nobilitate, scilicet Aicardus Isonus, cum sua uxore nomine Ema, meus per omnia fidelissimus » (GCNN Arles n° 383). Sur Aicard Ison, cf. *infra*, (p. 287, note 3).

50. « Ingruente siccitate, insatiabilis atque importuna gens civitatis, nobiles atque ignobiles coepit excolere » 1067 (BN lat. 13915 f° 101). La distinction passe dans les chartes : « Quicumque autem istam donationem vir sive femina, nobilis sive ignobilis ... » (CSV 90).

51. AEA n° 15. L'éditeur, Doublet, date c. 1150. Cette notice a pour but de montrer comment le domaine de Vallauris s'est divisé entre les membres de la famille d'Antibes-Grasse, puis a été reconstitué au profit de l'abbaye de Lérins. Or l'abbaye a précisément eu des ennuis avec l'un des derniers nommés dans la généalogie, Fouque « le Lombard », à propos de Vallauris dans la période 1125/1135 ; c'est sans doute à cette occasion que le document aura été rédigé (AEA n° 60). Le but que s'est proposé le rédacteur n'est donc pas à proprement parler de rédiger une généalogie, et ce document n'est en conséquence pas du type décrit par G. DUBY, *Remarques sur la littérature généalogique en France aux XIe et XIIe siècles*, CRAI 1967, p. 335. Il est remarquable, en particulier que la branche aînée soit abandonnée à partir de Guillem Gauceran, sans doute parce que cette branche n'avait après lui plus rien à Vallauris.

dont elle a un fils et deux filles, l'une de ses filles épouse Guillem de Clermont ; et la famille de Clermont sera l'un des lignages chevaleresques de la cité de Grasse [52]. Ainsi, les alliances matrimoniales et la commune pratique des armes tendaient à regrouper dans une même classe sociale, définie elle aussi par sa fonction, tous ceux qui échappaient au pouvoir de ban parce qu'ils l'appliquaient aux autres. Dès 1064/1079, le sire de Moustiers, dom Guillem, figure parmi les « chevaliers de la terre » de Riez [53]. On sent de même les chevaliers marseillais très proches de leurs seigneurs les vicomtes ; leur conseil est mentionné après celui des parents [54], et lorsqu'Uc Joufré vient annoncer, en plein chapitre conventuel de S. Victor, qu'il part pour Jérusalem, il est entouré de ses chevaliers et de ses amis [55]. Certes les textes savent distinguer, entre les chevaliers ou les nobles, ceux qui sont les *primates,* et ceux qui sont leurs *vassi,* comme le font le rédacteur de la charte de Paix arlésienne ou le scribe du concile de Saint-Gilles [56]. Un peu plus tard, l'auteur de la vie de Pons, abbé de S. André d'Avignon, dira que « les magnats, les puissants, et les petits » se désolaient de voir arriver la famine [57]. La distinction *magnates/potentes* recouvre semble-t-il la distinction *primates/vasses.* Les *potentes* ne sont pas les grands, mais les « puissants » de la cité ; l'abbé Gaucelm de Lézat qui avait amené le jeune Isarn avec lui à Marseille, le fit rechercher, lorsqu'il s'enfuit se cacher à S. Victor, *per amicos suos, potentes civitatis,* ce qui désignerait difficilement les vicomtes [58].

Mais la division la plus forte est bien celle qui sépare les chevaliers, quel que soit leur niveau de richesse, et les paysans [59]. L'évolution est certainement achevée lorsque les rédacteurs des chartes prennent l'habitude de remplacer, dans l'annonce des témoins, la vieille division *clerici/laïci* [60] par une division

---

52. Cf. *infra,* p. 297.

53. « Placitum ... in quo affuerunt milites ipsius terre, domnus scilicet Wilelmus, senior Monasterii, cum uxore sua Elena et nepos ejus Raimundus, et Poncius Arberti et Poncius Malfactus et Tassilo, et Riculfus atque Poncius Rothbaldi canonici multique alii » CSV 605. Tassilon est un chevalier (1064/1079 où il donne un cheval avec son harnachement complet CSV 617 — sa confirmation et celle de son fils Tassilon immédiatement après celle de Guillem de Moustiers 1096/1097 CL FLAMMARE n° 208 une donation de (son fils ?) Guillem Tassilon confirmée par *Guillelmus dominus castri* (*monasterii*) *cum tota curia sua.* 1102/1109, *ibidem* n° 212). Riculfe est bien un chanoine de Riez (1052 *ibidem* n° 207-1097 ; *ibidem* n° 209).

54. Fouque de Marseille restitue une terre à S. Victor « consilio et voluntati ipsius patri (le père de Peire Saumada, neveu de Fouque, c'est-à-dire plus clairement le frère de Fouque) atque Jozfredi mei nepotis, seu Fulconis Willelmi ceterorumque nostrorum militum », et l'acte les énumère, ce sont Fouque Guillem, Pons Fouque, Joufré Pelet, Garnaud du Cengle, Pons Jabert, Guillem d'Aubagne, Lambert de Meaulne, Pons de Gonfanon et Chabert de « Lasa », près d'Auriol c. 1050 (CSV 452).

55. 1110 (CSV 446).

56. Cf. *supra,* p. 139.

57. Fin du XIe siècle : « Contristabantur et timebant magnates, potentes et minimi temporalium victum defectione », *Vita S. Poncii* p. 497.

58. *Vita Isarni,* p. 612. De même Volverade et Pons d'Eyguière sont qualifiés de *seniores istius civitatis* (Arles), 1044 (CSV 166), ce qui désigne simplement leur position importante dans la cité.

59. « Militum et pagensium coetus » Bargemon, 1073 (CSV 532).

60. Division *clerici/laïci* (*presentibus religiosis ac nobilibus monachis sive laïcis,* 1975 (CSV 533), et aussi 1069 (BN lat. 13915 f° 105) pour une assemblée aixoise — 1084/1096 en Arles (Arch. des B. du R. 2 H 10 —, et 1102 GCNN Arles, n° 462).

du type *clerici/milites/et alii* [61]. Les contemporains ont-ils eu conscience, comme c'était le cas dans le Nord, que les trois groupes, clercs, chevaliers, paysans, formaient des « ordres [62] » ? Lorsque les scribes provençaux emploient le terme, ils lui donnent d'abord le sens vague de « rang social », ainsi dans une pagelle d'élection en 945 [63], dans la Paix de 1040, ou lorsque les moines de S. Victor promettent à Fouque de Reillanne, frère de l'archevêque d'Arles Raimbaud, de lui donner, avant qu'il meure, la qualité de confrère et de faire célébrer son anniversaire par une messe telle qu'on en dit pour un abbé défunt « comme il convient pour un homme de ton rang [64] ». Mais, dès 1044, le moine victorin qui rédige l'important diplôme comtal pour S. Promace, oppose l'ordre ecclésiastique et l'ordre séculier [65]. De la même façon, l'abbé de Montmajour Rolland place, en 1067, nobles et non-nobles dans l' « ordre laïc [66] ». Pour les gens d'Eglise du milieu du XIe siècle les clercs forment bien un « ordre » mais les laïcs ne sont malgré tout pas assez nettement séparés pour former deux ordres distincts. Il est bien possible qu'en Provence, le fossé qui sépare au XIe les chevaliers des paysans se soit creusé plus lentement et moins profondément qu'ailleurs.

Cette réserve faite, on voit que la société provençale suit une évolution qui la rapproche des sociétés du Nord de la Gaule : en bas de l'échelle sociale une classe paysanne où les conditions sont moins différenciées que par le passé ; au-dessus d'elle les « podestats », les magnats, les « primats » auxquels se sont liés une partie des anciens petits propriétaires alleutiers. Mais ce dernier groupe, par la forme même qu'il a pris, est traversé de rivalités incessantes. Ces rivalités s'exaspèrent à partir du moment où, ayant accaparé la justice, il n'y est plus lui-même soumis [67]. Le petit groupe des clercs provençaux, qui doit supporter, en même temps que les paysans, les exactions des chevaliers, le dit clairement : « Il n'y a plus ni duc, ni marquis, ni comte pour faire droite justice [68]. »

En Provence comme ailleurs, la société se morcelle en châtellenies indé-

---

61. Division *clerici/milites/*et autres/ (1115 ?) (Arch. des B. du R. 2 H 377), 1117/1126 (CSV 807), 1159 (GCNN 597).

62. Les premiers exemples d'une telle division datent du dernier quart du IXe siècle, en Angleterre, et de c. 995 en France, J. Le Goff, *Note sur société tripartite, idéologie monarchique et renouveau économique dans la chrétienté du IXe au XIIe siècle, in* L'Europe aux IXe et XIe siècles ... *op. cit.* p. 64.

63. Texte cité *supra* p. 63 note 180.

64. « Ego vero, frater Petrus et monachi S. Victoris donamus tibi, Fulco, nostram fraternitatem et societatem ..., immo precipimus his qui tuum obitum visuri sunt quatinus omni tempore, vertente anno, celebrent tuum anniversarium diem, ut unius abbatis, secundum quod homini competit tuo ordini, videlicet offerendo pro te panem et vinum in celebratione generalis misse. » 1053 (CSV n° 62). Sur Fouque, cf. CSV n° 64 n° 405 et GCNN Arles n° 414.

65. 1044 (Catalogue n° 139), et note 58.

66. 1067 (texte cité note 50).

67. La seule ressource est de faire appel aux sentiments chrétiens des puissants : « Carta memorialis de placito quod factum et inter Bernardum abbatem ... et infantes Geraldi qui vocatus est Episcopalis ... exclamaverunt omnes viri boni et seniores qui aderant, quia peccatum thesaurizabant sibi predicti filii Geraldi quia destruebant elemosinam patris et avi sui. Tandem, recognoscentes peccatum suum et justitiam S. Victoris ... reddiderunt », 1074 (CSV 34) ; il s'agit des fils de Giraud (de Signes).

68. Cf. textes cités *infra* p. 208, notes 215 et 216.

pendantes, où dominent sans vergogne des clientèles rivales. Dans la faillite des institutions publiques, quels liens assurent encore à la classe dominante sa relative cohérence ?

— FIEF OU ALLEU ? —

Marc Bloch mettait au nombre des facteurs indispensables à tout régime féodal achevé l'effacement plus ou moins volontaire, devant l'attache féodo-vassalique, des moyens d'action de l'autorité publique [69]. Nous venons de constater la disparition de cette autorité. Reste pour pouvoir parler de société féodale en Provence, le plus important, et même l'indispensable : y montrer l'existence générale de liens de dépendance fondés sur l'hommage et la donation d'un fief.

Nous sommes ici loin du compte. Non pas que la Provence ait ignoré le fief, mais lorsqu'il y apparaît c'est dans des circonstances très particulières. Les premières mentions du *beneficium* en Provence nous montrent en effet ce contrat employé aux deux extrémités de l'échelle sociale : tantôt le terme désigne la terre donnée aux affranchis *cum obsequio,* à un échanson par exemple, ou la terre donnée à tasque à un paysan [70] ; tantôt au contraire, le *beneficium* qualifie la jouissance provisoire d'un domaine public par un officier du patrice [71]. En fait cet emploi-là est beaucoup moins assuré que le premier ; le texte qui nous le fournit est une enquête faite par des *missi* du roi carolingien, où l'on a cherché à employer, bien maladroitement, la terminologie franque.

A l'époque des premiers Carolingiens, le bénéfice devient, s'il ne l'était déjà, le mode normal de concession provisoire d'un domaine public. En Provence comme dans le Midi [72], fiscs et bénéfices apparaissent liés dès l'origine. Il est tentant, dans ces conditions, de penser que le bénéfice a commencé à se répandre en Provence dans les couches supérieures autour des grands envoyés du Nord par Charles Martel puis par ses successeurs pour diriger le pays. Les comtes, comme Leibulf, tenaient une partie des domaines d'église *in beneficio* [73]. Ces grands amènent avec eux leurs guerriers, leurs *vassi* : ainsi Arding l'alaman, succédant au dernier patrice Abbon, avait dépossédé l'Eglise de Marseille de trois de ses domaines pour les donner

---

69. M. BLOCH, *La société féodale,* Paris 1939, réédit. 1968, p. 266.

70. « Colonicas, terras et vineas dominicale quem Jocas, lerator noster et opilonicus in cessione usque nunc in beneficio habuit ut ipse per testamento nostrum (= nostro) libertus fiat et ipsas colonicas sub nomen libertinitatis habeat ... et si ipse de ipso monasterio (= meo herede) sicut libertus se abstrahere voluerit in pristino servitio revertatur et ipsas colonicas ipsi monachi recipiant ». 749 Testament du patrice Abbon (Cart. de S. Hugues XXIIA). Dans ce texte tous les titulaires de bénéfice sont des affranchis. Terre donnée à tasque. Cf. *supra,* p. 106, note 200.

71. « Abbo patricius condam, similiter pro causa Massiliense S. Marie et S. Victoris, in beneficium concessit. » CSV n° 31. Il s'agit de témoignages portés en 780 sur des événements de c. 739. Cf. *supra,* p. 39.

72. E. MAGNOU-NORTIER, *Note sur le sens du mot « fevum » en Septimanie et dans la marche d'Espagne, in* Annales du Midi 1964, p. 141, et *infra* note 84.

73. 825 (GCNN Arles n° 196) cité *supra* p. 78 note 7.

à son vassal Isembert [74]. Mais le polyptique de Wadalde ne nous fournit qu'une demi-douzaine de noms de bénéficiés, qui se partagent une trentaine de *colongues* [75]. Un siècle plus tard le bénéfice ne paraît guère s'être développé : l'archevêque Manassès n'a bénéficié que neuf hommes de sa mesnie [76] et, mise à part une exception, celle d'Isnard, dont nous avons parlé plus haut, leurs bénéfices sont peu considérables ; certains d'entre eux ne sont pourtant pas d'obscurs chevaliers. En revanche le prévôt de son église tient de lui en bénéfice et rien ne distingue apparemment bénéfice laïc et bénéfice ecclésiastique [77].

Vers la fin du siècle certains indices laissent à penser que le bénéfice devient plus fréquent. Le mot lui-même se glisse dans le formulaire des chartes : ainsi la formule habituelle de tradition, à la fin d'une donation, se trouve modifiée de façon significative [78]. De même, les contrats de complant arlésiens prévoient désormais que la moitié des fruits sera livrable au bailleur, ou à celui dont cette terre sera le *beneficium* [79]. La notion de bénéfice intervient aussi dans le mécanisme même du complant ; la moitié qui doit revenir au maître de la terre peut continuer d'être tenue par le preneur sa vie durant, *ad fidelitatem* [80]. A la même époque, Constantin, chanoine de la cathédrale d'Arles, donne à celle-ci des maisons près des murailles de la ville et de l'église S. Laurent, à la condition que, tant qu'il vivra, il les tiendra *sub usu beneficii.* A sa mort le bien fera retour aux chanoines comme si leur possession avait été ininterrompue par l'usage qu'en avait fait leur

---

74. « Et post mortem ipsius Abbone, Ardingus ille alamannus ipsas casas ecclesie Dei Massiliensis intemerato hordine ... disvistivit et ad Isimberto suo vasso hoc beneficiavit » (Rapport du *missus* Garnier à l'empereur, 780, GCNN Marseille n° 41).

75. Sept personnages sont nommés : Ebroïn et Autran tiennent chacun un hameau de 7 colongues à Chaudols et Autran tient en plus deux collongues (H 5 H 35 H 36) ; au même endroit Celse n'a en bénéfice qu'une collongue et une verquière (H 20 - H 52 à *Bettorida* Forcalquier), le prêtre Berthier tient en bénéfice deux collongues distinctes du *presbiteratus* de la *villa* ; Martin et Nitard n'en tiennent chaque qu'une (F 5. — F 26. — F 15. — F 10). A *Marciana* (Ansouis) Maurel tient deux collongues. Enfin à *Sinaca* (Castellane) quatre collongues sont *in beneficio* sans que nous connaissions le bénéficiaire.

76. « De terris quas homines (Manassei) in mansione sua tenuerunt » (GCNN Arles n° 261. — Avec une ligne omise ; compléter d'après le Livre Autographe B de l'archevêque d'Arles p. 99, Arch. des B. du R. 3 G 17). Sur les membres de cette mesnie, cf. *infra* note 187 ; que ces hommes aient tenu des bénéfices est démontré par le fait que la tenure de Garmond est, dans un autre texte de 961 explicitement qualifiée : « terra que pertinet Warmunno in beneficio » (GCNN Arles n° 260). Un homme comme Yson, qui est pourtant d'une famille très puissante, se contente de deux manses. L'archevêque Rostaing avait eu aussi des bénéficiés, 902/920 (GCNN Arles n° 241).

77. « Nam cum eo tempore jamdictus prepositus (Nivardus) beneficiali jure Ugiensem ecclesiam regeret » (874 GCNN Arles n° 214). « Que ista terra ... que nobis vobis comutamus Deo S. Stephano vel dompno Mannasseo archiepiscopo, Gontaro episcopo quod pertinet beneficio ejusque clero ad proprium habeatis » 954. (GCNN Arles n° 225) ; Gontier, évêque de Fréjus, était surtout prévôt de l'église d'Arles.

78. «... et faciant ipsi monachi de ipsas vineas quiquid, benefacere vel ministrare, voluerint, it est abendi, tenendi, comutandi ... » 1000 (CSV n° 169).

79. « Ipse laborator una medietate (sic) usque ad flumen Durentia, salva custodia, pervenire faciat ad opus domnus Yterii vel cujus beneficius erit », 981 (GCNN Arles n° 281). — Même clause dans : 1001 (CSV n° 174). Les contrats de 986/987 (GCNN Arles n° 287 et 288) montrent que ces bénéficiés ne sont pas forcément des ecclésiastiques.

80. Cf. 984 (CA n° 33).

collègue. Constantin aurait pu utiliser une simple réserve d'usufruit ; s'il a préféré faire appel à la notion de bénéfice c'est sans doute qu'elle impliquait alors un droit plus ferme pour les chanoines [81].

Que signifie : tenir en bénéfice, au Xe siècle en Provence ? Une définition presque classique, pourrait-on dire, du bénéfice nous est fournie par un diplôme royal : c'est un bien qui récompense le fidèle, du moins celui qui se maintient dans le respect — *obsequium* — qu'il doit à son seigneur, selon le rite [82] ; ce bien reste étroitement contrôlé par le seigneur, même pour un complant, et, dans la mesure où ce contrat entraîne une aliénation partielle, non seulement seigneur et fidèle interviennent ensemble à l'acte, mais encore le seigneur en est-il considéré comme le principal auteur [83]. Il lui arrive de refuser l'aliénation [84]. Le bénéfice est encore viager ; c'est sans doute ce qui permet de l'assimiler à un usufruit ou de qualifier de bénéfice des biens conférés par le roi à un évêque, son fidèle [85]. L'hérédité du bénéfice s'installe précisément dans la première moitié du XIe siècle. L'exemple était venu de haut : dès 965/970 le fils d'un comte succède à son père [86] ce qui n'était jamais arrivé jusque-là. Au début du XIe, Roux, archidiacre de l'Eglise d'Apt, son frère et ses cousins aliénaient, avec le consentement de leur seigneur, un bénéfice qui leur était échu par succession de leurs parents [87]. En 1041, lorsque l'archevêque Raimbaud donna à S. Victor de Marseille le monastère S. Geniès et S. Honorat des Alyscamps, avec les domaines que tenaient de lui les vicomtes de Marseille, il excepta les fiefs des laïques ; ceux-ci ou certains d'entre eux donnèrent personnellement leurs fiefs à S. Victor, et précisèrent à cette occasion que leurs parents les avaient, avant eux, tenus des vicomtes [88].

81. « Mansiones ... de jure meo in consilio vestro vel Sancti Stephani jure proprietario trado atque transfundo ... ea vero ratione ut quamdiu in caput advixero, sub usu beneficii vestri, absque ullo prejudicio vel diminutione aliqua, predictas res tenere et usurpare debeam. Et post meum quoque dicessum, quidquid in jamdictas res additum, adtractum, melioratum repertum fuerit, et transitus ibidem vita degentibus, Xriste protegente, tanquam si ad presens, absque usu nostro, eorum fuisset obsequuta possessio, in eorum faciant revocare potestate vel dominatione », peu avant 993 (GCNN Arles n° 275). Le prêtre Constantin est connu par un autre acte (GCNN Arles n° 264) et avec les autres chanoines en 961, 977, 983 (GCNN Arles n° 260, 280, 283).

82. « Decet imperialem celsitudinem ut beneficiis opportunis fidelium suorum devotionem remuneret quos suis rite cognoscit adherere obsequiis », 921 (ARP n° 59), donation de Louis l'Aveugle à son fidèle, Manassès, archevêque d'Arles. Ce type de préambule est d'ailleurs fréquent dans les diplômes de Louis (cf. ARP p. 129).

83. 986/987 (GCNN Arles n° 287 et 288).

84. « Ego Lambertus ... donamus ... aliquid de fisco quod tenemus pro seniore nostro Guillelmo comite et fratre suo Rodbaldo, paludes que monachi ... per multas vices mihi requisierunt ; sed quia antea non potui absque voluntate senioris mei Willelmi comitis, nunc ipso jubante et rogante, cum magna voluntate dono et transfundo », 970/978 (catalogue n° 17).

85. Cf. les textes cités *supra,* chap. II. On remarquera également la concession, non-nommée, faite « ad vitam » par le comte à un certain Gautier, avant 973 (catalogue n° 13).

86. Il faut remarquer que dès la mort du comte Audibert ses descendants avaient gardé certains biens du *comitatus* puisque en 879 le pape Jean VIII sollicitait pour eux le comte Boson (JAFFE, n° 3234). En Italie, le fief est encore révocable au milieu du XIe siècle, TABACCO, *Fief et seigneurie dans l'Italie communale, in* Le Moyen Age, 1969, p. 25.

87. « Ex beneficio nobis per parentum nostrorum successione collato ... per voluntatem domni Stephani Aptensis episcopi », 1010/1046 (CSV n° 437).

88. « Reddimus feus quos (sic) tenuerunt parentes nostri et nos usque nunc .... per domnos

Un exemple plus précis va nous montrer ce qu'est devenu le droit des fiefs au milieu du XIe siècle. Peu après 1030, le fief de *Paberaria* dans l'île de la Cappe était tenu de l'archevêque d'Arles, Raimbaud, par Raimon Bernad : c'était un bénéfice épiscopal. Raimon l'avait acquis de son épouse, fille de Guillem Guichier : le texte indique nettement que le fief était *ex patrimonio uxoris sue*. Le fief est donc à cette époque transmis par succession, ici en ligne directe et même aux proches, et il est transmis par les femmes. Par contre lorsque Aicard Ison, fidèle de l'archevêque Raimbaud, demande à acheter le fief, son seigneur refuse : le consentement du seigneur à la vente doit donc être effectif. Aicard propose alors une *convenientia* : l'archevêque donnera son consentement, mais à la mort d'Aicard et de sa femme Emma, le fief, qui aurait dû revenir à leurs proches, passera aux chanoines de la cathédrale. L'archevêque accepte et Aicard achète le fief pour 155 sous et 20 muids de froment. Lorsque le fief revient aux chanoines c'est Emma qui leur en fait la tradition *per cartam*. Si les chanoines avaient dû tenir le fief de l'archevêque, le *consilium* de celui-ci aurait suffi, mais comme ils l'auront en alleu, en héritage, *jure hereditario* il faut une donation du seigneur [89]. Avant d'intervenir Raimbaud avait éprouvé la véracité de la *convenientia* par des témoins : elle n'était pas écrite car ils la connaissaient *dictu*. C'est grâce à cette *convenientia* qui transformait l'acquisition normale du fief par Aicard que nous connaissons l'histoire de ses diverses transmissions.

On voit que le seigneur, même au milieu du XIe siècle ne se borne pas à un acquiescement de forme : le bénéfice fait encore partie de son patrimoine et son fidèle doit le lui conserver. Un certain Thibaud, qui avait tenu Lirac de Rostaing de Sabran, reçut ainsi la moitié du village après que Rostaing l'eut donné à S. André d'Avignon, à seule fin de le « conserver » jusqu'à sa mort ; Lirac devait ensuite faire retour à l'abbaye [90]. Celui qui avait reçu

---

et potestates qui tenuerunt Massiliam » 1041 et 1044, (CSV n° 167, 166 et catalogue n° 131).

89. « Ad me enim (c'est l'archevêque qui s'exprime) venit vir strenuus nobilitate scilicet Aicardus Isonus, cum sua uxore nomine Ema, meus per omnia fidelissimus. Dixit se velle comparare quemdam fevum quem Raimundus Bernardus tenebat. Estque ipse fevus sive honor in insula S. Andree quam nominant Cappa in loco quem nominant Paperaria. Nam ei advenerat ex patrimonio sue uxoris que fuit filia Wilelmi Guicheril ; erat enim ex episcopali beneficio. Quod non adquievi. Ille vero : — quare, inquit, mi omnium karissime rerum, non adquiescis michi ipsum adquirere honorem ; eo tenore ut quamdio vixero teneam et possideam, post discessum vero meum et mee uxoris Eme, non ad nostros propinquos sed ad S. Stephanum apostolumque Trophimum et ad eorum canonicos revertatur. — Faciam, inquio, plane. Adquisierunt, tenuerunt, fructus, quamdiu vixerunt in proprios usus habuerunt. Mortuus quidem est Aicardus ; remansit ipse honor cum supradicta convenientia Eme sue uxori. Advenit namque tempus finis Eme : vocavit ad se Constabilem, unum videlicet canonicum aecclesie protomartyris Stephani dixitque ei : — Ingrediar viam universe carnis ... Diu etenim est ex quo domnus meus Aicardus et ego comparavimus fevum quem nominant Paperaria cum omnibus sibi adjacentibus, de Raimundo Bernardo et de sua uxore cum consilio domni Raiambaldi archepiscopi cujus est ; et in tali convenientia ... Ideoque convenientiam suprascriptum honoris volo perficere. Ecce cartam cum qua comparavimus ipsum fevum denominatum, cum sibi omnibus adjacentibus ; et cum ista, omnia que mea scipta sunt dono ». (Orig. Chartrier de Meyranne n° 206 = GCNN Arles n° 385). Donation par Aicard Ison (Ibidem n° 337), mort peu après 1052 (Ibidem n° 336).

90. « Breve de guirpitione vel deffinitione quae fuit facta inter domnum abbatem Rainoardum et monachos S. Andreae, de villa quam vocant Alieraco quam Rostagnus donavit S. An-

un bénéfice était en même temps tenu au titre du serment de fidélité qu'il avait prêté. Peire et ses fils avaient reçu en fief de l'abbé de S. Victor la cure — *capellania* — de S. Mitre de Reillane, bien qu'ils fussent laïcs, à charge pour eux d'y mettre un « capellan ». Leur fief n'était pas à proprement parler, la *capellania* elle-même, mais le tiers des oblations. Et la convenance précise que, si Peire et ses fils sortent de leur devoir de fidélité, ils s'amenderont soit pécuniairement, soit *juste,* par un jugement : celui qui refusera de le faire perdra sa part du fief. Le « forfait », c'est-à-dire ce qui est fait « en dehors » de la fidélité jurée, entraîne donc, s'il n'est pas « amendé », la perte du fief [91].

Dans tout cela, il n'y a, on le voit, rien de bien original, et les caractères du fief sont au XIe en Provence, ce qu'ils sont ailleurs. L'originalité de la « féodalité » provençale tient plutôt à l'utilisation assez fréquente au Xe, pour récompenser des fidèles, d'autres modes de concession que le fief : la précaire, et le complant. Ces modes disparaîtront au milieu du XIe, mais ils auront donné à la féodalité provençale certains de ses traits particuliers.

La précaire est un contrat dont les origines remontent au *precarium* du droit romain ; il n'est donc pas étonnant de la retrouver un peu partout dans le droit de l'Eglise, et même parfois dans le droit laïque du Midi de l'Europe [92]. En Provence, comme dans le reste de la Gaule, seule l'Eglise l'emploie encore [93]. Le précariste, qui peut être un fidèle, mais pas forcément, reçoit

---

dreae. Donavit domnus abbas Raincardus et ceteri fratres ad Tetbaldum de villa unam medietatem, exceptis quantum ad ecclesiam pertinet et presbiter comparavit a Barreire, per nom de feu, per lo que Teibaldus la servia Sancti Andreae abbati et monachis, ut nullus post suum discessum aliquam interpellationem facit. Aus tu abbas Rainoard, eu Tetbaldus filius Taucenne, de ista hora adenant fidels serai al monasterio de Sancto Andrea et abbati et monachis per drectum me nescient. Si Deus m'aiud et isti sant. » 1014/1024 à 1050 (BN lat. 8971 f° 30). On distingue bien dans ce texte la *convenientia* et le serment qui, à lui seul, ne nous renseignerait guère.

91. « Breve de convenientia que fuit facta inter Petrum, S. Victoris monasterii abbatem ... et Petrum et filios suos ... Dederunt predictus Petrus abbas et monachi S. Victoris predicto Petro et filiis suis capellaniam S. Mitrii et S. Sepulchri ad beneficium propter servicium et fidelitatem, omni tempore. Et ipse capellanus qui missam celebraturus erit in ipsis ecclesiis predictis caste vivat sine conjugio femine vel alicujus turpitudine luxurie Et habeat Petrus et filii sui propter capellaniam ... de quanto est donatum vel erit ecclesie S. Mitri et S. Sepulchri ad alodem, terciam partem ad fevum ; de aliis vero omnibus rebus, exceptis mulis et equis et cera, habeat Petrus et filii sui similiter terciam partem propter servicium et fidelitatem, si non o forfan. Et si o forfan, emendent o mercennaliter aut juste. Et si o fan ipse qui facere noluerit perdat suam partem. » 1048/1061, (CSV n° 423).

92. Les origines de la précaire ont provoqué d'âpres controverses. DEMONTE, *Les précaires ecclésiastiques dans leurs rapports avec les sources du Droit Romain, in* RHD 1860. P.S. LEICHT, *Il diritto privato pre-Irneriano,* Bologna 1933. c. SANCHEZ-ALBORNOZ, *El precarium en Occidente durante los primeros siglos medievales, in* Mélanges PETOT, Paris 1959, H. GRASSOTTI, *Les cessions « ad tempus » en Leon et en Castille, in* Structures sociales de l'Aquitaine... Paris 1960. — Sur la diffusion de la précaire dans le Nord de la Gaule, cf. J.F. LEMARIGNIER, *Les Actes de droit privé de S. Bertin au haut moyen-âge, survivances et déclin du droit romain dans la pratique franque, in* Mélanges DE VISSCHER 1950, IV, notes 64 et 65.

93. Eglise d'Arles 891/900 (GCNN Arles n° 232). — 954 (GCNN Arles n° 252). — 956 (*Ibidem* n° 256). — 967 (*Ibidem* n° 268). — 975 (*Ibidem* n° 277 et 278). — 983 (*Ibidem* n° 283 — renouvellement de 956). — 984/986 (*Ibidem* n° 285 — renouvellement d'une précaire faite après 972). — 985/986 (*Ibidem* n° 286). — 987 (*Ibidem* n° 290). — c. 1000 (*Ibidem* n° 302 — renouvellement de 954). — 1011 (*Ibidem* n° 307 — renouvellement de 984/986,

la terre demandée pour sa vie durant, parfois aussi pour celle d'un de ses hoirs, ou de deux d'entre eux, fils ou neveux. Il paye chaque année un cens peu élevé, sans doute uniquement recognitif, à un terme précis [94]. Mais en même temps il fait don à son bienfaiteur soit d'une somme d'argent, soit d'une terre de son alleu qui lui est rendue immédiatement en usufruit et pour laquelle il donne régulièrement chaque année une *vestitura,* généralement en pain et en vin [95]. Des clauses prévoient parfois la sanction du non-paiement du cens [96] ou la somme à verser si un nouvel évêque doit confirmer la précaire [97]. Vers la fin du siècle certaines précaires sont renouvelées régulièrement au profit des mêmes familles qui ne donnent plus aucune terre à l'église bienfaitrice [98]. La distinction entre cens et *vestitura* disparaît [99]. La précaire elle-même semble disparaître à son tour dans la première partie du XIe siècle ; les dernières que nous connaissions sont de 1011, 1033 et 1053, et deux d'entre elles ne sont que le renouvellement de précaires antérieures. Jusqu'à cette époque en tout cas le droit éminent de l'Eglise sur le bien concédé continue à être affirmé par le titre de précaire et le paiement du cens annuel, et garanti par la possibilité de ne pas renouveler le contrat au bout de deux générations [100]. On constate également que la précaire est surtout répandue dans la Provence occidentale où s'étaient maintenus jusqu'au début du Xe siècle les domaines d'Eglise.

La précaire n'est pas le seul contrat utilisé pour transférer la possession d'un bien à un fidèle. Les Eglises, le comte et les grands utilisent aussi le contrat de complant, dont nous avons déjà vu l'emploi à un niveau social plus modeste [101]. Dans son dernier état, ce contrat donne au preneur la possession de tout le bien jusqu'à sa mort ; à ce moment, la moitié revient au bailleur, l'autre moitié passe en alleu aux héritiers du preneur. Le bailleur retrouve donc à coup sûr un domaine enrichi, mais amputé de la

---

GCNN Arles n° 285). — 1033 (*Ibidem* n° 341). Eglise d'Apt : (C.A. n° 26). — 986 (*Ibidem* n° 34 et 35). — 997 (*Ibidem* n° 46). — 1053 (*Ibidem* n° 84 — renouvellement de 986). Eglise de Vaison : 983/1005 (BSM I p. 74). — 1055 (*Ibidem* I p. 79). Eglise d'Orange : Lundi 10 septembre 1033 ? (GCNN Orange n° 47). Eglise d'Autun pour Caumont : 972 (LABBE, Concilia IX col. 642). Abbaye de *Cluny* : Trace de précaire 993 (Catalogue n° 37). — 962/963 (Clu n° 1071). — 999 (Clu n° 2480) — renouvellement 1050 ? (Clu n° 3331). Abbaye de Montmajour : c. 975 (BN lat. 12685, f° 25).

94. 1 à 5 sous. Pour l'église d'Arles, à la S. Estève ou à la S. Césaire. Pour l'église d'Apt à la S. Castor.

95. Pour une *villa,* un muid de pain et de vin ; pour un manse, un setier de blé et un setier de vin, par exemple.

96. Réparation dans les deux mois ou payement du double l'année suivante.

97. 2, 10, 15 ou 20 sous (997. CA n° 46. — 975 *Ibidem* n° 26-986 *Ibidem* n° 34. — 972 LABBE, *Concilia* IX col. 642).

98. Cf. les renouvellements *supra* p. 91.

99. Dès 975 : « inter censum et vestitura » (CA n° 26). En même temps le cens en argent disparaît et seules dmeurent des prestations en nature : muid de pain et de vin (par confusion avec la *vestituras* ou 2 livres de cire, 2 setiers d'huile (pour le luminaire).

100. La précaire était rédigée en deux exemplaires, l'un donné au précariste, l'autre conservé par le bailleur. Il est intéressant de noter que les archives d'Arles conservent les deux exemplaires de la précaire accordée à Teucinde (de Châteaurenard) et à son neveu Riculfe ; or, l'église de S. Hippolyte de Crau, objet de cette précaire a fait retour à l'église d'Arles avant le 21 janvier (1004 ?) (Catalogue n° 66). Il n'y a donc pas eu de renouvellement.

101. Cf. *supra,* p. 107.

moitié. Une telle convention s'applique évidemment à merveille à des terres publiques dépeuplées telles qu'il pouvait en exister non seulement à l'Est mais aussi à l'Ouest. Les textes parleront de contrat *propter medium revestendum*[102]. Le comte, l'abbé de S. Victor, l'évêque de Marseille n'ont aucun scrupule à concéder ainsi, à la fin du siècle, après l'expulsion des Sarrazins, des domaines entiers, sans doute alors peu productifs[103], à des hommes énergiques chargés de les repeupler. Le résultat est évidemment, à long terme, de renforcer les grands domaines et d'aliéner définitivement une partie du domaine public.

Aux alentours de l'an mil, en Provence, lorsque la masse des domaines publics est passée aux mains des grands, le fief jouait donc un rôle moins important qu'ailleurs, soit parce que la tradition avait maintenue vivaces les formes concurrentes de la précaire et du complant comme moyen de récompenser les fidèles, ou de céder sans perdre la face à la pression qu'ils exerçaient, soit parce que les terres concédées, terres d'Eglise ou terres désertées postulaient ces deux formes.

Aussi l'examen des textes pour dresser une liste des biens expressément tenus en bénéfice du comte ramène un assez maigre butin. Ce sont généralement des biens dispersés : les Reillane tenaient les marais de Montmajour[104] ; les Châteaurenard des manses à Favas, un quart de la Gaïole et peut-être des biens à la limite des comtés d'Arles et d'Avignon[105] ; les vicomtes de Marseille, l'église de S. Martin-de-Manosque, et des biens près d'Arles, au Trébon[106] ; les Moustiers[107], les Misons[108], les Sabran[109], les Brussans[110] et d'autres personnages de moindre qualité[111] tiennent égale-

---

102. 984 (CSV n° 70).

103. Evêque de Marseille : 984 (CSV n° 70), 980 (CSV n° 72). Abbé de S. Victor : 977/978 (CSV n° 77). Comte : 973 (Catalogue n° 13), 988 (*Ibidem* n° 29), Milieu XIᵉ ? (*Ibidem* n° 264 rappel d'un acte ancien dans celui de 427). Dans bien des cas, une division par moitié doit pouvoir s'expliquer ainsi ; pour la division d'Antibes (catalogue n° 38) et division de l'ancienne *villa* de Lambesc (S. Cannat et Lambesc).

104. 970-980 (Catalogue n° 17). — Guillem de Cucuron tenait aussi 1/6 de la dîme de Pertuis 1030-1046 (*Ibidem* n° 144).

105. 1008 (Catalogue n° 69). — Nous savons aussi qu'au XIIᵉ siècle ils tiennent en fief de l'archevêque d'Arles, Maillane. Le Château Renard lui-même, qui est un ancien fisc, était peut-être tenu en bénéfice ainsi que le quart de la Gayole ; 1034, (Catalogue n° 110).

106. S. Martin de Manosque : 1013-1015 (Catalogue n° 76 et 77) (CSV n° 647). Le Trébon : 1038 (Catalogue n° 121) et 1040 (*Ibidem* n° 126). Les terres arlésiennes du Trébon sont des terres de l'ancienne abbaye S. Geniès des Alyscamps ; elles étaient tenues en fief de l'archevêque par les Marseille : 1041 (Catalogue n° 131), 1157 (GCNN n° 591) et d'eux en arrière fief par des chevallirs arlésiens, 1041 (Catalogue n° 131 et CSV 154, 167 et 166). N.-D. de Gallignan et son terroir étaient aussi tenus par les Marseille en fief de l'archevêque.

107. Isnard fils de Gérin de Riez, prétendait que la partie Nord du terroir de Sarrians, qui confine à Vacqueyras, lui appartenait *jure beneficii* et la disputait aux moines de Cluny à qui le comte l'avait donné (CLU 3576 et catalogue n° 46).

108. Chaudols en 1048 (Catalogue n° 146) bien que le mot de *beneficium* ne soit pas prononcé.

109. Les vicomtes, Rostaing, Amaury, Guillem, Boniface et Laugier tenaient du comte la moitié de l'île de Meynargues, près d'Avignon, et les chevaliers de Tavel la tenaient des vicomtes : 1041/1042 (Catalogue n° 133). — Le quart au moins de la même île était tenu directement du comte par les Asquiers : 1033 (Catalogue n° 108).

110. Gui tenait du comte l'enceinte et les tours d'Aix, 1044/1056 (Catalogue n° 158) et les

ment certains fiefs. Le seul bénéfice important paraît être celui de la vicomté de Marseille, devenue héréditaire dans la famille d'Arlulf à partir de 1004 [112]. Reste l'immense masse des biens d'origine publique dont nous ne savons pas à quel titre ils étaient tenus : nombreux devaient y être les bénéfices, mais complants et précaires, innomés, s'y trouvaient certainement aussi. Il est vraisemblable que le bénéfice ne joue pas encore un rôle dominant dans la Provence des années 1020-1030, et que le transfert de la plupart des terres publiques entre les mains des grands n'a pas entraîné sa diffusion systématique.

Ce qui s'est produit pour les terres publiques se passe aussi, mais dans des conditions un peu différentes, pour les châteaux. Il nous faut ici revenir avant la période des années 1020-1030, avant qu'on puisse réellement parler de château privé, et voir quels rapports juridiques ont joué pour permettre aux puissants la mainmise sur les forteresses publiques les plus anciennes et les plus importantes. Prenons le cas des châteaux arlésiens au début du xe siècle. Un texte précise qu'ils étaient tenus par l'archevêque Manassès [113] ; mais il était évidemment impossible à un seul homme d'en assurer effectivement la garde. Nous savons comment Manassès, lorsqu'il était marquis de Trentin, tenait les forteresses que lui avait donné son oncle Hugues, roi d'Italie : il avait confié à la vigilance d'un de ses fidèles, le clerc Adalard, celle de Formigara qui barrait l'accès en Italie par le Vintsgau. Lorsque le compétiteur d'Hugues, Bérenger de Frioul, voulut passer avec son armée, il demanda à Adalard de lui livrer la forteresse à des conditions alléchantes. Adalard fit transmettre la proposition à son seigneur Manassès qui lui renvoya immédiatement l'ordre de donner la forteresse à Bérenger [114]. L'anecdote montre bien que le véritable maître de la forteresse est Manassès ; Adalard n'en est que le gardien, simple instrument de la volonté de son seigneur. Aussi bien les forteresses sont encore rares et leur fonction est essentiellement militaire, sans que s'y rattache l'exercice de droits publics. Elles ne sont pas source de profits, mais éléments d'une puissance maintenue à un très haut niveau. Leur gardien, comme on le voit au moins dans cet exemple, n'est pas un personnage très considérable, mais un homme de la mesnie ; sa fonction est une part du service qu'il doit à son seigneur.

Il est, à cet égard, tentant de voir dans les familles de Fos et de Lambesc, toutes deux apparemment dépourvues d'alleux provençaux, les descendants des anciens gardiens des châteaux de Fos et de Salon, qu'on pourrait identifier avec des hommes de la mesnie de Manassès, Pons pour les Fos, et Aicard et Audiguier pour les Lambesc [115]. Ainsi s'expliquerait également

---

Brussans, *Arzillerium*, au comté d'Avignon : 1061 (Catalogue n° 166).

111. Le chevalier Aubert tient en 1001 une partie de la *Vallis Uleria* = Miramas (Catalogue n° 54). Guillem, Garin et Roubaud, fils de Roubaud, tiennent le vallon d'Encagnane, près d'Aix : 1019 (Catalogue n° 84).

112. 1044 et 1045 (Catalogue n° 138 et 143).

113. GCNN Arles n° 261.

114. « (Berengarius) ... applicuit castra secus munitionem vocabulo Formicaria quae a Manasse, ut jam praediximus Arelatensis sedis archiepiscopo ... Adalardi sui clerici erat vigiliae commendata », 946 (LUITPRAND, *Antapodosis*, Lib. V, 26).

115. Sur ces personnages, cf. *infra* note 187. Les Lambesc tenaient encore Salon en 1142 (GCNN Arles n° 543).

l'un des plus anciens serments de fidélité des Fos qui ne parle ni de fidélité, ni d'aide, mais bien uniquement du château qu'il s'agit de conserver au seigneur pour le lui rendre quand il le demandera [116].

Mais cet état le plus ancien ne tarda pas à se confondre, lors de la diffusion du bénéfice, avec celui-ci. Et des sires qui disaient avoir donné un château en garde voyaient le gardien leur répondre qu'il le tenait en fief [117] avec toutes les conséquences que cela pouvait entraîner au milieu du XIe et notamment l'hérédité [118]. Les ambiguïtés dérivant de cette confusion ne seront pas encore dissipées au début du XIIIe siècle, alors même que le lien vassalique sera devenu réel et fixées les conditions du service féodal. En 1210, Guillem d'Eyguières tenait pour Uc des Baux la tour de Barbegal. Celui-ci s'avisa de demander à Guillem de lui rendre le service que doit tout feudataire pour son fief. Guillem répondit, invoquant la tradition : les Baux n'avaient jamais demandé à ses ancêtres autre chose que de les reconnaître comme maîtres du château. La sentence des arbitres donna raison à Guillem en décidant qu'il ne devait l'aide que « par le château », c'est-à-dire au fond, la fonction normale d'un gardien [119]. Une bonne partie des anciennes forteresses majeures était ainsi tenue en garde : c'est probable pour Fos et Hyères ; c'est certain pour Manosque, Forcalquier et le château d'Avignon. Ce sont là des résidences comtales habituelles, et pourtant le vicomte d'Avignon les jure au comte : comment est-il possible de conclure que le vicomte les tenait en fief [120] ? Il en est de même sans doute de la citadelle de Sisteron, tenue par les descendants de Miron.

Mais ce régime de la garde, sans doute à l'origine seule façon de concéder une forteresse publique, se trouve transformé, et concurrencé par d'autres modes à partir du moment où le château devient le centre d'une seigneurie ; en d'autres termes à partir du moment où la perception des profits du ban s'y trouve rattachée [121]. Le commandement et la possession d'une forteresse

---

116. « Haus tu N ... fils N ... Heu N ... fils N ... Dels castels de ... not'decebrai ni nols ti tolrai ni om ni femena per mon conseil las forzas qui i sunt ni que azenant faias i serant et s'om era o femena quels ti tolges, ab aqueles, fin, societad non auria fors pels castels a recobra et can recobrati los auria heuls te rendria sens logre et sens engan aquels castels c'aici sunt escrit, euls te rendrai can m'en comeras e comenre m'en faras sens engan ». C. BRUNEL, *Les plus anciennes chartes en langue Provençale,* Paris, n° 81.

117. « Item si aliquis possederit castrum quod dixerit se pro feudo tenere et econtra dominus per guardiam dixerit se ei dedisse ... » (*Libri feudorum* I, 6 § 4 édit. LEHMANN, *op. cit* p. 88).

118. Cf. *supra*. p. 145.

119. « Dicebat enim Hugo de Baucio quod Guillelmus de Aqueria tenebat ab eo castrum de Berbegal et debebat ei facere pro illo castro illud quod aliquis feudalis debet facere domino suo pro feudo quod ab illo tenet. Confessus est Guillemus de Aqueria quod castrum de Berbegal tenebat ab Hugone de Baucio sed nesciebat quod aliquid deberet ei facere pro illo castro, nisi recognitionem domini tantum, et asserebat nunquam usque modo sibi fuisse requisitum ab Hugone de Baucio nec ab antecessoribus ejus quod aliud faceret pro dicto castro ... » (La sentence décide que Guillem ou ses descendants, à chaque mutation de seigneur ou de vassal recevra le sire des Baux et lèvra un étendard sur la tour, puis il devra) « jurare fidelitatem et manutenentiam contra omnes homines cum illo castro. » (Livre rouge d'Arles, f° 198). Sur la famille d'Eyguières cf. *infra* p. 298, note 72.

120. C. BRUNEL, *op. cit.* n° 8.

121. Ainsi le château de Papia a attiré à soi les droits provenant de l'ancien tonlieu de Léou, (CSV 217).

cessent d'être un service, un honneur ou un pouvoir, pour devenir une source de richesse. La garde du château est divisée en mois que se partagent ses divers possesseurs : ainsi, le comte tient le château d'Albaron six mois, et le prévôt du chapitre d'Arles les six autres [122] ; les Agoult tiennent de l'évêque d'Apt les mois de mai, juin, juillet au château de Clermont, et lui garantissent novembre, décembre et janvier [123] ; Laugier de Gréolières (des Orange-Mévouillon) avait au moins les deux mois d'octobre et de novembre du château de Nice [124] ; Isnard de Jarjayes et les siens tenaient février, mars, avril et mai au château de Pujaut, et leur feudataire Amiel tenait d'eux un mois [125].

Cette garde profitable se différencie alors de la garde matérielle appelée *castlania,* châtellenie, et confiée aux *caslans* ; ce sont, la plupart du temps de petits personnages, tels Adalrade et Uc, caslans du château de Grimaud pour les Marseille, qui donnent leur approbation aux aliénations que ceux-ci font dans le terroir [126], tels Pons caslan de Tourves [127] ou Laugier caslan de Rosans. Le *castellanus* est rétribué non pas seulement avec des terres mais aussi avec une part des revenus seigneuriaux : ainsi, Laugier à Rosans, tient de Cluny, outre six manses et neuf vignes, le quart de la tasque des terres qu'il fait défricher, la moitié des oublies, la moitié du moulin, les poules et les pains de moisson et les langues des bœufs que l'on abat pour la boucherie ; son collègue l'officier seigneurial Alfred tient quelques terres, et les gîtes, en pain, vin, viande, et avoine [128]. De même, Aicard de S. Marcel, caslan d'Allauch pour les chanoines de Marseille, avait d'eux la moitié d'un défend, à la charge de le faire garder, un banvin, un monopole d'achat du vermillon, un droit sur les ramasseurs de fougères, le fournage, des corvées et des ânées [129] ; ses petits-fils auront en outre les quatre cinquièmes de la justice, des gardes, des bans et des lesdes, des droits de marché [130].

Lorsque les droits qui rétribuent l'office du caslan atteignent une telle extension, la *castellania* est recherchée par les grands : Joufré de Signes avait

---

122. Peu après 1063 (catalogue n° 170).

123. « Aus tu Lauger, filius de Gisla, eu Guinanz et eu Bertranz ... lo castel de Clermont no vos tolrem ... et aquez tres menses novimbris, decimbris, januarii, nos lo vos rendrem si nos l'avem, ni homo ni femina per nos de la maiso ; los tres menses mai, junii, julii, aisi o tenrem a ti Lauger et episcopis, sine enganno », c. 1122 (CA n° 120).

124. Cf. texte cité *infra* note 132.

125. « Isnardus de Gargais ... omne jus quod habebat ... in castro Podii Alti scilicet quatuor menses, februarium et martium et aprilem et majum, tam in ipso castro quam in ejus territorio ... nos (le comte) defendere promisimus et etiam feudales ei (S. André) concessimus habendos, quorum Amilius custodiam unius mensi ab ipsis de Gargaia cognovit se habere, cui precepimus ut amodo ab ecclesia S. Andree se habere recognoscat et ei debitam fidelitatem faciat. » 1180 (Bibl. d'Avignon ms 2466 f° 221, 223).

126. « Ego Fulco ... (les sires de Marseille) per consilium et voluntatem Adelradi et Ugonis ejus fratris qui sunt nostri castellani, ... in territorio castri nomine Grimaldi. » 1058 (CSV n° 590).

127. Milieu XIe (CSV n° 330, p. 347).

128. XIe, CLU n° 3761 et 988 (CLU n° 1784). Cf. aussi les caslans de S. Cannat, 1122 (GCNN Marseille n° 152).

129. 1130 (GCNN Marseille n° 143). Sur ces droits et leur rapport avec la renaissance économique, cf. *infra,* p. 224.

130. 1175 *ibidem* n° 1100. Ce sont les Anselme de Marseille, cf. *infra* p. 297.

obtenu de sa tante Bellielde de Marseille, fille du vicomte Guillem, la *castlania* et la *mistralia* du château d'Ollières [131]. Laugier de Gréolières tenait la *castlania* de Nice, qui comportait les profits de plusieurs mois [132], Rostaing d'Agoult obtenait d'Audibert Garac de Castellane celle de Saignon [133]. Dès cette époque la *castlania* n'est plus considérée comme une garde, mais comme un fief, devenu héréditaire et aliénable [134]. A la fin XIe siècle la seule différence entre donner un château en fief et donner sa *castlania,* réside dans le fait que celle-ci ne représente qu'une part des profits du château. La garde, en tant que mode particulier de tenure est absorbée par le fief [135].

Bien avant cette date elle avait été dans certains cas remplacée par des contrats que nous avons déjà étudiés, et qui, une fois les châteaux devenus profitables, sont ici utilisés : la précaire et le complant. Le 27 septembre 976, Garac (de Lacoste) et son frère Robert se voyaient accorder en précaire par leur seigneur Nartold, l'évêque d'Apt [136], le château de Saignon, à quatre kilomètres au sud-est de la cité. C'est une plate-forme rocheuse aux parois verticales sur laquelle s'élèvent deux rochers servant de réduits naturels : l'un forme l'éperon de la plate-forme (Cruguière ?), l'autre se trouve à peu près en son milieu (Tortamolla ?), des degrés taillés dans le roc permettent l'accès à leur sommet. Avec le château, Garac et Robert recevaient les terres qui en dépendaient ; l'église était exceptée, dont le prêtre desservant devait rester dans la fidélité de l'évêque. La précaire valait pour l'un des héritiers de Garac. Un siècle environ plus tard, le château était toujours tenu par les Lacoste, Cruguière par Audibert Garac et *Tortamolla* par sa tante *Amancia* et son cousin Raimbaud (d'Orange-Mévouillon) ; l'évêque Laugier d'Agoult devait racheter l'un et l'autre pour 1700 sous et la moitié de la *villa* de Tourette de Nice et donner en fief *Tortamolla* à Raimon Aicard et

---

131. « In isto jamdicto castro (Ollières) tenet Gaufredus nepos meus, de Sinna, per S. Victorem et per abbatem ipsam castellaniam et ministraliam et ecclesiam et furnum et tascham et duas modiatas de vineas et mansum de Adalard et alium de ministralia », (CSV n° 135). L'acte est passé « in obedientia S. Victoris de Soliers », donc après 1038, (cf. AVM n° 102 et 103).

132. « Et duobus menses (sic) octuber et november dedit Laugerius Rostagni ad Conradus comes cum filia sua in castellania de Niza per partem et per hereditatem » (CN n° 94). Le texte est écrit par Gausseran Laugier, le fils de Laugier Rostaing et le frère d'Odile, mariée à Conrad, comte de Vintimille (LDP-M, 6, 15).

133. « Aldebertus filius Dilecta dona a fedauta et a servicio la quaslania del castel de Sagno a Rostang d'Agolt et ego Rostagnus filius Adalaiae non te decipiam ... de Sagnone de la Crugeria ... et ego Rostagnus reddam illud tibi ... per quantas vices tu Aldeberte illud nobis requires aut requirere nobis facies per te aut per tuos missos de hac Epiphania prima et duos annos adenant, ad te et ad illos tuos filios quos de muliere habueris qui istas convenientias mihi facient quae tu mihi facis ... » 1076-1100 (CA n° 101).

134. Cf. les exemples cités *supra.* Il y avait aussi une *castlania* à Aix (Polyptique de l'Eglise d'Aix II, § 8) sans doute tenue par les Brussans (catalogue n° 158, et Polyptique II § 4, le défend d'Aufan Brussan).

135. Sur la *castellania* en Languedoc, cf. Carcassonne (HGL V col. 919 à 925). En Catalogne, J.-M. FONT-RIUS, *Les modes de détention des châteaux en Catalogne,* p. 70 et P. BONASSIE, *Conventions féodales dans la Catalogne du XIe siècle,* p. 194 *in* Les Structures sociales de l'Aquitaine ... Pari 1s969.

136. « Notum sit ... qualiter venerabilis ... episcopus Aptensis ecclesie nomine Nartoldus ... quibusdam hominibus suis fidelibus his nominibus Rothberto et Waraconi, more canonico in

à son frère Joufré [137], en échange de celui qu'ils avaient eu à Tourettes et Crugière également en fief à ses neveux [138]. Puis finalement il redonnait Cruguière en fief à Audibert Garac [139] tandis que ses neveux devaient se contenter de la moitié du château de Clermont. Laugier indique bien que son église avait perdu injustement le château de Saignon. La précaire n'avait donc pas été respectée par les Lacoste et la force de la tradition était telle que, même après l'avoir racheté, Laugier se voyait obligé de leur en rendre une partie en bénéfice : le plus ancien contrat disparaissait au profit du fief [140].

Quelque chose de semblable a dû se passer pour la Roque de Mornas. Une première précaire, accordée en 954 par l'archevêque d'Arles aux Mévouillon ne mentionne que la *villa* de Gigondas qui n'est pas fortifiée. C'est seulement en 983 que le renouvellement de la précaire leur concède la Roque [141]. Or au XIIe siècle, les Mondragon, qui sont une branche des Mévouillon, tiennent en fief de l'archevêque le nouveau château de Mondragon construit sur le territoire concédé dans la précaire de 954, ainsi qu'un tiers de Mornas. Là encore la précaire a disparu au profit du bénéfice [142].

Cependant les châteaux donnés en précaire paraissent extrêmement rares. Il est par contre un autre mode qui va se développer au moment de la grande période de construction du début du XIe : c'est la donation du château en complant ou plus exactement *ad medium revestendum*. Quoi de plus normal,

---

praestaria eis concedit, hoc est castello (sic) quem nominant Sagnone cum ipsis suis apendiciis », 975 (CA n° 26).

137. Il avait d'abord fait reconnaître sa seigneurie par Raimbaud, 1110-1113 (CA n° 114) avant de pouvoir racheter Tortemolle à sa veuve. C'est alors qu'il l'avait confié à Raimon et Joufré Aicard et à leurs descendants, à condition qu'ils le jurent à l'évêque d'Apt. Lui-même promettait de ne pas le leur enlever ; « nisi pro forifacto illius castri quod nollent vel non possent emendare », (CA n° 116).

138. « Sicut Aldebertus del Mugol et Rostagnus de Agolt per dominicaturam habuerunt et tenuerunt ego Laugerius Aptensis episcopus vobis Guiranno et Bertranno integrum dono et laudo ad servitium et fidelitatem. Antea enim quam Leodegarius ... castrum predictum de Crugeria ab Aldeberto praedicto emeret ... Rostagnus praedictus de Agolt filiique sui ab Aldeberto praedicto ad fidelitatem et servitium sibi adquisierunt », 1110 (CA n° 117), et le serment de Guiran et de Bertran à leur oncle.

139. « Feudum Aldeberti super Crugeria », 1122 (CA n° 117). Laugier est obligé de préciser : « Et ego Leodegarius episcopus et Rodulphus prepositus suscipimus te Aldeberte et successores tuos in fide, ut si aliqua rancura propter hec omnia vel ex his omnibus aliquando vobis acciderit adjuvemus vos per fidem et sine inganno et hoc propter quod suscipimus in fide. » L'acte énumère ensuite les conditions : interdiction d'aliéner le fief ; promesse de l'évêque de ne pas mettre un *supersenioratum* autre que celui de l'Eglise d'Apt, et de n'enlever le château que pour forfait non amendable. Audibert promet d'être l'homme de l'évêque et de lui jurer le château.

140. Seul leur serment demeure, c. 1122 (CA n° 120). Ils tiendront de l'évêque le château les mois de mai, juin, juillet et le rendront les mois de novembre, décembre et janvier. L'évêque n'a en effet que la moitié de Clermont.

141. 954 GCNN Arles n° 256 ; encore vers 1170, Gigondas, c'est-à-dire la *villa* au pied du rocher, n'était pas fortifiée (cf. note 142) les confronts cités dans l'acte correspondent aux terroirs des communes actuelles de Mornas et de Mondragon. « Largimus eis terras in comitatu Aurasico, hoc est ecclesia vocabulo S. Martini cum ipso castro que dicunt Roca et villa que dicitur Jocundatis ». 983 GCNN Arles n° 283.

142. 1143. Serment de Guillem de Mondragon à l'archevêque Raimon de Montredon (Livre Noir f° 19). Le partage de Mornas entre le comte, l'archevêque et les Mondragon est attesté c. 1170 (Livre Rouge f° 432).

en effet, à partir du moment où le château et sa construction ne sont plus affaire publique, que de concéder à mi-plant, en même temps qu'un domaine, le château que le *vestitor* pourra y construire ? La clause était déjà prévue dans la donation de la moitié de Saint-Zaccharie par le comte à Aicard de Marseille [143]. Le comte avait acquis de la même façon la moitié du Château Neuf construit par Gautier sur le terroir de la *villa* d'Aubignosc [144]. Encore au XIIe siècle, Joufré, vicomte d'Avignon, qui se voyait réclamer par l'évêque le Château Neuf Calcernier, bâti par les vicomtes sur un domaine de son église, opposait à celui-ci qu'une moitié de château lui revenait parce que ses ancêtres l'avaient construit : ils avaient eu une moitié en alleu et l'autre en fief de l'évêque [145]. Ainsi s'expliquent toute une série de pariages : le château de Clermont avait été édifié sur la *villa* de Tourettes, ancien domaine de l'église d'Apt ; les Renard (Castellane ?) y résidaient dans l'abbaye S. Pierre, et y avaient des alleux. Puis à la fin du XIe siècle on s'aperçoit que l'évêque d'Apt en avait la moitié ; de cette moitié, un quart avait été donné en fief successivement à Boniface de Reillane, puis aux Agoult ; l'autre quart fut donné par l'évêque au chapitre [146]. Il en est de même pour le château d'Albaron, construit au XIe siècle sur un domaine de l'Eglise d'Arles : il était tenu vers 1060, six mois par le prévôt du chapitre et six mois par le comte [147]. De même aussi la *villa* d'Aups et la *villa* Soubeyran — Nans ? — données en complant aux vicomtes de Marseille par l'évêque alors qu'on voit, au milieu du XIe une moitié du château de Nans aux vicomtes, et l'autre moitié à S. Victor [148]. Le château de Lurs avait une moitié comtale ; il était pourtant domaine de l'Eglise de Sisteron [149]. Dans tous les cas il s'agit de châteaux édifiés sur d'anciens domaines publics et donnés *ad medium revestendum*. Le fait qu'on ait pu considérer le château nouvellement construit comme on l'aurait fait d'un moulin est assez significatif. C'est seulement à la fin du XIe, que le contrat *ad medium revestendum* appliqué au château se modifie : si un château est édifié sur le terroir de la *villa* d'Estrade, il faudra que ce soit avec le consentement de l'abbé de S. Victor qui en aura la moitié et les hommes qui l'habiteront ; l'autre moitié ira au constructeur non en alleu, mais en

---

143. ... « donamus tibi de ipsa villa (Segalarias) que edificatur et de castrum quod edificari pot (uerit) ... donamus tibi unam medietatem » 988 (Catalogue n° 29). Même cas dans une donation d'Aicard de Marseille à Montmajour : « (dono) ... medietatem de villa que dicitur Belcodena ... et insuper etiam in castro si aliquod ibi constructum inantea fuerit. » 1008 (Catalogue n° 67).

144. « Dono ... partem meam in castello novo quod Gualterius construxit in territorio de villa Albinosco », 1040 (Catalogue n° 125).

145. « Gaufredus vicecomes ... medietatem castri novi quia parentes sui illud construxerant, sui esse dicebat », 1146 (GCNN Avignon n° 236). Le château a été construit sur le terroir des églises S. Côme et S. Damien données par l'empereur à l'évêque Fouquier et par celui-ci à son église en 912 (ARP n° 53) et 916 (CNDD n° 91).

146. Alleux des Castellane : 1039 (CA n° 72), 1041 (CA n° 74), 1042/1047 (CA n° 75). Au XIIe, l'évêque en a la moitié. Il en a donné un quart au chapitre : 1122/1125 (CA n° 123) et l'autre quart est tenu de lui par les Agoult : c. 1122 (*Ibidem* n° 120).

147. Peu après 1063 (Catalogue n° 170).

148. 984 (CSV n° 70), 1001 (CSV n° 69) et 1096 (ROLLAND, *in* Mélanges BUSQUET, Marseille 1856, p. 26).

149. Janvier 1105/1106 (Catalogue n° 223) et 964 (GCNN tome I, instr. col. 443). Miron tige des vicomtes de Sisteron y réside en 999 (CSP n° 1). Peut-être faut-il voir aussi dans la

fief de S. Victor [150]. On a vu également qu'au XIIe siècle, l'évêque d'Avignon ne tenait plus compte d'une convention de complant conclue entre ses prédécesseurs et le vicomte [151]. Là encore ce sera souvent le fief qui recouvrira le plus ancien état du droit ; de là naîtront bien des pariages, si fréquents dans le Midi.

Garde, précaire, complant maintenaient un lien entre le maître du château et celui qui le tenait. Mais une bonne partie des châteaux qui sont construits en 1030/1040 le sont sur des alleux et, étant donné la baisse d'autorité du comte à cette période [152], sans l'autorisation de celui-ci. Il faut attendre le XIIe pour voir des donations de château en fief, à une époque où le fief est devenu la forme prépondérante de tenure d'un château. Mais la persistance de l'idée de garde explique la clause extrêmement fréquente du château « rendable [153] ». La féodalité provençale est donc une « féodalité » où les châteaux, piliers de la seigneurie banale, ne sont la plupart du temps pas tenus en fief, mais en garde, pour les plus anciens, en alleu pour les nouveaux [154]. Le fief lui-même ne paraît guère répandu en Provence avant le milieu du XIe siècle. Il n'est pas un élément dominant de la structure sociale.

Ce n'est donc pas autour de lui que se tissent les rapports sociaux, mais autour de l'alleu, et ces rapports sont par conséquent bien différents de ceux qu'entraîne la possession d'un bien public. La terre fiscale, tenue en précaire ou en bénéfice n'est pas divisible ; une famille peut en vivre, mais un seul en répond [155]. L'alleu, au contraire, permet le partage ; on peut même dire qu'il y incite, pour peu qu'il ait quelque étendue. Dans un cas on aura une structure de type hiérarchique et la cohésion du clan autour d'un gros château public ; dans l'autre, l'égalité des héritiers et un inévitable morcellement du patrimoine.

La prédominance des alleux sur les fiscs/bénéfices renvoie aussi à la prédominance du système de rente en nature ou, si l'on préfère, à l'absence du régime domanial : il est facile de partager les revenus des colongues, ou les « têtes » d'un troupeau d'esclaves ; il l'est moins de morceler un domaine où le rapport réserve/manses est d'autant plus rigide qu'il est essentiel ; une tasque se paye n'importe où et une fois par an, une corvée s'accomplit dans

---

donation de la moitié de la Javie à S. Victor en 1038 (Catalogue n° 146) par les comtes et leurs fidèles la régularisation d'un complant antérieur, puisque la Javie était construit sur l'ancien domaine victorin de Chaudols.

150. « Si autem castellum in territorio isto edificandum fuerit, faciemus hoc cum voluntate et consilio abbatis et congregrationis et habebimus eum per illos et de hominibus qui in ipse castello fuerint, medietatem retinebunt monachi in dominico et medietatem habebimus nos per S. Victorem. » 1073 (Arc. des B. du R. 1 H 51-243).

151. Cf. *supra,* note 145.

152. Cf. *infra,* chapitre V.

153. Cf. donation par l'archevêque d'Arles, Raimon, en fief à Peire de Lambesc du château de Vernègue, 1142 (GCNN Arles n° 543), en échange de Salon que Peire tenait du même archevêque. Le type juridique est alors fixé : Peire jure la vie, les membres et le domaine de son seigneur ; il promet aide et rendra le château sur sommation de son seigneur ; l'archevêque aura son hommage, sa fidélité, son service et l'albergue pour 20 cavaliers.

154. Sur les châteaux allodiaux, cf. *supra,* p. 127.

155. Cf. l'inféodation du château de Saignon par Audibert Garac à Rostaing d'Agoult, ou par défaut, à son fils Imbert avec pas moins de quatre substitutions, 1080/1100 (CA n° 101).

un endroit déterminé et trois jours par semaine. Dans le système domanial l'attache des travailleurs au sol qu'ils cultivent a pour contrepartie la cohésion forcée de la famille du maître.

En fait, le régime successoral que nous entrevoyons dans la Provence du xe siècle n'est plus fondé, comme il l'était encore au VIIIe siècle, sur le testament romain, avec institution d'héritier et quarte légitime [156]. Les grands l'ont abandonné pour la succession *ab intestat* : à la mort du père, les enfants se partagent les biens en suivant très probablement les règles romaines de dévolution, c'est-à-dire un partage strictement égalitaire ; la *divisio*, où l'on constitue des lots qui sont ensuite tirés au sort [157], a précisément pour but de régler concrètement le problème.

Voici par exemple la famille de Grasse : Rodoard, l'un des compagnons de Guillem le Libérateur en 961, avait reçu de son seigneur en alleu la moitié des terres du diocèse d'Antibes ; l'un des plus beaux domaines en devint Vallauris. Rodoard avait trois enfants : deux fils, Gauceran et Guillem « Petite Grue », et une fille, Aude. Il donna à celle-ci en dot le quart de Vallauris, et à sa mort les fils se partagèrent le reste : Guillem eut le quart et Gauceran la moitié. A la mort de Gauceran qui avait deux fils et une fille, il y eut aussi un partage, mais la moitié de Vallauris tomba intacte entre les mains de son fils Audibert qui, après avoir donné un manse en dot à sa fille, vendit le reste à Lérins. Guillem « Grueta » n'avait qu'un fils et une fille ; la fille reçut un manse en dot, le fils eut le reste et, avant de mourir sans enfant, le vendit aussi à Lérins. Vers le milieu du XIIe siècle les trois quarts de la *villa,* moins deux manses, étaient ainsi tombés entre les mains des moines. Le dernier quart, celui d'Aude, allait être encore plus divisé : Aude eut de Signier un fils et deux filles ; aux filles, Signier « donna à chacune leur part du domaine qu'il avait reçu en dot avec sa femme » ; le quart est donc divisé en tiers ; ce sont des douzièmes de *villa* qu'hériteront à la fin du XIe les petits-fils d'Aude, arrières-petits-fils — mais par les femmes — du puissant Rodoard. Tout cela finit d'ailleurs par tomber dans le patrimoine de Lérins [158]. On saisit ici sur le vif l'effritement d'un patrimoine seigneurial. Mais le même texte nous montre aussi comment on essaye d'y

---

156. 739, testament d'Abbon (CSH, XXII A).

157. Cf. texte cité, *infra,* note 158.

158. « Rodoardus ... uxorem duxit ex qua filios duos ... et unam filiam... genuit. Quam Signerio dedit et quartam partem Vallis Auree ... in dotem tribuit ... tenuit et filius post eum. Predicti filii, Gaucerannus atque Guillelmus ... partiti sunt alium honorem inter eos, et in Valle Aurea, quarta pars accidit Guillelmo, medietas Gauceranno. Gaucerannus postea ... habuit duos filios ... Illi post patris umatione partiti sunt honorem et predicta medietas ... accidit Aldeberto episcopo. Cujus medietatis dominium ... preter unum mansum quem cum filiam contulit in dotem Aldeberto de Rocaforte ... abbati Aldeberto ... vendidit ... Predictus Signerius ab Oda ..: filias genuit quarum unam Aldeario de Magnanosc dedit in uxorem, alteram Guillelmo de Claromonte, quibus dedit de honore quem in dote cum uxore acceperat partes suas ... Guillelmus Gruetam habuit filiam quam dedit in uxorem Beraldo de Mugino et dedit in Valle Aurea ... mansum. Aliud totum ... milites de Sartovolo adquesierunt a Petro de Opia, filio ejus ... », début XIIe AVM n° 15). Encore avons-nous sauté les derniers degrés où les ayant-droits se présentent par groupe de trois ou quatre. Autres traces de division à Mandelieu et à Arluc (FLAMMARE, C.L. n° 3 et 68).

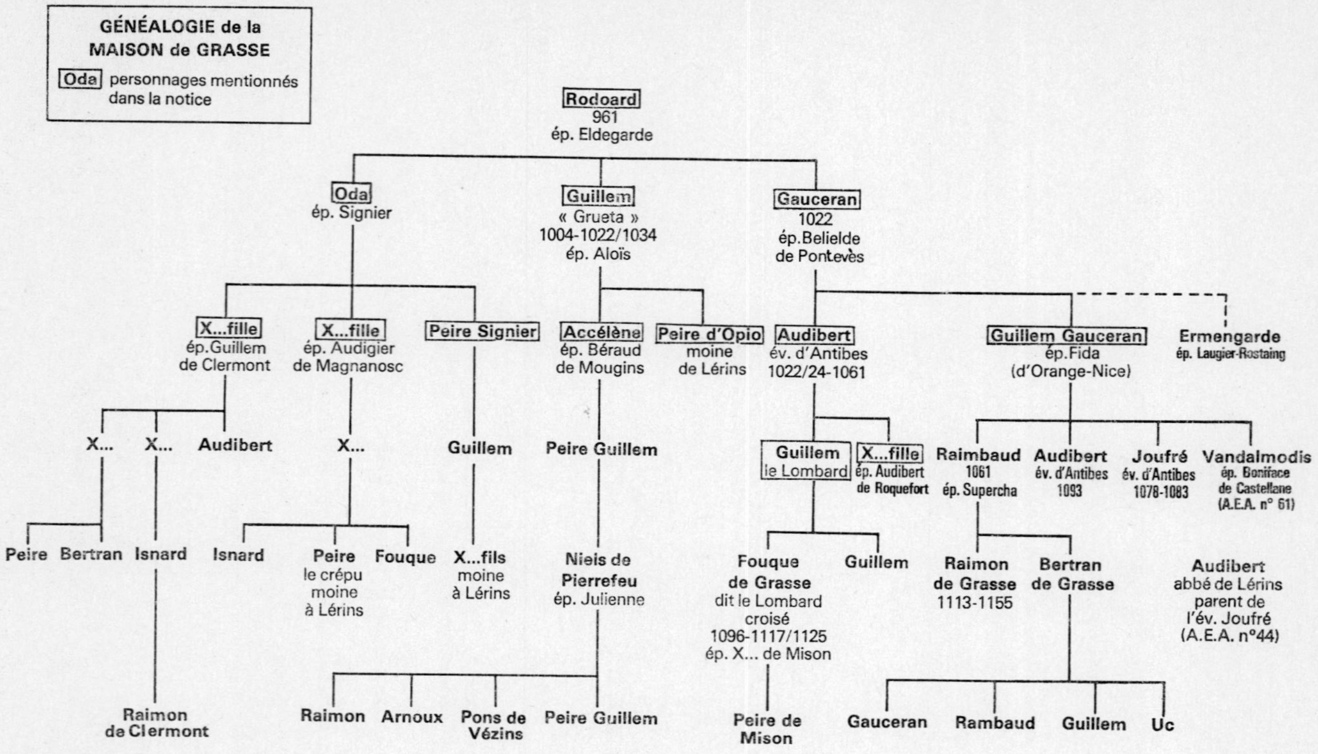
GÉNÉALOGIE de la MAISON de GRASSE
Oda personnages mentionnés dans la notice
Rodoard 961 ép. Eldegarde
Oda ép. Signier
Guillem « Grueta » 1004-1022/1034 ép. Aloïs
Gauceran 1022 ép. Belielde de Pontevès
X...fille ép. Guillem de Clermont
X...fille ép. Audigier de Magnanosc
Peire Signier
Accélène ép. Béraud de Mougins
Peire d'Opio moine de Lérins
Audibert év. d'Antibes 1022/24-1061
Guillem Gauceran ép. Fida (d'Orange-Nice)
Ermengarde ép. Laugier-Rostaing
X...
X...
Audibert
X...
Guillem
Peire Guillem
Guillem le Lombard
X...fille ép. Audibert de Roquefort
Raimbaud 1061 ép. Supercha
Audibert év. d'Antibes 1093
Joufré év. d'Antibes 1078-1083
Vandalmodis ép. Boniface de Castellane (A.E.A. n° 61)
Peire
Bertran
Isnard
Isnard
Peire le crépu moine à Lérins
Fouque
X...fils moine à Lérins
Nieis de Pierrefeu ép. Julienne
Fouque de Grasse dit le Lombard croisé 1096-1117/1125 ép. X... de Mison
Guillem
Raimon de Grasse 1113-1155
Bertran de Grasse
Audibert abbé de Lérins parent de l'év. Joufré (A.E.A. n°44)
Raimon de Clermont
Raimon
Arnoux
Pons de Vézins
Peire Guillem
Peire de Mison
Gauceran
Rambaud
Guillem
Uc

FIG. 4

remédier : — d'abord en constituant des lots pas trop émiettés, la moitié de Vallauris qu'avait Gauceran n'a pas été divisée entre ses fils — ; ensuite, par une restriction volontaire des branches : c'est peut-être une mortalité infantile importante qui explique le nombre relativement faible des descendants de Rodoard, mais ce n'est pas elle qui incite le frère cadet de Gauceran, Guillem Grueta à offrir son fils unique, Peire, à l'abbé de Lérins ; — surtout le texte nous montre l'exclusion de la succession paternelle des filles dotées : Aude reçoit sa dot, ses frères se partageant *l'honor,* la formule est claire et se passe de commentaire.

Au demeurant, cette pratique était connue dès le Bas Empire [159]. Notons aussi le caractère restreint des dots, qui ne sont certainement pas équivalentes à une part d'héritage [160].

Ce système du partage, tempéré par l'exclusion des filles dotées et l'extinction volontaire des branches cadettes, il est probable que les Grasse ne sont pas les seuls à le pratiquer. Autour de l'an mil, les Marseille connaissent aussi la *divisio* [161], tout comme les Castellane [162], les Signes [163] ou les Sabran [164].

Mais au même moment, un certain nombre de grandes familles ont commencé à pratiquer la frairêche. Ce système d'indivision plus ou moins complète des enfants à la mort du père, les paysans alleutiers l'employaient certainement depuis longtemps : lorsqu'on n'a qu'une quarantaine d'hectares

159. N. DIDIER, *Le statut de Guillem de Forcalquier sur les filles dotées,* M.A. 1950, p. 247. N. Didier résume clairement les thèses en présence d'après les indications de Pier Silvio Leicht : tradition barbare (édit. de Rothari) ou romaine (C.J. 6, 20, 3, qui mentionne le pacte de renonciation souscrit par la fille lors de la constitution de dot). Il pense que l'exclusion, en tant que pratique généralisée dans le Midi, est quelque chose d'assez récent au XIIe. L'exemple des Grasse montre cependant quil ne faut pas trop la « rajeunir » et que les statuts d'Arles et d'Avignon ont raison de la considérer comme un usage ancien. En fait, si ces statuts la mentionnent, c'est parce qu'à l'époque de leur rédaction, le Droit Romain renaissant lui est défavorable (Caillemer remarque l'insistance du *Codi* à reprendre la vieille règle romaine, *Lo Codi et le droit provençal,* Annales du Midi, 1906 p. 504). C'est peut-être cette hostilité du droit romain « officiel » qui permet de donner un *terminus a quo* : puisque le C. Th. oblige la fille dotée seulement au rapport (C. Th. 4, 1, 1 et *l'interpretatio*), la coutume n'a vraiment pu se développer qu'avec l'effacement du droit romain au Xe siècle.

160. La formulation de certains passages d'AVM 15 incite à penser que la dot était réduite aux manses de Vallauris ; impression confirmée par CA 90 où l'on voit que Gisla d'Orange-Mévouillon avait apporté en dot à Rostaing d'Agoult un manse à Barret de Lioure. Or on sait que le château entier restait à la famille (Clo. BRUNEL, *Les plus anciennes chartes* n° 226). La fille du sire de Nice avait reçu à son mariage 1/6 de la *castlania, per partem et hereditatem, supra* note 132.

161. Première division à la mort de Guillem Ier (1004), avec trace d'une succession d'un oncle Aicard, mort sans enfants (CSV n° 18, 19, 110). Seconde division à la mort de Guillem II, donc avant 1036 (CSV n° 382 et 135).

162. « Quinta pars... que nos in legale divisione venit ». Il s'agit de Doon de Castellane, fils de Pons Arbaud (Arch. des B. du R. 1 H 13, 52) qui est mort en 980/991.

163. « Breve divisionis quod ego divideo Inguilrannus episcopus de res proprietatis mee. Si ego intestatus moriar, quod ego loquere non possim aut dividere rebus facultatis mee, sciant omnes homines... » (legs à S. Victor, CSV n° 339). On voit qu'Engueran prévoit la possibilité d'un testament oral ; il est mort en 1014/1017.

164. « quicquid visus sum habere... sicut par commutationem quam feci cum Amalrico fratre meo adeptus sum » (CLU n° 724). Pour faire des échanges il faut que les parts soient individualisées.

pour vivre, et peu de chances d'augmenter ses terres, il faut bien en venir là [165]. En 1040, le hasard d'une donation à S. Victor nous montre qu'une famille de chevaliers arlésiens, les Carbonière, avaient maintenu une fraîrêche entre cousins au moins depuis l'an mil [166] et en 1023, ce sont les fils de Pons de Mévouillon qui sont en indivision, en 1035 les Reillanne, avant 1044 les Agoult, avant 1060 les Volonne [167]. Le cas de la famille d'Agoult montre que l'indivision est fréquemment pratiquée [168]. Au XIIe siècle, les Marseille, malgré leur immense fortune foncière qui leur avait permis bien des partages, pratiquent aussi la frairêche [169].

Il ne faut d'ailleurs pas opposer forcément frairêche et *divisio* : un partage peut laisser intacte l'indivision de certains biens [170] et une indivision peut toujours être rompue par un partage [171]. Malgré tout, le groupement des textes n'est sans doute pas dû au hasard ; si la frairêche se développe chez les grandes familles provençales à partir des années 1020 [172], c'est peut-être qu'elles sentent à ce moment que l'enrichissement prodigieux qu'elles avaient accumulé se ralentit ; c'est sans doute aussi parce qu'une seigneurie banale efficace et solide ne s'accommode guère du laisser-aller des partages ; lorsque mistraux et baïles ont plusieurs maîtres, ils ne font rien de bon : le ban est encore un pouvoir qu'on exerce, pas seulement un revenu qu'on partage. Pour dominer, la famille se resserre. Vers le milieu du XIe siècle, la classe chevaleresque se forme ainsi en noyaux familiaux solides, à l'image des paysans qu'elle opprime. Quels rapports entretiennent ces groupes familiaux entre eux ? Cela, c'est l'affaire de la fidélité.

— FIDÈLES OU VASSAUX ? —

La fidélité, nous l'avons rencontrée, chemin faisant. Les évêques sont fidèles du roi, puis de l'archevêque d'Arles et du comte. Précaires et bénéfices vont à des fidèles ; c'est à eux qu'on donne à garder les forteresses majeures. Ce sont les fidèles du comte qui viennent au plaid comtal. Si malaisée soit-elle à résoudre, il est temps de poser la question : qu'est-ce que la fidélité dans cette société provençale du XIe siècle ? Et d'abord y a-t-il même *une* fidélité ? N'y a-t-il pas une fidélité souple et une vassalité

165. C'était le cas de la famille de Theudoin en 901. Cf. *supra*, p. 87.
166. 1040 (CSV n° 188). Sur les carbonières et le doyen Aténoux, cf. *infra*, p. 253, note 24 et p. 295, note 52. Autres frairêches de chevaliers : Garnier, depuis son aïeul, 1037 ? (CSV n° 668), Pons Bot (CA n° 88 et CSV n° 392).
167. CLU 2279, CSV n° 57, n° 433 et n° 704. Les Castellane, cf. *infra*, note 170.
168. Peut-être en 1056 (CA n° 87), certainement en 1110 (CA n° 118).
169. 1152 (CSV n° 786).
170. Cf. des traces de frairêche partielle dans le cas des Castellane (CSV n° 761 et 776). Et déjà le cas de Theudoin en 901 (*supra*, note 165).
171. 1152 (CSV n° 786) où l'un des frères voulait sortir de l'indivision.
172. N'y ont-elles pas été habituées par les grosses précaires obtenues à partir du Xe siècle ? Cf. *supra*, p. 91.
173. C'est là une controverse déjà ancienne. On en trouvera la bibliographie *in* E. MAGNOU-NORTIER, *Fidélité et Féodalité meridionales*, *op. cit.*, p. 115, note 1.

plus contraignante [173] ? Une fidélité au comte et une fidélité privée [174] ? Une fidélité du Nord et une fidélité du Midi [175] ?

Le roi, successeur des monarques carolingiens, avait encore des fidèles en Provence au début du Xe siècle, fidèles de l'ordre ecclésiastique, — évêques, prévôts, abbés, ou fidèles laïques, — le comte, évidemment, mais aussi quelques autres [176]. Tous ces personnages avaient donc prêté un serment de fidélité [177]. Il n'existait au début du IXe siècle que trois formes de serments autorisés : « le serment que l'on se doit de l'un à l'autre, selon la loi », c'est-à-dire le serment judiciaire, ou *sacramentum securitatis* [178], le serment au Roi ou à l'Empereur [179] et le serment des vassaux à leur seigneur « dans l'intérêt de l'Empereur [180] » ; parmi ces seigneurs pouvait d'ailleurs figurer l'Empereur puisqu'il avait ses propres vassaux. On sait d'autre part que Charlemagne essaya de modifier le serment de fidélité au roi, dont le contenu essentiellement négatif, n'était guère satisfaisant, en le rapprochant du serment du vassal à son seigneur [181]. Mais ce serment n'en restait pas moins distinct. D'abord, comme l'a souligné Ganshof, parce qu'il pouvait doubler le serment vassalique ; ensuite parce qu'il ne comprenait pas l'*immixtio manuum*, la *commendatio*, qui accompagne toujours le serment

---

174. « Cette puissance qu'il exerce sur les *pagenses* les plus fortunés découle du serment de fidélité que chacun d'eux lui prête ... Il est vrai que dans les actes du temps, le mot *fidelis* sert aussi à désigner les membres des clientèles privées, les vassaux. Et les contemporains, nous ne le nierons pas, distinguaient sans doute assez mal ce que confondait leur langage. Néanmoins, nous pensons, pour notre part, que la fidélité comtale est alors de nature particulière : elle semble la survivance du serment public de fidélité que, depuis Charlemagne au moins, les rois recevaient des hommes libres adultes du *regnum*, par l'intermédiaire de leurs représentants locaux, et que les comtes, après l'effacement de l'autorité monarchique, continuèrent à requérir personnellement des *pagenses* assez aisés pour suivre régulièrement les réunions de la cité. » G. DUBY, *La société au XIe et XIIe siècles dans la région mâconnaise*, Paris 1953, p. 100.

175. (Le fief méridional) « a pu se pénétrer d'une atmosphère de fidélité, mais ce fut une fidélité sans serment, de même que nous avons trouvé le serment sans féodalité. Les deux vieilles institutions n'ont pas fusionné dans le Midi. Peut-être faut-il voir dans cette particularité l'explication des faiblesses de la féodalité méridionale : une fidélité sans support foncier, une féodalité sans support juré, une aristocratie sans vassaux. » E. MAGNOU-NORTIER, *op. cit.*, p. 134.

176. Evêques d'Arles : 892 (ARP 36) — 903 (ARP 42) — 921 (ARP 69) — d'Avignon : 908 (ARP 50), 912 (ARP 53) — d'Uzès : 903 (ARP 43) — Prévôt (d'Arles ou d'Avignon ?) : 898 (ARP 36) — 903 (ARP 44) — Abbé de S. Victor de Marseille : 904 (ARP 45). Les comtes : Thibert. 896-903-907 (ARP 33-47-49) — Hugues d'Arles 920 (ARP 57) — Son frère Boson 920 (ARP 56). Les simples laïcs : Walo « le fort homme » intervient comme *ambasciator* en 903 ARP 43 dans la région de Châteaurenard. *Sterchariu*s, dans la même région 920 ARP 56.

177. F.L. GANSHOF, *Charlemagne et le serment, in* Mélanges ... Halphen Paris 1951, p. 259 et ss.

178. « De juramento : ut nulli alteri per sacramentum fidelitas promittatur nisi nobis et unicuique proprio seniori ad nostram utilitatem et sui senioris, excepto his sacramentis quae juste secundum lege alteri ab altero debetur... » (*Capitulare missorum generale* c. 9 MGH Cap. I n° 33 — cité par GANSHOF, *op. cit.* p. 269 et note 4).

179. Cf. les *Securitates* (*Form. Andecav.* 5, 6, 7, 39, 42, 44 — *Form. Marculfi* II, 18 — *Form. Turon.* 38 — ZEUMER MGH, *Formulae*, Hanovre 1886).

180. Serment rétabli par Charlemagne (GANSHOF *op. cit.* p. 260 et cf. texte cité *ibidem* p. 263 note 2).

181. Sur ce serment qui accompagne la *commendatio* dès le milieu du VIIIe siècle au plus tard GANSHOF, *op. cit.* p. 264 note 4.

du vassal et qui donne au lien vassalique son caractère de soumission totale [182]. Que les contemporains aient eu la conscience très nette que le serment public, général et obligatoire, n'était pas le serment qui accompagne la *commendatio,* la preuve nous en est fournie par les capitulaires eux-mêmes qui recommandent aux *missi* « de publiquement expliquer à tous, pour que chacun puisse bien le comprendre, combien d'obligations et de quelle gravité, sont contenues dans ce serment ». Si les contemporains ne le comprenaient pas, ce n'est pas à cause de leur inaptitude à l'abstraction juridique [183], c'est qu'ils ne voulaient pas le comprendre : la présence ou l'absence d'un rite de *commendatio* n'a pas grand-chose à voir avec l'abstraction juridique. L'existence des serments de sécurité, qui n'étaient pas non plus accompagnés de *commendatio*, favorisait le maintien d'une conception négative du serment de fidélité. Or ce serment était prêté par tous les hommes du comté et il était prêté devant le comte, non seulement par des *vassi,* mais aussi par les hommes libres non engagés dans les liens de la vassalité [184]. On peut supposer que ceux-ci étaient les plus nombreux dans certaines régions et en particulier dans une région méridionale comme la Provence. Ce que le comte, représentant du roi, pouvait donc exiger d'eux ou des vassaux d'un autre, c'était le respect d'un certain nombre d'interdictions, une fidélité négative.

Dans le comté tous les libres, qu'ils soient ou non vassaux, devaient au comte un serment de fidélité au roi. Seuls échappaient à cette obligation les évêques, les abbés, les chanoines et les vassaux royaux, qui juraient directement entre les mains du roi. Ce sont eux que Louis l'Aveugle désigne par l'expression *fideles nostri.* Lorsque ce sont des laïques et qu'ils ne sont pas comtes, on les nommera encore, parfois, *vassi dominici* [185]. A côté de la clientèle royale existe évidemment la vassalité personnelle du comte-marquis. Amiel de Sabran, par exemple, était comme évêque dans la fidélité du rois Louis, mais son neveu Giraud s'était engagé dans celle du marquis Hugues [186]. Hugues et son frère Boson partis, c'est Manassès qui, de retour d'Italie, est le maître en Basse-Provence, malgré le comte Boson, fils de Roubaud ; c'est lui qui tient tous les fiscs de la mense comtale arlésienne ; il n'est donc pas surprenant de voir entrer dans sa mesnie des grands comme Yson de Mévouillon ou Riculf de Châteaurenard, ou des personnages importants, quoique de rang sans doute plus modeste, comme Isnard des Baux, le plus richement doté, et son parent Pons

182. GANSHOF, *op. cit.* p. 261 — p. 262 note 1 et p. 267 — p. 264 et 267.

183. « Et ut omnes traderetur publice qualiter unusquisque intelligere posset, quam magna in isto sacramento et quam multa comprehensa sunt ... » (*Capitulare missorum generale.* MGH Cap. I n° 33). Le capitulaire énumère ensuite une liste d'obligations surtout négatives. GANSHOF considère d'ailleurs qu'une bonne partie de ces obligations fut abandonnée par la suite (*op. cit.* p. 268) Inaptitude à l'abstraction, cf. C.E. ODEGAARD, *Carolingien oaths of fidelity, in Speculum* 1941, p. 289.

184. GANSHOF, *op. cit.* p. 263 et 264.

185. Notice d'un jugement du roi Conrad à Vienne : « Et tunc jussit domnus rex hoc judicium scribere ... et subtus fidelium nostrorum nomina jussimus inserere ... (suit une liste d'évêques et de comtes, puis) ... Humbertus praesens fuit ac omnes vassi dominici majores et minores qui praesentes fuere », 943 (CLU n° 622).

186. Amiel, 903 (ARP 43), Giraud, « Amelii nepos, qui Hugoni a sacerdote erat, hoc est ab elemosynis », 916 (GCN, VI, col. 24).

(de Fos), ou encore Lambert de Reillanne, qui, à la mort de Manassès, passera dans la fidélité comtale, ou Aicard et Audiguier (d'Alleins) [187].

Il est probable que ceux qui étaient restés dans la mesnie de Manassès n'avaient pas juré la fidélité au Roi. En tout cas, au milieu du xe siècle, les vassaux du roi sont devenus les hommes du comte et un peu plus tard, les évêques désertent à leur tour la fidélité royale [188].

Pourtant, la même notice qui décore les vassaux du comte du titre de *vassi dominici* nous montre présents au plaid, avec ces vassaux comtaux, « d'autres personnes » : on pouvait donc encore être au plaid du comte, et ne pas être son vassal.

Lorsqu'on tente de reconstituer une liste des fidèles du comte, dans la première moitié du XIe siècle, on y trouve presque tous les grands de Provence : Lambert de Reillanne, les Mévouillon, les Châteaurenard, les Marseille, les Moustiers, les Sisteron, les vicomtes d'Avignon et les Brussans [189]. Parmi ces grands, deux seulement paraissent alors engagés dans une fidélité autre que celle du comte : Pandulf (de Pontevès) vassal de l'archevêque d'Aix Amaury [190] et Robert et Garac (de Lacoste) fidèles de l'évêque d'Apt, Nartold [191] ; mais n'était-ce pas ici simplement une fidélité multiple ? Ces grands laïques ont la majeure partie de leurs terres en alleu, soit que ces alleux l'aient été de tout temps, soit parce que ces biens, publics à l'origine, ont été transférés par donation pure et simple ou par complant. Au début du xe siècle, autochtones ou « bourguignonnes », « romaines » ou « saliques », les grandes familles provençales sont donc presque toutes alleutières, tout en ayant beaucoup reçu du comte. Il faut constater, dès l'abord, que leur fidélité a un support bénéficial relativement restreint. Quelle est sa forme et quel est son contenu ? La première chose

---

187. Sur ces personnages, cf. LDP-M, F, C, G, O. Lambert et Reillanne fidèle du comte, c. 978 (catalogue n° 17). Les Alleins sont moins connus. Il existe à Arles entre 954 et 982 personnage appelé Aicard *l'ancien,* pour le distinguer de son homonyme, et sans doute neveu, Aicard le *jeune,* frère du vicomte de Marseille Guillem (on pense à Pons l'ancien — de Fos ? — et à Pons le jeune -des Baux ; il s'agit là, aussi sans doute, de l'oncle par la mère). Or Aicard le jeune, de Marseille, possédait un quart de la *villa* S. Pierre d'Alleins, qu'il donna à Montmajour à sa mort en 1008 (BN lat. 13915, f° 63) avec d'autres biens qui lui venaient, eux, de la branche paternelle. Aicard (l'ancien), lui, parait au plaid de 970 en compagnie d'Audiguier (CSV n° 290), il était assez haut placé pour que Lambert de Reillanne s'inclinat devant lui pour un forfait commis à son égard (982, AST f° 50). En 988, paraît avec le comte et Aicard de Marseille, un Rostaing, fils d'Aicard (catalogue n° 29) qu'il faut peut-être identifier avec Rostaing de Lambesc déjà mort en 1038 (LDP-H). Vers 1040 mourait un Audiguier d'Alleins, personnage assez important pour paraître dans une charte au même rang que Pons de Châteaurenard, Guillem *Barbeta* de Vence ou Pons de Lambesc (CSV n° 155).

188. Cf. *supra* p. 66.

189. Lambert de Reillanne 976/978. (Catalogue n° 17). Rostaing fils de Laugier, 1031 (Catalogue n° 105). 1008 (Catalogue n° 69) et 1034 (Catalogue n° 110) 1038 (Catalogue n° 119, n° 120 et n° 121). 1031 (Catalogue n° 105) et 1051 (Catalogue n° 606). Dans ce dernier acte il s'agit de Raimon (de Moustiers) évêque de Nice (Cf. LEP diocèse de Nice note 6). 1031 (Catalogue n° 105). 1049-1056 (Catalogue n° 158). L'acte parle d'un Gui qui tient les tours d'Aix pour le comte. Il ne peut s'agir de Gui de Fos, car l'acte est précisément un traité d'alliance contre les Fos. Gui est donc Gui Brussan.

190. « Ego Pandulfus et uxor mea Laugarda ... haec omnia dono cum consilio senioris mei archiepiscopi Amalrici ... » (BN lat. 13915 f° 68). 975 (CA n° 25).

191. 975 (CA n° 25).

que l'on remarque dans la documentation, c'est l'absence du vocabulaire traditionnel de l'hommage et de la vassalité pour désigner les rapports entre le comte et les grands. Seule est sûre la fidélité, et donc le serment. Y avait-il hommage au comte habituellement ? Il est probable que oui, mais les textes manquent de clarté : lorsqu'en 990 l'évêque de Fréjus Riculf s'agenouille devant le comte, est-ce le geste du vassal ou la posture du suppliant [192] ? Lorsque Thietmar de Merseburg montre en 1016 les notables locaux « entrelaçant leurs mains » dans celles des comtes du royaume de Rodolphe, décrit-il une scène réelle aussi en Provence, ou bien la Germanie et la Bourgogne font-elles ici écran [193] ? Lorsqu'en 1053 Pons Pulverel, des Castellane, « se commande » à l'évêque d'Apt pour avoir des dîmes, le scribe songe-t-il au sens antique ou parle-t-il d'hommage [194] ?

Car le mot d'hommage — *hominium, hominaticum* — qui serait seul indiscutable n'apparaît qu'au XIIe siècle ; nous verrons plus loin dans quelles conditions. Autre détail inquiétant : on savait en Provence au milieu du Xe employer le mot *vassus dominicus*. Au XIe, le mot *vassus* par contre n'est jamais employé pour désigner un fidèle du comte ; lorsqu'on l'utilise c'est pour désigner le groupe des chevaliers citadins de la cité d'Arles ou l'obscur suivant de Renaud de Châteauvert, des Châteaurenard [195]. Les textes sont trop rares pour qu'on puisse se prononcer avec certitude, mais on garde l'impression que les grands ne souhaitent pas se voir qualifier de *vassi*. Que dire aussi lorsqu'on voit le mot de feudataire *(fevalis)* servir d'abord à désigner indifféremment nobles et non-nobles, puis glisser exclusivement au sens de « tenancier paysan [196] » ? Quel contenu donner dans ces conditions à la fidélité jurée ?

Les documents connus sous le nom de serments de fidélité qui constituent la seule source tant soit peu substantielle sur laquelle nous appuyer recouvrent en fait des engagements fort divers. Les serments tels qu'ils nous sont parvenus ne sont que le complément d'une *convenientia* qui est, au moins pour nous, le plus important, mais que, par malheur, les archives ont rarement conservée [197]. Pour assurer le respect de la *convenientia* on a

192. Catalogue n° 31.

193. Texte cité *supra*, p. 54, note 122. Malheureusement Thietmar n'a jamais mis les pieds en Provence.

194. « Ego Poncius pro ipsis decimis commendavi me episcopo qui tunc preerat Alfanto », 1053 (CA n° 84). Sens vague de *commendare* cf. pp. 71 et 150.

195. Cf. *supra*, note 48. Milieu du XIe, Gauceran de Besse : « Donatio quam facit domnus Rainaldus ... et Gaucerannus vassalus ejus in presentia ejus similiter dedit quicquid habebat, hoc est tascam. Et hoc actum est in Bersa, astante Donadeu caballario » (DU ROURE, RHP I, p. 83). En d'autres régions, en Mâconnais par exemple, le terme est régulièrement utilisé jusque vers 990 (DUBY, *op. cit.*, p. 173).

196. Les *fevales* du monastère de Montmajour en 1067 sont « *nobiles et ignobiles* » (texte cité *infra* p. 215 note 10). En 1143, les *fevales* de l'archevêque d'Arles en Camargue sont en la garde du baïle Raimon de S. Cannat et lui doivent des corvées (Livre Noir f° 23 v°). — Cf. aussi : enquête de 1171/1221 (BN lat. 1367 f° 20) et dénombrement des terres « en fief » (c'est-à-dire ici accensées) de S. Victor à Berre (CSV n° 815). Cf. cependant les *feudales* du château de Pujaut (*supra* note 125).

197. L'importance de la *convenientia* dans la société méridionale a été aperçue pour la première fois par P. OURLIAC, *La Convenientia*, Mélanges PETOT, Paris 1959, p. 143. La notion a été récemment utilisée par E. MAGNOU-NORTIER et par P. BONASSIE (Cf. leurs contributions au

écrit le serment de fidélité ; et malgré la forme stéréotypée que lui impose son caractère même, chaque serment peut présenter des variations en rapport avec la *convenientia* dont il dépend. Ecartons certains serments apparemment distincts, comme le serment d'obédience de l'évêque nommé à l'archevêque ou le serment du chanoine régulier à son doyen [198], il reste un certain nombre de serments de fidélité qui peuvent avoir un contenu plus vaste, ou distinct de la vassalité : ceux qui consacrent la division de l'héritage entre les frères [199] ; ceux qui concluent une alliance militaire et politique, fréquents au milieu du XIe siècle [200] ou ceux par lesquels un puissant promettra la sûreté à un monastère [201] ; ceux qui sanctionnent, au milieu du XIe, la garde d'un château par l'humbles caslans [202] ou ceux qui ouvriront, au début du XIIe le château d'un puissant au comte [203].

colloque Structures Sociales de l'Aquitaine, du Languedoc et de l'Espagne au premier âge féodal, p. 136 et p. 187). Exemple d'une *convenientia* conservée avec son serment : cf. *supra* note 90. Il est possible qu'au XIIe siècle, les serments aient semblé plus intéressants que les *convenientiae,* le serment permettant peut-être de réclamer des obligations féodales alors établies et précisées, tandis que la *convenientia* n'avait plus d'intérêt.

Sur la diversité de la foi, cf. les pages de M. BLOCH, *op. cit.*, p. 211.

198. Cf. les formules employées, *supra* p. 64 note 183. — Et, c. 1030, serment d'un chanoine au chanoine Signoret (CNDD n° 66). — Cf. aussi : serment du chanoine Gilbert au chanoine Renard (*Ibidem* n° 65).

199. Cf. en Gothie la « *convenientia vel divisio* » intervenue entre Peire évêque de Gérone et son neveu Roger de Foix (HGL, V, col. 201, cité par E. MAGNOU-NORTIER, *op. cit.* ,p. 126).

200. Ainsi de Raimon de S. Gilles à l'archevêque d'Arles Aicard : « Jurejurando firmat Raimundus comes Aicardo archiepiscopo ... quod de honoribus his supradictis (Eglise Sainte Pâque, Fourque, un tiers d'Albaron, une moitié de la *montatio* d'Arles) quod non tollat ei neque ejus successoribus, supradictos honores neque quos cum consilio (suo) inantea accaptabit. Et adjutor erit Aicardo ad hos retinendos honores contra illos qui ei aufferent et ejus successoribus sine enganno. Et jurat quod adjutor ei sit de illos qui honorem tollunt Sancti Trophimi et Sancti Stephani sine enganno quantas vices Aicardus commonuerit aut commonere eum faciat. » Sur les circonstances de ce serment, cf. catalogue n° 204.

201. En voici un exemple : « Jusjurandum episcopi Antipolitani, a retener, Gozfre. Aus tu, hom Conra, que per za ma mi tens, eu non tolrai lo castel de Mugins ni d'Arluc, ni las vilas ni las gleizas, nils camps ni las vineas, ni achela honor que sant Honoras ni ab mo conseil acatara, a sant Honorad ni als monegues de Lirin ; et si hom o femena era que li o tolgues, aitoris li seria a retener sans engan. Si Deus mi ajudet et iste testz evangils » après 1062 — avant 1083 (CL MORIS et BLANC n° 363). Celui qui jure est ici l'évêque d'Antibes Joufré (LEP dioc. d'Antibes et LDP-B). Celui à qui il jure est sans doute le moine Conrad, de la famille des comtes de Vintimille 1110/1124 (CL FLAMMARE n° 73). Mougins et Arluc S. Cassien sont au monastère de Lérins. Il est difficile de penser que ce serment soit une trace de l'entrée de l'évêque dans le vasselage de Lérins, alors qu'il n'est même pas prêté dans la main de l'abbé (à cette époque Audibert Ier). Mais le texte le précise dans un titre : Ce serment n'a pour but que de permettre à Lérins de « retenir » son propre patrimoine. Le cartulaire de Lérins contient d'autres serments de ce type, prêtés par des laïques (Guillem d'Hyères, c. 1070 CL MORIS et BLANC n° 79, Raimbaud de Grasse 1080-1102 *ibidem* n° 339, Fouque de Grasse 1080-1102 *ibid.* n° 355, Uc de Bargemon 1080-1102 *ibidem* n° 362) et rien ne nous permet de dire que ces serments aient été au XIe siècle considérés comme la marque d'un lien vassalique entre eux et le monastère. Ce type de serment est d'ailleurs décrit par les textes eux-mêmes : Giraud Amic promit au chapitre d'Avignon en 1101/1105 « custodire et deffendere (molendina) de omnibus ominibus et feminabus atque nominatim de kanonicis S. Ruphi, et de Leodeguario Raiambaldi », (CNDD n° 4). De même la comtesse Azalaïs promit à l'évêque de Sisteron, Bertran : « ipsa comitissa in fide sua me et ecclesiam prefatam necnon et clericos, in tuitione ac defensione contra omnes homines suscepit ». 1102 (Catalogue n° 217).

202. Sur les caslans cf. *supra,* p. 152.

203. C'est le cas du château de Trinquetaille, construit au début du XIIe par les Baux, et

Il existe à notre connaissance 19 serments antérieurs à 1100 [204]. Sur ces 19 serments, deux servent à nouer une alliance (3 et 14) ; trois, sont des sûretés accordées par des puissants à un monastère (1, 10 et 11) ; douze concernent des châteaux et parmi ces douze serments, huit sont prêtés par des grands et visent à garantir la garde d'une église sur une part d'un château (4, 5, 6, 7, 8, 9, 15 et 16) ; trois sont des serments de caslans à leur seigneur (12, 17, et 19). Enfin deux serments concernent nettement un fief (2 et 13 où la Provence ayant été donnée par le comte au Pape, on peut la considérer ensuite comme un fief de reprise). Ces deux derniers groupes permettent de supposer un lien de vassalité. Seuls 2 et 13 contiennent la formule : *fidels serai* — *fidelis ero,* l'un et l'autre étant accompagnés d'un acte — *convenientia* ou donation — qui précise le sens du serment [205]. On

ouvert au comte de Barcelone peu après. Utilisation de tels serments par les comtes, cf. P. BONASSIE, *Les conventions féodales dans la Catalogne du XIe siècle, op. cit.* p. 204.

204. 1. 1044 ? (CSV n° 32) : serment de ses neveux à Fouque de Marseille ;

2. 1014/1024 à 1050 (cité *supra,* note 90) : serment d'un nommé Thibaud à l'abbé Renard de S. André d'Avignon ;

3. 1049-1066 (Catalogue n° 158 — original) : serment d'Aicard et de Joufré de Marseille au comte Joufré (cité *infra,* p. 206, note 206) ;

4. 1047-1060 (Arc. des B. du R. 1 H 38-180 ; original) : serment d'Audibert Bellet à l'abbé de S. Victor, Peire.

5. 1060-1064 (CSV n° 758 — texte incomplet). Serment de Pons (d'Allons ?) à l'abbé de S. Victor, Durand.

6. 1060-1064 (CSV n° 709) : serment de Boson (de Volonne ?) à l'abbé de S. Victor, Durand.

7. Peu après 1063 (Catalogue n° 170) : serment de la comtesse Estève et de son fils au prévôt du chapitre d'Arles Raimbaud.

8. 1065-1079 (CSV n° 709) : serment de Tassilon et de Guillem (frères de Boson de Volonne) à l'abbé de S. Victor, Bernad.

9. 1065-1079 (Arc. des B. du R. 1 H 54 n° 256 — original) : serment de Pons, fils d'Audibergue, à l'abbé de S. Victor, Durand.

10. 1062-1083 (MORIS et BLANC. CL n° 363-AEA n° 41, cité *supra,* note 195) : serment de Joufré, évêque d'Antibes à Conrad (moine de Lérins).

11. c. 1081 (CSP n° 14) : serment des sires de Nice aux moines de S. Pons de Nice.

12. 1073/1078 (CN n° 83) (château donné le 21 avril 1073 : CN n° 82 ; en 1078, l'évêque n'était plus Raimon, mais Archimbaud) : serment des (caslans) de Drap à l'évêque de Nice, Raimon.

13. 1081. 25 août (Catalogue n° 195 — cité *infra,* p. 271, note 145), serment du comte Bertran au pape Grégoire VII.

14. 1079/1094 (catalogue n° 204 — cité *supra* note 200) : serment du comte Raimon de S. Gilles à l'archevêque d'Arles, Aicard.

15. 1041-1094 (CNDD n° 47) (part d'un château donné en 1041 : CNDD n° 34 — le chanoine Signoret est connu en 1031 : AVM n° 81 — c. 1040 : catalogue n° 122 — et en 1094 : GCNN Arles n° 455) : serment d'Audibert, fils de Percipie, au chanoine Signoret.

16. 1041-1094 (CNDD n° 67) : serment de Roux, fils de Percipie, au chanoine Signoret.

17. (1096) (ROLLAND *in* Mélanges BUSQUET p. 24 n° 1 — original) : serment des caslans de Nans à l'abbé de S. Victor Richard.

18. 1081-1097 (Catalogue n° 213 — original) : serment de Pons de Fos et de ses frères au comte Raimon de S. Gilles.

19. 1080-1100 (CA n° 101) : serment de Rostaing d'Agout et de ses fils à Audibert Garac de Castellane

205. On aperçoit la persistance de certaines formules depuis l'époque carolingienne. Sur cette persistance, cf. E. MAGNOU-NORTIER, *op. cit.*, p. 119 et 121. Remarquons que des recueils de capitulaires carolingiens existaient dans les bibliothèques monastiques provençales ; ainsi à Lérins (cf. *infra,* p. 186, note 86).

Les serments du XIIe présenteront une physionomie assez différente et nous les étudierons *infra* p. 346.

peut sans doute considérer cette clause comme un résumé de la clause plus longue : « non ti decebrem de tua vita, nec de tuis membris, etc. » qu'on trouve dans 3, dans 12, et dans 19, et d'une manière régulière au XIIe siècle. La fidélité est aussi mentionnée en fin de serment dans le groupe (4, 5, 6, 7, 8, 9, 15 et 16) où on trouve trois fois (6, 15 et 16) la clause : « eu lo vos redrai a la fedeltat de S. Maria = et attendam ad fidelitatem S. Victoris ». On est étonné de ne pas la trouver dans les autres, et notamment dans 8 qui est la reproduction, quelques années plus tard, de 6 ; il est vrai que ce ne sont que des copies. Cette clause est simplement un renforcement de la formule : « sic faciam et attendam sine enganno », à laquelle elle est mêlée. On la trouve aussi à la même place dans 17 et aussi dans 12 sous la forme « salva fidelitate S. Marie ». Voici pour la fidélité. L'aide — *adjutorium* — n'est mentionnée que dans les alliances (3 et 4), ou dans les sûretés (1, 10). Elle n'apparaît qu'une fois dans le groupe (4, 5, 6, 7, 8, 9, 15 et 16) mais très nettement : (Si le château d'Auriol est pris) « ego Eldebertus drictus adjutor illis (monachis) ero sine eorum inganno et sine eorum deceptione per illut tempus et per illas horas quibus illi me commonuerint », ce qui semble exclure qu'il faille la supposer dans les autres actes du même type. On ne la trouve pas non plus dans les serments de caslans du type 12, 17 et 19 ; cependant, une courte ligne (qui peut être comme un résumé de la *convenientia* qui accompagnait 19, puisque le texte mentionne : « istas convenientias (que) mihi facient heredes tui ») nous indique que la *caslania* est donnée à fidélité et à service : « a fedauta et a servicio ». On se souvient que *servitium* indique aussi « le service » de la tenure paysanne mais aussi que le service d'un caslan pouvait se limiter à la garde du château [206]. Il serait dangereux de tirer des conclusions trop fermes d'un échantillonnage aussi ténu. Remarquons cependant que l'aide apparaît précisément dans les actes les plus éloignés de la fidélité, que la fidélité sous une forme nette n'apparaît que dans les rapports des caslans avec leur sire, dans le serment 3, entre le comte et les Marseille, qui sont bien des fidèles du comte, et dans le serment 13, où l'on peut en effet considérer que le comte est devenu un fidèle du pape.

Toutes ces formes sont spécifiques au XIe siècle et ce n'est pas sans péril qu'on peut y chercher ce qu'était le serment de fidélité d'un grand au comte, aux alentours de l'an 1000. Un fait frappe pourtant : le serment comporte d'abord des obligations négatives : on jure la vie, les membres et les possessions ; la fidélité est donc avant tout une sûreté [207]. Une aide positive était-elle toujours jurée ? La plupart des textes n'en soufflent mot, alors même que quelques-uns la mentionnent, mais précisément pas dans les deux seuls véritables serments de « vassalité ». Les serments des caslans lient la fidélité au service — *servitium* —, terme qui implique sans doute

---

206. Cf. *supra*, p. 151.

207. Cet aspect est aperçu par les contemporains : pour résumer les engagements des chevaliers de S. Chamas à son égard, l'évêque d'Arles indique qu'après leur avoir donné ce qu'il avait dans ce château : « Retinuisti tamen ... dominium tocius castri et securitatem fidelitatis atque servicium. » 1126 (Livre Noir, f° 31 v°). Cf. leur serment au successeur de l'archevêque, 1131 (G.C.N.N. Arles, n° 3228).

plus qu'*adjutorium*. Mais le noyau irréductible de la fidélité est un noyau négatif : les fidèles du comte, à la fin du Xe siècle, juraient au moins sa vie, ses membres et ses terres. Leur présence à son ost et à son plaid n'était-elle pas encore leur devoir d'hommes libres, et leur intérêt ? Leur fidélité évoque par là, quelle qu'en ait pu être l'origine, beaucoup plus la fidélité publique, anciennement prêtée au comte, que la vassalité proprement dite. Au niveau des grands de Provence tout se passe comme si l'hommage n'existant pas, ou du moins étant considéré comme sans importance juridique, le serment avait survécu, conservant surtout les caractères négatifs de l'ancienne fidélité publique.

Cependant les grands ne sont pas les seuls en Provence à être engagés dans un lien de fidélité. Quelques rares mentions nous montrent à la fin du Xe siècle et au début du XIe, des fidèles d'un rang beaucoup moins élevé [208], alors que les textes nous ont révélé la vigueur d'une classe de petits propriétaires alleutiers. La seigneurie banale a incité certains d'entre eux à devenir les chevaliers d'un sire. Les clientèles privées se sont ainsi grossies. Mais la fidélité de ces minces personnages envers leur seigneur est dès le départ beaucoup plus contraignante que celle des grands envers le comte : leur manse est souvent leur seule richesse et le seigneur peut le donner ; il peut les donner eux-mêmes[209]. Leur seigneur leur a parfois concédé quelques revenus, les associant à la perception des dîmes ou des droits banaux, autant de préfigurations du fief rente. D'autres enfin juraient fidélité simplement *propter voluntatem*, pour bénéficier d'une protection dont on pouvait de moins en moins se passer [210]. Aussi quand ils jurent la fidélité ils font l'*immixtio manuum,* en plus du serment [211] : ils sont véritablement les hommes d'un seigneur, étroitement associés à leur tenure.

Coexistent donc, à nos yeux de modernes, dans les années 1020-1030, deux types de fidélité, s'appliquant à deux couches bien distinctes : la fidélité due par les grands, généralisée dans ce cercle restreint dès une époque ancienne, et une fidélité qui se développe au XIe siècle, parmi les petits alleutiers, comme une conséquence de l'établissement de la seigneurie banale. Il est un élément commun à ces deux fidélités : le serment prêté au

---

208. 904 : Guibert, fidèle de Gui (d'Agoult) (CA n° 7). — 991 : Oudry, fidèle de Robert et Garac (de Castellane) (CA n° 40). Samuel fidèle de l'évêque d'Apt Thierry : 997 (CA n° 46). — Début XIe : Seguin homme d'Isnard (CA n° 67). — 963 : Boson, seigneur de Geniès (RHP I p. 37 et 38) (cf. aussi 978 ? Catalogue n° 18). Silvius a comme seigneur Pons le jeune (des Baux), puis le fils de celui-ci Uc. Il leur a toujours fait un bon service ; aussi lui ont-ils donné une terre en alleu. c. 1000 (RHP I p. 59). Vidal, son frère Gontard, Deodat et Pons Mairastre, fidèles de divers membres de la famille des Pontevès : début XIe (CSV n° 500-504-507-520-521). Les chanoines sont aussi fidèles de l'évêque, ou parfois du prévôt : 983 (CA n° 31). — 984 (CA n° 33).

209. Cf. *supra,* note 34.

210. A Chorges près d'Embrun, encore en 1177 : « Dixit etiam (Raimundus Trenquerius miles) quosdam de civitate antecessoribus suis archiepiscopis hominium et fidelitatem fecisse, alios propter feudum, alios vero propter voluntatem suam » (arc. des B. du R. B. 288).

211. « ... omnes prefati milites ipsius castri junctas manus suas inter meas posuerunt et mihi homines fuerunt et fidele adjutorium ac defensionem contra homines qui hanc vellent dissipare vel minuere ecclesiam mihi promiserunt, meisque successoribus catholicis et hanç meam constitutionem tenentibus servandum statuerunt, fides suas super altare cum textu evangeliorum offerendo. » 1102, Forcalquier (catalogue n° 217).

seigneur. Et, peu après l'an 1000 le serment qui n'était peut-être, pour beaucoup de grands du Midi, qu'un simple adjuvant des obligations de l'homme libre aisé, devient dans bien des cas, le seul lien entre le comte et les grands propriétaires, le seul terrain juridique sur lequel le comte puisse se placer pour exiger quelque chose des grands. Il n'est pas étonnant qu'un prince méridional, Guillem d'Aquitaine, ait cru bon de demander à Fulbert de Chartres, à quoi s'engageait au juste celui qui jurait fidélité. La réponse vint dans le sens attendu : celui qui jure fidélité ne doit pas causer de torts à son seigneur, mais ce n'est pas suffisant ; s'il veut mériter d'avoir été chasé, s'il veut être digne de son bénéfice, le fidèle doit donner à son seigneur aide et conseil [212]. Réponse digne de l'excellent juriste qu'était Fulbert qui d'un mot — *casamentum* — met sur le même pied Hugues de Lusignan et l'humble vassal chasé : tous deux n'ont-ils pas juré fidélité ? Mais la menace implicite, efficace pour un petit chevalier, est dérisoire pour un grand méridional : Hugues de Lusignan, comme beaucoup de ses pairs, possédait la plupart de ses terres en alleux [213]. Privé de ses bénéfices, il restait toujours aussi dangereux. Fulbert reprend donc très vite : le fidèle prêtera conseil et aide « s'il veut être digne de son bénéfice et sauf de la fidélité qu'il a juré ». Ainsi la sanction ne sera pas la commise mais la peine qui frappe le parjure [214]. Si les serments prêtés au duc d'Aquitaine avaient comporté la mention expresse du conseil et de l'aide, peut-on croire que Fulbert aurait eu à biaiser ? La consultation même aurait été sans objet. Autour de la notion de fidélité s'engage donc, après l'an 1000, comme une bataille d'idées. Les princes territoriaux tentent de la raffermir en s'appuyant sur l'exemple des couches inférieures de nouveaux fidèles. Les grands, débarrassés des contraintes publiques, souhaitent maintenir la fidélité qui les lie au prince dans l'ambiguïté qu'elle avait auparavant : qu'il les laisse en paix, et ils ne l'attaqueront pas.

La crise des années 1020-1030 est aussi une crise de la fidélité [215]. Elle

---

212. « Qui domino suo fidelitatem jurat, ista sex in memoria semper habere debet ... Ut autem fidelis haec nocumenta caveat, justum est ; sed non ideo casamentum meretur ; non enim sufficit abstinere a malo, nisi fiat quod bonum est. Restat ergo ut in eisdem sex supradictis consilium et auxilium domino suo fideliter praestet, si beneficio dignus videri velit, et salvus esse de fidelitate quam juravit. » c. 1020 RHF X p. 463. Sur les circonstances, cf. M. GARAUD, *Un problème d'histoire : A propos d'une lettre de Fulbert de Chartres à Guillaume le Grand comte de Poitou et duc d'Aquitaine in* Mélanges ... Le Bras Paris 1965 et G. BEECH, *A feudal document of early eleventh century Poitou in* Mélanges ... Crozet, Poitiers 1966 tome I.

213. M. GARAUD, *Les châtelains du Poitou et l'avènement du régime féodal* (XIe et XIIe siècles), Poitiers 1965, p. 46, pense que « les principaux éléments de leur fortune ne paraissent pas de nature allodiale ». Mais la description qu'il fait lui-même du conflit entre le comte et Hugues de Lusignan montre Hugues, avide de fiefs et de châteaux (cf. aussi le texte de la *Conventio* RHF IX. 543). s'efforcer en vain d'en obtenir du comte. Par contre Lusignan paraît avoir été un alleu (p. 45-46).

214. Sur le problème des sanctions de la forfaiture du fidèle au XIIe siècle, cf. *infra*, p. 353.

215. Remarquons la similitude chronologique avec la Catalogne. (P. BONASSIE, *op. cit.*, p. 202). Au Nord de la Provence, dans le royaume de Bourgogne, dès 999, le roi Rodolphe a eu maille à partir avec certains de ses fidèles qu'il aurait voulu priver de leur *hereditas*. Il est battu et l'affaire se termine par un compromis. En 1009 le roi obtient un succès relatif puisqu'un grand, Doon (Tuto) perd ses biens pour avoir conspiré contre le roi. Mais la fin du

va être particulièrement aiguë en Provence. Voilà déjà près d'un siècle que les domaines publics et surtout les domaines d'église ont été accaparés, près d'un demi-siècle que les terres de l'Est ont été récupérées et les derniers Sarrazins du Freinet exterminés. Loin d'augmenter le nombre des bénéfices, accaparements et conquêtes ont consolidé les grands alleux. Autour de son domaine même le sire absorbe les petits alleux et les soumet à son profit par une utilisation discrétionnaire des droits du ban. Le lien vassalique n'est guère consolidé par le fief et doit plus à l'ancienne fidélité publique qu'à l'engagement corps et âme du guerrier recommandé. La société provençale peu après l'an mil est d'autant plus disloquée qu'elle est moins « féodale », et chaque grand alleutier peut se dire maître chez soi. Aussi, dès les premières années du XIe siècle, les grands cessent de résider dans les cités [216] comme ils cessent de s'y faire enterrer [217]. Ils se retranchent dans leurs domaines, qu'ils fortifient de leur mieux ; ils recrutent ou étendent des clientèles guerrières et soumettent un certain nombre de libres par l'exercice du ban. Ils constituent ainsi une classe militaire plus nombreuse, et sans doute prolifique [218], au moment même où, apparent paradoxe, le pays est en paix. Paradoxe apparent, mais aussi paradoxe provisoire : cinquante ans après l'expulsion définitive de ses derniers envahisseurs sarrazins, la Provence entrait à nouveau dans une période de troubles et de guerres. Partout désormais la seigneurie se heurte à la seigneurie ; l'aristocratie dévoreuse de terres ne peut plus que s'entre-dévorer. Alors disparaissent les plaids généraux

---

règne voit s'accélérer la décadence de la monarchie et en 1016 Thietmar de Mersebourg dira d'Otte-Guillaume « miles regis est in nomine, dominus in re », (POUPARDIN, *Royaume de Bourgogne,* p. 113-114).

216. Il s'agit évidemment des cités qui paraissent avoir gardé une certaine importance, surtout Avignon et Arles. La date de ce mouvement est difficile à préciser, c'est peut-être vers le milieu du XIe siècle qu'un certain nombre de maisons de grands en Arles sont passées dans les mains de divers monastères (cf. *supra*, p. 49). C'est là un fait lourd de conséquences, et qui permet d'opposer Provence et Lombardie où le groupe correspondant des *capitanei* reste dans les cités et dispute la prééminence au groupe inférieur des *valvassores* (en Provence les *vassi urbis arelatensis*) (G. VIOLANTE, *L'Eta della Riforma ... op cit*, p. 86) avant de composer avec eux pour former la commune (*ibidem* p. 95). En Provence les grands ne tiendront jamais le consulat, cf. *infra*, p. 317.

217. Eglise funéraire des Châteaurenard à Correns dès 1010, des Moustiers-Gaubert à S. Michel de Cousson, des Marsens à S. Cassien du Muy, c. 1044 ? cf. *supra*, pp. 95 et 96 et CSV 753 et 570. Par contre, on sait que le père de Guiran, Renard, était enterré dans la cathédrale d'Apt, en 983 (plutôt que 973 — CA 24). Dans les cités plus petites, un grand pourra se targuer d'être le « prince » de la cité qu'il est désormais seul de son niveau à habiter (cf. textes cités par MANTEYER, *op. cit.* p. 367 ; pour Antibes dès 1026/1050, pour Riez avant 1039 pour Apt en 1056) alors qu'en 965, on parlait des « princes arlésiens » en désignant par là des gens comme le vicomte Pons, ou Arlulfe de Marseille (catalogue n° 7) qui habitaient la cité.

218. Il n'existe guère d'indices qui permettent d'avoir une idée, si vague soit-elle, de l'évolution démographique dans les familles chevaleresques et dans les familles paysannes. On observe cependant dans les grandes familles un accroissement, sans doute freiné, mais continu : jusqu'à Guillem II (+ 1045/1046), un seul mâle des vicomtes de Marseille fera souche (LDP I) ; chez les Baux-Rians, deux souches dès la 1re moitié du XIe (LDP C) comme chez les Chateaurenard (LDP E) ou chez les Moustiers-Gaubert (LDP L), trois chez les Pontevès (*Spada, Blacheria,* Pontevès LDP N).

et la justice comtale, gardienne de la paix des Francs. Alors doit disparaître, si faible encore soit-il, le nouveau domaine d'Eglise patiemment reconstitué. Et si le comte s'y oppose, s'il invoque sa seigneurie, qu'il disparaisse à son tour.

Chapitre V

Anarchie féodale ou paix de l'église

— LA DÉFAILLANCE DU POUVOIR COMTAL —

Pendant la fin du Xe siècle, le comte contenait la rivalité des grands dans des limites raisonnables : il apaise les discordes entre les Fos et les Marseille ; lorsqu'un grand cause du tort à un autre, il lui faut s'amender légalement [1].

Un incident montre la fragilité du contrôle qu'exerce peu après l'an mil le comte sur les grands. C'est à cette époque en effet que les moines de Montmajour arrivent enfin à entrer en possession de Pertuis qu'ils s'efforçaient d'obtenir depuis plus de vingt ans. L'histoire de leurs efforts est bien révélatrice : ce riche domaine avait appartenu à la cathédrale d'Aix ; au milieu du siècle, le comte Boson avait mis la main dessus, en profitant peut-être de la mort en exil de l'archevêque Oudry [2] ; il est probable qu'il le donna à son vicomte, Nivelon (942-962) [3] et qu'à la mort de celui-ci, en 962/965, il rendit le domaine à l'Eglise d'Aix ; l'archevêque, rentré en possession [4], le donna à son tour à tenir aux fils du vicomte, Enguerran, évêque de Cavaillon, et son frère Nivelon (de Signes). En 981, le comte reçoit le domaine de leurs mains et le donne à Montmajour, mais c'est seulement en l'an mil que sa veuve obtint le dessaisissement de l'archevêque et en 1002 que son frère, le comte Roubaud, transmet au monastère un précepte royal lui confirmant probablement l'exercice des droits publics [5]. En fait nous apprendrons un peu plus tard que les fils de Nivelon (de Signes) tenaient encore une moitié de la *villa* sous la seigneurie du monastère [6].

---

1. Cf. *supra*, p. 55.
2. Oudry assiste encore en 947 au concile de Verdun avec son protecteur rémois ; il ne figure plus au concile suivant d'Ingelsheim en 948.
3. Nivelon apparaît sans titre aux côtés du comte Boson en 942 (Catalogue n° 1), avec son titre en 962 (Catalogue n° 5).
4. Restitution indiquée par : catalogue n° 54 et BN lat. 13915 f° 105. L'archevêque Amaury « en avait eu possession ».
5. Catalogue n° 22, 53, 59.
6. 1018 (BN lat. 13915 f° 67).

Ce qui se fait à Pertuis a dû aussi se passer à *Tumnetum*-Bédoin. Là encore le comte Boson avait donné le domaine avec les droits publics au monastère [7] mais on voit qu'à la fin du siècle la donation n'avait pas eu d'effet : un nommé Ismion donna le château de Bédoin et l'Eglise S. Pierre du Moustiers, sans doute l'ancien prieuré, aux moines, gardant cependant l'usufruit et la moitié pour ses fils [8]. Dans ces deux cas, à la fin du xe siècle, Bédoin et Pertuis deviennent des seigneuries banales monastiques.

C'est la même tentative que laissent apercevoir les chartes de Cluny. Lorsque le comte Guillem, peu avant sa mort, restitue à l'abbaye et à son affectionné Maïeul la moitié de Valensole qu'il tenait pour eux — l'autre moitié étant probablement déjà seigneurie de Cluny — il y donne « tout ce qui lui venait du fisc », là encore les droits publics [9] ; et l'on voit le premier prieur, Renard, s'efforcer de se faire confirmer par l'évêque de Riez, Aumerade, et par Doon (de Châteaurenard ?) une sorte d'immunité négative du nouveau prieuré [10]. Même chose aussi pour Piolenc, donné par le frère de Guillem, Roubaud, en 994/998 ; c'était alors un château, ce qui entraîne probablement à cette époque l'exercice du ban [11]. Là aussi, un diplôme royal et une bulle pontificale viennent appuyer l'effort des moines [12].

La volonté d'indépendance de l'église régulière à la fin du xie siècle se double donc d'un effort de sa part pour construire comme les grands laïcs, mais dans un but différent, une seigneurie banale qui lui soit un renfort et une sauvegarde. Et ici, il semble bien qu'il y ait eu confluence de deux intérêts : celui des moines qui veulent libérer leurs domaines, récemment et péniblement acquis, de l'étreinte seigneuriale qu'ils sentent se resserrer autour d'eux ; celui des comtes, qui craignent les pressions des grands et dont le pouvoir doit déjà chanceler. La chose n'est-elle pas manifeste dans le cas de Pertuis ? Comment écarter les prétentions de la famille de Signes, une fois que l'un des siens a tenu le domaine ? En le donnant au Portier du Ciel, intercesseur obligé de l'Enfer et du Paradis. Une fois devenu propriété de S. Pierre et muni des droits du ban, le domaine est comme « gelé » ; il échappe définitivement à la ronde des « *honores* » et aux convoitises héréditaires. Et puisque le comte est — de fait — le maître de l'abbaye après

---

7. Diplôme de Conrad et bulle de Léon VIII, 963 (catalogue n° 6).

8. La donation est datée du règne de Conrad, donc avant 993 (Arch. des B. du R. 2 H 9) ; elle n'existe plus qu'en pseudo original du xie (d'après l'écriture) et porte maladroitement la mention d'une confirmation par le pape Grégoire V. Or s'il existe bien une bulle de ce pape dans le chartrier de Montmajour (Cf. p. 71 note 230), la confirmation de Bédoin y est une interpolation évidente. Il faut peut-être rapprocher ces pièces des pseudo originaux de Léon VIII et de Conrad, eux aussi « retouchés » par un assez malhabile interpolateur dans la seconde moitié du xie. On pense à l'abbé Rolland, bon administrateur de son monastère et qui précisément arriva à récupérer le Val S. Pierre (interpolé dans la bulle de Léon VIII et le diplôme de Conrad) sur les Fos, et Bédoin sur le comte Raimon de S. Gilles (Mention d'une bulle de Grégoire VII à l'Inventaire Bleu de Montmajour, f° 169 v°).

9. Catalogue n° 37, Guillem avait donné aussi Sarrians (*Ibidem*, n° 46).

10. CLU n° 1990, 19991 et 2284.

11. Catalogue n° 52.

12. Diplôme du roi Rodolphe, 998 (CLU n° 2466), et bulle de Grégoire, 999 (*Ibidem*, n° 2312).

le saint, ou, disons, son protecteur légitime [13], ce qu'il donne d'une main à la communauté monastique en richesses consommables, il le rattrape de l'autre en pouvoir et en influence. Entre les moines et les nobles, c'est les moines qu'il faut choisir.

Mais les sires sentent le danger. S'ils laissent faire, ce sont les plus beaux des domaines publics qui leur échapperont peu à peu. Il leur faut riposter et voici que précisément, en 1009, l'autorité comtale n'est plus incarnée que par la vieille comtesse Azalaïs ; son mari, Guillem « le libérateur » est mort en 993/994, son beau-frère, le comte Roubaud, en 1008 [14]. Alors Amaury, archevêque d'Aix, et les fils de Nivelon de Signes se jettent sur les domaines de Montmajour, pillent Pertuis et le laissent en flammes [15]. Bonne leçon pour les moines et les paysans ! Et c'est sans doute pour des faits de même nature que furent excommuniés avant 1010/1012 le fils de Lambert de Châteaurenard, Audibert et Renard [16]. Les fils de Nivelon mirent plus longtemps pour venir à résipiscence ; encore la rage couvait-elle dans leur cœur [17].

Dans cette atmosphère troublée, la crise éclate, qui abattra pour un temps le pouvoir comtal. Et elle se déclenche à propos du contrôle d'une forteresse majeure : le château de Fos, l'un des plus anciens et des plus importants de la Provence occidentale. Fos était un château fiscal qui surveillait et l'entrée de l'étang de Berre, aux nombreux salins, et l'un des accès, par la voie de terre, du comté d'Arles, lorsqu'on vient de Marseille. Il avait été confié avec Hyères à Pons de Fos. Or la famille de Fos est justement l'une des familles provençales dont les biens ne sont pas composés originellement d'alleux, et qui n'a pas réussi à allodialiser les domaines qu'elle avait obtenus. En 1018, le comte perd la seigneurie des châteaux de Fos et d'Hyères ; en d'autres termes, la famille qui tient ces châteaux les lui refuse [18]. Aidé

---

13. Cf. précisément les tiraillements entre les comtes et les moines de Montmajour à cette époque, *supra*, p. 70.

14. Catalogue n° 47, 67 et 69.

15. « Nobis clamor nobilissimae comitissae Adalaïdis delatus est et monachorum S. Petri super filios Nebelongi, Rainaldum videlicet, Willelmum et Laufredum et archiepiscopum Amalricum Aquensem, qui fortiter devastant monasterium Montismajoris quod est sub potestate S. Petri et nostra, et insuper villam quae nominatur Pertusus per virtutem illorum depraedaverunt et cremaverunt tamdiu quousque inhabitabilis permaneat ... Constringantur vinculo anathemanis qui vi saeculari vastant atque dissipant, sine voluntate abbatis et monachorum terras... » Juillet 1009-Juin 1012. — Bulle de Serge IV (Catalogue, n° 73 bis).

16. La bulle de Serge IV (1009/1012) les relevant de leur excommunication est postérieure à décembre 1010, puisque l'autorisation de consacrer l'église de Correns y est donnée à l'évêque réformateur Estève d'Apt (cf. *infra*, note 108). Une donation à Montmajour est faite, sans date, par Audibert « conscient des grands et mauvais péchés que j'ai perpétrés dans ce siècle », (Bibl. Arles ms 163, p. 1). Sa mère, Balda, avait donnée Correns à l'abbaye dès 1002, à Arles (Arch. B. du R. 2 H 348). Jaffe (n° 3968) juge avec raison la bulle remaniée ; on y a interpolé une remise de pénitence pour tous ceux qui se rendent à Correns.

17. 1018 (*supra*, note 6). Quelque temps après l'accord, rencontrant le moine obédientier, il tua son cheval et le roua de coups. L'archevêque Raimbaud résuma plus tard la situation en disant de cette époque : « Beaucoup d'hommes, fils du Diable et non de Dieu, animés d'une néfaste audace, nous arrachèrent violemment ce que leurs pères avaient pieusement donné », notice de 1053/1059 (BN lat. 13915 f° 78 v°).

18. « Adjutores tibi erimus ego Aicardus et Joffredus filii Accelena ad recuperare et

des vicomtes de Marseille, vieux ennemis des Fos [19] et par d'autres grands [20], le comte part en guerre. Le 19 juin 1020, les vicomtes de Marseille ont repris le château de Fos [21] mais les pertes ont été lourdes : le comte est mort [22] ; le vicomte Fouque a été durement blessé [23] et d'autres encore de moindre importance ont perdu la vie, tels les fils de Gombert, chevalier avignonnais « tombés tous trois le même jour sous l'épée ennemie [24] ». Le conflit ne se limite d'ailleurs pas au comté d'Arles. Estève, élu évêque d'Apt en 1010, après avoir été chanoine de cette ville, était originaire d'Agde d'où sa famille avait été chassée. Or son biographe — après nous avoir révélé qu'il avait eu des concurrents prêts à « prostituer leur charge future » — c'est-à-dire à l'acheter — nous dit qu'il fut en butte à des persécutions : « certains, qu'il avait eus pourtant à sa table complotaient sa perte : Estève prévoyant leurs attaques, prédit qu'ils n'échapperaient pas à la fin qu'ils lui réservaient ». Plus tard, voyant que leur tentative avait échoué, ses ennemis implorèrent un pardon, qu'il leur accorda [25]. Ces événements ont dû se passer avant 1019 et 1022, où Estève se trouve en Espagne [26]. Précisément, entre 1011 et 1032, Guillem d'Agoult donne à Estève un tiers de la *villa* de Calvies, « afin que le Seigneur lui accorde la victoire sur les ennemis qui tentaient de lui enlever son légitime honneur [27] » ; le grand-père de Guillem avait été tué par les Lacoste alliés

---

tenere illa dominicatura de Heras et de Fossis quem Wilelmus comes, pater Joffredi comitis, tenebat una anno antequam mortem accepisset », 1049/1056 (Catalogue n° 158).

19. La rivalité des Marseille et des Fos datait au moins de la reconquête. Cf. *supra*, p. 55.

20. En 1018, le comte est en compagnie de l'archevêque d'Aix, Amaury, d'Arbert (de Pontevès), de Doon (de Châteaurenard) son parent, de Pandulfe (de Salernes), de Miron (de Sisteron) (Catalogue n° 79).

21. Deux actes montrent les vicomtes installés au château : 19 juin 1020 (CSV n° 19) et 1020 (Bibl. Arles ms 881 n° 12). La famille de Fos le récupèrera plus tard.

22. C'est au sens précis qu'il faut prendre l'expression « mortem accepisset » (note 78) — date de sa mort : le 4 mars 1019 (Catalogue n° 82).

23. « ... Accidit michi Fulconi, Massiliensis urbis vicecomiti, quatinus ostiliter impeterem inimicorum meorum castra, ex quibus jactata mihi jacula, inflixerunt meo corpori vulnera, quibusque multo tactus dolore, meorum criminum pavore, disposui aliquid de meo honore dare Sancti Victori martiri, Massiliensis coenobi ... (il s'agit ici de la donation faite à Fos en juin 1019 CSV n° 19) ... Cujus rei causa, volentes amplificare ... donum quod supra diximus ... » (les vicomtes ajoutent la restitution d'une part du tonlieu), 1044 (CSV n° 32). Les blessures de Fouque datent donc de la même année que la donation de 1019, et non de 1044 qui est une confirmation.

24. Cf. donation de Gombert, d'Unia et de leur fils Autran : « pro redemptione et liberatione animarum filiorum suorum Guillelmi, Guillelmi Petri atque Hicterii qui uno die simul gladii interempti ex hac vita migraverunt », 13 mars 1020 (BN lat. 12685 f° 262 v°). Guillem et Autran, fils de Gombert, se trouvaient peu avant aux côtés du comte pour souscrire le testament d'Audibert d'Oppède (Catalogue n° 80). Gombert lui-même accompagnait le comte à Avignon en 1005. Il paraît avoir été avignonnais (999 P.L. tome 137 col. 937).

25. « Firmum inde se probavisse domesticam jacturam et peculiarem insectationem, cum saepissime in mensa habuit propria suorum supplantatorum personas quorum tamen praesagus infestationum, non evadendum quem machinabantur interitum testatus est. Quorum obstinatam spiritus maligni pertinaciam suam cum effectu carere ut deliberaverant, conspicerent et proditam palam cernerent, veluti paeniti veniam precabantur, quam facile remissione pius pastor sibi altius providens largitus est. » (*Vita Stephani Aptensis episcopi...* p. 311).

26. A. Gérone et à S. Pierre de Rosa (*Marca Hispanica*, col. 1019 et 1034) ; et après son ordination (15 décembre 1010).

27. « Dono aliquid ex alone meo qui mihi ex patre meo venit qui ipse alodis per mortem

des Castellane et ces mêmes Castellane qui avaient eu l'evêché au moins de 962 à 973, en tenaient le domaine [28] : ce sont eux que désignent les allusions de Guillem et du biographe d'Estève. Guillem est aux côtés des comtesses en mars 1019 juste après la mort du comte [29]. Par contre les Castellane donnent au monastère S. Gervais de Fos, en novembre (1004/1031) des terres sises à Castellane [30]. L'évêque et les Agoult sont du côté du comte, et les Castellane probablement alliés aux Fos. Le conflit qui avait éclaté à propos du château de Fos n'est donc pas un conflit local, limité au pays d'Arles, en Apt aussi s'opposent les partisans du comte et ses ennemis. Et le voyage en Espagne d'Estève en 1019-1022 montrerait que ceux-ci avaient d'abord mis ceux-là en échec.

Cet échec est vite mis à profit par tous ceux qu'impatientait la justice comtale. Certains grands profitent des troubles pour accabler d'exactions et piller les poestés provençales de Cluny, le monastère préféré de Guillem le Libérateur, et le plus riche en Provence avec Montmajour [31]. On reconnaît dans ceux qui s'attaquent à Tulette et à Piolenc, la famille d'Orange-Mévouillon, dans ceux qui, sous couvert de « coutumes », pillent Valensole, les Pontevès [32] et les Moustiers dans ceux qui revendiquent Sarrians [33].

La mère du comte défunt, la vieille Azalaïs d'Anjou, n'était pas femme à abandonner la partie sans combattre. Elle et sa bru, après avoir assuré le salut de l'âme de leur fils et mari [34], s'occupèrent de sauver son héritage. La guerre dura deux ans, pendant lesquels, nécessité oblige, les moissons du prieuré victorin de Manosque allèrent non aux moines, mais aux chevaux de la comtesse [35]. Comme ses petits-fils étaient en bas âge, Azalaïs chercha du secours et fit apel au fils de son premier lit, le puissant Guillem, comte

---

patris sui scilicet avi mei emendatus est hoc est, unam villam quae vocatur Calvicias quantum in ipsa villa mihi obvenit id est tertiam partem ... ut Dominus tribuat victoriam mihi de inimicis meis qui mihi legitimum meum honorem conantur auffere », Apt 29 mai 1011-1032 (CA n° 65 — Cf. une donation du même au même, datée du 12 septembre 1019, CA n° 62). Guillem fait allusion à la donation faite par Garac de (Lacoste) à son père Umbert de ce même tiers de Calviès, pour amender la mort de l'aïeul (992 CA n° 43).

28. A l'époque de l'épiscopat d'Arnoux (LEP. dioc. d'Apt) sur ces domaines cf. LDP-E.

29. Mars 1019 — Guillem, fils d'Umbert (Catalogue n° 84).

30. Arc. des B. du R. 1 H 13-53. — L'acte est daté du règne de Rodolphe, donc antérieur à 1031. Y paraissent : Audibert et Rostaing, fils de Garac, et celui-ci vivait encore en 1004 (GCN I 377 = Bibl. Carpentras ms 1654 f° 46).

31. Cf. texte cité, *infra,* note 38.

32. Cf. *infra,* notes 39 et 40.

33. « Ego Isnardus, filius Girini Regensis, actenus querelam habens ... de potestate que vulgo dicitur Sadriana, de illa parte videlicet quam mihi debitam jure beneficii proclamabam », (CLU 3576). Sarrians, rappelons-le, avait été donné à Cluny par le comte Guillem, père du défunt. Il est frappant de voir le scribe utiliser pour désigner Sarrians le mot *potestas,* équivalent latin du bourguignon « poësté », inconnu en Provence, mais qui a précisément été aussi utilisé dans la bulle de Benoit VIII (*infra,* note 38).

34. Donations pour l'âme de Guillem par Azalaïs et Gerberge à S. Victor (Catalogue n° 83 et n° 84 et n° 86), à S. André (Catalogue n° 85) et à Montmajour (*Ibidem* n° 87).

35. « Ea igitur causa istius donationis, quod sicut plerisque contigit, dum unum offendunt dominum, offensos sibi plure homines recognoscant ; hoc etiam nos probantes, dum studioses ei placere, cupientibus nobis resistere, forte in hujus causas monasterii impegimus. Quod nolentes volentes, grave sibi damnum intulimus. Quid multis dicam ? Stipendiosa sue messis duorum annorum posuimus in pabulis jumentorum nostrorum », 1021 (Catalogue n° 88).

de Toulouse, qui est en Provence dès avant avril 1021 [36]. Il n'y était pas venu seul : en 1020/1021, Bernad, comte de Besalù, se noyait en franchissant le Rhône, alors qu'il venait de négocier le mariage de son fils [37]. Le Pape intervient à son tour. Dans une bulle adressée aux évêques de Provence et aux deux comtesses — en même temps qu'à certains grands du Mâconnais — il déclare que tous ceux qui ont fait tort à Cluny devront s'amender à brève échéance, dans les six mois qui viennent [38]. La menace fait son effet. Dès la fin du mois de mai, les Orange-Mévouillon font réparation aux Clunisiens lors d'une assemblée tenue à l'église S. Privat, près de Sarrians, domaine du monastère [39]. Les Pontevès font de même près de l'église S. Romain, non loin du prieuré victorin de S. Pierre de Villecroze et de leurs propres possessions [40]. Isnard (de Moustiers), fils de Gérin de Riez, renonce au bénéfice qu'il prétendait avoir à Sarrians. Cluny triomphe, et avec lui sans doute, tous les autres monastères lésés : en mars 1023 Pandulf (de Pontevès) et ceux de sa famille confirment aux moines de Montmajour leur prieuré de Varages [41]. Les assemblées de paix ramènent donc la concorde entre les plus turbulents des grands de Provence, et le comte, protecteur des églises. Mais la guerre a duré trois ans, dans presque toute la Provence. Elle a montré à tous la faiblesse du pouvoir comtal, et la précarité des restaurations ecclésiastiques.

Quatre ans seulement après la mort de l'énergique Azalaïs, son petit-fils, le jeune comte Bertran doit recommencer la lutte. Prince pieux, il commence par se ménager la protection d'un puissant protecteur céleste : se trouvant dans le comté de Sisteron, il fait une donation à S. Victor « pour que Dieu lui donne la force de vaincre tous ses ennemis, ceux qui sont invisibles et

---

36. Catalogue n° 87. — Voir aussi les actes d'octobre 1021 (Catalogue n° 88), où Emma, la fille du comte Roubaud est mariée à Guillem — 1019-1024 (Catalogue n° 90 et n° 91) — 1024 (Catalogue n° 92).

37. L. Barrau-Dihigo, *op. cit.* p. 30 — et R.H. Bautier, *Vita Gauzlini abbatis Floriecensis*, Paris 1969, p. 174.

38. « Sed et illi qui eis (= monachis) contrarii sunt de potestate Sarrianis, necnon et illi qui depraedationes et injustas consuetudines faciunt et requirunt in potestate Valentiole et in potestate Tudelleta et in Podio Odolenis ... de injuria quam sine causa illis intulerunt congrue satisfaciant infra spatium quod est ab hinc usque in Festivitatem S. Michaëlis », 1er avril 1021-1022 (datation cf. catalogue n° 89).

39. « ... Facta est autem hec carta ... in concilio quod fuit apud Sanctum Privatum in territorio Sarrianis castri, ubi fuit diversorum episcoporum ceterorumque nobilium utriusque sexus religiosa congregatio », 22 mai 1023 (CLU n° 2779).

40. Pandulfe (de Salernes) et Arbert (d'Allons) renoncent aux coutumes qu'ils prétendaient avoir, par leur château d'*Archincoscum*, sur Valensole (CLU n° 2268 et n° 1290) — ces actes sont antérieurs à la mort d'Arbert d'Allons survenue avant 1029 (Du Roure, RHP I 1890, p. 192) et à celle de Gauceran de Grasse, mort entre le 10 avril 1022 et 1028 (Doublet, AEA XVI p. 11 et XXI p. 16). Un certain nombre de personnages subalternes renoncent aussi en présence de Ganteaume évêque (de Fréjus), d'Arbert (d'Allons) et de son parent Gausserand (d'Antibes) — (CLU n° 2066) : « Hoc est actum in concilium quod fuit in campum S. Romani, presente ... Jozelmo episcopo, Gausseranno et Arberto et aliis quam pluribus in episcopatu Fricdunense » (mauvaise lecture pour Friuliense — Bernart et Bruel donnent S. Romain d'Anse, « in episcopatu Lucdunense »).

41. Document connu seulement par une copie, (BN lat. 13915 f° 68) qui donne la date d'un jeudi de mars 1032 mais la présence de l'archevêque Amaury, mort en 1030 oblige à corriger MXXXII en MXXII, donc 1023 n.s. Cf. aussi une donation de Gaudemar de Mison à Cluny de 1023 (CLU 2771).

ceux qui sont visibles » ; l'abbé de S. Victor, Isarn, écrit lui-même la donation [42]. L'oncle du comte, Guillem, donne à Cluny et à S. Victor [43] comme son fidèle Isoard de Mison [44]. Après quoi le comte va avec son ost ravager les terres des Baux et celles des Fos. Ce faisant, il détruit sans l'avoir voulu un prieuré de S. Victor à Marignane. L'expédition terminée tous se retrouvent au monastère S. Victor de Marseille où Bertran s'amendera sur le conseil de ses fidèles [45]. Nous pouvons grâce à ce texte essayer de voir où Bertran avait trouvé de l'aide. Tous les fidèles présents sont des gens dont les domaines se trouvent au nord de la Durance et du Verdon : Féraud (d'Orange Mévouillon), évêque de Gap — Rostaing, fils de Laugier (son neveu) — Rostaing de Sisteron (neveu du vicomte Miron de Sisteron, et parent des Orange Mévouillon), Féraud de Lazer [46], Isnard de Riez (Moustiers Gaubert) et (son cousin) Guigue (de Gaubert) [47] — Raimbaud (de Reillanne) depuis peu archevêque d'Arles et son frère Boson, — Guillem de Cucuron (sans doute leur parent) [48], Bérenger (d'Avignon) et son frère [49] Amic, peut-être Frodon, l'évêque de Sisteron, et les Mison [50] ; l'expédition se réunissant à Marseille, les vicomtes en font partie ou tout au moins y sont favorables. Presque toutes les familles de la Haute-Provence sont représentées sauf les Castellane et les Agoult [51]. La position du jeune Bertran paraît donc plus forte que celle de son aïeule ; et la présence dans les rangs de ses partisans, de la très puissante famille des Orange-Mévouillon, qui dominait aussi à Nice, ne devait pas lui être d'un mince réconfort.

A d'autres égards, sa situation est beaucoup plus dangereuse : les troubles qu'il doit maîtriser ont été avivés, sinon provoqués, par les intrigues qui se nouent alors autour de la succession du faible Rodolphe, roi de Bourgogne

42. « Ego Bertrandus... ut omnipotens Deus virtutem ad superandos inimicos visibiles et invisibles tribuat mihi. » (Catalogue n° 100). A la même époque Guillem de Toulouse déclarait dans une charte pour Psalmody : « qui potestate resistit, Dei ordinatione resistit ... » (Catalogue n° 104), une citation bien opportune.

43. Catalogue n° 98 et n° 101.

44. Cf. CSV n° 712-713-714. — Fondation de S. Geniès de Dromon. Les Mison sont en compagnie de Bertran.

45. « Ego quippe Bertrandus miseratione Dei omnipotentis comes vel gubernator Provincie regionis ... propter malum quod ego feci cum meo hoste in obediantia Sancti Victoris que est juxta villam Marignane ... idcirco consului meos fideles quid facere debuimus de hoc malo quod intulimus Sancti Victori et dederunt mihi consilium ex parte meliori ... Secundum consilium eorum, diffinitum est ut demus duos mansos in remendatione supradicte celle exterminatione. » Samedi août 1031 (Catalogue n° 105) Bertran était encore très jeune. Il est né entre 1013/1014 (Catalogue n °76) et 1019 (Catalogue n° 84).

46. Féraud, évêque de Gap (... 1003-1040, LEP dioc. Gap), frère de Laugier, Pons, Rambaud (LDP M-3 6) son neveu Rostaing, fils de Laugier (LDP-M 4, 6) Féraud de Lazer.

47. Isnard (LDP.L 4, 1) — Guigue (LDP.L 4, 5).

48. Raimbaud archevêque (mai 1030-1069 LEP dioc. Arles) son frère Boson (LDP-O, 5.3) — Guillem de Cucuron (LDP-O, 4, 2).

49. Bérenger et Amic (LDP 5.3, 2). Le nom d'Amic implique peut-être une parenté avec les Reillanne Vence.

50. Un Frodon paraît parmi les fidèles d'août 1031 (Catalogue n° 105). Or cette liste présente de nettes similitudes avec celles qu donnent deux actes de 1030 (Catalogue n° 99 et n° 100) où paraît Frodon, évêque de Sisteron (999-1030 LEP Dioc. Sisteron). Les Mison, cf. LDP-K.

51. Cf. pourtant la donation de Guillem d'Agoult à S. Victor le 30 nov. 1031 (CSV 425).

et de Provence, convoitée par ses parents Eude de Blois, comte de Champagne, et l'empereur Conrad le Salique [52]. Peu avant la mort de Rodolphe, Joufré, le frère de Bertrand, s'était rendu auprès du roi, à Vienne [53], non sans motifs. Lorsque celui-ci mourut, le 6 septembre 1032, ce n'est pas Conrad, à qui pourtant le vieux roi a envoyé la couronne, que choisissent les Provençaux, en Arles et à Marseille, mais Eude de Blois [54]. Alliance en vérité prévisible : la mère des deux jeunes comtes, Gerberge, était fille d'Otte-Guillaume, comte à Mâcon et en Franche-Comté et grand adversaire de l'influence germanique. Renaud, fils d'Otte-Guillaume, était lui aussi partisan d'Eude [55]. Après mars 1033, le vent tourne. On ne sait plus très bien en Provence qui est roi, ou bien on ne veut pas le savoir : le 23 mars 1033 on attend un roi [56] et de mai 1033 à 1035 les actes sont datés tantôt du règne de Jésus-Christ, tantôt du règne de Rodolphe ; parfois ils portent la formule « *regnante rege alamannorum sive provincialium* », sans le nom du roi [57]. Le 1er août 1034, Conrad parvient enfin à se faire couronner roi à Genève ; il soumet le comte de cette cité et l'archevêque de Lyon ; les Viennois, eux, n'avaient jamais été favorables à Eude qui avait dû les assiéger en 1033. Le 8 juin 1035, un acte provençal mentionne le règne de Conrad, d'autres s'obstinent à dater de celui du Christ. Eude mort le 15 novembre 1037, le règne de Conrad finit par être régulièrement mentionné [58]. Là encore la période de troubles se clôt par une assemblée. En 1037 à Sarrians, domaine de Cluny, les comtes eux-mêmes et les Moustiers-Gaubert renoncent en sa faveur à tout ce qu'ils pourraient avoir eu au terroir de Valensole, notamment aux *villae Diladiae* et Fontsaut, que leur mère avait données à S. Victor pour l'âme de leur père en 1019 [59]. En 1038, le rebelle Gui de Fos paraît à nouveau dans l'entourage du comte [60].

---

52. Au moins depuis 1025 (Pfister, *op. cit.* p. 375). Rodolphe est mort le 5/6 septembre 1032.

53. Catalogue n° 107.

54. Janvier 1033 (CSV n° 64 et n° 101) : Raimbaud de Reillanne archevêque d'Arles consacre l'église Saint-Zacharie en présence des vicomtes de Marseille — 18 février 1033 (CSV n° 176) : Richard à la Laurade, près d'Arles — 1er mars 1033 (CSV n° 183) : Uc Adalras et les siens, également à la Laurade.

55. Pfister, *op. cit.*, p. 83.

56. « Rege expectante », samedi 24 mars 1033 (GCN VI instr. 176 — dans la région d'Apt).

57. Règne de Jésus-Christ 1033 (Moris et Blanc CL n° 150 et 153 — CSV n° 530) — 1035 (CSV n° 123-124-15). Règne de Rodolphe (CSV n° 631 et n° 283) — Formule sans le nom du roi (CSV n° 310 et n° 378). Absence d'indication de règne dans des actes par ailleurs bien datés (CSV n° 282-629-558-430-234).

58. Encore le règne du Christ en 1036 à Marseille (CSV n° 131 et n° 180). Mais dès le 8 juin 1035, règne de Conrad (CSV n° 556) ; voir ensuite CSP n° 7 — CLU n° 2916 et 2917 — Moris et Blanc CL n° 29-31-131 — Catalogue n° 115 — CSV n° 243-293-246-295-379-381-154-277-240.

59. « Nos duos fratres, comites Provincie, Gausfredus atque Bertrannus quamdam terram aliquando Sancti Maïoli hereditatem, actenus vero possessam a nostris antecessoribus, Diladiam et Septem Fontes nomine, si quid recti aliquid visi sumus habere, aut injuste, donamus vel Chonone Imperatore anno X regni sui. Testes Raymbaldus archiepiscopus, Feraldus episcopus, Petrus episcopus, Petrus episcopus Sextoricensis, Franco episcopus, Wilelmus, Teotbaldus, Isnardus, Berengerius, Dodo, S. Willelmi de Monasterio fratris Isnardi, Adalacis uxoris Isnardi. Eldulfus scipsit », 26 mai 1037 (Catalogue n° 41). Comparer avec l'acte parallèle de (mai) 1037

Tout semble donc revenir dans l'ordre. Mais ces deux guerres, de quatre et sept ans dans une période de vingt ans, ont profondément ébranlé le pouvoir comtal et compromis la paix et la sécurité dans le pays. Trois histoires particulièrement significatives à cet égard, nous sont contées par le biographe de l'abbé Isarn de Marseille, d'après les dires de témoins oculaires ; elles concernent des personnages nommément désignés.

Le héros de la première n'est autre que le sire Pandulf (de Salernes) dont nous avons déjà parlé plus haut et qui était donc avec juste raison fort mal vu des milieux monastiques. Résidant à Tourtour-S. Domnin, il vit venir à lui deux jeunes nobles, ses créanciers. Peu désireux, sans doute, de les rembourser, il les fit pendre et il fit jeter leurs corps dans une grotte ; les moines victorins du prieuré voisin de Villecroze, trouvèrent les corps et les ensevelirent. Le crime fut découvert, on ne nous dit pas qu'il fût châtié et seule la venue de colombes rassura les justes en leur montrant que les âmes des deux malheureux étaient allées en paradis [61]. Voici donc un sire qui fait exécuter d'autres nobles, sans jugement, en secret et laisse traîner les cadavres dans la campagne. Tout ce que l'on peut faire pour les malheureux, c'est de les enterrer ; l'atmosphère de terreur est presque sensible.

Moins tragiques, mais tout aussi édifiants sont les méfaits d'un autre ennemi des moines, Renard, sire du château de Bouc, au comté d'Aix. Fils d'Archimbert et de Mainbourg, Renard détestait le monastère de S. Victor à cause des nombreuses donations que lui avait faites son père avant de s'y faire moine. Il surveillait de son château les routes avoisinantes et particulièrement importantes, de Marseille à Aix, et de Marseille à Arles [62]. L'équipage d'une noble dame venant à passer, il descendit avec ses hommes et prétendit lui enlever le chargement de toile qu'elle transportait. Croyant se protéger la dame lui dit qu'elle portait la toile à S. Victor. Rendu furieux, Renard prit et la toile et les chevaux [63]. Nous sommes ici en Basse-Provence

---

(Catalogue n° 112) : « Actum publice apud Podii Odolinum monasterium feria II anno MXXXVII ab Incarnacionis Domini indictione V, regnante Chonone Imperatore anno X... Wilelmus et uxoris sue Lucie ... S. Aldeberti, S. Pontii. S. Raynoardi, S. Antolfi. S. Petri, S. Bernardi, S. Poncii Mataroni, S. Arnaldi, S. Rostagni, Eiroardus (*Erlulfus* en monogramme) scripsit. S. Willelmi de Monasterio et fratris suis Isnardi, S. Adalacis uxoris Isnardi et filiorum ejus Petri, Raimunni, Emenoni, Girini, S. Aldeberti filii Poncii Benefilati. S. Gausfredi et uxoris sue Scocie et filiorum eorumdem Ugoni, Willelmi et Gaufredi, S. Aldeberti de Sancti Georgi filii Willelmi S. Ugoni et fratris sui Isnardi. »

60. Catalogue n° 119.

61. « Pandulfus, ait Rainaldus monachus, dicebatur quidam, tam potentia quam omni fere malignitatis genere, suos vicinos facile superans. Is, in domo sua, in castello cui ob ipsius piaculi eventum Tortorio agnomen est, nam prius S. Domnini castrum vocabatur, duorum clarissimorum juvenum, solidos ab ipso sperantium, injuste fraudulento clandestinoque suspendio gulas fregit, eorumque cadavera in vastissimum quandam specum projecta operuit. Sed non multo post, cum jam impiissimum facinus detectum fuisset, a monachis qui apud Crosam villam morabantur ad monasterium ipsum humanitatis respectu delata atque humata sunt. » (*Vita Isarni*, p. 616). Les grottes sont celles qui sont à l'est de Villecroze. L'histoire étant rapportée dans la vie de S. Isarn est donc postérieure au 13 décembre 1021 ; elle n'est guère postérieure à cette date car Pandulfe disparaît après 1023 ou 1027 (cf. *supra*, note 41).

62. La dame venait de Trans, aujourd'hui Grand Saint Jean, au nord-ouest d'Aix.

63. « Mulier quaedam vidua bene religiosa, domina Trancensis castri, ex consuetudine caritatis, unde sancto viro propriae vestes fierent, telam quotannis ad monasterium deferebat. Quodam igitur tempore, ad monasterium de more properans, sub castello Bucco ut via publica

et sur la grande route d'Aix : si la dame s'était tue, Renard se serait contenté de la dévaliser comme il faisait aux autres passants, en lui laissant son équipage.

Audibert Fier, qui méritait bien son surnom, était un laïc fort méchant et féroce. Il affligeait les paysans de S. Julien de Lagnes, domaine du monastère, de taxes indues, confisquait porcs et brebis et se faisait servir des repas. Ce brigand sacrilège n'hésita pas à se conduire ainsi lors d'une visite d'Isarn à S. Julien. La mesnie de l'abbé, empoignant lances et épieux, s'apprêtait avec l'aide des manants à lui courir sus ; leur maître les arrêta : « la vengeance de Dieu châtierait certainement celui qui n'avait pas respecté la gloire d'un tel jour » car c'était un dimanche. Le châtiment s'abattit le jour même sous forme d'un miracle qui, de nos jours, passerait aisément pour un empoisonnement [64]. Les porcs et les brebis que réclamait Audibert représentent des cens, et les repas que les paysans lui servaient, à lui et à sa suite, sont des albergues. Il étendait donc aux terroirs voisins les taxes qu'il avait l'habitude de lever sur les siens et se conduisait comme si des domaines monastiques devaient être soumis à son ban. Ces trois histoires montrent à quel état d'insécurité on en était arrivé en Provence dans la période 1020-1040 : Les sires tuent, volent ou taxent sans aucune espèce de contrôle, sans aucun frein.

Certains clercs allaient tenter de limiter le mal en exploitant autant la crainte du châtiment divin que celle des lances et des épieux. Dans cette perspective d'ailleurs, la vie d'Isarn apparaît comme un ouvrage pédagogique [65].

---

fert, transibat. Rainoardus porro ipsius castri dominus, pro eo quod pater suus, monachus apud nos factus, quasdam proprii juris terras monasterio dederat, impius in patrem, bestiali rabie saepius in nostris injurias raptabatur. Hic ergo cum satellitibus suis descendens obviam feminae, cum nomen illa Sancti Ysarni, dicens se ad illum ire, telam quam in praesentiarum gereret illi oblaturum praetenderet, ex hos vehementius instigatur equos et omnia quae ferebat violenter abripuit ». 1035-1040 (*Vita Isarni*, p. 615). Archimbert, le père de Renard de Bouc s'était fait moine entre le 1er mars 1035 (CSV n° 123) et le 27 janvier 1040 (CSV n° 179).

64. « Adalardus (corriger : Adalbertus) quidam erat, saecularis pompae, ferus homo nimis et pessimus. Is, cujusdam praedii quod juris monasterii erat, Lagninas nomine, rusticos iniquis exactionibus frequentius affligebat, porcos videlicet, arietes, ceteraque id genus suis usibus commoda ab eis corrogans, si vero non darentur, violenter abripiens ... Aliquando igitur, sancto viro in eodem praedio posito, adsunt nuntii cum gravi querimonia referentes, quod praedo ille sacrilegus, praefatam villam pridie depraedatus nunc etiam reliquas quae supererant in sua convivia consumpturus adesset. Tunc vero tota familia quae cum viro Dei erat, fremere, inclamare, lanceas vel sudes corripere, hostem protinus, cum auxiliis circum manentium petitura ferocius discursare. At ille fremebundum, expansis manibus in exitu seipsum opposuit ... (et) fertur dixisse quomodo quidem, nec tantae festivitatis gloriam, dies dominica erat, nec nostram praesentiam reveritus, tam superbe insanire praesumsit, ultionem dominicam non evaderet » ... (Isarn envoie des messagers à Audibert, le prie à déjeuner, et, après le repas, part pour Castellane. Dès le départ d'Isarn, Audibert est pris de violentes douleurs au ventre, et, malgré son repentir, mourra dans l'année). (*Vita Isarni*... p. 614). S. Victor n'a eu Castellane qu'en 1040. Audibert Fier apparaît dans deux documents non datés, de Lérins (Flammare CL n° 61 et 63 à Aups et à Bargème) et en 1044 (CSV n° 552) — Isarn est mort en 1047.

65. Elle contient plusieurs miracles, toujours contés de façon très réaliste et très précise (les personnages sont nommés ou identifiables) par des contemporains du Saint, dont le biographe recueille les propos ; on y trouve certes quelques miracles traditionnels : aveugle recouvrant la vue, sécheresse vaincue. Mais la plupart de ces miracles ne sont guère miraculeux :

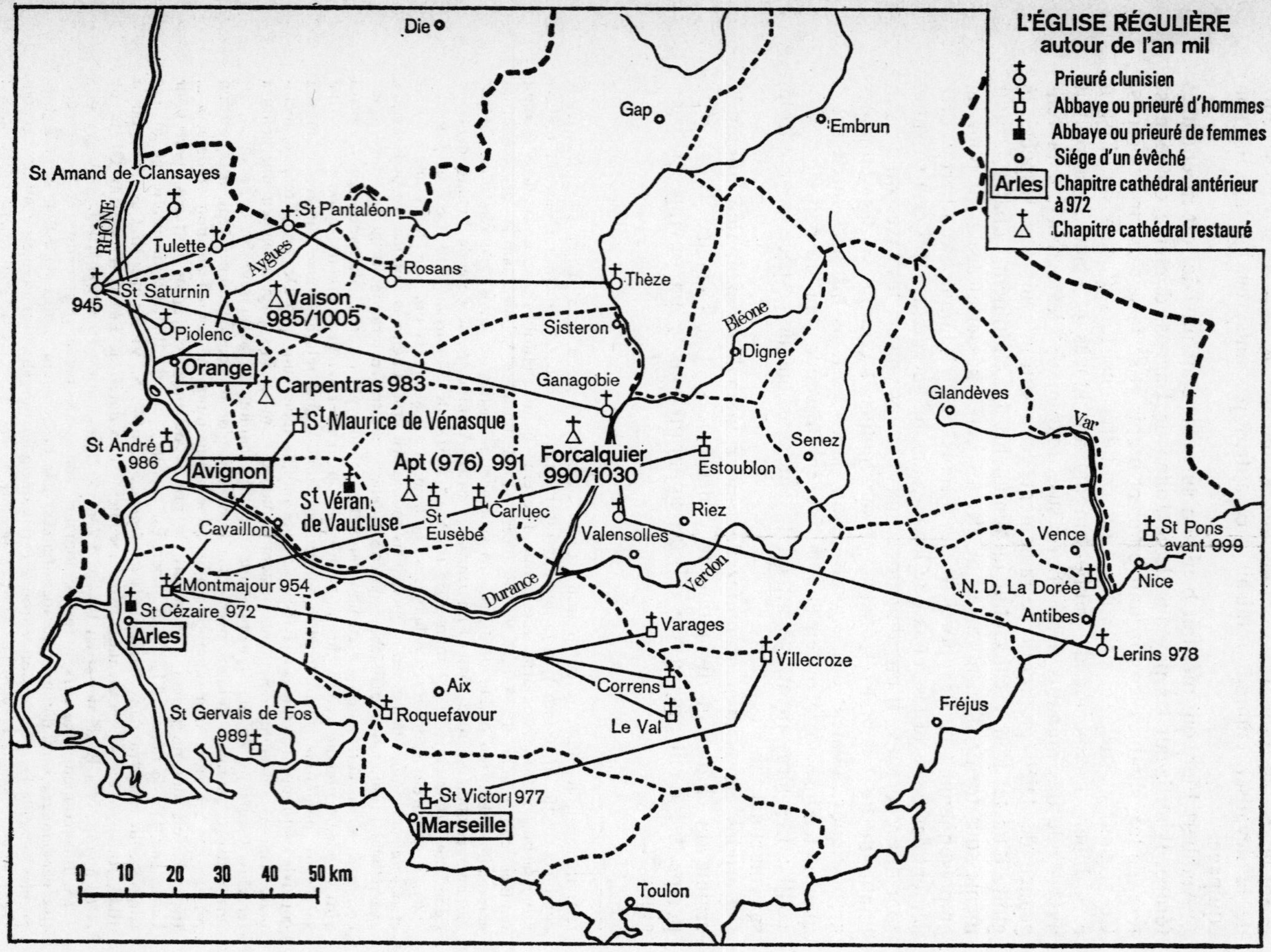
L'ÉGLISE RÉGULIÈRE
autour de l'an mil
Prieuré clunisien
Abbaye ou prieuré d'hommes
Abbaye ou prieuré de femmes
Siége d'un évêché
Arles Chapitre cathédral antérieur à 972
Chapitre cathédral restauré
Die
Gap
Embrun
St Amand de Clansayes
RHÔNE
St Pantaléon
Tulette
Aygues
Rosans
Thèze
St Saturnin
945
Vaison
985/1005
Sisteron
Bléone
Piolenc
Digne
Orange
Carpentras 983
Ganagobie
Glandèves
St Maurice de Vénasque
Var
St André
986
Avignon
Apt (976) 991
Forcalquier
990/1030
Senez
Estoublon
St Véran
de Vaucluse
St
Eusèbe
Carluec
Riez
Cavaillon
Valensolles
Vence
St Pons
avant 999
Durance
Verdon
Montmajour 954
N. D. La Dorée
Nice
St Césaire 972
Antibes
Arles
Varages
Villecroze
Lerins 978
Correns
Aix
St Gervais de Fos
Roquefavour
Le Val
Fréjus
989
St Victor 977
Marseille
0 10 20 30 40 50 km
Toulon

FIG. 5

— LES MILIEUX RÉFORMATEURS —

La réaction est l'œuvre consciente et calculée de quelques hommes issus principalement du milieu monastique ou canonial réformé. Dès les années 1030 en effet, le mouvement de restauration entrepris à la fin du Xᵉ siècle porte ses fruits.

A Cluny et à Montmajour déjà bien établis vient s'ajouter S. Victor. On a vu que S. Victor aux environs de l'an 1000 était en assez mauvaise posture : seulement cinq moines, pas de prieuré [66]. Son ascension sera spectaculaire : en 1005, le monastère comptait 21 moines ; à la mort de Guifré en 1021, il en comptait 50 ; en 1047, 71 ; en 1060, 63 [67]. Son domaine évolue en conséquence : après la fondation de Notre-Dame-de-Villecroze en 1007 [68], c'est la donation de S. Perpétue-de-la-Celle, près de Brignoles en 1011 [69], puis celle de S. Martin-de-Manosque en 1013/1014 [70]. S. Victor se trouve donc peu avant 1040, à la tête d'une quinzaine de prieurés ou d'églises importantes [71]. De 1001 à 1009, une dizaine de donations nous sont conservées,

---

incendies, empoisonnements, coprophagie, goutte au pied d'un viguier sacrilège, la morale est claire ; tous ceux qui ont offensé Isarn ou ses moines l'ont payé très vite. Les chevaliers provençaux apprenaient ainsi que Dieu n'attendrait pas le jour du jugement dernier pour les punir de leurs méfaits.

66. Cf. les textes cités, *supra*, p. 59.

67. 1021, Election de Guifré (Arc. des B. du R. 1 H 7-21) — 1047 de Peire (Arc. des B. du R. 1 H 24-108) — 1060 de Durand (CSV nº 433). Dans ces deux derniers cas, on peut vérifier que les noms des présents ne sont pas ceux des chanoines de Marseille. Pour l'identification de ceux-ci, cf. 1047 (CSV nº 30) — 1062 (CSV nº 136) — 1065/1073 (CSV nº 67).

68. Diocèse de Fréjus, donation funéraire d'Atanoux de Pontevès, après son pèlerinage à Rome (CSV nº 486), immédiatement confirmée par ses parents (CSV nº 488 et nº 489). Il faut noter que le nom de Guifré existe chez les Pontevès à cette génération et qu'au moment où un Guifré devenait abbé de S. Victor, c'est-à-dire en 1005, la mère d'Atanoux, veuve de Jonas, faisait déjà une donation à S. Victor (CSV nº 487 ; l'original aux archives des B. du R. donne 1005). L'abbé s'engage à reconstruire l'église : il s'agit donc d'une restauration. Dès la première moitié du XIᵉ, elle est qualifiée de monastère, ou *cella* (CSV nº 503 et nº 516 — dot CSV nº 519).

69. Diocèse d'Aix ; existait déjà lorsqu'elle fut donnée par les Signes, Engueran, évêque de Cavaillon, et ses parents (CSV nº 334-335-336 — *cella* dès avant 1074 : CSV nº 341).

70. Diocèse de Sisteron ; elle est l'œuvre conjointe des vicomtes de Marseille et des comtes (cf. catalogue nº 76 et 77).

71. *Diocèse d'Aix,* S. Hippolyte de Venelles, 1014 (CSV nº 261 et 263). *Diocèse d'Arles,* S. Victor et S. Laurent de Marignane, fondé en 1018 (Dot. CSV nº 214) — *cella* de S. Victor au moins avant 1031 et détruite à cette époque (cf. *supra* note 45 — probablement donné par Pons archevêque d'Arles ; en 1029 le même donnait à S. Victor le quart de la *villa* de Marignane (CSV nº 209). *Diosèse d'Aix,* S. Jean de Siège — construit en 1019 (CSV nº 1055) par Archimbert de Bouc. — *Diocèse de Fréjus,* le lieu de Barjols est donné à l'abbé Isarn par Arbert de Pontevès (CSV nº 609 = nº 1059). Diocèse d'Arles, l'église S. Hermès est donnée par Pons archevêque d'Arles (CSV nº 208). *Diocèse d'Aix,* S. Pierre et Gardanne donné par Archimbert de Bouc (CSV nº 258). *Diocèse d'Aix,* le jeune Raimbaud de Reillanne, moine de S. Victor dès l'époque d'Isarn, sans doute dès 1030, donne à l'abbaye deux fondations de son père Boniface, les églises Sainte-Croix et S. Maurice de Montjustin (fondées avant 1030, Dot, CSV nº 414 et nº 412 — données avant 1030, CSV nº 408 — et en 1030 CSV nº 405). *Diocèse de Gap,* S. Geniès de Dromon, donné en octobre 1040 par les Mison et l'évêque de Gap, Féraud (CSV nº 712-713-714). *Diocèse de Nice,* toujours en 1030, donation par Peire de Sisteron, évêque de Sisteron, de la *villa* d'Orbazac avec l'église S. Sauveur (CSV nº 794). *Diocèse*

de 1010 à 1019, une trentaine, de 1020à 1029, une vingtaine, de 1030 à 1039, plus de 80 et elles se maintiennent autour de ce chiffre jusqu'en 1060 [72]. Cette liste permet de voir quelle familles ont doté S. Victor : les vicomtes de Marseille évidemment [73] ; Archimbert de Bouc, parent de Garnier de Psalmody, protecteur de S. Victor [74] ; ses parents, les Palliols ; les Pontevès, parents, peut-être, de l'abbé Guifré ; les Signes ; Raimbaud de Reillanne, Pons de Marignane, devenus moines sous l'influence de l'abbé Isarn. Vers 1030, les familles du Nord entrent dans la dévotion du saint : les Mison, Peire de Sisteron, Isnard de Niozelles, les Agoult, les Moustiers Gaubert. Cette dévotion est à mettre en relation avec les alliances militaires de cette époque.

Par contre, à la même époque la piété de certaines familles « rebelles » s'exprime par des fondations indépendantes : le meilleur exemple est celui du monastère N.-D. et S. Jean d'Esparron fondé par les Baux-Rians. La fondation est commencée dès 1027, l'église dotée le 12 juin 1033/1034 reçoit ensuite plusieurs donations ; c'est seulement en 1059 qu'elle sera donnée à S. Victor. La première donation sûre d'un membre de cette famille à S. Victor est de 1045/1046, donc très tard [75]. De même, les Fos ont fondé S. Gervais à la fin du xe siècle, et leurs donations aux grandes abbayes seront tardives, seulement vers la fin du XIe siècle, et rares.

La libéralité de certaines familles n'enrichit pas seule S. Victor. Chaque fois que le comte triomphe et que se tiennent des assemblées de paix, en 1023, en 1037, l'abbé Isarn utilise judicieusement ses archives, et, par une série de plaids, obtient d'importantes restitutions [76]. Dans le même temps ;

---

de Sisteron, Donation de S. Marcelin de Niozelles par Isnard (CSV n° 684 — Dot, CSV n° 685). *Diocèse de Cavaillon,* fondation et dotation le 30 novembre 1031, par les Agoult, de l'église S. Michel des Baumettes (près Notre-Dame de Lumière) (CSV n° 425). *Diocèse de Fréjus,* 1033 Donation du quart de la *villa* de Tavernes, par Bellilde de Pontevès (CSV n° 631). *Diocèse d'Aix,* fondation de Sainte Zacharie, par Raimbaud de Reillanne en janvier 1033/1034 (CSV n° 101 et n° 64). *Diocèse de Cavaillon,* donation de l'ancienne abbaye S. Véran de Vaucluse, par Clément (de Signes), évêque de Cavaillon (CSV n° 430). *Diocèse de Riez,* 1034, donation de S. Pierre d'*Archincoscum* par les Pontevès (CSV n° 629). *Diocèse de Fréjus,* donation de la *cella* N.D. de Palaison, par les Reillane Vence, 1034 (CSV n° 558 — cette fondation existait déjà au moins depuis 1028 : Arc des B. du R. 1 H 11-42). *Diocèse de Digne,* 1035, donation de S. Michel de Cousson, chapelle funéraire de leur famille par les Moustiers Gaubert (CSV n° 743-747-752). *Diocèse d'Aix,* 1035 (1033/1037), consécration de S. Victor d'Auriol par Raimbaud de Reillanne (CSV n° 64 et n° 57). *Diocèse de R.ez,* 1038, donation d'Aiguine par Audibert de S. Jurs et ses seigneurs les Moustiers Gaubert (CSV n° 603). *Diocèse d'Aix,* 1038, donation de S. Maximin par les Palliols (CSV n° 293). *Diocèse d'Arles,* 1038, donation par les vicomtes de Marseille, à Fontvieille (CSV n° 155) et à Six Fours et Solliès au diocèse de Toulon (Catalogue n° 119 et n° 130). *Diocèse de Fréjus,* 1039, donation de Pignans par les Moustiers-Gaubert (CSV n° 1065 et n° 1066).

72. Cf. CSV p. CI, index chronologique des chartes.

73. 1001, 1004 et 1005, CSV n° 69, 71, 77.

74. Cf. *supra,* p. 67.

75. CSV n° 269, 268, 282, — CSV n° 267 — CSV n° 213.

76. Restitution de Caravaillan par les vicomtes, après un plaid (utilisation de CSV n° 28), c. 1020 (CSV 27, cf. *supra,* chap. III). Restitution de S. Victor de Dane, dans le terroir de l'ancienne *villa* de S. Victor à Lambesc, par l'archevêque d'Aix, Amaury et les Lambesc, peut-être ses parents (?) — 1021-1030 (CSV n° 237). — Restitution de S. Julien de Lagnes par les Moustiers et Aumerade, évêque de Riez, leur parent, peu après 1021 (CSV n° 613 et Arc.

les donations à Cluny et à Montmajour continuent, marquant un peu le pas [77].

Ce développement du monachisme, et particulièrement du monachisme victorin entraîne un développement parallèle de la culture : le développement des chartres rimées ou assonancées en est un indice. Nous en trouvons des exemples à Montmajour dès 1002 [78], puis à S. Victor dès 1020 [79], à Apt où existe un chapitre régulier dès 1035 [80], à S. Pons au milieu du XIe siècle [81]. Les chartes de l'archevêque Raimbaud, élevé à S. Victor, quel qu'en soit le scribe, seront très souvent rimées : c'est sans doute qu'il les dictait lui-même [82]. C'est le même effort littéraire que nous retrouvons dans quelques épitaphes de cette époque [83]. Le hasard des archives nous a conservé un manuscrit du moine de Montmajour, Arnoux (... 1008/1040 ...), auteur de l'une de ces épitaphes. Il a ainsi compilé un traité de poids et mesures, un traité de comput, des lettres et d'autres opuscules [84]. A Lérins, le moine

---

des B. du R. 1 H 24-107) (allusion au polyptique de Babon GCNN Marseille n° 53). — Restitution de la *villa* Burnis près du Puget sur Argens, 1036 (CSV n° 564-565-554 — allusion à la donation de Siegfried et Erleuba CSV n° 28). — Restitution de la *villa* de Chaudols par les Mison et le comte après un plaid (celui de 1037. Cf. *supra* note 59) en 1038 (Catalogue n° 146) allusion au polyptique de Wadalde, CSV p. 641-H). Restitution de la *villa* de Gigors par les Mison après un plaid (sans doute celui de 1044 cf. *infra*, note 159 ; CSV n° 691).

77. *Pour Montmajour* : 1011, donation d'Estoublon par les Moustiers Gaubert et les Rians (Baux) (LABANDE, *Chartres de Montmajour au Palais de Monaco* p. 69). — 1013/1018, la moitié de ses biens à Cabrières d'Aigues par Audibert moine, frère de Ganteaume d'Oppède, en présence du comte Guillem (BN lat. 12762 p. 315). — 1021, donation de S. Michel de la Cappe par les comtes (donation funéraire du comte Guillem) (Catalogue n° 87). — 1026 donation des droits publics sur Lagoy par la comtesse Azalaïs (donation funéraire) (Catalogue n° 96). — c. 1029 donation funéraire de Franco, père de Pons de Marignane (GCNN I instr. col. 141) — 1029, donation du quart de la *villa des H*ermès par les Pontevès (BN lat 13915 f° 64 v°) — Avant 1030, donation de N.D. de Mézel par Peire, fils d'Aicard et d'Adalgarde (LABANDE, *op. cit.*, p. 178) — 1030, donation de S. Pierre de Saumane par Leufré et Audigier en présence de Peire, évêque de Sisteron (BN lat. 13915 f° 67 v°) — 1037, donation d'une partie de Manosque par le comte Bertran (Catalogue n° 114). — 1040 ? Donation par les comtes de S. Eloy de Tarascon (Catalogue n° 122, 123, 124).

Pour Cluny : 1013, donation d'une partie de Peyruis (au diocèse de Sisteron) par Boniface de Reillane. (Confirmation de la donation de son père Lambert, GCNN I col. 509). — 1023, donation par les Orange Mévouillon (CLU n° 2779). — 1023, donation des Mison (CLU n° 2771) (cf. *supra* note 39). — 1029, donation par Féraud (d'Orange Mévouillon), évêque de Gap, de S. André de Gap (consacré en 1010, Cf. GUILLAUME, *Notice sur le prieuré S. André de Gap*, n° 1 et n° 2).

78. 1002 (BN lat. 13915 f° 48 v° = RHP I p. 96). 1040 (Catalogue n° 126) composée par le tourier Pons.

79. C. 1020 (CSV n° 27). — c. 1025 (CSV n° 414). — 1038 (CSV n° 293 = n° 295).

80. 1035 (CA n° 71). — 1032/1048 (CA n° 69). — 1041/1046 (CA n° 76). — milieu XIe (CA n° 90 et n° 93).

81. Milieu XIe (CA n° 9).

82. 1030 (CSV n° 411 et n° 405). — c. 1030 (CSV n° 407-408-412). — 1035 (CSV n° 406 et n° 57). — 1040 (CSV n° 151). Sur ce style, cf. D. NORBERT, *Manuel pratique de latin médiéval*, Paris 1968, p. 65.

83. Epitaphe de l'abbé de Montmajour Bénézet, mort le 28 novembre peu après 1040, composée par Arnoux (BN lat. 13915 f° 72). Epitaphe de l'évêque d'Avignon Bénézet, mort en 1047 (GCNN Avignon n° 135). Epitaphe du comte de Provence Joufré (à Montmajour) 1060, (MANTEYER, *op. cit.*, p. 292/293). Autres épitaphes du monastère, cf. *infra*, note 105.

84. Arnoux est connu comme scribe de Montmajour en 1008 (RHP I, p. 121-122), 1029 (BN lat. 13915 f° 64 v° = RHP I p. 92), 1030 (BN lat. 13915 f° 67 v°), 1040/1053 (donation au monastère de l'abbé Audibert, BN lat. 12685 f° 247). Son recueil est terminée l'année de la

Guillem Truan rédigeait, à la demande de l'abbé Audibert Ier (1046-1082) une courte chronique de la restauration de l'abbaye S. Véran du Loup, près de Vence [85] ; le moine Daniel dédiait au même, ou à son successeur Audibert II (1082-1102) son commentaire sur les psaumes [86]. Cette renaissance existe aussi sur le plan artistique : S. André et S. Victor ont des moines orfèvres [87] ; le chapitre régulier d'Avignon aura un peintre [88] et la collégiale de S. Ruf des charpentiers, des sculpteurs [89].

Dans l'abbaye mère ou dans les prieurés, les moines éduquent très tôt de jeunes gens de la classe chevaleresque [90]. L'évêque Estève d'Apt avait fait de bonnes études lorsqu'il n'était que chanoine d'Apt et il profita d'un pèlerinage en Orient pour apprendre le grec qu'il utilisait pour chanter des hymnes mélodieux ; son biographe qui était chanoine et son contemporain, s'exprime en un latin très recherché, sinon toujours très clair [91].

De plus grandes capacités techniques, une richesse accrue des Eglises se conjuguent alors pour donner naissance à une floraison d'édifices nouveaux. Raoul Glaber fait débuter ce mouvement de construction dans les premières années du XIe siècle, après l'an 1003 [92]. En Provence, il est sensible d'abord dans l'Eglise monastique. En 1016 commence la construction de la grande église Notre-Dame à Montmajour, à l'ouest de l'ancienne église S. Pierre, édifiée sous le rocher, le long de la route d'Arles à Avignon par Fontvieille [93]. En 1025 était édifiée l'église S. André qui s'ajoutait à l'ancienne église S. Martin, sur le mont Andaon, près d'Avignon [94]. Le 20 avril 1030 était consacrée

---

mort de la comtesse Azalaïs en 1026 (BN lat. 13915 f° 61). Ses écrits étaient encore à l'abbaye de S. André d'Avignon aux XVIIe et XVIIIe siècles (ESTIENNOT BN lat. 12762 f° 31. — MASSILIAN Bibl. Avignon ms 2396 f° 254), ce qui l'a fait prendre pour un moine de cette abbaye et confondre avec le moine R., auteur de la vie de Pons abbé de S. André, peu après 1087 (cf. ESTIENNOT qui s'aperçoit lui-même de sa confusion f° 25). ESTIENNOT les a pratiquement tous transcrits (BN lat. 12771 qui donne en même temps un aperçu de la bibliothèque du Mont Andaon).

85. CL FLAMMARE n° 141.

86. ESTIENNOT, BN lat. 12773, f° 486, qui avait aussi trouvé dans la bibliothèque de Lérins un recueil de canons (*De legibus canonum*) et un autre de capitulaires (*insttutiones regiae*), d'une écriture du Xe siècle, ainsi qu'une chronique (sans doute des notations en marge d'un codex) commençant avec l'entrée à Narbonne de Charles le Chauve en 849, et finissant à l'ordination de l'abbé Pons en 1102 (BN lat. 12774, p. 153 et 113).

87. L'orfèvre Arbert, moine de S. Victor travaillait pour le vicomte de Marseille, 1064/1079 (CSV n° 454). — Aicard, moine de S. André faisait pour l'évêque d'Avignon une châsse de S. Veredeme et un vitrail, 1050 (BN lat. 1391 f° 20).

88. Le prêtre Constance, 1037/1039 (CNDD n° 33), 1038/1039 (*ibidem* n° 104), 1095 (*ibidem* n° 83), fin XIe (*Ibidem* n° 77). Son neveu qu'il avait éduqué dans son art, sera âprement disputé entre le chapitre cathédral et celui de S. Ruf : « Quem ille suscipiens (Constantius) diligenter nutrivit et artem suam pictoriam edocuit insuper etiam magistros qui alia docuerunt artificia pecunia propria conduxit », milieu XIe (CNDD n° 43).

89. « Lignorum artifices vel lapidum culptores (sic) vel scriptoria arte valentes », milieu XIe (CNDD n° 43).

90. « Petrus et uxor mea Maria (donamus) ... pro filio nostro Clemente pro ea quod est nutritus litteras in monasterio Sancte Marie quod est in territorio S. Medardi », XIe (CSV n° 393).

91. *Vita S. Stefani, passim.*

92. Raoul Glaber, édit. PROU, p. 62.

93. BN lat. 13915 f° 56 v°.

94. BN lat. 12762 f° 1.

la petite église Sainte-Croix à Montmajour, à l'est de l'église Notre-Dame [95]. Le 20 octobre 1040 était édifiée la nouvelle église S. Pierre de Paradis, à l'est de l'abbaye S. Victor [96]. Le mouvement gagne l'Eglise séculière : en 1039/1040 est dédiée Notre-Dame la Neuve à Apt [97] ; entre 1025 et 1040 l'archevêque Ismion réédifie la cathédrale d'Embrun [98] ; entre 1014 et 1073, l'évêque de Marseille Pons en fait autant pour la sienne [99] et le 1er mai 1049, l'évêque André consacre la nouvelle cathédrale de Nice [100]. La cathédrale de Vence est aussi datée par les archéologues de cette époque [101]. Le 8 octobre 1063 était consacrée la nouvelle cathédrale d'Avignon [102].

L'importance de Cluny en Provence est telle que tous ces clercs cultivés sont en relation avec l'abbé Odilon [103], sans doute l'homme le plus éminent de cette époque. Odilon a trouvé en Provence un ami et un auxiliaire précieux en la personne de l'abbé de S. Victor, Isarn. Celui-ci n'est pas un de ces moines de tiède conviction, offerts très jeunes au monastère par leur famille. Originaire de Pamiers, il fut distingué par l'abbé de Lézat, Gaucelm, peu après 991/993 ; il le suivit dans un voyage à Marseille, et là, contre le gré de son protecteur, décida de prendre la coule à S. Victor, aux alentours de l'an 1000. Moine exemplaire, prieur modèle, il devint abbé en 1021 sur l'intervention de l'abbé de Montmajour Archinric. C'est un ascète, intrépide, un voyageur infatigable : à 60 ans passés, il n'hésitera pas à faire le voyage d'Espagne, pour y racheter les moines de Lérins, enlevés par les pirates de Tortosa et de Denia. Odilon, qui appréciait ce compagnon à sa mesure, ne se lassait pas d'énumérer ses vertus. Et le biographe d'Isarn de renchérir : « Ces deux lumières du monde ne formaient qu'un seul cœur, une seule âme. » Isarn était donc comme l'*alter ego* d'Odilon en Provence [104].

Si les moines de S. Victor sont liés aux Clunisiens, ceux de Montmajour entretiennent des relations avec Fulbert de Chartres. L'abbé Archinric a ainsi envoyé l'un de ses moines, Duran, étudier pendant neuf ans auprès du savant évêque. Un autre, Umbert, est resté plusieurs années à Vouvantes, « mêlé aux franchimans », pour s'instruire et enseigner [105]. Est-ce encore Odilon qui a servi ici d'intermédiaire, ou faut-il penser aux liens de la famille comtale avec la maison royale ?

95. Bibl. Arles ms 881 n° 6 et BN lat. 13965 f° 60 v°.
96. BN lat. 12702 f° 129.
97. CA n° 72.
98. LEP dioc. Embrun note 8.
99. Albanes, *Martyrologe de l'Eglise de Marseille,* Paris 1910.
100. Cais de Pierlas, *Obituaire de l'ancienne cathédrale de Nice,* p. 33.
101. Aujourdhui, église paroissiale.
102. Manteyer, *La Provence...*, p. 433.
103. On trouve Odilon en Arles dès le 25 mars 1008/1009 (CLU n° 2661). Son prédécesseur Maïeul était un Provençal.
Remarquons aussi dans le nécrologe clunisien les noms de Manassès, Ithier, Annon et Raimbaud, archevêque d'Arles ; de Féraud, évêque de Gap (cf. les Obituaires de St Martin des Champs, Molinier, *Obituaires de la Province de Sens,* I, Paris 1902, p. 419 et ss., et de Villers, Sackur, *Die cluniazenser* I, Halle 1894, p. 383).
104. « Quid tamen de illo quidam virtutum familiarissimum, sanctissimum Odilonem Cluniacensem abbatem dico, breviter dixerit, ponam. Erant enim ista duo tunc orbis terrae lumina tamquam unum cor et anima una. Dum ergo ille hujus virtutes numeraret, « octo, inquiebat, sunt in domno Ysarno cum ceteris bonis suis, vix in aliquo alio simul invenienda ... beatudines. » (Plus loin, allusion à un séjour d'Isarn à Cluny). *Vita Isarni* ... p. 614).

Aussi bien, tous ces réformateurs ont partie liée : c'est sur l'intervention d'Archinric, « homme de haut esprit », que le jeune Isarn, pourtant étranger à la cité, était devenu abbé de S. Victor de Marseille. Et les moines ont poussé les plus nobles ou les plus saints de leurs élèves aux chaires épiscopales. Isarn de Marseille avait un disciple fidèle et dévoué en la personne d'un jeune noble, moine de son monastère, Raimbaud de Reillane, qui devient en 1030 archevêque d'Arles, primat de toute la Provence [106].

L'Agathois Estève (1010-1046), exilé à Apt, près d'un chanoine de ses parents, ennemi déclaré de la simonie, n'avait dû son siège qu'à son seul mérite ; grand voyageur, on le voit en Espagne, à Narbonne, à Toulouse, au Puy, à Rome ; il n'avait, nous dit son biographe, que deux ambitions : rebâtir sa cathédrale, retourner au Saint-Sépulchre [107] ; dès 1030/1031, Estève accompagne Raimbaud à un concile Narbonnais [108] et c'est à son initiative que les moines de S. Victor furent établis dans la région d'Apt [109]. Tel aussi Bénézet d'Avignon (1037-1047), qui est aux côtés de Raimbaud et d'Odilon lorsqu'ils lancent aux évêques lombards un appel à la trêve de Dieu [110] et sa vie ressemble beaucoup à celle d'Estève : c'est comme lui

---

105. Indications données par deux épitaphes, celles de Duran (1009) et d'Umbert (moine 1001-1009, prieur de Correns, 1025-1028) : « sub petra positus requiescit corpore Domnus (corr. Duranus) / Almo Majoris doctus nutrimine Montis / Post hinc Fulberti gliscit sub puppe doceri / Artes percipiens septem sua pectora replet / Novem continuos in scholis deguit annos /... (MABILLON, *Annales,* IV, 698 n° 26).

« Istic Umbertus a puero monachus / Ecclesiae matris virginis et Domini / Instructor verbis imbuitur Womontis (corr. Vouvantis) / Francigenis mixtus et studiis deditus / Ad omnia studuit, grammaticam docuit / ... » (*Ibidem*).

On identifie S. Julien de Vouvantes, prieuré de S. Florent de Saumur au diocèse de Saumur.

Enfin, dans la liste des élèves de Fulbert, donnée par l'un d'eux, figurent Odulfus (et) Alestanus. Or tous, à part ces deux personnages, sont désignés par leur nom et un adjectif indiquant leur provenance. Faut-il rétablir *Arnulfus arletanus,* Arnoux l'arlatan ? Parmi les manuscrits d'Arnoux décrits par Estiennot figure en effet un recueil de lettres sans doute destinées à servir de modèles. Or, l'une de ces lettres est écrite par l'écolâtre Anseau, élève « d'Abbon, notre père à tous, qui vient d'être tué par l'épée des gascons », à un abbé Eude, à propos d'un miracle survenu à S. Rémy de Reims (BN lat. 12772 f° 134). Cette lettre a donc été apportée de Chartres à Montmajour où Arnoux l'a recopiée après 1004, mort d'Abbon de Fleury. Il faut penser au mariage de Constance avec Robert le Pieux.

106. « Multi quoque nobilium coelestis vitae amore succensi, praeclara saeculo suae conversionis exempla tradidere. Tunc etiam Pontius Arelatensis archiepiscopus nec multo post et successor ejus totius tunc Provincie unicum decus Randibaldus sub eodem patre sanctae se regulae submiserunt. » (*Vita Isarni,* p. 609-626).

Il faut évidemment distinguer le cas de Pons, dont les donations sont tardives et qui dut seconvertir peu avant sa mort (1022, CSV n° 208 et 1029, CSV n° 209), de celui de Raimbaud qui était entré dans la fraternité de S. Victor au moins depuis 1030 (CSV n° 405) où il donne : « cum magna karitate vel pro fraternitate. » C'est à ce titre qu'il participe en 1047 à l'élection de l'abbé (Arc. des B. du R. 1 H 24-108). Il finira ses jours au monastère de S. Victor à Marseille (Cf. GCNN Arles n° 424-425-426).

107. *Vita Stephani Aptensis episcopi,* p. 311.

108. CSV n° 1062.

109. « Ego Rodulfus archidiaconus et frater meus Guarnerius et consobrini nostri ... una per voluntatem et cooperationem domni Stephani Aptensis episcopi et ipsius clericalis collegii ... Ego autem Stephanus episcopus sedis Aptensis, ut hoc donum perficeretur, animos ad hoc, prout posse fuit, donatores istarum rerum instigavit, et quod ad me pertinet, accomodo ad votum mee donationis effectum ... » 12 février 1010-1046 (CSV n° 437). Archinric de Montmajour le choisissait pour consacrer les églises de l'abbaye *supra* note 16.

110. Cf. *infra* note 148.

un adversaire convaincu de la simonie, comme lui il a fait le pèlerinage de Jérusalem et il est allé plusieurs fois à Rome ; comme Isarn, c'est un ascète, qui jeûne régulièrement deux ou trois jours durant [111]. Tous ces prélats sont des défenseurs ou des restaurateurs de la vie régulière : Raimbaud d'Arles dotait son chapitre dès le 13 septembre 1032, et ce chapitre était désormais composé de chanoines qui vivaient en commun [112]. Bénézet d'Avignon, sans doute peu après son ordination, s'empressa de sanctionner les efforts de certains chanoines qui voulaient vivre régulièrement [113] et son chapitre est reformé dès 1037/1047 [114]. Par la suite d'autres chanoines lui demandèrent de fonder une collégiale à S. Ruf [115]. Quelques années plus tard, Raimbaud d'Arles devait ainsi patronner la fondation d'une collégiale à Barjols [116]. Sous les auspices de Bénézet d'Avignon fut restaurée à cette époque l'abbaye de femmes S. Laurent, dans la cité. Son épitaphe précise qu'il y avait « consacré » beaucoup de nonnes. La première abbesse en fut Guibourg, sans doute une fille du chevalier Isnard Adalras et de sa femme Guibourg, qui dut apporter au monastère ses biens à la Laurade. La seconde abbesse n'est autre qu'une fille de la grande famille de Châteaurenard, Balda [117]. C'était

---

111. Laudes versificatac beati domni benedicti episcopi civitate avennica. Corpore cum vixit complevit que bona dixit / cujus plena bono mens fuit, absque dolo / castus perfectus permansit namque modestus / mitis seu tacitus, splendidus ac placidus / Arcem qui Domini vidit, portamque Sepulchri / moenia quin Pauli sepe etiamque Petri. / corpora multarum sacravit qui monacharum / accintus fero contulit ac Domino / jejunans votum tenuit per tempore longum / nunc autem biduo sepe autem triduo / » GCNN Avignon n° 135 — (provient de S. Laurent)) — Les chanoines eux, dirent de leur évêque « Vita et verbo clarus, sancta fine quievit » (*ibidem*) et cf. p. 252.

112. « Pauculos elegi fratres unanimes mihi, jugiter huic ecclesiae servientes matri ... et quicquid inde exierit communiter possideant et in propios usus expendeant », (GCNN Arles n° 407). « Dompnus predictus archiepiscopus Raiambaldus convocavit ad se congregationem prefate sedis dicens : « fratres, volo vos esse participes beneficiorum Dei et S. Stephani ut curam et sollicitudinem in mysterio divino adhibeatis ... » (suit la donation) 13 septembre 1032 (GCNN Arles n° 336). Le nombre des chanoines pourrait alors avoir été réduit à 12 (cf. leur liste *in* GCNN Arles n° 363). Raimbaud augmentera la dotation du chapitre en 1043 (GCNN n° 369) en 1069 (*ibidem* n° 414) ss date (*ibidem* n° 334) cf. aussi la donation de Guillem de Marseille en mars 1052 (*ibidem* n° 386).

113. En 1027, une donation est faite aux chanoines, mais précise : « Illi tantum qui in communi domo canonice vixerint » (CNND n° 51) et l'on retrouve une clause semblable en 1033 (catalogue n° 108).

114. « In hac itaque civitate scilicet Avennicensi, scimus olim praeordinatas fuisse ecclesias ex sacrorum religionibus ordinum que incurstantibus paganis seu ceteris antichristis pene nichilum sunt redacte cum sua religione. Quas in pristinum cupiens reformare gradum, Benedictus videlicet ejusdem sedis episcopus et Berengarius eujsdem loci proconsul delegamus viros boni testimonii in habitatione beatae Mariae canonice vivere in quorum subsidio devote concedimus quicquid christianorum religio circumquaque morantium contulerit », 1037-1046 (CNDD n° 33).

115. 1er janvier 1038/1039, Avignon (CNDD n° 104).

116. Le lieu de Barjols qui appartenait à Montmajour fut donné avec l'autorisation de l'abbé Archinric à S. Victor par Arbert de Pontevès en 1021 (CSV n° 602). La donation ne dut pas être exécutée puisque une collégiale est fondée par les Pontevès le dimanche 28 avril 1062 (Du Roure, *Bull. Soc. Etudes scient. Draguignan* 1916/1917 tome 31, p. 105). Raimbaud s'en donnait pour le fondateur dans une lettre au pape Alexandre II (1061-1073) (GCNN Arles n° 442) dont il sollicite une bulle (GCNN n° 423). Barjols fut restitué à S. Victor par l'évêque de Fréjus Bertran en 1085 (CSV n° 500).

117. La liste des abbesses, dressée par un érudit du XVIIe (Bibl. Avignon ms 2465 f° 157) est remplie d'erreurs manifestes. Il faut supprimer Maura en 951 (l'acte est un faux évident)

s'obtenir là de bien précieux appuis. Dans le même temps, le chanoine d'Avignon Signoret veillait à la reconstitution d'un monastère de femmes aux Accoules de Marseille. La première abbesse Azalmoïs, est peut-être une parente des sœurs de Raimbaud de Reillanne, qui s'y firent nonnes en 1056. La seconde abbesse sera une fille des vicomtes de Marseille, et la veuve d'un comte ne dédaignera pas de s'y retirer [118].

Tout en se consolidant dans les cités de l'Ouest, le milieu réformateur étendait son influence à la pointe Est de la Provence. Il y disposait déjà du monastère de Lérins au diocèse d'Antibes où l'on obéissait à Odilon [119]. Vers 1016, Duran, l'abbé de S. Eusèbe d'Apt, protégé de l'évêque Estève avait été élu évêque de Vence ; il partit pour occuper son siège en emmenant l'un de ses moines, Pons, pour l'aider « car il savait les hommes de cette région rudes et ignorants du bien et de la religion » ; Pons restaura l'abbaye S. Véran, obtint sa liberté en 1033, et la donna à sa mort à Lérins [120]. Cette influence, par personne interposée, de l'évêque d'Apt sur la région de Vence est en rapport avec les alliances nouées, à la même époque entre la famille d'Agoult et celle d'Orange-Mévouillon, puissante à Nice et à Vence par l'héritage d'Odile (de Vence) [121]. Plus, la famille de Vence est apparentée

---

et rétablir *Guibourg*, inscrite au nécrologe : « VI idus februarii obiit Guitburga confraternitatis nostrae inceptrix » (obituaire de S. Laurent. Bibl. Avignon ms 2465 f° 159). Sur les Adalras, *infra* chap. IV note 64. 1031 (CNDD n° 21 et CNDD n° 23) et postérieur à la donation de Pons Isnard à son fils le chanoine Féraud, connu de 1039 à 1063 (Polycarpe, *Annales,* p. 624-CNDD n° 22 — CNDD n° 33 — CLU n° 3387. Le domaine de S. Laurent comportait l'église S. Sulpice de Château Renard et l'église de Cabannes, dès le temps de l'abbesse Fouquière (CNDD n° 108 et Bibl. Avignon ms 2465 f° 172). On peut donc identifier *Balde* de Château Renard, qualifiée de *Deo devota,* le 29 septembre 1068, lorsqu'elle fit une donation à Montmajour (BN lat. 12685 f° 272) ; son obit est noté au 16 décembre.

Après Balde, on peut laisser *Fouquière* (1096/1108 — CNDD n° 108). Après Fouquière, vient *Teucinde,* fille d'Isnard et de Constance (1038 — corriger 1138 — Bibl. Avignon ms 2465 f° 170) ; en janvier 1177/1178 Guillem Isnard confirme la même terre qu'il tient de Giraud Amic (*Ibidem* f° 117) ; c'est peut-être le Guillem Isnard Malvezin, chevalier avignonnais de 1215 (Bibl. d'Avignon ms 2834 f° 17 v°). Enfin vient *Jauceranne* : 1177/1178 (acte cité) de 1179 (Bibl. d'Avignon mas 2465 f° 172). Le monastère tient déjà à cette époque l'abbaye S. Véran d'Avignon, fondée par le comte de Forcalquier Guigne (mort c. 1149, sans enfant). Jauceranne pourrait avoir été sa nièce, fille du comte Bertran, mort en 1144, et de Jauceranne.

118. « Breve recordationis de honore S. Marie de Abadia quomodo G. et F. vicecomites Massilie restauraverunt abadiam puellarum infra Massiliam per preces et monitiones Seniorieti, canonici Avenionis ... et homines qui habebant ullos honores fecerunt recognoscere et accepere per manum abbatisse et domine Adalmois ad fidelitatem et servicium ... » 1031 AVM n° 81. Signoret chanoine d'Avignon était aux côtés des comtes c. 1040 (Catalogue n° 122). Il est fils d'Adaltrude et reçoit les serments faits au chapitre (CNDD n° 47-48-46). Sur S. Sauveur, cf. 1032 AVM n° 82, 1038 CSV n° 45, 1056 n° 1073, 1060 n° 1079, 1073 GCN I col. 112, 1077 CSV n° 88.

119. En 1022, le prieur Audibran se reconnaît soumis à Odilon (CL Moris et Blanc, I, n° 55 et II n° 28). En 1046 lettre de l'abbé Audibert à Odilon (Mabillon AAOSB saec. V p. 810).

120. « Presidente in Aptensi civitate domno Stephano episcopo, electus est in Venciensem episcopum domnus Durantus S. Eusebii abbas. Qui videlicet Durantus quia rudes et tocius boni ac religionis ignaros homines terre illius noverat quendem fratrem predicti cenobii monachum, nomine Poncium comitem sibi adscivit ... » (Flammare CL n° 141).

121. LDP, alliance A 6,5 et M 5,8.

aux Bérenger d'Avignon, vicomtes à Forcalquier-Sisteron [122] et nous ne sommes pas surpris de trouver des relations entre clercs avignonnais et nissards. Ainsi, l'évêque de Nice Nitard, le quatrième des signataires de la lettre aux évêques Lombards, est probablement un ancien chanoine de S. Mary de Forcalquier [123] ; et l'abbé de S. Pons de Nice, Ebrard, qui dépend de lui, assiste en Avignon avec ses moines à la fondation du chapitre régulier par l'évêque Bénézet [124]. Vers les années 1030, ce milieu de clercs réguliers, moines ou chanoines, liés par des amitiés directes ou indirectes à Cluny, s'est développé et affermi ; il est puissant en Arles, où l'archevêque est, après le comte, le maître ; influent à Marseille, où S. Victor devient la plus grande des abbayes provençales, actif en Apt et en Avignon, où des chapitres réformés secondent de vertueux évêques. Enfin, exploitant des amitiés laïques et la présence de Lérins, il a réussi à procurer aux siens les sièges de Nice et de Vence. Certes, ce milieu est isolé par rapport au reste de l'Eglise provençale, qui vit de façon très laïque [125], mais il est, nous venons de le voir, remarquablement uni, et il se sent assez fort, à la fin des années trente, pour donner le premier coup d'arrêt à la désagrégation politique et à la guerre intérieure.

Il manquait à ces réformateurs une arme contre les sires turbulents et leurs chevaliers pillards ; Odilon leur donna la Trêve de Dieu, à la fois prolongement et dépassement des mouvements antérieurs de la Paix.

— LA TRÊVE DE DIEU —

Clunisiens et Victorins avaient déjà travaillé ensemble à la Paix, lors des assemblées de 1023 et 1037, qui se tiennent toutes à proximité de leurs prieurés de Sarrians ou de Villecroze. L'arrivée de l'un des leurs, Raimbaud de Reillane, sur le siège métropolitain d'Arles, en 1030, leur donnait évidemment un atout majeur ; et dès 1031/1032 on voit Raimbaud assister à un concile Narbonnais, puis à celui de Sarrians en 1037.

122. Mariage de Gerberge, fille d'Odile de Vence et d'un premier lit avec Miron (de Sisteron), avec Bérenger (d'Avignon), LDP — S 3,2 et R 3,5. Sur ces vicomtes MANTEYER, *La Provence...*, pp. 384, 385.

123. Son nom figure à l'obituaire de S. Mary ; et il avait exorcisé un démon sous le pont de Sisteron (Livre Vert) ce qui l'a fait prendre pour un évêque de cette ville (cf. LEP dioc. de Nice note 4).

124. Ebrard succès à l'abbé Bertran (1028, CSP n° 4 ; + un 12 janvier d'après le nécrologe de Lérins) il vit encore en avril 1078 et meurt un 3 décembre (Nécr. Lérins). On aurait pu penser à un abbé de S. André d'Avignon, mais il ne figure pas sur la liste de ce monastère où, après Renard (1024-1039), mort le 12 novembre (BN lat. 8971 f° 30 — Polycarpe p. 624 — Nécrologe de S. André), les listes traditionnelles (Massilian, Bibl. Avignon ms 2396 f° 236) — GCN I col. 872-875) donnent un Raimond en 1046 qui pourrait être simplement un Renard mal lu et un Ermengaud à qui aurait été faite la donation de Jonquières par l'évêque Rostaing en 1050 (mais la copie de cette donation qui nous est parvenue ne mentionne aucun nom, BN lat. 13916 f° 20, mort le 24 avril, Nécrologe). Joufré « Pelet » qui vient ensuite n'est pas à sa place. Rolland « abbas noster » dans le nécrologe, décédé le 31 avril a le même obit que l'abbé de Montmajour de ce nom. Vient ensuite Pons connu dès 1069 et 1075, mort le 26 mars 1087 (CSV n° 533, Consécration de N.D. ; et sa vie, MABILLON, *op. cit.*, p. 494-501).

125. Cf. *infra*, 2e partie, chap. II.

Après cette dernière paix, des troubles avaient recommencé, et notamment en Arles [126] ; une fois de plus, tout était à refaire, et chose plus grave, le conflit atteignait cette fois les réformateurs eux-mêmes. Les vicomtes de Marseille avaient en effet donné la *villa de* Fontvieille et toutes leurs terres au Trébon, près d'Arles à l'abbaye de S. Victor [127] ; cette générosité avait soulevé les protestations des moines de Montmajour qui voyaient s'installer la concurrence victorine à leurs portes, en un endroit sur lequel ils élevaient des prétentions ; elle provoquait aussi la colère des comtes dont les Marseille tenaient ces terres, et qui étaient les protecteurs attitrés de Montmajour, leur site funéraire depuis au moins 1019 [128]. Les milieux traditionnellement favorables à la paix, et qui en étaient les garants et les soutiens, risquaient donc à leur tour de s'opposer entre eux.

Aussi, le 12 août 1040, trois jours avant l'Assomption de la Vierge, Raimbaud réunit un grand plaid où sont présents : — du côté arlésien, les comtes Joufré et Bertran avec leurs fidèles, Uc des Baux et son fils Guillem, Bérenger juge et futur vicomte d'Avignon, le clerc Pons de Château Renard futur évêque d'Aix et Franco futur vicomte de Fréjus ainsi que quatre chevaliers de la ville d'Arles, Volverade (des Porcelets), Guibert (de Portaldose), Atanoux (de Carbonière) et Atanoux (Mora ?) [129] et bien entendu l'abbé de Montmajour, Bénézet — du côté marseillais : les vicomtes et leurs femmes, les sires de Gardanne, l'évêque de Marseille, et l'abbé de S. Victor, Isarn. L'affaire se termine au mieux : Fontvieille est abandonné aux moines de Montmajour ; en échange, ceux-ci renoncent à leurs droits sur Bouc, où Archimbert, sans souci des donations de son aïeul Raimbert, avait fondé un prieuré victorin. Une clause pénale habile est précisée : Montmajour et S. Victor possédaient l'un et l'autre un quart d'Ollières ; celui des deux qui rompra la convention perdra sa part. Au-delà du détail de cet accord, le document vise en éliminant les controverses, à « consolider perpétuellement les accords de Paix et de Charité [130] ». Dès octobre 1040 se réunit à nouveau une grande assemblée à Marseille cette fois [131]. La liste des présents est impressionnante : aux côtés de Raimbaud lui-même, Bénézet

---

126. Cf. texte cité, *infra,* note 139.

127. 1038 (catalogue n° 121).

128. Sépultures de Guillem 1019, Azalaïs probablement (1026) et Joufré (1062/1063), (catalogue n° 82, 96, 168).

129. Sur ces personnages, cf. *infra,* p. 287 note 6, p. 289 note 20 et p. 294 notes 50 et 52.

130. « (Domnus Rambaldus archiepiscopus) non parvum sed magnum constituit placitum in quo de hac re maxima altercatio fuit ... Erant ibi congregati utriusque loci primates ac vasses plebei quoque ac urbani, diversi ordinis diversaeque aetatis utriusque sexus quorum aliquot in hac litterarum serie nomen exprimi duximus, domnus videlicet Sancte sedis Arelatensis episcopus Raimbaldus, domnus quoque Wilelmus vicecomes Massiliensis, conjuxque ejus una cum filiis suis pusillis cum majoribus, domnus etiam Fulco cum conjuge sua Odila, Volveradus et Guibertus atque Attanalphus alius etiam Attanulphus vasses urbis Arelatensis, abbates quoque supradicti utriusque loci cum monachis suis quorum omnium consilio et adjutorio inter servos Dei charitatis dilectionem reparare communuit archiepiscopus ... domnus archiepiscopus ... supplicavit ut ad consequendam pacem fideliter decertarent. Vicecomites vero, monitis ejus obtemperantes, fraterne pacis pro amore dederunt ... Ad dirimendam enim controversiam et pacis charitatisque foedera perpetim tenenda », 12 août 1040 (catalogue n° 126).

131. Pour la critique de cet acte, cf. catalogue n° 128.

d'Avignon, Estève d'Apt [132] et Isarm de S. Victor, on trouve Léger, archevêque de Vienne, et grand ami d'Odilon ; le 4 novembre 1036, il avait, à la prière de ce dernier, donné à S. Victor de Marseille et à Isarn le monastère S. Ferréol de Vienne, au cours d'une grande assemblée viennoise [133]. Avec ces hauts prélats dévoués à la paix, on voit tous les autres évêques provençaux, notamment Amiel (de Castellane), évêque de Senez, qui va avec sa famille restituer un peu de l'ancien domaine de S. Victor à ce monastère [134] ; Bénézet, abbé de Montmajour, est également du nombre [135]. Chez les laïcs sont présents les comtes, les vicomtes, Lambert de Vence, sa femme Austrude [136] et Guillem (d'Antibes-Grasse) [137]. On consacre solennellement la nouvelle fondation des vicomtes, S. Pierre-de-Paradis, et à cette occasion de nombreuses donations viennent encore augmenter le patrimoine de S. Victor.

Ces donations, qui enrichissent énormément S. Victor dans ces années 1040, sont, à part celles des Castellane, le fait des familles déjà favorables aux réformateurs et alliées entre elles : les Bérenger d'Avignon, les Orange-Mévouillon, les Sisteron, les Vence [138]. Quelques mois plus tard, en janvier 1041, une autre assemblée se tient à Arles, et là Raimbaud remet à S. Victor l'ancien monastère de S. Honorat et S. Geniès-des-Alyscamps, qui était tenu auparavant par des laïcs, les vicomtes de Marseille, et d'eux, par des chevaliers. A cette occasion Raimbaud expose son programme : une fois les troubles apaisés, il faut se demander pourquoi des biens destinés au service spirituel sont passés au service séculier, dans les mains des laïcs ; il n'est pas de meilleur remède que de les donner aux moines. Ce faisant, on

---

132. Ce sont leurs seings avec ceux de Deodat, de Toulon, qui était chanoine de Marseille, de Nitard de Nice, de Durand de Vence, de Gaucelme de Fréjus et de Peire d'Aix, et ceux-là seulement qu'on trouve dans les donations d'Amiel et de Durand (CSV n° 769 et 795).

133. « ... collaudante omni clero et populo ecclesiae nostrae insuper et annuente Hermengarda inclita regina regis Rodulfi uxore nunc vidua, (damus) viro venerabili Isarno abbati per consilium et voluntatem domni abbatis Odilonis Cluniacensis et fratrum suum congregationis ... Acta publice in sinodo Viennensi (in presentia), canonicorum ipsius ecclesie multorumque fidelium, abbatum, monachorum, aliorumque clericorum diversorum graduum fere quingentorum. » (Arch. des B. du R. 1 H 15 n° 64).

134. CSV n° 769. — Amiel avait amorcé cette restitution dès 1038 (CSV n° 773) ; mais les moines s'étaient plaints aux Castellane dès le temps de l'abbé Guifré, donc avant 1021, et leur avaient montré d'anciens documents ; peine perdue. C'est seulement en 1053 que les Castellane redonneront le domaine de S. Victor (CSV n° 768).

135. Cf. Acte d'octobre 1040 où Bénézet obtient de Raimbaud l'église S. Geniès de la Colonne (Arc. des B. du R. 2 H 11).

136. 15 octobre 1040 (CSV n° 795, la donation de Durand évêque de Vence et CSV n° 797 et n° 798).

137. CSV n° 16. — avec les donations des vicomtes (CSV n° 17 et n° 33.)

138. 24 oct. 1040, donation de S. Estève de Tourves ? (CSV n° 318), et un 25 octobre, vers 1040, d'un quart de la Salle de Vence (commune de S. Paul de Vence) par Bérenger d'Avignon, faite à Avignon, en présence des évêques Oudry, de Saint Paul Trois Châteaux, Clément, de Cavaillon, et de Volverade faites au retour de l'assemblée marseillaise ? (CSV n° 790) ; il faut rapprocher la donation de la moitié de cette même *villa*, par Raimbaud dOrange-Mévouillon (CSV n° 799), où celui-ci précise qu'une des moitiés de cette moitié appartient à son beau-frère ; en 1041 Amic de Vence donne un autre quart de cette *villa* (CSV n° 791). Ces donations sont consolidées en 1045 : Lambert confirme Crotton (CSV n° 796) ; Miron donne au comté de Vence (CSV n° 800).

n'innove pas mais on rétablit les choses dans leur état ancien [139]. En septembre, Raimbaud intervient avec Bénézet d'Avignon pour informer ses suffragants qu'il excommuniera tous ceux qui s'attaquent au patrimoine de S. André d'Avignon [140]. Mais surtout c'est cette année 1041 que fut instituée par Odilon et par Raimbaud sous sa forme définitive cette paix particulière qu'est la Trêve de Dieu.

Il faut ici distinguer le mouvement et ses prémices. Depuis le XVIIe siècle, jusqu'à nos jours, une tradition presqu'unanime fait débuter le mouvement pour la Trêve de Dieu en Catalogne et en Roussillon [141]. De là, il serait passé à Narbonne, puis en Provence et dans le reste des Gaules. Cette thèse repose pourtant sur deux contradictions : d'une part elle fait régner la trêve dans une région où de 1041 à 1043, la guerre fait rage : guerre entre le comte de Barcelone Raimon-Bérenger et son aïeule Ermessende aidée de son grand-oncle Peire, retranchée dans Gérone, entre le même Raimon-Bérenger, aidé d'Ermengaud d'Urgell, contre Raimon-Guifré, comte de Cerdagne, ou contre Mir Geribert, « prince d'Olerdola », cousin de Raimon-Bérenger. D'autre part, on s'explique mal que, forte dans cette zone, la trêve se soit si vite étendue à des pays qui n'étaient guère alors sous influence catalane ou roussillonnaise [142].

Il en va bien autrement si l'on admet que la trêve s'est établie dans les régions rhodaniennes, sous l'impulsion clunisienne. Reprenons les témoignages. C'est en 1041 que le mouvement a commencé : sur cette date s'accor-

139. « Adeptus hujus sancte sedis Arelatensis pontificali culmine / multa subinde mecum de eodem regimine / coepi in animo evolvere. Quod id absque ingenti meae valerem anime / nullatenus exsequi discrimine / eo quod ejusdem urbis publica et privata / hostilis essent cuncta / insectationis mucrone turbata / ... Tandem clementissima divinitatis propiciacione / adepta diu desiderata tranquillissime Pacis obcione / quod diuturna evolverat animus deliberacione / id exsequi coepit absque ulla dilacione videlicet de sanctorum venerabilium locum restitutione / Unde quadam die de quodam religioso loco / in honore S. Genesii vel S. Honorati constructo / foras muros nostrae civitatis posito / multa volvens mecum in animo / quomodo de tam spiritali prisci temporis monachorum officio / versus in possessione esset seculari servicio / ... Et ita ... mecum tractavi talia consilia / ut illum locum darem monasterio S. Victoris de Massilia / In quo constitueret Isarnus abbas ejusdem monasterii monachos in Xpisti servicia / ... Nos vero hoc non agimus sed id quod a nostris antiquitus decessoribus constitutum est, et modo destitutum reformari cupimus in priorem statum ». (Sur la date, cf. Catalogue n° 131).

140. Bibl. Carpentras ms 513.

141. Cf. encore H. HOFFMANN, *Gottesfriede und Treuga Dei*, Stuttgart 1964 pp. 82 et 87. Cette opinion s'appuie sur une lecture hâtive du passage de Raoul Glaber (*infra* note 143) et surtout sur une datation des conciles catalans et septimaniens que nous discutons *infra* note 157.
Il faut cependant reconnaître que le terme « treuga » était apparu en Catalogne et en Roussillon en 1027, lié au respect du dimanche (16 mai 1027 - Concile de Toulouges, HOFFMANN, *op. cit.*, pp. 74, et MAGNOU-NORTIER p. 304). Mais y a-t-il là une innovation ? le texte dit lui-même : il s'agit, en reprenant les vieilles protections de la Paix de respecter l'honneur du jour saint. On peut écarter sans regrets le pseudo-concile de trêve de Montherond (avant 1037) qui n'est connu que par Conon d'Estavayer (XIIIe). La critique de BONNAUD-DELAMARE, *La pseudo trève de Montherond, in* M.A. (1947 p. 261) n'est pas réfutée par Hoffmann (p. 80).

142. S. SOBREQUES i VIDAL, *Els grans comtes de Barcelona*, Barcelona 1970, pp. 57 à 60. Certes, les prélats réformateurs de Provence ont fréquenté Oliba de Vic. Raimbaud d'Arles et Pons d'Aix étaient à la consécration de sa cathédrale le 31 juillet 1038 et Estève d'Apt en sa compagnie à un concile narbonnais avant 1028 puisque y figure Audibert de Carcas-

dent tous les textes explicites : Raoul Glaber [143], repris par Hugues de Flavigny, qui s'appuie ici sur un témoignage contemporain, celui du vieil évêque d'Autun [144]. Quant au lieu de naissance de la trêve, les deux témoignages diffèrent : Raoul Glabert parle « des régions Aquitaines ». Pour Hugues, la trêve a commencé « chez les Austrasiens » ; or si le sens du mot Aquitaine est bien vague chez Raoul [145], par contre l'expression « regnum Austrasiorum » désigne régulièrement le royaume de Bourgogne-Provence [146], de plus, Hugues et son témoin l'évêque nomment expressément Odilon comme l'initiateur du mouvement. L'idée a pu naître en Catalogne mais pour les contemporains, c'est dans le royaume de Vienne, autour de Raimbaud d'Arles et de Léger de Vienne que s'est diffusée la Trêve de Dieu.

On comprend mieux dès lors sa propagation. La Trêve est refusée d'abord en « Neustrie », où Richard de S. Vanne s'employa à l'introduire [147]. Par contre elle se développe en Lombardie et en Gothie, et les Provençaux jouent là un rôle prépondérant. La première tentative d'extension est faite en direction des évêques de Lombardie, pays bien connu d'Odilon. Dès 1041/1043 [148],

---

sonne (P.L. tome 142 col. 607). L'idée de la trève revient peut-être à Oliba. Mais nous nous occupons ici de sa réalisation. *contra,* ABADAL, *l'abat oliba,* Barcelone 1962, p. 228.

143. « Contigit vero ipso in tempore (Pâques 1041) inspirante divina gratia primitus in partibus Aquitanicis, deinde paulatim per universum Galliarum territorium firmari pactum ... veluti vulgo dicitur ... Treuga Domini » (Hist. Lib. V cap. I, PROU, p. 126).

144. « MXLI anno ipso Treva Dei primum statuta est et firmata et pax ipsa Treva Dei appellata quae non solum humanis presidiis sed et divinis confirmata est terroribus ... (c'est ici une allusion à des épidémies en 1042) ... superest adhuc domnus Eduensis episcopus, vir vitae longaevitate grandaevus qui et referre solitus est qui cum a Sancto Odilone et coeteris ipsa pax divinis revelationibus instituta, Treva Dei appellata et ab Austrasiis suscepta fuisset et voluntas omnium in hoc esset una ut ubique servaretur. Negotium hoc strenuitati hujus patris nostri (Richard) gratiae Dei ab omnibus impositum est ut ejus studio et industria pax eadem in Neustria servaretur », (*Chron. Vird,* Hugues de Flavigny, MGH. SS VIII 400).

145. Azalaïs (d'Anjou) épouse de Louis V, venait d'Aquitaine (de Brioude), Constance, femme de Robert le Pieux, était fille de Guillaume, « duc d'Aquitaine » (en réalité de Provence), elle amena en France beaucoup de gens « d'Aquitaine et d'Auvergne » ; ailleurs pourtant, Raoul distingue l'Aquitaine des Provinces de Lyonnaise et d'Arles (édit. PROU, pp. 9, 58, 67, 89, 103).

146. Raoul Glaber, édit. PROU, pp. 59, 86, 87, 127, 131.

147. Cf. texte cité *supra* note 141 et Raoul Glaber, édit. PROU, p. 126. HOFFMAN, *op. cit.*, pp. 88 et 89. La Trêve est assurée en Normandie dès 1061 et 1064, en Flandres en 1063 (H. PRENTOUT, *Etude sur la Trêve de Dieu en Normandie,* Mém. Acad. de Caen, 1931, pp. 1 à 16). En Anjou existe dès 1055 un mouvement de pré-réforme, mais apparemment pas de Trêve (O. GUILLOT, *Le comte d'Anjou et son entourage,* Paris 1972, I, p. 131 et ss.).

148. « In nomine Dei Patris ... et Filii et Spiritus Sancti, Raginbaldus Arelatensis archiepiscopus cum Benedicto Avenionensi et Nitardo Nicensi episscopis necnon et venerabili abbate domno Odilone, una cum episcopis et abbatibus et cuncto clero per universam Galliam habitantibus omnibus archiepiscopis, episcopis, presbyteris et cuncto clero per totam Italiam commorantibus ... — Recipite ergo et tenete Pacem et illam Treuvam Dei et (quam) nos divina inspirante misericordia de coelo nobis transmissa jam accepimus et firmiter tenemus ita constitutam et dispositam ... Qui vero Treuvam promissam habuerint et se scientibus infringere voluerint sint excommuncati ... si ad emendationem non venerint sicut constitutim est ; videlicet : si quis in ipsis diebus Treuvae Dei homicidium fecerit, exul factus atque a propria patria ejectus, Jerusalem tendens longinquum illic patiatur exilium. — Si quis vero in aliis quibuslibet rebus supradictam Treuvam Dei et pacem fregerit, examinatus per decreta legum saecularium juxta modum culparum cogatur persolvere et per sanctorum canonum regulas duplicata poenitentia judicabitur. Quod ideo dignum duximus ut si promissionem illic factam in aliqui corrumpere praesumserimus, mundano et spiritali judicio dupliciter condemnemur ... »

Raimbaud, Odilon, Bénézet et Nitard lancent un appel à leurs confrères italiens : ils leur décrivent les dispositions de la Trêve et les invitent à l'adopter. Malgré les troubles qui agitaient alors la ville de Milan, où l'archevêque Arbert, soutenu par les paysans et les chevaliers, s'opposait à l'Empereur [149], la trêve finit par être acceptée, peu avant la mort de l'archevêque, donc probablement en 1045 sur les instances de l'Empereur [150]. Les réformateurs se tournent alors vers l'ouest. Le 4 septembre 1042/1044, Raimbaud réunissait à l'abbaye de S. Gilles, sur la frontière de la Provence et de la Gothie, une assemblée de dix-sept évêques provençaux et narbonnais [151]. En fait, seulement cinq évêques de Narbonnaise y vinrent et ce sont presque tous des évêques voisins de la Provence : Frotier de Nîmes, Uc d'Uzès, Giraud de Viviers, Bernad de Lodève. Seul Guillem d'Albi vient de loin, mais c'est un obligé de Frotier [152]. Si les évêques de Narbonnaise paraissent bouder le concile, en revanche, l'archevêque de Vienne, Léger, y est venu, signe qu'il en est bien, avec Raimbaud d'Arles, l'artisan. L'assemblée décide entre autres d'interdire le port des armes aux chevaliers pendant une période de deux mois environ et décrète l'inviolabilité des églises. Le 1er août 1043 se réunit à Narbonne un concile où, en présence de Raimbaud, l'archevêque Guifré renonce aux armes et ordonne à ses évêques d'en faire autant sous peine d'excommunication. C'est là sans doute que furent confirmées pour la Narbonnaise les dispositions prises à S. Gilles.

Il faut ici bien voir que Guifré, à la différence de Raimbaud ou de Léger, n'est pas un initiateur du mouvement, loin de là. Il reçut son archevêché à dix ans, soit en 1016/1017. Il grandit et fit la guerre au vicomte pour essayer de le dominer. Puis Arbaud évêque d'Urgel mourut le 19 décembre 1040, en allant en Terre Sainte. Guifré pilla alors son archevêché pour acheter l'évêché d'Urgel à son frère Guillem qui y est installé dès 1041, et prêta serment à la comtesse d'Urgel. Il était donc, en l'année 1041, occupé à tout autre chose qu'à promouvoir Trêve ou Paix de Dieu dans sa province. « Ceci fait, il rassembla un grand concile à Narbonne, formé de beaucoup

---

MARTENE et DURAND, Thes. Anecd. I 161 (date 1041) ; — BOUQUET RHF. XI 516 (date 1042). Bénézet a été consacré le 6 mars 1037. Nitard est mort un 3 décembre après octobre 1040 et avant le concile de S. Gilles qui est au plus tard de septembre 1044 (cf. *infra*, note 151). Nitard est donc mort le 3 décembre 1040/1043, ou mieux, 1040/1041.

On remarquera que les quatre homme disent de la Trêve : « elle nous a été apportée du ciel ». Il faut croire que la Trêve n'était pas alors très répandue, sinon une telle affirmation aurait fait sourire les évêques lombards.

149. 1044 LANDULFUS, *Hist. Mediolanensis,* MGH., SS, VIII, p. 63. ARNULFUS, *Gesta archiep. Mediola.* MGH., SS VI p. 16. et HOFFMANN, *op. cit.*, pp. 85 et 86.

150. LANDULFUS, *op. cit.*, p. 67, C. VIOLANTE, *La Pataria ... op. cit.*, p. 3

151. Le texte (cité *infra* note 161) ne donne que la date du mois, le 5 septembre. Mais on remarque parmi les présents Gaucelm de Fréjus et André de Nice. Gaucelm était encore vivant le 1er décembre 1044. Mais dès 1044 (où dès le début de l'année 1045, si l'on emploie le comput florentin) il est remplacé sur son siège par Bertran, fils d'Aclia (LEP dioc. Fréjus) — André succède à Nitard, celui-ci paraît encore le 15 octobre 1040, et aux côtés de Raimbaud et d'Odilon dans la *paroenesis* (en 1041 ?). Il est mort le 3 décembre, donc au plus tôt le 3 décembre 1041. Le concile de S. Gilles se situe donc entre 1042 et 1044, probablement avant le Concile de Narbonne d'août 1043 (cf. *infra*).

152. (HGL V col. 1406), Frotier, frère du vicomte de Nîmes Bernard (*Ibidem,* col. 411). Guillem est ce Guillem Aimard à qui Frotier et Bernard avaient vendu l'évêché (HGL, V, col. 432).

d'évêques de sa province, et où fut présent l'archevêque d'Arles Raimbaud. En leur présence, et en notre présence à tous, il abandonna les armes, et toute la milice du siècle, et prononça l'excommunication contre tous les évêques de son diocèse qui prendraient les armes, y compris lui-même. » Puis, oublieux de son serment, Guifré recommença la guerre. Il fallut tenir un autre concile où l'on confirma la Trêve, et où l'on décida de faire terrible justice de ceux qui l'enfreindraient ; le vicomte et l'archevêque firent une convention sur les profits de cette justice. De nouveau, Guifré ne tint pas ses promesses, pas plus que Peire Raimon de Béziers. Il fut alors excommunié par le pape Victor II et par 120 évêques [153], au concile de Florence en juin 1055/1056 [154]. Le narrateur distingue donc entre 1041 et 1055/1056, deux conciles de Narbonne ; nous avons le texte du second, de 1054, où il est bien précisé que la trêve est confirmée [155]. La trêve dut être introduite pour la première fois à Narbonne lors du concile d'août 1043, dont nous ne possédons plus qu'une mention [156]. De là elle se répandit en Roussillon et en Catalogne, en suivant d'ailleurs strictement une formule Narbonnaise de Trêve, qui n'est peut-être que la copie de la première formule établie par les réformateurs [157]. Dans le même temps, le mouvement se poursuivit en

---

153. « Quo peracto aggregavit concilium non modicum, juxta praefata urbe Narbona multorum sui diocesi episcoporum inter quos fuit hic Raimbaldus Arelatensis archiepiscopus. Et in eorum atque nostrorum omnium praesentiam reliquit cunctas armas militarias et omnem saeculi militiam atque excommunicando misit sub anathema tam semetipsum quam omnes sui dioecesi episcopos qui ab illa die deinceps armis erant sumpti ... Deinde venerunt episcopi in meam terram et mecum una cum eodem archiepiscopo firmaverunt Treguam Dei inviolabiliter tenere in omnem terram meam atque ex eadem corruptores teterrimam justitiam facere ... » (HGL, V, col. 496). Il ne s'agit pas d'une *vita* habituelle, apologétique, mais d'une longue suite d'accusations portées contre Guifré par le vicomte de Narbonne, Bérenger. La vie de Guifré est donc plutôt noircie qu'embellie. Ceci dit, il ny a aucune raison de mettre en doute la plupart des affirmations du vicomte, celles du moins qui portent sur la matérialité des faits, car il s'agit d'événements qui devaient être connus de tous les contemporains.

154. Jaffe, p. 549.

155. Baluze, *in* Marca, *De concordia Imperii et Sacerdotii,* Lib. IV c. XIV col. 278 « ex archivio episcopatus Narbonensis » : « ad confirmandam pariter et custodiendam tregam et pacem ... et retormandum ejusdem statum qui a pravis conculcabantur hominibus ... pacem autem a nobis sive a principibus olim constitutam mandamus sive firmamus ... »

156. GCN, VI, col. 34.

157. On n'a pas remarqué que nous avons sans doute les dispositions prises alors, dans un fragment donné par Estiennot (BN lat. 12770 p. 97 = HGL V col. 442, — *ex archivio S. Pauli Narbonensis,* désigné plus loin par la lettre A). Ce fragment a été attribué au concile de Toulouges de 1046/1066 (Baluze *in* Marca *de Concordia* lib. IV c. XIV p. 276 — Mansi 19-1041 — Miquel Rosell, *Liber feudorum major* II n° 708 — désigné plus loin par la lettre F) car les deux versions sont extrêmement semblables. On rattachait aussi à ce même concile un fragment donné par BN lat. 4670 A f° 109 (= *Marca Hispanica* col. 1139 = B). On aurait pu aussi bien constater la profonde similitude de ces trois fragments avec deux autres également donnés par le manuscrit latin 4670 A f° 109 et édités par *Marca Hispanica* col. 1138 et col. 1428 (désignés par nous par E et C) ou encore avec un texte daté « 1033 » et publié par Hoffmann lui-même p. 260 d'après un manuscrit du XVIIIe siècle de la bibliothèque de Barcelone (désigné par nous par D). Profonde similitude donc de ces six fragments, mais aussi divergences significatives qui interdisent de les attribuer au même concile.

Tous ces manuscrits ont un contenu presque uniforme ; ils contiennent : 1. le préambule ; 2. l'immunité des églises ; 3. le cas des églises, repaires de malfaiteurs ; 4. la sanction du bris de l'immunité ; 5. la protection des clercs sans armes et de leurs domaines ; 6. l'interdiction de s'emparer des troupeaux ; 7. la protection des paysans ; 8. le gage ; 9. les sanctions de la paix ; 10. les quatre jours hebdomadaires de la trêve ; 11. les fêtes pendant lesquelles on observe

Provence, avec un grand plaid, toujours tenu près de Sarrians, et qui est comme un triomphe de S. Victor. Un jugement lui restitue l'église de Gigors

---

la trêve ; 12. les sanctions de la trêve ; 13. la construction des forteresses ; 14. la compétence de l'évêque et les sanctions à l'infidélité des garants de la paix.

En fait, dans l'état où ils nous ont été transmis, C et E sont incomplets : C ne commence qu'avec le paragraphe 10 ; E, au contraire, ne va que jusqu'au paragraphe 4, alors que son préambule annonce aussi la trêve. D, lui, omet les paragraphes 8, 10, 14 et une partie du 12 ; il contient, par contre, une formule d'excommunication. F se termine par la formule par laquelle le comte Joufré de Roussillon se porte garant de la paix. Ces variations résultent probablement des copistes.

D'autres sont plus significatives. A qui vient de S. Paul de Narbonne est une formule comme l'attestent les mentions : « in episcopatu illo » (1) — « in isto episcopatu illo » (6) — « in sede illius » (12), au mêmes endroits où B indique : « in episcopatu Ausonense » (1), — « in isto episcopatu Ausonence scilicet Bisceldunensi Petraladensi atque Impuritanensi (Besalu, Peralada, Ampurias) » (6) — « in sede S. Petri » (12), comme le fait aussi le fragment C : « in sede S. Petri » (12). Ces deux fragments B et C nous indiquent donc clairement leur provenance : la cathédrale de S. Peire de Vic, en Catalogne ; ils sont probablement deux copies (dont l'une fragmentaire) du même original.

D est aussi, à notre avis, une mauvaise copie du groupe B C puisqu'elle mentionne l'évêché de Vic ; elle contient des lacunes ; en 10 et 11, des omissions assez nombreuses, nous l'avons vu ; une brève addition intéressante entre 6 et 7, qui prévoit le cas où l'ost contre l'ennemi (Sarrazin ?) sera hébergé. Mais un certain nombre de mots sont mal compris et défigurés ; ainsi, en 6 : « praeda non faciat ... neque de capris vel hircis et eorum foetibus » (A, B, F) devient en D : « predicta non faciat ... neque de yrcis et capris et eorum filiis » ; — ou encore : « festivitates inventionis videlicet et exaltationis dominicae crucis » (A, B, F) devient en D : « festivitates festivitatum sancte crucis inventionis et exaltationis. » Enfin D fait des paragraphes 3 et 4 un seul paragraphe, montrant ainsi quil n'a pas compris que l'un d'eux est l'exception (église ou son espace occupée par des malfaiteurs : ceux-ci pourront être expulsés) et l'autre, la règle (tout autre méfait commis dans une église ou son espace : sanctions normales). Pour en terminer avec D, disons que ce document daté de 1033 est une copie de 1766. L'érudit qui l'a transcrit nous apprend qu'il se trouvait au dos d'un testament, celui d'un nommé Guillaume, daté de la 9e année du règne d'Henri de France, donc soit de 1036/1037 (départ du règne au jour du sacre), soit de 1039/1040 (départ du règne à la mort de Robert le Pieux, TESSIER, *Diplomatique royale française*, Paris 1962, p. 225 indiquant que les deux calculs sont possibles). Ce n'est donc pas un original, ou si c'en était un, sa date est fausse.

Les fragments E et F indiquent clairement leur provenance respective : Sainte Croix et Sainte Eulalie de Barcelone d'une part, et Sainte Eulalie d'Elne, pour les comtés de Roussillon, de Conflent et de Vallespir d'autre part.

Toutes ces provenances sont d'ailleurs confirmées par les variantes apportées aux fêtes où l'on observe la trêve, au paragraphe 11. A côté d'un certain nombre de fêtes partout observées, on trouve : — dans A : S. Paul de Narbonne, ce qui confirme la provenance narbonnaise de ce fragment ; — dans D : S. Pierre aux Lions, S. Félix de Gérone, la dédicace de la seo de S. Père de Vic ; — dans C : S. Félix de Gérone, S. Geniès (honoré à S. Miquell del Faï) ; — dans F : S. Just et S. Pasteur (réinstallés dans la cathédrale de Narbonne en 1058 — HGL, V, col. 29 — ils en avaient été enlevés par Guifré — *Ibidem*, col. 449), S. Abdon, S. Sennen, S. Félix, S. Geniès, S. Nazaire, Sainte Eulalie (d'Elne).

Reste à déterminer les dates de ces différentes versions du texte où la Trêve a été confirmée en concile.

Celle de F (concile de Toulouges, pour le diocèse d'Elne) peut être déterminée assez aisément 1062/1066 (HOFFMANN, *op. cit.*, p. 99).

La cathédrale a été restaurée en 1058 et la vie régulière semble y avoir eu des débuts assez difficiles (MAGNOU-NORTIER, *op. cit.*, p. 486). Notons pourtant que la Trêve est mentionnée dans un acte de 1043/1044 (ALART, *cartulaire d'Elne* n° 39).

E a comme date MXLVIII (BN lat. 4670 A) ou MCCXLIII qu'il faut peut-être rétablir MXLIII (*Marca Hispanica*). Remarquons qu'en 1047 Isarn de S. Victor était en Espagne où il était passé à Barcelone et peut-être à S. Miquell del Faï (A. PLADEVALL-FONT *in Provence* au diocèse d'Embrun, que tenaient les moines de la Novalaise [158]. Et surtout le comte lui rend solennellement S. Promace de Forcalquier, et il donne à sa nouvelle fondation l'immunité, en des termes énergiques, qui font expressément allusion aux nouvelles dispositions de la trêve [159].

La Trêve contenait un rappel des dispositions anciennes, les nouvelles mesures proprement dites, et des sanctions de caractère plus laïque qu'auparavant [160]. Dispositions anciennes que celles qui rappelaient l'immunité des terres d'Eglise, l'étendant à toutes, quelles qu'elles soient ; il était interdit d'y faire albergue, ou d'y percevoir quoi que ce soit, « sous prétexte d'une coutume issue d'un mauvais usage » ; la seule exception permise était celle que justifiait la nécessité [161]. L'inviolabilité des églises, avec les trente pas alentours, était aussi réaffirmée, sauf évidemment celles où des malfaiteurs auraient fait leur repaire [162]. Interdiction aussi aux clercs de porter les armes,

---

Historique XVI fasc. 65, 1966, p. 356). Dès 1042 Isarn, qui était lui-même originaire des Pyrénées, avait reçu cette église sise à la limite des diocèses de Barcelone et de Vic (CSV n° 1048). Restent les conciles de Vic et de Narbonne. Il nous semble qu'on peut considérer que la formule narbonnaise est le prototype de toutes les autres formules et il est probable que dans ce cas elle date du concile de 1043. Celui de Vic est postérieur. Si l'on estime que la date de MXXXIII donnée par D n'est pas fantaisiste, on pourrait songer à la corriger MXXXXIII = 1043. L'un des fragments de Vic, B, fut réutilisé dans un concile à Gérone, tenu par Hugues le Blanc (donc après 1049). La trêve y est étendue à toute la période qui va de l'octave de Pâques au huitième jour qui suit la Pentecôte, sans interruption : c'est alors qu'on a dû ajouter deux paragraphes supplémentaires : l'un concernant la responsabilité du père ou du seigneur à l'égard de son fils ou de son vassal, coupable ; l'autre, la responsabilité de celui qui a conseillé le bris de la trêve.

Le rôle primordial joué par S. Paul de Narbonne n'a rien d'étonnant ; il faut d'ailleurs remarquer les liens qui l'unissaient à S. Ruf (MAGNOU-NORTIER ,*op. cit.*, p. 476).

158. « Ego Petrus vicecomes Guapicensis ... Siquidem eundemque locum vel ecclesias monachi Bremetensis coenobii aliquanto tempore injuste possederant utpote deficientibus possessoribus Massiliensibus, olim illorum monasterio a paganis destructo. Moderno autem tempore, eidem jam coenobio presidente abbate Isarno, missis a se monachis qui requirent locum in conciliis episcoporum ac provincialium nobilium antiquissimis cartis in medium prolatis, a cunctis est judicatum ut per Dei judicium quisque probaret suum drectum », 1045 (CSV n° 691).

159. « ... Notum autem esse volo omnibus nostre dicionis hominibus hedificare et construere me velle locum ecclesie Sancti Promasii pre ceteris qui sunt in mea potestate, sive pro pace et quiete ac moderamine potestatis a Deo nobis comisse, et hoc precipue commonemus ac precepimus vicecomitibus, vicariis, fidelibus, sive omnibus fiscalibus nostris, ecclesiastici ac secularis ordinis, ut (nemo) ... aliquam vim inferre moliatur in ecclesia, loco aut burgo sancti Promasii neque per arbergariam neque per tollementum ; et ut infra terminos qui sunt positi in circuitu ecclesie, nullus homo sive ulla persona aliquem assaliat aut predam faciat, pro ulla umquam culpa. Quod qui fecerit, nisi infra XV dies ad emendationem venerit, ad altare et monachos ejusdem loci legem sacrilegi. id est DCLXX solidos, et eversores pacis incurrat, id est exilium subeat. Et ut hec elemosine ... permaneat, manu propria firmo et archiepiscopos atque episcopos sive nobiles viros ut firment libentissime rogo ... (Souscriptions) « Acta publice in concilio apud Barbaras », 1044 (Catalogue n° 139).

160. Cf. en général HOFFMANN, *op. cit.*, p. 95 et MAGNOU-NORTIER, p. 305.

161. « Ex concilio apud S. Aegidium peracto ubi facta est synodalis collatio patrum episcoporum videlicet gallicanorum XXII (suivent les noms de 18 évêques). Hi omnes collecti in unum tale sancitum dederunt decretum. Canonicam promulgantes sentenciam ut loca canonicorum ac monachorum coenobia vel villas sacris ordinibus ecclesiarum designatas nullius conditionis persona invadere tentet ab hodie usque in perpetuum, nec hospitalitatis causa nec ingenio malae usitae consuetudinis, nisi cum necessitate coegerit, quantum ad usum naturae pertinuerit sine destructione loci. » BALUZE *in* MARCA *op. cit.* col. 281.

162. « Ecclesias autem quae intra castellum aut civitatem fundatae fuerint aut in villis aut

protection des paysans, des troupeaux, interdiction du travail dominical, tout cela n'est pas nouveau. Dispositions nouvelles par contre, et singulièrement audacieuses, celles qui prétendent interdire aux chevaliers de porter les armes pour une période déterminée, et qui prohibent tous conflits pendant le même temps. Toutes ces mesures sont fondues ensemble pour former un programme cohérent et, dès 1043, l'uniformité des textes adoptés dans les conciles de l'Ouest témoigne d'une pensée directrice unique et d'un mouvement bien préparé [163]. Les premières lignes reprennent très nettement les actes du concile de Troyes de 878 [164]. Aussi bien la protection des églises et des « 30 pas ecclésiastiques alentour » était-elle inscrite dans les *codices* ou les abrégés de la *Lex Gothica,* c'est-à-dire ici la *Lex Romana Wisigothorum,* où devait la retrouver plus tard Ive de Chartres [165]. Quant à la trêve elle-même, la formule narbonnaise s'inspire des termes de la lettre de Raimbaud et d'Odilon aux évêques lombards en y ajoutant certaines périodes et certaines fêtes. Toutes ces prescriptions ne s'appliquent d'ailleurs pas d'elles-mêmes, mais parce que clercs et laïcs présents à l'assemblée les ont jurées [166]. Ceci est non seulement conforme à une tradition ancienne du serment public [167], mais marque, comme le développement des *convenentiae* à cette époque, la faiblesse du pouvoir comtal [168]. Nous verrons d'ailleurs plus loin qu'un certain nombre de serments d'alliance viendront comme prêter un appui au mouvement de Paix. Mais il nous faut d'abord insister sur la sanction avant de voir les moyens de mise en œuvre.

Hugues de Flavigny précisait que la Trêve était renforcée par les tribunaux humains et par les terreurs célestes [169] : ces terreurs sont aussi bien les calamités collectives que l'excommunication pour celui qui méprise la trêve et qui refuse de se plier au jugement de l'évêque [170]. Les sanctions des tribunaux humains telles qu'elles sont prévues par la trêve sont très lourdes. Pour

---

in agris, illae videlicet in quibus aedificium ad debellandum non habetur, vel cum quibus seditio non exercetur nec malefactorum exausus ad reparanda damna civilia vel communia fieri comprobatur, hanc pari consensu volunt et definiunt habere potestatem ut nemo infra terminum XXX dextrorum circa ecclesias positum quicquam rapere praesumat nec ulli personae nocenti aut innocenti malum ingerat nisi cum ipso termino malefactor damnum intulerit. Hoc excommunicant sub anathemate in perpetuum. Militibus autem majoribus vel minoribus hoc praecipiunt ut ab hodie usque in nativitatem S. Johannis nullus arma ferre praesumat quacumque de causa, nisi sui solutione episcopi. Data pridie nonas septembris ». BALUZE *in* MARCA, *op. cit.,* col. 281.

163. Cf. *supra,* note 157.

164. Août 878 SIRMOND, *Concilia Galliae,* tome III, p. 474.

165. Pan. II, 79 et 80 « Johannes VIII in Libro Gothicae Legis » et cf. déjà un concile de Tolède du règne d'Ervigius (Pan. II, 78).

166. « Qui vero treuvam promissam habuerint », (texte cité *supra,* note 148. — Serment de Joufré, *supra,* note 157, F.

167. . Cf. les serments de Paix institués en 1023 par Béroud de Soissons et Guérin de Beauvais (PFISTER, *Etude sur le règne de Robert le Pieux,* p. LX, n° 12).

168. Comme l'ont déjà remarqué pour la Gothie, E. MAGNOU-NORTIER (*Les serments de fidélité, op. cit.* p. 129) et pour la Catalogne P. BONASSIE (*Les Conventions féodales, op. cit.,* p. 200 et 201).

169. Cf. texte cité *supra,* note 148, qui oppose « decreta legum saecularium et poenitentiae sanctorum canonum regularum. « Cf. aussi les recueils de Droit canon et d'*Institutiones regiae* existant à Lérins au XIe siècle (*supra,* note 86).

170. Cf. l'excommunication préventive de ceux qui violeront le cimetière de S. Estève de Tourves (CSV n° 325). Ce dernier texte est daté « anno MXVIIII luna VIII decima XVIII kl.

la violation de l'espace des 30 pas autour des églises, c'est d'abord la composition, ou la réparation au double envers celui ou ceux à qui il aura été causé du tort. C'est également la vieille amende carolingienne des immunistes, de 600 sous, qui devra être versée à l'évêque dont dépend l'église.

L'histoire de cette amende vaut qu'on s'y arrête. Lorsque le pape Jean VIII alla au concile de Troyes, en 878, les évêques de Narbonnaise [171] vinrent le trouver et lui demandèrent quelle peine pouvait s'appliquer à ceux qui méprisaient l'asile offert par les églises. Le pape trouva d'abord une constitution de Justinien qui condamnait le sacrilège à payer une amende de V livres d'or [172]. La peine sembla trop forte et l'on eut recours aux Capitulaires ; on trouva celui de 803 qui punissait le bris de l'immunité d'une amende de 600 sous en argent [173]. Le pape décida que, cette sanction seule s'appliquerait et que la décision du concile serait inscrite dans la *lex Gothica.* Les clunisiens avaient aussi utilisé l'amende de 600 sous dès 1023 [174]. Il n'est donc pas étonnant qu'on la retrouve dans la formule de la Trêve [175] comme en Provence, dès 1044, stipulée par le comte pour protéger la nouvelle fondation victorine de S. Promace, à qui il a confié l'immunité, et plus tard en 1055 et 1091 [176].

Même si cette amende de 600 sous [177] n'est pas véritablement versée, elle constitue une menace efficace lorsque les violateurs de la Trêve sont de simples chevaliers ou de petits alleutiers [178]. Là ne se bornent pas d'ailleurs les sanctions mises en vigueur contre les ennemis de la paix. Celui qui

---

decembris ». Pons, archevêque d'Aix qui est entouré des « proceres terre » consacre à nouveau l'église qui avait été profanée. Il n'est connu que de 1049 à 1056 : il faut sans doute rétablir MXLVIIII, XVII kl. decembris = 17 décembre.

171. L'archevêque d'Arles Rostaing paraît avoir joué un rôle important dans le concile, cf. GCNN Arles, n° 225 et 226.

172. CJ 1,3 13. Sur les peines qui frappent le sacrilège, cf. J. Gaudemet, *L'Eglise dans l'Empire romain,* Paris 1958, p. 18, note 10 et p. 285. 5 livres d'or font un équivalent de 3000 sous (P. Bonnassie, *op. cit.* p. 335).

173. MGH *Capitularia* tome I n° 102-138-148. Kroell, *L'immunité franque,* Paris 1910, p. 234. P.C. Timbal Duclaux de Martin, *Le droit d'asile,* Paris 1939, p. 196.

174. Duby, *La société ... dans la région mâconnaise,* Paris 1953, p. 168.

175. Parmi les textes discutés, *supra,* note 157, le fragment E.

176. 1044 (catalogue n° 139 — cité *supra* note 159) cf. aussi 1055 (CSV n° 739 — cité *supra* p. 121). 1091 « XXX argenti libras sicuti lege sancitum est a gloriose memorie Karolo imperatore de his qui ecclesiarum substancias auferunt seu rapiunt. » (C.L. Moris et Blanc, n° 185). Enfin, un faux (?) en faveur de l'évêque de Grenoble contient la mention d'une amende de 30 livres (donc 600 sous) « pena quam Lex Theodosii precipit » (ARP n° 30) mais le faussaire a maladroitement fait de ces livres des livres d'or.

177. En 1044, l'amende est de 670 sous, en 1055, de 700 sous. Comment expliquer cette différence ? Alors que l'amende de 1044, de 670 sous, est versée aux seuls moines, celle de 1055, de 700 sous, est versée aux moines et au podestat, juge. Si on rétablit 660 sous dans l'acte de 1044 (comme un acte viennois nous y autorise, qui mentionne aussi l'amende de 660 sous-Reg. Daup. n° 1386) on obtient 700 — 660 = 40 sous, représentant la part du podestat dans l'acte de 1055. C'est exactement la somme que doit verser au podestat qui juge son affaire celui qui rompt la trêve en Narbonnais : « Quod si quis ... pacem ... infregerit ... duplum restituat et potestati illius terre in qua illud actum fuerit XL solidos emendet », (1054, *supra,* note 155). On se souvient que 60 sous était l'amende du ban royal et 40 sous l'amende du ban comtal. Ne peut-on décomposer les 700 sous en 600 sous d'amende originelle, 60 sous de ban royal (désormais incorporé à l'amende) et 40 sous de ban comtal abandonné aux podestats ?

178. En 1055, condamnation des alleutiers de Chaudols (CSV n° 739). En 1048-1061, les moines de S. Victor pardonnent à Ricau de Forcalqueiret : « pacem fractam et tregua Dei ac

attaque les biens ecclésiatiques réparera au double. Celui qui cause un tort quelconque aux troupeaux ou aux paysans devra réparer dans les 15 jours [178bis] au-delà il réparera au double, mais ici la duplication ira moitié à l'évêque, et moitié au comte qui « redressera l'affaire ». Enfin le bris de la Trêve proprement dite emporte la réparation au double du dommage causé, et des peines qui ne sont plus financières : en cas de meurtre, l'exil perpétuel [179] ; si l'homicide a eu lieu par imprudence, l'exil à terme. Dans tous les autres cas, une pénitence infligée par l'évêque ou les chanoines ; l'ordalie employée sera le jugement par l'eau froide [180].

Dans tous les cas de paix ou de trêve, la plainte devait être portée devant l'évêque et ses chanoines : c'était reconnaître l'incapacité du tribunal comtal, déjà acquise depuis au moins une trentaine d'années. Mais il fallait un bras séculier ; la Provence est vaste et le comte ne saurait en 1041 suffire à tout : on dût associer à l'œuvre de paix certains podestats, sans doute les plus dévoués, ou les moins dangereux. Dans ce but de nouveaux vicomtes sont créés à cette époque, précisément entre 1040 et 1044 : Bérenger, fils du juge Alleaume, lui-même paré du titre de juge en 1033 et 1040 devient vicomte d'Avignon dans la charte de 1044 [181] ; son parent, Miron, fils de Miron de Sisteron mari d'Odile de Vence Nice est qualifié de vicomte de Sisteron [182]. Peire de Mison, fils de Gaudemar est vicomte de Gap dès avant 1045 [183] ; Franco (de Marsens ?) fils de Franco est vicomte de Fréjus dès avant 1047 [184]. A côté de ces vicomtes continuent à exister les vicomtes de Marseille et les descendants de certains anciens vicomtes du Xe siècle [185]. Mais à la différence

---

sacrilegia que male egerat ... » à des conditions très favorables pour eux (CSV n° 385). En 1047-1060 les sanctions du bris de la Trêve incitent le viguier de Fréjus à revenir sur ses intentions premières : « Postea vero, sub iniquitate subversus voluit (Durandus vicarius) interficere supradictum Marcellinum monachum infra tregua Dei et infra cimiterio et pro Marcellino monacho, vulneravit Poncium Thiernum. Cognoscens vero culpam suam, legatis precatores adjuncxit et tamdiu veniam rogavit quousque Marcellinus monachus ei omnia perdonavit », (CSV n° 565), encore en 1129/1136 (GCNN Arles n° 517).

178 bis. Délai respecté dans le texte de 1044 (*supra*, note 159).

179. MANTEYER pensait trouver à cette sanction une origine romaine (C.J. IX-29-1, 2, 3 et 4. D. XLVIII-13-7 et 12). Mais ce n'est peut-être pas nécessaire ; l'exil signifie ainsi, quand il est provisoire, le pèlerinage, ce qui est proprement médiéval (*supra*, note 148).

180. Emploi de cette ordalie c. 1020 (CSV 27). 1044/1045 (CSV n° 691). 1055 (CSV n° 739). 1073 (CSV n° 532).

181. Bérenger (LDP-S 7,2) juge en 1033 (Catalogue n° 108) et 1040 (Catalogue n° 122 et n° 123). Il est sans titre en 1031 (Catalogue n° 105), en janvier 1038/1039 (CNDD n° 104) et janvier 1041/1042 (Catalogue n° 133). Il porte le titre de *proconsul civitatis* (*Avenionensis*) dans un acte non daté (1037-1047 évêque Bénézet. CNDD n° 33) et en 1044 (Catalogue n° 139). Son fils portera le titre de vicomte 1065 (Catalogue n° 175).

182. Miron (LDP-R-3,3) sans titre en 1018 (Catalogue n° 79) et le 23 juin 1037 (CSP n° 7), *vicecomes* en 1044 (Catalogue en 139), *vicecomes Sistericensis* en 1057 (CSV n° 793). Son père Miron tenait déjà des biens de l'église de Sisteron en 999 (CSP n° 1). C'est son mariage avec Odile de Vence qui l'amena dans le pays dl Nice.

183. Peire de Mison (LDP-K 2,5) sans titre en 1030/1052 (Catalogue n° 153). L'acte de 1044, cité par MANTEYER, est un faux (cf. Catalogue n° 137), *vicecomes Guapicensis* en 1045 (CSV n° 691) et peut-être dès l'assemblée de 1044 à laquelle l'acte de 1045 fait allusion. Son fils Isoard portera le titre de vicomte.

184. Franco (LDP-J 1, 1) sans titre en 1036 (CSV n° 564) — un acte (CSV n° 565) indique qu'il était déjà vicomte au temps de l'abbé Isarn (1021-1047).

185. Cf. *supra*, p. 117 — notamment les descendants du vicomte Nivelon.

de l'ancien vicomte qui ne portait que son titre, les nouveaux vicomtes indiquent le nom de la cité où ils commandent : Avignon, Sisteron, Fréjus et Gap, comme le font les vicomtes de Marseille [186].

Au titre nouveau correspond une fidélité renforcée, au moins pour une génération, et une dotation nouvelle. Sur celle-ci nous savons peu de chose, sinon qu'elle existait [187]. On peut cependant risquer une hypothèse : sur quatre de ces nouveaux vicomtes, deux ou moins sont créés dans des cités où nous trouvons des traces très nettes d'une division par moitié des profits entre le comte et l'évêque ; c'est le cas de Fréjus, ville réédifiée « ad medium vestem » par son évêque à la fin du xe siècle [188] ; c'est le cas pour Gap, au moins dès la fin du xie siècle [189]. On penserait donc à un abandon par le comte au vicomte de sa moitié de la cité ; il n'en est rien. Au début du xiie, comte et évêque se partageaient toujours les profits de la justice à Gap, et aussi le « grand fief », c'est-à-dire l'ancien domaine public. A la fin du xie, le comte avait, sur sa moitié, disposé d'un quart, en faveur de ses nouveaux représentants, les baïles. L'autre moitié était aussi divisée en deux : une partie était tenue par les baïles de l'évêque, et l'on peut supposer qu'ils ont été créés vers la même époque que ceux du comte ; l'autre par le descendant de Peire, le vicomte Isoard de Mison [190]. Le pouvoir du vicomte de Gap s'étendait sur le pays d'Embrun, et Chorges en Embrunnais était partagé entre l'archevêque et le comte. Là encore, Peire de Mison avait tenu sept manses, mais de l'archevêque et non du comte [191]. Au début du xiie également les descendants du vicomte de Sisteron reconnaissaient tenir le château de Sisteron et leur « honneur » de l'évêque [192]. Or ni à Sisteron, ni à Gap, ni à Avignon, l'évêque n'appartient à la famille vicomtale de la cité [193].

---

186. Cf. sur la vocation territoriale du titre comtal au milieu du xie siècle. Cf. J.F. Lemarcier, *Le gouvernement royal* ... p. 129 et 130.

187. 1026. Manosque, « terram comitalem et terram vicecomitalem » (CSV 655) ; il s'agit des vicomtes de Marseille.

188. 990 (Catalogue n° 32).

189. Le faux de 1044 (Catalogue n° 137) pourrait être du xiie. En tout cas, l'enquête sur les droits du comte à Gap qui date du milieu du xiie siècle, montre qu'à l'époque du comte Guillem et de sa mère Azalaïs, donc avant la mort de Guillem (1129, Catalogue n° 270) et dès l'époque du comte d'Urgell Ermengaud, mort peu après 1090 (Catalogue n° 230), la justice était partagée entre l'évêque et le comte (Arc. des B. du R. B 281) — Cf. plaid avant 1090 (Catalogue n° 202).

190. « In feudo majore habet dimidiam partem comes et, ut audivit (W. Gisbrannus) comes Urgellensis, cujus non erat terra, donavit dimidiam sue dimidie partis illis de Faudaone. Reliquam vero partem, ut audivit, passus est (sic) herede Lantelmi de Gargaia, quamdiu uxor sua Aaluis vellet. Isoardus de Misone vicecomes habebat dimidiam partem in alia dimidia parte. Reliquam vero partem habebant Aquardenc bajuli episcopi et ecclesia » (Arc. des B. du R. 281).

191. « De hominibus scilicet qui terras et feudum ecclesie habebant dixit etiam se audisse quod Petrus de Misone habebat VII mansos archiepiscopo et in unoquoque archiepiscopus XVI denarios retinuit. » 1177 — Enquête sur les droits du comte et de l'archevêque à Chorges (Arc. des B. du R. 288). L'enquête montre que la justice était également partagée entre l'archevêque et le comte.

192. GCNN I col. 446. Serment de Peire, Rostan et Pons à l'évêque Giraud. Il s'agit de Giraud II (... janvier 1105/1106 — 30 mai 1124 ... LEP dioc. de Sisteron).

193. A Gap, Féraud (Orange Mévouillon ? 1003-1040 LDP-M 3,5) A Sisteron, Peire de Nice de la même famille — 1030-1040 et son neveu Peire II (LDP-M 3,6 et 4,5) — A Avignon, Bénézet (1037-1047).

On a l'impression d'être ici à l'origine de la division des droits publics entre comte et évêque, fréquente au XIIe dans les cités méridionales. A la même époque, à Narbonne, le vicomte, qui est l'équivalent du comte en Provence, et l'archevêque se partageaient les revenus de la justice née de la Trêve [194]. De même le comte de Provence pourrait avoir fait des évêques, dans les cités où il était encore puissant, des juges de la Trêve, à qui il aurait abandonné la moitié des profits de justice, et il les aurait flanqués de vicomtes pour exercer la sentence. Ces vicomtes tiennent leurs honneurs vicomtaux de l'évêque, puisqu'ils sont ses auxiliaires.

— L'ÉCHEC DE L'ORDRE TRADITIONNEL —

Une hiérarchie publique était donc rétablie, qui devait faire régner paix et justice ; restait à couronner l'édifice, à le rattacher à une autorité suprême, lui donnant ainsi sa légitimité. Sur ce plan, les réformateurs de la paix ne sont pas des novateurs, c'est vers l'empereur qu'ils se tournent.

Henri III, ou l'Empire, ne bénéficiait pourtant pas de beaucoup de sympathie en Provence. Lorsqu'on rédige les chartes des grandes assemblées des annéees 1040-1041, aussi bien à Arles qu'à Marseille, on s'abstient soigneusement de dater de son règne [195] ; les actes privés arlésiens portent « *regnante nullo rege Provintie atque Burgundiae* » [196]. Vers Apt on date du règne de Jésus-Christ « roi du Monde » [197] ; dans la région d'Aix : « Dieu règne, on attend un roi [198] ». Raimbaud lui-même n'hésite pas à dire que le comté d'Arles est « celui de la sainte Eglise d'Arles » et que « règnent dans les Gaules les princes Joufré et Bertran [199] ». En 1043, tout change et jusqu'à sa mort, les documents mentionnent le règne d'Henri, sans bien distinguer entre royauté et empire [200]. Peut-être les bonnes relations de Henri III avec Odilon de Cluny avaient-elles incité Raimbaud et les Provençaux à changer d'opinion [201]. L'achèvement de cette politique est le voyage de l'archevêque Raimbaud en Italie ; en 1046 il se rend au couronnement impérial d'Henri III,

194. Cf. texte *supra*, note 155

195. 1040-13 avril : règne du Christ (Catalogue n° 125 et n° 126). Octobre : règne du Christ (Catalogue n° 128 et Arc. des B. du R. 2 H 11). 1041 : règne du Christ (Catalogue n° 132). 1041/1042 mars : règne du Christ (Catalogue n° 134).

196. mars 1041, *regnante nullo rege Provincie atque Burgundie* (CSV n° 188. L'acte est daté : *anno ... Christi MXL inditione VIII ciclus ejusdem anni XII XII kalendas marcias* — pour Aprilis — *in vigilia Pasche* — en 1041 Pâques est le 22 mars) 1041 : *regnante rege Provincie nullo seu Burgundie* (CSV n° 167).

197. 1041 - 30 décembre : *Anno a Domini nostri mundi totius regis incarnatione MXLI Romae imperante Domino nostro Jesu Christe* (CA n° 74).

198. 1043 (indiction 10) : *Deo regnante regem sperante* (Cart. de Psalmody Arc. Gard H 106, région d'Aix).

199. Arles avril 1043 : dotation par Raimbaud de son chapitre : « regnantibus principibus in Galliis Gauzfredo et Bertranno. » (GCNN Arles n° 369). En 1040 et 1041 Joufré et Bertran n'étaient encore qualifiés que « tocius Provinciae principibus » (Catalogue n° 131 et n° 132).

200. 1043 (CSV n° 21 — acte arlésien. Aicard Ison est un vassal de Raimbaud) — 1044. (Catalogue n° 138 et n° 139 — CSV n° 166, acte arlésien, d'autant plus remarquable qu'il est une confirmation de l'acte de 1041, CSV n° 167, cité note 196).

201. A la mort d'Henri III, Odilon décréta qu'à la Toussaint, on prierait dans les monastères clunisiens « in memoria chari nostri imperatoris Henrici » (BN lat. 12823 f° 154, *ex veteris ms cluniacensi*).

et se voit qualifié par lui de « notre évêque [202] ». Le mouvement de Trêve, et par là il se distingue profondément de la réforme grégorienne qui le suivra, aboutissait au rétablissement d'une hiérarchie quasi-carolingienne, dépendant du seul empereur. Si l'on s'en tient aux apparences, on peut dire que les prélats réformateurs ont réussi en l'an 1046 à redonner une structure à cette société qui se disloquait, qu'ils sont parvenus, au prix d'une immixtion plus grande dans les affaires du siècle, à redresser et à consolider le pouvoir comtal chancelant.

La Cour des comtes paraît alors brillante et nombreuse. Lorsque dans une assemblée arlésienne en mars 1041/1042, Joufré et Bertran indiquent qu'ils sont entourés de « leurs nobles chevaliers », nous trouvons autour d'eux : deux Reillanne, groupés autour de leur frère l'archevêque d'Arles Raimbaud, trois Marseille, deux Baux, trois Châteaurenard et Isnard de Riez, des Moustiers Gaubert. Les autres, mentionnés en fin de liste, sont de moindres chevaliers : le sénéchal Pons, Renard et Rostaing de Tarascon, Rostaing de Maillane, Bernad d'Aimargues, Rostaing de Cadenet, Renard et Guillem de Meynes [203]. Ajoutons à ces présences celles de l'assemblée de 1044 : les Mison (l'archevêque d'Embrun Ismion et son cousin Peire), Peire Palliol, archevêque d'Aix, les Orange-Mévouillon (Peire, évêque de Vaison, Raimbaud de Nice, leur parent Oudry, évêque de Trois Châteaux) et leurs parents Bérenger d'Avignon et Miron de Sisteron, le vicomte Rostaing (Sabran-Boulbon ?) ; avec eux Ganteaume d'Oppède, Pons Asquier, Isnard de Niozelles et son frère, Garnier de *Drullia,* Cotaron de Forcalquier, Rostaing de Pujaut [204]. Le comte peut donc en 1040/1044 s'appuyer sur onze des grands lignages provençaux. Cependant, certaines absences étonnent : si l'évêque d'Apt est venu en 1044, pourquoi pas les Agoult ? Si les Moustiers sont venus en 1041/1042, pourquoi pas les Pontevès ? Où sont

---

202. Pavie-Sutri octobre à décembre (GCNN — Arles n° 376 et 377).

203. Catalogue n° 134. — Les comtes indiquent au début de la charte qu'ils rendent à Montmajour les droits publics sur Pertuis, « nostrorum nobilium militum laudatione ». Nous n'avons plus l'original, mais, par chance, l'une des copies qui donne 12 noms de témoins, nous indique qu'il y en avait 8 autres, et la deuxième copie nous donne 20 noms. La liste est donc complète. D'autre part, les témoins paraissent ici nettement rangés par groupes familiaux et dans un certain ordre hiérarchique ; le scribe indique d'ailleurs que cette donation a été solennelle (« Facta est hec donatio solemniter »...). La fidélité des Moustiers Gaubert est aussi confirmée par un acte de 1051 (Catalogue n° 150). Le fils d'Isnard, Raimon, a eu l'évêché de Nice en 1050/1051 (LEP dioc. de Nice).

204. Catalogue n° 139 — Là encore, nous n'avons qu'une copie de l'acte, mais il semble que le copiste ait tenté de faire un fac similé. Les souscriptions sont soigneusement rangées dans l'ordre hiérarchique : le comte, les évêques, les vicomtes, les autres laïcs, sur trois colonnes. Sont présent Raimbaud de Reillanne, l'archevêque d'Arles, et Volverade, chevalier arlésien qui a dû venir avec lui ; Estève, évêque d'Apt et Franco, évêque de Carpentras. Pons Asquiers est d'une famille avignonnaise qui a des alleux vers Cabrières d'Aygyes, et qu'on rencontre assez souvent dans les chartes comtales (cf. *infra* chap. III). Sur Ganteaume d'Oppède, cf. 1013/1019 (Catalogue n° 60) et 1040 (Catalogue n° 125). Isnard de Niozelles est le fils d'un Isnard qui donnait déjà à S. Victor en 1031 (CSV n° 684) comme le faisait alors le comte. Rostaing Carbonel est peut-être un chevalier avignonnais (1040 — Catalogue n° 123 — et 1094 Catalogue n° 206). Garnier de *Drullia* tire son nom de S. Pons, canton de Barcelonnette (cf. la forme Drolhia, attestée au XIIIe, CLOUZOT, *op. cit.*, p. 243). Rostaing de Pujaut, du village de ce nom, près d'Avignon.

les Castellane ? Où sont les Signes ? Où, les Lambesc, où les Fos, qu'on voyait pourtant auprès du comte en 1038 [205] ?

C'est peut-être là une première insuffisance de la Trêve : on jurait de la respecter ; mais ceux qui n'avaient pas juré ? A une époque où les membres de la classe chevaleresque ne se sentent plus engagés que par leur serment, ceux d'entre eux qui n'étaient pas venus aux assemblées de Trêve devaient se sentir libres de continuer guerre et pillage comme par le passé. Pouvait-il d'ailleurs en être autrement ? Une deuxième insuffisance n'était pas moins grave. La Trêve reposait essentiellement, nous l'avons vu, sur un milieu de clercs véritablement religieux. Mais ce milieu était sans cesse menacé, sur son propre terrain, par l'élection, aux sièges épiscopaux ou abbatiaux, de cadets de grandes familles, mis là par la pression des leurs, et non pour leurs mérites.

Contre les sires rebelles et contre les clercs indignes, les serments de Trêve ne suffisaient pas, il fallait prendre l'offensive. D'où le paradoxe apparent : ce sont les partisans de la Paix qui préparent la guerre. Les dernières rébellions avaient eu lieu en Basse-Provence ; c'était évidemment la région où un pouvoir digne de ce nom devait le moins les tolérer. Forts d'une situation consolidée, on voit les comtes et l'archevêque nouer des alliances guerrières. Il faut d'abord réduire les Fos, ces rebelles par excellence, et qui le resteront jusqu'à l'extinction de leur lignage. En 1048/1049, le comte Joufré conclut avec les vicomtes de Marseille, Aicard et Joufré, un accord précis : ils s'engagent d'abord à ne rien toucher des possessions du comte ou de ses vassaux dans la région d'Aix, ni les enceintes, ni les forges ni les tours que Gui (Brussan) tient au nom du comte, ni ce que tient Pons (de Châteaurenard) au titre de l'évêché. Et surtout les Marseille s'engagent à aider le comte à reprendre la seigneurie de Fos et d'Hyères [206]. Le comte arriva à ses fins, plus sans doute par la négociation que par la force : dès 1056, Rostaing de Fos succède à Pons de Châteaurenard sur le siège d'Aix,

205. 1038, Pons de Lambesc (Catalogue n° 121) — Gui de Fos, (Catalogue n° 119). Lambert de Vence, qui était aussi près du comte en 1038 (Catalogue n° 119) est venu à Marseille pour l'assemblée d'octobre 1040, ainsi que Guillem de Grasse.

206. « Audi tu Gauzfre filius Girberge, et tu Stefania uxore ejus, ego Aicardus et Joffredus filii Accelena, non te decebremus te Gauzfredo comes suprascripte et uxori tue Stefania, ne filios masculos que de ista muliere abueris, de vestras vitas ne de vestris membris que ad corporibus vestris junctis (sunt) nec nos nec homo nec femina per nostrum consilium ne consentimentum. Ne vos decebremus vos suprascriptos de ipsa claustra de Aquis, de ipsas fabricas, ne de illas turres que Wido tenet per te Gauzfrede et que juratas tibi abet, ne de ipsas dominicaturas quem pater tuus Wilelmus ibi habebat una anno antequam mortem accepisset, exceptit tantum quantum (érasé) Pontius hen tenet de ipso archiepiscopatu ad sua vita, que tu Gauzfrede illi datum abes. Et adjutores tibi erimus ego Aicardus et Joffredus filii Accelena ad recuperare et tenere illa dominicatura de Heras et de Fossis quem Willelmus comes tenebat uno anno antequam mortem accepisset, apud fidem et sine henganno. Et si homo aut femina tibi Gauzfrede tulerit(finem nec societatem ab illos ne ab illas non abuerimus, nisi per ipsa honore adrecuperare ». (Catalogue n° 158). Ce serment est postérieur à l'élévation à l'épiscopat de Pons entre juillet 1048 et le 15 novembre 1049. Et Pons a quitté l'évêché en 1056 (LEP dioc Aix). D'autre part Aicard paraît encore en 1047 (AVM n° 134) et en juillet 1048 (AVM n° 137, d'après l'orig.). Par contre le 27 avril 1050, son frère Joufré paraît seul pour un acte important (AVM n° 141) de même en 1053 et 1055 (AVM n° 149 et 152). Aicard est mort un 18 décembre (Nécr. Eglise de Marseille) donc en 1048 ou 1049. Le mot érasé est-il le nom de l'archevêque prédécesseur de Pons ?

et cela n'a pu se faire qu'avec l'agrément du comte, qui tient le temporel de l'évêché [207]. En 1057, Gui de Fos, le frère de Rostaing réapparaît comme témoin à un acte comtal, et en 1060, les Fos sont à nouveau qualifiés de fidèles du comte [208]. La paix a dû coûter au comte un évêché.

Pendant que le comte soumettait à nouveau les Fos, l'archevêque Raimbaud tâchait de reprendre en main l'abbaye de Montmajour, dont la liberté était mal utilisée ; il décida de déposer l'abbé. Cela lui demanda beaucoup d'efforts, et « il lui arriva beaucoup de choses qu'il n'avait pas prévues », au point qu'il dut « demander des renforts à plusieurs », et notamment au puissant sire des Baux, Uc. Ces aides ne furent pas désintéressées, et Raimbaud dut céder aux sires de nombreux biens d'Eglise. Uc à lui seul obtint la dîme du Vernègue, la taxe sur les fourrures de vair que versaient les juifs d'Arles, et une livre d'argent sur le tribut des Grecs [209]. Comme le comte, Raimbaud atteignait finalement son but : en 1053, l'abbé Audibert est expulsé, et Raimbaud lui-même dirige désormais l'abbaye ; plus tard il y mit le frère Roland comme abbé [210].

Dans ces deux cas, outre les insuffisances déjà signalées, on en voit une troisième : les grands qui consentaient à prêter le serment juraient de respecter un certain nombre d'interdits ; ils ne juraient pas d'aider les réformateurs à reconquérir le terrain perdu, et aussi bien de la part des Marseille que de celle des Baux, l'aide devait coûter cher. Ces alliances, ces *convenientiae* sont donc à la fois un complément de la Trêve et la marque de ses insuffisances. Pour pouvoir exercer les sanctions qui prévoyait la Trêve, il fallait des épées ; et, là encore, cette génération de réformateurs n'innove pas : c'est chez les sires, qui depuis un demi-siècle ont accaparé la force, qu'ils vont chercher un bras séculier. Aide bien dangereuse : ces cupides amis de la Trêve risquaient de lui coûter plus cher que ses ennemis ; ils obtenaient, en échange de leurs services, ce que les autres prenaient par violence.

Les succès de la Trêve vers les années 1050, sont donc gros de périls qui ne vont pas tarder à se révéler, et pour le pouvoir comtal, et pour l'Eglise, son alliée. Le 16 janvier 1062/1063, le comte Joufré meurt. Il était resté

---

207. LEP dioc. Aix. L'évêché était à la collation du comte (cf. le texte cité, *supra*, note 206).

208. 1057 (Catalogue n° 160) et 1060 ? (Catalogue n° 163).

209. « Cum igitur multifaria perturbatione Heldebertum abbatem a Montis Majoris abbatia detruderet, multaque sibi inopinata acciderent, ex quibus quae possidebat, aminiculorum causa, multis plurima concessit ; Ugoni enim Balcigene decimam Alvernici castri tribuit, canonemque varium quem habebat per singulis annis de judeis ac libram argenti quam in Graecorum tributis habebat. Cum vero tantae bonitatis viro placeret, ut ab abbatia secerneret, et Rotlannum fratrem abbatem monachis praeferret, multi jam tempore evoluto erga eumdem fratrem Rotlannum, sibique subditos querelam excitavit et quidquid honoris vel facultatis pro abbatia erogavit, a Rotlanno et a monachis cenobii Montis Majoris exquisivit. » 1066/1069. BN lat. 13915 f° 103 — Le rédacteur en est Roland. Raimbaud est mort en 1069 ; Roland a été élu abbé en 1059. Agilric-Henri témoin à l'acte ancien chanoine d'Arles est devenu évêque (de Riez) après le 5 avril 1066 et avant le 18 février 1069 (LEP dioc. de Riez).

210. Audibert fut « dejectus ex praefectura » en 1053 (GCN I col. 605). Il avait fait une donation à son monastère vers le milieu du siècle (scribe *Aginulfus*) de 5 manses à la *villa* Debongneras (Les Lèques) au Trébon, et d'une modiée de vigne en Argence à la *villa* Occisio (près de Beaucaire) (BN lat. 12685 f° 247). Il était peut-être parent d'Aubert ? 1001 (Catalogue n° 54) — 1003-1008 (Catalogue n° 66). Il mourut un 18 juin (nécrologe de Montmajour). En v°). Rolland devient abbé en 1059 (comp. catalogue n° 162 et BN lat. 13915 f° 101), en même temps que de S. André d'Avignon ? (*supra*, note 124).

seul, après la mort de son frère Bertran, le 22 janvier 1051/1053 pour faire régner l'ordre public en Provence [211]. Un moine de Montmajour fit son oraison funèbre en une formule lapidaire, pour ne pas dire stéréotypée : « Doux ici, avec ceux qui sont doux (les moines) il fut dur avec les rebelles [212] ». Peu de temps après sa mort, et sans doute sur les instances de Raimbaud, une alliance est conclue entre grands Arlésiens et Avignonnais. Nous ne possédons plus que les serments qui servirent à la conclure [213] ; d'un côté, l'archevêque, le comte Bertran, fils de Joufré, Guillem des Baux, qui donnent respectivement comme plèges Guillem lui-même, Aufant (de Carbonnières ?) et Renaud Materon ; de l'autre, Rostaing, évêque d'Avignon, Guillem Bertran fils du comte Bertran, qui fournissent comme plège Auzias de Graveson [214]. Ces alliances ne doivent pas faire illusion ; les préambules des chartes le disent : les princes, c'est-à-dire les comtes, n'ont plus de force [215]. Eux-mêmes l'avouent : « Par l'affaiblissement des princes et l'inertie des prêtres l'Eglise tend chaque jour à sa perte, chose qui, à cause de nos péchés, s'observe plus particulièrement dans nos régions [216] ». Lorsque le dernier des comtes de Provence en ligne directe nouera une ultime alliance contre les Fos, les textes donnent l'impression qu'on l'y a accepté par tradition. Pons de Fos et les siens s'étaient emparés du Pont des Pêcheurs, c'est-à-dire du passage de l'étang de Martigues, la route du sel, et sans doute des droits qui y étaient perçus [217]. Les alliés décident de récupérer ce qui leur a été enlevé et de construire un château dans l'île de Martigues. En attendant

211. Catalogue n° 168 et n° 155.

212. « Mitibus hic mitis/Durus fuit ipse rebellis. » Epitaphe de Joufré sur sa tombe à Montmajour (MANTEYER, p. 293).

213. Ces engagements ont été souscrits au bas de l'original de la charte de Concorde entre Montmajour et S. Victor de 1040 (Catalogue n° 126 cité *supra* note 130) d'une encre un peu plus pâle et d'une écriture plus petite. « Raimbaldus archiepiscopus Guillelmum fidejussorem dedit, / Rostagnus episcopus Elisiarium / Bertrannus co(mes) Alphantem / Guillelmus Bertrannus supradictum Elisiarium / Guillelmus Bal (ciensis) Rainaldum Mataronis / Leodegarius fr (= fratrem) ejus Imbertum Ata (Apt ?) / Isnardus Aira (?) Wielemum Ricardum. » Il s'agit donc de renouveler les « federa pacis » que mentionnait la vieille charte.

214. Raimbaud archevêque d'Arles : mai 1030, mort le 18 février 1069 — Son plège est vraisemblablement Guillem des Baux puisque le scribe n'a rien fait pour particulariser un prénom aussi commun. Rostaing est évêque (d'Avignon) peu après avril 1047 — mort avant janvier 1076 ; son plège est Auzias dit de Graveson ou d'Avignon (1030 — Catalogue n° 101 — 1040, Catalogue n° 123 et 124 — 1050, *Ibidem* n° 149 — 1053, *Ibidem* n° 156 — 1073, *Ibidem* n° 182). Le comte Bertran fils de Joufré qui est mort le 16 janvier 1062/1063, lui-même mort le 8 juillet 1090/1094 (Catalogue n° 205). Son plège est Aufant de la Carbonnière, frère d'Aténoux : il est aux côtés du comte Joufré en 1059/1060 (Catalogue n° 162). Guillem Bertran : son père est mort en 1051/1053 ; lui-même disparaît après 1065 (Catalogue n° 175). — Guillem des Baux, dont le père était encore vivant en 1059/1060 (Catalogue n° 162) et qui mourra sans doute à la croisade où il était parti donne comme plège Renaud Materon dont (le père ?) Materon des Baux paraît en 1037 et 1059/1060 (Catalogue n° 112 et n° 162). Laugier d'Agoult.

215. « Nec rex nec dux marchiove est ei porrigens manum ». 1061 (GCNN Arles n° 414) — préambule déjà apparu en 1052 (GCNN Arles n° 386).

216. « Per exasperationem principum atque inertiam sacerdotum quotidie tendatur (ecclesia) ad interitum, sicut, nostris peccatis exigentibus, multo magi prospicitur in nostris partibus », 1063 (Catalogue n° 169) ; ou encore « propter hanc causam quid tunc temporis non erat dux nex marchio qui rectam justiciam faceret, sed a minimo usque a maximum omnis laïcalis ordo quotidianum injustitiam exercebat ». (BN lat. 13915 f° 101 — rédigé par l'abbé Rolland).

217. 1069/1078 (sur la datation, cf. catalogue n° 190).

ils se partagent la peau de l'ours : Guillem Uc des Baux et Joufré de Marseille donnent un quart du château qu'ils construiront dans l'île de Martigues, à l'archevêque d'Arles (qui n'est autre qu'Aicard, le fils de Joufré) et l'autre quart au comte Bertran, aussi longtemps qu'il leur conservera la foi qu'il leur a jurée [218]. Eux-mêmes s'étaient engagés par serment envers lui. La *convenientia* mettait ainsi théoriquement sur le même plan le comte et ses alliés ; pratiquement ils étaient plus forts que lui.

Pour le pouvoir comtal, la réforme et la Trêve aboutissent donc à un échec. Cette chute brutale du pouvoir comtal s'explique. L'Eglise, lassée de soutenir un comte que reconnaissent de moins en moins les sires, s'aperçoit qu'elle est devenue plus puissante que lui. Dans la seconde réforme qu'elle va entreprendre, et qu'on appellera la réforme grégorienne, le dernier descendant du grand Guillem le Libérateur ne sera plus qu'un serviteur des légats du Pape. C'est là sans doute le véritable résultat de la Trêve. Elle visait à restaurer un ordre traditionnel : un Empereur, un comte assisté de vicomtes, soutenus par un clergé intègre, faisant régner la paix. En réalité, en obligeant les clercs à abandonner les armes, elle les rapprochait des moines et les séparait ensemble plus nettement des laïcs précisément au moment où les plus aisés de ceux-ci se définissaient comme des combattants. La Trêve achevait donc une société tripartite : ceux qui prient, ceux qui combattent, ceux qui labourent, en cantonnant chacun dans sa tâche respective [219]. Mais, en mettant ceux qui prient au-dessus des deux autres ordres, en se posant comme leur juge dans les tribunaux de la Trêve, l'Eglise, ou les plus conscients en son sein, montrait qu'elle pouvait prendre en partie la responsabilité de l'ordre dans ce qu'il a de plus séculier.

La logique de leur programme, et l'appui de forces nouvelles entraînaient les réformateurs de la génération suivante plus loin encore : « ceux qui prient » devaient, bon gré mal gré, diriger le monde ; la Provence, comme elle avait été l'un des berceaux du mouvement de Trêve, allait être l'un des premiers et des plus durs champs de bataille de cette seconde réforme.

---

218. « Convenientibus nobis archiepiscopo Arelatensi et Bertrando comite et Guilelmo Ugone et Gaufredo Massiliense cum filiis, statuimus ut in honore S. Stephani et S. Trophimi, scilicet in insula Pontis piscatorii construeremus castrum ut quod nobis raptum vel furatum fuerat, retinere et recuperare possimus. Reddimus ... Aicardo archiepiscopo quartam partem in castello et villa in piscatoriis omnibus et burdigulis ... Similiter aliam quartam partem donamus Bertranno comite eadem conditione servata ut nulli aliquid donare aut vendere liceat nisi nobis simul. Et hoc donamus illi quamdiu castrum duraverit et fidem nobis promissam servaverit. Ego Wilelmus Ugo et Gaufredus Massiliensis cum filiis, per ecclesiam S. Stephani, et per manum Aicardi archiepiscopi ... alias partes retinemus. Convenientia firmata ut nullus sine altero in supradictis partibus aliquam recuperationem faciat ... Igitur ut indissolubilis conditio hec nostra permaneat jurejurando firmamus et per obsides quorum ista sunt nomina constringimus. Ego Bertrannus cum sacramento dono Gaufredo et filiis suis (lacune) » (Catalogue n° 191).

219. G. DUBY, *Les laïcs et la Paix de Dieu, in* Atti della Settimana di studio ... Mendola 1965, Milan 1968, p. 448.

Seconde partie

Ordre féodal et pouvoir monarchique

Chapitre premier

L'accumulation

L'accaparement du ban par les grands, la mise en place à leur profit d'un système renforcé d'exploitation avaient correspondu à une période d'expansion et de vitalité paysanne ; en témoignaient non seulement le grand mouvement de reconquête des friches de l'Est, mais aussi la remise en valeur de nombreux terroirs occidentaux : à Belcodène, à Plan d'Aups, à Mazaugues, à S. Zacharie, à Campagne, on rompait aussi la terre [1]. Le blé croissait en conséquence, et de nouveaux moulins étaient construits [2].

L'élan des cultivateurs paraît marquer le pas peu après l'an mil [3], mais non l'essor démographique. La pression des masses paysannes s'exerce alors dans le cadre de la *villa* : des manses sont fractionnées [4], et surtout, en bordure des terroirs s'édifient de modestes tenures, *braciariae, cabannariae, appendariae, bordariae* [5].

---

1. « Aicardus dono ... de villa Bolcodena ... in quantum modo homines ruptum habent et inantea rumpere debent », 1008 (Catalogue n° 67), par exemple, et des actes de 980 (CSV n° 72), de 984 (CSV n° 70) de 988 (catalogue n° 29).

2. A Apt, de 998 à 1008, on construit trois nouveaux moulins sur le Calavon, celui de la Croix, sous le Puy (CA n° 47 — la colline des Puits (sic) et les lieu-dits le Puy et le Puits, au Nord de la cité ; la croix est à une centaine de mètres à l'Est) celui de *Ripa Alta* (CA n° 48 — donné à un nommé Didon ; ce pourrait être le moulin de Viton, à 500 mètres à l'Est de la cité) ; celui de Roche-Corbière (CA n° 71 — lieu-dit à 1 km à l'Ouest de la cité).

3. On trouve cependant deux mentions de défrichements du côté de Fréjus, à S. Auxile, en 1032/1039 (CSV n° 534) et à Ampus en 1058 (CSV n° 578).

4. c. 1045, à Castellane (CSV n° 776), 1057 à Plan d'Aups (CSV n° 96), milieu XIe au Puget (CL. MORIS n° 190) et à Brignolles (CSV n° 404). Des manses disparaissent et leurs terres sont partagées en 1028/1032 à Marignane (CSV n° 42, 212, 213).

5. *Braciariae* : début XIe (présence d'Aténoux de Salernes, mort en 1007, d'Arbert d'Allons, mort en 1033 (CSV 519). 1033 (CSV 101), 1034 (CSV 558), 1032-1039 (CSV 240), 1044 (CSV 783), 1045 (CSV 130, 317 et 796), 1052 (CSV 541), ss. date (CSV 302, 42, 105, 450, 474, 761).

Cabannariae : elles sont mentionnées en même temps que les *braciariae* par CSV 450. On les trouve en 1026 (CSV 762) ,1030 (CSV 250) 1035 (CSV 743), 1036 (CSV 131), 1010/1044 (CSV 433), 992/1040 (CSV 1057), 1057/1077 (CSV 633), et ss. date (CSV 275, 397, 718, 728, 776, CNDD 63 et CLU 3761, qui mentionne aussi une *bordaria*). L'*appendaria* paraît avant 1032 (CSV 133), en 1053 (CSV 439) en 1060/1064 (CSV 137) et ss. date (CL MORIS et BLANC

C'est à ce moment que les clientèles guerrières, grossies par le regain même de production, mais plus avides encore, se jettent les unes contre les autres, dévastant sans vergogne les terroirs si péniblement cultivés [6]. Hasard climatique et lassitude paysanne ? Les années 1031-1033 sont aussi des années de famine, en Provence comme en Bourgogne [7]. C'est donc tout le mouvement précaire d'accumulation esquissé aux dernières années du Xe siècle que remet en question la rapacité chevaleresque. Et c'est ce mouvement que vise à préserver la Trêve de Dieu. L'enjeu était d'importance.

Le fléchissement de la Trêve dans les années 1060, la dégradation du cadre mis en place, l'échec du pouvoir comtal ne doivent pas masquer l'essentiel : la crise des années 1020-1030 a été résorbée, et les exactions des sires tant bien que mal contenues durant une vingtaine d'années. Le résultat sur le terrain est clair ; c'est la reprise des défrichements dès 1070 dans les terroirs de l'Ouest, plus proches des cités, et cette fois-ci sur une grande échelle. Montrer le départ de cette accumulation nouvelle de la richesse, et la mesurer autant que faire se peut, c'est à quoi nous allons maintenant nous employer.

— VILLE ET CAMPAGNE —

Lorsque le mouvement de défrichement et de mise en valeur des terres incultes recommence, c'est non seulement à l'est [8], mais surtout en Provence occidentale, la Provence des cités. La situation géographique est à cet égard déterminante puisque Durance et Rhône immobilisaient en marécages d'importantes surfaces de terre, dans la région où subsistaient deux des trois villes importantes du pays, Arles et Avignon. Le meilleur exemple qu'on puisse donner est celui de l'assèchement des grands marais de Montmajour, tout près d'Arles. L'abbé Rolland explique que ce sont les gens de la cité, nobles ou non [9] qui asséchèrent peu à peu les marais et s'emparèrent des terres jadis recouvertes par l'eau. Devant ce qu'il considérait comme une

---

190). Cf. L. Carolus-Barre, *Le censier de la villa « Doledonum » et l'aire d'extension de l' « appendaria »*, in Mél. Clovis Brunel, Paris 1955, p. 225.

Bordariae en gapençais 993/1048 (CLU n° 2105).

6. En 1009-1012, l'archevêque d'Aix incendiait Pertuis (*supra*, p. 174 note 15). Peu avant 1031, le comte Bertran avait « involontairement » détruit S. Victoret, près de Marignane, avec son ost (*Ibidem*, note 35). Dans les deux cas, il s'agit des domaines de grandes abbayes, dont la protestation laisse des traces.

7. Raoul Glaber (Lib. IV, cap. 0V 10, édit. Prou, p. 103) précise le cheminement de cette célèbre famine. Cf. aussi le *Chronicon Trenorchiense*, cap. 47 (R. Poupardin, *Monuments... de S. Philibert*, Paris 1905, p. 103) et les *Miracula S. Benedicti* (édit. Certain, p. 233).

8. En 1073 Tassilon et S. Victor s'entendent pour attirer de nouveaux cultivateurs sur le terroir de la *villa* d'Estrades, sur la Bléone, non loin de Digne (Arc. des B. du R. I H 51-243). A la fin du XIe, à Rosans, en Gapençais, Laugier le caslan, avait le quart de la tasque de toutes les terres qu'il faisait défricher (CLU n° 3761).

9. La liste donnée par le texte ci-dessous (note 10) donne des précisions : y figurent sire Itier (de Borian), Aufant, le frère de celui-ci et les fils du doyen Aténoux (de la Carbonière), Imbert Ristouin et ses fils, Pons Malerbe, les fils d'Isnard et de Guibert de « Forgette », près de Gallignan, sire Aicard Mora et Pons Thibert, les 4 fils de Pons Arvier : Renaud, Bernad, Bertran et Guillem. Enfin Bernad Aimon et son frère et les viguiers, non nommés, terminent la première partie de la liste. Tous ou presque tous sont connus comme chevaliers arlésiens

atteinte à ses droits, l'abbé dut adopter une attitude réaliste : il réunit tous les tenanciers du monastère — *fevales* —, qui lui montrèrent qu'il n'y avait pas d'autres lieux à défricher dans la région et qu'il fallait bien qu'ils en tirent leur pain quotidien. L'abbé accéda à leur demande et même se vit obligé d'accepter un déplacement frauduleux des termes [10]. Une dizaine de lignages chevaleresques, et sans doute sept roturiers, qui tenaient déjà des terres de l'abbaye, se sont ici mis à cultiver les terres asséchées ; ce sont les moines qui souhaitaient garder leur marais. A la même époque les moines de S. Victor de Marseille s'associent à des Arlésiens pour défricher de nouvelles condamines en Camargue, à l'église S. Césaire, près de Saliers, dont le terroir était alors désert [11] ; d'autres Arlésiens donnaient aux mêmes moines les marais de Mouriès [12]. Un groupe de textes, plus tardifs, indique que pendant ce temps-là, les assèchements étaient aussi allés bon train sur la rive droite du Rhône, dans les marais de l'Argence, où dominait l'église d'Arles. En 1143, après d'âpres disputes, le comte de S. Gilles abandonnait à l'archevêque d'Arles les dîmes des terres défrichées dans les marais de l'Argence. En 1158 et 1160, le comte lui-même concédait aux Hospitaliers et aux Templiers environ 300 hectares de marais, et pour 2200 sous de terre à l'abbé de S. Gilles [13]. En 1158 aussi, l'archevêque d'Arles donnait à l'abbé de S. Gilles les droits qu'il pouvait avoir sur un territoire qui s'étendait en longueur : « de la lône d'Adalalt jusqu'à la pierre qui distingue l'alleu de S. Trophime de celui de S. Gilles », et en largeur : « du Rhône jusqu'au Palud de S. Gilles ». Le cens en serait de 20 livres de cire. Il y ajoutait les dîmes pour un cens d'un muid de froment et d'un muid d'orge [14]. Ici encore, il s'agit de terres marécageuses. Toutes ces terres des marais arlésiens sont aujourd'hui encore draînées, cultivées et très fertiles. Certes,

---

(cf. *infra*, chap. III). Viennent ensuite 7 personnages peu identifiables qui pourraient être les roturiers annoncés au début de l'acte.

10. « Anno Incarnationis domini nostri Jesu Christi MLXVII, VIIII anno ordinationis fratris Rotlanni, exsiccata est palus que in circuitu monasterii Montis Majoris Sanctae Mariae et Sancti Petri adjacebat ... ingruente siccitate, insatiabilis atque importuna gens civitatis, nobiles sive ignobiles, coepit exolere atque vi rapere terras que super insertas terminationes erant conclusae quas diu possederat fugitiva aqua ... Frater Rotlannus qui tunc temporis officium pastorale in monasterio indigne fungebat, coadunatis universis fivalibus, cum consilio majorum ... et postulaverunt humiliter quia non erat aliter locus faciendi ut in pace relinqueretur eis palustralis circuitus, ut ex eo quotidianum victum abstraherent », (BN lat. 13915 f° 101 = Du Roure RHP I p. 179). L'étude des confronts montre qu'il s'agit d'une zone très vaste.

11. « Quia ad eremum est redacta, tam ecclesia illa quam locus carens omnino cultoribus, pro reparacione ejusdem ecclesie donamus monachis ... condaminam super fluvium Rodani ... et quia ipsi monachi cum nimio labore condaminas duas jam in eodem loco rumperunt ... solummodo decimum et tascam ex illis ... retinemus » (1089, CSV n° 160).

12. 1073 (CSV n° 159). Prolongement de ceux de Montmajour.

13. « Ego Ildefonsus ... marchio Provinciae, propter querimonias quas Raimondus Arelatensis archiepiscopus et antecessores sui ... fecerant ... reddo ... omnes decimas novarum terrarum in tota Argentia. » 1143, Fourques (GCNN n° 548). La demande ayant été faite aux prédécesseurs d'Anfos, cela nous reporte aux dernières années du XIe siècle. 1158 (catalogue n° 352 et 352 bis), 1160 (catalogue n° 358 et n° 357 — 12 modiées à un laïc, Bertran de Redortier) — (sur la valeur de la modiée, cf. *supra* p. 103, note 185). Lorsque le pape ordonne en 1157/1159 de payer la dîme des nouvelles terres d'Argence à l'archevêque d'Arles. Il a soin de mentionner, à côté des clercs et des laïcs, Hospitaliers et Templiers (GCNN Arles n° 585).

14. GCNN Arles n° 593 et 594.

il faudra plusieurs siècles pour que leur mise en valeur soit totale ; il reste qu'au milieu du XIIe siècle, le terroir d'Arles commence à devenir ce qu'il est aujourd'hui.

Le mouvement est le même dans la région d'Avignon où, en 1105, les chanoines de la cité, mal pourvus en terres, obtenaient les deux paluds de Vedène pour les dessécher ; la terre de l'Estel, qu'ils possèdent dès 1110, provient de la mise en culture de terrains alluviaux sur le bord du Rhône [15]. En 1117/1119, c'est l'évêque de Fréjus, Bérenger, cadet de la famille vicomtale d'Avignon qui cherchant à se reconstituer une seigneurie dans la région, obtient des chanoines les dîmes des marais de Sorgues qu'on draînait alors, ainsi que des terres, données aux Clunisiens par ses ancêtres, pour les remettre en valeur [16]. En 1130/1150, les paluds d'Entraigues sont à leur tour asséchés [17] et en 1164 une convention prévoit le draînage de ceux de Tavel, sur la rive droite du Rhône [18]. Dès le milieu du XIIe siècle, le terroir d'Avignon atteint presque les dimensions qu'il a de nos jours : les *villae* suburbaines, soit une demi-douzaine environ, ont disparu et sont remplacées par des clos [19]. Ces clos sont fort différents de ceux du Xe siècle, qui en effet, contiennent généralement de la vigne. Inversement, quand la terre à blé était mentionée, elle n'était pas sise dans un clos. Au XIIe siècle, par contre, les nouveaux clos avignonnais contiennent aussi des terres à blé [20]. A cette époque, les textes nous révèlent toute une série de terres sises à l'est de l'ancien terroir, les terres de la Sacristie, celles de la Cappellanie — à l'ouest de la Sacristie, près du rial des moulins —, de Massillargues, et du Mont de Vergues [21].

Au défrichement des terres il faut lier l'édification de nouveaux moulins à eau. C'est vers 1045 que les moines de S. Victor construisent un moulin sur leur domaine de Caravaillan-Sainte-Marguerite et cela leur coûte beaucoup de travail et de frais. Entre 1038 et 1048 ils envisageaient d'édifier un moulin près de S. Pierre de Paradis, celui-là même qu'ils auront au XIIe siècle ; dans les années suivantes les Victorins font bâtir un moulin à Tourves, un autre sur l'Issole près du Muy et deux sur l'Eze et la Durance

15. Le palud supérieur, au Nord entre Vedène et Sorgues, et le palud inférieur, ou de Gromelle, au Sud-Est : 1105 (CNDD n° 18) ; L'Estel 1110 et 1157 (CNDD n° 20 et 125).

16. CNDD n° 79 et CLU n° 3964.

17. CNDD n° 117.

18. Menard (Bibl. d'Avignon ms 2466 f° 193). — A Cavaillon, sur la Durance, le terroir de la Roquette, inculte à l'époque de l'évêque Aufant (1127-1156) est cultivé à l'époque de l'évêque Bénézet (1156-1173) (GCN VI col. 193).

19. *Villae* de Villeneuve et des Fontaines 898 et 903 (ARP 36 et 44), clos en 1117 et 1126 (CNDD n° 72-76 et 1112). — *Villa* Ronia (966, CPA n° 80) lieu-dit en 1073 (CNDD n° 39). — Ont disparu aussi les *villae* « deso le ponente », la *villa* « Lo deval » ? près de « Santianicus » (965/67, CPA p. 54 — 983 *Ibidem* p. 87), la *villa Fraxino prope ecclesiam S. Petri* (1007), S. Pierre de Freissian.

20. Certains existent depuis le Xe : les clos de la Neyrade (982 et 988, CPA n° 72 et 80, identif. Inventaire Bleu, arc. des B. du R. 2 H 642), de *Septem Canes* (les cinq cantons ?), *in Terliago* (996, CPA n° 83) de Roumette près de Barbentane (1065, CNDD n° 32) de S. Michel (962 CNDD n° 54). Il faut ajouter les terres de S. Ruf, où en 1011/1059 l'évêque de Vaison, Peire d'Orange-Mévouillon avait de la vigne (BSM I p. 82) et qui furent données aux chanoines restaurateurs en 1038/1039 (CNDD n° 104). Désormais terres à blé, 1117 et 1115 (CNDD n° 76 et 57).

21. CNDD n° 92, 93, 97, 98, 16.

près de Villelaure [22]. Aussi vers la fin du XIe l'eau devient-elle insuffisante : lorsqu'on construit de nouveau à Apt un moulin non loin de l'ancien moulin de Roche-Corbière, on prévoit qu'en cas de rareté de l'eau, l'ancien moudra d'abord [23].

Le même problème se pose à Avignon où le cartulaire du chapitre composé à la fin du XIIe siècle s'intitule à juste titre : Livre de la Sorgue. Le réseau des Sorgues apparaît en effet très chargé dès le début du XIIe. Entre Vedène et Sorgues existaient au Xe siècle les moulins de *Cadaraia* [24] et depuis le XIe ceux de Mounery [25] ; à Sorgues même, au moins depuis 1063, ceux de *Balmeta* et de *Botiliaria* [26] ; à Vedène, un moulin [27]. A la fin du XIIe siècle viennent s'y ajouter celui de Gromelle et celui de S. Saturnin et probablement celui de Giraud Amic et celui de l'église de Châteauneuf [28]. Près de la cité même existait au Xe siècle un moulin proche de S. Michel, le même qu'on appellera plus tard moulin du Pont Fract en 1060/1073 où il voisine avec un nouveau moulin, celui de Roquille [29]. Le moulin de l'Epi a dû être construit aux alentours de 1100 [30]. Malgré l'interdiction qui leur avait été faite d'en construire, en 1101/1105, les chanoines de S. Ruf paraissent avoir édifié aussi un moulin, sans doute celui de Notre-Dame, au sud de l'église [31].

---

22. Moulin construit « cum multo labore et cum multis sumptibus ». Il s'agit du moulin de Petronille, au gué de Marguerite, près du confluent du Jarret et de l'Huveaune (CSV n° 20 et 21) construit après que les moines aient récupéré Caravaillan, donc après 1020 (CSV n° 27, la femme du vicomte Guillem était bien alors Estève qui paraît ici avec ses trois fils. — Ce vicomte Guillem est mort en 1045/1046. Cf. CSV n° 115 et CSV n° 24). Moulin de S. Pierre de Paradis (CSV n° 33) ou moulin des moines (CSV n° 40). Tourves (1019, corriger 1049, CSV n° 325) — Le Muy (1058, CSV n° 571) — Tresemines (Villelaure) (1076, CSV n° 284) — Les moines obtiennent l'autorisation de construire un moulin sur la Bléone à Trescléoux (1075, CSV n° 731).

23. Fin XIe (CA n° 105 et n° 112). — Le nouveau moulin construit par Guillem Robert, près de l'ancien moulin, en complant avec le sacriste du chapitre est près de *Vercennum*, lieu situé lui-même près du moulin de Rochecorbière (Jean BARRUOL, CA p. 12 et 13). — Le moulin de la Croix existe toujours fin XIe début XIIe (CA n° 110). Sur les moulins d'Apt au XIIIe siècle. Cf. F. Sauve, *obituaire d'Apt,* Paris 1926, p. 12 n° 1.

24. 986 : deux moulins rendus par l'évêque au chapitre (CNDD n° 44). En 1105 et 1129, il n'y en a plus qu'un, toujours au chapitre ; il est près de Vedène (CNDD n° 18 et 114). On peut peut-être identifier Causeran sur la Sorgues ?

25. Les moulins *Molnatas* (1060-1973) dont l'évêque et Peire Amic avaient une part (CNDD n° 1). Ils sont près de Vedène (1105 - CNDD n° 18) et près de Sorgues, sous le bois (*Nemus*) (c. 1130 CNDD n° 127). On identifie : Mounery, sous la colline de Sève.

26. 1063 (CLU n° 3387).

27. Le moulin de Vedène n'est pas cité en 1105 (CNDD n° 13) ; il l'est en 1129 (CNDD n° 124).

28. Gromelle est seulement un lieu en 1105 (CNDD n° 18) ; il est moulin en 1204 (CNDD n° 147) et encore aujourd'hui. Ceux de S. Saturnin avaient un vieux moulin ; ils en avaient édifié un neuf à la place déjà en 1204 (CNDD n 147). Pour les autres moulins : 1237 (CNDD n° 159).

29. Un moulin près de S. Michel : 967 (Arc. des B. du R. 2 H 15). En 1060-1073, les chanoines ont *des* moulins au-dessus de l'église S. Michel (CNDD n° 1). En 1179 on en donne les noms : ce sont les moulins de Pont-Fract et de la Roquille (CNDD n° 103, au sud de la cité).

30. Il paraît en 1179 (CNDD n° 103) mais l'office du meunier est partagé entre les fils de Raimon *Spica* (l'Epi) et ceux de Vesian *Spica*. Le premier meunier a donc dû être leur père : Peire *Spica* (1110 - CNDD n° 29) qui donna son nom au moulin. Ce moulin existe encore de nos jours au Sud-Est d'Avignon.

31. 1110/1105 (CNDD n° 4), 1096/1119 (CNDD n° 27).

Enfin, viendront s'ajouter, à la fin du XIIe siècle, le moulin Bienson [32] et au début du XIIIe siècle, ceux du Pertuis, du Portail Materon, de la Folie, de Porte Aurose [33]. Nous sommes, on le voit, assez bien renseignés sur la chronologie de l'édification de ces moulins, et sûrs, grâce aux conventions sur l'eau et l'entretien, de les connaître pratiquement tous. Il y a autour d'Avignon, sept ou huit moulins à la fin du XIe siècle ; leur nombre s'accroît au début du XIIIe (trois moulins) et à la fin de ce siècle (trois moulins), puis très fortement au début du XIIIe siècle (six moulins) peut-être à la suite du creusement de nouveaux canaux amenant l'eau de la Durance. Entre 1060 et la fin du XIIe siècle, le nombre des moulins avignonnais a presque doublé ; on mout plus de blé [34], ce blé qui provient des terres conquises sur les marais ou sur les lais du Rhône, gagnées aussi sur les emplacements qu'occupaient les manses des *villae* disparues.

A mesure que le terroir suburbain se vide d'habitants et qu'augmente la quantité de céréales produites, on voit les cités s'étendre peu à peu sur les terres les plus proches de leurs vieux remparts. Prenons le cas d'Avignon. Dès 1038/1039, existait un bourg sur la route qui menait de la cité à S. Ruf [35] ; ce bourg s'était développé autour de l'église Notre-Dame la Principale sur les terres du doyenné. On y trouvait en 1157 des ouvroirs, mais à la fin du XIe siècle des chevaliers y habitaient et les Avignonnais s'y réunissaient [36]. Non loin de là se trouvait l'église S. Didier donnée par l'évêque Rostaing à Montmajour, puis reprise par le Chapitre d'Avignon et convoitée par Cluny [37] ainsi que celle S. Geniès [38]. Au milieu

---

32. Existe déjà en 1204 (CNDD n° 147), près du portail Bienson auquel il a donné son nom, à l'Ouest de la cité. Il a dû être construit récemment, sans doute par Guillem de Biençon qui tenait des battoirs à Vedène (CNDD n° 147). Il fut détruit en 1227, pour mieux assurer la défense de la cité (Bibl. Avignon ms 2834 f° 41) puis reconstruit.

33. 1229 (Bibl. Avignon ms 2834 f° 43), 1237 (CNDD n° 159).

34. Nous verrons *infra* p. 308 que le revenu de trois moulins avignonnais devait avoisiner 720 sous ; soit 240 sous par moulin et que la *multura* est généralement dans le Midi du 1/6 Si l'on prend le prix, de bonne récolte, de 6 den. le setier, soit 8 sous le muid, on voit que l'un de ces moulins moudrait l'équivalent de 480 muids ; soit pour les 10 moulins du début du XIIe siècle, 4 800 muids. Le muid de grain en Provence est en moyenne de 800 litres (A. MACHABEY, *La métrologie dans les musées de Province*, Troyes 1962, pp. 268, 270, 271). La production de blé dans les terroirs d'Avignon, Sorgues et Vedène s'élevait donc à 38 400 hectolitres environ, chiffre très approximatif puisque le chiffre de départ n'est pas sûr, mais chiffre vraisemblable, étant donné les surfaces cultivées à condition de supposer un bon rendement (6 pour 1).

35. « Dono ... jamdictam ecclesiam (S. Rufi) que sita est in territorio Avenionensi subtus burgo ipsius civitatis ... » 1038/1039 (CNDD n° 104).

36. Une sentence confirme aux chanoines la propriété des ouvroirs dans le cimetière de Notre-Dame la Principale, *juxta decaniam*, et à l'évêque les maisons de la *vinea episcopalis*, 1157 (CNDD n° 125). (Pons, abbé de S. André) ... « per eamdem civitatem faciens transitum et ad S. Crucis suae domus divertit hospitium, convenitque ad eum Avennicensium multitudo non minima ... Condixerunt enim omnes in vespere quatenus ad S. Mariam quae Principalis nominatur, congrégarentur in mane quod et factum est (l'église se révèle trop petite). Erat itaque prope ecclesiam cujusdam militis habitaculum congruentem et competentem ad hoc, habens solarium cujus introïtum non magna eminabat porticus. » (*Vita S. Poncii*, p. 494-501).

37. 1068 (CNDD n° 106) et 1107 (Bibl. Arles ms 881 n° 10) « Ego Hugo Cluniacensis abbas ... (molendinum) retinemus donec ipse Rostagnus (Avenionensis episcopus) nobis in Avenionensi civitate monasterium S. Agricole condonet, aut si non praevaluerit id facere, ecclesiam S. Mariae principalem, aut ecclesiam S. Petri aut S. Desiderii ecclesiam », 1074 (CLU n° 3466).

de ce périmètre passait la route d'Arles. Il était donc normal qu'un bourg s'y développât, où l'on trouvait des tanneurs, des fabricants de coffres [39], des savetiers [40]. L'urbanisation gagne aussi l'ouest et l'est de ce premier bourg. A l'ouest s'est créé un bourg au nom significatif : la vigne épiscopale, appelée aussi *villa episcopalis,* qui deviendra la vieille bouquerie [41]. Des bouchers s'y étaient établis, mais aussi sous les remparts, des vendeurs de poisson séché [42] tandis qu'au bord du Rhône sous le rempart du xe siècle, se tenaient les fustiers et les charpentiers [43]. A l'est de la cité, il y avait au XIe siècle, des maisons en dehors de l'enceinte, devant la porte des chanoines : c'est là qu'était le four, le plus ancien que nous connaissions [44] et tout près, se dressait l'église Sainte-Croix, demeure avignonnaise de l'abbé de S. André du Mont Andaon [45]. Tout cela a été englobé dans une enceinte peut-être avant 1157 [46], en tout cas avant 1223 [47] ; cette enceinte entoure alors environ 48 hectares, le double de la superficie intérieure à l'enceinte du Xe siècle. Il est vrai qu'au début du XIIIe siècle, la partie du Rocher comprise entre le château, l'église Notre-Dame du château et le cimetière de la cathédrale n'était plus habitée et formait un pâturage [48].

Le développement d'Arles est semblable à celui d'Avignon. Dès le Xe siè-

38. S. Geniès est connue seulement en 1155 (GCNN Avignon n° 250).

39. « Burgus pelliparie sive scoffarie » dans la paroisse de Notre-Dame la Principale, 1155 (GCNN Avignon n° 250). La coffrerie est à l'Est de Notre-Dame (rue des Fourbisseurs Requien, Bibl. d'Avignon ms 1562 f° 46). La peausserie à l'Ouest.

40. Carreria Sabaterie veteris (Bibl. Avignon ms 1562 p. 45).

41. « Burgus ... vinea episcopalis » dans la paroisse S. Agricol, 1155 (GCNN Avignon n° 250) et 1157 (CNDD n° 125). « Fridericus .. imperator ... concessimus Gaufredo episcopo ... villam videlicet quae episcopalis vocatur infra muros Avinice civitatis » 1157 (GCNN Avignon n° 256). « Carreria Bocariae antiquae in vinea vispalis » (Requien, *loc. cit.*) : aujourd'hui, rue Bouquerie. Est-ce là que se trouvent le « macellum et le forum rerum venalium » (1184 CNDD n° 127), la « platea macelli » et le « mercatum novum » (1233 — Bibl. d'Avignon ms 2834 f° 50 v°) ; ou bien plutôt à l'Est du bourg Peausserie dans la zone où s'installent à la fin du XIIe siècle les Hospitaliers en achetant l'hôtel du chevalier Brocard d'Avignon (dès 1187, le précepteur est Raimon Catel, un Avignonnais — Arc. des B. du R. 56 H 4624 — en 1199, achat de l'hôtel de Brocard — CNDD n° 236).

42. L'actuelle rue S. Agricol sous le mur du Xe, s'appelait au XIVe siècle : *carreria Harengarie Antique* (Requien, *loc. cit.*).

43. La *fustaria nova* (aujourd'hui rue Grande Fusterie), sise entre la rue Petite Fusterie et le Rhône, est connue dès 1233 (Bibl. d'Avignon ms 2834 f° 50 v°) — il y avait donc une *fusteria antiqua* antérieurement.

44. « Mansiuncula una cum curte ... que est ante portam cannonicalem ad Rocham », 1059 (CNDD n° 31) — Four et maisons, XIIe (CNDD n° 75).

45. L'église Sainte Croix, désaffectée (dans la rue de la Croix), *Vita S. Poncii* (texte cité *supra* note 36) — cf. aussi 1107/1115 (CNDD n° 110). L'église appartient toujours à S. André en 1155 (Bibl. de Carpentras ms 513 f° 32 v°).

46. Cf. texte cité, *supra,* note 41.

47. En 1223, un mur vieux est situé 19 cannes à l'intérieur des lices, soit 38 mètres (canne d'Avignon : 1,975 m — MACCHABEY, *op. cit.* p. 107), (Bibl. d'Avignon ms 2834 f° 46). Le tracé des lices est bien connu et se lit clairement sur les plans (rue des Trois Colombes, rue Campane, rue Philonarde, rue des Lices, rue Joseph Vernet, fragment de mur rue S. Charles). On observe sur le plan, à l'intérieur de cette enceinte, et environ à la distance indiquée (30 à 40 mètres) un tracé circulaire (rue Lafare, rue Vieneuve, rue Oriflamme, rue du Chapeau Rouge, rue du Four de la Terre, rue du Crucifix, rue des Etudes, rue du collège d'Annecy, rue Félix Gras) qui vient se rattacher au mur du Xe.

48. Cf. l'inventaire fait par le Podestat d'Avignon en 1233.

cle, il y avait déjà des maisons sur l'emplacement du Bourg Vieux, près de l'église S. Laurent, et à l'ouest de la Porte S. Etienne [49]. Ici le bourg semble s'être étendu sur des terres dépendant de la Sacristie, alors détenue par les Porcelets, qui deviendront plus tard seigneurs du Bourg Vieux [50]. Une notice du cartulaire de la cathédrale d'Arles énumère, dans la première moitié du XIIe siècle, les canaux que les chanoines ont acquis par achat ou donation dans ce secteur ; il y a là les moulins de la cité [51], un four et des maisons : celles du tisserant Peire, ou du tisserand Bonfils, celles du chevalier Guillem Bellarot [52]. Un *portus,* distinct de celui de la cité, mène sur l'autre rive du Rhône, et lui aussi appartient aux Porcelet [53].

Au nord de la cité se dressait un arc antique, que les Arlésiens appelaient la Porte Boueuse — *Porta Lutosa* —, à cause de la situation assez marécageuse de son emplacement. Les terres à l'entour appartenaient alors au monastère de S. Césaire, et donc à l'archevêque. Au XIe siècle, la *Porta Lutosa* a été fortifiée, et on la nomme désormais, château de Porte Audose [54]. Les

49. GCNN Arles n° 275 et CSV n° 199.

50. « Pontius Martinus presbiter et omnes filii ejus ... donaverunt domos suas que sunt in burgo Sacristae et nepotum ejus justa Rodanum ... in presentia Bertranni Sacristae et nepotum ejus, scilicet Bertranni Porceleti et Raimundi et Gaufredi et Raimundi Sacristae... » 1101 (FLAMMARE CL n° 255. Est-ce à ce titre de sacriste que Bertran (Porcelet) avait acquis ces terres ? En tout cas l'intervention de ses neveux (dont le père paraît toujours vivant à cette époque — 1101 *Ibidem* n° 251) montre que la famille s'en était déjà emparé. « Hoc est placitum quod ... domini de Burgo (= Porcelet) fecerunt cum januensibus », 1155 (*Liber jurium Reip. Gén.* II col. 5).

51. 1165 (*Annales Genuenses,* MURATORI *SS rerum italicarum,* VI, p. 248).

52. « Carta de fossatis ... Ademarus qui cognomitatus est Rascaz ... relinquit mansiones que sunt justa furnum consortes ex una parte mansiones Petri textorii et ex alia parte mansiones Vilelmi Bellaroti et ex alia parte via publica. Alium fossatum habent canonici quem nominant Airald in quo Bonifilius texetorius dedit ... in illa canal que ad litus de Mairana vadit ... Ricardus pellicius dedit canonicis ... in la resclaussa del pont ... et mansiones que sunt ante portam S. Stephani » ... (AST f° 90 v°). On reconnait le Pont de Crau, la porte S Etienne, l'étang de Meyranne, la rue des Fours (actuellement rue Beaujeu) (Bibl. d'Arles ms 576 — Guide du Voyageur dans Arles) Pour fixer la date, on peut utiliser la vente par Guillem Bellarot (cité dans le texte) d'une maison à l'archevêque : « Locale quod est juxta portam S. Stephani ad dexteram scilicet egredientibus per portam quod protenditur ab ipsa porta in carreriam que ducit ad burgum et inde dirigtur in turris Jausfredi fratris mei et inde rursus convenitur in murum usque antiquum civitatis » 1152 (LN f° 17 v) Guillem Bellarot est connu dès 1136 (Hosp. Trinquetaille f° 76). L'acte de 1152 confirme également la localisation des maisons de tisserand Pierre ; les maisons du peaussier ou du tanneur Ricau, près de la porte S. Etienne, doivent être rapprochées de la rue des Tanneurs (on connaît aussi le tanneur Arnoux — Arc. des B. du R. 3 G II 151).

53. « Et sciendum est quod dominus Trencatalliarum tenet portum de Rodaneto, et portum S. Egidii et portum civitatis Arelatensis a domno archiepiscopo Arelatensi et domini Burgi tenent similiter portum Burgi ad eodem archiepiscop » (Cartulaire B f° 54 — KIENER, p. 284).

54. « Donamus... terram domini Cesarii que est in ripa Rhodani fluminis ab illo loco qui aspicit ecclesiam S. Martini sitam super braciolum predicti fluminis (un lieu sur la rive gauche, en face de l'église S.-Martin-de-Fourques, sur la rive droite) et pervenit usque ad columnas que jacent in via publica usque in paludibus et usque aqueductum qui videtur super ecclesiam beati martyris Genesii (S. Geniès des Alyscamps) quicquid autem a terminatione et Rhodano fluvio et paludibus et Porta Lutosa et muro civitatis et porta S. Johannis (non pas la porte S. Jean, ainsi nommée d'après les hospitaliers, mais la porte du monastère S.-Jean, c'est-àd-ire la porte de la Redoute) et predicto aqueducto concluditur », 897 (GCNN Arles n° 233). *Porta Aldosa* 1038 (CSV n° 447), *Porta Dolosa* 1048 (DU ROURE RHP I, p. 169), latinisé en *Turris Fraudulentis* (note 129). « (Guillem des Baux) donamus mansionem

Sires des Baux le tiennent de l'archevêque, et autour s'édifie peu à peu un bourg, le Bourg Neuf pour le distinguer de celui des Porcelet. Dès le milieu du XIIe siècle on y voit des maisons, parmi lesquelles des « ouvroirs de marchands » et des logis de chevaliers [55]. A la fin du XIIe il y aura là un hôpital. Non loin du Bourg Neuf, mais à l'intérieur de la cité, les Templiers s'étaient installés dès 1146 et leur hôtel est mentionné en 1155 ; en 1158, ils avaient reçu un emplacement près de leur oratoire [56]. C'est sans doute au nord-est de la cité que se créait dans le même temps, un autre Bourg, le quartier de Borian [57]. Enfin, la cité se développe à l'ouest, sur l'autre rive du Rhône. Là, à l'endroit où arrivait la traille — le câble qui assure le passage du bac — [58] a été édifié un château qui porte le nom de Trinquetaille. Au début du XIIe siècle, les Baux le tenaient et y possédaient une maison. Il s'y trouvait une église S. Pierre et les Hospitaliers y avaient acquis également au début du siècle l'église S. Thomé. En 1146, un rempart est attesté, qui existait probablement dès l'origine [59].

Comme Arles et comme Avignon, Marseille s'est considérablement développée, entre la vieille ville, ou ville vicomtale, le château Babon et la mer. Au milieu du XIe siècle, Notre-Dame de la Major avait été réédifiée [60].

---

ad hospitalitatem fratrum constitutam infra civitatem Arelatis, et territorium a publico itinere usque in Rodanum et usque ad muros castri (Porte Aldose) cum ecclesia que est in ipsa Porta Aldosa », c. 1040 (CSV n° 158). Le texte distingue la *civitas,* à l'intérieur de laquelle les moines de S. Victor reçoivent une maison, et une terre sise hors de la cité, le long du Rhône, entre celui-ci, les murs de la cité (sous-entendu), le chemin public (qui va vers Montmajour) et le *castrum* de porte Aldose, avec une église. Cette donation est faite avec le consentement de l'archevêque.

55. Lorsque les Baux demanderont la paix après leur première révolte en 1150, ils s'engagent à donner au comte : « potestatem de ipso castro Portaldosa... et ospicium... in Burgo nostro Novo Arelatem... exceptis domibus militum et operatoriis mercatorum. » (Catalogue n° 315). Lors de la seconde révolte, le château fut détruit et les Baux déclarent au comte en 1156 : « Convenimus quod in Burgo novo nostro Arelatensi... portale, muros, turrem, nullas omnino municiones deinceps faciamus nisi tantum vellemus rehedificare castrum de Portaldosa in eodem loco qui prius constructum fuerat » (Catalogue n° 340). L'hôpital S. Esprit du Bourg Neuf, ou S. Esprit de l'Arc Admirable, paraît dès 1207 (Benoit ACP n° 56) et l'on oublie la Porte Audose : « archiepiscopus habet dominium in civitate, come ve (ro in burgo) novo quod antiquitus vocabatur Porta Audosa et in (burgo) veteri quod tenebant Porcelleti ». Début XIIIe (GCNN Arles n° 738).

56. Arc. B. du R. 56 H 5174 — Catalogue n° 335 — GCNN Arles n° 564.

57. Le Borian était un quartier situé probablement au Nord *(pars borealis)* de la cité ; des maisons y sont édifiées avant 1176 (Hospit. de Trinquetaille f° 8). Le nom de Borian est pris par une famille chevaleresque dès le début du XIIe (cf. *infra*, p. 292, note 34).

58. C'est sans doute l'origine de son nom : *Trencatraies* (1150 Catalogue n° 316) : Tranche-traille.

59. Près du Rhône (Hosp. de Trinquetaille f° 4). Ce dernier acte, où l'hôpital est bien S. Thomé, fait « ante portam novam domus R. de Baucio que est contra Rodanum... testes R. de Baucio et Raimbaldus et Ugo et Bertrandus filii ejus. » (donc avant 1149, date de la mort de Raimon (*Ibidem* f° 3).

La fondation est de 1118 (GCNN Arles n° 487) 1146 (Hospit. de Trinquetaille f° 45 v°). « Item convenimus vobis ut videlicet murum qui videtur impedimentum strate publice que discurrit super ripam Rodam juxta villam et castellum Trencataias destruamus aut talem viam faciamus que remaneat libera sine incomoda transeuncium », 1156 (Catalogue n° 340). Le château fut détruit en 1161 par le comte Raimon Béranger. *Gesta Comitum Barch*).

60. « XIII kal. martii obiit domnus Pontius episcopus Massiliensis MLXXIII qui reaedificavit antiquam sedem » (GCNN Marseille n° 131). Pons II évêque depuis 1014, parle en 1047 de la *sedes S. Mariae* (CSV n° 30).

Entre 1077 et 1163, les religieuses de Notre-Dame des Acoules s'étaient réinstallées à S. Sauveur [61]. L'évêque habite au XIIe siècle près de S. Cannat [62]. Il s'en faut de beaucoup que tout ce périmètre soit bâti. La butte de Roquebarbe est entourée d'un fossé, mais on y trouve des jardins et un accord de 1151 montre qu'elle n'est pas encore bâtie [63]. La ville épiscopale, par contre, commence à s'étendre autour de la cathédrale et, en 1164, elle est qualifiée de cité et entourée de murs [64]. Toutefois, il ne faut pas s'en exagérer l'étendue puisque l'espace situé entre la porte du château Babon et la ville épiscopale n'a commencé à être bâti qu'en 1178 [65]. Plus, le plan de la ville au XIVe siècle et le *fac simile* de plan du XVIe donnés par Février [66-67] laissent penser que cette enceinte épiscopale ne s'étendait peut-être pas jusqu'à l'évêché. Cette ville épiscopale comptait aussi une communauté juive, distincte de celle de la ville basse [68]. Elle avait son port, dans l'anse de l'Ours, dit port de Portegalle [69]. A l'est, la ville vicomtale s'est peut-être étendue en englobant S. Martin [70]. Mais ce qui sera plus tard le bourg des Muriers n'est encore qu'un domaine qui appartient aux vicomtes, comme celui voisin de S. Bauzile [71]. Il semble que Marseille ait doublé sa superficie.

On pourrait croire que le mouvement est limité aux seules grandes cités : il n'en est rien. Des cités moins importantes en bénéficient elles aussi, quoique à un moindre degré. A Orange, où seule l'abbaye S. Florent était attestée au Xe, S. Martin et S. Geniès paraissent restaurés en 1044 et 1058 ; en 1085, les textes parlent de Sainte Brigitte et en 1111 de S. Pierre. En 1126, S. Geniès

61. 1077 (cf. *supra*, p. 190) ; 1163 : « De controversia que erat inter canonicos Massilienses et sanctimoniales S. Salvatoris de las Acuas... de terminis parrochiarum S. Martini (qui est aux chanoines) et S. Marie monialium » (Notre-Dame des Accoules) (GCNN Marseille n° 161). — Le monastère sera désormais S. Sauveur (1164 — GCNN Marseille n° 164 — 1183 — *Ibidem* n° 1109).

62. « In civitate Massilia in domo episcopi ad scalarium juxta leonem », 1157 (*Ibidem*, n° 158). « In civitate Massilia, in domo episcopi, juxta ecclesiam S. Cannati » 1167 (*Ibidem*, n° 157). « Massilie, in villa episcopali in sacrario juxta ecclesiam S. Cannati », 1157 (*Ibidem* n° 169).

63. « De Roca Barbara quam cum vallo suo ad jus ecclesie Massiliensis pertinere cognosco, mando quod in illa Rocha, propter multa mala et contrarietates que in nostris temporibus evenerunt, nullum edificium sine meo... consilio fiat. Villam vero suam episcopus pro voluntate sua muniat et claudat », 1151 (GCNN Marseille n° 149) « tunc erant ibi vallata et... Italenses possidebant ferraginem in Roca Barbara pro episcopo. Dixit preterea sacrista, quod comes Barchinonensis... mandavit ut episcopus Rocam Barbaram pro voluntate sua edificaret et vallaret », Enquête de 1164 (GCNN Marseille n° 163).

64. « (Placitum) quod inter Raimundum de Solariis episcopum, et Pontium de Podio Nigro fuit, ubi recognovit episcopo villam superiorem, sicut vallo et muris cingitur », 1164 (GCNN Marseille n° 163). Confirmation de l'empereur Frédéric Ier, 1164 (*Ibidem*, n° 164).

65. « Ferrago ad portam castri Babonis supra ecclesiam S. Salvatoris quantum remanet extra portam et extra muros veteres castri versus majorem ecclesiam S. Mariae, loca ad hedificandum et habitandum. » — 1178 (GCNN Marseille n° 1104). De même dans l'espace situé à l'Est de S. Sauveur on trouve au moins deux jardins en 1183, celui des moniales et celui de l'œuvre, près de l'église Notre-Dame des Accoules (*Ibidem* n° 1109).

66-67. Février, *op. cit.*, fig. 23 et 43 — Atlas Hist. Prov. carte n° 276.

68. Cf. *infra*, p. 304.

69. 1151 GCNN Marseille n° 149.

70. Février, *op. cit.*, p. 99 et 100.

71. « Aicardus de Tollon audivi quod honorem quem nos canonici habemus apud Morarios, ab Aicardo archiepiscopo Arelatensis habuimus, et honorem S. Bausilii et honorem S. Justi subtus viam, vicecomitalem fuisse » — 1164 (GCNN Marseille n° 163).

a son propre chapitre comme S. Florent et comme la cathédrale. Autour de S. Florent, hors les murs, s'est formé un bourg, appelé le cloître à cause de ses origines et qui est encore aujourd'hui très visible sur le terrain : un certain nombre de maisons reliées par des passages entourent le cloître proprement dit. Un four et une taverne y étaient édifiés [72].

D'autres villes se créent autour de châteaux édifiés le long du Rhône. C'est le cas de Beaucaire dont l'enceinte a été bâtie peu avant 1081 sur les terres de l'église S. Pâques par Raimon de S. Gilles [73], face à Tarascon, qui était le lieu de résidence de la comtesse Douce. A la fin du siècle, on y trouve des fours et un marché, le château sur son rocher et la ville basse au pied [74]. Tarascon, par contre, est un château construit depuis plus longtemps [75] où l'on franchissait le Rhône et où passaient des barques chargées d'esturgeons [76]. Ses boulangères venaient vendre leur pain à Arles [77]. En 1096, un hôpital, S. Nicolas, y avait été créé, à proximité des murs, par la comtesse Douce pour soigner et enterrer les pèlerins pauvres [78]. L'église Sainte Marthe ne paraît qu'en 1107 [79], mais elle n'était pas la seule église de Tarascon [80]. Quatre lignages chevaleresques au moins habitent à l'intérieur des murs, près de cette église [81], et, non loin, se dresse, dès le milieu du XIIe siècle un entrepôt du sel qui est l'enjeu de rivalités entre le représentant du comte et la commune [82].

Cette renaissance, cet accroissement des villes provençales à la fin du XIe siècle est à la fois le signe et l'une des causes de l'augmentation des échanges. L'extension des villes apparaît en effet autant liée au développement des échanges locaux et de la production artisanale, qu'à la reprise d'un commerce de luxe qui, si réduit qu'il ait pu être, n'avait jamais cessé dans ce pays [83].

L'exemple le plus net en est fourni par la région d'Arles. Les ouvroirs qui

---

72. GCNN Orange n° 87 — Pour la date, cf. *Ibidem* n° 46 et catalogue n° 260, avant 1126 et après la mort d'Oudry, c. 1063.

73. « Breve de conveneentia quam fecit Raymundus comes cum Aicardo Arelatensi archiepiscopo : scilicet reddit et donat ecclesiam S. Paschae cum omnibus ad eamdem ecclesiam pertinentibus excepto quod dedit ad faciendum claustrum de castro Belauro (rétablir Belcairo) » 1079/1094 (Catalogue n 204).

74. « Dedit comes omnes furnos praedicti Bellicadri qui facti sunt vel facti fuerint superius aut in villa inferius, decimum de ledaria mercati et de via » c. 1096 (Catalogue n° 214).

75. Cf. *supra*, p. 97. Le comte Bertran donne à Montmajour sa part du *portus*, 1040 (Catalogue n° 125).

76. « Et in Tarasconensi castro in fluvio Rodano, de duobus navigiis sturiolanensi mercimonio », 1063 (Catalogue n° 169).

77. « In usaticis quos dant panifice Tharasconis Arelati et venditrices vel venditores fructuum » (Livre Rouge, f° 48 — KIENER, p. 276).

78. « Gibelinus Arelatensis archiepiscopus, dum regeret episcopatum Avinionensi, dedit ad construendam ecclesiam (S. Nicholaii) campum apud Tarasconensem castrum ubi sepeliebantur pauperes peregrini... ante portas Tarasconenses ab oriente est situm, prope litus Rodani... precibus comitisse et militum castri », 1096 (CSV n° 220).

79. 1107 (CNDD n° 80 et 81).

80. Confirmation par l'évêque Arbert à son chapitre des églises de Tarascon, 1096/1110 (CNDD n° 24).

81. Cf. les Aubry, p. 301, note 78.

82. Lettre de (son baile ?) Raimon de Mollnels au comte (Catalogue n° 363).

83. Cf. *infra*, p. 227.

s'y étaient installés durant la première moitié du XIIe, et notamment ceux de tisserands et de taneurs, réclamaient des produits qui sont par là même commercialisés. Prenons le cas des tisserands : la laine leur est fournie par les troupeaux arlésiens qui ont toujours été très nombreux [84], grâce à la Crau voisine où tous les notables de la cité ont leur pâturage, leur *coussou* [85]. Le tissu passe ensuite sous le paroir du foulon. Les premiers paroirs qui paraissent en Provence sont situés dans les domaines campagnards, comme celui de Chaudols édifié par les moines de S. Victor entre 1038 et 1055 [86] ; il faut attendre 1110 pour voir construire un paroir citadin à Apt, à côté d'un moulin ; les battoirs d'Avignon, à Villeneuve, sont construits peu avant 1179 [87]. Le travail que la société campagnarde accomplissait, la ville commence à s'en emparer.

Le fait est encore plus frappant pour la teinture, que ce soit celle du drap ou celle des peaux. L'artisanat du cuir teint, en rouge ou en blanc à l'imitation de la production des ateliers cordouans, était au IXe siècle le fait des « humbles », des paysans, cadeaux rustiques qu'ils apportaient au juge avec une poule et quelques œufs [88] ; les maîtres des domaines demandaient parfois quelques setiers de « roux » à leurs colons [89]. Vers 1070, tout cela change : à cette date, les victorins de S. Geniès d'Arles envisagent de « faire un marché du pain ou du vermillon » à Mouriès, c'est-à-dire d'en contrôler la vente [90]. En 1138, à Miramas, non loin de là, la récolte du vermillon est affermée par l'abbé de Montmajour, seigneur du lieu, à trois juifs arlésiens ; même chose avant 1150/1156 pour toute celle du terroir d'Arles proprement dit [91] ; et le privilège du vermillon est connu aussi à Berre, Castelveyre et

84. Les redevances du *pascherium* arlésien paraissent avoir constitué, dès le Xe siècle, un revenu apprécié. Les troupeaux ont-ils augmenté au XIIe siècle ? On peut retenir les éléments suivants : — le développement des exemptions du pascuage en faveur des ordres nouveaux, cf. par exemple : Silvacane 1150 (Catalogue n° 313) — Boscaudon : 1142 (Catalogue n° 306) — 1157 (Catalogue n° 306) — 1157 (Catalogue n° 349). — ou ces trois chiffres : au milieu du XIe, Rostaing et ses frères, parents de Bermond (baîle à Dromon, 1064, CSV n° 715) avaient volé au prieuré victorin de S. Geniès de Dromon, quatre trentains de brebis, donc cent-vingt brebis. En 1110, Guillem *Bodega*, vassal d'Imbert de Montdevergues, près d'Avignon, avait volé aux chanoines de la cité 18 vingtains de brebis, soit 360 (CNDD n° 16). En 1150 Guillem de Signes et ses fils avaient volé dans les domaines victorins de Signes, Meounes et Riboux, 5 600 ovins ou caprins (Catalogue n° 314) ; les puissants sires de Signes pouvaient évidemment voler plus et plus longtemps que les parents d'un petit baîle montagnard, mais l'accroissement du cheptel est tout de même frappant.

85. Cf. *infra*, chap. III.

86. CSV n° 739. Le domaine a été récupéré par les victorins en 1038 (*Ibid.* 737).

87. CA n° 106 et 112. Battoirs de Villeneuve édifiés pour le prévôt du chapitre par Bertran Itier, Jean de Caderousse et Audibert de Lirac avant 1179 (CNDD n° 103).

88. Théodulf indique bien que ces peaux « appelées de ton nom, Cordoue » sont offertes par de petites gens (*Paroenesis ad judices, loc. cit.*, p. 996).

89. Une des colongues de Seillans doit en 814 « rubium sestarium » à l'église de Marseille (CSV, II, p. 655). On trouve des mentions de « vermiculum » dans le *Capitulare de villis* et dans le polyptique de S. Rémy de Reims.

90. « mercatum sive de pane sive de vermilio... hedificare voluerint », 1073 (CSV n° 159).

91. « Tres judei Arelatenses emerunt ab abbate Pontio comparationem vermiculi in quantum obtinet territorio Miramaris... ut nemo alius praeter ipsos emat vermiculum et hoc pacto donant abbati Pontio trecentos solidos per unumquemque annum in festivitate S. Johannis », 1138 (DU ROURE, RHP, I, p. 248). Arles, 1150/1156 (*infra*, p. 283, note 244), tenu de l'archevêque.

aux Pennes [92]. A la fin du siècle, la récolte est stockée dans un entrepôt arlésien dont l'archevêque a la maîtrise [93]. Dans toute cette région du Bas-Rhône, le vermillon, c'est-à-dire la cochenille qui vit sur le chêne, est devenu un monopole seigneurial affermé à d'habiles collecteurs qui l'entreposent en ville pour l'y revendre. Nobles seigneurs et négociants affairés confisquent ainsi à leur profit l'activité des ruraux. Leur intérêt, une devinette pour marchands nous le fait comprendre : « il est un arbre au royaume d'Arles près de la mer ; une charge de son bois rapporte douze deniers mauguencs ; de son écorce, pas plus lourde qu'un vêtement, cinq sous ; de son fruit en fleur cinquante livres. C'est le vermillon avec lequel on teint les draps royaux les plus précieux, samits de soie ou écarlates de laine [94]. » Ainsi les parasites du « chêne aux vers » devinrent marchandise, vermillon, graine d'écarlate ou cramoisi, vers la fin du XIe siècle, pour le lucre de ceux des villes.

Et avec le précieux vermillon, les caravanes d'ânes viennent aussi dans les campagnes chercher la craie pour teindre en blanc [95] et la fougère pour faire le mordant [96].

A Avignon, c'est une autre activité qui occupe les marchands. Nous avons vu l'importance des moulins dans cette ville. Il est curieux de voir le setier de blé y prendre dès le milieu du XIIe siècle un nom particulier : le mangounarié — *mangonarium*. En 1140/1146 le prévôt du chapitre donne à un paysan « un setier mangounarié de froment de cette ville d'Avignon », en 1156, un cens est de « seize setiers de bon froment, à la mesure du mangounarié d'Avignon qui a communément cours dans cette ville » ; plus tard, on dira seulement « tant de mangounarié » [97]. Qu'est-ce que ce *mangonarium* ? *Mango,* chez les anciens, c'était le trafiquant d'esclaves, celui qui faisait un commerce déshonnête — *mangonium,* pour un gain exagéré — *mangonicus questus,* en vantant avec une prolixité suspecte sa marchandise — *mangoni-*

92. Berre, 1156, le comte a le neuvième de ce que rapporte la vente de la ferme (catalogue n° 347). A Castelveyre *(Ugium)* l'archevêque a l'*emtio vermili* (Livre Vert f° 213 v°). Aux Pennes, l'abbé de S. Victor « retinet compra de vermelio », 1095 (Arch. B. du R. 1, H, 64, 310). A S. Marcel, près de Marseille, le caslan Aicard a l' « emere vermiculum vel quilibet per eum, preter id quod, ut dictum est, canonici ement », 1130 (GCNN Marseille n° 143).

93. Il est détruit lors de la révolte de 1208 (MIGNE, P.L. tome 215, col. L383).

94. « In regno Arelatensi et confinio maritimo est arbor, cujus sarcina pretium habet XII nummorum mergoriensium, ejus cortex, ad onus vestis, pretium habet V solidorum, ejus fructus in flore pretium facit L librarum. Vermiculus hic est, quo tinguntur pretiosissimi regum panni, sive serici ut examiti, sive lanei ut scarlata », début du XIIIe (Gervais de Tilbury, *Otia Imperialia,* déc. 3, cap. 57, MGH XXVII, p. 383). Gervais aimait le fantastique, mais ce qui lui paraît fantastique ici, c'est l'écart des prix.

95. Le comte fait jurer aux Baux en 1150 « cretam non vetant pellipariis nec accipiant inde ullum usaticum » (Catalogue n° 318).

96. « Et in fauzilio quod afferunt asini, podisias III », 1143/1149 (cf. *infra,* note 206 A). Utilisée dans le travail des « cordouans » (*Statuta Massil.* Lib. I, cap. 38, al. 2). Elle ne pousse pas en Basse-Provence.

97. « Unum sextarium frumenti manguaner istius ville Avinionis » (CNDD n° 92 — le prévôt Isnard est connu en 1140 et 1146, CNDD n° 100 et GCNN, Arles n° 236 ; en 1129 le prévôt est Amblard, CNDD 114 ; en 1153, Peire Vidal, CNDD n° 122). « XVI sestarios boni frumenti ad mensuram mangonarii Avenionensis qui per villam communiter discurrit », 1156 (cité par DU CANGE, IV, p. 229). Utilisation fréquente ensuite, en 1198, 1215, 1237 (Bibl. d'Avignon, ms 2834, f° 20 et 17 v°, CNDD 159 et les exemples cités par DU CANGE, *ex tabulario S. Andree*). Importance de la production de blé *supra* note 34.

zabat. D'où le sens général de trafiquant (trop) habile que connaissent le concile d'Aix-la-Chapelle de 779 ou Raoul Glaber vers 1040 [98]. On sait que dans le Nord le nom passera aux marchands de chevaux, les maquignons [99]. En Provence il prend le sens plus large de vendeur de seconde main, de détaillant pour les grains, le sel et le charbon : c'est le mangounié, et son commerce est désigné par l'adjectif mangounarié [100]. Il est frappant de voir qu'à Avignon, la revente avec un gain plus ou moins honnête soit, non pas le fait de marchands d'esclaves ou de chevaux, mais celui des marchands de grains, au point que dès 1150 le setier s'y transforme et dans son nom et dans sa quantité [101]. Et les tarifs de tonlieu nous indiquent bien que les citoyens d'Avignon vendent du blé, que du blé « sort de la ville d'Arles » [102].

Dans tous ces cas, c'est un commerce nouveau qui se mêle au vieux négoce du sel et du bois, que l'on entrevoit dès le xe siècle [103], mais sur lequel les textes se font beaucoup plus précis. Commerce fluvial surtout : sur le Rhône et sur la Durance remontent les barques de sel [104] ; les radeaux

98. Concile d'Aix, cap. 78 MGH R. Glaber, Lib. IV, cap. III, 6, édit. Prou, p. 96, et les références données par Du Cange aux lois d'Ethelred (979-1016).

99. Il est curieux de voir qu'au xe siècle, le commerce des esclaves et celui des chevaux de luxe était pratiqué par les mêmes marchands. Cf. *infra*, p. 228.

100. Cf. en vieux français le regrattier. Les *manganerii*, en tant que personnages apparaissent à S. Paul Trois Châteaux dès 1108 (texte cité *infra* note 109). Une version des *Statuta Arelatenses* les mentionne à côté des boulangers.

On voit ainsi le juif de Marseille Salomon faire la tournée des fermes à la Cadière avec quatre ânes pour acheter le miel et la cire dès 978 (Catalogue n° 21). Miel et cire sont d'ailleurs des produits d'un trafic au long cours.

101. Comme toutes les mesures marchandes, c'est une mesure plus « grosse » : la charge d'une bête de somme est de trois mangoniers (Bibl. Avignon, ms 2834 f° 17 v° — CSV, p. LXXXVIII qui donne deux mang. doit être corrompu) ; le mangonier vaut trois émines d'Avignon (Clouzot, *Pouillés...* p. 168). A Salon, Tarascon ou S. Gabriel, la charge de grains est de huit émines, soit quatre setiers (Clouzot... p. 2, et CSV, pp. LXXV et LXXXI). Le setier de grains en Provence varie de 46 à 56 litres (Machabey, *La métrologie dans les musées de province*, Troyes 1962, p. 268).

102. 1198 (Bibl. Avignon ms 2834 f° 20) et tarif d'Arles (*infra* note 206).

103. Cf. G. Duby, *les Villes du Sud Est de la Gaule, in* Settimane di Studi, Spolète 1959, p. 240. Les deux grandes zones sont le pourtour de l'étang de Berre, à *Ugium* — Lavalduc — où possèdent des salines le patrice Abbon, puis le comte Leibulf et l'église de Viviers (CSH n° XXII A ; Flammare CL n° 235 ; HGL, II, col. 414), et plus tard Montmajour (catalogue n° 5), Léou, où se trouve dès 822 un tonlieu sur le sel où viennent des Italiens (CSV n° 11, avec la confirmation de Lothaire en 841 et un plaid de 843/844, CSV n° 13 et 26. Sur Léou, cf. aussi GCNN Arles n° 319, 335, 429 et Marseille n° 164, et CSV n° 217), Caderot-Berre (le plaid de 844 s'y tient ; cf. ensuite catalogue n° 5, CNDD n° 31, CSV n° 201, GCNN Arles n° 441, catalogue n° 347, GCNN Orange n° 96) et Fos (Il y avait eu un tonlieu à Fos à l'époque mérovingienne ; c'est probablement lui qui s'est déplacé à Léou, Zeumer, MGH, *Formulae...* p. 107). Et aussi la région d'Hyères, au nom significatif — Areae, les aires de sel (première mention en 964 ? catalogue n° 5).

104. « Usus... in ratibus descendentibus sive per Durenciam sive par Rodanum et in navibus per eosdem fluvios sive cum sale sive cum quibuslibet mercimoniis ascendentibus », 1094 (CSV n° 686). Le tarif d'Arles A (*infra* note 206) distingue le *caupulus* (cité dans la *lex Burdundionum*, donc d'usage ancien sur le Rhône) et la *sardina* plus petite ; la comparaison des tarifs A et E montre que le *caupulus* tenait 60 muids de sel, soit 48 tonneaux (Machabey, *loc. cit.* pour le setier de grains). Mais en 1192, les chanoines de Valence se plaignaient que les marchands aient augmenté le tonnage (U. Chevalier, *Cart. de S. Pierre du Bourg*, n° 14) ; en en effet, le tarif d'Avignon de 1215 (Bibl. Avignon *loc. cit.*) montre que la contenance normale était montée à 80 muids, soit 64 tonneaux ; la *sardina* était moitié moindre que le *caupulus* (cf. tarif arlésien A).

de fûts coupés dans les montagnes du Gapençais et du Diois descendent les fleuves ; on suit leur descente en les voyant acquitter le péage à Valence, à Pont-Saint-Esprit, à Mornas, à Lers, à Avignon, à Arles, à S. Gilles sur le Rhône, à Sisteron, à Cavaillon, à Orgon sur la Durance, d'où ils passent sur le Rhône [105]. Et les textes nous montrent que la vente du sel est contrôlée et qu'il est entreposé dans des sauneries à S. Gilles, à Tarascon, à Avignon, à Pont-Saint-Esprit, comme à Salon ou à Berre [106].

A échanges nouveaux, coutumes nouvelles : les mangouniés ont besoin de lieux et de dates fixes pour recueillir les produits du sol ; les marchés ne leur suffisent pas, il leur faut des foires. Ainsi à Pont-Saint-Esprit : en 1164, le comte et les moines décident d'un commun accord d'y établir des foires à côté du marché et le comte les définit ainsi : « de nouveaux revenus perçus par nous sur le commerce des voyageurs » [107]. A l'autre bout de la Provence, à Gap, se tiennent, au milieu du siècle, deux foires, l'une pendant l'octave de la Nativité Notre-Dame, l'autre à la Saint Arnoul ; puisque le saint évêque est mort en 1074, la foire a donc été créée entre cette date et l'époque où un texte nous la signale [108]. D'autres foires sont mentionnées : à Saint Paul Trois Châteaux en 1108 [109], à Fréjus en 1138 [110], à Marseille en 1154 [111], à Avignon en 1168 [112], à Beaucaire dans la seconde moitié du XIIe siècle [113]. On peut raisonnablement supposer que, dès avant 1150, les mailles du filet jeté sur la campagne par le nouveau commerce sont en place.

Mais que font les marchands des villes de tout ce blé, de ce sel, de ces poutres, de ces draps « royaux », de ces cuirs « cordouans » ? Il faut maintenant poser le problème des liens de ce commerce des routes et des fleuves avec le grand commerce, venu de la mer.

Ce commerce, lorsque nous le rencontrons en Provence au XIIe, n'est nouveau ni dans ses routes, ni dans ses habitudes. Voilà bien des lustres qu'on voyait passer à Arles les marchands qui allaient en Espagne où qui

---

105. Catalogue n° 267 — Bibl. Avignon ms 2399 f° 17 — catalogue n° 263 et 273 — Livre Rouge d'Arles f° 431 v° — catalogue n° 318 — GCNN Arles n° 3234 — BLIGNY-BONDURAND, *op. cit.*, p. 234.

106. Arch. des B. du R. 56 H 5247 — catalogue n° 347, 363 et 370

107. « Ut per meam defensionem villa ipsa in commercio vientium magis augeri possit, statuimus quosdam novos redditus mihi et sibi... accipiendos... Nundinas autem nominatim et expresse permitto eis et laudo a prima die Paschae usque ad diem Jovis post octabas Paschae... Mercatum quod antiquitus in villa Saturnini die jovis statutum est... laudamus et confirmamus... », 1164 (catalogue n° 370).

108. « Nundinae quae donant octo dies ante navititatem S. Marie... Leuda aliarum nundinarum Beati Arnulfi ». Enquête du milieu du XIIe siècle ; l'état décrit est celui de la période 1090-1129 (Arch. des B. du R. B 281).

109. « Reliquerunt (vicarii) in manu episcopi credenzam quam querebant super manganerios et super massellarios et super reliquos homines... (debet vicarius) sediciones ac lites in foro et nundinis dirimere... » 1108 (GCNN S. Paul Trois Châteaux n° 53).

110. G. PISTARINO, *Genova e l'Occitania...* pp. 65 et 127. En 1190 elles sont au nombre de quatre, à la S. Laurent, à la S. Raphaël, à la S. Mathieu, et le quatrième dimanche après Pâques.

111. *Ibidem*, p. 111.

112. GCNN Avignon n° 272.

113. J. SABLOU, *Origine des privilèges de la foire de Beaucaire*, Fédération hist. du Languedoc méditer. (1956-1957), p. 147-165.

en revenaient : ç'avaient été les Virdunois qui descendaient le Rhône avec les esclaves razziés au-delà de l'Elbe [114], les épées rhénanes [115], les fourrures de vair [116]. Au retour passaient les petits chevaux espagnols, les barbes, qui remontaient d'Arles vers le Rhin, ou qui s'en allaient vers les cols des Alpes et vers la Lombardie [117]. Au XIIe, seulement, les esclaves ne viennent plus du Nord, ce sont les « Sarrazins » qui sont à présent vendus [118]. C'est là la première route, la route d'Espagne, celle que suivaient, pour gagner Le Caire et Antioche, les mystérieux « Raddanites » [119]. Au XIIe siècle, c'est la route habituelle des navires arlésiens [120], mais elle s'arrête en Espagne, sans doute à Barcelone [121]. Vers l'est, les nefs arlésiennes vont

---

114. Dont Liutprand nous indique qu'ils vendaient des esclaves en Espagne (*loc. cit.*, p. 338). Ils sont les guides des ambassades au calife de Cordoue, et les ambassadeurs se joignent à leurs caravanes dont on nous décrit le trajet (VERLINDEN, *l'esclavage dans l'Europe médiévale*, tome I, Bruges 1955, p. 222). Ces marchands étaient déjà importants au VIe siècle et ils le sont encore à la fin du Xe (LATOUCHE, *Les origines de l'économie occidentale*, Paris 1956, pp. 130 et 246).

115. Les « raddanites » en vendaient (*infra*, note 119). Elles passaient les tonlieux alpins, et les marchands saxons en offraient, en redevance, au trésor royal à Pavie. *Honorantiae, loc. cit.* En Russie, 60 % des épées découvertes seraient venues de la région rhénane (fin IXe, début X^e); en Norvège, on trouve les marques d'armuriers francs. Cf. SALIN, *La civilisation mérovingienne*, Vol. III, Paris 1957, p. 110 et 111. FINO, *Notes sur la production du fer et la fabrication des armes en France au M.A.*, Gladius 1963, p. 47 et ss. — FRANCE-LANORD, *La fabrication des épées mérovingiennes et carolingiennes*, Rev. de métallurgie, 1952, p. 411 et ss.

116. Les juifs en devaient chaque année un certain nombre de pièces, cf. *infra* note 129. Il est remarquable que les sarrazins qui enlevèrent l'archevêque en 896 aient demandé pour rançon 150 livres d'argent, des manteaux, des esclaves et des épées (F. GRAT, *Annales Bertiniani*, Paris 1964, p. 166).

117. Mentions de chevaux de Barbarie, milieu du XIe et 1056 (CSV n° 212 et 342) et d'un âne espagnol, c. 1032 (CSV n° 237), dans la région d'Arles. Ce sont les fameux Alfaraz ; Jean VIII en demandait en 876 au roi de Galice (PL tome 126, col. 664) ; au Xe siècle, ils passent au tonlieu de Suze pour aller en Lombardie (*Honorantiae*) au XIe, on les mentionne dans le tarif de péage de Jaca et de Pampelune (RENOUARD, *Etudes d'Histoire médiévale*, Paris 1968, p. 113) ; au XIIe, la vicomtesse de Narbonne en envoie au roi de France (RHF, XVI, p. 92, n° 282) et ils sont mentionnés dans le tarif de passage du Rhône à Avignon (GCNN Avignon n° 296). Cf. aussi un drap Zaf-al-bafal, c. 1030 (CL n° 31) et une fourrure de genette, 1101 (CNDD n° 2).

118. Mentions de *captivi* dans le tarif A d'Arles et de *servi sarraceni* dans le tarif B (cf. *infra* note 206).

119. LOPEZ et RAYMOND, *Medieval trade in the mediterranean world*, New York 1955, p. 30.

120. En 1155, l'archevêque, les Baux et les Porcelet, soit les trois seigneurs d'Arles, s'engagent à interdire le mouillage à tous autres navires que ceux des gênois ; ils ne font que deux exceptions qui vont de soi : les navires des pèlerins et les « naves arelatensium per pelagus in Yspania euntium et inde redeuntium », (*Liber jurium reipub. Gen.* II col. 5). Les navires des arlésiens aident le comte de Barcelone contre Majorque en 1113 (SOBREQUES-VIDAL, *Els Grans comtes de Barcelona*, Barcelona 1961, p. 176) et participent avec les Lombards à une expédition sur les côtes du Portugal en 1120 (PISTARINO, *op. cit.*, p. 75). Le *Liber Maïolichinus* indique que sept navires arlésiens étaient commandés par Raimon des Baux et sept autres par Raimon Sacristan (des Porcelet), soit, le détail vaut d'être remarqué, par les Seigneurs du Bourg Neuf et du Bourg Vieux (MURATORI, *SS. rerum italicarum*, VI, p. 100). En 1165, les navires arlésiens aident les Pisans à couper la route de la mer à Alexandre III pour le compte de Frédéric Barberousse (Jean de Salisbury, lettre 140, cité par M. FOURNIER, *op. cit.* p. 30).

121. Les riches marchands barcelonais que décrit P. BONASSIE (*Une famille de la campagne barcelonaise et ses activités économiques autour de l'an mil*, Annales du Midi, 1964) ont des alleux dans la banlieue immédiate de la cité, dans un quartier qui se nomme Provençals. Cf.

peut-être jusqu'à Gênes [122], mais certainement pas plus loin. La route, à partir de là, est aux Lombards, Gênois ou Pisans : leurs luttes féroces pour la maîtrise de la mer durant tout le XIIe siècle [123], la prépondérance technique et numérique écrasante de leur marine [124] montrent qu'il devait être difficile pour les « provençaux » de passer outre [125].

Les lombards ont pris ici le relais des « Grecs », c'est-à-dire sans doute des Amalfitains [126]. Ces marchands byzantins sont attestés à Arles dès 921 où la concession du portus à l'archevêque Manassès les distingue soigneusement des autres [127], sans doute parce que, comme à Pavie [128], ils se sont abonnés au tonlieu ; au milieu du XIe siècle, ce « tribut des grecs » existait encore et il consistait en lingots d'argent [129]. Mais vers la fin du XIe siècle, les Pisans et les Gênois, qui connaissaient d'ailleurs depuis longtemps la route des ports provençaux, prennent le pas sur Amalfi. C'est la fin de la

---

aussi l'épisode romanesque de l'enlèvement d'Almodis à Narbonne par les marchands juifs montés sur des galères de Tortosa, (BONASSIE, *La Catalogne...* p. 416).

122. Le tarif gênois de 1128 fait allusion aux marchands barcelonais qui vendent des esclaves sarrazins et aux provençaux qui vendent du sel (PISTARINO, *op. cit.*, p. 65).

123. Sur ces multiples péripéties et notamment les batailles de l'été 1165 vers Arles et S. Gilles, cf. PISTARINO, *op. cit.* p. 106.

124. Le *Liber Maïolichinus* donne une idée du rapport des forces en 1113 : les Arlésiens des bourgs ont quatorze vaisseaux, les Narbonnais vingt, ceux de Montpellier autant, et les Pisans quatre-vingts (MURATORI, *loc. cit.*). En 1119, la flotte gênoise compte quatre-vingt galères et une soixantaine d'autres navires (PISTARINO, *op. cit.* p. 77).

125. Cf. le traité de 1162 entre Frédéric Barberousse et les Gênois, où l'empereur donne à la commune « liberam potestatem expellendi Provintiales et Francigenas euntes per mare vel reddeuntes a negotiatione totius Sicilie et totius Maritime et Calabrie et Apulie et omnis principatus Venetorum » (MGH., *Legum sectio* IV, tome I n° 211).

126. Sur l'importance des Amalfitains au Xe siècle, cf. R.H. BAUTIER, *Les grands problèmes politiques et économiques de la Méditerranée médiévale,* RH 1965, p. 7 ; RENOUARD, *Les hommes d'affaire italiens du Moyen-Age,* Paris 1949, p. 20 ; J. GAY, *L'Italie méridionale,* p. 585. H. ANTONIADIS-BIBICOU note une recrudescence du commerce de la Langobardie avec Byzance à partir de la fin du IXe siècle (*Recherches sur les douanes à Byzance,* Paris 1963, pp. 141 et 212).

127. « Portus tam de Graecis quam ex aliis advenientibus hominibus », 921 (ARP n° 49). PIRENNE estimait que ce texte était « une confirmation de routine » (*Histoire économique de l'Occident médiéval,* p. 136, note 1). Les diplômes royaux précédents (854, Th. SCHIEFFER, MGH., *Dipl. Karo Lothaire,* Berlin 1966, n° 134, 879/886 ARP n° 21) ne mentionnent ni la monnaie ni le tonlieu, dont Louis l'Aveugle précise d'ailleurs qu'il est donné par lui. On sait que l'archevêque Ithier a frappé monnaie (cf. *infra* p. 233).

128. *Honorantie civitatis Papiae,* HOFMEISTER, MGH., SS XXX, 2, 1444 ; une redevance annuelle les dispense de payer la *decima* du tonlieu. Cf. aussi J. LESTOCQUOY, *Les villes de Flandre et l'Italie,* Paris 1952, p. 17, note 1.

129. Au début du Xe siècle, l'archevêque de Vienne Alexandre, chancelier de Louis l'Aveugle, avait essayé de se faire attribuer la prééminence sur Arles, et avait forgé entre autres faux, un diplôme de Charles le Chauve (854, TESSIER, *Actes de Charles le Chauve,* II, n° 473), qui lui attribuait l'abbaye S. Geniès d'Arles, les marais au Nord de la cité jusqu'à la « Tour Dolosive » (*Turris Fraudulentis*), trois juifs avec leur bénéfice, et « donativum censuale in speciebus vel pigmentis Graecorum », qu'il faut traduire « la taxe annuelle sur les épices apportées par les Grecs ». Un autre texte, de 1031/1069 (BN lat. 13925 f° 96) indique que l'archevêque avait abandonné à Uc des Baux « canonem varium quem habebat per singulos annos de judeis, ac libram argenti quam in graecorum tributis habebat » ; il y avait donc encore à cette époque un tribut annuel en lingots d'argent payé par les « Grecs », et dont l'archevêque avait une partie. Sur les faux viennois, cf. A. GROSPELLIER, *Mélanges d'Hagiographie dauphinoise, in* Bul. Hist. Eccl. des diocèses de Valence etc., 1900-1901, pp. 44 et ss.

prépondérance byzantine dans les mers de Provence et le début de celle des Lombards [130].

La route des épices et de la soie est donc en des mains étrangères, et les marchands provençaux sont réduits pour l'essentiel à un rôle d'intermédiaire. Qui sont-ils ? Des chrétiens parfois : au XIe siècle, un Gontard est *negociator* à Fréjus ; un texte marseillais mentionne un *mercator* [131] ; Raoul Glaber fait d'un « homme de peu, citoyen de Marseille », le héros d'une anecdote édifiante qui se passe en Espagne [132]. Nous entrevoyons un peu mieux la communauté juive d'Arles qui se regroupe entre le marché, la monnaie et la porte par laquelle on va vers le port du Rhône [133]. Les juifs arlésiens sont alleutiers autour de la cité : *Bonum Nomen,* fils de *Salvaturicus,* possédait trois modiées de terre en Argence, à *Adavum,* en propriété, près des terres appartenant à Vidal et à Durand, également hébreux, plusieurs autres modiées au Trébon — *in loco Crigulione* — avec Abamari Ben Astruc. Celui-ci possédait avec Joseph « Bonafé » d'autres terres à la Roquette, au sud de la cité, près du Rhône [134]. Ces terres sont appelées indifféremment les terres d'Archimbert — Archimbert, sire de Bouc, qui s'était fait moine à S. Victor de Marseille [135] — et les terres des juifs. Ben Astruc et Joseph disent d'ailleurs que ce sont leurs alleux. Peut-être les avaient-ils acquises à la suite d'un prêt sur gage foncier [136] ? Ces alleutiers juifs arlésiens font penser à leurs frères de Narbonne [137]. Ils avaient aussi des bénéfices fiscaux [138] et l'un d'eux, Samuel, tenait de l'archevêque Manassès,

130. L'utilisation de la route Arles-Pise du VIIIe siècle au Xe (GANSHOF, *Note sur les portes de Provence,* PH 1938), est à mettre en relation avec l'impression qu'a eue PISTARINO en examinant les textes du XIIe, d'une prépondérance ancienne de Pise sur les côtes de Provence (*op. cit.* pp. 83 et 117). A Nice en 999, paraît Ugo, juge de Gênes, aux côtés du comte de Provence (CSP n° 1). On peut comparer aussi, malgré la lacune chronologique, le texte sur le péage du sel en 822 (*supra,* note 103) et le tarif gênois de 1128 (*supra,* note 122). Dès 1006, la flotte Pisane intervient en Calabre (GAY, *op. cit.*, p. 369). Les Italiens tenaient des terres de l'évêque de Marseille, à Roquebarbe en 1164 (GCN Marseille n° 163), et les Lombards sont mentionnés dans les tarifs arlésiens dès 1143/1149 (note 216).

131. 1032 (C.L. MORIS n° 31), Marseille fin XIe (Arch. des B. du R. 1 H 67, 323).

132.« In remotioribus Africe partibus... homuntio quidam civitatis Massiliensis, unus ex illis circuitoribus regionum qui nunquam saturantur experentia et novitatibus locorum » (Lib. V, § 13, PROU, p. 125).

133. GCNN Arles n° 267, « In civitate Arelatem juxta muros ubi monetam vocant que mansiones habent consortes... mansiones que fuerunt Manassei judei... » (AST f° 72). Et les confronts sont ceux des « casales disruptos in ipso mercato qui fuerunt judeis Adali », (*Ibidem,* f° 104), ce qui correspond à la position du quartier juif donnée par Véran : « La juiverie comprenait presque toutes les îles à droite et à gauche de la rue Neuve, et encore une partie de l'Isle où est la maison de Monsieur de Barras-Lansac, au midi de la ci-devant église S. Martin ; la synagogue ou Ecole était à l'emplacement qu'a occupé dans la suite la confrérie des Pénitents Bleus » (Bibl. Arles ms 491) ; le cimetière, le Mont Juif (aujourd'hui lieudit au nord des Alyscamps) est mentionné dès le XIIe siècle (GCNN Arles n° 3234).

134. 1008, 1021, 1045 et 1046 (GCNN Arles n° 305 ; CSV n° 187, 194 et 179).

135. Donation où il nomme ses autres terres arlésiennes, à Méjannes, en 1034 (CSV n° 255).

136. Les terres étaient en effet tenues du comte par Archimbert et de lui, par d'autres. On ne voit guère dans ces conditions quel rôle Joseph et Abamari jouaient dans l'affaire. Autres « *terrae hebreorum* » 961, 977, 975, en Argence et au Trébon (GCNN Arles n° 260, 280, 305 ; AST f° 21 v° ; BN lat. 12685 f° 245).

137. Lettre d'Etienne III à l'archevêque Arbert (P.L. tome 125, col. 875). Faux du XIe ?

138. Cf. texte cité, *supra,* note 129.

deux manses [139]. La tradition des juifs de cour n'était donc pas éteinte à Arles au Xe siècle. A Avignon, à Marseille, les quartiers juifs étaient aussi groupés au point le plus commerçant de la cité [140]. Comme les Grecs, les marchands juifs d'Arles ont dû s'abonner au tonlieu. Ils sont mentionnés dans le diplôme royal de 921 et payaient en 1031/1069 une taxe — *canon* — qui consistait essentiellement en fourrure de vair [141]. Au XIIe apparaissent des redevances en poivre, en lamproies, en manteau de vair doublé de samit [142]. Ces taxes montrent bien que les juifs d'Arles n'ont pas cessé de s'intéresser au commerce des produits exotiques. Le niveau de fortune qu'ils ont atteint au XIIe siècle montre que leur rôle économique n'était pas sans profit ni sans importance [143]. Mais encore une fois, ce rôle n'est en rien nouveau au XIIe siècle.

Non ; ce que les textes à présent nous montrent c'est la liaison qui s'accomplit entre production locale et commerce au long cours.

Lorsque les Lombards viennent aux foires de S. Gilles ou de Fréjus, ce n'est pas seulement pour apporter la soie et les épices et remporter les fourrures ; ce qu'ils chargent dans leurs grosses nefs c'est le sel qui passe au tonlieu de Gênes [144], le bois descendu par le Rhône jusqu'à S. Gilles [145] ; c'est le blé, ce blé que les Hospitaliers ont l'exorbitant privilège de vendre, toujours à S. Gilles, sans payer le sestaralage [146] ; ce sont les ballots de drap qui ont passé tous les tonlieux [147].

Le grand commerce n'est plus seulement un commerce de luxe et de

---

139. GCNN Arles n° 261.

140. Sur l'ancienneté de la communauté arlésienne, cf. B. BLUMENKRANZ, *Juifs et Chrétiens dans le monde occidental,* 430 — 1096, Paris 1960, pp. 35 et 42. Blumenkranz pense que les juifs méridionaux ont abandonné toute activité commerciale. Remarquons cependant que le quartier juif à Avignon est situé à la fin du Xe siècle « in arce superiore », c'est-à-dire l'emplacement des rues : vieille et petite juiverie, juste au-dessus du Portus du Rhône (CPA, p. 134). Le quartier juif de Marseille est aussi attesté anciennement, et il est situé dans la cité juste au Nord du Palais du Tholonée, l'ancien bâtiment du tonlieu au Bas-Empire, près de la place dite « du grand Mazel » et de la porte Est, donc de la corne du port (GERIN-RICARD, AVM p. XXVIII — sur le Montjuif de Marseille, cf. FEVRIER, *op. cit.* p. 170). A Avignon comme à Marseille, on connaît aussi des alleux juifs, en 923 et 982 (GCNN Arles n° 244 et CPA n° 72), en 978 et au début du XIe, où un hébreu porte le nom de Bonus Homo de Scola (de la synagogue ?) et où l'on en voit un autre se livrer au commerce du miel (CSV n° 23, 77, 40, 36 ; arch. des B. du R. 1 H 13, 51, avec le toponyme *Rua Judaïca*). Il est difficile, dans ces conditions, de nier que les communautés juives, ou certains de leurs notables, ne soient pas engagés dans des activités commerciales (cf. *infra* p. 305, au XIIe les « juifs de l'archevêque »).

141. Texte cité *supra* note 129.

142. « Usus judeorum piperis et lampredarum », début XIIe (Livre Rouge f° 48) est distingué ainsi du « canon varium de judeis ». Il était de 30 livres de poivre (VERAN, Bibl. d'Arles ms 491, p. 73). Les lamproies ont été inféodées, si l'on peut dire, à divers nobles ou officiers du chapitre. En 1150/1156, le « pelisseron » de vair doublé de samit dû à l'archevêque était remplacé par un équivalent monétaire de 40 sous. Les Baux avaient une chape pour 7 sous. La faiblesse des équivalents suggère une conversion ancienne (Cf. *infra* p. 305, note 102).

143. Cf. *infra,* p. 307.

144. Cf. *supra,* note 122.

145. Cf. *supra,* note 105.

146. « Petrus abbas... dono... sestaralaticum istius ville ..: de omni vestro blado, ut nunquam alienum ibi bladum vel farinam vendatis », 1139 (Templ. de S. Gilles f° 2).

147. Tonlieu d'Arles, cf. *infra,* note 206, — Tonlieu de S. Gilles du XIIe (BONDURAND, *op. cit.,* p. 234). Peut-être aussi l'étain, le fer et le plomb, mentionnés dans les tarifs.

rareté ; il est, sans doute dès le début du XIIe siècle, solidement lié au jeune artisanat des cités et à l'essor de la production agraire, au moins de celle des terroirs les plus proches des villes.

Ce lien que la description du cadre matériel des échanges nous a permis d'apercevoir, nous allons le constater aussi en tentant d'établir les rapports qui unissent l'accroissement des échanges et celui de la masse monétaire.

— ACCROISSEMENT DES ÉCHANGES — ET MASSE MONÉTAIRE —

Trois sortes de monnaies apparaissent dans les textes provençaux : une monnaie qu'on pourrait dire, faute de mieux, « innommée », la monnaie ottonenque [148] et la monnaie mauguenque, ou monnaie de Melgueil [149]. Lorsque, vers la fin du XIe siècle, la monnaie ottonenque et la monnaie mauguenque se seront partout répandues, on éprouvera le besoin de qualifier la monnaie « innommée », spécialement lorsque les paiements seront faits en monnaies différentes : on dira alors « les vieux deniers »,

---

148. *Ottonenchi denarii* ou encore *Ottoneta moneta* (1070 — CSV n° 218) : Arles avant 1029 (GCNN Arles n° 317) — Marseille S. Marcel : 1028-103 (CSV n° 42) — Auriol : 1028-1031 (CSV n° 42) — Gallian : avant 1032 (MORIS et BLANC CL n° 31) — Aix : 1030-1048 (Arc. des B. du R. 2 G 1-2) Marseille ? 1051 (CSV n° 51) — S. Maximin : avant 1053 (CSV n° 305) — S. Maximin : milieu XIe (CSV n° 302) — Tourves milieu XIe (CSV n° 33) — Marseille S. Marcel : 1057 (CSV n° 53) — Brignoles : 1057 (CSV n° 544) — Arles : 1059 (GCNN n° 405) — Pierrefeu : peu après 1060 (CSV n° 474) — Fréjus : 1047-1060 (CSV n° 565) — Gap ? 1062 (CSV n° 692) — Marignane : 1070 (CSV n° 218) — Marseille : avant 1073 (CSV n° 89) — Marseille : 1065-1073 (CSV n° 67) — Forcalquier : 1065-1074 (CSV n° 664) — Marseille : 1076 (CSV n° 87) — Marseille : 1077 (CSV n° 88) — Marseille : 1050/1079 (CSV n° 36) — Marseille : 1065-1079 (CSV n° 39) — Peirrefeu : 1065/1079 (CSV n° 50) — Forcalquier : 1065/1079 (CSV n° 663) — Marseille : 1065/1079 (CSV n° 84) — Nice : 1081 (CN n° 20) — Villecroze : avant 1096 (Arc. des B. du R. 1 H 67-324 redevances) — Cannes : 1094 (MORIS et BLANC CL n° 116 — Puget-Théniers : 2e moitié du XIe (*Ibidem* n° 308 — redevances) — Marseille : 2e moitié du XIe (CSV n° 95) — Vol Bodon (près de Vaison) : XIe (GCNN tome 1 col. 448 — redevances) — Correns : 2e moitié du XIe (DU ROURE RHP I p. 85) — Correns : 2e moitié du XIe (*Ibidem* p. 186/197) — Les Baux : 1104 (CSPM n° 10). Puis on ne trouve plus qu'une mention de 15 000 sous à Marseille vers 1120 (GCNN Marseille n° 163 et pour la date, *ibidem*, n° 138).

149. *Maugencos* (XIIe) (Arc. des B. du R. 56 H 5247) : La Laurade (Tarascon) : peu après 1052 (CSV n° 181-191) — Arles : 1055 (CSV n° 153) — Arles : 1059-1063 (DU ROURE RHP I, p. 147-148) — Arles : 067 (CSV n° 162) — Arles : 1057-1069 (GCNN Arles n° 353) — S. Gilles : 1064/1076 (CSV n° 168) — ? 1076 (CSV n° 1059) — Brignolles : peu après 1079 (CSV n° 341) — Marseille : 1093 (CSV n° 138) — Châteaurenard : 1096 (MORIS et BLANC CL n° 239) — Marseille : 1096 (CSV n° 143) — Marseille : 1096 (CSV n° 1091) — Le Puget, près de Pierrefeu : 1096 (Mélanges Busquet, p. 26) — Marseille : 1097 (CSV n° 144) — Arles : 1084/1096 (Arc. des B. du R. 2 H 10 — redevances) — Orange : 1085/1096 (GCNN Orange n° 55) — Marseille : fin XIe (Arc. des B. du R. 1 H 69-333) — Roquemartine : fin XIe (CSV n° 1096) — Arles : fin XIe (GCNN Arles n° 430 — redevances) — Brauch : fin XIe (MORIS et BLANC CL n° 203) — Val Bodon : XIe (GCNN tome I col. 448 — redevances) — Marignane : fin XIe (GCNN Arles n° 433) — Piolenc, Riez, Champtercier, Ganagobie, Valensoles, S. Laurent près d'Apt, Revest du Bion, Sorgues fin XIe (CLU n° 4395 — redevances) — Marseille : fin XIe (CSV n° 1087) — Avignon 1101 (CNDD n° 2) — ? 1079/1103 (CSV n° 326) — Mévouillon : fin XIe (CSV n° 813 — redevances) — S. Remy : 1104 (CSPM n° 9) — S. Remy : 1104 (CSPM n° 10). Pour le XIIe cf. *infra* p. 237.

« les deniers forts », ou bien l'on emploiera le terme archaïque de « *nummus* », qui prend alors un sens très précis [150].

Cette monnaie, la plus fréquente au départ dans les textes, n'est autre que l'ancien monnayage local, c'est-à-dire le monnayage arlésien. Lorsqu'un grand Provençal, Isnard, promet à l'évêque d'Autun, en 972, de lui verser un cens pour la *villa* de Mague, il précise que la somme sera d' « une livre de notre monnaie », de monnaie provençale [151]. Les deux ateliers carolingiens étaient à Marseille et à Arles [152]. Celui de Marseille a cessé de fonctionner après le règne de Louis le Pieux, vers 840 [153]. Là encore, nous trouvons un indice de la décadence de Marseille à cette époque. L'atelier arlésien, par contre, continue à fonctionner bien après le milieu du IXe siècle. Nous connaissons une frappe de Charles le Chauve, empereur (875/877), quatre de Carloman (881/884), treize de Charles le Gros (884/887). A partir de cette date, le monnayage décroît : on n'a plus qu'une frappe au nom de Louis l'Aveugle (890/928) [154]. C'est précisément à cette époque, entre 890 et 920, que la monnaie d'Arles est donnée par ce roi à l'archevêque Rostaing [155]. Ainsi s'expliquent trois frappes de très mauvaise qualité, où le nom d'Arles est à peine lisible [156], deux frappes anonymes [157], et deux frappes à l'initiale de l'archevêque Ithier (963/985) [158]. Si l'on s'en tient aux frappes qui nous sont parvenues, il est évident que la monnaie d'Arles a frappé, en moins de 10 ans, de 881 à 887, plus du double de ce qu'elle a frappé plus tard de 890 à 963/985, en près d'un siècle. La monnaie d'Ithier n'est qu'une survivance à côté de celle de Charles le Gros [159]. Il n'est donc pas étonnant qu'en 1046, la monnaie d'Arles ne soit plus qu'un lieu-dit, non loin du quartier juif et du rempart sud-ouest de la cité [160].

Considérons maintenant le poids des deniers arlésiens, ou plus exactement le poids moyen, puisqu'on sait que dans les frappes médiévales, « le fort porte le faible », c'est-à-dire que seuls sont précis le poids total du lingot,

150. 1055, « Decem solidos in denariis nummorum » (CSV n° 597). XIe : « IIII solidos de nummis » (CL Moris et Blanc n° 48). 1081 : Une monnaie vieille (nummi) se distingue des ottonencs et des maugencs (CN n° 20). XIe, « denarios fortes » (CSV n° 1093). 1129/1138, « trecentos solidos veterum denariorum » (GCNN Arles n° 518). 1145 : « Quingentos IIII solidos, CCCL solidos malgoriensis monete, et CL solidos de nummis et V nummos » (Arch. des B. du R. 56 H 5174).

151. GCN, tome IV, instr. col. 72.

152. Deux frappes avignonnaises sont exceptionnelles. Steyert, *Nouvelle histoire de Lyon*, Lyon 1895/1899, tome II, p. 174, il s'agirait d'un denier de Louis le Pieux, et Prou n° 851, denier au nom de Charles.

153. On ne possède de pièces que pour les règnes de Charlemagne et de Louis, cf. Prou n° 884, 885, 886. A mettre en rapport avec le pillage de la ville en 848 cf. *supra*, p. 16.

154. Respectivement Prou n° 861 — n° 863 à 868 — 869 à 881 — 882 et 883.

155. ARP n° 49.

156. Prou n° 887 à 890 ?

157. Poey d'Avant n° 4087 et 4092.

158. *Ibidem*, n° 4085 et 4086, et J. Lafaurie, *Le Trésor monétaire du Puy, in* Rev. Num. 1952, n° 149.

159. Faut-il mettre ces frappes en relation avec l'argent apporté par les Grecs ? (Cf. *supra* p. 229). En 869, la *familia* de l'archevêque avait pu dépenser 150 livres d'argent pour le racheter (*supra*, note 116).

160. « In civitate Arelatensi, juxta muros, ubi monetam vocant » (Arc. munic. Arles, AST f° 72 — pour la date, voir *ibidem*, f° 104). Est-ce la « tour du Fabre » ?

et le nombre de pièces que le monétaire en tire ; on s'aperçoit qu'il a baissé assez nettement : alors que les deniers de Charles le Chauve pesaient 1,70 g, les deniers de Carloman pèsent en moyenne 1,63 g, ceux de Charles le Gros 1,56 g, l'unique denier de Louis l'Aveugle 1,34 g, les frappes ultérieures 1,22 g, et les deniers d'Ithier 0,88 g. Cependant, nous l'avons vu, ces dernières frappes sont peu nombreuses, la grande masse des deniers arlésiens existants alors est sans doute d'un poids plus élevé qu(1,20 g.

Ce poids est légèrement supérieur à celui du denier ottonenc dont on trouve des mentions aux XIe presque partout en Provence [161]. Ce denier est frappé à Pavie [162] au nom des empereurs Otton Ier (962/973) ou Otton II (973/983), puis d'Otton III (983/1002). Il existe en effet à Pavie des masses d'argent qui permettent une frappe régulière de la monnaie. Lorsque la cité fut incendiée par les Hongrois en 924, les 200 survivants parvinrent à ramasser dans ses ruines plus de huits muids de deniers, soit, s'il s'agit d'un muid de grain, plus de 10 000 kg de pièces. Le trésor royal reçoit au moins 150 livres d'argent par an des communautés de marchands saxons, vénitiens, amalfitains. Neuf maîtres des monnaies payent annuellement pour l'exercice de leur profession, 12 livres de deniers de Pavie au Trésor, et quatre au comte Palatin. Le poids et le titre des deniers doivent rester constants, et pour 12 deniers, le maître en conserve deux [163]. Si l'on accepte ses chiffres, on peut en déduire que les maîtres frappaient plus de 400 000 deniers dans l'année. La monnaie de Pavie est donc une monnaie très abondante. C'est aussi une monaie stable, et proclamée telle ; son poids moyen est de 1,14 g [164]. Elle paraît pour la première fois en Provence dans le testament d'un grand, Franco, père d'un archevêque d'Arles, avant 1029. Nous en connaissons 34 mentions, qui concernent des sommes de 3 à 300 sous, avec un volume total d'à peu près 2 000 sous. Vers la fin du siècle le denier ottonenc se glisse dans les redevances dues par les paysans [165].

La monnaie de Melgueil paraît en Provence un peu plus tard que la monnaie ottonenque. Elle est frappée au château de Melgueil, aujourd'hui Mauguio, près de Montpellier, à une soixantaine de kilomètres à l'ouest d'Arles. Il s'agit d'une déformation de la monnaie de Narbonne frappée soit au nom du vicomte Raimon (996/1023), soit au nom d'un marquis

---

161. Après une dévaluation sous Louis le Pieux (1,36 et 1,32 gr de fin pour un poids de 1,58 et 1,63 gr), les deniers, sous Charles le Chauve, avaient retrouvé la même teneur en fin qu'ils avaient sous Charlemagne, 1,63 gr. (GHIJSSENS, *Hypothèse sur l'évolution du poids et de la teneur en fin des deniers carolingiens sous les successeurs de Charlemagne, in* Bull. Cercle Etudes Numis. Bruxelles 1965, p. 60).

162. CN 44 identifie expressément monnaie ottonenque et monnaie de Pavie.

163. FLODOARD, édit. Lauer, Paris 1906, p. 22. *Honorantie civitatis Papiae,* HOFMEISTER, MGH. SS 30, II, 1444 et ss. et l'étude de SOLMI, *L'administrazione ftnanziaria del regno italico nell' medioevo,* in Boll. della società pavese di storia patria 1931, p. 5.

164. LAFAURIE, *op. cit.* p. 167. — *Corpus numorum italicorum,* tome IV 1913, p. 478 (non vidi). — G. BRAMBILLA, *La moneta di Pavia,* 1883 (non vidi). On peut supposer un poids moyen théorique de 1,20 g et une taille de 9 deniers, soit autour de 0,90 de fin.

165. La symétrie jusque vers 1050, avec l'évolution des deniers dans le Latium, décrite par P. TOUBERT, *op. cit.,* p. 562 et ss, est curieuse.

de Gothie de ce nom [166]. La première mention dans les textes d'une monnaie narbonnaise est de 990 [167]. La monnaie de Melgueil peut donc être difficilement plus ancienne [168]. On sait peu de choses sur elle au XIe siècle. Le titre le plus élevé que l'on connaisse est de 638/1 000e, avec des pièces pesant en moyenne 1,10 g ; mais ce n'est pas le titre le plus ancien, puisqu'il y a eu une dévaluation qui se situe autour de l'année 1076 [169]. La première mention en Provence des mauguencs est de 1052, et pendant tout le XIe siècle ils se maintiennent au niveau des ottonencs : de 3 à 400 sous pour un volume total d'à peu près 2 000 sous en 24 mentions. C'est seulement au XIIe siècle que la monnaie mauguenque supplantera les ottonencs. La seule autre monnaie qui paraisse en Provence est la monnaie viennoise utilisée trois fois par le prieur victorin de S. Geniès d'Arles, entre 1040 et 1045 [170].

Que nous apprend ce tableau des monnaies utilisées en Provence ? D'abord que la frappe arlésienne, apparemment abondante à la fin du IXe siècle ce qui correspond vraisemblablement à la belle époque du commerce amalfitain, se ralentit pendant le Xe et disparaît, probablement vers l'an 1000, en même temps que le poids des pièces diminue. C'est l'image d'une région où l'on achète peu, d'un atelier monétaire qui n'a plus de métal précieux. Le tribut en argent fin que payent les marchands grecs, et qui devait être une des sources où s'alimentait cet atelier, a sans doute décru en importance. Mais voici que des pièces pavésanes, frappées à la fin du siècle s'introduisent en Provence : plus faibles de poids que les dernières frappes arlésiennes importantes, ce sont des pièces sûres, que l'on accepte très loin de leur point d'émission. L'argent des Grecs est donc remplacé par les pièces des Lombards. La diffusion des ottonenques a une double signification : d'une part, elle montre que « la Provence » vend plus à « la Lombardie » qu'elle ne lui achète, le solde des opérations est donc en sa faveur. D'autre part, il est clair que l'on ne tente pas de fondre les pièces pavésanes pour frapper de la monnaie arlésienne ; c'est à la fois que le marché local peut se contenter de la masse des pièces anciennes encore en circulation, usées et rognées, et que le marché « international » est dominé par Pavie. La route des Alpes l'emporte sur celle de la mer. Les ottonenques s'accumulent donc en Provence ; elles finissent même par se glisser dans la circulation locale (puisqu'on les voit aux mains de paysans),

166. C'est l'avis général, cf. M. CASTAING-SICARD, *Monnaies féodales et circulation monétaire en Languedoc* (Xe-XIIIe siècles), Toulouse 1961 p. 42, et H. ROLLAND, *Monnaies des comtes de Provence,* Paris 1956, p. 103. Marquis de Gothie : par exemple Raimon-Pons de Toulouse.

167. HGL, V, col. 318.

168. On la fait dater de 943, sur la foi d'un texte daté du règne d'un Louis, roi de France, qui est plutôt Louis VI, que Louis IV, le texte serait donc de 1115, HGL, II, col. 110 — d'autres textes qui mentionnent le melgueil sont de 1084, 1088, 1090, 1093, HGL, V, col. 687, 707, 716 et 639.

169. Cf. *infra,* note 178 — Dès 1076 et la fin du XIe, trois textes parlent de « Mauguencs vieux » (CSV n° 1059 et 1096, CL, MORIS et BLANC n° 239). Sur les dévaluations ultérieures, cf. *infra,* note 178.

170. 60, 12 et 15 sous (CSV n° 172, 166 et 194). L'abbaye de S. Victor reçoit un cens annuel de l'hôpital de Vienne, ces mentions ne sont donc guère significatives. En 1051, le titre était de 833/1000e (ROLLAND, *op. cit.*, p. 103).

où leur poids moins élevé et leur titre plus stable que celui des deniers arlésiens les font apprécier. C'est alors qu'elles paraissent dans les textes. Enfin, vers le milieu du XIe siècle, vient son tour le denier de Melgueil, qui concurrence les ottonenques, puis les élimine, puisqu'il est d'un poids à son origine légèrement plus faible qu'elles [171]. La fréquence croissante de ses apparitions nous montre qu'une frappe a repris dans la région du Bas-Rhône, près de Montpellier, nécessitée par un véritable développement des échanges locaux et alimentée par des surplus d'argent. C'est alors que doit débuter le commerce des Gênois et des Pisans.

Au début du XIIe siècle les Mauguencs se répandent largement en Provence, comme d'ailleurs dans tout le Bas-Languedoc [172]. Aucune autre monnaie n'oppose une concurrence sérieuse à la monnaie de Melgueil, ni la monnaie ancienne dont les pièces doivent être singulièrement usées, ni la monnaie de Valence qui ne paraît que rarement et seulement dans le Nord [173], ni les deniers de S. Gilles, ou giliencs, qui sont de même titre que les mauguencs, proviennent d'un atelier voisin et ne se répandent guère [174], ni la monnaie gênoise qu'on ne trouve qu'à Nice [175]. Le melgueil est donc la monnaie incontestée jusque vers la fin du siècle où paraissent des monnaies provençales : Guillermin de Forcalquier, Raimondin d'Avignon, royal à la mitre d'Arles, royal coronat de Marseille [176].

---

171. Sur la loi de Gresham au moyen âge, cf, les observations de P. TOUBERT, *op. cit.*, p. 597.

172. Cf. *infra* note 177 et M. CASTAING-SICARD, *Monnaies féodales et circulation monétaire en Languedoc* (Xe-XIIIe s.), Toulouse 1961, p. 33 à 36. Ils cesseront d'apparaître après 1194.

173. Fin XIe : Valbodon, redevances : une seule mention contre 4 de maugencs et 30 d'ottonencs (GCNN tome I col. 448) — Fin XIe : S. Amand (S. Paul Trois Châteaux), S. Pantaléon (*ibidem*) - Rosans, Nyons Beaujeu, Gap, Thèze, Entrais (CLU n° 4395) - 1115 : Trescléoux (Gap) : redevances (CSV n° 734) - 1100-1121 : Gap : redevances (Hospit. de Gap n° 6) - 1100-1121 : Gap (Hospit. de Gap n° 17) 1121-1127 : Vaison (Boyer de Sainte Marthe p. 97) - 1129 : Gap : redevances (CSV n° 735) - 1122-1130 : Durban (GCNN I col. 279) - 1136 : Nice (CN n° 65) - 1144 : Richerenches (S. Paul Trois Châteaux) (Templiers de Richerenches n° 11) - 1147 : Richerenches (*Ibidem* n° 31) - 1148 (*Ibidem* n° 43) - Avant 1151 (*Ibidem* n° 187). ROLLAND, *Monnaies des comte de Provence,* p. 103).

174. XIIe : *Giliencos* (Arch. des B. du R. 56 H 5247) - 1105 : Avignon (CNDD n° 7) - 1106 : Arles ; redevances (GCNN Arles n° 466) - 1109 Avignon (CNDD n° 8) - 1110 : Avignon (*Ibidem* n° 29) - 1146 : Meynes (Arc. des B. du R. 56 H 5247), redevances. — 1143-1147 : Argence (Arles) (Arc. des B. du R. cart. B p. 101) - Beaucaire (*Ibidem*) - 1143 : S. Gilles cité *infra* note 177. La première mention de cette monnaie est de 1094 : Psalmody,- 2000 sous (HGL V n° 387). Elle a donc été frappée par Raimon, comte de Toulouse et marquis de Provence, dit Raimon de S. Gilles. Son fils Anfos en frappera encore après lui, donc de c. 1119 à 1147, (+ ANFOS COMES, autour d'une croix - R : *SCI EGIDIR ONOR,* autour d'un cheval et d'un bâton terminé par une croix cantonnée de deux points). La monnaie de S. Gilles ne dépasse pas le XIIe siècle (ROLLAND, *Monnaie de S. Gilles in* Provence Historique, V, 1955, p. 32). Même titre que la monnaie de Melgueil en 1077/1099 (Cart. de Gellone n° 393).

175. Nice : 1156, 50 sous (CN n° 97) - 1157, 700 sous (CN n° 87) - 1159, 25 sous (CN n° 98) - 1164, 300 sous (GIOFFREDO, *op. cit.*, col. 426) - sans date (CN n° 39). Le titre aurait été alors de 0,32 de fin, si l'on se base sur l'équivalence de 30 sous gênois pour 20 sous de vieux maugencs, donnée en 1159 (CN n° 98), soit un titre semblable à celui des maugencs de la période 1130-1147. +*.IA.NV.A.*, autour d'un portail - R : *REX CUNRADI,* autour d'une croix pattée (ROLLAND, *Monnaies des comtes de Provence,* Paris 1956, p. 106), donc frappée en 1138/1152.

176. Le royal à la mitre a été frappé par Anfos d'Aragon, comte de Provence et l'archevêque d'Arles, en pariage, après une convention de 1177 (ROLLAND, *op. cit.*, p. 110) - poids des

Si l'on relève toutes les mentions de deniers de melgueuil, effectivement comptés, de 1100 à 1170, le chiffre des sommes augmente dans des proportions très importantes : de 1109 à 1119, 520 sous en 10 mentions : de 1120 à 1129, 2 028 sous en 9 mentions, de 1130 à 1139, 3 260 sous en 8 mentions, de 1140 à 1149, 2 550 sous en 5 mentions, de 1150 à 1159, 21 682 sous en 16 mentions, de 1160 à 1169, 9 400 sous en 9 mentions ; ce qui donne une moyenne (en centaines de sous) respectivement pour chaque période de : 0,5 - 2,2 - 4 - 4,5 - 13,5 et 10,4. Il ne faut certes pas chercher dans ces chiffres des indications très précises ; ils s'expliquent d'abord par une vitesse de circulation plus rapide de la masse monétaire, mais ils traduisent en même temps un indéniable accroissement de la quantité de monnaie [177].

L'accroissement de la masse monétaire est cependant plus important que celui de la masse métallique. Il faut en effet tenir compte de la dévaluation du denier de Melgueil. La pièce passe d'un titre non connu à 0,72 de fin, dans la période 1076-1125, puis à 0,54 de fin pour la période 1125-

---

pièces : autour de 0,97 g ; titre : environ 32/1000e. Le royal coronat est frappé dès 1186 à Marseille ; poids des pièces : 0,92 g. Sa valeur de change est la même que celle du royal à la mitre (ROLLAND, *op. cit.*, p. 112-113). Le guillermin est frappé par les comtes à Forcalquier, de 1182 à 1242 (ROLLAND, *op. cit.*, p. 107 et 108). Poids du denier : 0,9 g - titre : 4 deniers de fin - Le raimondin frappé dans la région d'Avignon, apparaît dès 1184 on en trouve encore en 1245. Poids des pièces de 1,09 g à 0,80 g. Son titre est de 250/1000e (ROLLAND, *op. cit.*, p. 105 et C.S.P.M. n° 39 et 44).

177. Mentions datées - Sommes effectivement versées. S. Remy 1104 n° 10 et n° 9 - Château Renard 1109 CL MORIS et BLANC n° 242 - Arles 1110 *ibidem* (redevance) - Marseille 1113 CSV 1099 - Arles 1117 CSPM 12 - Avignon 1110/1117 CNDD 62 et 73 - Fos 1110/1117 CNDD 56 - Avignon 1117 - CNDD 72 et 76 - Mévouillon 1118 CSV 1101 (redevance) - Arles 1118 GCNN Arles 488 - Arles 1120 L. Noir f° 33 - Arles 1122 CSPM 13. - Avignon 1124 CNDD 85 - Seranon 1120/1125 CL. MORIS et BLANC 65 - Arles 1126 GCNN Arles 509 - Avignon 1126 CNDD 112 et 113 - Arles 1129 GCNN Arles 516 (redevance) - Avignon 1125/1129 et 1129 CNDD 84 et 114. - Marseille GCNN Marseille n° 90 - S. Remy 1134 CSPM 16 et 15 - Antibes 1134 AEA n° 64 - Arles 1134 Cartulaire « B » p. 46 - Orange 1136 Temp. Ric. n° 10 - Nice 1136 CN 65 - Arles 1137 GCNN Arles 532 - St Raphaël 1141 CL MORIS et BLANC n° 33 (redevance) - Vaison 1141 Temp. Roaix 115 - Arles 1142 GCNN Arles 543 - Arles 1143, *ibidem* 544 et Livre Noir f° 23 v° (redevance) - S. Remy 1149 CSPM 18 - Arles 1145, arc. B. du R. 56 H 5174 - Meynes 1146 arc. B. du R. 56 H 5247 (redevances) - Arles 1146 Arc. Com. Arles Hosp. Trinquetaille f° 73 v°-Pignans avant Juill. 1150 catalogue 312 - Arles 1150 catalogue n° 321 - Arles c. 1150 GCNN Arles n° 558 (redevance) Aix 1151 - Arc. B. du R. G.1. Thesaurus n° 103 - Nice c. 1150 CN 35 (redevance) - Sallon 1152 GCNN Arles 566 - S. Remy 1153 CSPM 21 - Seillans 1154 CSV 969 (redevance) - Arles ? 1154 GCNN Arles 574 - Aix 1151/1155 arc. B. du R. 61 Thesaurus n° 105 - Plan d'Aups 1155 CSV 481 - S. Gilles 1155 Arc. Com. Arles Templ. St Gilles f° 1 - Arles 1155 catalogue n° 335 - Vaison 1155 Templ. Roaix 109 - Richerenches Temp. Ric. 75 - Puymoisson 1156 GCNN tome I col. 374 (redevance) - Arles ? 1156 GCNN Arles n° 579 (redevance) - S. Gilles 1158 Temp. S. Gilles f° 28 v° - Arles 1159 *ibidem* n° 596 et 598 - Aix 1159 CSV 952 (redevance) - Nice 1159 CN n° 98 - Carpentras 1159/1160 catal. n° 355 - S. Gilles 1160 cat. 357 - S. Gilles 1160/1161 cat. 358 - Lérins 1162 CL MORIS et BLANC n° 302. - Arles 1165 GCNN Arles n° 608. - Marseille 1165 GCNN Marseille n° 167 - Arles 1166 GCNN Arles n° 611 (redevance) - Marseille 1167 GCNN Marseille n° 169 - Arles 1167 - Arc. B. du R. 56 H 5174 - Orange 1167/1168 GCNN Orange n° 92. Nous avons volontairement omis le versement au comte de Barcelone par les Gênois, en 1165, de 4 000 livres de mauguencs (*Annales Genuenses*, MURATORI, *op. cit.*, VI p. 248), qui est exceptionnel.

1130 ; entre 1130 et 1174, le titre officiel est de 0,36 de fin. Après 1174, il se maintient, mais le poids passe de 24 deniers à l'once (d'alliage) à 218 deniers au marc (d'alliage) soit probablement de 1,10 g à 1,07 g [178]. De la fin du XIe à 1174, il y a donc une dévaluation du quart, puis de la moitié du premier titre connu. L'augmentation de la masse métallique est donc inférieure de moitié à celle de la masse des deniers de Melgueil au cours du XIIe siècle. Même ainsi, il reste que le stock d'argent en circulation a considérablement grossi. D'où vient ce métal supplémentaire ?

Trois explications s'imposent à l'esprit : la première est évidemment que certaines monnaies disparues ont été transformées en deniers mauguencs ; ainsi les 15 000 sous de deniers ottonencs qui sortirent des coffres de l'Eglise de Marseille en 1121 ne reparurent plus dans la circulation monétaire [179]. La seconde est que des stocks d'argent fin, thésaurisés pendant le XIe siècle, notamment ceux des grands et ceux des Eglises ont été introduits dans la circulation monétaire [180]. Cette hypothèse n'est certes

---

178. 8 deniers de fin (9 juin 1097, Livre Noir de Béziers, *Rouquette*) ou 0,72 g pour une pièce de 1,10 g (ROLLAND, *op. cit.*, p. 104). - 1125 : 6 derniers de fin (1125 ; HGL V col. 932 est un texte très corrompu ; il faut le rétablir grâce à 1128, HGL V col. 948 qui en est la confirmation dans des termes identiques, en effet le texte de 1125 donne le titre de 5 derniers moins une pougeoise, mais il s'agit du titre de la maille, et non de celui du denier qui a sauté à la copie - GERMAIN, *Mémoire sur les anciennes monnaies seigneuriales de Melgueil et de Montpellier,* III, 1850, p. 193-256, s'est contenté du texte de 1125). 6 deniers de fin donnent 0,54 g d'argent pur ; le poids est de 1,10 g qui correspondrait à la taille de 24 deniers à l'once (ROLLAND, *op. cit.*, p. 95). En 1130 a lieu une dévaluation *minoratio* : le denier passe à 4 denier de fin, (mentionnée à Narbonne en 1153 et 1163, DOAT Vol. 57 f° 133 et BN lat. 12770 p. 242), avec toujours une taille de 24 à l'once (HGL V col. 967), ce qui donne une pièce de 1,10 g et de 0,32 g d'argent fin. Enfin en 1174, le titre reste constant, mais la taille passe à 218 deniers le marc soit une pièce de 1,07 g, ce que confirment les pesées (A. DIEUDONNE. *Le Melgorien in* Rev. Numis. 1932, p. 31). La monnaie de Melgueil a subi des contrefaçons à Montpellier (tous les accords entre le sire de Montpellier et les comtes de Melgueil portent la promesse de ne pas contrefaire la monnaie ; pourtant les actes arlésiens parlent de : *nova moneta facta apud Melgorium et Montempessulanum* Arles, cartulaire « B », p. 46). Les contrefaçons et les dévaluations officielles expliquent les nombreuses clauses de change (M. CASTAING SICARD, *op. cit.*, p. 31 et 32) cf. aussi : 1137 Arles (GCNN Arles n° 532) : 300 sous font 6 marcs et demi et une once et demie de fin. - 1143. Arles (RHP I p. 248-149) : 45 sous font un marc de fin. - 1155. Avignon (Bibl. Carpentras ms 513 f° 32 v°) : 48 sous font un marc de fin. - 1159. Arles (GCNN Arles n° 596) : 50 sous de nouveaux deniers au marc. - 1167. Arles (BN lat. 13965 f° 160) : même taux.

179. « Recognovit (Pontius de Podio Nigro) episcopo quod toloneum et portum pro thesauro ecclesie in pignore habebat (episcopus), pro XV ml. sol. otonensium », ou enquête de 1164 (GCNN Marseille n° 163). L'accord visé ici est celui de 1121 (GCNN Marseille n° 138). Cette mention est la dernière que nous rencontrons des deniers ottonencs. Si l'on en croit le texte, c'est tout le trésor de la cathédrale qui aurait été prêté au vicomte Pons. Mention très isolée, puisque les précédentes remontant à la fin du XIe siècle (cf. *supra*). Il faut voir là une patiente thésaurisation d'ottonencs pendant tout le XIe siècle, que la nécessité fait sortir des coffres.

180. Cf. le texte très significatif (G. DUBY, *La société en Mâconnais aux XIe et XIIe siècles,* p. 352 et 353 et n°2) où l'on voit les chanoines de Châlon vers 1110 dépouiller la chasse de S. Vincent de deux cents onces d'or pour les prêter au sire de Vergy ; il est vrai qu'il s'agit ici d'or et non d'argent : mais on évalue le prix de ces onces d'or : 40 sous l'once, d'une monnaie à 6 deniers de fin ; c'est bien l'argent qui sert de monnaie. « Entraînées par le mouvement même des échanges les richesses qui s'étaient lentement accumulées au cours des siècles précédents, dans les trésors des princes laïcs et des grandes églises, se mirent de nouveau à circuler. La plupart de ces réserves devaient s'épuiser bientôt... » (DUBY, loc. cit.).

pas à dédaigner, mais paraît peu fondée en Provence : lorsqu'en effet, nous voyons paraître des marcs d'argent fin, c'est presque toujours entre les mains des Hospitaliers et des Templiers [181], ordres nouveaux en relation avec l'Orient. Inversement, les rares textes du XIe ne nous indiquent pas la présence d'importantes quantités d'argent dans le patrimoine des grands laïques et les Eglises anciennes, lorsqu'elles prêtent aux grands, le font en monnaie — et non en lingots [182]. On pourrait supposer qu'elles ont fondu, puis donné à la frappe certaines pièces d'argenterie ; mais l'absence d'ateliers locaux en Provence avant 1180 [183] empêche de penser que des lingots ainsi obtenus aient pu être transformés en pièces de monnaie.

Une troisième explication pourrait être tentée : l'argent nouveau dont on frappe les mauguencs ne vient-il pas de mines locales, ou voisines ? Il existe au XIIe siècle dans le Midi rhodanien cinq zones minières : près d'Embrun, près de Toulon, près de Viviers, près de Mende, et près de Lodève. Les mines d'argent de la région d'Embrun — l'Argentière — sont mentionnées dès juillet 1153, dans une bulle d'Eugène III à l'archevêque, qui en aurait alors obtenu la dîme. Un peu plus tard, en 1169, une autre bulle, d'Alexandre III, indique que cette dîme était l'objet d'une rivalité entre l'archevêque et son chapitre [184]. L'ouverture de mines près de Toulon est plus tardive, et n'est guère antérieure à 1180, date à laquelle le comte Raimon Bérenger, et le vicomte de Marseille s'accordent pour leur exploitation [185]. Il faut donc les écarter. A l'ouest du Rhône, les mines de l'Argentière, dans le diocèse de Viviers sont aussi d'exploitation tardive, et c'est vers 1180 que le comte de Toulouse et l'évêque s'entendent à leur sujet [186]. Les mines d'argent de Barjac, près de Mende ont dû commencer à être exploitées à l'époque de l'évêque Audibert, plus précisément entre 1161 et 1170 ; l'évêque en demanda alors la dîme, malgré l'opposition des gens de la cité et du comte de Barcelone, seigneur du comté, et en fixa le rapport à 40 marcs par an, ce qui nous permet de penser que la production ne devait guère dépasser une centaine de kilos d'argent fin par an [187]. Enfin, c'est en 1164 que la vicomtesse de Narbonne et le vicomte de Béziers se préoccupent de l'exploitation des mines de la montagne de Mare, en Lodevès [188]. Toutes ces mines ont donc été ouvertes dans la deuxième moitié du XIIe siècle, et les évêques se sont empressés d'en réclamer la

---

181. 1152 (Catalogue n° 329), les Hospitaliers donnent à Azalaïs, sœur du comte de Forcalquier, 75 marcs d'argent fin. 1158 (Cat. 352 bis), les Templiers donnent 100 marcs au comte de S. Gilles. 1160/1161 (Catalogue n° 358), les Templiers donnent au comte de S. Gilles 150 marcs d'argent fin. La seule exception est 1150 (Catalogue n° 315) ; l'acte rappelle que Raimon des Baux avait prêté au comte Bérenger Raimon (1131/1144) 130 marcs d'argent fin.

182. Cf. *supra,* note 179.

183. Cf. *supra,* note 176.

184. P. GUILLAUME, édit. de Marcelin FORNIER, III, n° 11 et 13.

185. AVM n° 269 — près de Dardennes, sur la rive gauche du Las (p. LXII).

186. Largentière, Taurriers, Chassiers, 40 km à l'Est de Viviers, LEONARD, RACT n° 117.

187. *Chronicon breve de gestis Aldeberti,* § 8, *in* Miracles de S. Privat, édit. C. BRUNEL, Paris 1912, p. 129 et p. XXXI. - Pour un marc de Montpellier ou de Provence, de 234 ou 236 g. (ROLLAND, *op. cit.,* pp. 93 et 94). C'est l'équivalent d'une valeur de 25 000 sous de maugencs.

188. HGL, V, col. 1289, près de l'abbaye de Villemagne, à 30 km au Nord de Béziers.

dîme. Mais ni le monnayage de Narbonne, ni celui de Béziers, ni ceux de Viviers et de Mende ne sont importants [189] et les mines de l'Embrunnais n'ont pu alimenter la frappe du Guillermin qu'à la fin du siècle [190]. L'argent de ces mines a ainsi fort bien pu alimenter en partie la frappe du mauguenc, mais seulement dans la deuxième moitié du XIIe siècle. Or, nous avons vu que l'accroissement de la masse métallique est antérieur à cette époque.

Aucune de ces hypothèses, ni même toutes ensemble, ne suffisent donc ; il faut en risquer une quatrième : une partie importante de l'argent-métal qui paraît en Provence et dans le Bas-Rhône au cours du XIIe siècle est venue de l'extérieur, par l'intermédiaire du commerce au long cours, c'est-à-dire principalement des Lombards. Ceux-ci débarquant surtout à Montpellier, et l'atelier de Melgueil existant depuis longtemps, c'est en deniers mauguencs que se sont transformés les lingots ou les pièces gênoises ou pisanes [191]. De ce point de départ, les mauguencs ont progressivement gagné les circuits économiques avoisinants. Mais pour que la frappe du mauguenc ait pu atteindre une telle importance, il faut que la balance des échanges entre la région du Bas-Rhône et les Lombards ait été excédentaire, autrement dit, que Montpellier et les places voisines de S. Gilles, d'Arles et de Marseille aient plus exporté qu'importé.

Cet accroissement des échanges au cours du XIIe siècle, on peut aussi s'en faire une idée en considérant les emprunts contractés par les maîtres des tonlieux d'Arles et de Marseille durant cette époque : les taxes étaient en effet perçues par le prêteur à titre d'intérêts. A Marseille, on distingue les droits du port — *portus* — perçus sur la circulation, des droits perçus sur les ventes au marché — *lesda* [192]. En 1121, le vicomte Pons de Peynier engageait à l'évêque de Marseille sa part du port, probablement la moitié [193]

---

189. Narbonne et Béziers, cf. M. CASTAING-SICARD, *op. cit.*, pp. 40-41 et 42-43. On connaît quelques deniers de Mende au type de S. Privat, mais cette frappe paraît avoir été limitée (M. CASTAING-SICARD, *op. cit*, p. 55), peut-être parce que le droit de 40 marcs n'a pu être maintenu (cf. dans l'accord entre le successeur d'Audibert, Guillem, et les habitants de Mende, en 1194, on ne le mentionne pas, BRUNEL, *op. cit.*, p. 134) ; le monnayage de Viviers est également rare (M. CASTAING-SICARD, pp. 54-55).

190. Cf. *supra*, note 176. Il existe des deniers au nom du comte Bertrand IV de Forcalquier, frère de Guillem IV, où il est qualifié de comte d'Embrun (1195-1207) (H. ROLLAND, *op. cit.*, p. 108). En ce qui concerne les mines de Toulon, il faut noter que c'est vers 1186 qu'a été créé l'atelier de Marseille, au moment où l'atelier d'Arles, créé en 1177, cessait de produire (H. ROLLAND, op. cit. p. 111).

191. Dans des circonstances il est vrai exceptionnelles, les gênois étaient capables de verser 4 000 livres de mauguencs au comte de Barcelone (soit près d'un million de pièces !), 800 livres d'argent fin à Uc des Baux (soit 280 kg) et de promettre 1 300 marcs d'argent fin à Raimon de S. Gilles (soit 300 kg). (Cf. *supra*, note 177).

192. 1120 (CSV n° 926), distinction déjà romaine (D, 50, 16, 17).

193. Ces droits sont étroitement liés à la seigneurie du tonlieu, liée elle-même au titre vicomtal (CSV n° 1134 et 936). Guillem II et Fouque, fils du premier vicomte, s'étaient partagé le titre. Fouque mourut sans enfants, Guillem eut 8 fils : Pons, évêque de Marseille, Aicard mort sans enfant mâle (AVM n° 184 et 187), Fouque disparu très tôt ; Estève, Bertran et Peire Saumade étaient fils d'un second lit (seul Peire fera souche, et sera tige des sires de Solliès) ; restent Joufré (mari de Rixende) et Guillem III (mari d'Adalgarde). Ce Guillem III ne porte jamais le titre de vicomte (AVM n° 146 concerne Guillem II). De ses cinq fils, seul Pons Maunier fera souche (Guillem, Fouque et Joufré disparaissent, Aicard est moine à S. Victor AVM n° 191) et il ne porte jamais le titre vicomtal. Par contre, son oncle Joufré (mari de Rixende) le porte régulièrement (AVM n° 170, 199, 202, 203, 143 et 180). Il eut 7 fils : Aicard, arche-

pour 15 000 sous ottonencs. En 1193, ces mêmes revenus sont perçus à titre d'intérêts pour une somme de 80 000 sous[194]. En 1205, le capital passe à 150 000 sous. La lesde était dans le même temps engagée pour un capital de 96 000 sous coronats[195]. A cette époque, les revenus sont estimés à 36 000 sous par an, estimation peut-être un peu forcée[196], mais qui correspond à un taux d'intérêt, normal à cette époque, de 20 % à 25 %[197].

Pour pouvoir comparer ces chiffres à ceux dont on dispose pour Arles, il faut se rappeler qu'en Arles ne venaient pas seulement les navires de mer, mais aussi les navires chargés de sel ou d'autres marchandises produites en Basse-Provence et circulant sur le Rhône. Un document nous renseigne sur une mise en gage faite par Anfos d'Aragon à Bertran Porcelet en 1176. Anfos indique que le gage avait été concédé par Bérenger Raimon — donc plutôt vers la mort de celui-ci en 1144 — et renouvelé par Raimon Bérenger pour la somme de 12 000 sous ; lui-même contractant un nouvel emprunt,

---

vêque d'Arles (AVM n° 203), Fouque et Peire moines à S. Victor (AVM n° 202), Joufré et Raimon ne paraissent qu'en 1079 ; restent Uc, mari de Douceline, et notre Pons de Peynier, et nous savons qu'ils avaient chacun une moitié d'Aubagne, qui fait partie du *vice comitatus* (AVM n° 254). L'un des fils d'Uc, et un seul, portera régulièrement le titre de vicomte (AVM n° 224, 228, 229, 241). Pons de Peynier, qui porte aussi le titre (AVM n° 222 et ROLLAND, *in* Mél. BUSQUET, p. 28) a quatre fils, mais un seul, Joufré, porte le titre de vicomte (AVM n° 223 et 228, GCNN Marseille n° 143). Le titre de vicomte, et la vicomté proprement dite, ont donc dû être partagés, à la mort de Joufré (mari de Rixende) entre ses fils Uc et Pons de Peynier. Sur la date de l'engagement de Pons (AVM n° 222).

194. 16 janvier 1193 (AVM n° 299). C'est l'époque où Marseille devient importante en Orient.

195. 24 octobre 1205 (AVM n° 323) — 1220 (CSV n° 926).

196. « Octavam deciman partem portus Massalie ... quas gausidas estimabat dictus abbas (S. Victoris) C libras regalium coronatorum » (engagés au juif Nasquet) 1230 (CSV n° 917).

197. Un prêt fait sur les lesdes de Béziers, pour deux ans, en 1158, donne 100 sous de melgueil d'intérêt pour un capital de 550 sous, ce qui donne un intérêt de 18,2 % (HGL V col. 1216).

— un autre acte conclu pour un prêt de 4 000 sous de melgueil entre Raimbaud d'Omellas et Guillem de Montpellier déclare : « erant autem reddendi illi quatuor mille solidi melgorienses in festo S. Johannis Baptistae, et si obtuto tempore non redderetur et pacto, singulis mensibus lucraretur (s) ex denarium (corriger : denarios) la libra tamdiu usque quo predictum castellum Omellacii redderet pro pignore. » — 1158 (HGL V col. 1178). Six deniers à la livre correspond à un taux de 30 %.

— Lorsqu'en 1163, Peire Giraud des Arènes (de Nîmes) prête au comte de S. Gilles 4 500 sous, le remboursement chaque année est de 1 000 sous par an, pendant 5 ans, ce qui correspond à un intérêt de 10 % (cf. *infra* note 201).

— En 1200, un prêt de 6 600 sous de royaux coronat rapportait annuellement 500 sous (GCNN Aix col. 24), soit 13 %.

— En 1202, à Avignon, pour un prêt de 8 600 sous, l'intérêt du capital — *capitalis lucrum* — est de 4 deniers à la livre par mois, soit un intérêt de 20 %.

— En 1233, les statuts de S. Gilles interdisent un intérêt de plus de 4 deniers la livre (par mois) soit 20 % : « Nec pro interesse ulla summa excedat summan in Lateranensi Concilio toleratam (scilicet pro) libra IIII denariorum (sic), quam tollerat Ecclesia, licet non approbet in judeis. » (E. BONDURAND, *Coutumes de S. Gilles,* Paris 1915 p. 116).

— Pour l'Italie, LESTOQUOY, *Les villes des Flandres et d'Italie,* Paris 1952 — indique des taux d'intérêt de 20 % à Pistoïe au XIIIe siècle (p. 202) ; de 5 à 10 % jusqu'à 30 % à Florence au XIVe siècle (p. 198) ; de 14 à 20 % à Arras au XIIe (p. 199). Il cite une lettre d'Innocent III à l'évêque d'Arras en 1208 (note 2) qui mentionne, comme les statuts de S. Gilles, les dispositions du Concile de Latran, donc probablement celui de 1172. BONNASSIE pour le XIe siècle en Catalogne indique le taux de 25 % (*op. cit.,* I, p. 408).

s'engageait à rembourser 20 000 sous [198]. Si l'on peut raisonner sur l'augmentation, la comparaison avec les chiffres marseillais est cependant délicate. En effet, le comte a, en principe, la moitié des revenus arlésiens, partagés avec l'archevêque [199], mais le texte montre nettement qu'il a dû, avant les engagements à Bertran Porcelet, engager ou donner en fief une partie de ces droits : Bertran a bien la moitié des droits perçus sur la descente du vin, sur la vente des esclaves, sur la montée du sel ; il n'a par contre que le quart des droits perçus à l'entrée des bateaux lombards, que le sixième de la lesde de la cité et des droits de mesurage et que le quart ou le huitième des droits perçus sur la sortie. En multipliant par quatre les sommes prêtées au comte, on peut se faire sans doute une idée de la valeur totale des revenus arlésiens, et considérer que vers 1140, les revenus du port et de la lesde d'Arles servent d'intérêts pour un capital de plus de 48 000 sous ; en 1176, le capital monte à 80 000 sous.

Manteyer avait cru pouvoir déterminer de la même manière le revenu du port d'Avignon et le comparer à celui du port de Marseille. Des textes, pour la plupart postérieurs à ceux qu'il a utilisés, montrent que les chiffres qu'il a établis ne concernent en réalité que le passage du Rhône et ce sont d'autres droits qui taxent la circulation des produits. Le passage du Rhône aurait été fixé à un capital de 40 000 sous à la fin du siècle [200].

Quant aux débouchés des produits venant du Rhône à S. Gilles, on peut s'en faire une idée si l'on sait qu'en 1163, le quintal et la corde de S. Gilles, c'est-à-dire les droits de mesurage des marchandises les plus chères, rapportent au comte certainement plus de 12 marcs d'argent par an, soit 600 sous [201]. Ces droits sont payés à la vente des marchandises qui se pèsent (métaux et épices) ou se mesurent à la longueur (draps et toiles) ; non à celles des marchandises mesurées en volume : les céréales, au setier — *sestaralaticum* —, le vin, l'huile et la cire en milleroles. Ces droits sont assez faibles, généralement de 2 à 3 oboles sur le quintal pesé, et la même chose pour la corde [202] ; on se rend compte du volume de marchandises vendues par an à S. Gilles : plus de 128 tonnes de métaux — fer, plomb,

---

198. Arc. des B. du R. B 288.

199. Cf. *infra*, p. 283 et l'étude des fragments du tarif de tonlieu, *infra* note 206.

200. Le calcul de Manteyer (*op. cit.*, p. 412-414 et 446-448) était le suivant : Giraud Amic engage en 1193, les sept douzièmes de sa part à Auzias d'Avignon, pour une durée de 5 ans, en échange de 46 marcs (ou 406 ?) soit alors 2 300 sous de melgueil. Or sa part est des trois cinquièmes ; le port d'Avignon tout entier vaudrait donc, comme gage, à peu près 6 600 sous. Mais Giraud Amic vendra (d'ailleurs moins de cinq ans plus tard) sa part aux Hospitaliers du nouveau pont d'Avignon 24 000 sous de melgueil ; le port tout entier aurait donc pu être vendu 40 000 sous de melgueil. Notons que le *portus* d'Avignon ne désigne que les droits de passage du Rhône ; des accords de 1168 (Arc du Vaucluse 6113 f° 7) et de 1215 (Bibl. d'Avignon mas 2834 f° 17 v°) montrent que des droits importants continuent d'être perçus.

201. 1163 (Catalogue n° 368), Peire Giraud des Arènes recevait, pour rembourser un prêt de 4 500 sous de melgueil, 12 mars d'argent sur le quintal et la corde de S. Gilles et 400 sous de melgueil sur le péage de Valliguière, chaque année. Sur un total de 12 sous, six deniers, l'abbé reçoit comme seigneur deux sous six den. (E. Bligny-Bondurand, *Coutumes de S. Gilles,* Paris 1915, p. 235).

202. En Arles, au milieu du XIIe, le quintal et la corde sont de 3 oboles (GCNN Arles n° 3417), perçus sur les étrangers. En Avignon, au milieu du XIIIe quintal et corde ne sont encore qu'au denier chacun (CSV p. LXXXVIII) comme au début du XIIIe, à Trois Châteaux CSPTC n° 68.

cuivre, étain —, de poix ou d'épices, et plus de 80 000 mètres de draps ou de toiles ce qui fait environ huit cents ballots [203].

Enfin, corrélativement à l'accroissement du volume des échanges et à celui de la masse métallique, nous constatons une très nette augmentation des prix, et un réajustement correspondant des tarifs de tonlieu. Si l'on tente d'établir, à partir de quelques exemples dont nous disposons, l'augmentation des prix durant le XIIe siècle, on voit que le prix moyen c'est-à-dire un prix qui tient compte des variations saisonnières du setier de froment a pratiquement quadruplé ; que le prix du setier d'huile a sans doute triplé [204]. Dans le même temps, le prix moyen d'une mule fait plus que doubler, celui d'un cheval plus que tripler ; seul le prix du vin a peu augmenté [205]. Face à la montée des prix, les taxes des tonlieux sont relevées, dans la première moitié du XIIe siècle et au début du XIIIe d'une façon spectaculaire. Plusieurs fragments nous permettent de connaître les variations du tarif arlésien durant le siècle [206]. Ainsi, la taxe sur le muid de blé est, vers 1140, de six deniers,

203. Sel, blé, légumes, fruits se mesurent au contenant (généralement au setier, on parle alors du *sextaralagium*^e^; il y en avait un à S. Gilles — Auth. Templiers de S. Gilles f° 2). Le quintal représente le mesurage des épices et des métaux ; la corde, celui des draps et canevas. Le quintal vaut 100 livres ; la livre en Provence oscille entre un peu plus de 300 g (livre subtile) et un peu plus de 400 g (livre grosse) (MACCHABEY, *op. cit.* pp. 387-425-428-429-430 et 435) ; la corde vaut 6 cannes d'atelier (*canna* d'obrador, S. Gilles Tarif des péages *in* E. BONDURAND, *Coutume de S. Gilles,* Paris 1915, p. 237) et 9 cannes et demi ou 10 cannes de mesure (9 cannes et demi S. Gilles — E. BONDURAND, *op. cit.*, p. 238 — 10 cannes à Avignon CSV p. LXXXVIII). La canne vaut à Marseille, Montpellier, Gênes, 8 pans et varie en Provence de 1,97 m à 2,12 m (MACCHABEY, *op. cit.* pp. 81-89-90-107 et 108). Le ballot a généralement 60 connes. (BONDURAND, *op. cit.* p. 233). Il est d'ailleurs probable qu'il faille supposer beaucoup plus de « trousseaux » et beaucoup moins de métal. Notons aussi que ces droits ne sont pas payés par les habitants. Il s'agit donc uniquement des ventes faites par les étrangers à la ville.

204. Cf. prix cités dans l'édition en microfiches de cet ouvrage, Paris 1973, p. 150 à 152.

205. Pour les prix du XIe, cf. *Ibidem.* Pour la fin du XIIe, nous avons un prix moyen — *secundum majus vel minus* — pour des muids de vin et de blé, qui semblent considérés comme de même valeur, de 50 sous le muid (CSPM, n° 50). En 1341, le muid de vin ordinaire valait à Salon entre 68 et 70 sous (R. BRUN, *La ville de Salon au M.A.*, Aix 1924, p. 29). L'augmentation ne paraît pas considérable. Prix de l'huile en 1384, 1386 et 1416, à Salon, 18, 12 et 18 den. le quarton. *Ibidem* p. 63.

206. Par commodité, nous désignerons dans les notes qui suivent, les fragments de tarifs dont nous nous servons par des lettres :

A = « Hi sunt usus quos habet dominus archiepiscopus in Arelate. » Comme son titre l'indique, ce texte nous renseigne sur les seuls revenus de l'archevêque. Il débute par des revenus du tonlieu et de la lesde, se poursuit par des taxes sur la pêche, puis par les redevances versées par les églises, et se termine par la liste des dîmes de l'archevêque et de divers droits domaniaux. La date se déduit de trois faits. Alors que l'archevêque pour qui le texte a été rédigé n'est jamais nommé, on cite une donation d'Uc Arvier et de sa femme, Foi, à l'archevêque Atton (mort en 1128). De plus, un autre passage indique « in territorio S. Petri de Campo Publico habet archiepiscopus prata sua que dedit ei comes Ildefossus pro albergo quem debebat facere archiepiscopo ». Il s'agit là d'une allusion très précise à une donation d'Anfos du 4 septembre 1143 (Catalogue n° 289) : l'archevêque innomé est donc Raimon de Montredon. Enfin le texte indique que Raimon des Baux est encore vivant ; or, il est mort entre 1147 et 1149 (cf. catalogue n° 315). Il faut donc dater le texte de 1143/1149. (Arc. des B. du R. Cartulaire B 3 G 17 p. 100 — Cartulaire dit Livre Noir 3 G 16 f° 51 — Cartulaire dit Livre Rouge 3 G 19 f° 41 — Edité seulement pour le début du texte par KIENER, *op. cit.* p. 280-282. IND. Arc. des B. du R. inventaire ms du Livre Noir et du Cartulaire B avec la date 1119 — GCNN Arles n° 3417 avec la date « vers 1170 »)

B = Il s'agit de la description de la part comtale des droits de tonlieu, de lesde et de mesurage, telle qu'elle avait été donnée en gage par Raimon Bérenger (1144-1162) à Bertran ce qui représente, très grossièrement la vieille taxe à la valeur du quarantième. Peu après 1207, elle passe à 13 deniers, ce qui correspond bien à la variation du prix [207]. La taxe sur la sortie des ballots de drap accuse le même relèvement, et passe de six à treize deniers le ballot [208] ; celle sur l'étain et le cuivre passe de deux deniers le quintal à quatre deniers deux pougeoises [209]. Les taxes sur le sel augmentent plus encore. Il faut distinguer ici le sel transporté par bateau, sur le Rhône *(montatio)*, et le sel transporté à dos d'âne. La *montatio* avait déjà subi une augmentation durant la première moitié du siècle et elle était montée de six sous jusqu'à environ vingt-deux sous, pour un bateau de 60 muids, soit une augmentation du triple, puis, au début du XIIIe siècle, elle s'élève à deux sous par muid, donc au sextuple du tarif immédiatement précédent. La taxe sur le sel transporté à dos d'âne connaît un relèvement identique de deux deniers le muid (vieille lesde), à six deniers, puis à trois sous [210]. On comprend après cela

---

Porcelet. La confirmation est faite par Anfos d'Aragon en 1176 (Copie XIIIe, Arc. des B. du R. B 288).

C = « Hi sunt mali usatici quos dimittunt Stephania de Baucio et filii ejus ... per mandatum Raimundi comitis Barchinonensis ac Provincie. » — Septembre 1150 (Catalogue n° 318). Il s'agit des droits du comte et de l'archevêque usurpés par les Baux.

D = Le comte autorise certains chevaliers arlésiens, bénéficiaires du tonlieu, à procéder à certaines modifications dans la manière de calculer les taxes. — Juillet 1207 (Arc. des B. du R. Registre B 1209 n° 278).

E = « Cartularium pedagii veteris burgi de Arelate et tocius civitatis. » Texte inséré dans une enquête sur les droits comtaux du milieu du XIIIe siècle (CSV p. XCVI § 29 à 51), et qui, d'après les personnages nommés (Azalaïs Porcelet, Sacristane abbesse de Mollegès, le notaire Pons de Salves, Barral des Baux) peut être daté lui-même de c. 1220. Chacun de ces fragments doit donc être utilisé pour ce qu'il est, et non comme s'il s'agissait du tarif complet. Il faut, pour chaque taxe, vérifier la concordance des différents fragments.

207. A. — « Et in blado quod ex hoc villa per aquam procedit ubicumque eat archiepiscopus XIIIe denarium inde habet, et illud judei ». (E montre qu'il s'agit du 1/13e de toute la taxe et non de la valeur.).

B. — « In blado pro modio III medalias ».

D. — indique que la taxe totale ancienne sur le muid de blé était de 6 deniers. B n'en représente donc que le quart, comme dans le cas de la taxe sur les saumées de sel (note 210).

E. — 29 et 40.

« De C eminis tocius bladi et tocius leguminis descendentis versus mare III sol IIII den et ob ... De C eminis tocius bladi et tocius leguminis undecumque extragantur dummodo per extraneum III sol IIII den et ob. dummodo non vadat ad mare. »

208. A. — « In exitu habet archiepiscopus tercium decimum denarium ... si fructus ... venerit in descensu vel per terram, si vendatur in hac villa, archiepiscopus XIIIe ... et similiter de trossellis. »

B. — « In unoquoque trossello quod egreditur, III medalias » (il doit ici s'agir du quart, comme dans le cas du blé (cf. *supra* note 207).

D. — 29. « Pro singulis trocellis pannorum et telarum et stameniarum et aliis de quocumque factis et pro singulis cargis cujusque rei veniendo de super per Rodanum vel per terram eundo ad mare XIII den de quibus Barrallus percipiebat II denarios et poiesam reliqui V denarios III poiesas ponuntur in predictis V partibus. » (D 40 et 43, sont des taxes à la vente).

209. A. — « In exitu ... et si ferrum vel stagnum portaretur hinc, XIIIe et illud. judei. »

A. — « In quintali cupri et stanni I medaliam, ferri plumbi et picis I medaliam (le quart, comme dans le cas du blé cf *supra* note 207).

E. — 30 « Item, pro singulis quintalibus ... stagni et metalli et cupreii operati vel non (IIII den. II poiesas), veniendo desuper eundo ad mare per Rodanum vel terram, et Barrallus III poiesas quitias, predicti vero III den. minus poiesa ponuntur in jamdicitis partibus. »

210. A. — « De mutatione in unoquoque caupolo sol VIII et den I et antequam census ille

que Raimon de Mollnels ait pu vanter au comte de Barcelone les revenus du sel de Provence [211]. Il est possible que l'usage du sel ait augmenté beaucoup plus que sa production à cause de la demande gênoise.

Pourtant, alors que les taxes sur le blé, les draps, l'étain et le cuivre doublaient, et que les taxes sur le sel sextuplaient, d'autres restent étonnamment stables. Ainsi la taxe sur le vin ; la vieille lesde était d'un denier par tonneau (de trois à six muids), la taxe passe à sept deniers au milieu du siècle, mais reste à ce tarif durant le XIIIe siècle [212]. Serait-ce parce que l'augmentation du prix du vin était alors peu sensible, sa production ayant beaucoup augmenté ? Il en est de même du plomb : la taxe se maintient à

---

elevaretur, VIII nummi inde accipiebantur et illi judeis et in sardina solidos IIII et obolum et in parvis navigiis secundum quod sunt. » (La part de l'archevêque sur l'ancienne taxe était de 8 deniers ; il perçoit à présent : 7s 5d + 8d = 8s 1d).

B. — « In muntacione salis VII sol V den. »

(C'est la moitié de la nouvelle taxe, appartenant au comte).

C. — « De XX sol et V denariis quos accipiebant in navigiis de montados dimittunt omnino XV solidos, et V solidos et V denarios qui remanent recognoscunt eis comes, et archiepiscopus; XIIIe denarium aliud vero quod remanet in cognicione comitis consistit. » (Les 15 sous sont la nouvelle lesde : 7s 5d + 7s 5d — manquent 2d).

E. — « De sali ascendenti per Rodanum dat modius quilibet V sol (corriger II) .... De montazone salis, scilicet de quolibet modio IIII den. et ob. qui per multos pariarios dividitur et dominus comes percipit inde XXXVIam partem, scilicet de III sol I den. » Si l'on calcule d'après E la *montatio* (ancienne taxe) on a 22 sous pour un bateau de 60 muids ce qui correspond bien au texte C (20 sous + 5 deniers + le treizième de ce total). On calcule en muids et non plus en bateaux, parce que ceux-ci ont grossi de tonnage (cf. supra note 104).

A. — « Pro lezda veteris est de XVIII asinis obolum unum et pro nova denarios III — sed obolus de veteri est de judeo. »

B. — « In XVIII numis salis quod egreditur per terram IIII denarios et pugisia. »

D. — La taxe sur la sortie du sel par la terre était perçue à raison d'une obole par saumée ; elle passe à 6 deniers par muid.

E. 13. — « De sali deportato per terram de quolibet sestario III denarios. » (Corriger : « de qualibet *saumata* III denarios cf. les autres tarifs *ibidem*). Si l'on appliquait les parts que nous connaissons pour la lesde des tavernes, on aurait une vieille lesde partagée en 6 parts, et une nouvelle lesde partagée en deux. On aurait alors pour 18 saumées d'ânes, vieille lesde 1 ob × 6) plus nouvelle lesde (3d × 2), soit 9 deniers, soit effectivement une obole par saumée (D). Dans B, on a 4 deniers et 1/4 de denier sur 18 deniers, soit le quart de la taxe sur 36 ânes.

On sait d'autre part que la saumée de sel a le même poids que la saumée de vin, or celle-ci vaut 1/12 du muid (CSV p. LXXXI) ; D n'est donc pas une augmentation mais un simple changement dans la façon de percevoir la taxe.

211. « Nunquam tantum expendetis in Provincia quantum lucrabimini de sale », 1144/1162 (Catalogue n° 363).

212. A. — « — in navigiis que afferunt vinum, de unoquoque vaso, pro veteri lezda tertiam partem oboli et illa est judei, et pro nova (archiepiscopo) denarios III ».

B. — « in tavernis applicantibus a Trola inferius in vaxellos III numos et partem quam habeo in leuda veteri ... in leudam civitatis sextam partem ».

C. — « sex denarios in vasis vinariis de Trulla in usum neque alios usaticos quos comes vel archiepiscopus debeant aut velint accipere non prohibeant (Stephania de Baucio et filiis ejus) ».

E. 49 — « Pedagium tabernarum seu vini ascendentis et descendentis per Rodanum vel si vendatur in Arelate : de quolibet vaicello magno vel parvo extraneorum, VII den. et ob. de quibus 1 den. est de lesda et 1 ob. de ribage. Denarius vero dividitur ad modum et forman pedagii rerum que veniunt de Imperio, obolus vero est militum. De VI remanentibus dominus archiepiscopus percipit III den. alios III den. dominus comes quos modo percipiunt Porcelleti, nescitur causa » la cause, nous la connaissons, c'est l'acte de 1176 (*supra* note 206, B).

LA RENAISSANCE COMMERCIALE :

LES TONLIEUX D'ARLES ET DE MARSEILLE AU XIIE SIÈCLE

I. Capital garanti par les revenus des ports

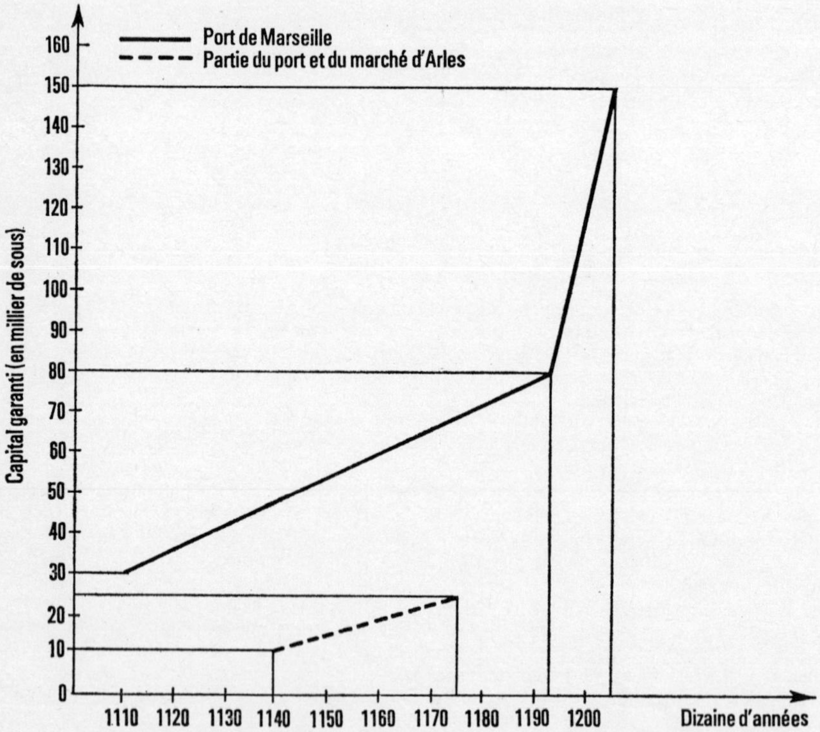

N.B. La montée brusque de la droite pour Marseille entre 1193 et 1205 correspond sans doute au moment où Marseille prend le pas sur les cités voisines

FIG. 6

II. Augmentation des tarifs de tonlieu (ARLES)

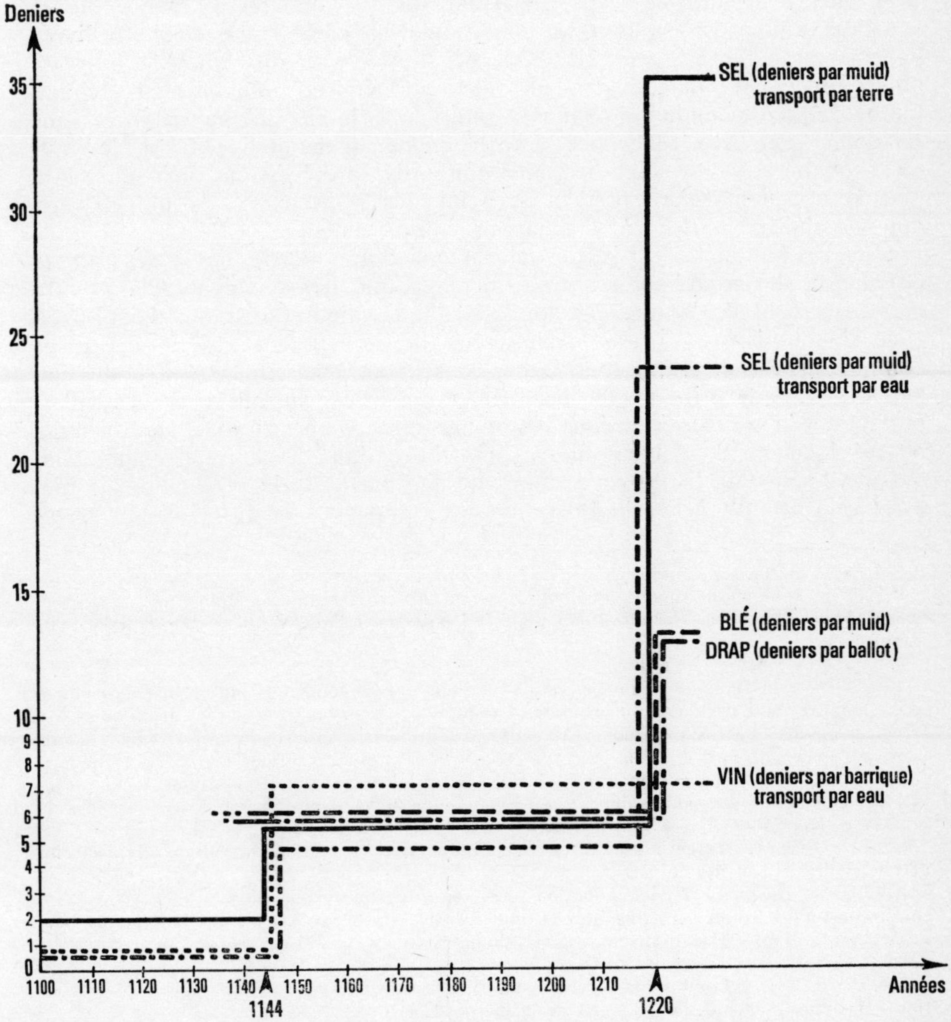

FIG. 7

deux deniers du milieu du XIIe siècle jusqu'au début du XIIIe siècle [213]. Là encore, nous pouvons légitimement supposer qu'il y a eu une augmentation de la production dans la seconde moitié du XIIe siècle, l'extraction du plomb étant liée à celle de l'argent. Une autre raison explique la stabilité des taxes sur les marchands étrangers ; elles sont au nombre de deux, et sont complémentaires : l'une frappe le navire, l'autre le marchand qui, venu sur un navire, n'y avait pas de part. La taxe sur les « navires de mer », ou les « navires lombards [214] » était, au milieu du siècle, de 50 sous et quatre livres de poivre, et elle est, vers 1220, de 65 sous, c'est-à-dire que les livres de poivre ont été remplacées par leur valeur monétaire [215]. Quant au marchand lombard qui descendait d'un navire autre que le sien, il payait deux sous six deniers, et cette redevance reste la même au début du XIIe siècle [216]. Il est probable que les commerçants lombards, protégés par leur puissante marine, n'étaient guère prêts à accepter des relèvements de tonlieu, eux qui cherchaient parfois à y échapper complètement.

L'augmentation des prix, le relèvement d'une partie des taxes sur la circulation des marchandises confirment ce que nous avaient déjà montré l'accroissement de la masse métallique, et la valeur croissante de mise en gage des tonlieux : l'essor commercial de la Provence. Mais cet essor commercial est en grande partie une conséquence de celui de la production agricole. Des terroirs mieux peuplés et défrichés, surtout près des villes, permettent la constitution, dans ces mêmes cités, d'un artisanat. Des produits ouvrés localement peuvent alors s'introduire dans le courant commercial qui traversait déjà la Provence, ainsi qu'une partie de la production de blé. Tout cela aboutit à lier la Provence des campagnes et des villes au grand

---

213. A. et B., cf. *supra,* note 209.

E. 30. — « Item pro singulis quintalibus eundo ad mare desuper plombi grese, stoparum, canebi crudi, VI poiesas, Barrallus vera percipit I poiesam, relique V poiese ponuntur in dictis V partibus. »

214. L'équivalence est significative.

215. A. — « In ingressu de unaquaque navi Lombardorum sol XX et libram unam de pipere et galedam unam de castaneis aut denarios II, et judeus ejus V solidos et libram unam de pipere et galedam unam de castaneis aut d. II » (il s'agit de la moitié de la taxe appartenant à l'archevêque — le juif en a le 1/5).

B. — « In navibus marinis, integri vectigalis XII sol VI den et pro IIbus galletis castanearum IIII den et I libram grossam de piperis. » Le texte nous prévient lui-même qu'il ne s'agit pas de la taxe entière ; il n'y en a que le quart.

C. — « Et naves peregrinorum et navigia omnia que veniunt de mari non accipiant ibi (Trinquetaille) ripam nec ibi arripent. »

E 37. — « De qualibet nave a Turbia ultra veniente apud Arelatem causa cargandi LXV sol ... que omnia insimul congregantur et cum fuerunt IIII libras XII solidos II denarios Barralus percipit XV sol II den et ob. ... tamen dominus comes XIX sol quos percipiunt Porcelleti nescio causam. »

216. A. — « Et si Lombardus venerit in navigio piscatorum vel in aliquo cum negotio denarios XV et tres sunt judei. » (Il s'agit de la moitié de la taxe).

B. — « In unoquoque homine superstante in navi XV den. » (Il s'agit de l'autre moitié de la taxe.)

C. — « Insuper sallientibus navium nichil omnino accipiant ».

E 46. — « Forma et modus pedagii quod vocatur sobre sallient. Item quilibet mercator lombardus a Turbia ultra, habens ultra XXsol ray. qui venit in ligno, solvat II sol VI den. nisi partem habuerit in ligno ... de quibus omnibus dominus comes per se percipit mediatatem, quam domini Porcelleti percipiunt, nescitur causa, aliam dominus archiepiscopus per se. »

commerce d'une façon beaucoup plus profonde qu'elle ne l'était auparavant, alors que ce commerce transitait seulement, glissait, pourrait-on dire, à la surface d'une société campagnarde, soutenu par un groupe réduit de commerçants citadins, chez lesquels, parfois, quelques grands pouvaient acheter des produits de luxe. On constate dès lors une augmentation très nette de la masse monétaire. Cette augmentation entraîne à son tour une montée des prix — y compris celle des prix agricoles comme celui du froment. Sans doute la production agricole ne s'est pas accrue, par rapport à la population, d'une façon aussi rapide que les échanges dans les villes ; ceux-ci exigeant un numéraire plus important, la valeur d'échange du froment, son prix, augmente.

Dans ces conditions apparaît la position centrale des citadins aisés, gros alleutiers ou habiles intermédiaires. Les domaines situés près de la ville fournissent un blé facile à vendre. La vente forcée des produits de l'industrie paysanne laisse aussi de confortables gains. Le sel sorti des aires augmente de valeur sans donner pour cela plus de tracas à leurs propriétaires. A l'inverse, un produit comme le vin, qui avait été l'ouvrage de beaucoup d'humbles paysans au Xᵉ et XIᵉ siècles voit sa valeur stagner. Tant pis pour les paysans ; ils produiront plus de blé. Tant pis surtout pour les sires qui avaient quitté les cités au début du XIᵉ siècle. Evêques, chevaliers et marchands profiteront seuls du pactole. C'est sous cet angle aussi qu'il faut considérer deux mouvements qui tendent chacun à une « liberté » particulière : la Réforme grégorienne et le mouvement communal.

Chapitre II

La réforme et la libération de l'église

— LES CAUSES IMMÉDIATES —

La richesse renaissante de l'Eglise provençale vers 1040, la culture et la religion de certains de ses clercs ne doivent pas nous masquer sa situation réelle.

Dès la fin du xe siècle, les évêchés de Provence étaient tombés aux mains du comte et le roi n'y exerçait plus aucun pouvoir, même nominal. L'étape ultime de la dislocation de l'Etat théocratique était alors franchie. Quelles en avaient été les conséquences ? Une emprise accrue des familles de la région sur les sièges épiscopaux, considérés de plus en plus comme des biens de famille. Cela s'explique : le comte avait un horizon politique moins vaste que le roi ; il était plus sensible aux influences locales qui se manifestaient déjà lorsqu'il jouait simplement un rôle d'intercesseur. Prenons l'exemple de l'évêché d'Aix. Nous savons qu'il était au xie siècle tenu du comte. Quatre évêques se succèdent sur le siège d'Aix [1] : Amaury (de Lambesc ?) — un incendiaire [2] — Peire Palliol, Pons (de Châteaurenard), Rostaing (de Fos) et Peire Joufré (de Marseille). Leur gestion du domaine de l'Eglise laissait à désirer si l'on en juge par quelques textes de la fin du siècle [3]. On devine de quelles pressions le comte pouvait être l'objet : lorsque Pons était évêque, avant même la mort de Peire Palliol, le comte fut obligé de faire promettre aux Marseillais de ne pas l'attaquer lui ou

---

1. Cf. 1049/1056 (Catalogue n° 158). Amaury (de Lambesc ou de Sabran ?) 991-1030. Peire Palliol 1030-1048. Pons de Château Renard 1049-1056. Rostaing de Fos 1056-1081. Peire Joufré de Marseille... 1082 (LEP dioc. d'Aix).

2. Il avait incendié le village de Pertuis, possession de l'abbaye de Montmajour — 1009-1012 (Catalogue n° 73 bis).

3. Le prélat réformateur P. Cornut déclare le 31 avril 1093 : « Ego Petrus divina miseratione Aquensis archiepiscopus, quia ecclesias Dei sub laïca potestate gravi pressas in nostro episcopatu miserabiliter video... » (CSV n° 920). Et le comte de Barcelone, en 1125/1126 : « respicientes destructionem Aquensis ecclesie et fragilitatem canonicorum ibidem degentium » (Catalogue n° 256 et n° 257).

son évêché [4] ; ils durent attendre une vingtaine d'années avant de pouvoir mettre l'un des leurs sur le siège convoité. Entre-temps les Fos, rentrés en grâce, l'avaient obtenu pour vingt-cinq ans, nous avons dit dans quelles conditions [5]. Dans certains cas, le comte en arrive même à subordonner son choix à des buts purement lucratifs. Un chanoine de Forcalquier, en 1066 dénonçait violemment ces pratiques : « Souvenons-nous, nommons ceux qui les premiers détruisirent la cathédrale, ceux qui prirent la cité, et tout le domaine : ce furent les marquis, que leurs noms soient rayés du Livre de Vie, et inscrits pour le plus profond de l'Enfer [6]... »

Le résultat de cette mainmise ne se fit pas attendre : « Alors vinrent des évêques qui n'en étaient pas, mais bien des loups rapaces, envahisseurs simoniaques, publiquement mariés... c'étaient là non des pasteurs, mais des mercenaires ; ils ne gardaient pas les brebis, mais tondaient la laine et suçaient le lait [6 bis]. » Emphase méridionale ? Examinons d'autres témoignages. En décembre 1010, les princes et le peuple de la cité d'Apt avaient réclamé pour évêque Estève, un chanoine de leur cathédrale, mais il n'était pas le seul candidat. Son biographe, chanoine lui aussi, ajoute prudemment que la « prostitution de certains » n'avait pu lui faire obstacle puisqu'il jouissait de la bénédiction divine [7] : l'allusion à la simonie est transparente. Il en est de même à Embrun : l'Eglise avait souffert de l'oppression de pasteurs mercenaires « qui se vautraient dans la simonie et dans le meurtre », aux dires du pape Victor II, dont le légat venait précisément de déposer l'archevêque Uc pour simonie [8]. Encore en 1107, le

---

4. 1049-1056 (Catalogue n° 158).

5. *Supra*, p. 206.

6. « Breve recordationis qualiter gesta sunt de episcopatu Sisteronense quomodo devastatus et confractus est ita ut non solum ville vel castella, verum etiam omnes ecclesias perdidit, et non solum membris ecclesiarum sed etiam membris et caput. Recordemini et dicamus qui primus destruxit sedem et ecclesiam majorem et qui abstulit civitatem et omni honore : hoc fuerint marchiones quorum nomina deletes de libro vite et scripta in inferno inferiori ».

6 bis. « Postea venerunt vocati episcopi qui non episcopi sed lupi rapaces fuerunt, simoniaci invasores et uxorati publice : sicut alii homines honorant religiosas mulieres, ita isti episcopi cum summa diligentia manifeste tenuerunt concubinas, et hoc quod destructum non erat, ipsi destruxerunt pro filiis et filiabus suis ; si decime, si vinee, si terra culta et inculta, si aliqua censura, totum et integrum donaverunt et vendiderunt ; qui non pastores sed mercenarii erant, qui non corpora ovium custodiebant sed lanam ducebant et lac suggebant et requirebant sua neque Jesu Christo. » 5 avril 1066. — Notice faite au concile d'Avignon (N. Didier, *Les Eglises de Sisteron et de Forcalquier,* Paris 1954, p. 181, note n° 1). Les premiers, mais aussi les principaux coupables, sont donc les marquis qui avaient l'évêché en leurs mains. Il est significatif que le château de Lurs qui avait été confirmé à l'évêque par le roi Conrad en 967, soit en 990 la résidence d'Odile et de Miron, père de Miron, vicomte de Sisteron, qu'au milieu du XIIe leur descendant, Tiburge d'Orange, y ait eu un domaine qu'elle vendit à l'évêque, tandis qu'en 1106 une moitié du château qui se nommait alors « moitié comtale » était restituée à l'Eglise de Sisteron par Azalaïs, comtesse de Forcalquier (GCNN tome I col. 703 — CSP n° I — Catalogue n° 223).

7. « Et velut fieri solet in Dei occulta dispensatione ut dum aliquem suae praevenit benedictione, nullius praepediatur obice prostitutionis, haud secus suum dignatur est famulum suae dulcedinis benedictione praevenire, et ad sacrum pontificalis cathedrae invehitur officium ad sacrosanctae sedis Aptensis ecclesiae praeficiendum ipsius civitatis principum et subiciendae plebis collatis in unum poscitus » (*Vita S. Stefani*, p. 311).

8. « Animadvertantes Ebredunensem ecclesiam, primo quidem incursione et pervasione Sarracenorum, secundo autem receptione et possessione transfugarum et indisciplinatorum, deinde

légat Richard d'Albano précisait que l'évêque de Trois Châteaux, élu vers 1085, était non seulement un incapable, mais surtout un mercenaire [9]. Il n'est donc pas étonnant d'entendre un prélat réformateur, artisan de la Trêve de Dieu, Bénézet d'Avignon, affirmer en 1038/1039 que les évêques de la province d'Arles (c'est-à-dire à ce moment de toute la Provence) [10] ne sont plus intronisés par un don spirituel mais pour un profit tout terrestre. Et Bénézet dénonce comme le fera plus tard Umbert de Moyenmoutier, les conséquences désastreuses d'une telle pratique [11] : les évêques ont oublié qu'ils devaient tenir fermement leur église, ils ont dissipé un patrimoine sur lequel ils prétendaient avoir un droit, et à présent : « les biens d'Eglise, d'où pauvres et clercs doivent tirer leur subsistance sont possédés sans droit par des laïques ». Parents, amis et fidèles de l'évêque simoniaque étaient ainsi les premiers bénéficiaires de ses largesses, quand ce n'était pas ses propres enfants. De fait le cas des évêques procréateurs devient assez fréquent au début du XIe siècle en Provence.

Sur 58 prélats intronisés dans la période 980-1060, 9 sont connus comme ayant eu des enfants : Enguéran (de Signes), évêque de Cavaillon, mari d'Algude, père d'Amiel et de Giraud qui portent fièrement leur surnom d' « episcopalis [12] » ; Aumerade (de Moustier Gaubert), évêque de Riez, père d'Isnard [13], Gaucelm (ou Ganteaume), évêque de Fréjus, père d'Uc et d'Audibert [14] ; Bertran (de Marsens), évêque de Fréjus, son successeur, père de Ricau [15] ; Audibert (de Grasse), évêque d'Antibes, père de Guillem « Lombard », et d'une fille [16] ; Peire (de Sisteron), évêque de Sisteron, père d'Uc, chanoine de la cathédrale de Nice, et de Peire [17] ; Oudry II, évêque d'Orange et de S. Paul Trois Châteaux, père d'un fils nommé Male Engeance [18] ; Raimon, neveu de Guillem de Moustier, évêque de Nice, père de plusieurs fils dont Isnard [19] ; Ripert (de Mévouillon), évêque de Gap,

---

longa oppressione pastorum suorum, immo mercennariorum, et quod pejus est, simoniaca haeresi, et mutua occisione debacchantium, prostratam miserabiliter et corruptam », 7 juillet 1057, (Catalogue n° 159).

9. « Tricastrinam autem, ob adeo superpositi incuriam mercennarii destitutam invenimus ut inibi nec clericorum ordo aliquis servatur, ac penes res essent ecclesiastice dissipate », (GCNN Orange n° 65).

10. Cf. *supra,* p. 64.

11. « Ac postquam hujus provincie episcopi non per donum spirituale sed per terrenum lucrum in sede episcopali sublimati sunt, per superbiam elationem et in tumorem conversi, humiliter et religionis gratie quam firmiter tenere debuerant obliti sunt ; ac per hoc, opes et predia dicte Dei Ecclesie unde pauperes et clerici sustentari debuerant, mundiales homines possident injuste », 1038/1039 (CNDD n° 104).

12. « Domnus Geraldus filius episcopi Inguilranni. » « Willelmus filius episcopi et fratres ejus. » « Amelius filius episcopus Inguilrannus » (sic) avec leurs surnoms : *domnus Geraldus episcopalis,* et *Amelius episcopalis* (CSV n° 336-349-350-351-359-370-404).

13. « S. domni Almeradi Regensis episcopi S. Isnardi filii episcopi » (CLU n° 1991).

14. « Gotcelmus permittendi gratia Dei episcopus Forojuliensis ... Signum Ugo et Aldebertus filius (sic) episcopi firmaverunt » (CSV n° 599).

15. « Ego Bertrannus gratia Dei annuente Forojuliensis ecclesie indignus episcopus dono ... Ego Ricauus medius episcopus, hunc donum firmo ... S. Richaus episcopalis. » (CSV n° 537).

16. DOUBLET, *Actes des évêques d'Antibes* n° 15.

17. 1078 (CSP n° XIII), parmi les neuf chanoines qui accompagnent l'évêque de Nice, Archimbaud, figure *Ugo de Petro episcopo,* accompagné de *Petrus de episcopum.*

18. « Malapartida filius Uzalrici episcopi ». (GCNN Orange n° 54, 81, 68).

19. CSV n° 617 et n° 618.

mari de Béatrice et père de Ripert, Isnard, Peire, Raimbaud et Uc [20]. Sur 21 évêchés provençaux existant alors, 8 au moins ont eu un évêque marié à cette époque. Parmi ces évêques, il en est qui n'hésitent pas à distraire d'importantes fractions du patrimoine de leur église pour les donner à leurs enfants. Audibert d'Antibes avait ainsi doté sa fille avec un manse à Vallauris ; Peire de Sisteron avait aliéné certains biens pour ses fils et ses filles ; Oudry d'Orange avait transmis à son fils des terres qu'il fallut arracher à celui-ci après la Réforme [21]. Les neveux étaient parfois aussi dangereux que les fils : ceux de Pons, évêque de Glandevès, considéraient les dîmes de son évêché comme leur héritage [22].

Cette patrimonialisation, cette laïcisation de l'Eglise est passée de la charge épiscopale à certains chapitres canoniaux et notamment dans les trois anciens chapitres d'Arles, d'Avignon et d'Aix, moins peut-être chez les chanoines que chez les dignitaires du chapitre.

En Arles le sacristain Bertran (Porcelet), et le doyen Aténoux (de la Carbonière), tous deux membres de lignages chevaleresques arlésiens [23], ont fait souche, Aténoux a des fils, peut-être Aufant, doyen du Chapitre comme lui, et « Decan » qui eut lui-même pour fils Fouque « Decan » ; le doyen était alors Pons de la Carbonnière, neveu d'Aténoux [24]. Bertran eut pour fils Raimon « Sacristan », et Uc « Sacristan [25] ». Aténoux et Bertran ont occupé leur charge au milieu du siècle : Bertran entre 1038 et 1067, Aténoux entre 1011 et 1040. Ce qui se passe à Arles se retrouve à Avignon. Le doyen du Chapitre de 1033 à 1064, Pons a un fils, Rostaing ; son successeur, Raimon, fils du vicomte Bérenger, sera la tige des seigneurs de Posquières et ses fils porteront le surnom de Doyen ou Decan. Le prévôt du chapitre, après

---

20. CSV n° 730 et GCNN tome I instr. col. 447. Le pape félicitera plus tard son légat d'avoir délivré l'Eglise de Gap « des griffes de ce porc couchant », en parlant de Ripert. Il s'agit là sans doute d'allusions à ses mœurs, et à la simonie (GCNN tome I col. 469).

21. Antibes : note 16 — Sisteron : note 6 — Orange : « Dum filium episcopi contra me (Guillem, nouvel évêque d'Orange) vel successores meos episcopos deffendere voluerint (Guillelmus de Mornas et Peire Pons), de honore pontificali vel de abbacia S. Florenti », c. 1080 (GCNN Orange n° 54) ; « Sed si qua ipsi (Peire Arnoux de Venterol et ses neveux) ibidem habebant preter supradicta de manu Partide Male et aliorum feudariorum, episcopi tenebant » (*Ibidem*, n° 68).

22. 1095 (Arc. des B. du R. 1 H 63 n° 303).

23. Sur ces lignages, voir *infra*, chap. III, notes 6 et 52.

24. *Atanulfus decanus* 1040 (CSV n° 188), 1048/1054 (CSV n° 171), sans date (Auth. de S. Trophime f° 52). Il était apparemment déjà mort en 1067 : « Fecerunt namque hanc diffinitionem injustam ... Alfantus pro se et pro fratre suo et filii Atanulfi decani », 1067 (BN lat. 13915 f° 101). Ces fils sont sans doute Decan (*Decanus firmavit*, 1054 ? GCNN Arles n° 2512 — sans date, Auth. de S. Trophime f° 99. Hospitaliers de Trinquetaille f° 90 v°), et peut-être Fouque Decan que les textes placent parmi les *testes laïci* (1101, FLAMMARE CL n° 335 — 1084/1106, DU ROURE RHP I p. 217-218). Après Aténoux, c'est un Aufant qui est doyen (après 1069, GCNN Arles n° 407). Aténoux était lui-même frère d'un Aufant ; donc il s'agit d'Aténoux de la Carbonière (1059 — DU ROURE RHP I p. 172). Après Aténoux et Aufant, le doyen fut Pons de la Carbonière de 1078 à 1082 (GCNN Arles n° 429-430-441 et 442 — Cf. un acte de 1141, GCNN Arles n° 558) ; il mourut à S. Jacques de Compostelle.

25. Bertran Porcelet était fils de Rostaing Porcelet et de Pons (1057, CSV n° 200), lui-même fils de Volverade, mari de Bellitrude, chevalier arlésien et vassal de l'archevêque d'Arles. Bertran est sacriste au moins depuis 1067 (CSV n° 162 — FLAMMARE CL n° 331), jusqu'en 1102 et 1105 (HGL V 775 et 791). Il a eu pour fils Raimon Sacristan : 1101 (FLAMMARE CL n° 33), 1125 (HGL V 935), c. 1132 (*Ibidem* 993), 1147 (Catalogue n° 299).

1054, Pons Renard ou Pons Balde, était aussi marié ; son frère Rostaing était sacriste dès avant 1075 [26]. De même en Apt, Roux, cabiscol du chapitre, paraît avoir eu un fils, et à Riez, la famille du prévôt dut rendre, au début du XIIe siècle, des biens d'Eglise qu'elle avait pris l'habitude de considérer comme héréditaires [27]. Et ne parlons pas des simples prêtres de campagne mariés [28].

On en arrive à des situations telles que le ministère épiscopal n'est même plus rempli. Après la mort de l'évêque de Sisteron Peire en 1042, son parent Raimbaud (d'Orange-Mévouillon), chevalier très riche et très puissant, achète l'évêché pour son fils Peire, mais celui-ci était si jeune qu'on ne pouvait décemment en faire un évêque ; Raimbaud et ses chevaliers dilapident alors le patrimoine ecclésiastique ou plus exactement, comme le relate la notice qui nous renseigne : « Raimbaud vendit, et les chevaliers achetèrent ». L'évêché de Sisteron, réduit matériellement à peu de chose, restera sans évêque pendant dix-sept ans car Raimbaud, lorsque son fils fut adolescent, lui procura à prix d'argent l'évêché de Vaison [29].

Quand plus tard Raimbaud se repentira, il avouera qu'il avait abusé des évêchés en son pouvoir parce qu'il avait trop aimé les vanités humaines ; s'il les avait bien administrés, il se serait donc senti la conscience plus légère de les avoir achetés [30] ? En 1064/1070, le fils de Raimbaud, Bertran Raimbaud, mari de la comtesse Azalaïs, empêche Giraud, évêque de Trois Châteaux, de gouverner l'église d'Orange, que le Pape avait unie à son évêché ; l'église d'Orange comme celle de Sisteron, est donc sans pasteur [31].

---

26. Pour le doyen Pons, Cf. MANTEYER, *La Provence...* p. 431 note 5 ; pour le doyen Raimon, *Ibidem*, p. 380 note 3 et p. 381) ; pour le prévôt Pons Balde et son frère, le sacriste Rostaing, *Ibidem* p. 431, 432 et 433.

27. Apt : 1048 (CA n° 77). Riez : « quam videlicet ecclesiam (S. Marie de Palude) Guillelmus nunc Regiensis prepositus et Stephanus frater ejus et Guillelmus minor cum hereditaria nequiter possessione vendicassent subjectioni tuae et matricis Ecclesiae reddiderunt, et regularem vitam professi ordinationi et observationi canonice subdiderunt. » 1114 (GCNN I col. 373).

28. Au diocèse de Fréjus : « Bertrannus presbiter dedit et firmaverunt Pontius et Rostagnus filii ipsius Bertranni », 1038 (CSV n° 526) et milieu XIe (CSV n° 528). Au diocèse d'Avignon : le prêtre Bonpar et son fils Peire, 1091-1131 (CNDD n° 36). Au diocèse d'Arles : « Deusde presbiter cum socia sua Arantrudi », fin XIe (Auth. de S. Trophime f° 98 v°). Au diocèse de Riez : le prêtre Venerand et ses fils Isnard et Peire. 1051 (CSV n° 606) ; Ermenard, fils du prêtre Pons, milieu XIe (CSV n° 658). Au diocèse d'Embrun : Guillem, chevalier, fils du prêtre Guillem, 1066 (CSV n° 698). Au diocèse de Vence, le prêtre Unaud et son fils Flavius, 1040 (CSV n° 795). Au diocèse de Marseille : le prêtre Honorat et son fils Peire, 993/1032 (CSV n° 1058). Cette liste ne prétend pas être complète.

29. Texte *in* N. DIDIER, *op. cit.* p. 181 note 1.

30. « Ego Raimbaldus ... cui tantam Deus prudentiam atque honorem concessit et quem ultra meos similes exaltavit, non enim que Deo placita erant curavi sed vanitates et laudes humanas semper amavi ; ob hoc etenim Dei res male tractavi, episcopatus quippe mee potestatis ac abbatiam injuste ordinavi et tandiu ista peregi quousque abbatia S. Poncii est dissipata et pene ad nihilum redacta. Unde valde doleo... S. Raimbaldus (etc.) Episcopus D (urandus) Venciensis. » Après 1060, (excommunication de Raimbaud), avant 1062 (où Enguerran est évêque de Vence) (CLU n° 3009).

31. « Propterea ex parte S. Petri et nostra, monemus ... (ut) ... praedictum Geraldum episcopum ... eam (Aurasicanam ecclesiam) Tricastinensi ecclesiae conjunctam regere et gubernare permittas. » (GCNN Orange n° 50 et 51). Le pape menace Bertran Raimbaud de l'excommunier.

Dans le même temps, Uc, évêque de Digne, ne considère pas l'évêché de Digne comme sien, mais, dit-il, « il est au pouvoir de mon père Guigue [32] ». Dans ces deux cas, celui qui achète l'évêché, ne l'a même pas fait pour lui et le comte se désintéresse du titulaire ou de l'absence de titulaire.

Les exemples que nous venons de citer montrent une dégradation certaine entre 1040 et 1060, où l'on voit deux évêchés importants rester vacants par la faute des grands. Un certain nombre d'évêchés ont, à cette époque, échappé au comte pour passer dans la main des grands. C'est le cas pour Marseille où se succèdent les cadets de la famille des vicomtes ; c'est le cas de Toulon qui ne doit son domaine qu'à la charité de ces mêmes vicomtes et dont le titulaire n'est qu'un simple chanoine de la cathédrale de Marseille. Au-delà, c'est le cas d'Antibes où tout le domaine de l'évêché appartient aux sires de Grasse : leurs cadets se succéderont donc sur le siège épiscopal. C'est le cas de Digne qui est aux Moustiers Gaubert. Il semble bien que les évêchés de Senez et de Glandèves soient pourvus par les Castellane. Raimbaud d'Orange-Mévouillon avait plusieurs évêchés en son pouvoir : l'un d'eux était Sisteron, l'autre probablement Vaison sur le siège duquel se sont succédé trois membres de sa famille et dont les sires durent, lors de la Réforme grégorienne, restituer le domaine [33].

Par contre le comte tient encore Arles, Aix, Nice, Avignon, Vénasque et sans doute Riez et S. Paul Trois Châteaux. Orange est disputé entre les Mévouillon et l'évêque de S. Paul. Et l'on s'aperçoit que les évêchés acquis par les sires vers le milieu du XIe étaient déjà occupés depuis quelques générations par des membres de leur lignage ; par contre, les évêchés dont les comtes disposent encore sont soit accordés en alternance aux grandes familles, soit confiés à des réformateurs [34]. Ces derniers évêchés sont ceux-là même

---

32. « Ego, Hugo vocitatus, in sancta sede Dignensi officio presulatus gratia Dei sublimatus, et pater meus Guigo in cujus potestate constitutus meus esse videtur episcopatus » — « Igitur ego gratia Dei presul ordinatus, proprio nomine Hugo vocitatus, et pater meus Guigo in cujus tuitione constitutus noster videtur esse episcopatus ... » 1038 (CSV n° 738 et n° 737).

33. *Marseille* : c'est un peu avant 977 que Guillem est devenu vicomte (AVM n° 4) ; son oncle était déjà évêque ; son frère le devint ; son fils le sera (954-1073/1082). *Toulon* : l'évêché ne reparaît qu'en 1020. Ses deux titulaires successifs sont chanoines de Marseille et continuent à faire parti du chapitre (LEP. Dioc. de Toulon, notes 1 et 2). *Antibes* : cf. DOUBLET (AEM n° 15), où se succèdent sur le siège Audibert Ier, Joufré et Audibert II, tous trois de la même famille (avant 1028 — après 1093) ; donation du comte 1004/1008 (cat. n° 68 bis). *Digne* : cf. texte de 1038 cité *supra* note 32 (au moins de 1038 à 1066). *Senez* : il semble que ce soit les Castellane qui aient restauré l'évêché en 993/1021 (texte cité LEP dioc. de Senez, note 1) ; évêché tenu par un Castellane au moins de 1021 à 1095. *Glandevès* : évêché tenu par un Castellane de 1014/1029 à 1095. *Sisteron* : cf. *supra* note 29 (tenu par un Orange Mévouillon de 1030 à 1060 — LEP Dioc. de Sisteron). *Vaison* : (1103, RIPERT MONTCLAR, *Cart. de Richerenche*, p. XXX, restitution du *feodum S. Mariae*) tenu par un Orange Mévouillon de 954 à 1078.

34. *Arles* (*supra*, p. 66), alternance : Pons, fils de Franco de Fréjus, Raimbaud de Reillanne réformateur, Aicard de Marseille. *Aix* (catalogue n° 158), alternance : Palliols, Châteaurenard, Fos et Marseille. *Nice* : l'évêque considère le comte comme son seigneur en 1051 (cat. n° 150) alternance : Pons de Nice (Sisteron), Nitard, chanoine de Riez et réformateur, André, inconnu, Raimon de Moustiers. *Avignon* : Avignon est une résidence comtale ; en 1095, il est évêché comtal (Catalogue n° 208) ; alternance : Audibert (de Châteaurenard ?), Bénézet, réformateur ; Rostaing, fils du vicomte. *Venasque* : le domaine de l'église est tenu par le comte jusqu'en 1159/1160 (Catalogue n° 354). *Riez* : de 1066/1069 à 1094, le titulaire est un ancien chanoine d'Arles (LEP dioc. de Riez note 4). On observe de plus sur ce siège,

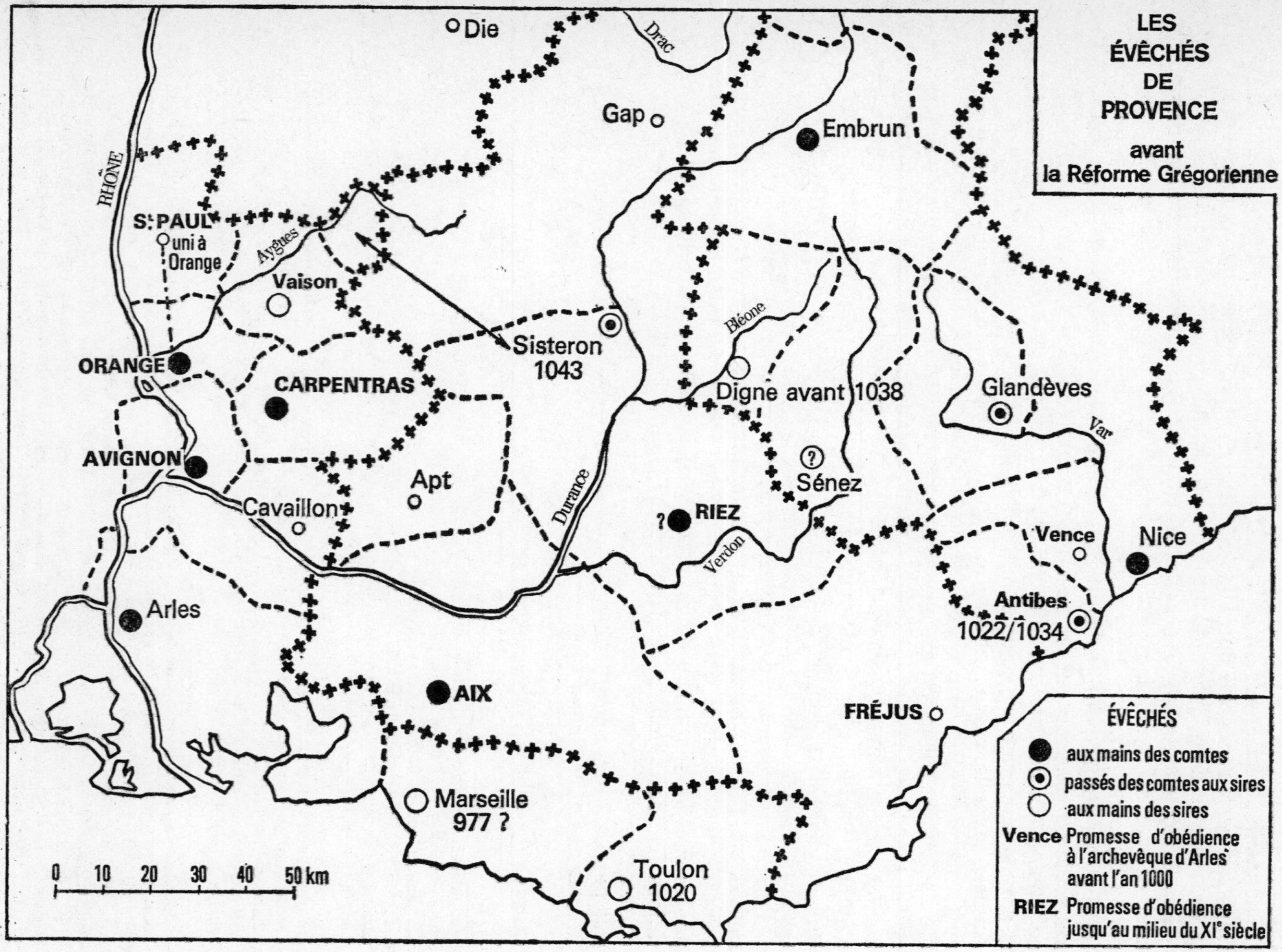
LES
ÉVÊCHÉS
DE
PROVENCE
avant
la Réforme Grégorienne
Die
Drac
Gap
Embrun
RHÔNE
St PAUL
uni à
Orange
Aygues
Vaison
Sisteron
1043
Bléone
Digne avant 1038
Glandèves
Var
ORANGE
CARPENTRAS
AVIGNON
Apt
Cavaillon
Durance
Sénez
? RIEZ
Verdon
Vence
Nice
Arles
Antibes
1022/1034
AIX
FRÉJUS
Marseille
977 ?
Toulon
1020
0 10 20 30 40 50 km
ÉVÊCHÉS
aux mains des comtes
passés des comtes aux sires
aux mains des sires
Vence Promesse d'obédience à l'archevêque d'Arles avant l'an 1000
RIEZ Promesse d'obédience jusqu'au milieu du XIe siècle

FIG. 8

dont les titulaires prêtent une promesse d'obédience à l'archevêque d'Arles [35]. Au milieu du siècle, près de la moitié des évêchés provençaux sont devenus des éléments du patrimoine des grands, et échappent complètement au comte ou à l'archevêque.

C'est à la même époque que l'accaparement des dignités capitulaires sévit dans des chapitres pourtant réformés : Arles, Apt, Avignon [36], où le décanat et l'archidiaconat sont à la collation des chanoines eux-mêmes [37]. Le mouvement de Trêve de Dieu, en empêchant par la menace de lourdes sanctions [38] les chevaliers de s'emparer brutalement des biens d'église, ne les a-t-il pas involontairement incités à rechercher d'autres moyens d'en jouir ? Des pressions sur les chapitres et surtout sur les évêques leur auraient permis d'accaparer les dignités les plus lucratives. Ce faisant, ils compromettaient la régularité de la vie canoniale et remettaient en cause l'un des acquis les plus précieux du mouvement de réforme des années 1030-1040 ; les chapitres réformés — seule et véritable église séculière — sont dans la deuxième moitié du XIe siècle, gravement menacés [39].

La situation était moins mauvaise dans l'église monastique. Certes là aussi une dégradation est perceptible. Les grands qui avaient participés à la restauration de certaines abbayes, en ont pris le contrôle. Ainsi Notre-Dame des Accoules, où l'abbesse est intronisée par l'évêque, un cadet de la famille vicomtale [40] ; ou encore S. Laurent d'Avignon, abandonné aux mains des « tyrans », les vicomtes, sans doute au moment où un membre de leur famille, Rostaing, est parvenu à l'évêché de la cité [41] ; S. Pons de Nice au pouvoir de Raimbaud d'Orange [42]. Dans le même temps, des circonstances malheureuses compromettent la vie des deux grandes abbayes, Montmajour et Lérins. Montmajour, tombée sous la houlette d'un pasteur indigne, l'abbé Audibert, est reprise par l'archevêque Raimbaud qui le dépose, sans nommer de titulaire pendant six ans, puis désigne l'abbé Roland, bon administrateur des biens du monastère [43]. Malheureusement à l'abbé Roland succède Bermond, qui pro-

---

l'alternance des Moustiers Gaubert et des Pontevès. *Saint-Paul-Trois-Châteaux* : en 1064 le titulaire de l'évêché, Giraud, est aux prises avec les Mévouillon. On peut donc penser qu'il n'est pas une de leurs créatures. Par contre, il faut remarquer, avant ce Giraud, deux Oudry, dont l'un au moins est apparenté aux Orange Mévouillon (LEP dioc. d'Orange et LDP).

35. Cf. *infra,* p. 64 note 183. Ont prêté promesse d'obédience : Bertrand de Riez (1021/1040) et Henri de Riez (1066/1069) ; Peire d'Avignon (992/1002) et Bénézet d'Avignon (6 mars 1037) ; Oudry Ier et Oudry II, de S. Paul-Trois-Châteaux (1030-1033) ; Giraud de S. Paul-Trois-Châteaux (1064) ; Pons d'Aix (1048) et Rostaing d'Aix (1056) ; Bertran de Fréjus (1044) ; Estève de Vénasque (986/992) ; Arnoux de Vence (1003/1029).

36. Cf. *supra,* p. 253.

37. Depuis la donation de l'évêque Bénézet en 1036-1046 (CNDD n° 33).

38. Cf. *supra,* p. 201.

39. Les chapitres se défendent en refusant la présence parmi eux de certains cadets de grandes familles qu'ils considèrent comme des intrus : Cf. un serment de ce type (CNDD n° 77), des chanoines d'Avignon contre Peire Bérenger cadet de la famille vicomtale.

40. 1013, (GCNN, inst. col. 112).

41. Déclaration de l'évêque Arbert, 1096/1110 (CNDD n° 24).

42. Texte cité *supra,* note 30.

43. Cf. *supra,* p. 173, note 8, 207, 215. Il apaise à prix d'argent les différends entre son abbaye et l'archevêque Raimbaud : il accepte les défrichements de marais, mais y fait reconnaître par les Arlésiens les droits de son église. — 1067 (BN lat. 13915 f° 101). En 1068, il obtient l'église S. Didier à Avignon (CNDD n° 106) et s'entend avec l'archevêque de Vienne,

fite de la présence sur le siège d'Arles d'Aicard pour lui acheter sa charge d'abbé : la sodomie était le moindre de ses vices, la simonie, le pire [44]. On s'explique que Montmajour n'ait pu être durant la fin du XIe un foyer actif de la réforme. Lérins subit aussi un coup fâcheux, en 1046, où l'abbaye est pillée par des pirates espagnols [45]. Par contre, S. Victor s'est encore renforcé [46] et va jouer un rôle de plus en plus déterminant, aidant les abbayes voisines en difficulté au-delà même de ce qu'elles pouvaient souhaiter. Isarn n'hésitera pas à partir en Espagne user de son influence auprès de Raimon-Bérenger comte de Barcelone, de la comtesse Elizabeth, et de Gombaud de Besora, pour faire racheter les moines de Lérins. Son disciple Raimbaud s'efforce de réformer Montmajour. L'abbaye de S. Victor inaugure là une politique qui lui vaudra bien des inimitiés, mais qui fait d'elle comme la tête de l'église monastique en Provence.

Au moment où se produit un dangereux fléchissement de la règle dans les chapitres réformés, S. Victor reste le bastion solide des réformateurs.

— LA LUTTE —

La situation change à la fin des années 1050 et l'Eglise provençale reçoit d'au-delà des monts un secours énergique et des chefs intrépides. L'un des premiers champs de bataille de la réforme dite grégorienne, la Provence est aussi l'un de ceux où l'âpreté du combat, à la mesure du péril encouru, transformera profondément la société.

Le pape Nicolas II, en 1059, avait condamné non seulement la simonie, comme l'avaient fait avant lui papes et empereurs [47] mais aussi et surtout

---

Léger (CHEVALIER Cart. S. Barnard 171/172). En 1069, c'est avec l'archevêque d'Aix qu'il conclut un accord (BN lat. 13915 f° 105 = RHP I p. 189/190). En 1072, il obtient des Fos la restitution de tout le Val S. Peire au sud de Martigues (Copie XIVe Arc. des B. du R. 2 H 425 f° 86).

44. « Summo pontifici et universali Papae Gregorio, Arelatensis comes B(ertrannus) ... pater sanctissime, mando tibi quomodo Bermundus abbas sanctorum Petri et Pauli Montis Majoris abbatia expulsus sit juste et qualiter iste suceperit, quem tibi mitto, Guillelmus nomine. Ille namque tanti erat flagitii et tantae impudicitiae quod pudet me alicui honesto viro dicere ; sed unum ex pluribus nequeo tacere ; sodomitica quippe libido ultra modum in eum regnabat, et inde ab ullo vivente corripi non poterat. Ego quoque et monachi supradicti loci, detestabilem hujusmodi rem agnoscentes, nequivimus diu pati ; sec consilio invicem habito, adivimus archipraesulem Lugdunensis urbis, qui ei benedictionem tribuerat abbatis, et ejus consilio atque judicio, abbatiam quam (ab) archiepiscopo Arelatensi, a te anathemate percusso, simoniace acceperat, amisit. Et hic qui nunc praeest paulo (post), memorati pontificis decreto, regulariter subrogatus est ei, atque benedictionem ab eodem suscepit. Nunc ergo, supplex imploro tui clementiam, ut propria manu abbatiam a te suscipiat, et privilegia olim loco illi, qui est tuae ditionis, a patribus indulta corrobores manu propria, et novum sibi privilegium tui ex parte attribuas. » Avant le 31 mars 1079 (où la bulle demandée est envoyée, BN lat. 13915 f° 109 ; BOUQUET, RHF XIV, 657).

45. Cf. *supra*, p. 28, note 115.

46. Cf. *supra*, p. 183.

47. En mars 981, au concile de Rome, Benoît VII et Otton II condamnaient la simonie (JAFFE n° 3796). En 1047 Clément II, pape impérial excommuniait ceux qui vendaient l'*ordinatio* ou la *commendatio* des églises (JAFFE sous n° 4140).

toute investiture laïque [48]. Dès 1057, le premier coup de la réforme grégorienne en Provence est porté par Hildebrand lui-même, et il révèle un plan soigneusement conçu. L'archevêché d'Embrun sur la route d'Italie en Provence et en Viennoise avait au xe siècle perdu tous ses suffragants [49], alors que sa qualité même le rendait indépendant des métropolitains rivaux de Vienne et d'Arles. Les grandes familles se le disputaient les armes à la main, sans reculer devant l'assassinat [50]. Cette année-là, Hildebrand qui venait de Milan arriva à Vienne pour tenir un concile contre la simonie et le nicolaïsme. L'archevêque d'Embrun Uc s'y trouvait, par hasard, et par hasard aussi, certains l'accusèrent de simonie. Uc sentant venir le danger crut l'éluder en achetant ses dénonciateurs. Il avait compté sans l'énergie d'Hildebrand ; celui-ci voyant sa proie lui échapper et Uc se gausser ouvertement de lui, le soumet à une épreuve. La faconde d'Uc l'abandonne soudain ; il se trouble, il avoue. Hildebrand le dépose immédiatement puis revient à Rome [51] avec Guiniman, chanoine de l'abbaye viennoise de Romans [52] que Victor II ordonne archevêque d'Embrun [53].

Entrent alors en scène d'autres personnages car il s'agit de légitimer le coup de force ; ce sont les comtes de Provence, Guillem Bertran et Joufré, Pons comte de Die et les primats des provinces voisines, Raimbaud d'Arles [54] et Léger de Vienne. C'est d'eux que serait venue l'idée de la nouvelle procédure et le pape éprouve le besoin de se justifier dans la bulle qu'il a donnée le 7 juillet à Guiniman : n'est-ce pas l'Eglise de Rome qui a créé celle d'Embrun en y envoyant S. Marcelin ? Cela n'empêche pas l'élection de Guiniman

---

48. MGH. *Constitutiones* I, p. 547.

49. Cf. *supra*, p. 65.

50. Cf. *supra*, note 8. Le précédent titulaire du siège appartenait sans doute à la famille de Mison (LEP. diocèse d'Embrun note 8). La présence d'Uc à Vienne montre qu'il pourrait être au contraire d'une famille viennoise. Il n'en dépendait pas moins du comte de Provence, 1053 (Catalogue n° 156).

51. « His ita gestis Deo amabilis Ildebrandus ad Lugdunensem Galliam usque pervenit ibique magno celebrato concilio ... Forte in eadem sinodo aderat Hebroniensis archiepiscopus vir valde eloquentissimus. Hic cum ab aliquibus de symoniaca heresi esset accusatus, sequenti nocte omnes accusatores pecunia fecit amicos maneque facto insultabat judici dicens : « Ubi sunt qui me accusabant ? Nemo me condemnavit ». Quod audiens archidiaconus prefatus ait ad episcopum : « Credis, o episcope, Spiritum Sanctum unius cum Patre, et Filio substantie et deitatis ? » Quo respondente credo : « Dic, inquit, Gloria Patri et Filio et Sipiritui Sancto » cumque hunc versiculum fiducialiter cepisset, Gloria Patri et Filio dicebat, sed spiritum Sanctum nominare non valebat quem cum sepe cepisset et nihil profecisset, pedibus ejus obvolutus, symoniacum se esse professus est. Qui mox ab episcopatu depositus est ». (BONIZON de Sutri, *Liber ad amicum*, lib. VI, MGH *Libelli de Lite imperatorum et pontificum* T I, Hanovre 1891, p. 592 et Pierre DAMIEN, op. XIX c. 6, *De abdicatione episcopatus*, PL tome 145, col. 433).

52. Cf. LEP dioc. d'Embrun note 10.

53. « Karissime confrater et coepiscope Winnimanne, prefatae ecclesiae archiepiscopum et rectorem pro vitae merito et sapientae doctrina ordinavimus et consecravimus secundum electionem cleri et populi, ad petitionem quoque religiosum principum et ad suggestionem venerabilium primatum adjacentium provinciarum quorum unanimis sententia existit ut si Ebredunensis ecclesiae recuperatio aliqua quaereretur, ab illa matre, scilicet Ecclesia Romana quae prius illo beatum Marcellinum praedicatorem et pontificem direxerat, praedicator et pontifex reposceretur », 7 juillet 1057 (Catalogue n° 159).

54. Raimbaud avait été légat de Victor le 13 septembre 1056 au concile de Toulouse (GCNN Arles n° 399).

d'être, malgré la déclaration pontificale, postérieure à la consécration par le pape ; d'où l'embarras du décret d'élection qui porte le double titre d'*electio* et de *confirmatio*, et qui précise plus loin que « le clergé et le peuple d'Embrun élisent, approuvent et corroborent sur l'ordre du Pape, avec la confirmation du comte [55] ». Mais en même temps que le nouvel élu serrait dans les archives de sa cathédrale la bulle pontificale et le décret, on rédigeait aussi la liste des suffragants dont Guiniman devait, comme le précisait le texte, reprendre l'ordination et l'obédience [56]. Très archaïque, cette liste des cités soumises à Embrun venait peut-être elle aussi de la chancellerie romaine [57]. En mettant sur le seul siège d'Embrun un évêque réformateur, les grégoriens pouvaient prétendre contrôler six autres évêchés.

La même procédure va être employée trois ans plus tard au concile d'Avignon. Hugues le Blanc, abbé de Cluny, et Raimbaud d'Arles, s'attaquent aux deux évêchés limitrophes d'Embrun, Gap et Sisteron, tous deux tenus par les Orange-Mévouillon. La situation de l'évêché de Sisteron était la plus grave. On se rappelle que Raimbaud (d'Orange-Mévouillon) avait acheté l'évêché, mais n'avait pas fait nommer d'évêque. On excommunie Raimbaud qui, pour se racheter, donnera l'abbaye de S. Pons à Cluny. Puis on choisit, ou l'on feint de choisir, un titulaire pour le siège de Sisteron, Giraud Chabrier qui avait restauré la collégale de Notre-Dame d'Oulx, sur la route de Suse [58]. Giraud, comme l'avait fait Guiniman, part recevoir la consécration à Rome, de la main même du Pape [59]. L'opération se déroule cette fois moins facilement qu'à Embrun. Quand Giraud revient prendre possession de son siège, les Sisteronnais lui ferment les portes de leur cité : la famille de Sisteron qui en tenait le château était alliée des Orange-Mévouillon. Giraud se réfugie alors à S. Mary de Forcalquier, dans le domaine comtal, sous la protection des comtes et de leur vicomte avignonnais qui avait approuvé son élection, puisqu'elle avait été faite à Avignon, en présence de son frère, l'évêque Rostaing [60]. Giraud n'était guère aimé dans la partie Nord de son diocèse : il échouera dans sa tentative de soumettre la collégiale de

55. « Electio et confirmatio Vinnimani. Antiqua auctoritate sanctorum predecessorum nostrurum, clerus et populus Ebredunensis elegimus, laudamus et corroboramus Winnimannum archiepiscopum in sede archiepiscopali Ebredunensi, praecipiente summo pontifici et universali papa Victore, confirmante Willelmo Bertrando et Gaufredo seu Pontio comite ita ut praesideat et regat omnes ecclesias supradictae civitatis sicut scriptum est in privilegio quod domnus papa Victor, illius consecrator, auctoritate romana sibi contulit ... Fiat. Fiat. » (Catalogue n° 159).

56. « Confirmamus suffraganeorum tuorum omnium consecrationem debitam subjectionem et reverentiam seu obedientiam secundum omne jus quod metropolitanis sui suffraganei canonice debent. » (*loc. cit.*).

57. La liste contient les noms de huit cités dont deux avaient cessé depuis longtemps d'être des évêchés, les « civitates Rigomagensium et Solingensium ».

58. « Eodem die obiit Geraldus Caprarius episcopus noster et Ulciensis canonicus. Iste fuit de fundatoribus Ulciensis monasterii et factus Sistaricensis episcopus immensa beneficia contulit ecclesie S. Marii sicut in cartis hujus ecclesie habetur ; et dictus est Caprarius quia primum pauper erat et capras custodiebat ut Ulcienses canonici dicunt. » (Obit. S. Mary de Forcalquier).

59. Il prend soin de le rappeler lui-même plusieurs fois, notamment dans la donation de la collégiale de S. Martin de Cruis à S. Victor (CSV n° 660).

60. Texte cité *supra* note 6 bis cf. aussi la présence aux côtés des comtes, de Giraud et du vicomte Bérenger (CSV n° 659).

S. Martin de Cruis, située au milieu du domaine des sires des Orgues (et de Sisteron ?) et l'on conservera un mauvais souvenir de lui à Sisteron : « Ce Giraud divisa l'église de Forcalquier de celle de Sisteron ; il fit tout le bien qu'il put à celle de Forcalquier, et tout le mal à celle de Sisteron, élevant l'une, opprimant l'autre [61]. » En fait il eut beaucoup de mal à récupérer le domaine de son église ; en 1102, l'évêque Bertran se plaignait toujours de ceux qui voulaient le lui enlever, et c'est seulement entre 1105/1106 et 1124, sous l'épiscopat de Giraud II que les sires de Sisteron s'accordèrent avec l'évêque [62].

Quant à l'Eglise de Gap, son titulaire Ripert, bien que déposé pour simonie, se maintient en place [63]. En trois ans, on le voit, les évêques simoniaques avaient appris à ne plus se laisser impressionner par les foudres des légats. Alexandre II, qui vient de monter sur le trône pontifical, écrit à Raimbaud pour confirmer la déposition de Ripert et la vacance du siège de Gap ; mais surtout il écrit au clergé et au peuple de Gap, donc essentiellement aux chevaliers de la cité, pour les informer qu'il jette l'interdit sur leur diocèse aussi longtemps qu'ils n'auront pas chassé Ripert « envahisseur de l'église de Gap » et choisi un évêque digne et convenable ; les gens de Gap, ou certains d'entre eux, envoient leur clergé à Rome pour demander au pape de prendre en pitié les souffrances de leur église. Celui-ci leur donne alors pour pasteur Arnoux, moine de la Trinité de Vendôme, venu à Rome avec son abbé, au début de l'année 1063 [64].

Vers 1065, la situation des évêchés de Provence paraît rétablie : les deux archevêchés d'Arles et Embrun sont occupés par des réformateurs ainsi que Gap, Sisteron et Riez [65]. Marseille et Toulon sont à la famille de Marseille, l'évêque d'Apt est de la famille d'Agoult, celui d'Avignon, de la famille des vicomtes de cette ville [66] : trois familles fidèles du comte et soutiens du mouvement de Trêve, qu'il serait délicat de mécontenter.

---

61. Livre Vert (GCNN I col. 695). Les terres des Sisteron (LDP-R). Le prévôt de Cruis Michel se plaignit au pape en invoquant le rattachement à S. Pierre de Rome et Giraud se fit réprimander (GCNN I instr. col. 446). Cf. N. DIDIER, *Les Eglises de Sisteron et de Forcalquier*, p. 181, et BLIGNY, *op. cit.*, p. 43.

62. 1102 Catalogue n° 217 — 1105/1106 et 1124 GCNN I instr. col. 446.

63. Alexandre II rappelait à Raimbaud que Ripert avait été déposé par ses prédécesseurs, donc, si le pluriel est de style, par Nicolas II entre 1057 et 1061. Comme d'autre part Urbain II attribuait à Hugues le fait d'avoir libéré l'église de Gap des griffes « du porc couchant ». en parlant de Ripert (PL n° 151 col. 488 = JAFFE n° 5678), on peut penser que Ripert avait été déposé en 1060. C'était un simoniaque, qui avait ruiné son église. « Vapiensium ecclesia, simoniaca reperta intronizatione, cujusdam jambudum attrita ingluvie, pastoralis curae careret auxilio ». (*Vita Arnulfi* ... p. 238).

64. « Clero et populo Wapincensi. Sciatis nos Ribertum invasorem ecclesiae vestrae vinculo excommunicationis innodasse ... insuper etiam in tota parroechia vestra omne aecclesiasticum officium, preter baptismum apostolica auctoritate interdicimus ... donec de medio vetsro predictum iniquitatis virum ejeceritis et alterum dignum et idoneum elegeritis... » (GCNN I instr. col. 277). « Universi populi habito consilio, clerus supradictae ecclesiae praememorati papae presentiam adiit et ut laboranti eorum misereri dignaretur basilicae, non inexauditis precibus postulavi... » (*Vita Arnulfi*). Le 8 mai 1063, le pape confirmait les privilèges de la Trinité (GCNN I col. 470).

65. Entre 1066 et 1069, le siège de Riez a été confié à Henri chanoine d'Arles et fidèle de l'archevêque Raimbaud (LEP dioc. Riez note 4).

66. LEP diocèses de Marseille, Toulon (notes 1 et 2), d'Apt (note 7) d'Avignon (note 9).

Mais dès la décade 1070/1080, la situation se dégrade : Raimbaud d'Arles meurt et son remplaçant, Aicard, de la puissante famille des vicomtes de Marseille, est accusé de simonie [67]. En 1082, les mêmes vicomtes sont arrivés à mettre un autre de leurs cadets sur le siège d'Aix [68]. Sur vingt et un évêchés provençaux, quatre sont alors entre leurs mains, tous situés en Basse-Provence. Sur le siège d'Avignon, place forte de la réforme [69], est monté Rostaing, le fils du vicomte Bérenger ; les moines de S. André disent de lui qu'il était plus à son aise dans les affaires du siècle que dans celles de l'Eglise [70] ; ceux de S. Victor défendaient contre lui l'immunité de leur prieuré de S. Promace de Forcalquier, où il prétendait lever les usages ; ils lui réclamaient aussi les legs de ses parents, qu'il retenait indûment [71]. Rostaing, pourtant, paraît soutenir la Réforme, sans doute parce qu'il est l'un des fidèles des comtes. Mais on sent que les réguliers se méfient de lui : ce n'est pas là un évêque selon leur cœur. A la même époque les chevaliers de Gap, lassés de l'obstination d'Arnoux, qui s'efforçait de faire respecter le droit de l'église à coups d'excommunication, exaspérés de voir que les menaces et les difficultés qu'ils lui suscitaient n'arrivaient pas à lui faire lâcher prise, décident de se débarrasser de lui : l'un d'eux plus téméraire tirant son épée, le blessa grièvement au bras. Arnoux, martyr de la Réforme, mourut, probablement de ses blessures, le 19 ou le 20 septembre 1074 [72]. Quant à son collègue de Sisteron, Giraud Chabrier, il faut se rappeler qu'il n'avait toujours pas réussi à entrer dans sa cité.

Loin de se décourager, Hildebrand, maintenant monté sur le trône de

---

67. Cf. texte cité, *supra*, note 44.

68. LEP. dioc. d'Aix.

69. On observera le nombre fréquent de conciles qui s'y tiennent : en 1060 (GCNN I col. 445) ; en octobre 1063 (BN nouv. acquis. lat. 1674 pièce 1 — et Bibl. d'Avignon ms 98 f° 144 v°) ; en avril 1066 (N. DIDIER, *op. cit.*, p. 181 p.j. n° 1) ; tous trois présidés par Hugues le Blanc, l'abbé de Cluny. Le même Hugues est avec ses prieurs provençaux à Avignon en 1074 (CLU n° 3466) ; en 1079, c'est Hugues de Die qui tient un concile en Avignon (Hugues de Flavigny MGH. SS VIII p. 422).

70. « Eo namque tempore Avennicam regebat ecclesiam nobilis Rostagnus episcopus magis in secularibus quam in ecclesiasticis astutus et providus », (*Vita S. Poncii*, p. 496).

71. « Ego Rostagnus Sancte Avinionensis ecclesie episcopus dono ... condaminam quam Miro quondam avunculus meus dederat ... quam iterum injuste possessam Berengarius frater meus reddidit pro salute anime sue. Ego vero metuens post mortem fratris mei Berengarii possidere predictam condaminam, melius mihi previdens reddo eam ... Sed quia temporali stipendio penitus carere nequeo accipio proinde XL solidos ottonicorum nummorum » (CSV n° 664). « Ego Rostagnus, episcopus Avenionensis contra preceptum Dei malum usum habebam in obedientiam S. Promacii apud castrum Furcalcherii ... unde considerans quia magnum peccatum esset hoc et contra Dei voluntatem, dimisi illum malum usum ... Monachi vero predicte obedientie S. Promacii gratis et cum bona voluntate bovem unum obtulerunt pro testimonio hujus libertatis et absolutionis ». Après 1065 (CSV n° 665). On le voit : Rostaing craignait le péché mais ne voulait pas manquer d'argent.

72. « Cum vero tunc temporis censurae ecclesiasticae satagerent contraire ipse vero ... viriliter eis objecit. Inter eos erat quidem malignus persecutor, claves S. Matris Ecclesiae vilipendens. Cum in eum saepius excommunicationis sententiam intulisset ... accidit ut quidam temerarius filius iniquitatis Spiritu seductus demonico, in sanctum patrem manus dirigeret violentas et, arrepto gladio, brachium mutilavit ... Nocte sequente diem quo sanctus pontifex mutilatus est brachio, arreptus est morte subita percussor impius ... » (*Vita Arnulfi* p. 242). Arnoux était honoré comme martyr ; il est mort un 19 septembre, peut-être de l'année 1074 (GCNN I col. 470 note 1). L'obituaire de S. Mary donne le 20 septembre (ROMAN. Digne 1887).

S. Pierre, et ses légats Hugues de Die et Richard de S. Victor [73] vont encore plus avant que leurs prédécesseurs. Le 1er mars 1079, le Pape écrit aux Arlésiens et les termes qu'il emploie sont clairs. Voilà longtemps, dit-il, que l'Eglise d'Arles est privée d'un pasteur convenable, mais ce n'est pas le plus triste, « car nous voyons que dans cette affaire vous vous montrez moins soucieux qu'il ne convient de votre salut, ou plutôt, complètement oublieux. » L'opposition des cités provençales aux évêques grégoriens se manifeste donc à Arles, comme elle s'était manifestée à Gap et à Sisteron ; nous en verrons plus loin les raisons. Le Pape informe les Arlésiens qu'il leur envoie Laugier, évêque de Gap, et leur donne le choix entre deux solutions : ou ils choisiront eux-mêmes un homme de Dieu avec le conseil, c'est-à-dire l'accord de Laugier, et l'élu sera envoyé au Pape muni de lettres du légat Hugues de Die ; ou bien si les Arlésiens n'arrivent pas à trouver parmi eux quelqu'un d'assez digne de la charge pastorale, « ce qui est probable », ils jureront à Laugier de le prendre pour pasteur et le Pape le leur renverra consacré de sa main et honoré du *pallium* [74].

Les Arlésiens restèrent sur leur position et Aicard sur son siège si bien que, l'année suivante, à un concile d'Avignon, le légat le déposa et fit élire à sa place Gibelin. En même temps, on pourvoyait aux vacances du siège d'Embrun et de celui de Cavaillon, sur lequel montait l'abbé de Jumièges, Didier [75]. Le 21/27 février 1081, le Pape confirmait la déposition d'Aicard et la sentence d'excommunication portée contre lui par les légats [76]. Au même concile de 1079, était déposée une créature d'Aicard, l'abbé indigne de Montmajour Bermond auquel on substituait Guillem (de Gardanne) qui s'en alla à Rome recevoir du Pape même son abbaye [77]. Les grands profitaient de la situation pour se jeter sur les biens du monastère et Guillem, malgré la bulle qu'il avait ramenée de Rome [78] n'arrivait pas à le remettre en posses-

73. Sur la politique de Richard, cf. P. AMARGIER, *Chartes inédites du Fonds de S. Victor de Marseille,* Aix, 1967 (dactylographie) pp. 21 à 24.

74. ... « Clero et populo Arelatensis ecclesiae ... multo dolore compungimur quod ecclesiam vestram tamdiu vigilantia pastoris et regimine idonei gubernatoris destitutam esse cognoscimus. Quod in hac re, minus quam oportet, vos esse sollicitos, imo quasi propriae salutis oblitos, majoris nobis tristitiae causa consistit ... Misimus ad vos fratrem nostrum, videlicet Leodegarium Wapicensem episcopum quatenus cum illius consilio, aut talem personam secundum Deums eligatis quam vicarius noster Hugo Diensis episcopus litteris suis nobis commendet, aut si apud vos, quod credimus, tanto regimini digna inveniri persona non potest, in manu fratris nostri Leodegarii Wapincensis episcopi firmetis vos illum suscipere in pastorem, quem consecratum et honore pallii insignitum vobis ex parte S. Petri miserimus » (GCNN I Instr. col. 277).

75. « Celebravit et septimum (concilium) apud Avennionem (Hugo) In quo depositus est Achardus Arelatensis invasor et electi sunt Gilibinus in Arelatensem archiepiscopum, Lantelmus in Ebredunensem eque archiepiscopum, Hugo in Gratianopolitum episcopum, Desiderius in Cavalicensem quos post expletionem concilii secum Roman duxit et consecrati sunt a Papa. » (Hugues de Flavigny MGH SS VIII p. 422). Il était venu accompagné de son neveu qui s'appelait aussi Didier (Arch. des B. du R. 1 H 61-294).

76. GCNN Arles, n° 440.

77. Cf. la lettre du comte Bertran à Grégoire VII citée *supra,* note 44. Guillem, oncle de Fouque de Gardanne (CSV n° 92). Cette famille était autant une famille arlésienne qu'une famille marseillaise (cf. *infra,* p. 289 note 20).

78. 31 mars 1079 (BN lat. 13915 f° 109).

sion. Il s'en plaignait encore au souverain pontife plusieurs années après [79]. Entre-temps l'abbaye avait bien failli perdre son indépendance au profit de S. Victor [80]. Malgré tout, en 1082 Aicard était toujours à Arles, et toujours archevêque, accompagné de ses chanoines comme si rien ne s'était passé ; il y était encore en 1090 [81] et n'en partit qu'en 1095/1096, nous verrons plus loin comment. Quant à l'élu grégorien Gibelin, d'anonymes personnages s'emparèrent de lui et, l'ayant terrifié de leurs épées et menacé de mutilation, lui firent jurer d'abandonner le siège d'Arles : le sort d'Arnoux rendait ces menaces réelles. Urbain II fut obligé de délier Gibelin de son serment et d'informer ses suffragants que celui-ci était toujours leur archevêque et qu'il restait, avec l'aide de Dieu, à la tête de l'Eglise d'Arles, au moins à ses yeux [82].

Instruit par l'expérience, le malheureux Gibelin se garde de revenir dans sa cité ; il sert au Pape de légat et juge en son nom, apaisant les querelles entre S. Julien de Brioude et Lérins, entre Psalmody et S. Victor [83]. Le 22 juin 1092, il est à Lyon près d'Hugues de Die, devenu archevêque de cette ville [84]. Enfin une solution est trouvée : le siège d'Avignon restait vacant depuis la mort de Rostaing en 1075/1076 et apparemment on ne s'était guère pressé de lui choisir un successeur. La présence d'un cadet de la famille des vicomtes, Bérenger, devait gêner les réformateurs. En 1091, Bérenger devient évêque de Fréjus ; en 1094 Gibelin prend en charge le diocèse d'Avignon tout en restant archevêque d'Arles [85], ce qui permettait de retarder la décision : le frère de Bérenger, Peire Bérenger, avait en effet des visées sur le siège d'Avignon [86].

---

79. « Abbas Montismajoris hac omnis congregatio sibi Deo commissa summo S. Romanae Ecclesiae Pontifico lacrimabiliter lamentacionem de edisipatione (sic) monasterii tui Montismajoris faciunt (suit une liste détaillée de doléances qui visent les évêques d'Arles, d'Avignon, de Carpentras, d'Orange et de Cavaillon, et les abbés de l'Ile Barbe de Lyon, de S. Victor et de Lérins) ... De principibus autem ujus terre qui male villas et honores et castra (lacune) potenter arripiunt, rogamus ... ut ... inhobedientes vinculum excommunicationis tue allides » (Bibl. d'Arles ms 881 n° 10). Cette lettre est adressée à un successeur de Grégoire VII (mort le 25 mai 1085). Elle est antérieure à deux jugements de Gibelin qui mettent fin aux plaintes de Montmajour contre l'évêque d'Avignon, Arbert, et contre celui de Fréjus, Bérenger (CNDD n° 108, daté après 1096 où Arbert devient évêque et avant 1109, départ de Gibelin pour Jérusalem — et Du Roure RHP I p. 201 : après 1091 où Bérenger devient évêque et avant 1109). Une bulle de Paschal II, du 5 février 1102, confirme à l'abbé Guillem les possessions de Montmajour (BN lat. 13915 f° 138).

80. Cf. *infra* note 202.

81. 1082 (GCNN Arles n° 441 et 442) — 1090 (*Ibidem* n° 444) — Aicard mourut peu avant 1113 (GCNN Arles n° 446) avec son titre d'archevêque (Arc. des B. du R. 1 H 69 n° 333).

82. « Illa omnia sacramenta quae adversus ecclesiae justitiam atque religionem confrater Guibilinus archiepiscopus vester invitus et omnibus modis coactus jurasse cognoscitur ... (irrita) omnino esse censemus et Arelatensi ecclesiae annuente Domino eum perpetuo permanere decernimus. Eos autem qui praedictum virum captum gladiis et membrorum detruncationibus perterrentes nefandis sacramentis aussi sunt implicare ... ab ecclesiarum introitu segregamus. » (GCNN Arles n° 541).

83. GCNN Arles n° 448 et n° 457.

84. GCNN Arles n° 453.

85. « Ego Gibelinus archiepiscopus Arelatensis gerens curam Avenionensis ecclesiae » — 1094 (CNDD n° 19) — 1094 (GCNN n° 445) — 1095 (CNDD n° 83).

« Gibilinus Arelatensis archiepiscopus dum regeret episcopatum Avenionensem ». — 1095 (CSV n° 220).

86. Rostaing Bérenger est mort entre janvier 1074 et janvier 1076 (LEP dioc. Avignon,

Vers la même époque, la Réforme prenait pied à Vaison où Peire (d'Orange-Mévouillon) se voit adjoindre un évêque coadjuteur, Raimbaud, qui lui succédera [87]. Elle avait réussi à maintenir sur le siège de Gap un des siens, Laugier, honoré de la confiance de Grégoire VII, et à faire élire Lantelme sur le siège d'Embrun [88]. Sur celui de Riez le successeur d'Henri, Augier, bien qu'appartenant sans doute à la famille des Pontevès, est un réformateur, grâce auquel l'église de Riez avait pu retrouver son domaine [89]. Il en était de même de l'élu de Cavaillon, Didier.

Dans certains cas, les Grégoriens évitent encore de heurter de front quelques familles qu'il serait imprudent de trop mécontenter. Ainsi, pour l'évêché d'Aix : Rostaing de Fos quitte le siège épiscopal en 1081/1082, alors qu'il vit encore au moins jusqu'en 1084/1085. Les textes ne signalent pourtant pas son excommunication, cela signifie sans doute qu'il a été amené à renoncer de lui-même à son office. Un membre de la famille des vicomtes de Marseille, moine de S. Victor, lui succède ; c'est là, évidemment une satisfaction pour la puissante lignée, qui convoitait l'évêché, mais une satisfaction provisoire : dès 1086, Peire Joufré de Marseille abandonne à son tour le siège d'Aix, au profit de Peire Cornut. Celui-ci va chercher son investiture auprès de Grégoire VII à Salernes [90], et, plus tard, Paschal II rétablira en sa faveur la dignité métropolitaine du siège [91]. C'est assez dire la confiance que mettent en lui les pontifes.

Si l'on avait donné l'évêché d'Aix à Peire Joufré, c'était aussi, pour faire accepter par la famille la perte de l'évêché de Marseille ; car, dès 1082, et pour la première fois depuis plus d'un siècle, l'évêque n'est plus un de leur cadet [92], mais un moine de S. Victor, dont le surnom, Raimon de Vie Eternelle, atteste la sainteté, et sans doute aussi la modeste origine [93]. Les vicomtes d'Avignon et ceux de Marseille ont bien pu être des soutiens du mouvement de Trêve, puis de la Réforme grégorienne, s'ils comptaient tirer bénéfice de cet appui, leur attente fut déçue. La Réforme se servit d'eux, et non eux d'elle.

Pour d'autres évêchés comme Fréjus ou Antibes, il faudra attendre la mort du titulaire, Bérenger d'Avignon ou Audibert de Grasse, pour voir en place un réformateur. Encore cela n'ira-t-il pas sans mal, au moins pour Antibes. Paschal II informe Richard son légat, qu'il a reçu de graves plaintes de Provence. Il avait confié « l'affaire de l'Eglise d'Antibes » à l'évêque de Gênes Aicard Garrac. Mais un illettré, ex-moine de S. Victor de Mar-

---

note 9). Arbert, abbé de S. Ruf est devenu évêque seulement en mars 1096 (LEP dioc. Avignon note 11).

87. LEP dioc. de Vaison note 6.

88. Cf. *supra,* notes 74 et 75.

89. « Statuimus enim universa que tua strenuitas occupatorum manibus erepta in jus regiensis ecclesiae reparavit, libera semper eidem ecclesie et illibata serventur, castellum videlicet quod Regium nominatur in quo episcopalis cathedra et Beati Maximi ecclesia est. » 28 mai 1114. bulle de Paschal II (GCNN I instr. col. 372).

90. LEP dioc. Aix notes 10 et 11.

91. 102. (GCNNI instr. col. 5).

92. L'évêque Pons est mort le 18 février 1073.

93. Raimon évêque en 1082 (d'après un acte vu par RUFFI) et 1093 (GCNN Marseille n° 131 et n° 133), mort en 1122.

seille, excommunié par son abbé, le même Richard, a occupé présomptueusement l'Eglise d'Antibes. L'évêque de Gênes l'a alors convoqué à Albenga. Le pseudo évêque d'Antibes a déchiré les lettres et refusé de se rendre à la convocation, s'exposant ainsi à l'excommunication pontificale. Puis le moine, en possession de l'évêché, puisqu'il l'avait occupé est allé demander sa consécration à l'archevêque d'Embrun, Bénézet. Celui-ci y a procédé, malgré l'opposition de ses comprovinciaux et a dû pour cela faire appel à des évêques venus d'ailleurs. Il ressort de cette notice que l'évêché d'Antibes, ayant été rendu libre, sans doute par la mort de son titulaire, le Pape et les gênois comptaient y mettre un homme à eux ; mais quelqu'un d'autre les devançant l'a donné à un moine défroqué et excommunié ; on a ensuite obtenu (avec de l'argent ?) la consécration par l'archevêque d'Embrun. Le Pape demandait à Richard de régler l'affaire en concile. Celui-ci y parvint sans doute puisque nous voyons le siège d'Antibes occupé en 1113 par Manfred qui jouit de la confiance du comte Raimon Bérenger et du Pape [94].

A la fin du XIe siècle, les Grégoriens ont réussi, par la menace ou la persuasion, ce tour de force de mettre des leurs à la tête de presque tous les évêchés provençaux. Pour la première fois depuis bien des années, la haute noblesse provençale recule et son échec, sur ce terrain, sera définitif : jamais les évêchés ne redeviendront partie intégrante de ses patrimoines. Et, comme dans une comédie bien ordonnée, les vaincus quittent la scène. Une honorable sortie leur est proposée : la Croisade ; à ceux qui perdaient les biens d'Eglise, on faisait miroiter les richesses de l'Orient, à ceux qui perdaient leur âme (et les chevaliers provençaux avaient commis bien des péchés contre la sainte Eglise) on offrait l'espérance du salut. L'appel d'Urbain II donnait à une classe chevaleresque pléthorique et agressive l'occasion d'épancher outre-mer un trop-plein dangereux. D'autres intérêts jouaient aussi, certainement : intérêt des marchands gênois, qui voulaient établir là-bas des comptoirs ; intérêt de certains princes, comme le comte Raimon de S. Gilles qui pensait que son rôle prestigieux de conducteur des bandes provençales lui donnerait la conduite de la croisade tout entière ou, pour le moins, renforcerait singulièrement son prestige en Provence et ses liens avec les membres des lignages les plus importants devenus ses compagnons d'armes.

Les Provençaux partirent nombreux ; les grands d'abord : Fouque et Bertran (de Marseille), fils de Peire Saumade, puis plus tard Uc Joufré et Douceline [95] ; Fouque Doon de Châteaurenard [96], Guillem de Sabran [97],

94. Texte in DOUBLET, AEA n° 47 Manfred, rétablit la concorde entre les moines de S. Victor et l'évêque de Fréjus, 1119 (AEA n° 52), accompagne Calixte II à Vienne, en 1120 (AEA n° 53), se rend en 1135 au concile de Pise (AEA n° 65). Son nom trahit peut-être une origine italienne.

95. Dimanche 16 mars 1096 : annonce de leur départ (ROLLAND *in* Mél. BUSQUET, p. 26) ; le 14 août 1097, ils sont partis (CSV n° 144). Uc Joufré et sa femme Douceline ne partirent qu'en 1110 (CSV n° 446).

96. Fouque Doon doit partir le 22 mai 1096 (FLAMMARE, CL n° 239). Il était toujours en Provence le 22 mars 1097 (*Ibidem* n° 235) mais disparaît des textes après cette date. C'était un fidèle de Raimon de S. Gilles, 1094 (Catalogue n° 206).

97. Guillem de Sabran était aussi un fidèle de Raimon de S. Gilles, 1094 (Catalogue n° 206) (Albert d'*Aix in Recueil des Historiens des Croisades,* Paris 1879, tome IV, p. 18).

Guillem Uc des Baux et son fils Raimon [98], Pons de Fos [99], Joufré et Guigue de Signes [100], Isoard de Mison [101], Raimbaud d'Orange [102] et son parent Raimon de Mévouillon [103], Rambaud d'Agoult [104], Peire d'Aups et son cousin Pons d'Allons, des Pontevès [105], Guigue de Romoules [106]. De simples chevaliers les accompagnent. Des Marseillais : Guillem Nizier [107], Fouque d'Aubagne [108], Joufré d'Auriol [109], Joufré de Pennes [110] ; des Arlésiens : Guillem Arvier [111], Gausserand de Vitrolles [112], Bertrand Renaud [113], Pons de Meynes [114] ; des Aptésiens : Autran [115] et Joufré d'Agoult [116] ; Raimon, chevalier de Brignoles [117] ; des gens du Nord du comté : le Gapençais Peire Abon ; Pons de Grillon, Rostaing du Port Peire de Roaix, qui venaient de la région de S. Paul Trois Châteaux [118].

Certains d'entre eux partirent enthousiastes ; d'autres y mirent moins d'empressement. Tel Fouque de Grasse, grand persécuteur du monastère de Lérins, qui réussit à se faire prêter par ce même monastère l'argent du

---

98. Une charte de S. Paul de Mausole le déclare sur le point de partir en 1104 (CSPM n° 10) ; Raimon en 1105 (Catalogue n° 218, 219).

99. Pons de Fos avait prêté un serment de fidélité à Raimon (Catalogue n° 213) ; il est en 1103 et en 1105 auprès de lui (Catalogue n° 219 et acte cité par J. RICHARD, *Le Chartrier de S. Marie Latine in* Mélanges Halphen p. 610). On sait les ennuis qu'il avait eus à la fin du siècle (cf. *supra*, p. 208). Il semble qu'il soit resté en Orient (1126 et 1128, DELAVILLE LE ROULX *Cart. des Hospitaliers* n° 79 et 82).

100. 24 août 1096 (CSV n° 143).

101. MANTEYER, *La Provence*... p. 309.

102. Il était rentré en 1108 (CN n° 48).

103. Avant 1125 (GCN I, col. 485).

104. On suppose que Raimbaud est allé à la croisade d'où il aurait ramené le titre italien inconnu en Provence, de capitaine — *capitaneus*. Il aurait construit la chapelle de Simiane sur un plan oriental (CA n° 108).

105. Peire d'Aups est mentionné plusieurs fois par les historiens des croisades (anonyme § II, BREHIER Paris 1964, p. 61 — Orderic Vita) IX § 8, Le Prevost III p. 515) ; Pons d'Allons devait partir en 1117 (Cart. de Barjols f° 22).

106. 31 mai 1096 (FLAMMARE CL n° 221).

107. 1113 (CSV n° 199). N'est pas revenu en Provence.

108. Fouque d'Aubage et sa femme Aigueline (GCNN Marseille n° 165). Il ne semble pas que Fouque soit revenu.

109. Joufré d'Auriol et sa femme Lucie : 1079/1103 (CSV n° 326).

110. Encore en Provence en 1095 (Arc. des B. du R. 1 H 64-310). En Orient en 1105 (Catalogue n° 219).

111. 1103 (J. RICHARD, *op. cit.*, *in* Mélanges Halphen, p. 610) — 1105 (Catalogue n° 219). Il ne revient pas à Arles où sa femme et son fils furent obligés d'emprunter (acte de 1134 cité *infra* p. 303, note 91). Son (frère ?) Bertran Arvier (cf. Acte de 1103).

112. Fils de Guillem de Vitrolles, 1096 (CSV n° 205).

113. En Orient en 1117 (CSPM n° 12) ; rentré en 1122 (*Ibidem* n° 13).

114. En Orient en 1119 (DELAVILLE LE ROULX, *op. cit.* n° 48).

115. CA n° 96.

116. Un Joufré d'Agoult est en Orient en 1119 (DELAVILLE LE ROULX n° 48). On serait tenté de le rattacher aux Agoult (LDP-A), mais la généalogie de cette famille ne donne jamais ce nom. C'est sans doute un chevalier du village d'Agoult.

117. c. 1096 ? (CSV n° 1096).

118. Peire Abon : c. 1110 (Catalogue n° 232). Pons de Grillon, 1103 (Catalogue n° 218). Un évêque de S. Paul portera ce nom (1136 : LEP Dioc. de S. Paul) Rostaing du Port, 1105 (Catalogue n° 219). Il s'agit de S. Saturnin du Port, aujourd'hui Pont S. Esprit. Un évêque de S. Paul portera le nom de Pons du Port (1085/86-1108). Peire de Roaix est cité par les historiens des Croisades (anonyme, § II, BREHIER. Paris 1964, p. 63).

voyage ; il oublia ensuite et de partir, et de rembourser. Par un juste retour des choses, les Sarrazins vinrent à lui qui n'avait pas voulu venir à eux, et le capturèrent lors de leur course sur Antibes, en 1124. Les moines de Lérins durent encore payer pour le racheter [119]. Le sire de Grasse n'était pas le seul à hésiter, et son compère Fouque Doon n'avait guère l'air plus pressé de partir [119 bis]. Et il est des cas, où la croisade est visiblement un moyen d'éliminer certains personnages gênants, à un titre ou à un autre : Aicard, l'archevêque d'Arles excommunié, qui s'accrochait à son siège [120], son acolyte, Bertran Porcelet, sacriste du chapitre d'Arles, et Raimon, doyen du chapitre d'Avignon [121], qui avaient trop longtemps cumulé leur office cathédral avec les plaisirs de la procréation ; Aufan d'Agoult, évêque d'Apt [122] dont le seul tort était sans doute d'appartenir à une famille qui considérait la cité d'Apt comme son patrimoine ; Guillem, évêque d'Orange, pieux personnage, mais dont l'évêché était réclamé à bon droit par l'évêque de S. Paul qui avait obtenu confirmation de l'union des deux évêchés [123] ; plus tard, entre 1107 et 1110, Gibelin d'Arles, sans doute peu apprécié des Arlésiens, ira à son tour mourir en Terre Sainte [124], comme Peire, évêque de Glandevès, peut-être un cadet de la famille des Castellane qui tenait l'évêché au XIe siècle [125]. Les indésirables Provençaux envoyés à la croisade y retrouvaient d'ailleurs leurs pareils de Septimanie. Et l'archevêque d'Arles, Aicard, pouvait comparer son sort à celui de son confrère de Narbonne, Peire Bérenger.

---

119. AEA n° 56 et la note de DOUBLET, p. 63 note 1.

119 bis. Cf. *supra,* note 96.

120. Un Aicard de Marseille est aux côtés de Raimon de S. Gilles en 1103, en compagnie de Bérenger de Narbonne (Catalogue n° 218) et en 1105 (Catalogue n° 219). Dans un autre acte de Raimon en Orient il est qualifié d'Aicard d'Arles (DE ROZIERE, *Cartulaire du S. Sépulcre* n° 91). La liste des reliques de la cathédrale d'Arles mentionne un morceau de la vraie Croix donné par l'Empereur (Alexis Commène) à Raimon de S. Gilles et que feu Aicard, le vénérable (!) archevêque d'Arles, avait ramené de son voyage outre-mer (1152 : GCNN Arles n° 2524 = n° 568). C'est donc bien l'archevêque d'Arles excommunié qui est allé à la Croisade et non son neveu, homonyme, prévôt du chapitre de Marseille de 1117 (GCNN Marseille n° 136) à 1167 (cf. 1119. *Ibidem* n° 137 — 1131 : n° 1090 — 1151 : : n° 149 — 1158 : *Ibidem* n° 1092 et n° 1093) — Le prévôt Guillem mentionné par Albanès en 1159 est Guillem Boson, prévôt d'Arles — c'est donc le même Aicard qui est toujours prévôt de 1163 (GCNN Marseille n° 1096 et 1097 — 1165 ; n° 1098) à 1167 (*Ibidem* n° 1099). L'archevêque Aicard, lui, était mort en août 1113 (CSV n° 1100).

121. Sur ces deux personnages, cf. *supra,* note 25 et 26, présents à la croisade ; 1105 (Catalogue n° 219). Raimon Doyen était un fidèle de Raimon de S. Gilles — 1094 (Catalogue n° 206).

122. Un éloge d'Aufant a été ajouté à la fin d'une charte de 1076, sans doute par le chanoine, rédacteur du cartulaire : « Actum est hoc tempore Alfanti praesulis, viri eruditissimi Verbi Divinis, et prudentis ingenii, utilis memoriae et sincerae locutionis et Christo Domino perpetim, in quibus valuit, servientis fiducialiter omni tempore vitae suae ». (CA n° 94). Le neveu d'Aufant, Laugier, également évêque d'Apt, cédait à ses neveux : « partem meam Aptae civitatis quam a parte patris mei Rostagni habui. » (CA n° 121 et n° 125).

123. GCNN Orange n° 59 et 60.

124. GCNN Arles n° 470-471 et ss.

125. 1103 (Catalogue n° 218). Le prénom de Peire est assez courant dans la famille à la fin du XIe siècle (LDP-E).

— LES RÉSULTATS —

Au début du XIIe siècle, les Grégoriens restent maîtres du terrain. Quelles sont les conséquences de cette victoire ?

La Réforme grégorienne s'était donnée comme but de débarrasser le clergé, surtout le haut clergé, de la simonie et du nicolaïsme, en supprimant l'investiture laïque ; la disparition de la simonie et du nicolaïsme devait, à son tour, permettre la reconstitution d'un patrimoine de l'Eglise, d'où clercs et pauvres puissent tirer leur subsistance. Ces résultats ont-ils été atteints en Provence ?

Les premiers réformateurs étaient des réguliers, moines ou chanoines et provenaient soit de familles assez modestes, soit de l'extérieur : Didier de Cavaillon venait de Normandie ; Arnoux, évêque de Gap, de Vendômois, tous deux étaient moines ; Bérenger d'Orange, ex-chanoine de S. Ruf, était espagnol [126]. Arbert, évêque d'Avignon, était un ancien abbé de S. Ruf [127] ; Gibelin d'Arles était peut-être moine de Lérins, d'un lignage chevaleresque modeste des environs de Fréjus [128], Giraud de Sisteron, ex-chanoine d'Oulx, aurait gardé les chèvres dans sa jeunesse, d'où son surnom de Cabrier [129] ; l'archevêque d'Aix, Peire Cornut, était d'une famille chevaleresque de la région aixoise [130] ; Joufré de Carpentras n'était pas très noble [131] ; Guiniman d'Embrun était chanoine de Romans d'une famille assez modeste également [132]. Manfred d'Antibes aurait été moine de Lérins [133] ; Raimon de Marseille, moine de S. Victor, n'a d'autre surnom que celui que lui a fait donner sa piété [134], preuve qu'il ne venait pas d'un lignage célèbre ; Peire de Vence avait été moine à Lérins [135]. Sur treize évêchés qui sont sûrement touchés par la Réforme à la fin du XIe siècle, six sont donc tenus par des moines, quatre par des chanoines réguliers. Quelques évêchés, comme Apt, Fréjus ou Riez sont encore entre les mains de cadets de grandes familles, Laugier d'Agoult, Bérenger d'Avignon, ou Augier de Pontevès. Mais ces trois hommes ont beaucoup fait pour leur cathédrale, et la Réforme a tiré parti

---

126. Textes cités *supra* notes 75 et 64 ; LEP dioc. d'Orange.
127. LEP, dioc. d'Avignon, note 11.
128. Donation du moine Gibelin, fils de Boniface (CL, FLAMMARE, n° 18, 19). Mais ce Gibelin n'est-il pas le prieur lérinien d'Arles en 1101, et le moine de ce nom en 1103 ? (*Ibidem*, 248, 249, 201). On a aussi identifié l'archevêque avec un Gibelin de Sabran, témoin à une donation de Raimon de S. Gilles à S. André d'Avignon, en 1088 ; c'est un faux (Catalogue n° 198).
129. Texte cité *supra* note 58.
130. Cf. ses parents : Bermond Cornut, chanoine (1185) puis prévôt du chapitre d'Aix (1202), évêque de Fréjus (1206), puis archevêque d'Aix (1212-1223) (GCNN I col. 64) et Peire Cornut, chevalier de Puy Sainte Réparade en 1200 (GCNN I instr. col. 25).
131. Joufré de Carpentras (entre 1068 et 1124) était « nobilis in terra sed nobilior in alto » texte cité *infra* note 189.
132. LEP dioc. Embrun note 10.
133. D'après DOUBLET, AEA p. 49 note 1.
134. Cf. *supra*, note 93.
135. LEP dioc. Vence note 6.

de leur origine. Ce sont là des exceptions profitables [136], mais qui seront sans lendemain.

L'examen des listes épiscopales de la première moitié du XIIe siècle (circa 1090 à 1164) montre que les membres des grandes familles ne remonteront généralement plus sur les sièges épiscopaux. A Arles se succèdent à partir de 1129, Bernad Garin, abbé de S. Victor, Guillem, chartreux de Montrieux, Raimon de Montredon, chanoine régulier de Nîmes [137]. Sur le siège d'Aix passent le prévôt du chapitre Fouque, Pons de Loubières, d'abord chanoine régulier d'Avignon, membre d'un lignage chevaleresque de Tarascon et ensuite, après un Peire d'origine inconnue, Uc de Montlaur, prévôt de la collégiale de Pignans, dépendant de S. Victor. A Embrun après Lantelme, choisi par Hugues de Die, vient en 1124 Guillem Berton ami de Cluny et peut-être régulier. Partout la présence des moines et des réguliers se fait plus fréquente. A Orange, après l'épiscopat de Pons, évêque de Trois Châteaux qui était un simoniaque, on trouve de 1107 à 1138 : Bérenger, chanoine régulier de S. Ruf, Giraud, chanoine régulier d'Orange, Guillem qui avait été moine ou chanoine régulier. A Toulon, Guillem Rostaing était un ancien moine de S. Victor. A S. Paul, Guillem Uc en 1156-1175 était un ancien prévôt de S. Sauveur d'Aix. A Apt en 1143/1145, c'est un moine de S. Gilles — un clunisien donc — Raimon, qui devient évêque, puis de 1162 à 1182, le prévôt de la cathédrale Peire de S. Paul. A Fréjus, après la mort de Bérenger d'Avignon en 1131, se succéderont Bertran, dabord archidiacre puis prévôt de la cathédrale, Peire de Montlaur, ancien prévôt de l'Eglise d'Uzès, frère d'Uc archevêque d'Aix, puis Frédol d'Anduze, abbé de S. Victor. A Gap, on trouve de 1106 à 1149, Laugier ex-archidiacre de la cathédrale, Peire Grafinel ex-sacriste, Guillem, ami de l'abbé de Cluny, Pierre le Vénérable, qui venait peut-être de Lérins. A Riez, Henri, prévôt de S. Sauveur d'Aix, devient évêque en 1167. Abbé de Lure, Imbert lui succédera. A Sisteron Raimbaud, prieur clunisien de Ganagobie, monte sur le siège et après lui Peire de Sabran, qui avait été d'abord archidiacre de la cathédrale ; puis en 1172 Bertran, prieur de la chartreuse de Durban. A Nice, en 1115, Peire était un chanoine régulier et son successeur Arnaud avait été sacriste du chapitre régulier d'Orange. A Vence, Lambert de Bauduen (1114-1154) était un moine de Lérins.

Certes il peut y avoir des exceptions. Le siège de Marseille fut occupé de 1122 à 1151 par Raimon de Solliès, parent des vicomtes de Marseille, qui n'était pas un évêque modèle [138], puis par un Peire qui n'était guère plus recommandable [139]. On voit un Sabran sur le siège de Sisteron, un Fos sur celui d'Aix [140], mais tous deux avaient auparavant rempli un office

---

136. Bérenger + le 5 juillet 1131 (LEP dioc. Fréjus note 4). Laugier, + le 21 décembre 1143/1145 (LEP dioc. Apt). Augier + le 14 mars 1125/1145 (LEP dioc. de Riez note 5). Sur leurs efforts, cf. *infra* p. 276.

137. Pour ces exemples et les suivants, voir LEP aux diocèses et aux noms indiqués. Pons de Loubières (CNDD 80, 81, 77, 112 et 120).

138. Cf. les griefs de l'abbaye de S. Victor à son égard (GCNN Arles n° 517).

139. Cf. Bulle pontificale de 1154 (CSV n° 636).

140. 1186-1212 (GCNN I col. 62 et ss) ; Gui de Fos a beaucoup enrichi sa cathédrale (GCNN I instr. col. 33). On pense aux cas cités plus haut (note 136).

capitulaire. Il pouvait y avoir aussi des moines indignes comme le victorin anonyme qui tenta de mettre la main sur le siège d'Antibes [141]. Mais on peut dire que pendant toute la première moitié du XIIe siècle, les évêchés de Provence sont très souvent occupés par des réguliers issus de familles modestes [142] comme l'étaient les premiers réformateurs : les clunisiens (Ganagobie, Lérins, S. Gilles) ont donné alors sept évêques à la Provence, les victorins, six ; les chapitres cathédraux en ont fourni huit à leur propre cathédrale et six à d'autres ; la collégiale de S. Ruf, trois. Sur ce plan, la réforme grégorienne a remporté une victoire incontestable. La mainmise des grandes familles sur les évêchés ou sur les abbayes ne survit plus que sous la forme atténuée et d'ailleurs rare et combattue, du droit de dépouilles dont on trouve des exemples à Orange et à Apt [143].

Mais le succès des Grégoriens doit s'accommoder des prétentions comtales à l'investiture des évêchés. Là aussi pourtant ils avaient remporté une victoire éclatante. Dès 1079 le comte Bertran, dernier descendant en ligne directe de Guillem le Libérateur promettait à Grégoire VII dans une lettre où il l'informait qu'il avait déposé un abbé indigne de Montmajour, d'abandonner tous les évêchés et les abbayes [144]. Le 25 août 1081 il tenait sa promesse, se reconnaissait fidèle du S. Siège, et, en même temps que son domaine, abandonnait les églises en son pouvoir au pape Grégoire VII et à son successeur pour qu'ils y ordonnent les titulaires de leur choix [145]. Dernier mâle de sa race, le malheureux Bertran ne perdait pas grand-chose en abandonnant ainsi à la papauté une part importante de son héritage. Ses parents et successeurs par les femmes, les comtes de S. Gilles, d'Urgel ou de Barcelone, n'avaient nullement l'intention d'être aussi généreux.

---

141. Cf. *supra,* note 94.

142. Nous avons vu le cas de Peire Cornut. Citons aussi ceux de Lambert de Bauduen à Vence (sa *Vita* BN lat. 17558, Boll. AASS, V, mai p. 924), de Peire Grafinel à Gap (GCNN I col. 476), de Guillem Berton à Embrun (LEP dioc. Embrun note 13), de Peire de S. Paul à Apt (Nécrologe d'Apt) de Raimon de Montredon à Arles (GCNN Arles col. 212).

143. Après la mort de l'évêque d'Orange, Oudry II en 1063, Bertrand Raimbaud (d'Orange Mévouillon) et sa femme la comtesse Azalaïs avaient repris les biens de l'église, 1106 (Catalogue n° 24). Une génération plus tard, une lettre d'Atton, archevêque d'Arles (1110/1115 — 6 mars 1128/1129) nous informe qu'à la mort de Bérenger (27 août 1127), Giraud Adhémar prince d'Orange et ses hommes avaient pillé les meubles de l'évêché, 1127/1129 (GCNN Orange n° 76). De même, à la mort de leur parent Guiran de Viens (avant le 19 juin 1209), les Agoult et les Simiane, princes d'Apt reconnaissent le 8 avril 1221 avoir envahi la maison de cet évêque après sa mort (GCNN I col. 232) pratique ancienne puisque dès le 13 janvier 1115, une bulle de Paschal II aux chanoines l'interdisait (Bibl. Carpentras ms 1655 f° 16).

144. « Noscis enim quemadmodum derelinquerim Dei et Sanctorum Petri et Pauli ac tui pro amore omnes episcopatus et abbatias » (Texte cité *supra* note 44).

145. « Ego Bertrannus Dei gratia comes Provincie ... dono omnem honorem meum quantum ad me jure parentum pertinet omnipotenti Deo ... et domno meo Gregorio papae septimo et omnibus successoribus suis ita ut quicquid placuerit deinceps domno papae Gregorio de me vel de tot honore meo sine ullo contradicto faciat. Ecclesias autem omnes quae in mea potestate sunt, praetato domno meo Gregorio papae omnino dimetto et omnibus successoribus suis et ordinandas eas juste secundum Deum pro posse meo fideliter adjuvabo », 1081 (Catalogue n° 195). Le comte jure ensuite : « Ego Bertrannus Dei gratia comes Provinciae ab hac hora et deinceps tibi domno meo papae Gregorio et cunctis successoribus tuis qui per meliores cardinales Sanctae Romanae Ecclesiae electi fuerint, fidelis ero et quidquid mihi crediteritis (pour redideritis ?) in damnum vestrum non manifestabo. Sic me Deus adjuvet et haec sancta Dei evangelia », Catalogue n° 195 bis).

La plupart de ces princes méridionaux s'étaient pourtant reconnus « fidèles » de l'Eglise de Rome et du Pape à la fin du XIe siècle comme l'avait fait Bertran [146]. Mais, en 1090, Ermengaud d'Urgell léguait au fils qu'il avait eu d'Azalaïs tous les évêchés provençaux qu'il avait tenus [147]. En 1095, Bertran de S. Gilles donnant en douaire à sa femme, avec les cités de Rodez, Cahors et Viviers, celles de Die et d'Avignon, avec le comté et l'évêché [148]. Son parent Pons en usait déjà de même en 1037 avec les évêchés d'Albi et de Nîmes et avec l'abbaye de S. Gilles [149]. Lorsqu'en 1125, Barcelonnais et S. Gilles firent la paix et se partagèrent la Provence, ils partagèrent aussi les évêchés [150], et lorsque Raimon Bérenger mourut en 1131, il légua à son fils Bérenger Raimon son domaine de Provence, avec le comté, les évêchés, les archevêchés et les abbayes [151].

Ces princes amis de la Réforme, et soutenus par elle, considèrent donc toujours les évêchés, dans ce qu'ils ont de plus matériel, comme leurs. Tout cela rappelle la position que font prévaloir, au tournant du XIe et du XIIe siècles, des gens comme Ive de Chartres, qui soutient que l'autorité apostolique n'avait jamais défendu aux rois, après l'élection canonique, de concéder les évêchés aux prélats. Distinction qui devait triompher en 1122 au Concordat de Worms [152]. Par contre les réformateurs tentent de modifier le sens des liens qui unissent l'évêque, soit au comte, soit à l'archevêque. Si l'on examine à nouveau les formules d'obédience arlésiennes [153] on s'aperçoit que dans le dernier type de formule, employé de 1044 à 1066/1069, la fidélité à l'archevêque a disparu. En revanche, on insiste, par un développement de la formule en ce passage, sur l'obédience canonique qu'on rattache aux pères de l'Eglise. La formule finale : « *super sanctum altare propria manu firmo* » indique cependant que cette promesse est bien un serment. De même qu'il prête serment à son archevêque, l'évêque peut en prêter un au comte. Mais un texte indique qu'en sa qualité d'évêque, on lui remet l'hommage [154], pourtant toujours associé vers 1150 au serment de

---

146. Le comte de Melgueil en 1085, celui de Barcelone en 1091 (P. FABRE, *Etude sur le liber censuum de l'Eglise Romaine,* 1892, pp. 117 et 125).

147. 1090 ; cf. l'analyse de Diago : « Al niño dont Guillermo ... dexo (Ermengaud d'Urgel) todos los condados, obispados, ciutades y castillos que avia desde el Rio Rodano... » (Catalogue n° 203).

148. « Dono tibi in sponsalitio ... civitatem Ruthenam cum comitatu et episcopio et civitatem Caturcensem cum comitatu et episcopio ; insuper Vivariam civitatem cum comitatu et episcopio et civitatem Avinionis cum comitatu et episcopio et civitatem Dinam (corriger : Diam) cum comitatu et episcopio sicut (lex) mea romana est », 1095 (Catalogue n° 208).

149. « Dono tibi dilecte sponse mee nomine Majore episcopatum Albiense et civitatem et moneta (sic) et mercatum ... et medietatem de episcopatu de Nemauso ... et medietatem de abacia S. Egidii et castrum de Porta Spana ... », 1037 (Catalogue n° 113).

150. 16 septembre 1125 (Catalogue n° 255).

151. 8 juillet 1131 (Catalogue n° 278).

152. J.-F. LEMARIGNIER, *Les Institutions ecclésiastiques en France de la fin du Xe au milieu du XIIe siècle,* p. 91 à 95, *in* Lot et Fawtier, Histoire des Institutions françaises au Moyen Age, tome III, Paris 1962.

153. Cf. ces formules *supra* p. 100. Le modèle lui-même se trouve au Livre Noir de l'archevêque, sur le feuillet de garde : *Forma promissionis obedientiae suffraganeorum Arelatensium.*

154. Cf. ces formules *supra* p. 64. Le modèle lui-même se trouve au Livre Noir de l'archedonationem eo tenore facio... ut deinceps tu et successores tui habeatis... per me et successores meos, reverentia personae omisso hominio, ad fidelitatem et servitium », 1155 (Catalogue n° 335).

fidélité [155]. Les comtes de Provence, ou au moins ceux de la maison de Barcelone, acceptèrent donc de se plier aux décisions du concile de Clermont en 1095 [156]. Là encore on peut considérer que la réforme grégorienne en Provence est un succès.

Reste la position de l'Eglise par rapport à l'Empereur. Au plus fort de la querelle des investitures, l'Eglise provençale, travaillée par les réformateurs, n'était guère impériale : le règne d'Henri était assez régulièrement mentionné [157] ; à partir de son excommunication, en février 1076, il ne l'est plus, jusqu'en 1093 et 1096 [158] ; les seules exceptions concernent deux actes d'Aicard, archevêque d'Arles, excommunié depuis 1078 [159], et un acte de Raimon de S. Gilles qui s'est, à cette époque, allié à Aicard [160]. Les actes sont datés pendant cette période soit du règne du Christ « à qui est l'Empire » [161], soit du pontificat de Grégoire VII ou d'Urbain II [162], soit même du règne de Philippe, roi de France [163]. L'hommage du comte au Pape le 25 août 1081, au plus fort de la crise, donnait d'ailleurs une caution précieuse aux Grégoriens [164]. L'Empire n'est guère reconnu, non plus, dans les premières décades du XIIe siècle. Si l'on trouve quelques actes datés du règne de Henri V [165], on sait que les comtesses Gerberge et Douce datent, dans des circonstances importantes, du règne de Louis, roi de France ; le mari de Douce, Raimon Bérenger de Barcelone, en fait

---

155. Cf. *infra*, p. 350.

156. Mansi, *Concilia* XX, col. 817, canon 17.

157. Le règne de son père est mentionné en Arles en 1052-1053 et 1054 (GCNN Arles n° 386 — Catalogue n° 156 — GCNN Arles n° 388). En 1056, un acte daté du règne du Christ indique sans doute la vacance (CSV n° 238). Dès 1056, le règne d'Henri roi des Romains est mentionné (CSV n° 202-215 — les numéros 294, 296, 307 donnent 1053 qui doit être corrigé 1056) — 1057 (CSV n° 184) — 1058 (CSV n° 307). Henri paraît encore avec son titre d'empereur en 1067 (Bibl. d'Arles ms 882 f° 113). Mais dès 1059, l'archevêque d'Arles, Raimbaud, préférait dater une de ses chartes : « regnante Christo Domino qui celi sedit solo, infinito imperio. » (GCNN Arles n° 405). Entre 1058 et 1093, le seul acte qui nomme Henri est un acte clunisien de 1074 qui associe prudemment le pontificat de Grégoire VII et le règne d'Henri (CLU n° 3466).

158. 1093 (Moris et Blanc, CL n° 226) — 1096/1097 (*Ibidem* n° 239). Ce sont deux chartes de Lérins, rédigées l'une pour Boniface de Castellane, l'autre pour les Châteaurenard ; la seconde associe d'ailleurs le pontificat d'Urbain II au règne d'Henri.

159. Chartes d'Aicard : 1082 (GCNN Arles n° 441), 1090 (*Ibidem* n° 444).

160. Charte de Raimon de S. Gilles : 1080 (Catalogue n° 193). — Alliance de Raimon et d'Aicard, (catalogue n° 204).

161. (Le Christ) « cui est honor et imperia in secula seculorum », 1087 (CLU n° 3620) (et cf. GCNN Arles n° 452, Moris et Blanc CL n° 61, 185, 238 et 14 — CSP n° XI et XIII).

162. La mention de Grégoire VII apparaît dès son accession au pontificat en 1073 (Moris et Blanc CL n° 7) — en 1074 (CLU n° 3466) — en 1081 (CLU n° 3587). Dès 1072, scribe enthousiaste datait de l'an du pontificat du pape Alexandre II et de l'archidiaconat d'Hildebrand (BN lat. 13915 f° 108 — acte de Montmajour). Le pontificat d'Urbain II est mentionné en 1095, 1096 et 1096/1097 (Moris et Blanc. CL n° 8 278-239).

163. La mention du règne de Philippe apparaît dès 1060 (CSV n° 704) et dès 1069 (CSV n° 742). On la trouve encore en juillet 1076 (CSV n° 284), dans un acte dont la date doit être mutilée (arc. des B. du R. 1 H 40-188) et dans des actes non autrement datés (CSV n° 292 et Flammare CL. n° 269).

164. Cf. texte cité *supra* note 145.

165. 1109 (Moris et Blanc CL n° 206) — 1110 (*Ibidem* n° 251) — 1117 (GCNN Marseille n° 136) — 1120 (Arles Livre Noir f° 33) — 1121 (CA n° 119) — 1120/1125 (Moris et Blanc CL n° 203).

autant [166]. On comprend que l'Empereur Lothaire ait pu dire en 1136 qu'en Provence, le pouvoir impérial était si diminué qu'il était presque oublié [167]. Sa lettre, écrite à l'archevêque d'Arles, montre son intention de rétablir en Provence un système d'Eglise impériale et les termes qu'il emploie sont très clairs : l'archevêque lui doit fidélité et soumission ; l'Empereur exige qu'il lui apporte l'aide et le conseil, et plus précisément ici l'aide militaire, à Plaisance, le 29 septembre [168]. On mesure l'audace de Lothaire : l'archevêque Bernard était aussi légat du siège apostolique [169]. Les exigences de Lothaire restèrent donc sans réponse ; son projet était aussi ambitieux que prématuré.

Conrad II de Hoenstaufen paraît avoir mieux réussi en Provence que son prédécesseur et il semble qu'il ait finalement été reconnu par les trois maisons comtales et par l'archevêque d'Arles [170]. Et lorsque Frédéric Barberousse vient à Besançon, on lui rapporte que les Provençaux et leurs évêques, spécialement l'archevêque d'Arles, sont bien disposés en sa faveur ; tous seraient même venus lui faire hommage, s'il les y avait attendus. Ils se contentèrent de promettre par leurs messagers sujétion et fidélité. Seul vint à Besançon prêter l'hommage l'évêque d'Avignon, Joufré [171]. La fidélité de Raimon d'Arles fut récompensée puisqu'il obtint une sentence impériale qui l'avantageait [172] : les vicomtes de Marseille avaient échangé au comte le fief qu'ils tenaient de l'archevêque, c'est-à-dire leurs domaines arlésiens et le pont S. Geniès sans obtenir le consentement de ce dernier. L'échange, annulé par l'Empereur, c'est à l'archevêque que durent s'adresser les

---

166. Règne de Louis roi de France : chartes des comtesses, 1112 (Catalogue n° 223 et 234) ; chartes du comte, 1126 et 1128 (Catalogue n° 258 et 266). Autres actes, 1121, Arles (Hospit. de Trinquetaille f° 6) ; 1129 (MORIS et BLANC CL n° 24, qui mentionne le comte Raimon Bérenger).

167. « Potestem Romani Imperii quae apud vos tam adtenuata est et oblivioni proxima, prout oportet, reparare curabimus adeo ut fideles nostros debitis honoramus beneficiis, et eos qui rebellare conantur juribus nostris affligemus », 1136 (GCNN Arles n° 531). Le règne de Lothaire de Supplimbourg est donné une fois dans une charte des comtes de la branche de Forcalquier en 1127 (catalogue n° 263) et deux fois en Arles, en 1126 (Livre Noir f° 31 v°) et en 1131 (Hospit. de Trinquetaille f° 5 v°).

168. « Saepenumero scripsimus vobis, requirentes fidelitatis et subjectionis tuae debitum : quod, quia non mancipatur effectui, vis, quantum in te est, potestatem imperii nostri in partibus tuis satis indiscrete contemnere. Quod, quantum divinis et humanis legibus contrarium sit, si recte adverteris, ipse nosti ... Eapropter tibi tamquam fideli et principi nostro mandando praecipimus quatenus ... cum militia tua nobis occurras, animatus tam Ecclesiae quam Imperio debitum consilium et auxilium exhibere » (GCNN Arles n° 531).

169. Abbé (GCNN Arles n° 514) — Légat de 1129/1136 à 1136 (*Ibidem* n° 517-518-519-525-530) L'archevêque paraît en très bons termes avec le comte de la maison de Barcelone, cf. sa lettre au pape Innocent II (GCNN Arles n° 524).

170. Guillem, archevêque d'Arles : « dominante in Romano Imperio Conrado » 1141 (GCNN Arles n° 538). Guillem est aussi légat du pape dès 1139 (GCNN Arles n° 534 et ss). Anfos de S. Gilles : 1143 (Catalogue n° 289). Forcalquier : 1149 (catalogue n° 308). Barcelone : 1150 (catalogue n° 309-310-312). Autres actes : 1138 (MORJS et BLANC CL n° 195) — 1141 (*Ibidem* n° 33) — 1143 (GCNN Arles n° 544) — 1145 (Templiers d'Arles, Arc. des B. du R. 56 H 5174). Sur son attitude prudente à l'égard des intrigues des Baux, P. FOURNIER, *op. cit.* p. 9.

171 Octobre 1157 (Otton de Freisingen, MGH. SS II 1867, p. 177-178). Raimon ne vint que jusqu'à Lyon (cf. *infra* note 172).

172. Lettre de l'Empereur à Raimon (GCNN Arles n° 592). Sentence (*Ibidem* n° 591).

Marseille : il leur prêta 300, puis 500 sous et prit en gage le Pont [173]. Un service en vaut un autre : en février 1160, Raimon, archevêque d'Arles, approuvait l'élection de l'antipape Victor IV [174]. En 1162, Frédéric nouait une solide alliance avec les comtes Barcelonais, aux dépens de la maison de Forcalquier et de la famille des Baux : on y ménageait soigneusement les droits de l'archevêque d'Arles et on demandait au comte, si le pape Victor IV déposait un évêque provençal, de faire en sorte que lui soit substitué un candidat plus soumis [175]. Aussi, un certain nombre d'évêques n'hésitent pas à rendre hommage à l'Empereur [176-177]. Jouffré d'Avignon l'avait fait à Besançon en 1157. L'évêque de Cavaillon vint le faire à Lodi en 1161 où il était en compagnie de celui d'Avignon ; Guillem, évêque d'Apt, à Turin en août 1162 avec son collègue de Die, sans doute lors de l'ambassade qui conclut l'accord entre Frédéric et Raimon Bérenger ; les évêques de Viviers et Gap, accompagnés de celui d'Avignon, à S. Jean de Losne en 1163 [178]. En avril 1164 [179], une seconde ambassade dut ramener de Pavie les deux diplômes accordés à Peire de Marseille et Raimon d'Arles. D'autres évêques en obtinrent [180].

Cette politique d'alliance entre l'Empereur et l'Eglise provençale devait culminer avec le sacre de Frédéric en Arles le 30 juillet 1178 [181]. Y étaient présents les évêques d'Arles, d'Aix, d'Avignon, de Cavaillon, de Carpentras, de Vaison et de S. Paul Trois Châteaux, et quelques jours après, l'élu d'Orange. Le développement de l'autorité du souverain sur toutes les églises de son royaume, qui est un phénomène général à cette époque, aboutissait en Provence à une situation différente de celle qui existait dans le royaume voisin de France. Là l'alliance du roi et de la papauté évitait à son Eglise un choix délicat [182]. En Provence par contre, le conflit entre Alexandre III et Frédéric Barberousse rendait le choix inévitable. Celui que firent les

173. 1159, Arles (GCNN Arles n° 596).

174. Cf. les textes *in* GCNN Arles n° 599.

175. « Imperator concedit et dat in feodum comitatum Provincie ... excepto eo quod archiepiscopus et ecclesia Arelatensis habet vel habuit a centum annis retro in eo ... et si aliquem episcopum dominus Papa Victor deposuerit, comes eum non manutenebit et laborabit bona fide quod alius substituatur qui ei obediat. » (Catalogue n° 363 bis) Frédéric indique en août 1160 que la Provence et la Bourgogne sont du côté de Victor IV (MGH. Const. I, 274).

176-177. Cf. *supra* note 171. Il est normal dans ces conditions que le règne de Frédéric soit souvent noté par les chartes : dès 1152 par l'archevêque d'Arles lui-même, en tête d'un acte aussi important que celui qui relate la translation des reliques de S. Trophime (GCNN Arles n° 568). Dès 1152/1155 et 1155, par les Forcalquier et les Barcelonnais (catalogue n° 334 et 335). Dans les actes arlésiens : 1153 et 1157 (Hospit. de Trinquetaille f° 28 v° et 47). Dans les actes marseillais en 1157-1162-1164-1167 (GCNN Marseille n° 156-158-162-163-167-169).

178. P. FOURNIER, *op. cit.*, pp. 18. 37, 38 et 40.

179. 17 avril 1164. Saint-Sauveur de Pavie (GCNN Marseille n° 164). 16 avril 1164. Saint-Sauveur de Pavie (GCNN Arles n° 604).

180. Il faut être prudent ; pratiquement tous les diplômes de Conrad pour la Provence sont des faux (FOURNIER, *op. cit.* p. 13, note 1) ; faux presque contemporains parmi les diplômes de Frédéric Barberousse (H. HIRSCH, *Urkundenfälschungen aus dem Regnum Arelatense*, Wien 1937).

181. GCNN Arles n° 636. P. FOURNIER, pp. 62 et 63.

182. J. GAUDEMET, *Les Institutions ecclésiastiques en France* (milieu XIIe début XIVe) *in* LOT et FAWTIER, *op cit.*, pp. 146-147.

évêques provençaux montre que les positions extrêmes de la théocratie pontificale rencontraient chez eux peu d'échos.

Ne faut-il pas mettre cette position prudente des évêques provençaux en relation avec les succès obtenus par les réformateurs dans la reconstitution du patrimoine ecclésiastique, dès le départ l'un de leurs buts avoué ?

Depuis le début du siècle, en effet, les nouveaux évêques s'efforcent avec patience et obstination de reconstituer ce qu'ils estiment être le domaine de leur église, et de récupérer une à une, et péniblement, églises de village, dîmes et terres [183]. Une notice de 1120/1127 énumère tout ce que l'évêque Rostaing de Vaison a pu racheter ou acquérir pour son église : la condamine épiscopale, près de S. Quenin, qu'il a rachetée aux chevaliers de Peitieux ; les terres qu'Adalbaud tenait de l'évêque ; le jardin qui était à côté du pré de l'évêque ; une autre condamine épiscopale qu'avait reçue de l'évêque le chanoine Peire Roger et que tenaient ses neveux ; d'autres terres de moindre importance. Il rachetait dans le même temps des dîmes à Rasteau, Entrechaux, Aulan, Tirtemples, Puymeras, Valréas et Barret de Lioure ; et l'on sait que plusieurs de ces dîmes étaient tenues des Mévouillon. Augier de Riez avait arraché des dîmes et des églises des mains des laïques, et le Pape les confirmait à son église en 1114 [184]. Giraud Chabrier avait aussi beaucoup fait pour l'Eglise de Forcalquier qu'il choisissait comme concathédrale [185]. En 1122/1125, c'est Laugier, évêque d'Apt, qui dotait son chapitre de plusieurs dîmes et églises, et qui lui assurait la seigneurie du château de Saignon, à ses propres frais [186]. Peire Cornut, l'archevêque d'Aix, faisait de même en 1082/1096 [187]. A Orange, les évêques Guillem et Bérenger luttaient, à grand renfort de plaids et d'excommunications, pour dégager l'abbaye de S. Florent des mains des laïques [188]. A Carpentras, Joufré avait rétabli son église avant lui réduite à presque rien [189]. Certes, il y avait encore des églises tenues,

---

183. Il s'agit d'un mouvement général. Sur ses conséquences économiques, cf. C. Violante *I Vescovi dell' Italia centro settentrionale e lo sviluppo dell' economia monetaria, op. cit.*, p. 194.

184. « In nomine S. Trinitatis. Notum fieri volumus omnibus filiis et fratribus hujus S. Sedis Vasionensis ... ea quas Omnipotens Deus in hac ecclesia sub regimine Rostagni episcopi dignatus est operari. In primis in hac civitate quaecumque praedictus pontifex acquisivit explicabimus. » (BSM p. 97 — d'après l'orig.). Il semble que nous n'ayons qu'un fragment (*in primis* ...). Le texte primitif était peut-être plus vaste et constituait, si l'on en croit le préambule, une espèce de « De administratione sua » de Rostaing. Pour Augier cf. *supra* note 89

185. N. Didier, *op. cit.*

186. (CA n° 123, 126 et 115).

187. GCNN I instr. col. 3 (daté, d'après Raimon de Marseille, évêque en 1082 et Didier de Cavaillon mort en 1096).

188. Excommunication par l'évêque Guillem, de Guillem de Mornas et de son frère Peire Pons qui protégeaient le fils de l'ancien évêque Oudry. Leur père avait acquis l'abbaye pour de l'argent (GCNN Orange n° 54). Restitutions des biens de l'église (*Ibidem* n° 55). Plaid entre l'évêque Bérenger et Peire Arnoux de Venterol qui tenait des biens de S. Florent de la main du fils de l'évêque Oudry. 1111 (GCNN Orange n° 68).

189. « Ecclesiam nimis iste suam nihil usque redactam /extulit et crevit, fecit et esse quod est / nobilis in terra sed nobilior fuit in alto / ... / hos fecit versus in sede secundus ab illo / illiusque nepos quem tenuit docuit /. Epitaphe *in* Fornery, *Histoire du comté Venaissin*, Avignon 1910, III, p. 165.

comme le disait Bertran de Fréjus « séculièrement par des clercs irreligieux » [190] et le mouvement de récupération des dîmes sera long à s'achever [191], mais il apparaît qu'au milieu du XIIe siècle, les églises cathédrales disposent de dotations sinon toujours riches du moins décentes. De ce côté-là aussi, et si l'on s'en tient à l'aspect matériel des choses, la Réforme grégorienne a réussi ce qu'elle s'était proposée de faire.

Mais ce succès même entraîne un certain nombre de conflits. Il menace d'abord d'introduire de graves discordes parmi les réformateurs. Les évêques, en effet, dans leur effort de reconstitution de leur domaine, se heurtent inévitablement aux monastères comme Montmajour ou S. Victor, enrichis au cours des siècles par des gens qui avaient parfois donné ce qu'ils n'auraient pas dû avoir. Les abbayes se voient attaquées de toutes parts, par des prélats pourtant réformateurs. Ainsi, les moines de Montmajour se plaignent d'avoir perdu ou de se voir contester dix-huit églises, et parmi ceux qui les leur ont enlevées, ils nomment les évêques d'Avignon, d'Orange, de Carpentras, et de Cavaillon [192]. A la même époque, les Victorins ont des démêlés avec les évêques de Vaison [193], de Riez et d'Embrun [194] et avec les chanoines de Marseille [195]. L'abbé de Cluny Pierre le Vénérable, doit écrire à l'évêque d'Orange, Guillem, pour protéger le prieuré de Piolenc [196]. Les chanoines de S. Ruf sont attaqués par ceux de la cathédrale d'Avignon [197]. Des rivalités de même nature opposent les abbayes entre elles : Montmajour se plaint de Lérins, de S. Victor et de l'Ile Barbe de Lyon [198], Lérins accuse S. Victor [199] et S. Julien de Brioude [200].

Le débat est encore envenimé par les prétentions de S. Victor et de Cluny à une hégémonie monastique. Cluny a obtenu S. Pons de Nice, Goudargue, S. Gilles, S. Gervais de Fos [201]. S. Victor avait mis la main sur Pignans, Barjols, Spéluque, et même Montmajour et Psalmody [202]. Ce mouvement fédérateur échoue d'ailleurs en grande partie après la mort de Grégoire VII

---

190. 1085 (CSV n° 600). En 1082, Peire Joufré confirmait les églises de Tourves et de la Gaïole à S. Victor : « Similiter donamus que a quibusdam militibus male possesse sunt, si possessores aut vi excommunicationis aut amore Dei coacti monachis massiliensibus dimiserint. » 1082 (CSV n° 221).

191. En 1114, le pape confirmait à Augier les dîmes qu'il avait reprises et celles qu'il reprendrait (cf. texte cité, *supra,* note 89).

192. Cf. *supra,* note 79.

193. D'après le texte, *supra,* note 184.

194. CSV n° 697 et 699.

195. CSV n° 923.

196. GCNN Orange n° 85.

197. CNDD n° 27 et 43.

198. Texte cité, *supra,* note 79.

199. Cf. les plaids entre les deux abbayes, 1090/1091 (Catalogue n° 201).

200. CL MORIS et BLANC I, p. 278.

201. Respectivement en 1060 (*supra* note 30), 1065 (catalogue n° 176), 1066 (*ibidem* n° 178), 1081 (CLU n° 3587, confirmation CLU n° 3588). Sur le domaine de cette dernière, cf. CLU n° 4004.

202. Respectivement en 1085 (CSV n° 600 = GCN I instr. col. 200), 1081 (MABILLON, Annales OSB tome LXV, 104) et 1081 (CSV n° 841 et catalogue n° 177). Ce mouvement a été décrit par P. AMARGIER, *op. cit.*

qui y avait été très favorable [203] et la puissance des deux grandes abbayes rencontre des oppositions très nettes : on voit alors les chanoines d'Avignon accuser les Clunisiens de simonie [204] et les moines de Montmajour porter la même accusation contre S. Victor [205]. Cependant, bon gré mal gré, on en arrive à des accords, à des arbitrages qui maintiennent tant bien que mal l'harmonie intérieure de l'Eglise [206], et avec le temps, ce conflit s'apaise.

Plus tenace, et plus lourd de conséquences est le conflit, entre l'Eglise et les laïques. Pendant plus d'un siècle, les paysans et les chevaliers provençaux avaient appris à mépriser des évêques et des prêtres dont ils comprenaient mal la mission. Lorsque les évêques reconstituent le patrimoine de leur église, afin d'assurer à leurs clercs une vie plus conforme aux canons, et donc plus respectée, le mal est fait, et il est sans doute déjà trop tard. La récupération des terres, la perception des dîmes par une Eglise qui n'est pas encore exemplaire, semblent à bien des paysans quelque chose d'injustifié. Les chevaliers campagnards, parfois assez pauvres, n'apprécient guère non plus les revendications des clercs [207]. Il est frappant de voir Pierre le Vénérable dénoncer l'influence et le nombre des partisans de l'hérétique Peire de Bruys et de son disciple Henri de Lausanne dans les diocèses montagnards de Die, de Gap et d'Embrun [208] qui avaient été, on s'en souvient, longtemps confiés à des évêques simoniaques et mariés [209]. De là, l'hérésie s'était développée vers le pays d'Orange [210] et le Bas-Rhône, où elle échoua en partie, avant de se propager vers la Septimanie et vers Toulouse. Or, bien que des différences doctrinales sérieuses aient existé entre les hérésies du XIIe siècle [211], elles expriment toutes, de la Pataria milanaise [212] aux églises vaudoise et albigeoise, la même exigence de pauvreté de l'Eglise. La Réforme grégorienne en Provence a indéniablement amélioré les mœurs et la culture du haut clergé, mais elle a accentué le divorce entre société laïque et société cléricale. Le succès des Pétrobrusiens en Provence annonce ceux des Cathares, et, par-delà, les calamités des croisades « albigeoises ». Ce succès fut pourtant beaucoup moins profond en Provence que dans le reste du Midi : signe que la Réforme y avait mieux réussi.

---

203. Cf. lettre d'Urbain II à Hugues le Blanc, où il l'exhorte à se réconcilier avec Odilon et les frères de S. Gilles (CLU n° 3730). Montmajour redevient indépendant entre 1096 et 1102 (arc. des B. du R. 2 H 1, et BN lat. 13915 f° 138) et les moines de Psalmody se rebellent dès 1098 (GCN VI col. 184).

204. 1096/1110 CNDD n° 24.

205. Cf. *supra*, note 79.

206. Les exemples sont très nombreux : ainsi, outre *supra*, notes 194, 195, 199, on peut voir 1117/1122 (CA n° 122), entre S. Victor et le chapitre d'Apt, 1108 ? (CNDD n° 108) entre Montmajour et Avignon, 1118 (arc. des B. du R. 2 H 617) et 1123 (GCNN Arles n° 507) entre Montmajour et Aix, 1119 (*ibidem* n° 497) entre Aniane et Arles.

207. Cf. les ennuis qu'eurent les moines de S. Victor avec une famille de chevaliers gapençais, en 1083/1090 (catalogue n° 202).

208 Traité contre les Petrobrusiens, dédié aux évêques Guillem d'Embrun (1135-1167/1168), Guillem de Gap (1131-1149) et Oudry de Die (1127/1128 — avant 1142), rédigé probablement peu après le concile de Pise de 1135 (PL, tome 189, col. 719 et ss).

209. Cf. *supra* notes 8, 51 et 63.

210. Lettre de Pierre le Vénérable à Guillem évêque d'Orange, (PL tome 189, col. 62).

211. C. THOUZELIER, *Catharisme et Valdeisme en Languedoc*, Paris 1966, p. 16.

212. C. VIOLANTE, *La Pataria Milanese e la riforma ecclesiastica*, I, le premesse, Roma 1955.

Le dernier conflit était le plus dangereux, celui qui risquait d'opposer dans les villes renaissantes l'Eglise, forte de son patrimoine reconstitué, au pouvoir comtal. Les premiers à se trouver face à ce problème furent les comtes de la maison de S. Gilles ; les nommer, c'est d'ailleurs indiquer où le conflit commença. A l'époque où s'édifiait la seigneurie, les S. Gilles avaient bâti la leur sur le Bas-Rhône, à cheval sur Provence et Septimanie avec quelques fragments du domaine comtal et de grands lambeaux du domaine d'Eglise. Le cœur en était le triangle provençal de l'Argence, le long du Rhône, avec à son extrémité nord, Beaucaire et à son extrémité sud S. Gilles [213]. Dès le XIe siècle, le Pape avait dû réprimander la comtesse Azalaïs qui dissipait le patrimoine de l'abbaye [214]. Lors de la Réforme, Raimon de S. Gilles avait abandonné, avec l'élection de l'abbé, l'abbaye tout entière et ses possessions à Hugues de Cluny, en s'y réservant seulement la seigneurie et les coutumes [215]. Il avait conservé aussi une part des oblations faites à S. Gilles par les pèlerins, qui devaient être assez nombreuses, et en avait même concédé des parties en fief. Il les abandonna en 1095 [216], puis en 1096, toutes les coutumes qu'il s'était réservées en 1066 sur le domaine [217]. Entre-temps oblations et coutumes l'avaient sans doute entraîné à porter au saint des torts nombreux et fréquents [218]. Le fils de Raimon, Bertran qui restait en Provence, confirmait les donations de son père [219] et consentait en 1101/1102 au rattachement de S. Romain de l'Aiguille, près de Beaucaire, à Psalmody [220]. Enfin son père avant de mourir en Orient avouait que l'Argence était terre de l'Eglise d'Arles, restituant toutes les églises qui s'y trouvaient et la *villa* de Fourques. Bertran était dans une situation délicate, d'autant plus que son père avait formé le vœu que l'Argence tout entière soit un jour restituée à l'archevêque [221].

L'année même où son père met à ce prix sa conscience en règle avec Dieu, Bertran entre en conflit avec l'abbé de S. Gilles : lui et ses chevaliers s'efforcent de reprendre les oblations et édifient des tours au-dessus de l'église ; la situation financière de l'abbaye devient précaire car ses biens étaient presque tous engagés. Finalement Bertran s'empare du bourg

213. Cf. *supra* p. 97.
214. 1012/1019 (Catalogue n° 81).
215. Nîmes, 15 décembre 1066 (Catalogue n° 178).
216. Plaisance, 18 février 1095 (BN lat. 11018 f° 19a).
217. Catalogue n° 210.
218. « Ego Raimundus de S. Aegidio ... ob honorem et amorem S. Aegidii quem multis injuriarum modis frequenter offendi, quatenus ejus festum in Aniciensi ecclesia ... celebretur ... dono. » 1096 (HGL V col. 747 — après le concile de Clermont). Sur l'importance des courants commerciaux en provenance de l'Allemagne, de Pologne et de Hongrie, cf. M.H. AMMAN, *op. cit. et* T. DUNIN-WASOWICZ, *op. cit.*
219. Catalogue n° 211 — L'acte est fait à Manosque.
220. Catalogue n° 216.
221. « Ego Raimundus S. Aegidii comes ... consultus de multis quas ipse ego contra sanctam ecclesiam Arelatensem inique egi et a meis quoque progenitoribus inique acte usque in hodiernum diem injuste consensi, poenitentia ductus, haec pauca ... emendare studeo. Igitur in terra quae Rhodano contermina Argentia vocatur, quam totam proprii juris praedictae ecclesiae esse cognosco et manifeste confiteor, contra hoc quod necesse esset nimia adhuc carnalitate detentus, filiis meis majorem portionem sub spe tamen emendandi atque S. Trophimo ... jus suum id est totam ipsam Argentiam in integrum restituendi relinquo. » 31 janvier 1105 — (Catalogue n° 219).

et vend les offrandes, probablement celles qui n'étaient pas en métal précieux. Sa seule excuse est de prétendre qu'il va partir à la Croisade. Deux ans plus tard, il était toujours à S. Gilles et l'on apprend qu'il avait envahi non seulement la ville, mais le monastère, faisant des blessés et des prisonniers, avec l'appui de ses fidèles Guillem et Emenon de Sabran, Renard de Meynes, Aubert de Monclar, Ricau de Claret et Dalmas de Roquemaure. En juillet 1107, l'affaire semblait réglée et les querelles apaisées. Mais le 14 mai 1108, le pape est de nouveau forcé d'intervenir : Bertran avait à nouveau capturé des moines, donné l'assaut à la ville, pris des otages et décapité les plus déterminés de ses opposants, et il avait pour cela trouvé l'aide de Bérenger (des vicomtes d'Avignon) évêque de Fréjus, et Laugier (d'Agoult), évêque d'Apt, accompagnés de leurs chevaliers [222]. En 1109, Bertran part en Terre Sainte et s'avoue dépouillé de S. Gilles et de son port. Pendant quelques années le monastère n'est plus exposé qu'aux attaques de moindres personnages tels que les Porcelet d'Arles et Renard de Meynes. Mais en 1121 le même conflit recommence. Anfos de S. Gilles fait à son tour ce que son frère avait fait : aidé de Raimon des Baux, de Guillem Renard de Meynes, de Guillem de Sabran, de Rainon du Cailar, des vicomtes de Mésoargues et d'Auzias de Castries, il envahit à main armée le bourg et le monastère, ajoute les meurtres à l'incendie et force les bourgeois à lui jurer fidélité, ce qui les rend parjures à l'abbé. Un peu plus tard il se saisit de l'abbé Uc, l'emmène dans son château de Beaucaire et lui fait jurer de rentrer à Cluny et de ne plus reparaître à S. Gilles. En 1122 il finit par chasser les moines eux-mêmes [223].

Ce qui se passe à S. Gilles n'est pas un trait isolé de l'attitude de ces comtes à l'égard de la seigneurie d'église. C'est seulement en 1159/1160 que Raimon de S. Gilles accepta pour 2 000 sous de Melgueil de restituer à l'évêque de Carpentras le château de Vénasque et tout le domaine de cette église [224]. Et c'est à la même époque qu'avec ses routiers il assiégeait l'évêque de Vaison dans son palais épiscopal, incendiait la ville et s'emparait du domaine de l'église [225]. On ne peut s'empêcher de penser que longtemps avant la croisade des Albigeois, les S. Gilles avaient cessé d'être des fils dévoués de l'Eglise romaine. Leur seigneurie était située dans la Provence occidentale, le long du Rhône, dans une zone où les domaines d'église avaient toujours été nombreux ; accepter la seigneurie d'église était pour eux abandonner toute chance de constituer une véritable principauté.

Des mésaventures assez semblables arrivaient dans le même temps aux comtes provençaux de la branche de Forcalquier. Eux aussi avaient un domaine dont les origines étaient pour une large part ecclésiastiques. On les voit disputer Pertuis à Montmajour [226], Pertuis dont, depuis sa donation en 981, l'abbaye n'avait jamais réussi à avoir la possession tranquille [227].

---

222. Personnages qu'on aurait pu croire respectables, cf. *supra,* note 136.
223. L'histoire se lit à livre ouvert dans la succession des bulles pontificales, donnée par Goiffon, *Bullaire de S. Gilles,* Nîmes 1882.
224. Catalogue n° 399.
225. Catalogue n° 358 bis.
226. Février 1120, 1124, septembre 1130 (Catalogue n° 246, 251, 269 et 277).
227. Cf. *supra,* p. 134.

Leur domaine de Manosque était déjà entamé par celui de S. Victor [228]. Des donations inconsidérées aux Hospitaliers achèvent de mettre les comtes dans l'embarras [229]. A Forcalquier par contre, ils étaient plus tranquilles, une fois l'évêque revenu à Sisteron. Restaient les deux cités du Nord, Gap et Embrun ; des traces de conflit sont perceptibles. Guillem Ier de Forcalquier donnera, pour se racheter, des moulins à la cathédrale de Gap, car il l'avait incendiée [230]. Chorges, domaine ds l'archevêque d'Embrun, avait été ruiné par la guerre alors que la cité était partagée entre l'archevêque et le comte [231]. Mais ici le comte acceptera un partage des cités avec les évêques, partage qui avait d'ailleurs apparemment des précédents dès la fin du XIe siècle.

Cette solution sera celle qu'adoptera dans tout son domaine la famille des comtes catalans : derniers arrivés sur le champ de bataille, il leur avait fallu se contenter de la région abandonnée par leurs compétiteurs : Arles, où l'archevêque, les Marseille et les Baux étaient tout-puissants [232], Aix qu'ils dégageront *manu militari* [233], Brignoles qui n'était sans doute pas grand-chose [234], et des droits ou des espérances dans toute la Provence de l'est, où il fallait compter avec les Castellane, les Marseille, les Moustiers, les Nice. Seul le domaine de Tarascon constituait un point fort au départ. L'appui de l'Eglise, qui ne leur avait jamais fait défaut lors de leurs croisades contre les maures d'Espagne, leur était ici aussi plus que jamais nécessaire. Amis de l'Eglise, ils la défendront et en seront en retour fidèlement aidés. Il leur faut donc accepter un partage de l'ancienne capitale. Mais on peut croire qu'en concédant une partie, ils gagnaient l'autre qu'ils n'auraient jamais eue sans cela.

Finalement, si durs qu'aient été les conflits, la seigneurie d'Eglise s'installe dans les villes et l'on peut dire qu'au milieu du XIIe siècle la plupart des évêques provençaux sont devenus maîtres d'une partie de leur cité. Quels étaient les fondements juridiques de leur seigneurie ?

D'abord un contresens historique inévitable. Les évêques étaient depuis bien longtemps propriétaires de maisons et de terres à l'intérieur ou à l'extérieur des murs de leur cité. Ils possédaient aussi leur cathédrale et tous les bâtiments annexes : palais épiscopal, maisons canoniales, cloîtres ; ils avaient des églises ou des monastères urbains ; ils avaient des vassaux.

---

228. Sur le domaine de S. Victor à Manosque, cf. *supra*, chap III).

229. Le comte Guigue donne aux Hospitaliers le *castellum* et le bourg de Manosque le 30 mai 1149 (Catalogue n° 308). Mais en 1150 et 1151 ses neveux le disputaient aux Hospitaliers (Catalogue n° 325 — et lettre du pape Eugène III à l'archevêque d'Embrun, Arch. des B. du R. 56 H 4626). Manosque est finalement partagé par moitié.

230. « Omnia ripatica et omnes molendini ... in territorio Vapincum comitis sunt, preter dua molendina que comes donavit ecclesie et sunt in masso (sic) de Tornafava quod mansum similiter comes donavit ecclesie propter incendium ipsius ecclesiae quod comes fecerat », 1105/1129 (Catalogue n° 268).

231. « Raimondus Trenquerius miles ... audierat, ipse tamen nunquam vidit nec pater ejus, quod quedam villa fuit olim superius, in qua erant due carrerie et una erat audivit dici, comitis et alia erat archiepiscopi et cum villa illa fuisset destructa propter guerram, homines mutaverunt domos et habitaciones in civitate », 1177 (Arch. des B. du R. B 288).

232. Cf. *infra*, p. 288.

233. Cf. *infra*, p. 325.

234. Cf. *supra*, p. 98, note 159.

Quoi de plus naturel, après l'édification de la seigneurie banale que de considérer ces parties de la ville comme des seigneuries indépendantes, où l'évêque jouissait des droits publics ? Ce mouvement fut renforcé de deux façons : d'abord par le mouvement de la Trêve de Dieu qui conféra sans doute des pouvoirs de justice aux évêques dans certaines cités ; ensuite par la confusion au sein de certaines familles, comme les Agoult, en Apt, ou les descendants d'Arlulfe à Marseille, du patrimoine ecclésiastique et du patrimoine familial, conséquence de l'accaparement des évêchés par les grandes familles. Contresens historique : quand les réformateurs s'installent sur les sièges épiscopaux et arrachent la « primitive église » des mains des laïques, ce qu'ils leur enlèvent en fait c'est une église qui était devenue au XIe siècle encore plus laïque qu'aux époques précédentes, grâce précisément à ces grandes familles à qui on l'enlevait. La seigneurie ecclésiastique n'est pas en Provence la conséquence d'un *Reichskirchensystem* qui tentera de s'imposer *a posteriori* [235] sauf peut-être dans le cas d'Arles [236], mais le résultat de l'édification de la seigneurie banale dans une région où les évêchés étaient très nombreux. Il est donc inutile de lui chercher des précédents lointains dans les textes, le cas d'Arles toujours mis à part, ainsi que celui de Fréjus, qui fut une ville entièrement reconstruite, et, pourrait-on dire, donnée en complant [237]. Partout ailleurs les textes justifiant la seigneurie épiscopale ne remontent qu'à la fin du Xe siècle ou plus habilement au milieu du XIe et ce sont des faux fabriqués pour donner une base écrite à une situation plus ou moins acquise dans les faits. C'est ainsi que le faux de 1044 instituant un partage de Gap entre le comte Guillem Bertran et l'évêque Roux reprend les termes d'une enquête bien authentique, elle, du milieu du XIIe siècle [238]. Et le faussaire, outre des erreurs assez minimes sur les principaux personnages, fait figurer parmi les témoins des gens qui vivaient au début du XIIe siècle.

Prenons le cas de Vaison. L'acte sur lequel s'appuyait l'évêque dès 1108, et qu'il avait pris soin de faire confirmer par une bulle pontificale, a fort malencontreusement disparu et lors d'une enquête au début du XIIIe siècle, les évêques de Vaison ne s'en prévaudront pas [239]. Ils prétendaient d'ailleurs avoir déjà une moitié de la cité par coutume. On peut donc suspecter son authenticité. Mais il est par contre indéniable que dès 1053 Peire (d'Orange-Mévouillon), évêque de Vaison, avait des droits sur la cité et sur les pâtu-

---

235. Cf. *supra*. Une telle politique existe en Lombardie dès le début du Xe siècle. C. VIOLANTE, *L'Eta della Riforma*... p. 91

236. Cf. *supra*, pp. 36 et 260.

237. Cf. acte de 990/991 (Catalogue n° 32).

238. Catalogue n° 137. — On notera aussi la présence d'un acte disparu, probablement un faux, qui faisait remonter cette fois-ci le partage à une donation de Guillem le Libérateur, de 986 ou 992 (Catalogue n° 28) ; sur l'enquête du XIIe (Arc. des B. du R. B 281) cf. *infra*, note 245.

239. « Paschalis ... statuimus enim ut Vasensis civitatis medietas quam Beatae Mariae ... matris ecclesia ex antiquo jure possederat et altera medietas quam Gaufridus Provinciae comes cum fratre suo Bertranno per manum Petri bonae memoriae episcopi, eidem ecclesiae tradidit, salvo jure omni, et in agris terminis qui predictorum comitum chirographo continentur », 25 avril 1109, Latran (COLUMBI *De rebus, gestis episc. Vas.* p. 62 = BOYER, *op. cit.*, Livre II, p. 22). Sur l'enquête de 1211 (Catalogue n° 358 bis).

rages et que Rostaing racheta également des droits sur le marché [240]. Les témoins de l'enquête de 1211 affirment que l'évêque Bérenger, successeur de Rostaing, avait tenu jusqu'en 1160/1162, sans contradiction, le moulin, le four, le marché, le jardin et toute la justice comme sire. C'est seulement à la fin du siècle que le comte édifie, sans droits, un château sur la colline au nord de la cité [241]. Le cas de Marseille est différent. La ville épiscopale est ici une ville neuve, bâtie sur les terres de l'Eglise de Marseille au nord-ouest de la cité : il n'y a donc pas à proprement parler de partage [242]. Les seuls véritables cas de partage sont donc Arles, Gap et Embrun. En Arles il est possible que certains droits d'origine publique aient été partagés par moitié entre le comte et l'archevêque Raimbaud, promoteur de la Trêve de Dieu [243]. Mais c'est seulement au milieu du XIIe siècle qu'un acte constate le partage de la cité. Le texte qui nous renseigne sur ce partage est la transcription entre 1163 et 1182 d'une liste des possessions de l'archevêque, liste dressée soit après la révolte de 1150, soit après celle de 1156 [244]. Il nous

240. Cf. l'analyse d'un acte de 1053, perdu, par BOYER DE SAINTE-MARTHE (*op. cit.*, Livre I, p. 88, *ex arch. episcopi*) : « le cinq avril 1053, qui fut la quarante troisième depuis son ordination Pierre donna à son église et à ses chanoines ... la troisième partie de la cense du marché. Egalement « hoc quod dicti filii Rodulfi Rogerii habebant in foro acquisivit. » 1120-1127 (BOYER DE SAINTE-MARTHE, *op. cit.*, p. 97 — d'après l'orig.).

241. « Wilelmus prior de Proaz vidit et audivit quod dominus episcopus qui fuit de Mornatio tenebat et possidebat segnorialiter civitatem Vasionis cum palatio, faciendo justitias, accipiendo leidam in mercato ... et sunt sexaginta anni quod primo vidit dictum episcopum in possessione ... » Enquête de 1211 (Catalogue 358 bis). Bérenger de Mornas a été évêque après 1122, dès 1137/1138 (Cf. LEP dioc. de Vaison).

242. Cf. *supra*, p. 222.

243. « Breve de convenientia quam fecit Raymundus comes cum Aicardo Arelatense archiepiscopo ... quoniam Rayambaldus archiepiscopus habuit, et de lexda navigiorum et navium quae montatio vocatur, quam Bertrannus comes habet apud Arelatem, si ipse habere poterit, medietatem ... reddit S. Trophimo... » (Catalogue n° 204).

244. (A. original disparu. B. copie XIIe. Cartulaire B dit autographe (arc. des B. du R. 3 G 17) p. 17 et 18. C. copie XIIe Cartulaire dit authentique de l'archevêque ou Livre Noir (Arc. des B. du R. 3 G 16) f° 9 v° D. Copie XIIIe. Cartulaire G dit Livre Rouge (arc. des B. du R. 3 G 19 f° 38). E. Cartulaire F dit Livre Vert (Arc. des B. du R. 3 G 20) f° 36. F. copies par des érudits arlésiens : BONNEMANT Tome I p. 1 (Bibl. d'Arles ms 107) et ANIBERT (Bibl. d'Arles ms 712 p. 243). a. KIENER, *Verfassungsgechichte der Provence*, P. j. n° 11 p. 277-280, d'après D. b. ALBANES et CHEVALIER, GCNN Arles n° 3234, *d'après* C, E et Bonnemant). L'acte se présente lui-même comme une traduction en latin d'un acte plus ancien en hébreu, faite sur l'ordre d'un archevêque d'Arles Raimon à qui cet acte était inconnu. Deux archevêques du nom de Raimon se sont succédé sur le siège d'Arles : Raimon de Montredon (1142-1160) et Raimon de Bollène (1163-1182). Le premier texte est donc antérieur soit à 1163 soit à 1142. Quatre autres éléments permettent de préciser :

1) Le texte indique que les sires de Lambesc tiennent de l'archevêque le Vernègue et le Revest du Vernègue ; or ceux-ci ont échangé à l'archevêque le fief de Salon contre celui du Vernègue en 1142 (GCNN Arles n° 543).

2) La version donnée par B présente une addition marginale qui n'existe pas danc C : en marge du passage où l'on indique les droits que perçoit l'archevêque sur les juifs, le copiste a ajouté que l'archevêque percevait aussi 8 sous 4 deniers. Or cette redevance n'a été cédée à l'archevêque par les Porcelet qu'en 1157 (Orig. Arc des B. du R. 3 G 2 n° 151). Le texte primitif ne comportait pas mention de cette redevance : il est donc antérieur à 1157.

3) Trois personnages peuvent être identifiés : Uc des Baux ; il n'apparaît sans son père Raimon qu'en 1150 (Catalogue n° 315) ; son père est mort entre 1147 et 1150 en faisant le voyage de Barcelone ; Uc est mort entre le 8 mai 1167 (BARTHELEMY, *op. cit* n° 64), et le 7 septembre 1170 (*Ibidem* n° 65) ; — Joufré Rapina : il existe en 1121 un chevalier arlésien

indique que le comte et l'archevêque décidèrent de partager la ville, c'est-à-dire de matérialiser sur le terrain la division des revenus. Les murs de la cité depuis le château de la Carbonière (c'est-à-dire, pensons-nous, depuis ce qui restait du théâtre antique) jusqu'à la porte des Astiers sont à l'archevêque ; à l'intérieur de la cité, la limite suivait une ligne est-ouest, des arènes au marché, pour retrouver ensuite la porte des Astiers. La ville est donc bien divisée par moitié.

A Gap, les éléments que donne le texte ne permettent guère de matérialiser la division, bien qu'elle ait existé aussi. Le comte avait le palais et des maisons, de la maison d'Arnaud jusqu'à la porte inférieure. L'Eglise possédait la partie qui allait de la maison du même Arnaud jusqu'à celle du pélissier Estève et de ses frères ; le « grand fief » avait été divisé en deux [245]. A Embrun enfin, il ne semble pas qu'il y ait de véritable partage : tous les murs de la cité sont au comte sauf une tour qui est à l'archevêque. Le comte a ses maisons où il lève l'albergue ; mais on ne nous dit pas expressément que l'archevêque en a aussi et qu'il en a autant. Seule la justice est partagée en ce sens que le comte ou l'archevêque rendront chacun la justice à ceux qui auront porté leur cause devant l'un ou l'autre ; mais la lesde n'est partagée par moitié que le samedi [246]. Bref, le partage est net seulement au XIIe siècle à Gap et surtout à Arles.

L'un des effets les plus nets de la Réforme grégorienne en Provence est donc la division des cités provençales majeures entre pouvoir comtal et pouvoir ecclésiastique. Ce n'est certes pas un phénomène qui se manifeste

---

de ce nom, mari de Garsende, frère de Guillem Bernard Rapina, et père de Peire-Guillem et Joufré (Hospitaliers de Trinquetaille f° 6) ; un Joufré Rapina (lui-même ou son fils) paraît en 1134 (Livre autographe B p. 46), avant 1147 (Hospitaliers de Trinquetaille f° 75 v°) et c. 1150 (GCNN Arles n° 3234). — Dame Emma : il existe à Arles une Emma qui peut à bon droit être qualifiée de dame ; c'est la femme de Bertran d'Eyguières (1151, Hospit. de Trinquetaille f° 17 — et 1155. GCNN Arles n° 577), mère du futur archevêque Imbert d'Eyguières.

4) L'acte indique avoir été fait « quand les Arlésiens sont revenus à la fidélité de l'archevêque », donc après l'une des deux révoltes de 1150 ou de 1156.

245. « Borellus jurato dixit quod sala et domus ante salam proprie sunt comitis et ipse vidit Azalais comitissam et W. Comitem filium ejus et alios postea comites et comitissas ibi descendere et habitare sicut in suis propriis domibus... in feudo majore habet comes dimidiam partem ... Ricaus idem de Sala et de aliis domibus dixit et quod a domo Arnaldi Atinare usque ad portam inferiorem, supra qua est domus Bertrandi de Porta subtus viam, comitis est ... Ecclesia tamen habet a domo Arnaldi Atinare usque ad domum Stephani pellicerii et fratrum suorum, domos et census, et quidam alii ... Borellus et Ricavus audierunt dici quod ortus a pertusio in muro civitatis usque ad domum Sisbranni, comitis est, et usque ad terram Tornefave. » (Arc. des B. du R. B 281). La Salle pourrait bien être l'hôtel d'Aspremont (MANTEYER, *le nom et les deux premières enceintes de Gap,* Gap, 1905, p. 3). Le tracé du mur d'enceinte du haut Moyen Age a été très exactement délimité par Manteyer au cours des fouilles. L'enquête porte sur la période qui va d'avant 1090 (mention du comte d'Urgel) à 1129 (mort du comte Guillem) ; elle ne peut donc guère être postérieure au milieu du XIIe siècle.

246. Enquête sur les droits du comte à Embrun (Arc. des B. du R. B 288). Elle date de 1177 et porte sur une situation qui remonte environ à la génération antérieure c'est-à-dire vers 1150. Elle a reposé sur le témoignage de 13 jureurs (3 clercs dont le futur archevêque, 5 chevaliers et 5 bourgeois). L'archevêque rendait la justice au moins depuis la fin du XIe siècle (1083-1090, catalogue n° 202). La mention la plus importante dans le texte de 1177 est sans doute celle du « conseil des *villici* de la cité et d'hommes sages » que devra prendre le comte avant de juger : on sent ici la poussée de la revendication communale.

partout avec la même précision, ni sur les mêmes terrains, comme le montre l'exemple de Marseille ; ce n'est pas non plus un phénomène général puisqu'il est des villes, comme Vaison, où l'évêque prétend exercer sa seigneurie sur toute la cité. Ce qui est général, c'est l'existence de seigneuries ecclésiastiques plus ou moins développées, nées de la confusion entre société laïque et église, et de l'effort des réformateurs pour isoler à nouveau celle-ci. Le pouvoir comtal est donc obligé soit de composer avec elles, soit de les combattre. Mais derrière celui des évêques un autre pouvoir se met en place : celui des chevaliers urbains.

Chapitre III

Les communes et la liberté des cités

Si la Réforme grégorienne avait réussi à arracher l'Eglise des mains des grands d'une façon aussi complète, c'est que la renaissance des villes et des circuits commerciaux lui avaient permis de s'appuyer sur une force nouvelle, celle des chevaliers urbains. Ce sont ces chevaliers qui, chassant presque totalement les grands des cités que ceux-ci avaient un moment dominées, permettront au pouvoir comtal de s'y réinstaller, avant d'entrer parfois en conflit avec lui, en dressant à côté des seigneuries comtales et épiscopales leur propre pouvoir : la commune.

— LES VASSI CIVITATIS —

Lorsque nous avons tenté d'esquisser l'évolution qui conduisit bien des alleutiers campagnards dans les rangs de la chevalerie, nous avons volontairement laissé de côté le cas des alleutiers citadins. Il est indéniable qu'ils étaient assez nombreux dans la Provence de l'Ouest, à Arles, Avignon et Marseille : la plupart des familles chevaleresques arlésiennes remontent au XIe siècle ou même avant l'an 1000 et elles résidaient dans la cité.

A titre d'exemple examinons le patrimoine d'Uc de Blaye qui habitait en 1008 une maison à Arles, non loin du palais comtal. Ce patrimoine est passé presque complètement dans le temporel de S. Victor entre 1010 et 1057. Il comprenait une condamine de 46 hectares sur la route Tarascon-Laurade, et non loin de là 4 modiées de vignes, des terres cultes et incultes aux Radoubs, à Mols et à *Fuxanum* où l'un de ses fils acheta 3 quarterées de vignes. Au-dessus de Tarascon, il avait un verger et un masoyer qui avait là son manse ; il possédait aussi à Mollières 18 seterées de terres et 2 modiées de vignes. Enfin lui, ou ses fils, percevait chaque année 2 tonneaux de vin à Tarascon sans doute partie d'un droit sur la vente du vin. En tout une exploitation d'environ 60 hectares dont 10 en vignes, un peu plus même si l'on compte le verger [1]. Certains indices laissent penser que d'autres, comme les Adalras avaient des alleux plus considérables puisqu'ils pouvaient se permettre de donner, en 1035, 7 modiées de terre et 2 modiées de vigne soit une vingtaine d'hectares [2]. Mais, quelle que soit leur étendue, ces alleux sont en général assez éloignés des murs de la cité : ainsi les alleux des Adalras-Isnard, sont au Trébon et à Laurade [3], ceux des Borians à S. Jean du Grès [4], ceux des Mouriès à Mouriès et au Grès [5], ceux des Porcelets à Gimeaux dans la pointe Nord de la Camargue, sur la costière de Crau et à Berre [6], ceux des Blaye à Laurade et à Loubières-Tarascon.

---

1. 982(Catalogue n° 23), 1008 (GCNN Arles n° 340), 1052 (CSV n° 182) — après 1052 (CSV n° 181 et 191). On peut penser que c'est de tout le patrimoine des Blaye qu'il s'agit puisque l'un des trois petits-fils d'Uc de Blaye donnant toute sa part, le tiers, à S. Victor, énumère toutes les terres de la famille (CSV n° 181). L'exemple des Blaye doit cependant être interprété avec méfiance. En effet Uc semble avoir reçu ses alleux du comte, et son origine pourrait bien être bordelaise (cf. *supra* 1re partie chap. III, les donations à l'Est, reçues du comte). Peut-être ses biens à la Laurade sont-ils les mêmes que ceux reçus par l'Eglise d'Arles de Boson et Fouquière en 970 (GCNN Arles n° 271), dont le comte aurait disposé Dans le même terroir étaient alleutiers Truan de Laurade et ses fils Gui, Audibert et Uc (CSV n° 172-178-184 et 197), les Adalras (cf. *infra* note 3), Lieutaud (CSV n° 177) et Ricau (CSV n° 176). Le comte y était lui-même possessionné, 1063 (Catalogue n° 169).

2. *Infra,* note 3.

3. Sur les Isnard Adalras, cf. MANTEYER, *La Provence*... p. 420 à 425. Ils donnent successivement des vignes, au clos Pierre Monge (aujourd'hui Monge, commune de Tarascon), dans l'*ager* de Roubian à la *villa* de Laurade (1035, CSV n° 183), dans la même *villa* à Grazans (CSV n° 192), au clos *Vergerium* près de Notre-Dame de Lansac, dans l'*ager* du Trébon (1036, Arc. des B. du R. 2 H 12), l'église S. Geniès de Jonquières (Arc. des B. du R. 2 H 15) (au sud de Martigues, quil ne faut confondre ni avec S. Vincent de Jonquières dans le Nord de l'Argence, ni avec S. André, S. Michel et S. Vincent de Jonquières, dans l'île de la Cappe, près d'Arles — l'église S. Geniès de Jonquières à Martigues était bien à Montmajour en 1292, BN nouv. acquis. lat. 1367 f° 6). Ils donnent d'autres vignes au Trébon, dans le clos Trente Muids, à Aurignan, non loin de Saignon (commune de Laurade) (CSV n° 173) et à S. Jean de Grès (1067, CSV n° 162). Ils avaient leurs biens à Berre ainsi que ceux qui leur étaient peut-être venus de l'oncle de Peire Isnard, Aicard Ison, 1064/1069 (CSV n° 462), et 1104 (CNDD n° 10 et 11) ; (donation d'Aicard Ison, 1043, CSV n° 210).

4. 1067 (CSV n° 162), donation de Renaud Rostaing et Narbone. Sur les Borian, cf *infra* note 34.

5. 1073 (CSV n° 159) — 1067 (CSV n° 162).

6. Le premier des Porcelet est Dieudonné, frère de Bernard et mari d'Aimedru (954 Catalogue n° 2-973 *Ibidem* n° 13-977, *Ibidem* n° 15 — 970/978 *Ibidem* n° 17 — 990 *Ibidem* n° 31 et 32 — 1003/1008 *Ibidem* n° 66 — 1015 CSV n° 175). Son fils est Volverade, frère d'Amiel (Porcelet). de Rostaing et d'autres, décédés dès 1028. Il épouse Belletrude (1015 CSV n° 175 — 1002/1010 Catalogue n° 73 — 1019 *Ibidem* n° 75 — 1025 CSV n° 650 — 1026 CSV n° 655 — 1028 CSV n° 165 — 1029 CSV n° 209 et GCNN Arles n° 319 — 1034 Catalogune n° 110 — 1036 CSV n° 131 et CSV n° 60 — 1037 Catalogue n° 115 et Catalogue n° 114 — 1038 Catalogue n° 119 — 1040 CSV n° 188 — et Catalogue n° 126 — 104071041 Catalogue n° 132 — 1041 CSV n° 167 (Amiel) et Catalogue n° 131 — 1044 Catalogue n° 139 et CSV n° 166 — 1045 CSV n° 194 — 1046/1047 Catalogue n °145 — 1034/1047 CSV n° 151 — 1048 GCNN n° 381 — 1033/1048 CSV n° 411 — 1048 CSV n° 171 — 1052 GCNN Arles n° 386 — 1057 CSV n° 184 — et CSV n° 200 — 1059 Catalogue n° 162 — 1061 CSV n° 827 — 1067 ? DU ROURE RHP I p. 179 — sans date CSV n° 21-25-126-790 — et GCNN Arles n° 353-407-2513-2514). Le frère de Porcelet Rostaing a pour fille Aluis qui épouse Uc (1056. CSV n° 202). Amiel Porcelet a un fils Uc (Arc. des B. du R. 1 H 31-141 et 1057 CSV n° 200). Le fils de Volverade est Rostaing Porcelet, ou Porcelet, mari de *Bona* et père de de Bertran, sacriste de l'Eglise d'Arles, de Guillem et de Peire (1040 Catalogue n° 125 — 1053 CSV n° 1071 — 1056 CSV n° 1073 — 1057 CSV n° 200 — 1067 CSV n° 162 et FLAMMARE CL c. 331 — 1067

C'était là une situation tout à fait normale, puisque le terroir suburbain d'Arles était en majeure partie occupé par les domaines d'Eglise. Il s'était passé près des cités ce qui se passait dans les campagnes ; ces domaines étaient tombés en la possession des grands. Ainsi les Marseille tenaient-ils le domaine du monastère S. Geniès et S. Honorat [7] et Gallignan [8] ; ils ont encore au XIIe une condamine au Trébon [9] et des terres nombreuses au sud de la cité [10]. Les Baux tiennent une partie des terres du monastère S. Césaire en Camargue et au nord de la cité [11]. Baux et Marseille ont de l'archevêque des pâturages en Crau [12]. Les Lambesc ont de lui la *villa* de Fumière, en Camargue [13]. Les Vence avaient tenu les marais de S. Césaire [14].

Mais les grands à leur tour ont inféodé des fragments de leurs possessions à certains citadins aisés. Ainsi dès 1001 les Borian étaient bénéficiés par les Marseille au Trébon [15]. Lorsqu'en 1040 on apaise les querelles entre Montmajour et S. Victor dans ce canton, l'église S. Geniès est donnée à S. Victor par les Marseille, du consentement de l'archevêque : elle est donneé avec ses terres, sauf les « fiefs laïques », étant entendu que les sires reconnaissent à S. Victor ce que ces mêmes laïques voudront bien lui céder. Et en effet un peu plus tard, les trois branches de la famille Borian abandonnent à S. Geniès et S. Victor le fief qu'ils tinrent au Trébon et leur ancêtre avant eux des vicomtes et podestats de Marseille [16]. De même lors-

---

Du Roure RHP I p. 179 — ses fils seuls : 1078 GCNN Arles n° 429 — 1082 *Ibidem* n° 441 et 442 — 1083 Catalogue n° 197 — 1094 Catalogue n° 206 — 1102 GCNN Arles n° 462. Le sacriste Bertran a pour fils Raimon Sacristan, et pour neveux Bertran, Guillem, Raimon et Joufré (1101. Flammare CL n° 336 et 338 — 1102 GCNN Arles n° 462 — 1105 Catalogue n° 219 — 1116 GCNN Arles n° 485 — 1120 *Ibidem* n° 500 — 1121 *Ibidem* n° 504 et 505 — 1122 *Ibidem* n° 506 — 1125 Catalogue n° 255 — 1128 Catalogue n° 266 — 1131 GCNN Arles n° 3228 — 1132 Catalogue n° 281 et 282 — c. 1132 HGL. V col. 993 — 1140 HGL. V col. 1045 — 1142 *Ibidem* col. 1054 — c. 1143 *Ibidem* col. 1071 — 1144 GCNN Arles n° 552 — 1145 HGL. V col. 1056 — 1146 GCNN Arles n° 2523 — 1147 Catalogue n° 299 — c. 1150 GCNN Arles n° 559. — 1152 Teulet L.T.C. I n° 123-1153 Catalogue n° 331 — 1154 GCNN Arles n° 574 — 1156 Catalogue n° 339 — et Catalogue n° 345 — 1157 Arles GCNN n° 584 — 1157 GCNN Marseille n° 158 — 1159 GCNN Arles n° 595 et 596 — 1167 GCNN Arles n° 615 — 1168 Du Roure RHP I p. 247 — 1173 GCNN Arles n° 626).

7. 1041 (Catalogue n° 131).

8. 1052 (GCNN Arles n° 386).

9. Dès le xe s., (catalogue n° 126).

10. Le plan du Bourg, les rives de Meyrans, les vignes de la Roquette — 1150/1156 (Cart. B dit Autographe Arc. des B. du R. 3 G 17 p. 17 et 18), cité, *infra,* note 19.

11. 1069 (CSV n° 160) — après 1059/1060 (CSV n° 158).

12. 1150-1156 (Cart. B dit Autographe. *Ibidem* p. 17 et 18). Sur la datation, cf., *supra,* p. 283, note 244.

13. 13. *Ibidem.*

14. Dès 970/978 (Catalogue n° 17). Ils avaient eu beaucoup plus d'un nommé Arbert, et notamment Fontvieille et plusieurs îles des marais, cf. 1040 (Catalogue n° 126).

15. « Convenientia seu promissionis qualiter convenit inter domno Pontione episcopo sancte sedis Massiliensis ecclesie necnon et fideles nostros Ava et filiis suis Cotaronus et Iterius et Aicardo et Rostagno (sic) cujus beneficius (sic) est, aput alicos hominem (sic) Mircurino ... est in comitatu Arelatense in agro Tripontio in terminio de villa Debongnerias hubi dicunt Laquis », 1001 (CSV n° 174) (actuellement : vallon des Lèques au Nord de Fontvieille).

16. « Ego Rahimbaldus (archevêque) ... ecclesiam S. Genesii ... exceptis illis laïcalibus fendis, et quicquid illi laïci ex ipsis suis feudis ... cesserint cum meo consilio ... tradimus ... solasciantibus nobis in hoc ipso vel consentientibus totius Provincie principibus seu comitibus Josfredo atque Bertranno et nostre sedis canonicis (11 noms), laudantibus etiam et firmantibus

que le vicomte de Marseille Guillem donne au chapitre de la cathédrale ce qu'il avait à Gallignan et à S. Martin de Crau en bénéfice de l'archevêque, on s'aperçoit qu'un certain Rostaing tenait de lui, en arrière fief, la majeure partie, savoir : le fief de Gallignan proprement dit entre le Rhône et le marais de Meyranne, et le fief de la Capelle, à l'est de celui-ci ; et pour S. Martin, le terroir entier tel qu'il est cultivé maintenant [17]. Les chanoines auront donc un domaine à Gallignan, mais il y restera un fief, la Forgette [18]. Il y a là, au sud d'Arles, toute une zone tenue des vicomtes de Marseille, à la Roquette, près des Fourchons, à Meyranne, et au Plan du Bourg [19]. Des vicomtes, tenaient les *Rapina,* les sires de Confoux, et ceux de Gardanne. Le cas de ces derniers est assez intéressant pour qu'on s'y arrête un instant. Les Gardanne descendaient peut-être d'un alleutier de la *villa* d'Aups, au comté de Marseille, où ils étaient, au XIe vassaux des vicomtes pour un sixième de la *villa* voisine de Gréasque [20]. Mais ils étaient aussi possession-

---

domno Pontio episcopo Massiliensi cum fratribus suis qui ipsam ecclesiam vel ipsum locum sanctum cum omnibus ad se pertinentibus tenere videntur » (16 janvier ? 1041) (Catalogue n° 131). Sur un autre aspect de ce texte, cf. *supra,* p. 193 note 139 « Ego Ugo filius Iterii et fratres mei Otto, Bertrannus, Iterius donamus atque reddimus feus quos tenuerunt patres nostri et nos usque ad presens per seniores et potestates Massilie S. Victoris monasterio ... quoniam alodem fuit ejusdem (S. Victoris) a priscis temporibus ... Nam iste alodus est in terminio de Arelate super Debonneres, in loco quem vocant in illo Greso vel Vedranas », 1041 (CSV n° 167). « Ego Rainaldus et frater meus Willelmus donamus atque reddimus feus quos tenuerunt parentes nostri et nos usque nunc ad monasterium S. Victoris, quoniam olim tenuerunt parentes nostri et nos, per domnos atque potestates qui tenuerunt Massiliam. Nam et ego Willelmus Cotaronus atque Vasso, consobrini supradicti Rainaldi ... similiter reddimus istas feus ... super Debognarias in loco illo quem vocant Greso vel Vedrinas ... Interim ego Wilemmus Cotaronus suscepi per fidem meam atque per fidemjussionem ut si repeticio fuerit facta ab ullo nostro successori, tantum alodem in Debognarias sive in Massiliam componam », 1044 (CSV n° 166). Sur les Borian, cf. *infra,* note 34.

17. « Guilelmus vicecomes Massiliensi ... dono ... aliquid de meis beneficiis que jacent in comitatu Arelatense in suburbio ejusdem civitatis, hoc est ecclesia S. Dei genitricis semperque virginis Mariae et aecclesia S. Petri de Gallignano cum feo quod Rostagnus tenet terminaturque ipse fevus (le Rhône, le marais de Meyranne, le terroir de S. Hippolyte de Crau « Rubina Mala » et les Amandiers — cf. CASSINI) ... similiter dono aeclesiam S. Martini de Palude Majori cum fevo quem ipse Rostagnus inibi tenet qui terminatur (le terroir de S. Hippolyte, le mont Terousse) et dono ... fevum quem Rostagnus tenet per me qui tenet de S. Maria, que nominat Capella (Mas Capelle, Mas de la Chapelette, robine de la Chapelette, les Chanoines, Canondie) usque ad Robinam malam. Hec omnia ego Guilelmus ex episcopali beneficio adquisivi, tamen cum consensu et confirmatione domni Raiambaldi archiepiscopi (donavi) » (GCNN Arles n° 386). L'église S. Martin de Crau fera partie du bénéfice prévôtal ; mêmes limites au XIIIe siècle (GCNN Arles n° 2613).

18. « Isnardus et frater meus Guibertus ... donamus in comitatu Arelatense, in territorio de Gallignano, in nostro fevio Frigerinco ... consortes de una latere via publica et de alia latere fronte nosmet ipsi donatores » 1062 (AST f° 81 v°).

19. « Vineas que sunt versus Rupem et versus paludem, et Meiranam, et omnem planum qui est juxte Meiranam habent domini Massilie per archiepiscopum. Et Meiranam habet Joffredus Rapina per dominos Massilie et Planum habent domini de Confors per dominos Massilie. Et vineas versus Rupem, propre Forchons habent domini de Gardana per dominos Massilie. » (Réf. note 10).

20. (CSV n° 129 et 124) Noë de Gardanne alleutier à Aups (CSV n° 96, 97). On connaît, dès 1028, Umbert de Gardanne, époux d'Urraque, et ses frères Audibert, époux d'Argemma, Autran, époux d'Aloïs, Garmon, Guillem et Fouque, morts avant 1038. Ils étaient apparentés à Bernard Signoret, d'Arles, par sa femme Guilirus (CSV n° 127 et CSV n° 250), à Pons de Bras, par sa femme Balda (CSV n° 127) peut-être à Audigier d'Alleins par une Aloïs (CSV n° 130 et 131 — 1019/1020 Arc. des B. du R. B 276 — CSV n° 32-33-154-541-658-126-129

nés en Arles, et tenaient des vignes à la Roquette, près de celles d'Archimbert de Bouc, données à S. Victor de Marseille [21] ; ils avaient aussi une terre au Trébon, au sud de l'église S. Julien, près de Lansac, dans un secteur où S. Césaire avait des biens, et lorsqu'ils les donnèrent à S. Victor en alleu, les comtes confirmèrent la donation [22]. Et ces fiefs ne sont pas les seuls que nous connaissions, loin de là. Celui que les Porcelet tenaient de l'archevêque au terroir de Néjean, en Camargue, est antérieur à 1048 [23]. Le fief de *Paperaria* dans l'île de la Cappe, avait été tenu de l'archevêque par Raimon Bernad, l'ancêtre de cete famille *Rapina* qui tenait Meyranne des vicomtes de Marseille, dès le début du XIe siècle, avant de passer, avec le consentement du même archevêque, à Aicard Ison, des Borrians [24]. Le fief tenu des Baux par les Adalras-Isnard à S. Césaire de Bozaringue, et de l'archevêque par les Baux, est antérieur à 1069 [25]. Et on pourrait multiplier les exemples.

Il y avait donc eu, dès le XIe siècle, une féodalisation assez poussée autour d'Arles. Ainsi s'explique qu'un document de 1040, lorsqu'il veut opposer aux « primats » de la cité, des Arlésiens de moindre envergure qualifie

---

(Catalogue n° 119). L'abbé de Montmajour Guillem (1079-1106) était oncle d'un Fouque de Gardanne (c. 1070 CSV n° 92 — pour la date, CSV n° 93 : 1065/1073, présence du camérier de S. Victor Raimon et de l'évêque de Marseille, Pons). On connaît au XIIe : Raimon et Umbert de Gardanne (1113 catalogue n° 135 bis), Gui de Gardanne et son frère Boniface (1156 — Catalogue n° 345), Boniface de Gardanne, prieur victorin d'Aups (1155 — CSV n° 481), Bérenger de Gardanne (1155-1190 — CSV n° 481 et 982) et Pons de Gardanne (1156 — Catalogue n° 345 — et 1195 — CSV n° 1024).

21. *Supra* note 19 et 1045, 1046 (CSV n° 154 et catalogue n° 145).

22. 1038 CSV n° 154, et catalogue n° 132 et 157. S. Julien « in villa Secundus superior » du testament de l'évêque Rostaing en 897 (GCNN Arles n° 233) sur la *via munita* (*Ibidem* n° 131) ; Cf. donation par les Baux : « juxta decursum Rodanni porcionem nostram de Secundal » (CSV n° 158). On identifie les Segonnaux au Sud-Ouest de Lansac (CLOUZOT, p. 155).

23. Ces terres sont connues au XIIe siècle. Mais dès 1048, l'archevêque donnait en alleu à ses fidèles Volverade et Rostaing un champ en Camargue au terroir de *Medianas* (corriger *Nedianas*), et ils le redonnaient immédiatement à la cathédrale. Cela signifie donc que la terre en question était auparavant tenue en fief de l'archevêque (GCNN Arles n° 381).

24. GCNN Arles n° 337 et 385, textes cités *supra*, p. 146. Ce fief avait appartenu à Raimon Bernad, fils de Bernad Signoret ou Bernad d'Arles, époux de Guilirus (de Gardanne ?) (1028, CSV n° 129 — 1047, CSV n° 1069 — 1052, AST f° 80 et 125 — sans date, AST f° 52 et CSV n° 181 et 191, avec les petits-fils d'Uc de Blaye). On connaît aussi un Peire Signoret (avec Porcelet en 1053, CSV n° 1071), et un Signoret à Arles (avec Bernad Signoret) qui est peut-être Signoret d'Albaron (CSV n° 119 et 120 — 1015, CSV n° 181-191 et 199). Il existe également un Guillem Signoret (fin XIe, AST f° 102) qui est sans doute le même que Guillem Bernad dit « la Rapine » (1084/1090, DU ROURE RHP I p. 218 — 1094, Catalogue n° 206). On connaît ensuite Joufré la Rapine, mari de Garsende, frère d'un Guillem Bernad, et père de Peire, Guillem et Joufré (1121, Hospitaliers de Trinquetaille f° 6 — Avant 1147, *Ibidem* f° 75 v° — 1134 Autographe B p. 46-47 et 101), puis Uc et Joufré la Rapine (1151, Catalogue n° 326 — 1183/1190, Livre Rouge f° 48) ; Joufré est mari de Douce sœur d'Uc et Bérenger d'Aix leur fils est Peire Guillem (1178, Temple H 2 Liasse 21). Un autre Guillem Bernad la Rapine (1157, GCNN Marseille n° 159 — 1165, CSV n° 959 — 1167, GCNN Arles n° 615 — 1173, Livre Noir f° 40 v°) qui eut une fille, Rispaude (1183, AST f° 123 v°). Signoret et Bernad Signoret descendaient peut-être de Leidrade dit Signoret (970/978, Catalogue n° 17), chevalier arlésien (971 ; GCNN Arles n° 274, Catalogue n° 15 — 981, Catalogue n° 23 — 990, Catalogue n° 31 et 32 — 992, Catalogue n° 35 — 1003/1008, Catalogue n° 66) qui avait sa maison à Arles à côté de celle d'Uc de Blaye (cf. *supra* 1re partie, chap. II).

25. 1069 (CSV n° 160).

Volverade, Guibert (de Portaldose), Aténoux (de Carbonière) et l'autre Aténoux (l'Ancien) de *vassi urbis Arelatensis*[26]. C'est au fond la même expression que le classique *vassi castri alicujus*. Mais être un vassal de la ville d'Arles est plus honorable et Volverade, fidèle de l'archevêque, un peu isolé dans une assemblée nobiliaire de la Provence du Nord, se verra qualifié là aussi de *miles Arelatensis*[27]. Pour les gens d'Arles, il n'en reste pas moins un *senior civitatis* comme son voisin Pons d'Eyguière, seigneur étant ici une formule de révérence, non l'expression d'un lien vassalique[28]. Cette féodalisation de la région d'Arles est surprenante[29]. Elle s'explique par l'importance du domaine d'Eglise autour d'Arles. L'abondance de terres publiques, proches de la capitale, avait permis l'existence de véritables chaînes vassaliques, chaque terre étant tenue du comte par l'archevêque, de l'archevêque par un grand et du grand par un chevalier. La féodalisation ne pouvait que s'étendre avec le développement de la seigneurie banale : la confusion de la concession foncière, de l'exercice des droits publics et de la perception de la dîme entraînait ici à la fois la généralisation et l'affaiblissement de l'idée de seigneurie. C'est ainsi qu'au milieu du XIIe siècle, les textes arlésiens donnent l'impression qu'autour d'Arles tout est fief ou l'est devenu[30].

Cela ne veut pas dire que les chevaliers arlésiens soient à l'égard de leur seigneur dans la position d'un humble *caballarius* villageois. D'abord parce qu'ils ont plusieurs seigneurs : ainsi les *Rapina* tiennent à la fois les granges de Meyrane des vicomtes de Marseille[31], leur domaine de la Furane en Camargue, des Baux[32], leur fief de *Paperaria* directement de l'archevêque[33].

---

26. « Erant ibi congregati utriusque loci primates ac vasses... Volveradus et Guibertus atque Attanulphus alius etiam Attanulphus vasses urbis Arelatensis » (*supra* p. 192 et note 130). Guibert doit être Guibert de Portaldose (cf. *infra*, note 111) ; L'un des Aténoux, Aténoux (de la Carbonière) (cf. *infra*, note 52) ; l'autre, Aténoux (Mora).

27. 1043 (GCNN Arles n° 381). Sur ce plaid, cf. *supra*, chap. V et 1044 (Catalogue n° 139).

28. « Coram senioribus istius civitatis videlicet Volverado et Pontio de Aqueria » (Guillem Cotaron, qui vient ensuite, n'est qu'un plège), 1044 (CSV n° 166). Sur Guillem Cotaron, cf. *infra*, note 34.

29. Sommes-nous victimes d'une illusion due à une documentation plus nombreuse et plus précise ? Mais dans des zones campagnardes sur lesquelles nous sommes assez bien documentés (ainsi le diocèse de Fréjus, par le fond de S. Victor) nous n'entrevoyons rien de tel. C'est que les relations vassaliques reposent sur les domaines publics et que ceux-ci sont concentrés dans les zones urbaines de l'Ouest.

30. Fumières est tout entier tenu par les Lambesc. Gallignan, sauf la seigneurie des chanoines, l'est par les Marseille. La *villa* S. Geniès de la Colonne est occupée par les fiefs limitrophes des Baux et des Porcelet, séparés par un fossé (Hospitaliers de Trinquetaille f° 5). C'est au titre de suzerain que l'archevêque a réussi à étendre la dîme sur une grande partie du terroir d'Arles ; il la range parmi les usages qu'il perçoit, à côté des taxes de tonlieu. Cependant certains la lui refusent, comme Pons d'Eyguières pour ses terres de Crau ; d'autres la lui vendent comme Uc Arvier pour son domaine entre *Dibonierae* et la Laurade. (1143/1149, Autographe B p. 101).

31. Texte cité *supra*, note 19.

32. Sur la Furane : 1121-1160-1192 (Hospitaliers de Trinquetaille f° 6 et f° 2 v°). Il y a là un fief de Joufré *Rapina*. Les aliénations qui en sont faites doivent être approuvées par les Baux. Une condamine y était appelée *Masurana* ou *Rapinenca*. Sur les Signoret-Rapina, cf. *supra*, note 24.

33. Avant qu'il soit acheté par Aicard Ison. Cf. note 24.

Les Borrian, nous l'avons vu, tenaient des vicomtes de Marseille des terres au Trébon, qui étaient d'anciennes terres du monastère S. Geniès [34], mais ils étaient aussi vassaux de S. Césaire, donc de l'archevêque, avec les Porcelet [35]. Comme toujours dans des cas de ce genre, la pluralité de seigneurs signifie une plus grande indépendance du vassal ; elle était inévitable à partir du moment où la patrimonalité des fiefs était admise, donc dès le début du XIe siècle : témoin le fief de *Paperaria,* qui, tenu à l'origine par Guillem Guichier était passé par le mariage de sa fille, à Raimon Bernad, pour être enfin acheté par Aicard Ison [36]. Les liens féodaux étaient donc exceptionnellement développés dans la région d'Arles, mais cela ne signifie nullement que les grands avaient réussi à s'attacher solidement les plus riches des alleutiers urbains.

Ces chevaliers urbains sont dans une position d'autant plus forte qu'à Arles, comme à Carcassonne ou à Nîmes [37], ils ont reçu la garde de noyaux fortifiés. Les villes méridionales, riches en monuments romains, se sont transformées en juxtaposition de petites forteresses [38]. Arles en offre un bel exemple : la porte décumane antique est devenue le *castellum Rotundum* [39] ; la *porta Lutosa* — l'Arc admirable —, est devenue le *castrum de Portaldosa* [40] ; les arènes ont été surmontées de trois tours et la muraille s'appuie sur elles [41] ; le théâtre voit un de ses arceaux transformé en tour,

---

34. Nous avions vu Cotaron, Itier, Aicard et Rostaing, fils d'Ava (cf. note 15) le père de Rostaing était Aicard dit *Cacosus* (988, Catalogue n° 29 ; 1060/1064 CSV n° 285), puis les petits-fils d'Aicard et d'Ava qui renoncent à leur fief des Lèques : Guillem Cotaron et Vasso (possessionés aussi près de Cadenet à Trésémine, CSV n° 287 — et peut-être à Gréasque (?) 1035, CSV n° 124 — 1044, CSV n° 166). Renaud Rostaing, son frère Guillem, fils de Rostaing (1060/1064 CSV n° 285 — 1067 CSV n° 162), Uc, Otton, Bertran et Itier, fils d'Itier. C'est cette branche qui prendra le nom de Borian qui est un quartier d'Arles (1060, DU ROURE RHP I p. 13 — c. 1113, CSV n° 1087 et 1088 — Avant 1147, Hospitaliers de Trinquetaille f° 75 v° — sans date, AST f° 106 v° — 1101, FLAMMARE CL n° 248 et n° 250 — fin XIe, AST f° 104 v° — 1157, GCNN Marseille n° 158 — 1159, LN f° 80 v°). Aicard, fils d'Aicard, qui n'eut pas d'enfant pourrait avoir été Aicard Ison, mari d'Emma. La maison des Borian était « infra muros Arelatis in Burgo S. Mariae Magdalene » (AST f° 126), près de la Major et des Arènes.

35. Bulle pontificale adressée : « Dilectis filiis nobilibus viris Guillelmo Porcelleti, Petro fratri ejus, Hugoni Sacriste, Ugo Porcelleti, et militibus de Borriano, feudatariis S. Cesarii », 1159 (Livre Noir f° 80 v°).

36. *Supra,* note 24.

37. A. DUPONT, *Les villes de la Narbonnaise première, depuis les invasions germaniques jusqu'à l'apparition du consulat,* Nîmes 1942.

38. G. DUBY, *op. cit, in* Settimane ... Spolète t. VI 1959, qui décrit à fond la structure.

39. « Castellum Rotundum ... in quo castro est tertia porta antiqua » 1150-1156 (Réf. note 12). Cette porte est faite de deux grosses tours rondes jumelées. La place qu'elle domine s'appelle aujourd'hui place de la Redoute (*Rotundum*). Il y a là, en effet, la troisième porte ancienne, les deux autres étant la porte S. Etienne (cf. *infra* note 44) et une porte à l'Ouest vers le *Portus,* la porte des Astiers (cf. *infra,* note 48).

Le fait qu'on distingue les portes anciennes s'explique parce qu'il en existe de nouvelles : la *porta Borealis,* porte du Nord, contre les Arènes (1117, CSPM n° 12 et 13), la Frache, percée dans le mur Nord, au passage de l'actuelle rue S. Julien (1106, FLAMMARE CL n° 247 — *de domibus Arelatis*), et la porte de Laure (FEVRIER, *op. cit.* p. 101).

40. Cf. *supra,* p. 220.

41. Cf. F. BENOIT, *Arles,* Paris 1954.

sur la nouvelle enceinte [42]. On sait aussi que les Thermes de Constantin avaient été transformés en Palais comtal. L'archevêque a sa tour, près de la porte S. Etienne [44]. Les restes du temple d'Auguste, près du *forum* romain, avaient dû être aussi fortifiés ; on le considérait alors comme le « capitole », et une famille chevaleresque lui emprunte son nom, sans doute parce qu'elle y habitait [45]. Non loin de là, les viguiers arlésiens, probablement la famille d'Alleins plutôt que celle des Porcelets [46], tenait un château de l'archevêque [47] ; ce château, qui dominait la petite place appelée « Plan de la cour », est donc le bâtiment qui sera plus tard le palais du podestat communal, puis la prison d'Arles ; le long de sa façade court un très ancien banc de justice en pierre, et le toponyme « Plan de la cour » confirme que la justice de la cité était rendue là, au moins dès le milieu du XIIe siècle. Une autre famille chevaleresque, celle des Astier, avait donné son nom à la porte de l'ouest, qu'elle devait garder [48]. Cette garde des points fortifiés de la cité était assez souvent à deux degrés : ainsi, les Astier tenaient le *castellum Rotundum* des sires de Lambesc, qui le tenaient eux-mêmes de l'archevêque [49]. Guibert de Portaldose tenait probablement des Baux le

---

42. FEVRIER, *op. cit.*, p. 101, « tour de Rolland », ou « La dominante ».

43. F. BENOIT, *op. cit.*

44 Nommée en 1166 (GCNN Arles n° 611), contre l'arceau S. Estève, ancienne porte romaine (VERAN Bibl. Arles ms 767 p. 4 et 5), à l'extrémité Sud du palais archiépiscopal.

45. Ces restes encore visibles, portent le nom de Capitole sur le plan de 1796 (FEVRIER, *op. cit.* fig. 42 et p. 35). On connaît au XIe Guillem de *Capitolio,* ou, *Capitolinus* (1020, Bibl. d'Arles ms 881 n° 12 — 1038, CSV n° 448 — 1044, CSV n° 32 — 1038/1048, CSV n° 33 — 1048, Bibl. d'Arles ms 881 n° 9) et Uc *Capitolinus* (1084/1090, arch. des B. du R. 2 H 10) — 1143/1149 domaine des sires de *Capitolio* à Mourefrei (texte daté *supra* p. 243 note 206 A).

46. On pense généralement que c'étaient les Porcelet (MANTEYER, *La Provence* ... p. 416) sur la foi d'une liste de témoins dans une mauvaise copie du XVIIe. Mais un texte de 1134-1167 ? indique « Illud quod vicarii, illi scilicet de Aligno habent in Arelate, habent per archiepiscopum ... quicquid in tenemento de Arelatis et in Arelate habent Massilienses et illi de Aligno, habent per archiepiscopum ». (Texte cité et daté note 81).

Les viguiers d'Arles seraient donc « ceux d'Alleins ». On connaît dès 1038 un Audigier d'Alleins qui paraît souvent dans les chartes arlésiennes, soit avec l'archevêque, soit avec les vicomtes de Marseille (1038, Catalogue n° 121-1040, n° 125 — 1040/1041, n° 132 — 1060/1065 n° 174) cf. aussi Rostaing Audigier (à Arles, avec l'archevêque - 1048, CSV n° 171) et Renaud Audigier (à Arles avec le comte — 1055, Catalogue n° 157). En 1150 (22 mai, Catalogue n° 310), Audigier et Guillem d'Alleins souscrivent une charte comtale ; un Guillem d'Alleins est chanoine d'Arles (1165, CSV n° 959) et un autre, abbé de S. Victor vers 1204 et en 1214 (P.A. AMARGIER, *op. cit., in* Prov. Hist. 1966 tome XVI, p. 312). Sur leur origine possible au Xe, cf. *supra* p. 163 note 187.

47. « Castellum etiam vicariorum quod est juxta ecclesiam suam (de l'archevêque) supra curiam et domos domne Emme est archieposcopi ... Castellum quod vendidit vicarius domne Emme juravit ipsa Emma archiepiscopo ». 1150-1156 (Réf. note 12).

48. « Omnes muri civitatis qui sunt a Carboneria usque ad portam Asteriorum sunt archiepiscopi »... (Réf. note 12). La suite du texte montre que cette porte, qu'il ne faut pas confondre avec le *castellum Rotundum,* est à l'Ouest et pourrait correspondre aux deux tours qui s'élevaient place Jouvène (FEVRIER *op. cit.* p. 102).

49. « Et castellum Rotundum habebant Asterii de dominis de Lambisco et ipsi habebant illud ab archiepiscopo et pro ipso castro commutavit archiepiscopus ipsis dominis de Lambisco tertiam partem sue partis de pascerio de Cravo. » (1150-1156 Réf. note 12). Pons et son frère Astier (1008, CSV n° 113 - 1003/1008, catalogue n° 66). En 1044 Pons Astier (Arles CSV n° 166) et le chanoine Astier (1045, CSV n° 657-1067, CSV n° 162 — 1082, GCNN Arles n° 441 et 442 — 1084/1090, *Ibidem* n° 430 — sans date, n° 353-407-429), Audibert Astier

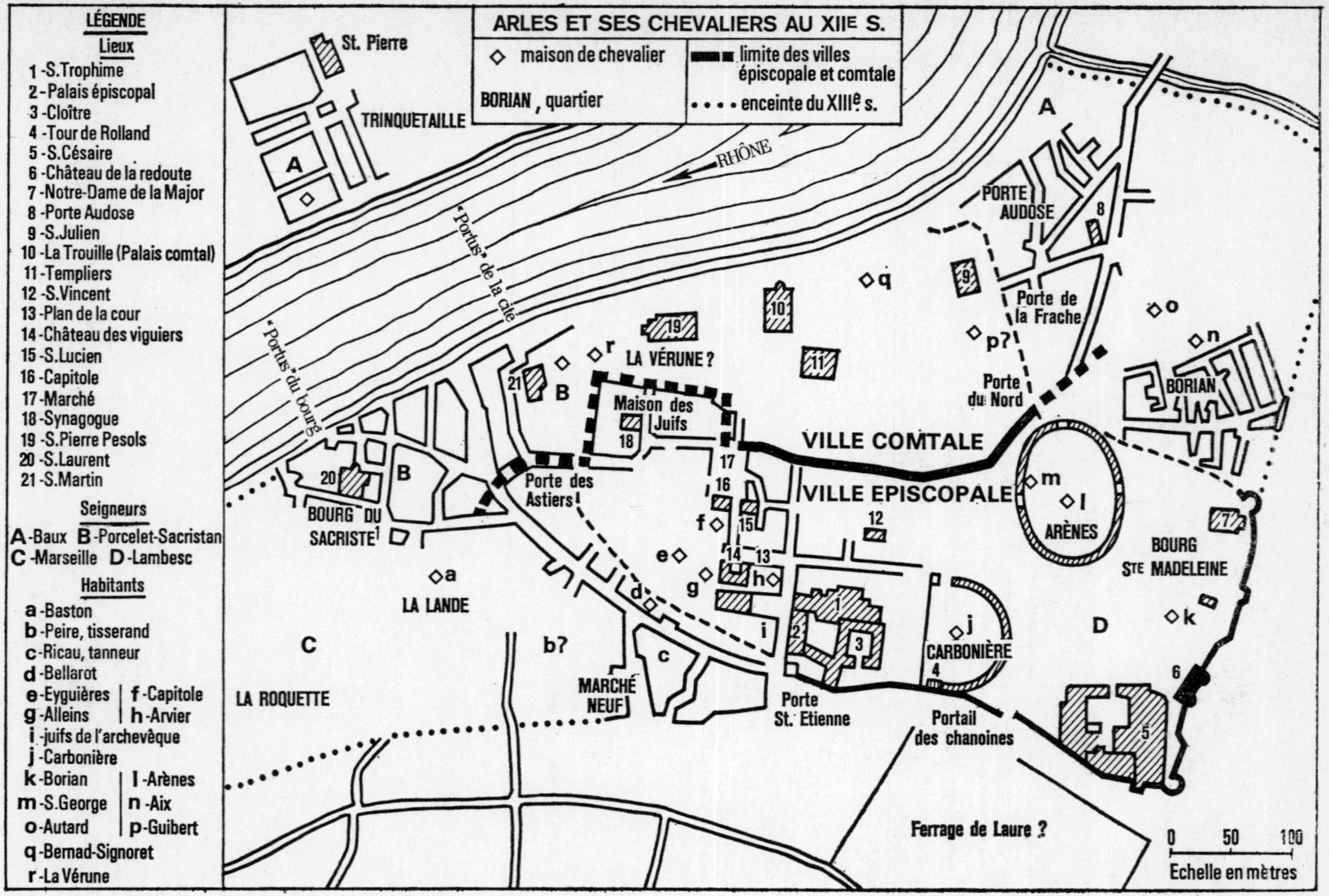
LÉGENDE
Lieux
1 -S.Trophime
2 -Palais épiscopal
3 -Cloître
4 -Tour de Rolland
5 -S.Césaire
6 -Château de la redoute
7 -Notre-Dame de la Major
8 -Porte Audose
9 -S.Julien
10 -La Trouille (Palais comtal)
11 -Templiers
12 -S.Vincent
13 -Plan de la cour
14 -Château des viguiers
15 -S.Lucien
16 -Capitole
17 -Marché
18 -Synagogue
19 -S.Pierre Pesols
20 -S.Laurent
21 -S.Martin
Seigneurs
A -Baux B -Porcelet-Sacristan
C -Marseille D -Lambesc
Habitants
a -Baston
b -Peire, tisserand
c -Ricau, tanneur
d -Bellarot
e -Eyguières | f -Capitole
g -Alleins | h -Arvier
i -juifs de l'archevêque
j -Carbonière
k -Borian | l -Arènes
m -S.George | n -Aix
o -Autard | p -Guibert
q -Bernad-Signoret
r -La Vérune
ARLES ET SES CHEVALIERS AU XIIE S.
maison de chevalier
BORIAN, quartier
limite des villes épiscopale et comtale
enceinte du XIIIe s.
St. Pierre
TRINQUETAILLE
RHÔNE
"Portus" de la cité
"Portus" du bourg
PORTE AUDOSE
Porte de la Frache
Porte du Nord
BORIAN
VILLE COMTALE
VILLE EPISCOPALE
ARÈNES
BOURG STE MADELEINE
LA VÉRUNE ?
Maison des Juifs
Porte des Astiers
BOURG DU SACRISTE
LA LANDE
LA ROQUETTE
MARCHÉ NEUF
Porte St. Etienne
CARBONIÈRE
Portail des chanoines
Ferrage de Laure ?
0 50 100
Echelle en mètres

FIG. 9

château de Portaldose, et ceux-ci de l'archevêque ou du comte [50]. La famille des Arènes avait l'hôtel de ce nom, à l'intérieur des arènes ; cet hôtel était tenu de l'archevêque par les Marseille [51]. La famille de Carbonnières gardait le château de ce nom pour l'archevêque, mais auparavant sans doute pour les Lambesc qui le tenaient de celui-ci [52].

Ce que nous observons en Arles, nous le voyons à un moindre degré en Avignon. Une famille chevaleresque comme les Asquier avait des alleux dans le comté d'Avignon, mais assez loin de la cité : à *Apiarias,* près de

---

(1050/1083, GCNN Arles n° 2514-1084/1090 : HGL V col. 109-1093, AST f° 100 — 1094, Catalogue n° 206). A la fin du XIIe, on connaît Renaud Astier, MORIS et BLANC CL n° 268 — sans date, AST f° 95) et le chanoine Giraud Astier (1096/1122 : AST f° 126).

50. Cf. pp. 220 et 221 et notes 54 et 55. Guibert de Portaldose paraît en 1038 (CSV n° 447) et en 1048 (Bibl. d'Arles ms 881 n° 9). On pourrait l'identifier avec Guibert fils de Pons dit « Inflat folcos » qui était lui-même fils d'Atton et qui paraît dans les documents arlésiens de 1008 et 1035 (CSV n° 113, n° 110 et 111, n° 124 et n° 21). Il a pour fils Pons Guibert, d'Arles (1048, CSV n° 78 et 80), Bertran Guibert (peu après 1063, Catalogue n° 171 — DU ROURE RHP I, p. 171) Guibert, mari de Belletrude et père de Rostaing, de Bertrand Guibert et de Guibert, mari de Beatrix de Laurade (AST f° 101 — 1083, Catalogue n° 197 — Fin XIe, Arch. des B. du R. 2 H 10, indiqué GCNN Arles n° 430 — 1094, Catalogue n° 206 — 1110, *Ibidem,* n° 231 — 1112, *Ibidem* n° 234 — 1146, Hospitaliers de Trinquetaille f° 72 v°). On connaît aussi Rostaing Guibert et Raimon Guibert (1104, CSPM n° 9 — 1116, Catalogue n° 237 — 1153, CSPM n° 21 — 1180, *Ibidem* n° 29) cf. aussi Bertran Guibert (1138, DU ROURE RHP I p. 248 — KIENER, *op. cit.,* p. 286-1155, GCNN Arles n° 577), *miles arelatensis,* (CSPM n° 26). « Les Guibert » (1134/1166, *infra* note 81). Leurs terres (1185, Arch. des B. du R. 56 H 5174 — AST f° 102 — 1146. Hosp. Trinquetaille f° 72 v° — AST f° 101).

51. Sur l'hôtel des Arènes, cf. texte cité *infra* note 81. Le premier à porter le surnom est Guillem, 1084/1090 (Arch. des B. du R. 2 H 10) ou Guillem Aicard, 1134 (CSPM 16) ; ses frères (Pons Aicard, 1030, CSPM n° 1. — 1117, CSPM n° 12. — 1122, CSPM n° 13), peut-être Raimon (1134, CSPM n° 17 — 1138, DU ROURE RHP I p. 248). On connait encore Bertran (1142 ? KIENER, *op. cit.,* p. 285), Raimon, clerc arlésien (1153, GCNN Arles n° 571 — 1157, KIENER, *op. cit.* p. 283) Uc, chevalier, fils de Pons Aicard, et son fils Aicard (1143, HGL V col. 1073 — 1150, Catalogue n° 310 — 1151, GCNN Marseille n° 149 — 1156, Catalogue n° 343 et Arch. des B. du R. B 283 — 1167, GCNN Arles n° 615 — 1168, DU ROURE RHP I p. 247 — 1198, Hospitaliers de S. Gilles, f° 25 v° — 1199, Hosp. Trinquetaille f° 2 v°), Imbert des Arènes, époux de Laure, mort avant 1179 (56 H 1033).

52. « Domini de Lambisco habent per archiepiscopum ... fabricas que vocantur Carbonerie ... Castellum de Carboneria quod est prope monasterium (= S. Césaire) est de monasterio et monasterium archiepiscopi est et nihil habetur ibi per dominos de Lambisco » (Réf. : *supra* note 12). Ruines du théâtre ? (cf. les *Calqueiras* dans la paroisse de la Major en 1275, CSPM n° 100). Petit-fils de Tedman (CSV n° 188) Aténoux de Carbonière, son frère Aufant et le frère d'Aufant, Renard (1059, DU ROURE RHP I, p. 172 — — sans date, *Ibidem* p. 192 — sans date, AST f° 100 — 1026/1059, Arch. des B. du R. 60 H 24. 26 — 1063/1069, Catalogue n° 181 — 1067, BN lat. 13915 f° 101). Aténoux tenait en bénéfice des Lambesc à Confoux (CSV n° 203, *Frenulfus,* corriger *Atenulfus*) ; lui et ses frères sont témoins à leurs donations (GCNN Arles n° 388 et AST f° 77). Il devint doyen du chapitre d'Arles (sur sa descendance, cf. *supra,* p. 253 note 24, ainsi que CSPM n° 8 et FLAMMARE CL n° 261). Aufant de Carbonières (époux ? de Teutarde, mère d'Aufant et Peire ? 1053, GCNN Arles n° 388) a eu un fils Peire Aufant qui devint moine de Lérins (FLAMMARE CL n° 256 et 257). Le troisième frère, Renaud de Carbonières, défunt en 1101, avait épousé Marie dont il eut un fils Pons dit « de Lambesc », Guillem « des Arcs », Aufant Renaud et Joufré Renaud (1101, FLAMMARE CL n° 249). C'est cette branche qui a pris le nom de Confoux (commune de Cornillon, au sud de Salon) avec Aufant de Confoux (c. 1143, Livre Noir f° 16 — avant 1147, Livre Noir f° 52 v°), Raimon Joufré de Confoux qui a un domaine en Camargue (1158 à 1166, GCNN Arles n° 593-594-597-610-611-613), Joufré de Confoux, chevalier d'Arles (GCNN Arles n° 675). Les sires de Confoux tiennent le Plan (du Bourg) des vicomtes de Marseille (texte

S. Gabriel, à Jonquerolles et *Vilairon,* près de S. Rémy ; dans le comté d'Aix, dans l'Outre Durance, à Pomairols, et dans le comté d'Arles, à Caderot-Berre : c'est un Asquier qui a donné S. Pierre de Vitrolles, près de Pomairols, à l'abbaye de Psalmody [53]. Mais en plus de leurs alleux, les Asquier tenaient en fief des comtes au moins un quart de la *villa* de Meynargues, en face d'Avignon, sur l'autre rive du Rhône [54]. Les alleux des autres familles chevaleresques peuvent être aussi éloignés : ainsi les Renard sont possessionnés à Vedène [55] ; les Avignon paraissent l'être à Graveson [56] ; les Boulbon, qui se nomment aussi vicomtes de Mésoargues [57], les Barbentane, Morière, Noves, Pargue, S. Saturnin, aux hameaux de ce nom [58]. Quelques indices montrent qu'ici aussi des fortifications particulières ont été gardées par certaines familles [59].

Les chevaliers des autres cités, telles que Marseille ou Aix, paraissent

---

cité *supra* note 19). Quant à la branche de Carbonières proprement dite, elle continue avec un Aufan de Carbonières (1112, CSPM n° 13) et les frères Rostaing et Raimon de Carbonière, mari de Respaude, sœur d'Uc Rapine (1145 et 1146, Temple, Arch. des B. du R. 56 H 5174 — 1157, GCNN Marseille n° 158 — 1153, Catalogue n° 332 — 1168, Du Roure RHP I p. 247 — 1175, Temple Arch. des B. du R. 56 H 5174 — fin XIIe, Hospitaliers de Trinquetaille, f° 7, f° 8 r° et v°).

53. *Apiaras,* au comté d'Avignon proche d'Aurignane, et de Laurade (1010, CSV n° 186) Pomairols : commune de la Bastide des Jourdans 1043 (ou 1063, indiction 11, BN lat. 12774 p. 214).

Le premier des Asquier est Rifred ou Ratfrid, mari d'*Ugusinna* (965, Catalogue n° 6-976, *Ibidem* n° 14). Il eut pour fils le clerc Rannoux (1001, Catalogue n° 54 — 1019 *Ibidem* n° 84 — 1027, CNDD n° 31), Roubaud, Lieutaud, Guillem, Gautier (1019, Catalogue n° 84 et 85) et Asquier époux de Guibourg (1019, Catalogue n° 85 — mort avant 1054, CNDD n° 46) ; ce dernier eut pour fils (1054, CNDD n° 46) Audibert, Rannoux Asquier, Pons Asquier et Peire Asquier (1033, Catalogue n° 108 — 1040, *Ibidem* n° 125 — 1040/1041, *Ibidem* n° 132 — 1044 *Ibidem* n° 139 — 1050/1065, CNDD n° 41) pour descendants possibles : Guillem Alquier et ses frères (1110, CNDD n° 15).

54. 1033 (Catalogue n° 168).

55. Manteyer, *La Provence* ... p. 427 et ss.

56. Les Avignon ou Auzias (Manteyer, *La Provence* ... p. 442 et ss). Dès 1050 apparaissait à la suite du comte un Auzias d'Avignon, ou Auzias de Graveson. Il avait une maison à Graveson (1096/1108, CNDD n° 108 et *supra,* p. 208 note 214).

57. Manteyer, op. cit p 353 et ss. Ajouter : 1150, catalogue n° 310, Aufant vicomte de Mésoargue, et parmi les premiers des témoins Aufan de Mésoargues et son frère Guillem de Boulbon ; 1156, Peire Aufant de Mésoargues (Bibl. de Carpentras ms 513 f° 67 v°) ; 1185, les vicomtes de Mésoargues ont enlevé des terres au chapitre d'Arles (GCNN Arles n° 3237 — cf. 1215, *Ibidem* n° 2612).

58. C'est du moins ce que leur surnom permet de croire. Cf. liste à peu près complète des chevaliers avignonnais en 1215 (Bibl. d'Avignon ms 2834 f° 17 v°) et listes partielles, 1094 (Catalogue n° 206 — liste de ceux qui renoncent au tonlieu. — Cf. *infra* p. 301), 1109-1118 (CNDD n° 61 — chevaliers amis du chapitre), 1125 (Catalogue n° 252 — nobles assistant à un plaid comtal), 1204 (CNDD n° 147 — pariers de S. Saturnin). Il faudrait y ajouter les Malvezin, les Augier, les Materon, les Retrans, les Catel. Certains noms indiquent une origine éloignée : ainsi Codolet (Gard), Sors (S. Etienne des sorts Gard).

59. Cf. Uc de Porte Aiguière, qui est un consul (1179, CNDD n° 101 et 103) — Bertrand de Porte Aiguière (1184, CNDD n° 127) — Guillem de Porte Aiguière, juge de la commune (1199, CNDD n° 135 et 1204, CNDD n° 147). (La porte Aiguière est celle qui est près du *portus* au Nord de la vieille cité — 1233, Bibl. d'Avignon ms 2834 f° 50 v°). Le Portail Magnanen n'est autre que la porte gardée par ceux des Maillane (Maillanenc), cf. aussi la porte L'Imbert, la *porta Brocardi,* le portail Materon.

avoir une situation similaire à celle des chevaliers Arlésiens ou Avignonnais, bien qu'ils soient sans doute beaucoup moins nombreux. Ainsi, lors de l'élection de l'abbé de S. Victor de Marseille, en 1005, un groupe d'une dizaine de fidèles laïques souscrivant la pagelle d'élection, après les vicomtes, les moines de S. Victor et de Psalmody, les chanoines de Marseille et les clercs [60]. C'est ce même groupe que le biographe de S. Isarn appelle « les puissants de la cité [61] » et les moines de S. Victor « les chevaliers de la cité de Marseille [62] ». Ces chevaliers, comme leurs pareils arlésiens, ont leurs alleux assez éloignés de la cité, et leurs bénéfices sous ses murs. Lambert Ourson, par exemple, avait une maison à Plombières au nord de Marseille, et il était, avec son frère Pons l'un des alleutiers de Plan d'Aups ; son fils Boniface « Rascas » tient des terres au sud de la cité et à Caravaillan que lui ont données ses seigneurs, les vicomtes Fouque et Guillem [63]. Joufré et Aimery de La Porte tenaient des terres au sud de la cité, au Lauret, dans la seigneurie du monastère des Accoules, mais ils avaient des alleux à l'ouest du comté de Marseille, aux Pennes [64]. Sur ces mêmes terres du Lauret, avait été chasé Arlulf, sénéchal des vicomtes, qui était aussi alleutier à S. Marcel [65]. Non loin, le viguier Adalard avait reçu des vignes en complant, de ses seigneurs le vicomte et l'évêque [66]. Mais le meilleur exemple est sans doute celui des Anselme. Le premier est un Quiqueran, fidèle des vicomtes, surnommé « de S. Marcel », probablement parce que ses alleux y sont situés. L'un de ses descendants, Aicard de S. Marcel, était caslan du château d'Allauch dont le chapitre cathédral était seigneur. Les petits-fils de cet Aicard, Guillem Anselme, Uc Fier, et Anselme, chevaliers marseillais, seront parmi les plus puissants de la cité à la fin du XIIe siècle [67].

Quelle est l'importance numérique de ce groupe ? Un arbitrage de l'évêque concernant la contribution réclamée aux chevaliers de Grasse par le consulat, dénombre les lignages chevaleresques de cette cité en 1196. Il y avait alors à Grasse dix maisons de chevaliers : celles des Malvezins, des Ripert, des Sicard (de Tourette, de Vence), des Isnard, de ceux de Clermont, de ceux d'*Agantena,* de Guillem Peire, d'Olivier Audier, de Raimon Joufré et de Guillem Ricau. La liste des chevaliers qui ont juré ensuite montre que les Malvezins étaient au moins cinq, les Sicard quatre, les Isnard, trois, les Clermont, cinq. Isnard d'*Agantena,* Olivier Audier, Guil-

60. Arch. des B. du R. 1 H 7, 21.
61. *Vita Isarni* ... p. 609
62. 1064/1079 (CSV n° 137).
63. CSV n° 96, 40, 91, 85, 1079.
64. Comparer CSV n° 40 et AVM n° 81 (1031) — 1051, CSV n° 51, cf. aussi CSV n° 82 et 137.
65. CSV n° 40 et AVM n° 81 — 1057 CSV n° 53.
66. 977/980, catalogue n° 21 et Arc. des B. du R. 1 H 13,51.
67. Est-ce le Quiqueran qui souscrit l'acte de 1005 (*supra,* note 60), qui paraît en 1035, 1036, 1048 (CSV n° 131, 161, 78). On connaît ensuite Bernad de S. Marcel, moine de S. Victor, et ses frères Durand et Aicard, en 1045 et 1057 peut-être dès 1025 — CSV n° 213, 53, 426). Ils sont associés dans une charte à Giraud de S. Marcel, père de Quiqueran, Pons et Uc (CSV n° 53). On sait qu'un Guillem de S. Marcel était caslan du château d'Allauch pour le chapitre (1130 : GCNN Marseille n° 143) et qu'Uc de S. Marcel était chanoine (1164 : CSV n° 1106). Sur les Anselme, cf. 1173 (GCNN Marseille n° 1100).

lem Ricau, et Guillem Peire figurent seuls. Il manque les serments des Ripert et de Raimon Joufré. Soit vingt et un hommes pour huit maisons, sans compter ceux d'entre eux qui pouvaient être clercs [68]. La plupart de ces familles, comme les Clermont, doivent remonter à l'an mil [69]. En Arles, la plupart des familles chevaleresques sont aussi très anciennes. Nous avons parlé plus haut des Alleins, des Isnard-Adalras, des Astier, des Arène, des Borian, des Capitoles, des Carbonnières-Confoux, des Gardanne, des Guibert, des Porcelet, des Rapine-Bernad-Signoret [70]. Nous connaissons aussi les Arvier, les Baston, les Bellarot [71], les Eyguières, les La Lande, les La Vérune, les Malherbe, les Tarascon, et les Vitrolles, soit vingt familles [72] et

---

68. 1196 (AEA n° 194) (ajouter le consul chevalier B. Sicard et, parmi les bourgeois, le notaire B. Barba). Dix cavaliers représentent précisément le nombre que la commune devait fournir au comte pour ses cavalcades (1227, AEA n° 170).

69. Guillem de Clermont (AM — commune de Châteauneuf, canton du Bar) avait épousé une fille de Signier et d'Aude (AEA n° 15), elle-même fille de Rodoard d'Antibles (LDP B 1,1). Il eut trois petits-fils : Isnard de Clermont, père de Raimon ; un autre, père de Bertran et de Peire ; le troisième Audibert, qui ne paraît pas avoir eu d'enfant. Peire est probablement celui qui est le chef de la maison en 1196 et qui paraît dès 1179 (AEA n° 101).

Les Sicard descendent probablement de Sicard de Tourrette (AM canton du Bar) 1152-1179 (AEA n° 69-89-93 et 101).

Les Malvezin, Joufré, Raimon et Rostaing, étaient au XIe siècle chevaliers du Broc (canton de Vence) (FLAMMARE CL n° 160).

70. Cf. *supra*, notes 36, 3, 49, 51, 34, 55, 52, 20, 50, 6, 24.

71. *Les Arvier* : le premier connu est peut-être le chanoine de ce nom, de 984 à 991/992 (GCNN Arles n° 285-286-291). Vient ensuite Pons Arvier (1038 : catalogue n° 119 — 1040 : CSV n° 179) — 1045 : CSV n° 194 et 657) ; ses fils Renaud, Bernad, Bertran et Guillem (en 1067 : DU ROURE RHP I p. 170) qu'on retrouve en 1056 (CSV n° 1073) en 1078 ? (GCNN Arles n° 431 et 434). Guillem et Bertran partent à la Croisade (cf. *supra* IIe Partie, Chap. II note 111). On connaît ensuite Uc Arvier, sa femme, Foi, et son fils, Renaud (1110 : FLAMMARE. CL p. 333 — 1116 : Catalogue n° 237-240-241 — c.1116 : GCNN Arles n° 485 — 1134 : Cartulaire autographe B p. 46 — avant 1148/1147 : Livre Noir f° 53 v°, montre qu'il était possessioné au Trébon). Son fils Renaud Arvier tenait certains droits sur le Rhône, des Marseille (texte : KIENER, *op. cit.* p. 276) ; on le voit en 1151, 1152, 1157, 1167. Il est consul en 1152 (Hospit. de Trinquetaille f° 17 — Livre Noir f° 17 v° — GCNN Marseille n° 158 et 159 — GCNN Arles n° 615). Guillem Arvier (1150 : Catalogue n° 319 — 1156 : Catalogue n° 343). Leurs maisons sont près de la cathédrale (note 91).

— *Les Baston* : les premiers connus en Arles sont Quiqueran Baston (c. 1050 : CSV n° 181-191), Amiel et son frère Peire Baston (1048/1065 : CSV n° 171 — 1033/1059 : CSV n° 270 — 1052 : CSV n° 182 — 1059/1062 : Catalogue n° 167) ; Joufré Baston (1150 et 1156 : Catalogue n° 319 et 343) ; Peire Baston, compagnon de l'archevêque à S. Cannat en 1157 (GCNN Marseille n° 156) et à Salon avec son fils Guillem, en 1159 (GCNN Arles n° 598) ; Amiel Baston (« chevalier d'Arles » 1155 et 1159 ? : GCNN Arles n° 577 et 597) ; Pons Baston possessionné à Grenouillet en Camargue : 1171/1221 (BN lat. 1367 f° 20) et Bertran Baston qui a une maison en Arles au quartier de la Lande (1192 : Hospit. de Trinquetaille f° 2 v°). Joufré Baston (+ avant 1212 cf. *infra* note 90).

Les Baston paraissent originaires de Salon où une porte, une rue (rue Bastonenque) et un four portent leur nom (FEVRIER, *op. cit.* p. 126, 127).

— *Les Bellarot* : Peire Bellarot dès 1113 (catalogue n° 235 bis) et ses frères Joufré et Guillem (1122 CSPM n° 13 et 1152 : Livre Noir f° 17 v°) ; Guillem et Raimon (1150 : catalogue n° 319 — 1183/1190 : Livre Rouge f° 48) ; qui habitent près des murs de la cité, dans le bourg vieux, où ils ont une tour (cf. *supra* p. 220 note 52).

72. *Les Eyguières* : le premier connu est Pons d'Eyguière (*senior*, 1044 : CSV n° 166 — 1051 CSV n° 319 — 1052 : catalogue n° 151). Vient ensuite sire Imbert d'Eyguières (1069 et 1074, Arc. des B. du R. 17 G 1 f° 46 — 1093 : AST f° 106 — c. 1100 : FLAMMARE CL p. 342 —

nous entrevoyons une dizaine d'autres surnoms de famille assez régulièrement portés [73]. Certes, le manque de régularité dans l'attribution de ces sur-

---

1134 : cartulaire B p. 46) ; puis le chanoine Bertran d'Eyguière (1125-1142 : GCNN Arles n° 516 à 543), Uc d'Eyguières, consul (KIENER, *op. cit.* p. 286), distinct d'Uc, frère de Bertran d'Eyguières, tous deux chevaliers (1151 : Hospital. de Trinquetaille f° 17-1155 : GCNN Arles n° 577 — 1156 : Arc. des B. du R. 17 G 1 f° 52 v° et Catalogue n° 319 et 348). Le chanoine Imbert d'Eyguières, fils de Bertran et d'Emma. Il avait pour frères Pons et Peire, pour sœurs Rixande et Bertrande, pour noveux Imbert, Poncia et Vierna ; il était parent de Peire de la Verune (1201 : GCNN Arles n° 1900) et avait un oncle chanoine (Bertran ?), enterré à S. Césaire (BN lat. 1367 f° 20) ; il devint archevêque d'Arles. A la fin du siècle, Guillem d'Eyguières tient pour Uc des Baux les tours de Barbegal que celui-ci hommage à l'archevêque (1184 : AEA n° 143 — 1190 : Arc des B. du R. 17 G 1 f° 53).

Maisons en Arles (Testament d'Imbert) sans doute près du Plan de la Cour (cf. note 45), et des terres à Eyguières.

— *Les La Lande* : 1116 (catalogue n° 237) — 1143 (Hospit. de Trinquetaille f° 16 v°) — 1156 (Catalogue n° 340) — 1157 (GCNN Marseille n° 158 et 159) — 1193 (*Ibidem* n° 694 = n° 2257) — (La Lande est un quartier d'Arles). Ils sont parents des S. Cannat, 1198 (*Liber Aureus* n° 396).

— *les La Verune* : 1143 (Catalogue n° 289 et Livre Noir f° 19) — 1145 (GCNN Arles n° 554) — sans date (Hospit. de Trinquetaille f° 21 v° et 14 v°) — 1201/1202 (GCNN Arles n° 1900) : leur tour (La Vérune est un quartier d'Arles. GCNN Arles n° 3234).

— *les Malherbe* : les premiers connus sont Pons et Guillem Malherbe (1026/1059 : Arc. des B. du R. 60 H 2426 — 1062 : AST f° 81 v° — 1067 : DU ROURE RHP I p. 179 — 1084/1096 : *Ibidem* p. 217-218). Pons avait une femme, Alamane, des fils ; il avait des terres à Fumières, et dans la « Corrèze du chevalier » (en Camargue) et au Trébon (sans date : AST f° 52-101 et 103). En 1117 viennent Malherbe et son frère Raimon (1117 et 1122 : CSPM n° 12 et 13) ; on connaît en 1137 Joufré Malherbe (GCNN Arles n° 532). En 1167, Brémond Malherbe et son fils Peire donnait aux Templiers une terre au Trébon (1167 : Arc. des B. du R. 56 H 5174). En 1178 Tiburge de Borrian avait pour enfants Raimon Isnard, Guillem Joufré, Joufré Malherbe, Isnard Malherbe et Rixende (GCNN Marseille n° 176).

— *les Tarascon* : Rostaing de Tarascon, frère de Renard et d'Aufant 1041 (catalogue n° 134 et 124), Guillem Rostaing et son frère Peire 1096/1108 (CNDD n° 108), et au XIIe siècle, 1135 (GCNN Arles n° 529), 1150 (catalogue n° 310, 315, et 312), 1156 (catalogue n° 340). En 1107, les Tarascon avaient des maisons au château de ce nom (CNDD n° 81), mais en 1155, ils sont chevaliers d'Arles (GCNN Arles n° 577).

— *les Vitrolles :* XIe (CSV n° 205, 207, 210, 214, 276, 206) 1143 (Hosp. Trinquetaille f° 16 v°) 1150 (catalogue n° 319) GCNN Marseille n° 149, *supra* p. 267, note 112.

73. *Aix* : Guillem d'Aix (1117 ; CSPM n° 12) — Peire d'Aix (1150 : catalogue n° 313) ; Uc et Bérenger d'Aix (1150-1156 : Hospit. de Tinquetaille f° 29 — Catalogue n° 319 et 343). La maison de ce Bérenger était au quartier de Borian (1176 : Hospit. de Tinquetaille f° 8). *Aureille* : Peire d'Aureille, 1155 et 1159 (GCNN Arles n° 577 et 597) ; Uc d'Aureille, chevalier de Salon (GCNN Arles n° 2659). Sur les terres de cette famille vers 1160, cf. 1209 (AVM n° 337). *Autard* : Peire et Audibert, avant 1149 (FLAMMARE CL n° 247) — Hospit. de Trinquetaille f° 75 v°) ; Renard Autard à Barbegal (XIIe ? : CSPM n° 8). Renard Autard, sa femme Sibille et son fils Peire avaient des maisons entre Porte Agnel et l'Arc Admirable en 1192 (CSPM n° 33). *Cambas* : Thibert Cambas Longas (1045 : CSV n° 210) — Umbert Cambas Longas (1116 : Catalogue n° 237) — Pons Cambias et sa femme Azalaïs Cambiada (1131 — mort avant 1134 : GCNN Arles n° 3228 — Livre « autographe » B p. 46 — Hospit. de Trinquetaille f° 16 v° et 17, une terre au Trébon) — Cambas Longas (1156 : catalogue n° 343) — Rambaud fils de feu Joufré Cambas Longas (1184 : Hospit. de S. Gilles f° 72). *Caufier* : Bertran (1150-1156 : catalogue n° 319 et 343) — Guillem, chanoine (AST f° 126). *Lambesc* ; distincts des sires de Lambesc (1150-1156 : catalogue n° 313 et 343). — 1147 (Catalogue n° 299) et *supra* note 52. *Mauconseil* : Bertran (1150-1156 : Catalogue n° 319 et 343) — Jordan (c. 1143 : Livre Noir f° 16) ; avec Garin de Mauconseil (milieu XIIe : Hospit. de Trinquetaille f° 76). Bermond de Mauconseil et son frère Uc de Maroc ont des tasques à Barbegal (XIIe : CSPM n° 8) *Saint Cannat, S. Georges, Ugolenc* : cf. notes 145 et 191.

noms jusqu'au milieu du XIIe siècle doit nous inciter à la prudence ; et certains membres de la classe chevaleresque ne portent pas encore de surnom : parmi les vingt chevaliers arlésiens qui se portent garants pour les Baux en 1150, et les vingt autres qui sont leurs plèges en 1156, nous ne relevons chaque fois qu'une douzaine de surnoms connus [74]. Malgré cela on ne doit guère se tromper en évaluant le nombre des lignages arlésiens à une trentaine. Parmi ces trente familles, certaines sont peut-être venues tardivement s'établir dans la cité, comme les Tarascon, ou les Aix, mais la plupart sont fort anciennes. En Avignon, une liste assez complète du début du XIIIe siècle nous fournit quatorze surnoms lignagers portés par vingt-six individus ; la liste elle-même donne les noms de vingt et un autres chevaliers ; sont apparemment absents six autres surnoms connus [75]. Avignon devait compter un nombre de familles chevaleresques sensiblement égal à celui d'Arles. Si l'on considère la différence de taille entre ces deux cités et la petite ville de Grasse, on voit que ces estimations sont raisonnables.

Telle était la situation dans les grandes cités à la fin du XIe siècle : quelques dizaines de lignages, point trop riches d'alleux, mais forts de leurs fiefs suburbains et de fortifications prises en garde, forment un groupe puissant que des alliances nombreuses ont rendu homogène. Ce groupe tenait aux grands par des liens vassaliques, il est vrai trop multiples pour être efficaces. On comprend cependant que les chevaliers citadins aient eu au début de la réforme grégorienne la même position que leurs seigneurs : ainsi les chevaliers arlésiens, soutenant Aicard, l'excommunié, menaçaient de leurs épées le réformateur Gibelin. Ne s'étaient-ils pas d'ailleurs, emparé de presque tous les offices cathédraux, sinon de la plupart des prébendes canoniales ? Ils en arrivaient à considérer les biens rattachés à ces offices comme les leurs propres. Puis, vers l'an 1100, se produit un revirement : les plus compromis des chanoines-chevaliers abandonnent leurs offices ; désormais, les cadets des lignages chevaleresques pourront jouir leur vie durant des prébendes canoniales, leurs familles ne les accapareront plus. Des rangs mêmes de cette chevalerie urbaine sortent à présent des évêques réformateurs : le meilleur exemple en est Peire Cornut, accédant au siège archiépiscopal d'Aix, dont le titulaire n'avait cessé, depuis l'an mil, de venir d'une grande famille.

— LES PROFITS DU COMMERCE : CHEVALIERS, JUIFS ET BOURGEOIS —

Ce ralliement à la Réforme n'est peut-être pas quelque chose d'entièrement désintéressé, et si les chevaliers citadins ont pu renoncer aux prébendes et restituer une partie des terres de l'Eglise, c'est qu'ils avaient trouvé mieux.

---

74. Catalogue n° 319 et 343. Comparer avec des listes de chevaliers en 1146, 1155, 1159, 1190 et 1191, 1217 (AVM n° 233, GCNN Arles n° 577, 597, 675, 3239, 842). Cf. aussi les hommages au comte de Barcelone, *infra* p. 326.

75. Cf. *supra* note 58 et *infra* note 146. Un personnage comme Imbert d'Aurons est venu se fixer à Avignon (GCNN Arles n° 783 et 598).

Comtes et évêques, maîtres de tonlieux à nouveau florissants, les ont associés à leurs profits. En juillet 1096, lorsque le comte Raimon de S. Gilles et sa parente, la comtesse Douce, font ensemble remise à S. Victor des droits perçus sur les radeaux ou les nefs à la descente et à la remontée du Rhône et de la Durance, ils sont accompagnés d'un grand nombre de chevaliers arlésiens ou avignonnais qui donnent, eux aussi. Et le comte et la comtesse précisent bien que ces donations complémentaires sont l'œuvre des « bons hommes » qui tenaient d'eux en fief ou en gage [76]. On reconnaît dans la liste qui suit, d'abord certains grands : Guillem Uc (des Baux), les Fos, les Mornas ou les Amic d'Avignon avec leur parent Raimon le Doyen ; mais surtout des chevaliers : Guibert (de Portaldose), et sa femme Béatrix, Guillem Porcelet, Guillem Bernad Rapina, *Narbona* femme (de Renaud Rostaing de Borian), Audibert Astier, Peire Isnard (des Adalras) et ses frères, tous chevaliers arlésiens ; parmi les avignonnais : Laugier de Boulbon, son fils Guillem et son parent Bertran de Boulbon, Peire Guillem de Roquemaure, Guillem Materon d'Avignon (pour le distinguer des Materon des Baux), Raimon Catel, Brémon Renard (de Vedène) et ses frères, Peire d'Aramon et ses frères, la femme de Rigaud du Pont (de Sorgues) et ses fils, Guillem Raimon (d'Avignon), son frère Bérenger et Azalaïs, Guillem Doon (Aubry) son frère Rostaing et Africaine. Pour résumer la liste, on dira qu'il y a sept noms de lignages arlésiens, donc ayant part au tonlieu d'Arles ; huit noms de lignages avignonnais, ayant part au tonlieu d'Avignon et trois noms pour le péage de Sorgues ; restent les Fos pour le tonlieu de Fos-Martigues, les Mornas pour le péage de Mornas [77], et peut-être Bertrand et Renard de Lers pour un péage à Lers [78]. Le fait que des frères ou des veuves donnent ensemble permet de faire remonter l'inféodation ou la mise en gage au moins à la génération précédente, soit si l'on prend le cas des Aubry, à Doon Aubry (1057-1083), celui de Narbona, à Renaud Rostaing (1044-1067), celui des Renard de Vedène à Renard, mari de Balde (1036-1073), celui des Adalras à Isnard Adalras (1036-1040). Un second trait de cette liste doit être remarqué : à la différence de ce qui se passe pour les fiscs suburbains rien n'indique qu'il y ait entre le comte et les chevaliers un échelon : il s'agit ici d'une inféodation directe. Dès que les tonlieux d'Arles et d'Avignon paraîtront un peu mieux en lumière, au XIIIe siècle, ils ne nous montreront pas autre chose : les tonlieux sont toujours sous la seigneurie du comte et de l'archevêque ou

---

76. « Ego Raimundis gratia Dei comes et Provincie marchio ... dono ... quidquid usus aud redditus habeo vel habere videor in ratibus descentibus sive per Durenciam sive per Rodanum, et in navibus per eosdem fluvios sive cum sale sive cum quibuslibet mercimoniis ascendentibus sive que ego in proprio habeo, sive que homo aud femina per manum meam vel fevo vel pignore vel alio quoque modo habent et tenent ... Ego Dulcia comitissa dono ... donacionem quoque quam comes Raimundus jamdicto monasterio fecit et quam alii boni viri qui fevo aud pignore per comitem et per me habent, fecerunt vel facturi sunt laudo et confirmo ».

77. Existe au moins depuis le XIIe siècle : « las lesdas, los pesages, las montados, las ratz, las pescadas, cumenals », partage de la seigneurie entre le comte, l'archevêque et les Mondragon, c. 1170 (Livre Rouge d'Arles f° 431).

78. Attesté dès le milieu du XIIe, cf. la donation des Roquemaure aux Templiers (Temp. S. Gilles f° 28). On ne sait à quel péage étaient intéressés Laugier de Mévouillon, et les Aubry, chevaliers de Tarascon (Guillem Doon et ses frères, cf. CSV n° 220, CNDD n° 80 et 81). Quatre noms n'ont pu être identifiés.

de l'évêque, et la perception est morcelée en fractions multiples que prélèvent les chevaliers [79]. A la fin du XIIe siècle, la part du comte à Arles sera ainsi complètement aliénée, notamment au profit des Porcelet, à la suite d'un prêt très considérable consenti par Bertran Porcelet aux comtes Bérenger Raimon et Raimon Bérenger ; celle de l'archevêque sera souvent réduite à une fraction infime [80].

On doit pourtant distinguer, comme le font les tarifs de tonlieu eux-mêmes entre les taxes récentes et les taxes anciennes. Ces dernières sont en effet souvent sous-inféodées. Prenons l'exemple des taxes levées à Arles sur les pêcheurs, les bouchers, les savetiers, les pelletiers, les vendeurs de pain, de fruits et de légumes : les vicomtes de Marseille, associés aux sires d'Alleins, en tenaient de l'archevêque une partie, probablement la moitié ; ils avaient gardé le tiers de cette moitié, et inféodé les tiers restants à des chevaliers, notamment les Guibert. De même Uc des Arènes tenait d'eux le péage du Pont de Crau, qu'eux-mêmes tenaient de l'archevêque [81]. A l'inverse, certaines taxes nouvelles ne sont pas encore inféodées et restent partagées par moitié entre le comte et l'archevêque [82]. Mais la plus grande partie de ces taxes est tenue directement par les chevaliers, sans passer désormais par l'intermédiaire des grands. Ce mouvement d'immédiatisation gagne même, au XIIe, le domaine des fiefs urbains : on voit alors l'archevêque racheter aux Lambesc le *Castellum Rotundum* que tenaient d'eux les Astier, et qu'ils tiendront à présent de lui. La même chose a dû se passer pour le *castrum* de Carbonnières, lui aussi tenu des Lambesc, puis directement de l'archevêque [83]. Ainsi, chevaliers citadins, comtes et évêques se rapprochent pour une commune exploitation des taxes frappant le commerce renaissant.

Ce n'est pas tout. Non seulement les chevaliers urbains accaparent peu à peu les revenus des tonlieux, mais ils en esquivent la charge : bénéficiant d'un privilège que n'avaient pas leurs ancêtres alleutiers, ils sont exempts de taxes : à Arles leurs troupeaux ne payent pas le pascuage ; ni eux, ni leurs

---

79. Cf. Arles (CSV p. XCII) et Avignon 1215 (Bibl. d'Avignon ms 2834 f° 17 v°).

80. Cf. *supra* p. 241. Et pour l'archevêque, tonlieu d'Arles (CSV p. XCVIII § 34) ; parfois 1/13e de la taxe.

81. « Usatici quos Massilienses accipiebant in Arelato hi sunt : in usatici quos macellarii annuatim donant Massilienses habent tertiam partem (aliam partem habent domini de Aligno et ?) aliam partem habent Guibertenci ab ipsis et Massiliensibus ... in usaticis quos dant panifice Tharasconis Arelati, et venditrices vel venditores fructuum, habent Massilienses tertiam partem et aliam terciam partem habent Guibertenci ab ipsis et aliam habent domini de Aligno pro archiepiscopo ... in levandis alaudarum Rodani habent Massilienses tertiam partem et aliam habent Cambas ab ipsis et Raynaldus Arveus et Imbertus S. Georgii ab ipsis isdem aliam. Et quod ipsi Massilienses et alii milites per ipsos habent in sabbateriis et pellipariis, habent per archiepiscopum Et usum judeorum, piperis et lampredarum habent per archiepiscopum. Et quicquid usatici habent in storiariis, in pedaticis et in porta habent per archiepiscopum. » (Livre Rouge Arc. des B. du R. 3 G 19 f° 48 — Livre Vert Arc. des B. du R. 3 G 20 f° 41 v° — *Anibert*, Bibl. d'Arles ms 712 f° 267 — Bibl. d'Arles ms 720 f° 34 — KIENER, *op. cit.* p. 276). Le texte peut être daté par la présence de Renaud Arvier, fils de Uc Arvier, 1134-1167, et celle d'Imbert de S. Georges, 1115/1128 (GCNN Arles n° 485), 1122 (CSPM n° 13) mort en 1167 (GCNN Arles n° 2534). Comparer la fin du texte cité *supra* « ... in pedaticis », et le texte cité *infra* note 84.

82. Cf. *supra* p. 244 notes 210, 212 et 215.

83. Cf. textes cités *supra* notes 49 et 52.

biens ne payent le passage du pont de Crau [84]. Leurs bateaux de sel ne paient pas la *mutatio* ; c'est là assurément un avantage important, à tel point que certains imaginèrent d'en tirer profit : ils faisaient venir du sel en Arles et le vendaient, puis ils accompagnaient l'acheteur et son bateau, prétendant ainsi l'exempter de la taxe. L'archevêque s'en plaignit aux consuls, et ceux-ci décidèrent, avec l'appui de la *sanior pars* des chevaliers arlésiens, que l'opération était illicite ; seuls bénéficiaient de l'exemption les bateaux loués par un chevalier pour son propre compte, avec des équipages payés de ses deniers [85]. L'opération devait se faire assez couramment pour que les fraudeurs aient pu espérer passer inaperçus. Le commerce du sel, la vente de la laine de leurs troupeaux aux tisserands, parfois une part des profits des moulins et les taxes de tonlieux..., les chevaliers citadins n'ont pas à se plaindre et l'on comprend que la *sanior pars* se range à l'avis de l'archevêque.

Nous pouvons mesurer leur enrichissement en voyant Raimon des Baux, l'un des rares grands, avec les vicomtes de Marseille, à être associé par ses possessions urbaines aux bénéfices des tonlieux, pouvoir prêter 11 000 sous au comte, dès 1113, et, vers 1130, 130 marcs d'argent, soit à peu près 6500 sous [86]. Dès la fin du XIe siècle, de simples chevaliers prêtent au comte [87] ; au milieu du XIIe c'est un chevalier arlésien, Bertrand Porcelet, qu'on voit prêter au comte Raimon Bérenger 12 000 sous entre 1144 et 1162, puis à Anfos d'Aragon 8000 sous en 1176/1178 [88]. A la fin du siècle Azalaïs Porcelet avait prêté à son parent, Uc Sacristan, 4000 sous et pouvait en léguer 4000 autres [89]. La femme du chevalier Bertrand Amat, Rixende lui avait apporté en dot dans la deuxième moitié du XIIe siècle, 8200 sous et Raimon de S. Chamas donnait peu après à sa fille 2000 sous de dot avec des domaines [90]. Ces sommes sont, on le voit, à la mesure de celles que prêtait Raimon des Baux. Certes tous les chevaliers urbains ne sont pas aussi aisés. Foi, veuve d'Uc Arvier, engage sa maison à l'archevêque pour rembourser ses dettes, ou plutôt celles de son mari, sans doute mort à la croisade. Mais

---

84. C'est ce qui résulte des termes de la renonciation par les Baux aux droits qu'ils percevaient : « Pascherium de Grau dent homines de Trencatraies comiti et archiepiscopo sicut dant homines pischatores (corriger : paschatores) de Arelate qui non sunt milites. Et passaticum de ponte dent homines de Trencatraies Ugoni de Arenis sicut dant homines major pars de Arelate qui non sunt milites », 1150, Arles (Catalogue n° 318).

85. « Conquerebatur enim archiepiscopus adversus quosdam milites eo quod de montatione salarium navium que cum sale ascendebant, debitum censum sibi persolvere nollent talem super hoc pretendentes rationem, quod postquam cuilibet vendidissent, emptorem deinde quo usque vellent conducerent et ab omni census persolutione liberarent. Hoc itaque consules cum saniori parte militum Arelatensium sic laudaverunt hoc nulli licitum esse debere, nisi navium ductores ex propriis sumptibus conducerent, et homines ad illas ducendas ex propriis nummis locarent », (Livre Noir Arc. des B. du R. 3 G 16 f° 16 — Livre Rouge Arc. des B. du R. 3 G 19 f° 38 v° — Kiener, *op. cit.* p. 285). La date est 1143, où les mêmes consuls interviennent au serment de Guillem de Mondragon à l'Archevêque (Livre Noir f° 19).

86. Emprunts rappelés en 1116 (Catalogue n° 237) et 1150 (*Ibidem* n° 315).

87. 1094 — cf. texte cité *supra* note 76.

88. Emprunts rappelés dans l'acte de 1176 (Arc. des B. du R. B 288).

89. Testament d'Azalaïs, 1201 (AVM n° 312).

90. Cf. le Testament de Bertran en 1212 (GCPM n° 47). En 1218 Jacmé (= Jaquette) femme de Joufré Baston, léguait une somme totale de 7 850 sous (CSPM n° 58). La dot donnée par R. de S. Chamas est rappelée en 1202 (CGNN Arles n° 754).

il est intéressant justement de voir que l'Eglise S. Trophime ne lui avait prêté que 480 sous, alors que *Cambiatus* lui en avait prêté 800 et Joufré Aimon, 200. Tous deux étaient chevaliers et, si un prêt de 200 sous n'est pas une chose étonnante, celui de 800 sous témoigne d'une belle aisance [91]. L'enrichissement de certains chevaliers marseillais a dû être comparable. Nous avions parlé des Anselme : l'un d'eux, Uc Fier est, à la fin du XIIe, baïle des vicomtes dans la cité, et lorsque le monastère de S. Victor a vers la même époque des ennuis d'argent, c'est à son frère, noble homme Anselme, ainsi qu'à un autre chevalier, que le Pape s'adresse pour prêter de l'argent aux moines, rien moins que 40 800 sous [92]. De même, au milieu du XIIe siècle, la famille des Pelagau d'Aix pouvait acheter au comte un domaine de 2500 sous [93].

La mainmise progressive des chevaliers citadins sur les tonlieux, leur participation à des activités de commerce et l'enrichissement qu'ils en tirent apparaissent donc nettement dès la première moitié du XIIe siècle. Mais sur ce terrain, sur le marché pourrait-on dire, ils se trouvent en concurrence avec deux autres groupes : les juifs et les bourgeois.

Nous connaissons assez bien les juifs de Marseille et d'Arles. A Marseille, en 1167, le juif *Bonus,* fils de *Sponsa,* faisait des paiements pour le compte de l'évêque [94]. *Bonitus* « Bonrespiet », s'associe en 1193 avec Guillem Vivaud, père du futur consul Guillem Vivaud le jeune, pour prendre en gage contre un prêt de 20 000 sous de royaux coronats, le quart des revenus du Vieux Port [95]. Vers la fin du siècle, Ben David le gros avait prêté au vicomte Ron-

91. 1134, l'archevêque rembourse les précédents créanciers et prend les maisons d'Uc Arvier, devant l'église S. Trophime, en gage (Cartulaire B dit livre autographe. Arc. des B. du R. G 3 17 p. 46).

92. 1182/1183 (CSV n° 868 cf. CSV n° 867) — 1184/1192 (AVM n° 275 et 298.) La somme est connue par un acte de 1185 (CSV n° 1111). — Sur les Anselme, cf. *supra* note 67 et CSV n° 1116 et 930. Le prévôt du chapitre Peire de Roquefort laissa à sa mort, en 1215, 4 400 sous coronat (GCNN Marseille n° 1151).

93. « Plume-coq ». Les premiers connus sont Aubert Pelagau (1030, Siège, près de Bouc, CSV n° 250) et Durand Pelagau (c.1025, Lynes ; CSV n° 259), possessionné au vallon d'Encagne, au sud-ouest de la cité, où il avait un clos (Polyptique d'Aix. Vte de GRASSET *in* DU ROURE RHP I p. 361-374-II § 4 § 13 et § 1). Un peu plus tard Pons Pelagau donnait au même endroit pour son fils Uc (*Ibidem* III § 3) ; il souscrit une charte du Chapitre en 1098 (CSV n° 224) et, avec Giraud, la charte de restauration de S. Sauveur (1082/1096, GCNN tome I col. 5), après Pons de Fos, Joufré de Rians, les Brussan Palliol, Peire de Lambesc. Enfin en 1150, Raimon Pelagau et ses neveux Guillem (1165, GCNN Marseille n° 167), Ponzon, Giraud, Raimon, Uc, Bertran et Amiel, achètent au comte le fief du plan d'Aillane, soit toute la terre comprise entre la route d'Aix à Marseille, le grand vallat sous Bouc, Cabriès et Trébillane, et la route de Fos jusqu'au Mont Robert, 1150 (Catalogue n° 321). Amiel Pelagau est prévôt du chapitre de Toulon en 1178 (GCNN Marseille n° 176). Encore en 1199 et 1219, Bertran Pelagau est clerc d'Aix (GCNN tome I col. 22 et AVM n° 409) et en 1200 et 1259 Bertran Pelagau, chevalier, coseigneur de Fuveau (GCNN tome I col. 25 et CSV n° 1130).

94. « Pro ista venditione ... habui a te domino meo prenominato episcopo C sol. melgoiriensis nove monete quos tradidit michi et Poncio Rasenna avunculo meo, judeus Bonus filius Sponsa ipsa die qua hoc factum est », 1167 (GCNN Marseille n° 169).

95. Indiqué : *Botinus* (pour *Bonitus*) judeus, 1193 (AVM n° 299) ; 1205 (AVM n° 322) : « *Botinus* (pour *Bonitus*) Bonrespert ... Botinus Bonrespiet ». Il était mort en 1227 (MERY et GUINDON, p. 309).

celin 12 000 sous et pris en gage le sixième du port [96]. Enfin le juif Nasquet, connu dès 1191, et son fils Salvet au début du XIIIe siècle tenaient en gage du monastère de S. Victor la dix-huitième partie des revenus du port [97]. On mesure la puissance de certains Juifs de Marseille lorsqu'on sait qu'en 1185, le total des dettes du monastère de S. Victor envers eux s'élevait à 84 800 sous, gagés sur plusieurs de ses terres, les plus proches de la cité. Ces Juifs se contentèrent à cette date d'un remboursement de 40 800 sous que leur versa Fouque, évêque d'Antibes. L'énorme différence entre la somme prêtée et la somme remboursée s'explique peut-être pas une succession de prêts accumulés sur le même gage pendant deux ou trois générations et dont les intérêts avaient été fournis par les revenus des terres [98]. Au moins dès le milieu du XIIe siècle, les plus riches des juifs marseillais sont donc en mesure de prêter plusieurs milliers de sous et s'intéressent aussi bien au tonlieu qu'aux terres suburbaines.

La situation est assez semblable en Arles. Benjamin de Tudèle y a énuméré les notables : Moïse, Tobie, Isaïe, Salomon, Abbamari et le rabbin Nathan [99]. Nous connaissons au moins deux d'entre eux : Salomon est le fils de Samuel dit *archiepiscopalis* parce qu'il traite les affaires de l'archevêque et qu'il fait partie de sa maison, de sa *familia* ; lui-même a reçu le nom de Signoret [100]. Cette famille n'habite pas dans le quartier du marché mais en face du palais de l'archevêque [101]. On les nomme les « juifs de l'archevêque » ; ils tiennent de lui deux modiées de terre à blé aux Fourchons, non loin de la cité, le monopole de l'achat du vermillon [102] et des fractions de sa part du tonlieu :

---

96. Ce prêt est indiqué dans un acte de 1205 (CSV n° 1115) où Anselme le rembourse pour Roncelin, aux fils de Ben David.

97. « Nasquesus judeus » — 1191 (AVM n° 291) — 1230 (CSV n° 917). L'acte qui nous renseigne est de 1224 (CSV n° 924).

98. Juin 1185 (CSV n° 1111).

99. ASHER, *op. cit.*

100. « De familia archiepiscopi : Raimundus bajulus, Petrus Alcherii et judei Samuel et Abraham et Salomon filii ejus ». — 1152 (Livre Noir f° 17 v°). « In presentia ... Samuhelis archiepiscopalis, Senioreti filii Samuhelis, Bonifilii et Moysi fratrum »... 1157 (Arc. des B. du R. 3 G 2-151).

101. En 1201, l'hôtel confrontant au Sud celui des Arvier (qui est devant S. Trophime) est celui du juif Bonsennor, le fils de Senioret (Livre Rouge f° 50). En 1215, le même hôtel était celui du juif Astruc (Arc. des B. du R. 3 G 2 — 155). Cela nous donne le nom complet Astruc Bonsenor ; et effectivement en 1224 on connaît un riche juif arlésien nommé Astruc, fils de Salomon (BENOIT, RACP n° 379).

102. « Quoddam antiquum instrumentum stilo hebraïco scriptum invenit quidam prudens judeus inter cartas suas in quo multa continebantur que pertinent ad ecclesiam S. Trophimi ... Habent etiam (domini de Lambisco) duas lampridias ab archiepiscopo pro custodia Montis judaïci ... comparationem de vermelio habent judei ab archiepiscopo ... judei archiepiscopi habent ibi (aux Fourchons) locum seminandi duo modia de grano ... super judeos habet archiepiscopus quadraginta solidos et quatuor solidis in lampridis. Porcelleti habent super judeos trigenta duo solido per archiepiscopum et Hugo de Baucio habet super eosdem septem solidos pro una cappa per archiepiscopum » (1150-1156) (cf. *supra,* texte daté, p. 283, note 244. — « Super judeos habet archiepiscopus XL sol pro una pelliceron (de) vario coperto de samit et X sol pro erba ad palafridum et V sol pro quinque lampredis et hos dant judei in Pascha et alios VIII sol et IIII nummos in festivitate S. Martini » (note marginale après 1157, sur la copie du cartulaire B). Les juifs de l'archevêque qui tiennent de lui un champ ne doivent pas être confondus avec les juifs d'Arles sur qui pèsent les taxes ci-dessus énumérées.

le « juif de l'archevêque » a le sixième de la part de l'archevêque (la moitié) sur les entrées des Lombards soit en bateau, soit isolés, rien sur la sortie ; le 1/13e de la redevance des boulangères et des savetiers et le 1/12e des oignons et des aux, des oulles (de terre) et des coupes (de verre). La part de l'archevêque sur l'ancienne lesde, pour le sel et le vin, est au juif, ainsi que le 1/13e de la sortie du blé, du fer et de l'étain. Il n'a rien sur les ballots de tissu, sur les captifs, ni sur les légumes, les fruits, les écuelles, les cannes, le chanvre et les canevas [103]. Le rôle de cette famille est d'ailleurs précisé : « les juifs de l'archevêque » ont eu la *villicatio,* c'est-à-dire la charge de baïle : il la leur reprit, entre 1143/1149 et 1152 pour la confier à un nommé Raimon, un chrétien [104]. Il mettait ainsi fin à une situation sans doute fort ancienne [105]. Par contre, les Baux ont changé leur baïle, Bertran Bérenger, contre l'un des notables dont parlait Benjamin de Tudèle, Moïse, frère de Bonfils [106]. De même, sur les six notables de S. Gilles que nomme Benjamin, deux font les affaires du comte : Abraham ben Jehuda, son baïle, et Abbamari ben Isaac, son intendant [107].

Grâce à ces offices seigneuriaux, et aux prêts qu'ils consentent, les notables juifs ont accès aux revenus procurés par les taxes des tonlieux. Ils conservent aussi le contrôle d'une partie de l'ancien commerce des produits de luxe. La preuve en est qu'ils continuent à payer les taxes qui le grevaient, en fourrure de vair et en samit de soie, en poivres et en lamproies, encore qu'elles tendent à se convertir en argent [108]. A ce commerce traditionnel, ils ont ajouté celui du vermillon lorsque la demande s'en est fait sentir pour les besoins de la

---

103. Référence et date cf. *supra,* p. 243, note 206.

104. « Dominus archiepiscopus recuperavit villicationem a judeis III decimo kalendarum maii » (Livre Rouge f° 48). En 1143/1149 (*supra,* p. 390, note 216), le juif perçoit encore le tonlieu pour l'archevêque ; en 1152 et 1157, le baïle est Raimon (texte cité *supra* note 100, et GCNN Marseille n° 159), en 1196, Pons de Combes (*Ibidem,* n° 2565).

105. Déjà au xe siècle, le juif Samuel tenait deux manses de l'archevêque Manassès, GCNN Arles n° 261.

106. 1157 cité *supra* note 100. 1159 — « in presentia ... judei Bonifilii » (GCNN Arles n° 598). 1182 — « Testes ... Bertrandus Berengarii qui erat bajulus ... Moysen qui tunc est bajulus, Samuel, Bonus Astrucs Niger, Dulcianus Sacerdos. » (Bibl. d'Arles ms 168 p. 3 et p. 220 — Exemption par Bertran des Baux en faveur de S. Césaire, du *pascherium* levé par son baïle dans ses terres de Grau et de Camargue). Bertran Bérenger d'Arles était assez notable pour être témoin à un acte comtal, 1157 (catalogue n° 351).

107. Asher, *loc. cit.* On trouve en effet aux côtés d'Anfos de S. Gilles en 1130 « Bonus Isaac de S. Aegidio » (HGL, V, col. 963) et en 1165, avec Raimon, fils d'Anfos, à Beaucaire (Chevalier, *Cartulaire de Léoncel,* Montélimar 1869, n° 14). En 1143 « Bonjudas, bajulus comitis » (catalogue n° 291).

108. Ils en doivent aux Marseille (poivre et lamproies, cf. *supra* note 81), aux Lambesc (2 lamproies), aux Baux (une chape de 7 sous, cf. *supra* note 102), au prévôt du chapitre (2 livres de poivre, xiiie, GCNN n° 2614), aux Eyguières (des cens, 1201 GCNN Arles n° 749), au pontonnier du Pont de Crau, en remplacement d'un charroi, (20 sous depuis 1178, GCNN Arles n° 635), aux Porcelet (32 sous, une lamproie, et 8 sous 4 deniers, cf. *supra* note 102 et 1157, Arc. des B. du R. 3 G 2. 151), à l'archevêque (40 sous pour un manteau, 10 sous pour l'herbe de son palefroi, 4 lamproies ou 4 sous, cf. *supra* note 102 — et 30 livres de poivre ; cf. *supra* p. 231) — les redevances de lamproies sont converties en argent ; cette conversion n'est pas forcément récente puisqu'elle est ici d'un sou par lamproie alors que le prix d'une lamproie était au début du xiiie au moins de 3 sous (1209/1216, GCNN Arles n° 2613 — pour la date cf. n° 2597).

draperie naissante [109]. Les chiffres de population indiqués par Benjamin de Tudèle pour les communautés juives d'Arles et de Marseille peuvent être comparés, pour le milieu du XIIe siècle, à ceux de la région de Narbonne-Béziers [110], mais sont inférieurs à celui des communautés existant dans les trois agglomérations de Lunel, Posquière et S. Gilles, sur une distance de 30 kilomètres, entre Montpellier, Nîmes et Arles, sur les hauteurs qui dominent les étangs reliant le bras ouest du Rhône au port de Lattes à Montpellier [111]. En résumé on peut considérer que les communautés juives de Provence sont toujours puissantes. Le mouvement n'a pas encore commencé qui fera remplacer les plus riches de leurs membres par des Italiens et quelques grands financiers provençaux, les obligeant à se contenter d'activités commerciales et financières de moindre envergure, notamment de ce qu'on a pu appeler le petit crédit agricole [112].

Le troisième groupe qui s'intéresse aux tonlieux et au commerce c'est celui des citadins qui ne sont ni juifs, ni chevaliers, que les textes provençaux appellent très rarement bourgeois [113] et plus volontiers prudhommes. Il est certain que les grandes villes de Provence n'avaient jamais cessé d'être habitées par des gens de peu, petits alleutiers, cultivateurs, tous ceux qu'un texte de 1067 range à Arles, parmi les gens de la cité en les opposant aux nobles [114]. Un certain nombre d'entre eux ont dû profiter du contrat de complant pour arrondir leur alleu [115].

A leurs activités agricoles, d'autres sont venues s'ajouter, plus lucratives. Ainsi, c'est à quatre roturiers que l'archevêque d'Arles a confié la collecte des tasques et des dîmes de Fourques, dans l'Argence nouvellement défrichée, et cela leur rapportera le cinquième des sommes perçues [116]. Un autre moyen de s'enrichir est de devenir meunier d'un moulin, ou garde d'un battoir. Plusieurs textes du XIIe siècle nous indiquent comment s'opère le partage de la farine laissée comme mouture par ceux qui apportent le blé au moulin. On prélève d'abord chaque semaine la provende de ceux qui travaillent : 10 poignées pour les adultes, 4 poignées pour les petits qui gardent le moulin ; *procuratio moineriorum, pro parvis moineriis qui custodiunt molendum, victum custodi* ; puis le sixième — *molneria* — pour le meunier, en échange duquel celui-ci doit assurer la marche du moulin. Ensuite on divise ce qui

109. Cf. texte cité *supra* note 102 ; 1134, achat du monopole du vermillon à Mouriès pour 300 sous par an (cf. texte cité *supra*, p. 224 note 91).

110. Arles : 200, dont 6 notables — Marseille : 300 entre la ville haute et la ville basse, dont 8 notables — Pour Narbonne : 300 — aucun chiffre pour Béziers.

111. Lunel : 300 — Posquières : 400 — S. Gilles : 100 — aucun chiffre pour Montpellier.

112. Cf. E. BARATIER, *La démographie provençale du XIIe au XVIe siècle*, Paris 1961, p. 70 et 71. Dès 1178 les juifs d'Arles cherchent à se prémunir contre la colaphisation (GCNN Arles n° 635) comme ils le faisaient à Béziers en 1160 (HGL V col. 1234).

113. Le terme le plus fréquent est prud'hommes (*probi homines* ou même *probi homines de plebe*), à Avignon, 1150/1176, *infra*, note 162 en Arles, c. 1170 *infra* note 164, Tarascon 1199, KIENER, *op. cit.* p. 288. On trouve *burgensis* régulièrement à S. Gilles (1143 catalogue n° 291) et une fois à Grasse (1196, AEA n° 194) et à Avignon (*infra* note 189).

114. « Gens civitatis nobiles sive ignobiles » (il s'agit de ceux qui ont défriché les marais de Montmajour) — 1067 (texte cité *supra*, p. 215 note 10).

115. Sur ce contrat, qui multiplie les parcelles allodiales, cf. *supra*, p. 108.

116. 1153 (GCNN Arles n° 2525).

reste entre les seigneurs du moulin [117]. L'office est confié à un paysan voisin : à Avignon, Raimon et Vivien fils de Peire L'Epi, avaient des terres près de celles des chanoines, à l'est de la cité, où ils tenaient le moulin qui portait leur nom [118]. La meunerie devait rapporter, puisque le prévôt du chapitre avait gardé pour lui les meuneries des deux autres moulins de La Roquette et de Ponfract. On peut essayer d'estimer très approximativement le revenu de ces moulins : en 1101/1106 Giraud Amic avait mis en gage sa part, soit le huitième, pour 450 sous pour un an [119]. Si l'intérêt était l'intérêt habituel de l'époque, soit environ 20 %, on aurait un revenu total annuel pour les seigneurs de ces trois moulins, au début du XIIe siècle, de 720 sous, et pour le meunier de 144 sous, soit pour un moulin un revenu d'environ 50 sous. Les gardiens de battoirs touchaient une *merces,* un cens en argent. Eux-mêmes en remettaient une partie au seigneur : ainsi Bertran Itier de Caderousse, et Audibert de Lirac donnaient chaque année au prévôt pour les battoirs de Villeneuve, récemment édifiés par eux, 40 sous [120]. Un acte aptésien donne la répartition sans doute coutumière de deux tiers pour le garde, un tiers pour le seigneur [121]. Si on applique cette répartition au profit de Bertran Itier et de ses associés, on voit qu'ils prenaient pour eux 80 sous par an. D'autres bourgeois ont pu s'enrichir en gardant un four, des troupeaux de moutons, comme en témoignent les surnoms des familles avignonnaises [122].

D'autres encore sont devenus ces artisans que nous avons vu apparaître au début du XIIe : on trouvera à Arles, des savetiers et des bouchers, des tisserands et des tanneurs, des fabricants de nattes et de tissus de canevas, qui servent à envelopper les ballots de drap [123], des passeurs qui font franchir le Rhône, et qui ont le monopole du déchargement des navires de mer [124].

---

117. (1094 : FLAMMARE CL n° 234 — 1101/1105 : CNDD n° 3-4 et 9 — c. 1110 : CA n° 15 — 1179 : CNDD n° 103 — 1204 : CNDD n° 147). Il n'en était peut-être pas de même au XIe siècle où des fragments de textes semblent indiquer que la provende était prélevée à chaque fois, qu'elle se distinguait donc de la redevance, *multura,* proprement dite (milieu XIe, CSV n° 560 pour les moulins de Palaison) ; et que le sire pouvait avoir un tiers seulement (avant 1030 CSV n° 237). La *multura* elle-même est au XIIe du 1/6 à Salon (R. BRUN, *op. cit.* p. 287) comme à Toulouse (HGL, V, col. 1166).

118. CNDD n° 120, 103 et 107.

119. CNDD n° 3 et 4.

120. CNDD n° 3 et 103.

121. 1110 (CA n° 112).

122. Bertran Fornage (1179, CNDD n° 101 et 103) ou Guillem Raimon Moutonnier (1185/1186, GCNN Avignon n° 296 — 1187, Arch. des B. du R. 56 M 4684 — 1206,Bibl. d'Avignon ms 2399 f° 119), Bertran Moutonnier (1199, CNDD n° 135).

123. « Hi sunt usus quos habet domnus archiepiscopus in Arelate ... in unoquoque çabatario paria II sotularium ... de illis scilicet çabatariis qui per se exercent suum officium ... de unoquoque storiario, storiam unam. » 1143/1149. « Usatici quod Massiliences accipiebant in Arelate hii sunt : in usaticis quos macellarii annuatim donant ... in usaticis quos dant panifice Tharasconis Arelati et venditrices vel venditores fructuum ... in sabbateriis et pelliparììs ... in storiariis. » c. 1122.

Sur ces textes, cf. *supra,* note 81 et p. 243 , note 216. Cf. aussi le surnom d'un consul Barthélemy le Carnevassier, *infra* note 192.

124. « Ut Pisani et Januenses et ceteri Lombardi qui ad portum Arelatensem concurrerint et naves suas honeratas exhonerare voluerint, dent portanariis pro quibuslibet navibus quas in catenis suis invenerint, usque ad Concam XXV sol., usque ad Stacam XX sol. usque ad Caulonem X sol. ; et portanarii res eorum ... secure et libere perducant. Quod si portanarii hoc

Et nous savons que certains roturiers arlésiens faisaient le commerce du sel [125]. Les passeurs gagnaient 10 à 25 sous pour mettre à terre la cargaison d'un navire à l'ancre, suivant la distance d'amarrage, et 5 sous s'ils laissaient les marins décharger eux-mêmes. Les boulangers gagnaient 3 deniers par setier de farine, les bouchers 1 denier sur douze [126].

Enfin, dans les ports de développement récent, comme Marseille et S. Gilles, des groupes de roturiers pratiquent un commerce au long cours. A Marseille, les hommes de l'évêque étaient exempts de taxes pour l'entrée et la sortie des bateaux, et pour leur marchandise dans tout le vieux port, qui appartenait aux vicomtes [127] ; et les surnoms de certains d'entre eux sont significatifs : Jean, Durand et Raimon de Conches — en Normandie, sur la route d'Angleterre —, qui faisaient probablement le commerce du poivre [128], Gautier et Jean Anglic — l'Anglais — [129], Uc et Bérenger Catalan [130], Gandulfe le Naulasque — de Noli, près de Savone — cousin de Durand de Conches [131], Raimon de Savone — entre Vintimille et Gênes [132] — Aubert Pisan [133], Guillem et Uc Sarde [134], l'éclosion de ces nouveaux surnoms n'est pas due au hasard.

Ainsi s'esquisse une géographie de la réussite bourgeoise des cités du Bas-Rhône : en Avignon on s'enrichit par les blés, en Arles par les draps, à Marseille par les épices. Réussite, le mot n'est pas trop fort : peu avant 1201, l'un des hommes de l'évêque de Marseille était devenu si riche que le vicomte Roncelin avait pu lui voler 5000 sous [135]. Mais réussite tardive ; le cas de Nice mis à part, où les bourgeois semblent avoir toujours été en majorité, il faut attendre la fin du siècle pour que les chevaliers leur fassent une place dans le gouvernement de la cité, et les débuts du XIIIe siècle pour que bourgeois et chevaliers soient à égalité.

Nous venons de parler de gouvernement de la cité. Car, dès la première moitié du XIIe siècle, les plus riches des citadins ont formé de puissantes associations, des communes.

---

facere minime placuerint, dent supradicti Lombardi pro unaquaque navi V sol. et sic deinte ipsi res suas cum navibus aliis Arelatem usque perducant. » (Livre Noir f° 17 = KIENER, *op. cit.* p. 282). Dans le texte paraissent l'archevêque Raimon (après 1142), le doyen Uc (1141-1146), le préchantre Guillem Garnier (mort avant 1152) ; les noms des consuls permettent de dater de 1144/1149.

125. Texte cité, *supra,* note 85.

126. Passeurs : cf. texte cité *supra* note 124. Boulangers et bouchers à Salon en 1159/1253, R. BRUN, *La ville de Salon au Moyen Age,* Aix 1924, p. 287.

127. « In portu antiquo laudamus quod homines ecclesie qui habitant vel habituri sunt in sua parte Massilie, nichil tribuant pro applicatione seu exportatione navium, vel pro qualibet alia mercatura sua », 1151 (GCNN Marseille n° 149).

128. 1191 (AVM n° 291) — 1201 (AVM n° 310) — 1216 (AVM n° 391). On trouve un Estève de Conches aux côtés du comte de S. Gilles, près de Montpellier, en 1174, LEONARD, *op. cit.* n° 68).

129. AVM n° 310 et 1216 (AVM n° 391).

130. 1216 et 1219 (AVM n° 391 et GCNN Marseille n° 221).

131. 1201 et 1025 (AVM n° 310 et 322).

132. 1219 (GCNN Maseille n° 221).

133. 1216 (AVM n° 391).

134. 1201 et 1216 (AVM n° 310 et 391).

135. AVM n° 310.

— NAISSANCE DES COMMUNES —

C'est la force et la puissance des chevaliers citadins qui donnent naissance aux premières communes provençales, avant le milieu du XIIe siècle.

Il faut d'abord fixer la chronologie de l'origine de ces consulats. Le premier, en date, paraît être celui d'Avignon ; si l'on se souvient qu'Avignon est partagé entre les familles comtales rivales et que le véritable pouvoir y est celui de l'évêque et des chevaliers on n'en est guère surpris. C'est l'un des comtes, Guillem de Forcalquier, mort en 1129, qui aurait transféré tous ses droits à l'évêque et à la commune [136] ; les premiers consuls que nous connaissions en 1146 sont au nombre de quatre [137] ; vers cette date paraît un gonfalonnier [138]. Le consulat d'Arles ne date que de 1131 [139] ; là encore les premiers consuls sont au nombre de quatre jusqu'en 1151, assistés, au moins dès 1134 d'un juge unique [140]. Mais pour les autres consulats, nous en sommes réduits à noter la première mention de consuls : à Nice en 1144, où ils sont au nombre de quatre [141] ; à Grasse en 1155, où ils sont au nombre de deux [142] ; à Tarascon en 1144/1162 [143]. Le nombre de consuls est donc assez faible à l'origine, de deux à quatre [144].

---

136. Le 6 juillet 1206, un autre Guillem de Forcalquier son descendant, confirmait à l'évêque et aux consuls : « In toto populo Avenionensi et in toto territorio ejusdem civitatis plenum podestativum, plenam dominacionem, plenam etiam jurisdictionem per septuaginta annos et eos amplius habuisse ... cum quia credo et vobis confiteor bonae memoriae avum meum dominum Guillelmum comitem Forcalqueriensem cujus corpus in venerabili cimiterio ecclesiae Beatae Mariae Avenionensis requiescit ita ... episcopo tunc temporis existanti et antecessoribus vestris consulibus donasse ac concessisse », (Bibl. d'Avignon, ms 2399 f° 119).

137. 1146 (LABANDE, Bull. Archéol. 1906/1907, p. 334). L'acte donne les noms des consuls, Pons de S. Paul, Laugier Ferréol, Augier de *Vellena,* Guillem Peire, et des juges, Raimon des Angles, Guillem Rancurel, Guillem Barreira, Emenon et Peire de Morières.

138. Peire Audibert, possessionné à Massillargues, 1130/1150 (CNDD n° 98).

139. « Acta est carta anno dominice incarnationis M C XXXI indictione VIII, II idus Augusti, domno papa Innocentio Romane Ecclesie presidente, regnante imperatore Lotero, anno primo consulatus Arelatensis. » (Hosp. de Trinquetaille f° 5 v°).

140. « Sub tempore Innocentii Papae et Imperatoris Conradi et consulis Provinciae Berengarii Raimundi et quatuor consulum Arelatensium » — 1138 (ANIBERT I c.II 36 a). Pour cette période voir les listes : 1132, un seul nom (GCNN Arles n° 523) — 1138 novembre (BN lat. 13915 f° 155) — 1140, un seul nom (VERAN, Bibl. d'Arles ms 760) — 1142, 23 juin (plutôt que 1143, à cause de la liste de septembre 1143) (Livre Noir f° 19) — sans date (1142 ?) (*Ibidem* f° 16) — 1143, septembre (catalogue n° 289) — sans date (1143 ?) (Hospitaliers de Trinquetaille f° 16 v°) — 1143/1147 (Raimon des Baux est vivant) (*Ibidem* f° 16 v°) — 1149, un seul nom (VERAN Bibl. d'Arles ms 760) — 1151/1152, février (Hospitaliers de Trinquetaille f° 17) — 1152, juin (deux noms) (Livre Noir f° 17 v°) — sans date (1142/1152 cf. *supra* note 124 Livre Noir f° 17). Sur les juges, cf. J.-P. POLY, *Les Légistes provençaux...*

141. Cf. les listes établies par CAIS de PIERLAS pour 1144-1146/c. 1147 — c. 1150-1151-1152-1156-1157-1164 (CN p. 133). On y ajoutera GIOFFREDO, *op. cit.* col. 426 pour 1164, et MIQUEL-ROSELL *op. cit.* n° 893 pour 1176. En 1115 le consulat n'existait pas encore (PAPON, *op. cit.* II, n° 10).

142. 1155 (DOUBLET AEA n° 73) — 1157 (AEA n° 77) — 1166 (MORIS et BLANC CL n° 313) — 1173 (AEA n° 89) — 1176 (AEA 93) — 5 avril 1178 à novembre 1179 (AEA n° 95-96-101) — 1180 (AEA n° 101) — 1196 (AEA n° 129) — 1199 (AEA n° 130).

143. Le consulat est mentionné dans la lettre de Raimon de Mollnels au comte Raimon Bérenger (Catalogue n° 363). Deux consuls connus en 1211 (CSPM n° 44).

144. A titre de comparaison, cf. les deux consuls de S. Gilles en 1143 et 1151 (Catalogue

Un deuxième fait attire également l'attention : les listes consulaires d'Arles et d'Avignon montrent que les premiers consuls sont presque tous, sinon même tous, des chevaliers. En Arles, pour une période de 22 ans (1135-1152) nous connaissons 28 noms de consuls, et sur ces 28 personnages, 21 sont membres de lignages chevaleresques, les autres sont inconnus [145]. En Avignon, la seule liste consulaire que nous ayons avant 1179 est celle de 1146, et les quatre noms qu'elle donne paraissent être ceux de chevaliers [146]. Pour Nice, et Grasse, la répartition est moins nette et il est certain qu'il y a eu des bourgeois parmi les premiers consuls. A Nice, pour une période de 21 ans (1144 à 1164) on connaît 41 consuls ; 14 sont difficilement identifiables ; les autres se partagent entre 6 lignages : Austen (2 consulats) ; Ausan (2 consulats) ; Badat (4 consulats) ; Raibaud (8 consulats) ; Riquieri (6 consulats) ; Serena (4 consulats) ; Travaca (1 consulat). La plupart de ces lignages sont considérés comme chevaleresques ; rien n'est moins sûr. Prenons le cas des Badat, qui ont fourni le premier consul connu à Nice. La famille remonte à un Peire Badat, témoin laïque à un acte de l'évêque en 1093. Au XIIe les Badat sont devenus nombreux, et l'on connaît Guillem, Milon, Rostaing, Peire et surtout Fouque, consul par trois fois en 1152, 1157 et 1164 [147]. Or ce Fouque est compté parmi les 68 nissards qui sont hommes de l'évêque tenus par Laugier de Gréollières en 1152 [148]. La qualification d'*homines alicujus* à cette époque [149] ainsi que le nombre paraît exclure qu'il s'agisse de chevaliers. Cette impression se confirme lorsqu'on voit Peire Badat devoir le quarton d'une vigne à l'évêque [150]. Dans la même liste de 1152, on trouve aux côtés de Fouque Badat son collègue, alors consul, Raimon Serena, et Fouque Travaca. Cela n'empêchera pas les Travaca d'avoir au début du XIIIe des parts dans la seigneurie de Roquebrune [151] mais la date est trop tardive pour que l'on puisse en tirer la conclu-

---

n° 291 et HGL, V, col. 1146 ; les prétendus débuts du consulat au XIIe siècle résultent de datations hâtives) ou les quatre consuls de Nîmes en 1144 (HGL, V, col. 1074).

145. Arènes (cf. *supra* note 51) ; Arvier (note 71), Bernad (note 24), Carbonière (note 52), Eyguières (note 72), La Lande (note 72), La Verune (note 72), Tarascon (note 72), Ugolen (tige : Ugolen fils d'Uc Renaud, 1067 (Bibl. d'Arles ms 882 I f° 13), marié à Emma de Roquemaure — 1073 (CHEVALIER, Cart. de S. Barnard n° 183) — Raimon Ugolen et Guillem Ugolen, 1143 (Catalogue n° 289), et 1156 (Catalogue n° 343), 1190 (GCNN Arles n° 675). Peire Lauret est aussi chevalier arlésien ; il a une tour dans la Corrèze de Trinquetaille. — 1156 (Catalogue n° 340).

Uc de S. Cannat est également chevalier (1157, GCNN Marseille n° 158) comme l'est Bérenger Bernad (serment de fidélité à l'archevêque Raimon, Livre Noir f° 17 v° et f° 28).

146. Pons de S. Paul (S. Paul les Fonts ? du Gard) paraît en 1140 (CNDD n° 100) avec les Renard, les Morières, les Avignon et Raimon Catel. Laugier Ferréol — en 1187 Féraud Ferréol lignage chevaleresque (1150, CNDD n° 110 : Peire et Pons Ferréol — en 1187 Féraud Ferréol donne avec les *Calveria* et les Morières la part qu'il aurait pu percevoir dans le tonlieu sur les bateaux du Temple (Arc. des B. du R. 56 H 4624). Augier « de Vellena » (Vedène ? Vaucluse) pourrait bien être de la famille Augier. Guillem Peire, dit dans d'autres documents « l'Avignonnais » tenait un fief de l'église d'Avignon (1130, CNDD n° 100).

147. FLAMMARE CL n° 57 ; CN n° 62 et 87 ; CSP n° 16 et 17.

148. CN n° 30.

149. Cf. *supra* les hommes de l'évêque de Marseille, notes 127 et 135.

150. 1150 (CN n° 35).

151. G. SAIGE et H.K. LABANDE, *Documents ... relatifs aux seigneuries de Menton, Roquebrune et la Turbie,* Monaco 1909, p. XLVII.

sion qu'ils étaient nobles. De même les Riquieri sont considérés comme nobles parce qu'ils étaient seigneurs en partie d'Eze, mais leur seigneurie a été acquise par une alliance, à la fin du XIIIe siècle [152]. Il est au contraire fort probable que les Badat et les Riquieri sont des lignages roturiers, possessionnés à Nice même [153], qui ne doivent leur élévation au XIIIe siècle qu'à leur enrichissement et à la faveur des Gênois dont ils étaient chauds partisans [154]. La situation à Nice est donc inverse de celle d'Arles : quaud nous identifions des consuls, ce sont des bourgeois.

A Grasse, des bourgeois parviennent au consulat, mais les chevaliers semblent l'emporter : en 1155, Raimon Bertran est probablement chevalier puisque sa souscription figure parmi celles des chevaliers dans un acte de 1173 [155]. Par contre Guillem le long est père d'un des bourgeois de 1196 [156]. En 1157, les deux consuls, Malvezin et Raimon Ripert sont chevaliers. En 1167, Guillem Ricau est chevalier ; Peire Guillem, probablement bourgeois [157]. En 1173, sur trois consuls, l'un, Raimon Ripert, est chevalier ; l'autre, Augier Lotier est, avec quatre chevaliers, qualifié de fidèle de l'archevêque en 1155 [158] : il est donc probablement chevalier. Par contre O(livier) ? de Gilette porte le même surnom qu'un bourgeois de 1196 [159]. Ainsi, sur 9 consuls connus, 3 seulement sont des bourgeois ; la proportion sera bien différente après 1176. Dès l'origine donc, le consulat de Nice, paraît se distinguer de ceux de l'intérieur, Arles, Avignon et Grasse, où la suprématie des chevaliers est indiscutable.

On comprend pourquoi dans ces conditions l'association consulaire, dès le début, paraît grandir à l'ombre de la seigneurie épiscopale. La commune d'Avignon offre l'exemple d'un consulat où, dès l'origine, l'évêque et les consuls ont été étroitement associés face aux autres seigneurs [160]. De même, on sait qu'en Arles, si les seigneurs sont multiples, l'archevêque est la plupart du temps seigneur par-dessus tous, et nous avons vu, dès 1040, un groupe de « vassaux de la ville d'Arles » assister à une assemblée de paix [161] ; or qu'est-ce qu'un consulat sinon une association chargée de faire respecter la paix [162] ? On saisit tout l'intérêt que pouvait avoir le consulat

---

152. CAIS de PIERLAS, *Le testament de Jourdan Riquieri au XIIe siècle*, Nice 1890, et la critique de LABANDE, *op. cit.* p. CXLII.

153. Toutes ces familles avaient des terres à l'Ouest du rocher de Nice au XIIe, puisqu'elles les donneront ou les vendront au XIIIe, quand ce quartier sera bâti : Travaca, 1206 (CSP n° 32). Badat. 1150 (CN n° 35). 1250 (FEVRIER, *op. cit.* p. 113), Riquieri, 1198, 1203 et 1242 (CSP n° 29 et 30, FEVRIER, *op. cit.* p. 113), Serena, milieu XIe (sur la partie Nord de la butte, C. n° 90). Sur les Ausan, cf. 1078 (CSP n° 10 et 12) 1093 (FLAMMARE CL n° 157), 1136 (CN n° 65) et 1140 (CSP n° 16. Un Raimon Osten paraît à Antibes dès le milieu du XIe siècle (AEA n° 43 et 44).

154. H. LABANDE, *op. cit.* p. XLV, et LEONARD, *op. cit.* n° 66 bis.

155. AEA n° 89. C'est sans doute Raimon Bertran Malvezin (AEA n° 194).

156. 1178 (AEA n° 96). — 1196 (AEA n° 194).

157. AEA n° 95 et 96, et les trois bourgeois de 1196.

158. AEA n° 73.

159. Gilette, A.M., canton de Roquestéron.

160. Texte cité *supra* note 136.

161. Cf. *supra*, p. 192 et note 130.

162. « Hec est carta pacis et concordie et consulatus quam ego Gauffredus Avinionis epis-

pour le seigneur ecclésiastique, souvent dépourvu de moyens de contrainte, lorsqu'on voit, très tôt, l'archevêque d'Arles s'adresser aux consuls pour faire respecter ses droits sur le tonlieu : ce sont eux, qui obligent les chevaliers fraudeurs à s'incliner devant la loi commune. Une expression mérite d'être relevée : la *sanior pars* des chevaliers a jugé, en accord avec les consuls [163] ; elle évoque les débats des chapitres cathédraux : les lignages chevaleresques dont les cadets siégeaient dans ces mêmes chapitres n'avaient-ils pas trouvé là un exemple et des habitudes collectives ?

Pourtant la nouvelle justice consulaire dessaisit la justice seigneuriale, qu'elle soit justice banale ou justice foncière. Justice banale, ce sont les cas de vol ou de rapine, d'homicide ou d'effusion de sang, de rapt ou d'adultère, qui sont jugés par le consulat [164]. Justice foncière aussi ; la justice consulaire jugera au possessoire laissant au seigneur le soin de trancher sur la propriété, ou sur ce qui concerne le service du fief ou de la tenure. Encore, dans ce dernier cas, se réserve-t-elle d'accueillir les plaintes des tenants s'ils étaient lésés [165]. Ces dispositions ôtent évidemment presque tout son intérêt à la justice seigneuriale : en 1116/1128, donc avant le consulat arlésien, la cause de Bertran Otton et des Itier-Borrian contre les frères Artaud, pour des terres à la Colonne, en Camargue, est portée d'abord devant Raimon des Baux, puis en appel devant l'archevêque Atton [166]. Par contre, en 1143 et 1143/1147, deux affaires Azalaïs veuve de Pons Cambiatus contre Raimon de la Lande sont jugées par les seuls consuls et leur juge, et en 1151, une affaire Hospitaliers contre Raimon Joufré Autard est jugée par l'archevêque, puisque des clercs sont partie au procès, et par les consuls et leur juge [167].

Gardons-nous de croire que ce dessaisissement de la justice seigneuriale, particulièrement de la justice de l'évêque, s'est passé sans heurts : nous savons qu'en 1150 ou 1156, il y avait eu à Arles une révolte contre l'archevêque [168]. La commune de Nice avait eu des démêlés avec son évêque en 1156. D'abord à propos de la perception des taxes : albergues comtales, impôts pour la nouvelle enceinte ; les consuls les avaient levés même sur les clercs. Le procédé avait suscité des protestations, et les consuls étaient alors allés jusqu'aux voies de fait, pillant les greniers et les biens d'Eglise, envahissant les églises et les maisons des chanoines. Mais le conflit avait aussi porté sur la justice, et l'évêque avait finalement obtenu que lorsque l'église serait

copus composui, consilio et assensu consulum qui tunc Avinioni civitati praecrant, et multorum civium, tam militum quam proborum hominum ». (GCNN Avignon n° 245).

163. Cf. *supra*, note 85.

164. Cf. Chartes de consulat d'Arles et d'Avignon. Sur la date et la rédaction cf. J.-P. Poly *Les légistes provençaux*, et *infra* p. 316.

165. « Et si aliquis aliquem honorem sua propria voluntate sine judicio invaserit, possessionem restituat, et fructus quos inde percepit et expensas quas petitor in petenda possessione fecit ipsi petitori reddat ; propter supradicta tamen, dominis honorum nihil de jure suo diminuatur, sed illi qui habent honorem ab eis in manibus illorum justitiam firment et per manu illorum, sicut consuetudo est alibi, justitiam faciant et accipient. Veruntamen, si domini, ultra id quod debent, eos adgravaverint, ad consules recurrere possunt » (GCNN Avignon n° 245). Dispositions semblables dans la charte du consulat d'Arles.

166. Daté d'après l'archevêque (Hosp. de Trinquetaille f° 75 v°).

167. Hosp. de Trinquetaille f° 16 v° et 17.

168. Cf. *supra*, p. 283 note 244.

partie, il jugerait avec les consuls [169]. Il semble donc que les débuts du consulat nissard aient été rien moins que pacifiques [170] : nous savons que de toute façon l'évêque n'était pas le seul seigneur à Nice ; on y trouvait les descendants d'Odile qui tenaient la châtellenie [171] et le comte lui-même [172]. Le consulat peut être à l'origine encouragé par l'évêque ; il n'en est pas moins une association qui cherche à faire prévaloir ses propres intérêts. Le modèle institutionnel n'était pas loin : Nice et Grasse sont des villes qui sont depuis longtemps en relations étroites avec les Gênois, et le consulat de Gênes date du début du siècle [173]. Pisans et Gênois viennent également à Arles et à Marseille.

Il est aussi une forme d'association qui a pu influencer le consulat : c'est la confrérie. Nous en connaissons deux exemples, à Avignon et à Marseille. Dès avant le début du consulat, existait à Avignon une confrérie, celle de l'Hôpital S. Symphorien, église située à l'est de la cité, hors des murs du Xe siècle [174]. Il n'est pas impossible que des chevaliers en aient fait partie, mais il faut remarquer qu'au début du XIIIe siècle la confrérie servait de groupement aux bourgeois lorsque leurs intérêts, à l'intérieur de la commune, se heurtaient à ceux des chevaliers [175]. On songe à l'exemple de Marseille ; six consuls y paraissent en 1178 [176], mais à la fin du XIIe siècle

---

169. « Nos consules Nicie civitatis ..., pro multis et magnis contumeliis quas ... in matrem nostram Niciensem ecclesiam ... predecessores nostri consules, ... commiserunt, communi consilio et voluntate prudentium virorum civitatis talem emendationem facimus. Primum jamdictam ecclesiam et omnes alias pertinentes ad ipsam liberas et quietas ab omnibus publicis et temerariis vexationibus reddimus, et omnes pravas consuetudines et violentas exactiones quas olim predecessores nostri tam in domibus episcopi quam in canonica faciebant, omnino relinquimus et perpetuo refutamus, et sive pro hospicio comitis, sive pro clausura civitatis sive pro alio alico supervenienti negotio ... De omnibus vero illis querelis vel clamoribus sive de honoribus et possessionibus sive etiam pecuniariis actionibus, quos ecclesia adversus cives sive cives adversus ecclesiam movere de cetero voluerint, sic ... constitutum est, ut presidente episcopo cum consulibus et quasi judicis locum tenente causa hinc inde ventiletur, et judiciario ordine vel amiciali compositione terminetur, et premium judicis pro modo et estimatione negotii ab utraque parte a consulibus assumatur. » 3 août 1157 (Cart. de Nice n° 87).

170. 1138/1143 (Jaffe n° 8309) : le pape invite le clergé et le peuple de Nice à revenir dans l'obéissance de leur évêque.

171. Cf. acte de 1108 (CN n° 48 et Catalogue n° 243 et 244) Gauceran Laugier avait une « salle » dans la cité (c.1144, CN n° 66, et 1146, CN n° 24) près de l'hôpital. Il semble même que la seigneurie de l'évêque doive beaucoup à la cession de ses droits faite en 1117 (Catalogue n° 243-244). L'évêque avait un palais (1147, CN n° 58), près de l'église haute et du château comtal.

172. Catalogue n° 41-42-43-62-203 — Le comte avait un château, sans doute celui-là même que gardait la famille d'Odile (Fevrier, *op. cit.* p. 182).

173. Lestocquoy, *op. cit.* p. 66. Les consuls d'Albenga au moins depuis 1127 (Flammare, CL n° 168).

174. *Confratres S. Simphoriani*, 1110 (CNDD n° 29) ; *terra comfraternitatis*, 1115 (CNDD n° 58). En 1179, dans une liste de témoins, un confrère, Rostaing, vient immédiatement après les consuls (CNDD n° 101).

175. Cf. l'accord sur les péages du 13 février 1215 : Le syndic des chevaliers, « proponebatur etiam cumfratriam Avinionensem contra omnia jura canonum et contra constitutiones principum et contra sacramentum consulatus et in detrimentum consulatus factam esse et ideo eam stare non debere », (Bibl. d'Avignon ms 2334 f° 17 v°). Les chevaliers jurent d'une part ; les confrères de l'autre.

176. (Arc. des B. du R. 56 H 4054.)

et au début du XIIIe, ce sera la confrérie du Saint-Esprit et ses recteurs qui serviront d'organisation à la commune [177] ; on verra alors des membres de lignages chevaleresques comme les Anselme figurer dans des listes, non avec le titre de chevalier, mais avec celui de confrère [178], signe qu'à Marseille, au début du XIIIe, cette qualité primait pour eux la chevalerie. Il est possible que les confréries aient été au départ un moyen pour ceux qui dans la cité n'étaient pas nobles, de s'organiser à l'intérieur de la commune. Loin de l'inspirer, la confrérie aurait eu alors une existence parallèle et parfois contraire à celle de la commune.

Si la commune est dirigée dans la première moitié du XIIe siècle par les chevaliers, cela ne veut pas dire qu'ils en font seuls partie : des bourgeois et des juifs y sont aussi inclus [179], mais pas forcément tous les habitants de la cité : les chartes de confirmation des consulats d'Arles et d'Avignon indiquent que le consulat, dans ces deux villes et à cette époque, est une association volontaire [180] et qu'on y entre par un serment qui se renouvelait peut-être tous les ans [181] ; serment évidemment distinct de celui que prononcent les consuls à leur entrée en charge, à Pâques [182]. Ce caractère volontaire de l'assemblée consulaire est aussi marqué par les bornes fixées à la juridiction des consuls lorsqu'il ne s'agit pas de délits graves : la compétence est limitée à ceux-là seuls qui, sur le territoire de la cité, font partie du consulat [183]. Association libre, association jurée [184], association limitée peut-être, au départ, à quelques familles notables ou chevaleresques, le consulat,

---

177. 1189 (AVM n° 282). — Sur les rachats des droits seigneuriaux, par les recteurs de la confrérie représentant la commune, cf. GERIN RICARD, AVM, p. XLVIII et XLIX, et n° 365 et 366. L'hôpital S. Esprit était situé près de l'église des Accoules dans la ville vicomtale (BOUYALAT d'ARNAUD, *Evocation du Vieux Marseille,* Paris 1959, p. 180).

178. 1216 (AVM n° 391). — Sur les Anselme, cf. *supra,* notes 67 et 92.

179. A Tarascon : « Nunc vero novi consules super hoc (la saunerie) contra vos nituntur et laborant ne habeatis et inde vobis proclamationem facere volunt, dicentes judeos et ceteros esse in consulatus. » (Catalogue n° 363, lettre de Raimon de Mollnels au comte Raimon Bérenger).

180. « Ego Gaufredus Avinionis episcopus ... ut quicumque in consulatu nostro esse voluerit, juret quod de clausura et de omni communi utilitate civitatis consulibus Avinionensibus per omnia obediens existet et si consul sive judex electum fuerit se ad quod eligitur non prohibebit ». (GCNN Avignon n° 245). « (illi)videlicet qui in presenti consolatu fuerint vel antea se miserint ... salvis statutis et bonis consuetudinibus que jam in aliis consolatibus recepte et jurate fuerunt », (Arles, Cartulaire B, p. 61).

181. « Ego N. juro consulatum usque ad unum annum ad bonam fidem et ad bonum intellectum et obedientiam consulum. Si consul electus fuero non me vetabo. Sic Deus me adjuvet et ejus Sancta Evangelia ». (Hosp. de Trinquetaille. Papier collé sur le f° 84. Extrait en 1715 « d'une charte conservée aux archives de la maison commune par Grossy, archivaire »).

182. « Statuimus iterum ut qui electi fuerunt consules jurent quod omnibus modis secundum suum intellectum illos qui in consulatu fuerint cum episcopo meliorique consilio civitatis regant atque gubernent. » (GCNN Avignon n° 245).

183. « In hac justitia de injuriis, contumeliis et damnis continetur omnis de consulatu qui sit infra ambitum Avinionis civitatis. » (GCNN Avignon n° 245).

184. Nous ne voulons pas ici parler de tous les consulats méridionaux, qui ne connaissent en général pas le serment communal (cf. P.C. TIMBAL DUCLAUX de MARTIN, *Les Villes de Consulat dans le Midi de la France, in* Rec. Soc. J. Bodin, VI, 1954, p. 343) mais uniquement des consulats provençaux à leur origine.

vers les années 1170, va s'élargir considérablement. La preuve en est donnée par les chartes de confirmation.

Elles sont l'œuvre, soit des seigneurs ecclésiastiques, l'évêque en Avignon, l'archevêque en Arles, soit celle du comte, à Nice ou à Grasse, et sont remarquablement groupées dans le temps : Le consulat de Nice est confirmé par Anfos, roi d'Aragon et marquis de Provence en 1176 [185] et celui de Grasse la même année [186]. Celui d'Arles entre 1152 et 1178, puisque les nouveaux statuts ont pour premier effet d'accroître le nombre des consuls, modification que nous ne voyons réalisée qu'après 1151, en 1178 [187]. La charte du consulat d'Avignon a été rédigée par l'évêque Joufré, donc avant 1176, date de sa mort, et, si nous raisonnons par analogie avec l'exemple arlésien, après 1146, date à laquelle le nombre de consuls est encore de quatre [188]. Or les chartes de confirmation prévoient expressément le cas de consuls bourgeois, encore qu'ils soient défavorisés par rapport à leurs collègues chevaliers, au moins pour la rémunération [189]. Le but de ces deux dernières chartes est clair. Il n'est pas de créer des consulats qui existaient déjà, mais d'aménager au profit des bourgeois une magistrature consulaire restée jusqu'ici entre les mains des chevaliers.

En Arles, on trouve désormais des bourgeois parmi les huit consuls de la cité, et le nouveau consulat du bourg est nettement hostile aux chevaliers [190]. Dans la période 1175/1197, sur 47 noms de consuls de la cité, 20 noms au moins sont ceux de familles chevaleresques ou de chevaliers [191]. D'autres noms sont plus sûrement bourgeois : Barthélemy le canevassier [192],

---

185. KIENER, *op. cit.*, p. 274, note 320.

186. AVM n° 91.

187. 1175 août : trois consuls seulement (Arc. des B. du R. 56 H 5174) — 1178, 15 juin (GCNN Arles n° 635) — 1185, juillet (Hosp. de Trinquetaille f° 23) — 1185/1186 — 15 mars (GCNN Arles n° 656) — et sans date (Hosp. de Trinquetaille f° 11). — 1190, avril (GCNN Arles n° 675) et juillet (*Ibidem* n° 676) — 1191, mai (Hosp. de Trinquetaille f° 7 v° — 1191/1192 : (GCNN Arles n° 2553) et mai (Hosp. de Trinquetaille f° 7 v° et 8 v°) — 1193 novembre (*Ibidem* f° 3) — 1195, avril (*Ibidem* f° 9 v°), juillet (*Ibidem* f° 7) — 1195 (GCNN Arles n° 2563) — 1196, avril (Hosp. de Trinquetaille f° 8 v° et 9) (Temps. de S. Gilles f° 95) — 1197, septembre (Hosp. de Trinquetaille f° 4).

188. 1179 (plutôt que 1169) (CNDD n° 101 et 103) — 1180 (GCNN Avignon n° 293) — 1185/1186 (*Ibidem* n° 296) — 187, septembre (Arc. des B. du R. 56 H 4624) — Novembre (mais la liste est différente ?) (*Ibidem*) — 1190 (GCNN Avignon n° 329) — 1192 MANTEYER, *La Provence*, p. 445) — 1196, août (CNDD n° 134) — 1198, décembre (Bibl. d'Avignon ms 2834 f° 20) — 1198/1199, février (MANTEYER, *La Provence*, p. 438). — 1199 (CNDD n° 135) — 1200/1201 (CNDD n° 138).

189. « Statutum est enim ut consul miles centum solidos habeat consul burgensis quinquaginta et non amplius et ita tamen si in officio suo fideliter egerunt, sin aliter hoc ipso premio careant », (GCNN Avignon n° 245).

190. Cf. *infra*, note 198.

191. Arènes — Arvier — Confoux — Carbonière — Eyguières — La Lande — Bernad — Rapine — Ugolen — Verune (note 72). S. Georges (1122-CSPM n° 13 — 1167 : GCNN Arles n° 2534 — sans date : KIENER. *op. cit.* p. 276 — 1192 Hosp. de Trinquetaille f° 78 — 1196 : GCNN Arles n° 2565 — Il y a une église S. Georges à Arles — CLOUZOT pp. 137-147-154).

Peire Fouque est aussi un chevalier (1156 : Catalogue n° 343 et 313) ainsi que Raimon de la Voulte (*obiit* 1196 — GCNN Arles n° 2564).

192. en 1175 et avril 1190.

Peire du Tor, à qui l'archevêque avait confié en 1186 la frappe de la nouvelle monnaie [193] et qui sera consul trois fois. Un consul, Raimon de la Fournaise — de *Fornaria* — pourrait bien être son parent. Des surnoms comme le Bougre (le cathare) — *Bulgarellus* —, le Bourguignon — *Burgundio* — trahissent une origine bourgeoise, dans la mesure où on ne les trouve pas portés dans les lignages chevaleresques [194].

De même en Avignon on dispose pour la période 1179-1200 de 70 noms de consuls. 24 au moins sont des chevaliers appartenant aux lignages Augier, Auzias, Avignon, Catel, Codolet, Imbert, Malvezins, Materon, Pont, Renard, Retran, Sorts, Ferréol [195] Pargues [196] ; alors que 9 sont des bourgeois : Moutonier, Guillem Raimon Moutonnier et Bertran Moutonnier, Peire et Raimon de S. Michel, Bertran Fornage, Bertran Boza, Peire Pons Andraldi,, Jordan de Gap [197]. Ces concessions ne désarmeront d'ailleurs pas les bourgeois, et la fin du XIIe siècle sera une période de lutte sociale, d'où le pouvoir des chevaliers sortira abattu [198].

Jusqu'à cette période, on peut dire que les consulats des deux grandes cités du Bas-Rhône, Arles et Avignon, n'ont pas cessé d'être aux mains des chevaliers, descendants de ceux qui en avaient reçu les tours en garde au XIe siècle. Ils avaient éliminé les grands du commandement de la cité, et contraint l'archevêque ou l'évêque à n'être qu'un protecteur bienveillant, ouvrant ainsi sans le vouloir, le chemin au nouveau pouvoir comtal.

---

193. Possessionné au mas du Tor, en Camargue (GCNN Arles n° 660), bourgeois (n° 842).

194. Sa maison appartient au chapitre (GCNN Arles n° 2613).

195. Cf. *supra* note 58 et note 146.

196. 1150, catalogue n° 323, 1156, catalogue n° 348.

197. 1179 (CNDD n° 101) XIIe (CNDD n° 75) 1187 (Arc. des B. du R. 56 H 4624) 1215 (Bibl. d'Avignon ms 2834 f° 17 v°) — autres bourgeois : 1237 (CNDD n° 159). La proportion est d'ailleurs peu significative puisque nous connaissons beaucoup plus mal les familles bourgeoises que les familles chevaleresques.

198. Luttes entre chevaliers et bourgeois en Arles (1190-1191, GCNN Arles n° 676-681-685) à Tarascon (1199, KIENER, *op. cit.*, p. 288). En Arles les consuls du bourg : «in militibus vero habitantibus in mediano, nullam violentiam vel aliquam supradictam exactionum faciant nisi quam ipsi sponte facere voluerint ». (GCNN Arles n° 676). Cf. E. ENGELMANN et le comte rendu de L. STOUFF, la *commune d'Arles au XIIIe siècle à propos d'un livre récent,* P.H. 1961, p. 293.

Chapitre IV

Triomphe du prince et hiérarchie féodale

Alors que les villes provençales se développaient et que, dans les campagnes, les défrichements augmentaient aussi la richesse collective, alors qu'une partie de la chevalerie allait délivrer le tombeau du Christ et fonder outre-mer la principauté de Tripoli, une série d'événements malheureux semblait porter le coup de grâce au pouvoir comtal.

Le dernier comte de la lignée des Guillem, Bertran, fils de Joufré, s'était éteint le 8 juillet 1090/1094 [1]. Son cousin Guillem Bertran était mort entre 1065 et 1074 [2] ne laissant qu'une fille Azalaïs que sa mère maria peu avant 1080 au comte d'Urgell, Ermengaud [3]. Bertran, lui aussi, n'avait qu'une fille, Cécile, mariée en 1083 au vicomte de Béziers, Bernad Atton [4]. La sœur de Bertran, Gerberge, avait épousé le comte Gerbert de Gévaudan [5]. En 1092 le mari d'Azalaïs Ermengaud, meurt à son tour, laissant un fils mineur, Guillem [6]. En 1096, Raimon de S. Gilles gagne la Terre Sainte et en 1109 son fils Bertran, compromis par ses violences à S. Gilles, part à son tour [7]. Il ne reste plus alors qu'un comte en Provence, Gerbert ; en 1107 et 1110 on le voit en Avignon rendant la justice [8]. Entre juin 1110 et février 1112, il meurt à son tour, assassiné par des « scélérats » que nous

---

1. Catalogue n° 205.
2. Il paraît encore le 1er mai 1065 (Catalogue n° 175) et entre 1063 et 1069 (Catalogue n° 181). Il était mort avant 1074 (Catalogue n° 185-186-187).
3. MANTEYER, *La Provence* ... p. 318 note 2.
4. Catalogue n° 197.
5. MANTEYER, *op. cit.* p. 312. — Gerbert était aussi vicomte de Carlat. Sur cette famille descendant d'une union entre Adèle, fille du vicomte de Carlat et Bérenger, vicomte de Milhau, cf. SAIGNE et DIENNE, *Documents historiques relatifs à la vicomté de Carlat*, Monaco, 1900, Tome II, Etude historique de la vicomté de Carlat.
6. Il teste le 29 avril (Catalogue n° 203) et meurt en 1092 (RHF XI p. 291). Il était venu en Provence où il avait rendu la justice à Chorges (Catalogue n° 202), donné une partie du grand fief vicomtal de Gap texte cité *supra*, p. 203, note 190) et vendu la dîme du domaine comtal à Pertuis (Catalogue n° 200).
7. Cf. *supra*, p. 280.
8. Catalogue n° 226-227 et 231.

identifierons plus loin [9]. Le pouvoir comtal n'est plus défendu que par des femmes et des enfants. Une solution extrême dut être adoptée : extrême, car non seulement Gerberge, veuve de Gerbert, fait appel à un comte étranger pour lui donner sa fille, mais elle s'adresse au comte de Barcelone, prince puissant, et ennemi traditionnel de la dynastie des S. Gilles, avec laquelle, pourtant, la mère de Gerberge paraissait bien s'entendre [10]. Deux donations successives, l'une de Gerberge à sa fille Douce et l'autre de Douce à son mari, font de Raimon, comte de Barcelone, un marquis de Provence [11]. C'était mettre la restauration du pouvoir comtal en de puissantes mains, mais c'était aussi abandonner tout espoir d'un gouvernement dans l'indivision [12], comme ç'avait été le cas jusque-là. Tandis que les S. Gilles étaient entrés dans la famille des Guillem depuis plus d'un demi-siècle [13], et que Guillem, fils d'Ermengaud, n'entretenait aucun rapport avec son demi-frère, comte d'Urgell, la famille barcelonaise était trop puissante pour se contenter de donner un héritier mâle à la lignée des Guillem et pour en rester là [14]. La majorité d'Anfos de S. Gilles, un peu plus tard, ne pouvait qu'aboutir à un partage du pouvoir comtal, dans l'hostilité et non plus dans la concertation [15].

Comment, si la première lignée comtale n'avait pu réussir à contenir la pression des grands et à leur interdire l'indépendance, comment ceux-ci n'auraient-ils pas espéré traiter d'égal à égal avec des comtes d'origine étrangère qu'affaiblissaient leurs rivalités, leurs préoccupations extérieures et l'exiguïté de leurs nouvelles seigneuries, donc de leurs revenus ? Et cela alors même que les S. Gilles, et à un moindre degré, les Forcalquier préféraient parfois s'attaquer à la seigneurie d'Eglise sans voir que, apparemment désarmée, elle n'était pourtant pas sans défense, sans voir surtout que loin de constituer une menace pour leur pouvoir, elle était le seul allié stable qu'ils pussent trouver. Dès le début au contraire, les comtes barcelonais surent aider l'Eglise pour en être aidés en retour. Et, grâce à l'Eglise, aux chevaliers urbains qu'elle entraînait avec elle, les comtes de Provence de la maison de Barcelone vont réussir ce tour de force, de s'établir dans la majeure partie d'un pays auquel ils étaient à l'origine étrangers, et d'y

---

9. « (Illi scelerati) qui fuerunt de morte Girberti comitis inculpati ». — 1196 (Catalogue n° 237).

10. Cf. l'acte du 28 juillet 1094 (Catalogue n° 206).

11. Catalogue n° 233-234 et 235. — Il faut admettre que Gerbert n'avait pas reçu le comté de sa femme. Par contre Ermengaud l'avait reçu : il le lègue dans son testament à son fils Guillem, tout en laissant l'usufruit à la comtesse Azalaïs. A la mort de Guillem, c'est elle qui en investira ses enfants, Bertran et Guigue — Octobre 1129 (Catalogue n° 271).

12. Sur cette indivision, cf. MANTEYER, *La Provence...* p. 313.

13. Guillem Taillefer, comte de Toulouse, était fils d'un premier mariage de la comtesse Azalaïs avec Raimon (Catalogue n° 87 et 90), et par suite, demi-frère de Guillem, comte d'Arles, fils d'Azalaïs et du marquis Guillem. Il épousa entre 1008 (Catalogue n° 69) et 1021 (Catalogue n° 87 et 88) Emma, fille du comte Roubaud, et donc nièce du marquis Guillem (Catalogue n° 91-92-93 et 104).

14. Dès 1051, le comte de Barcelone Raimon Bérenger « le vieux » s'était marié avec Blanche, peut-être une fille de Guillem comte d'Arles (il la répudia peu de temps après, S. SOBREQUES i VIDAL, *Els grans comtes de Barcelone,* Barcelone 1961, p. 63.

15. Cf. le partage de 1125 (Catalogue n° 255) et *infra,* p. 330 et ss.

mâter les grands, réussissant là où échouaient leurs rivaux, apparemment mieux placés.

Ce succès, à la différence de ceux qu'avaient pu avoir leurs prédécesseurs dans le comté, vers les années 1040, est un succès définitif. Pourquoi ? Il est certain que les Barcelonais avaient un avantage : tirant une grande partie de leurs forces d'une région extérieure, les coups de leurs adversaires ne pouvaient les atteindre profondément. Cela leur permit, pendant quarante ans, de mener cinq campagnes extrêmement dures, ce que n'auraient pu faire, sans s'épuiser, les premiers comtes. Ce n'est pourtant pas là le plus important. La situation a changé. Certes, les grands tiennent toujours les campagnes. Mais les villes leur échappent en grande partie, et l'adversaire auquel ils ont à faire face n'est plus le même ; le comte était, comme eux, un grand propriétaire foncier, et voilà qu'exploitant d'anciens droits régaliens, il dispose de revenus différents, levés sur leurs propres hommes ; le comte était presque un égal, auquel ils se liaient par une fidélité qu'on pouvait aisément confondre avec — et qu'ils interprétaient sans doute comme — un pacte de non-agression, et voilà qu'il les enserre dans un réseau d'obligations précises, et lourdement sanctionnées. Ainsi, l'autarcie de la seigneurie, et l'indépendance du sire sont attaquées tour à tour ; à un titre ou à un autre, le sire et ses hommes devront quelque chose au comte.

Quelles furent les étapes du succès de la maison barcelonaise ? Quelles furent les raisons de sa permanence ?

— ÉTAPES ET SOUTIENS DE LA CONQUÊTE BARCELONAISE —

Dans la lutte qui les conduit à leur défaite, les grands avaient, pourtant, un atout maître : la rivalité traditionnelle des deux maisons comtales, Toulouse et Barcelone. Les conflits pour le rétablissement d'un fort pouvoir comtal en Provence sont donc intimement mêlés au grand conflit méridional qui oppose, des cités de la côte aux montagnes d'Auvergne et du pays de Foix au trophée de la Turbie, deux grandes maisons princières [16]. Quelles étaient les situations respectives des rivaux au début de la période, peu après 1112 ? On connaît le point fort de S. Gilles en Provence : l'Argence, avec Beaucaire et S. Gilles [17], bien placés pour tirer bénéfice du courant commercial rhodanien. Les Forcalquier tiennent le comté de Sisteron et la route de la Durance [18]. En face d'eux, que tiennent directement les Barcelonais au début du XIIe siècle ? Essentiellement Tarascon — déjà résidence de la

---

16. G. Higounet, *La rivalité des Maisons de Toulouse et de Barcelone pour la prépondérance méridionale, in* Mélanges Halphen, Paris 1951, p. 313 et ss.

17. E. Leonard, (*Catalogue des Actes de Raymond V de Toulouse.* Nîmes 1932) fait remarquer que Raimon V est pour les troubadours le « Senhor d'Argensa » ou le « Segnor de Belcaire », « lo coms cuy es Belcaire », « lo coms cuy es Tolzac et Argensa » (pp. XVI, XV, XVII). Le titre de comte de S. Gilles aussi employé par les contemporains est significatif.

18. Cf. *supra*, p. 97.

comtesse Douce [19] — qui s'oppose à Beaucaire sur la rive gauche du Rhône ; Albaron [20], sur le petit Rhône, qui surveille S. Gilles, et Orgon [21]. A l'Est de cette étroite zone, les comtes de Provence, leurs prédécesseurs, avaient eu des domaines, notamment le palais d'Aix, Brignoles et Seyne [22] ; les révoltes du début du XIIe siècle leur en coupent provisoirement l'accès.

Les zones où ces familles comtales exercent leur influence coïncident-elles avec ces périmètres restreints ? On peut en avoir une idée par les présences régulières aux actes des différentes maisons comtales et par certains fragments qui précisent la qualité de fidèle de tel ou tel personnage. Autour des années 1100, on trouve régulièrement, autour du comte de S. Gilles, les Sabran [23], les sires de Posquières et ceux d'Uzès [24], ceux de Meynes [25], les Roquemaure [26], Peire du Cailar [27], Raimon Peire de Lagorce [28], les sires de Barjac [29], les vicomtes de Mésoargues [30], ou de moindres personnages comme les Aramon, Peire Guillem chevalier de Beaucaire, Raimon de Vallabrègues, Raimon de l'Eguille [31]. Un texte de 1122 nous donne la liste des grands qui ont aidé le jeune comte Anfos à reprendre S. Gilles et qui ont été excommuniés à ce titre ; nous ne sommes pas étonnés d'y retrouver : Guillem de Sabran, Auzias de Castries, Rainon du Cailar, Guillem Renard de Meynes et les vicomtes de Mésoargues [32]. Mais nous sommes plus surpris d'apprendre que le jeune comte avait alors reçu l'aide de Bérenger (des vicomtes d'Avignon), évêque de Fréjus, de Laugier (d'Agoult) évêque d'Apt et de Raimon des Baux [33]. Et aux dernières années du XIe siècle, on trouvait dans la fidélité de Raimon de S. Gilles : Boniface

19. Notons inversement que Bertrand de Born dira, pour caractériser la défaite espérée d'Alphonse d'Aragon : « Lo reis qui a Tarasco perdut ». (LEONARD, *op. cit.*, p. XVIII). Pour Estève Douce, 1063, 1073, 1095 (Catalogue n° 169, 183 et 209).

20. Aussi tenu par la comtesse Douce. Cf. catalogue n° 170. En 1116 le comte était seigneur des hommes d'Albaron (n° 237). L'Eglise d'Arles réclamait toujours un quart du château en 1167 (GCNN Arles n° 615).

21. Cf. catalogue n° 236 — Acte fait à la baume d'Orgon, sans doute l'actuel rocher, très creusé, où se trouve une fortification.

22. Cf. *supra*, p. 98.

23. Cf. LDP-Q et catalogue n° 161-167-176-178-206-208-214.

24. Cf. MANTEYER, *La Provence...* p. 380 à 383 — Catalogue n° 178-206-210.

25. Déjà dans la suite du comte en 1041 (*supra*, p. 205 note 203). Pons de Meynes est parti à la Croisade en 1147 (cf. donation aux Templiers en novembre 1146, Arc. des B. du R. 56 H 5247). Il avait le quart du château de Meynes, la moitié de la *villa* de Treuils et du château de Montfrin, une terre à Basssargues, une part de la seigneurie de Théziers, des biens à Cabrières, des terres inféodées à Fourques, à Pousillac et à Mols, au-dessus de Tarascon, et des maisons à S. Gilles (Catalogue n° 178-193-208-214).

26. Catalogue n° 193-210-214-215-211. Peire Guillem de Roquemaure tient une terre du comte à Saujan (Catalogue n° 212).

27. Catalogue n° 211.

28. Catalogue n° 208-210.

29. Catalogue n° 210.

30. MANTEYER, *La Provence...* p. 353 et ss., Catalogue n° 216.

31. Catalogue n° 216.

32. Catalogue n° 248 et 249 bis. Cf. ceux qui ont accompagné Anfos pour conclure la paix de 1125 (catalogue n° 255).

33. Catalogue n° 248 et 249 bis.

de Castellane, Fouque Doon de Châteaurenard [34] et Pons de Fos-Hyères [35]. Epoque où Raimon pouvait aller jusque vers Draguignan, en plein cœur de la Provence, pour y rendre la justice entre l'abbé de S. Victor et celui de Lérins [36]. C'est bien de tout le pays que Raimon se voyait le seigneur. Aussi est-il naturel de ne trouver dans les quelques actes des Barcelonais antérieurs à 1113 que de très maigres listes de souscripteurs [37] : Raimon des Baux, homme à double face, en compagnie de Guillem Renard (de Châteaurenard) et de Guillem de Boulbon [38] ; quelques chevaliers arlésiens comme Joufré Porcelet et Guibert d'Arles, ou Tarasconnais comme Peire Aubry, Peire de Tarascon [39] ; des chevaliers du Gévaudan : Albert de Canilhac et Bernad Bertran de Milhau et des Catalans : le sénéchal Guillem Raimon, Umbert de Basella, Bérenger Bernad, Bérenger de Queralt, Bérenger de Freixanet.

Peu de grands, non plus, dans l'entourage des Forcalquier. Seuls, les Agoult-Simiane et les Agoult-Mison souscrivent leurs chartes avant le milieu du XIIe siècle [40]. Même après cette date leurs présences ne semblent guère fréquentes. Une grande assemblée exceptionnelle, tenue entre 1162 et 1168 les a réunis [41] autour de leur seigneur ; y assistent avec les quatre évêques dépendants du comte et le prévôt de Forcalquier, évêque au petit pied, une dizaine de grands : les Agoult-Simiane, Guiran et Rostaing, les Amic-Sabran, Guillem et Giraud, Boson de Céreste, Guillem Raimon de Cadarache, Uc de Reillanne et Uc de la Roche, Arnaud Flotte, Peire de Mison. En fait, la grande majorité des suivants du comte est constituée par des chevaliers du diocèse de Sisteron et du pays d'Aiguès. Sur une trentaine de patronymes évoquant un nom de lieu, vingt proviennent du diocèse de

---

34. 1091 (Catalogue n° 201) — 1094 (catalogue n° 206).
35. Catalogue n° 213.
36. 1091 (catalogue n° 201).
37. Catalogue n° 233-234-235-236-237.
38. LDP-C, LDP-F, LDP-Q.
39. Sur ces chevaliers, cf. *supra*, p. 287 note 6, p. 294 note 50, p. 270 note 137, p. 301 note 78 et p. 299 note 72.
40. En 1126, 1129, 1130 et 1149 (catalogue n° 259, 271, 277 et 308). Isnard d'Entrevennes et son fils Bertran de Mison, cf. LDP-K. Sur les Agoult-Mison, voir aussi *Atlas Histor. de Provence* carte n° 55.

Le testament du comte Bertran en 1168 (Hospit. de S. Gilles f° 100 v°) nous apprend qu'il avait pour cousins Guillem de Sabran et ses frères, et Raimon de Mévouillon. Mais ceux-ci apparaissent très rarement dans les actes : Peire (de Sabran) évêque de Sisteron en 1149 (catalogue n° 308). Il faut attendre 1168 (DELAVILLE *op. cit.* n° 386) pour voir Raimon de Mévouillon et Arnaud Flotte (qui reparaît en 1174 à Pavie) et 1150/1157 pour voir Uc de Reillanne (catalogue n° 348 bis), témoins aux actes comtaux.

41. N. DIDIER, *Le texte et la date du statut de Guillaume II de Forcalquier in* Etude A. DUMAS, Aix 1950, p.115. Les évêques y sont qualifiés *proceres curie*, les laïcs *barones comitatus*, distinction assez claire. Les laïcs ne font pas habituellement partie de l'entourage comtal.
42. Isnard de Dauphin, 1126, Volx (catalogue n° 259), 1129 Avignon (catalogue n° 271), 1168 ; Manosque (DELAVILLE *op. cit.* n° 386) ; — Laugier, puis Raimon et Bertrand de S. Maime, 1126 (Catalogue n° 259), 1157/1160 (catalogue n° 353), 1168 (DELAVILLE, *op. cit.* n° 386), 1174, Pavie (MGH *leges* II 144), Embrun 1177 (Arch. des B. du R.) — Guillem de Châteauneuf (commune de Pierrevert ou commune de S. Maime), 1126 (catalogue n° 259) ; — Gérin de Segriès (commune de Limans), 1126 (catalogue n° 250) ; — Uc des Orgues, Aicard de Manosque, Raimon de S. Martin (les Eaux), 1149 (catalogue n° 308) — Guillem de Fontienne, 1168, S. Gilles (Hospit. de S. Gilles f° 160 v°), 1174, Pavie (MGH *leges* II. 144), 1177, Embrun

Sisteron [42], quatre du pays d'Aiguès [43], deux du diocèse d'Apt [44], deux de celui de Cavaillon [45], trois de la région de Gap [46].

Ainsi l'image que nous donnent les documents du début du siècle est claire. Les Forcalquier sont à peine au niveau des grands qu'ils prétendent dominer ; les Barcelonais, nouveaux dans le pays, n'y ont pas encore beaucoup de partisans, à part quelques chevaliers citadiens qui connaissaient peut-être de longtemps le chemin du port de Barcelone. Seul le comte de S. Gilles est reconnu par les grands. Et si le Barcelonais amène ses chevaliers catalans [47], lui appellera à son aide l'ost de Toulouse [48].

Cette prédominance de la maison de S. Gilles au début du XIIe siècle apparaît aussi nettement lorsqu'on examine les conflits qui se déroulent en Provence à cette époque. Les grands du Comtat respectent leur seigneur : les Mondragon, qui ont le fort château de Mornas et la descente du Rhône, lui sont fidèles dans l'adversité [49], comme les vicomtes d'Avignon [50]. La famille qui tient Orange, sur le point de s'éteindre, faute d'héritiers mâles,

---

(Arc. des B. du R. B 288) — Guillem Renard, 1149 (catalogue n° 308), qui est de Manosque (DELAVILLE le ROULX, *op cit.* n° 211 — 1152) — Guillem Cornut et son fils Guillem : 1149 (catalogue n° 308) — 1177, Embrun (Arc. des B. du R. B 288), qui sont la tige de la famille Cornut, possessionnée à Lincel (M.Z. ISNARD, *op. cit.* XIIIe siècle, p. 206-235-248-249-341-359). — Peire Roux et ses fils : 1126. Volx (catalogue n° 259), qui sont sans doute sisteronnais (1166 catalogue n° 223) ; — Peire Gros de Pierrerue, 1157/1160 (catalogue n° 353), qui deviendra prévôt de l'église S. Mary de Forcalquier. Il faut ajouter à ces noms ceux des chevaliers ou des sergents d'armes donnés par la liste des albergues du comte Guillem (mort en 1129) dans la région d'Apt (Arc. des B. du R. B 281) : Bertran de Villemus et son frère, Bertran de Forcalquier, Bertran du Revest, Guillem de Montlaux, Raimon de Limans, Peire Guillem de Sisteron, Olivier de Bevons, Olivier de Lurs et Guillem de Lurs.

43. Isnard de la Motte (d'Aigues) et Peire de la Motte ; 1149 (catalogue n° 308), 1174, Pavie (MGH *leges* II. 144) ; — Guillem Raimon de Beaumont (de Pertuis), 1149 (catalogue n° 308) ; Guillem de Climans (= Notre Dame, commune de Peypin d'Aigues), 1149 (catalogue n° 308). La liste des albergues (Arc. des B. du R. — B 281) nous donne les noms de : Bertran de Roubian (= Cabrières d'Aigues), Raimon et Guillem de la Motte (d'Aigues).

44. Guillem de Ménerbes, 1126, Volx (catalogue n° 259). — Bertran de Saignon et son fils Bertran, 1126, Volx (catalogue n° 259), 1127, Embrun (catalogue n° 264), 1129, Avignon (catalogue n° 271). — Aicard et Gui de Saignon, 1149 (catalogue n° 308), 1174 Pavie (MGH *leges* II. 144). — Ce sont effectivement des chevaliers de Saignon (cf. 1103/1110, CA n° 113).

45. Guillem Isnard et Peire de l'Isle (sur Sorgues), 1126, Volx (catalogue n° 259), 1127, Embrun (catalogue n° 264 ; — Brémond de Velorgues (près de l'Isle sur Sorgues) (enquête Arch. des B. du R. B 281).

46. Peire Abon, chevalier de Gap, c.1110 (catalogue n° 232) ; Peire de Jarjayes, près de Gap (arc. des B. du R. B 281) ; Lantelme de Jarjayes et son neveu Lantelme : 1127 (catalogue n° 264), qui tenait une partie du Grand Fief de Gap (Arch. des B. du R. B 281), les Faudaon, Ricau, Uc et les deux Roux, 1127, Embrun (catalogue n° 264), qui sont les baïles du comte à Gap (enquête sur les droits du comte. Arch. des B. du B. B 281). On connaît aussi le baïle (de Forcalquier ?) Malyvern et le *villicus* Gaston (Enquête sur la région d'Apt, Arc. des B. du R. B 281).

47. Outre les Catalans déjà identifiés (*supra*, p. 322) on trouve dans les actes comtaux c. 1150 : Guillem Umbert de Basella, Bernad et Père Bernad de Bell Lloc, Aubert de Castelvell, Pons de Cervera, Raimon de Pugalt, Arnaud de Llerc, Mir de Llusanès, Raimon de Villademuls, Guillem de Moncada, Geraud de Jorba, Arnaud de Palol ou de Palou.

48. Cf. 1123 (catalogue n° 250).

49. Cf. *infra* note 95. Sur cette famille, branche des Orange Mévouillon, cf. LDP-M.

50. Cf. *infra*, p. 330.

l'accueille lorsqu'il battra en retraite devant le comte catalan[51]. Les Amic-Sabran lui donnent un connétable dévoué[52].

Aux fidélités comtadines s'ajoutent celles des sires d'Outre-Rhône[53] qui gardent de ce côté le comte contre les attaques de ses adversaires traditionnels, Montpellier, Anduze et Trinquavels[54].

Quel contraste avec les efforts désespérés des maisons de Forcalquier et de Barcelone pour desserrer l'étreinte des grands. Dès 1119, on voit le comte de Forcalquier guerroyer contre les Agoult pour exiger d'eux les albergues ; il sera obligé de prendre d'assaut le château de S. Martin de Castillon et d'y planter son étendard[55]. L'exemple paraît avoir suffi et, de 1126 à 1149, les Agoult sont aux côtés du comte et y jouent même un rôle important[56]. Ils l'aident ainsi que les Entrevennes-Mison, à vaincre Uc de Volx en 1126 : Le comte séjourne à Volx avec plus de cent chevaliers ; Uc abandonne toutes les prétentions territoriales qu'il avait eues sur le pourtour de sa seigneurie ; il renonce à tenir un marché à Volx ; il abandonne au comte le domaine que celui-ci lui avait donné à Manosque et cela, précise-t-on, pour le tort qu'il avait causé au comte et qu'il ne pouvait réparer[58] ; et il donne sept otages, garantis chacun par des plèges pour

---

51. Raimbaud d'Orange qui est parti à la Croisade, et ne paraît pas en être revenu, ne laisse qu'une fille, Tiburge, qui est mariée en 1106 à Giraud Adémar de Montélimar (LDP-M-7-5). Quand elle mourra en 1150, ses fils seront encore très jeunes et elle les confiera à son beau-fils Bertrand des Baux (cf. son testament — J. de Font-Reaulx *in* Mélanges Busquet, p. 41). — Cf. *infra* note 95.

52. Cf. *infra*, p. 335.

53. Cf. *supra*, p. 321.

54. En 1163, le comte Raimon de S. Gilles profitera de la minorité du jeune vicomte pour obtenir le serment des chevaliers du château de Nîmes (HGL V col. 1265).

55. « Petrus de Bosco vidit quod Bertrandus comes cepit castrum de S. Martino vi et posuit vexillum suum supra turrem. Bernardus Agarnus de albergo ... et de captione S. Martini facta a comite Willelmo X annis ante mortem comitis idem ... Pontius Lombarda ... et de redditione S. Martini facta per vim utrique comiti idem quod alii ». (Enquête sur les droits du comte dans la région d'Apt — Arc. des B. du R. B 281). Le texte précise par ailleurs qu'il s'agit du S. Martin proche de Castillon, et que sept ans avant la mort du comte Guillem, le comte Guigue était déjà vivant. Il s'agit donc de Guillem (mort le 7 octobre 1129 — catalogue n° 270), père de Bertran (mort le 13 mai 1144-1148 — catalogue n° 307) et de Guigues, le cadet (mort peu après le 30 mai 1149 — catalogue n° 208).

56. Cf. *supra*, note 40. La lettre d'Innocent II invitant la mère et la veuve de Guillem de Forcalquier à restituer Pertuis aux moines de Montmajour est en même temps adressée à Guiran de Simiane et à Bertran Raimbaud (catalogue n° 277) et les mêmes sont chargés en 1149 de faire exécuter le testament de Guigue par ses neveux, quitte à hériter eux-mêmes si ceux-ci refusent de l'accepter.

58. (Le haut du parchemin manque) (... « castrum de Mon) te acuto. Et reliquit ei suos pascherios. Et reliquit mercatum quod tenebat in Vols. Et reriquit (sic) territorium de Manuscam sicut comes fecit dividere inter Vols et Manuascam et territorium de Lebrinnana et territorium de Nuazellis et territorium de Meiolano et territorium de S. Maximo sicut comes fecit dividere inter castrum de la Roca et ista castella supradicta. Et reliquit etiam ad ipsum comitem illum honorem quem comes dederat ei in Manusca qui fuit de Petro Raimundi de S. Juliano, propter forifactum quod fecerat ei quod non poterat emendare. Et hoc totum reliquit Ugo et filii ejus Guigo et Aicardus Wilelmo comiti de Forcalcherio. Et juraverunt ei suam vitam et sua membra et suum honorem. Et ut placitum istud esset firmum, dederunt ei istos obsides ... Et hoc placitum et ... laxatio fuit facta in castro de Vols in solario turris ipsius castri, ospitante ibi ipso Wilelmo comite cum plus quam centum militibus. » Août 1126 (Catalogue n° 259).

3 000 sous. A lui seul Aténoux de Reillanne s'engageait pour 3 500 sous [59]. Peut-être ce succès encouragea-t-il le comte Guillem ; en tout cas, l'année suivante il est à Embrun [60]. A sa mort cependant, le comté n'était guère pacifié puisque son fils Bertrand était obligé de le défendre contre les ennemis [61]. Montfort et Château Arnoux, qui appartenaient aux Entrevennes-Mison, refusent de faire l'albergue au comte ; sans doute pouvaient-ils arguer que leurs seigneurs, ayant leurs autres terres à l'est de la Durance, dépendaient du comte de Barcelone. Le comte Bertran dût reprendre Montfort d'assaut [62]. Manœuvres étriquées, maigres troupes, guerres acharnées et mesquines... les Forcalquier ne seront jamais en Provence que des comtes de second rang.

D'une autre envergure était la maison de Barcelone. Son pouvoir était pourtant bien chancelant à ses débuts. Lorsque les catalans arrivèrent en Basse-Provence, ils y trouvèrent, nous l'avons vu, peu d'amis, mais en revanche, des ennemis déclarés : peu de temps avant, des traîtres avaient tué le comte Gerbert, mari de la comtesse Gerberge, et père de cette Douce qu'il venait d'épouser. Ces traîtres n'étaient autres que la famille des Brussans Palliol dont les possessions enserraient Aix dans un puissant étau. L'un d'eux, Peire Palliol, avait été archevêque de la cité ; un autre, Gui Brussan, y avait tenu le Palais des Tours et l'enceinte, au nom du comte. Leur rébellion risquait non seulement de faire perdre la cité au comte, mais aussi de lui fermer la route de l'Est. Dans l'adversité le comte rencontra un allié solide, sinon désintéressé : son beau-frère, Raimon des Baux. Raimon prêta de l'argent, fournit des chevaux. Lorsque la guerre s'acheva, les Palliol Brussans avaient disparu pour toujours [63].

---

59. Aténoux, sans doute (LDP-O-6-5), et deux chevaliers d'Uc de Volx : ce sont Guillem de Volx et Guillem Féraud de la Roque.

60. 22 et 28 avril 1127 (catalogue n° 263 et 264).

61. « Raimundus Bellianus de albergo comitali ... fuit IIII annis ante mortem comitis ; et pos mortem comitis defendebant comitatum ab inimicis. » (Arch. des B. du R. B 281).

62. « Pontius Lombarda ... vidit quod Bertrandus comes cepit castrum Montis Fortis per vim et coegit homines jurare nomine albergi dare singulis annis LX sol ... Pe. Maurelli ... et de captione Montis Fortis et de sacramento albergi prestandi singulis annis idem ... et de receptione albergi castelli Arnulfi semel recepti. » (Arc. des B. du R. B 281).

63. « Illud vero placitum fuit tale quod comes dedit Raimundo de Baucio omnem honorem illorum sceleratorum qui fuerunt de morte Girberti comitis inculpati, qui est citra Durantium, excepto villa Sancti Maximini ; et dedit ei dominum quod habebat in terra et justiciam et arbergia. Et dedit illi in villa de Mejanis arbergia et bastimenta que faciet ibi, et homines qui ibi advenerunt exceptis illis de Albarone. Eu debebat ei prefatus comes XI milia solidorum et XXXIII caballos. Et recognovit ei ipse comes et uxor ejus de debito, et quos manulevaverat eis Raimundus de Baucio et quos ipse Raimundus de Baucio expenderat in guerra pro morte Girberti comitis. » (Juin ?) 1116 (Catalogue n° 237). Les scélérats qui avaient été inculpés de la mort de Gerbert avaient donc des domaines « de ce côté de la Durance », dont faisait partie S. Maximin. Ces domaines sont donnés à Raimon des Baux. Ses fils, révoltés à leur tour, doivent les restituer au comte en septembre 1150 : « Diffinimus etiam et dimittimus eis (comitibus) totum honorem Rostagni Alfanni et aliorum proditorum, vicelicet castrum de Mairanges, et castrum de Tranz et castrum de Cordolor et castrum de Ledinana et castrum de Aquis et totum honorem quem Rostagnus Alfanni tenebat vel habebat aut aliquis per eum » (Catalogue n° 315). Les « traîtres » avaient donc comme chef de famille Rostaing Aufant et tenaient, outre S. Maximin, Meyrargues, Trans (aujourd'hui Grand S. Jean au Nord-Ouest d'Aix — Rostaing, *Toponymie de la Provence*, p. 276), Coudoux, Lignane et le château d'Aix. Or les

On mesure ici toute la différence entre les guerre du début du XIe siècle et celles-ci : malgré l'assassinat d'un comte, et leur défaite, les Fos avaient continué à tenir leurs domaines et leurs châteaux ; au XIIe, le même crime coûte aux Palliol leur existence. Pour achever d'assurer son pouvoir, Raimon Bérenger se fit donner le comté par sa femme Douce et, sans doute édifiés par les méthodes de leur nouveau seigneur, quatre-vingt-neuf nobles provençaux vinrent alors lui faire hommage [64]. Lorsqu'on examine la liste de ces nobles et qu'on identifie leur patronyme, on s'aperçoit que l'ordre dans lequel ils sont inscrits n'est pas dû au hasard [65]. Un premier groupe s'avance, de vingt et un chevaliers, possessionnés aux confins des diocèses d'Arles et d'Aix, dans un triangle Mallemort, Rognes, S. Chamas [66]. Viennent ensuite douze nobles, originaires de la partie du diocèse d'Avignon sise au sud de la Durance [67] ; puis un groupe de dix-huit Arlésiens où nous

---

sires de S. Maximin sont bien connus ; ce sont les frères de l'archevêque d'Aix, Peire (1030-1048 - LEP dioc. d'Aix note 7) : Guillem Brussan, Isnard Palliol et Audibert Palliol (LDP-D). Guillem Brussan eut trois fils dont un Gui, qui tenait les tours d'Aix au nom du comte (1049-1096 - Catalogue n° 158 - il ne peut s'agir de Gui de Fos puisque le texte protège Gui d'Aix, alors qu'il vise à combattre les Fos) et un Aufant Brussan époux de Constance. Celui-ci eut pour fils Rostaing Aufant qu'on voit à Aix en 1112. On doit compléter la liste des villages dont les Brussan étaient les sires par celle que donne le testament de Pons des Baux en 1170 (BARTHELEMY, *op. cit.*, n° 65) et qui donne en plus : Cornillon, Eguilles, La Garde (à l'Est de Ventabren), la Fare, Lançon, Puyricard, Ventabren. Les Brussans avaient en outre au XIe siècle S. Marc (Jaumegarde), la vallée de Vauvenargues et Arglezy (commune de Velleron) au Nord de la Durance, qu'ils donnèrent à S. André d'Avignon en 1061 (catalogue n° 166) (cf. LDP-D).

64. Le 13 janvier 1113 (catalogue n° 235). La liste n'est connue que par le *Liber feudorum major*, composé pour Alphonse le Chaste entre 1161 et 1196 par un chanoine de Barcelone, Raimon de Caldès (*Liber Feudorum Major,* éditeur F. Miquel-Rosell, Barcelone, 1945/1947, Vol. I, introduction et n° 878). A la différence de celle dont nous avons le texte pour février 1147 (Cf. *infra* note 136) elle n'est ni datée, ni localisée. Mais il est probable que les hommages ont été faits au moment de la tradition du comté, en janvier 1113, puisque dans le cartulaire, la liste vient immédiatement après cet acte. D'autre part, les hommages ont été certainement prêtés quelque part dans la région de Tarascon et d'Orgon (catalogue n° 236) ou d'Arles. On peut se demander s'il n'y a pas là l'application de méthodes depuis longtemps utilisées en Catalogne. Dans quelle mesure la féodalité en Provence n'est-elle pas, *en partie,* une importation barcelonnaise ? P. BONNASSIE estime que la Catalogne à la fin du XIe est une des régions les plus féodalisées d'Europe.

65. Le scribe a sans doute inscrit les noms au fur et à mesure que les hommes prêtaient l'hommage, et eux devaient s'avancer en groupes de parents et d'amis.

66. Quatre personnages portent le surnom de Lambesc : Alfain Muges, Fulcho de Poig, Pons Isnard et un Peire. Seul ce dernier est sire de Lambesc (LDP-H-5-3). Pons Isnard de Lambesc paraît comme simple témoin à un acte des sires de Lambesc (1142, GCNN Arles n° 543), avec Uc de la Barben qui figure à côté de lui dans la liste des hommages. Gui d'Alleins (cf. *supra*, p. 293, note 46), Raimon de S. Chamas et son fils Bertran (cf. Livre Noir f° 31 v° — 1126, serment à l'archevêque d'Arles) et les surnoms de Rognes et de Malemort ; Gardanne (famille arlésienne, *supra*, p. 289, note 20).

67. On reconnaît dans ce groupe : Umbert de Gaussier (roche-château à l'entrée de la route des Baux, au Sud de S. Remy) dit Umbert la Courge (1134, CSPM n° 15 et 16). Umbert l'Escot, parent ou fils de Pons Escot, chevalier de Châteaurenard en 1094 et 1097 (FLAMMARE CL n° 234 et 235), comme Rostaing Materon de Châteaurenard doit être fils de Materon de Châteaurenard (1109, FLAMMARE CL n° 238 — cf. aussi c.1080, CSPM n° 3). Guillem Amat de S. Remy doit être le Guillem de S. Remy qui paraît à S. Paul de Mausole en 1127 (CSPM n° 14 et 17 ; Rostaing Amat chanoine à S. Paul en 1189, CSPM n° 31). Peire de Noves est le

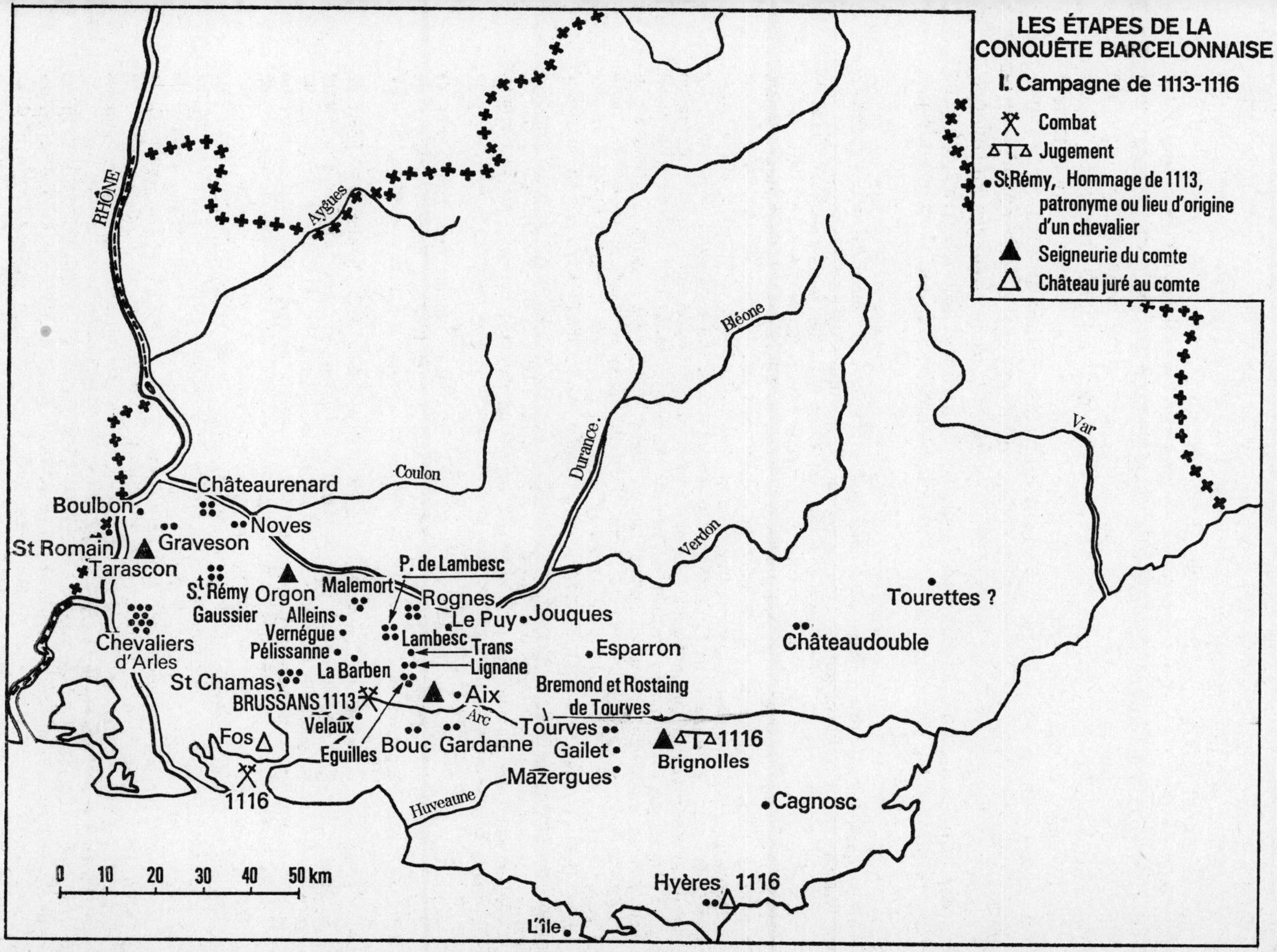

LES ÉTAPES DE LA CONQUÊTE BARCELONNAISE
I. Campagne de 1113-1116
Combat
Jugement
St Rémy, Hommage de 1113, patronyme ou lieu d'origine d'un chevalier
Seigneurie du comte
Château juré au comte
RHÔNE
Aygues
Coulon
Durance
Bléone
Verdon
Var
Arc
Huveaune
Châteaurenard
Boulbon
Noves
St Romain
Graveson
Tarascon
P. de Lambesc
St Rémy
Orgon
Malemort
Rognes
Gaussier
Alleins
Le Puy
Jouques
Vernégue
Lambesc
Trans
Esparron
Chevaliers d'Arles
Pélissanne
Lignane
La Barben
St Chamas
Aix
Bremond et Rostaing de Tourves
BRUSSANS 1113
Velaux
Tourves
Fos
Eguilles
Bouc
Gardanne
Gailet
1116
Brignolles
Mazergues
1116
Tourettes ?
Châteaudouble
Cagnosc
Hyères 1116
L'île
0 10 20 30 40 50 km

FIG. 10

retrouvons les Bellarot, les Borian, les Adalras, les Carbonières, les Arènes, les La Lande [68] ; la fidélité des Porcelet, des Guibert, des Arvier, des Tarascon, était sans doute acquise dès avant 1113 [69] ; un groupe de neuf nobles qui semblent originaires de l'ancien domaine des Brussans au sud-ouest d'Aix et vers Bouc [70] ; encore un groupe et vingt et un nobles où l'on rencontre des Aixois, notamment des gens de la région de Brignoles [71] et enfin sept nobles dont les patronymes évoquent des lieux plus éloignés [72]. Lorsqu'on inscrit tous ces noms sur une carte, le groupement est plus frappant : on ne trouve que quinze noms situés à l'est de la cité d'Aix, contre cinquante-sept à l'ouest ; ou, si on préfère, seuls sept noms sont situés au-delà de la limite orientale du diocèse d'Aix. Cette liste d'hommages révèle encore autre chose : le comte dispose de l'appui de presque tous les lignages chevaleresques importants du Bas-Rhône : la chose est remarquable en Arles, où plus de la moitié des lignages connus s'attachent ainsi au comte. Les grands par

---

même que celui qui fait hommage de ce qu'il avait à Noves, à l'évêque d'Avignon, Laugier, en février 1133 (GCNN Avignon n° 229). Graveson (cf. *supra*, p. 208 note 214).

68. Le groupe des Arlésiens commence par un Ganteaume du Vernègue (avant 1142 le Vernègue est toujours tenu directement par l'archevêque d'Arles, GCNN Arles n° 543).

On trouve ensuite : Peire Bellarot d'Arles (cf. *supra*, p. 298, note 71) ; Guillem de Borian, Pons Guillem de Borian et son fils Guillem (*ibidem* note 34), Raimon Adalras, de Pélissane (*Ibidem* note 3), Raimon des Arènes, futur consul d'Arles (*Ibidem* note 51) ; Uc de La Lande (*Ibidem* note 72) ; Raimon de Carbonières (*Ibidem* note 52). (Le texte dit : *de Cabenis.* On pourrait penser aussi à Cabannes, mais Raimon de Carbonnières est connu à Arles, tandis qu'on n'y connaît pas de Raimon de Cabannes), peut-être Guillem le Roux de Vellaux (cf. Brémond de Vellaux, qui a une terre à Marignane dont les Baux et les Rians sont les seigneurs, XIe — AST f° 104 v°, et Guillem de Vellaux, gendre d'un Guillem Enguerrand, possessionné à Berre au XIIe — AST f° 120) ; Peire Lautard (cf. en Arles un Uc Lautard, mari d'Aicélène et père d'un Guillem 1096-1122 — AST f° 126) ; Joufré Aimon (parent d'un Aicard Aimon qui donne aux chanoines d'Arles ? — AST f° 103).

Enfin on relève les surnoms d'Auzias de S. Romain (de l'Eguille, près de Beaucaire) et d'un Guillem Peire de Boulbon, qui n'est apparemment pas un parent direct des sires de Boulbon, vicomtes de Mésoargues (le nom de Peire n'est pas porté dans cette famille. Cf. LDP-Q).

69. Cf. *supra* note 39 et catalogue n° 237.

70. Notemment Pons de Trans (Grand S. Jean, près d'Aix, plutôt que Trans, près de Draguignan), Joufré d'Eguille, Joufré et Guillem Audibert de Lignane, Peire et Raimon de Bouc, Joufré d'Esparron, descendant d'un lignage chevaleresque connu dès le XIe siècle (CSV n° 222-485-974-1102).

71. En tête de ce groupe figure Bermond de Tourves, sans doute le fils de Guibert de Tourves (LDP-P-6-i) accompagné d'un Rostaing de Tourves qui pourrait être son parent proche. Viennent ensuite un Uc Guiran, un Peire Doon de Tourves, un Guillem de Gailet, un Joufré de Cagnosc, un Raimon Lautaud de Tourves, et un peu plus loin dans la liste, un Ismion de Mazauges (cf. dans un acte aixois de 1081 — CLU n° 3587 — sur ce surnom, cf. CSV n° 140-143-383-1106) ; puis des Aixois : Joufré et Isnard de Rognes, Guigue d'Aiguille, Bertran de Jouques, Rainelm du Puy (Sainte Réparade), un Peire Lautaud d'Aix et, à côté de lui, un Isnard de la Tour (on trouve un Fredus de la Torre en 1081 — CLU n° 3587, en 1246 un Peire de la Tour, prieur de Cagnosc et un Uc de la Tour, prieur de Notre-Dame de la Lauzade, près du Luc, donc non loin de Cagnosc, CSV n° 1035 et un Uc Fouque de la Tour, d'Aix, possessionné à Carnoules en 1060/1064 (CSV 460). Guillem Flavius est connu en 1081 (CLU n° 3587). Reste isolé un Gui des Tourettes (il s'agit probablement de Tourettes de Fayence dans l'évêché de Fréjus — CSV n° 581 et 1068).

72. Raimon Peire d'Hyères, Amiel d'Hyères. Il n'y a pas de Peire dans la famille des sires de Fos et d'Hyères ; par contre, on y trouve peut-être un Amiel de Fos en 1151 (LDP-G). Rostaing de l'Isle (des Embiez) près de Six Fours où S. Victor avait un prieuré ; (AVM n° 218). Isnard de Châteaudouble, connu en 1111 (CSV n° 1098 — cf. CSV 590).

contre sont très rares : deux sûrement, peut-être quatre [73]. Le fait est d'ailleurs très explicable : les Brussans éliminés, il ne reste dans la Basse-Provence occidentale que quelques grands noms. Raimon des Baux avait dû faire hommage avant janvier 1113, comme Guillem de Châteaurenard ou Guillem de Boulbon ; si l'on ajoute Peire de Lambesc, qui figure dans la liste, on voit qu'il ne manque parmi les grands de cette région que Pons de Fos.

Le cas de ce dernier fut réglé au retour de l'expédition de Majorque qui occupa le comte d'août 1113 à avril 1115. Lorsque le comte regagna Barcelone, après sa victoire, la comtesse Douce vint l'y rejoindre avec une suite de Provençaux [74]. Puis, tous ensemble, ils firent de nouveau voile vers la Provence, entrèrent dans l'embouchure du Rhône, où ils prirent à leur bord les trois évêques de Nice, d'Antibes et de Fréjus [75] et se dirigèrent vers l'Italie, touchant Gênes, puis Pise. Là une ambassade alla trouver le Pape qui prit sous sa protection le comte et ses domaines [76]. On comprend le but de la démarche lorsqu'on sait que l'Empereur contestait la donation de Douce faite sans son accord [77]. Au retour de ce long périple, le comte, Raimon des Baux, et plusieurs Arlésiens, prennent le château de Fos [78]. Pons de Fos fait enfin hommage au comte pour Fos et Hyères [79].

C'est alors que Raimon des Baux demande le prix de son dévouement [80]. Il est lourd : d'abord l'albergue de Méjeanne et la permission d'y bâtir une fortification, et puis tout le domaine des Brussans, avec la seigneurie, la justice, les albergues. Le comte accepte, ne retenant pour lui que S. Maximin, qui constituera un point d'appui solide entre Aix et son domaine de Brignoles. Puis ayant assuré ses arrières, le comte marche vers l'est : en juillet 1116, il tient sa cour à Brignoles ; là, plusieurs grands viennent le trouver, qui n'avaient pas daigné paraître en 1113 : le vicomte de Marseille Pons de Peynier, les Solliès ses parents, les Rians, les Pontevès et les Blacas, Guillem de Moustiers et l'évêque Augier de Riez, sans doute un Pontevès [81].

---

73. Peire de Lambesc LDP-H. Brémond de Tourves LDP-P et peut-être Rostaing de Tourves ou Amiel d'Hyères.

74. Sur l'expédition de Majorque, cf. S. Sobreques i Vidal, *op. cit.* p. 175. « Audiens vero Dulcia comitissa Provincie, uxor comitis quae tunc loco viri viriliter regebat Provinciam adventum marchionis, laeta cum laeto comitatu properante, Barchinonam venit ; abbatem vero S. Rufi secum adduxit Ollegarium. » *Vita S. Ollegarii, España Segrada*... p. 472.

75. « Vela dant nautae, intrant naves Rhodanum, susceptis Forejuliensi, Niseno, Antipolitano in nave episcopis, venit comes Genuam ... inde venit Pisa ». *Vita S Ollegarii, ibidem* p. 475.

76. 23 mai 1116 (catalogue n° 299).

77. « Regis (= Henri V) vero animus erat, sicut Pisanis intimatum fuerat, si posset mitterre manus in comitem, qui ducatum Provinciae cum uxore sua acceperat. Dicebat enim Imperator ducatum Provinciae esse sui juris ... Legati, magnae eloquentiae et prudentiae viri, veniunt Romam, duo episcopi Nisenus et Antipolitanus, unus Barchinonae unus Gerundae duo archidiaconi, et Barchinonensis ecclesiae magister, duo praeclari genere et militia viri... (Le pape délègue alors le cardinal Boson comme légat) ... Legatum vero comes secum rediens adduxit in Provinciam », (*Vita S. Ollegarii, ibidem*, p. 476).

78. 1116, Fos (catalogue n° 237) et 4 juillet 1117 : « R. comes... cum omnibus meis de Barchinona per mare navigio Januam et Pisam adivi. In reditu vero, in Provintia, in obsidione Fossi castri, quod a justitia mea deviabat, illos mecum detinui », (RHF, XII, p. 352 note a).

79. Catalogue n° 238.

80. Cf. texte cité *supra* note 63.

81. 13 juillet 1116 (Catalogue n° 241).

Sont aussi présents Raimon des Baux et trois ecclésiastiques dévoués au comte qui l'avaient accompagné en Italie : Manfred, évêque d'Antibes, Bérenger, évêque de Fréjus et le Catalan Ollegaire, abbé de S. Ruf d'Avignon, récemment élu évêque de Barcelone. Dès janvier de l'année suivante, le comte progresse à nouveau vers l'est : il passe au Luc et vient à Hyères, sans doute pour éprouver l'hommage de Pons de Fos [82]. Il va ainsi jusqu'à Nice où il assiste en compagnie de Manfred, évêque d'Antibes, de Guillem de Moustiers et de Fouque de Grasse, à un accord entre l'évêque de Nice, Peire, et le sire Gauceran Laugier [83]. En un an, le comte avait parcouru toute la Basse-Provence, de Tarascon à Nice, et reçu l'hommage ou la fidélité de quatre évêques et des représentants de huit grandes familles. Mais il lui faut revenir à Barcelonne [84] et, lui parti, la fidélité des grands est bien précaire : dès 1122 Bérenger de Fréjus et Raimon des Baux aidaient le jeune comte Anfos à remettre la main sur l'abbaye de S. Gilles. Raimon fut excommunié, Bérenger sévèrement admonesté par le Pape [85].

Alors Raimon Bérenger entame une nouvelle campagne et fort habilement ; dès 1121, il appuye les plaintes de l'abbé de S. Gilles et des moines auprès du Pape [86], et vers la même époque, il réclame à Anfos l'Argence et Beaucaire, terres de l'Eglise d'Arles [87]. Le Catalan se pose ainsi en champion de l'Eglise, et l'on voit se grouper autour de lui une coalition des Arlésiens et des grands de Septimanie, Bernad Aton, vicomte de Béziers, Bernad d'Anduze et Raimon Decan de Posquières [88]. Quand il prend l'offensive, il a pour lui le Droit et l'Eglise. Il vise la cité d'Avignon, dont les vicomtes sont des fidèles de son adversaire [89], mais dont l'évêque est précisément de ses partisans [90] et hostile aux vicomtes [91]. Ceux-ci chassent

---

82. Catalogue n° 242.

83. Peire de Nice avait aussi été l'un des conseillers du comte en Italie (catalogue n° 243 et 244). Gauceran Laugier, de la famille des Orange, LDP-M.

84. Le 23 janvier 1118 le comte est à Tarragone avec Ollegaire (*Liber feudorum major,* MIQUEL-ROSELL, n° 245).

85. Cf. *supra,* note 33.

86. « Raimundus filius noster, Ugo abbas et fratres monasterii S. Egydii ... contra te vehementius conquerentur », 22 juin 1121, (GOIFFON, *op. cit.* n° 40).

87. « De ipsis querimoniis quas inter se habebant (comites), de ipso castro de Belcaire, et de Argentia et de toto territorio Argencie, et de toto comitatu Provincie », 1125 (Catalogue n° 255).

88. « Venerabili fratri Attoni Arelatensi archiepiscopi et karissimo filio Raimundo Barchinonensium comiti et Gaufredo Porcelleto », 22 avril 1122 (*Ibidem* n° 49), et bulles du 4 octobre 1121 et du 22 avril 1122 (GOIFFON, *op. cit.*, n° 45 et 46).

89. L'un des leurs, Bérenger (de Fréjus) était précisément allé aider Anfos de S. Gilles à attaquer cette abbaye (*supra,* note 33).

90. Cf. les prêts qu'il lui consent (Catalogue n° 276 et 294). Il faut noter que d'après un acte disparu le comte Raimon Bérenger aurait fait une donation à la cathédrale d'Avignon précisément en 1121 (Catalogue n° 249). Le successeur de Laugier, Joufré, était aussi partisan des Barcelonnais. « Raimundus comes Barchinonensis et marchio Provinciae, pro multis et magnis servitiis et sincera amicitia qua mihi et fratri meo (son prédécesseur Bérenger Raimon, mort en 1144) Gaufrede episcope Avenionensis hactenus exhibuisti », 1150 (Catalogue n° 323).

91. Entre 1117 et 1122, Bérenger de Fréjus avait demandé avec force (*vehementer postulavit*) et obtenu des chanoines et d'Arbert, l'église Notre-Dame et les dîmes de Sorgues et celles des marais ; mais comme l'indique Manteyer (*op. cit.* p. 392) l'acte contient des réserves déplaisantes (CNDD n° 79). Arbert qualifiait ailleurs la famille des vicomtes de tyrans :

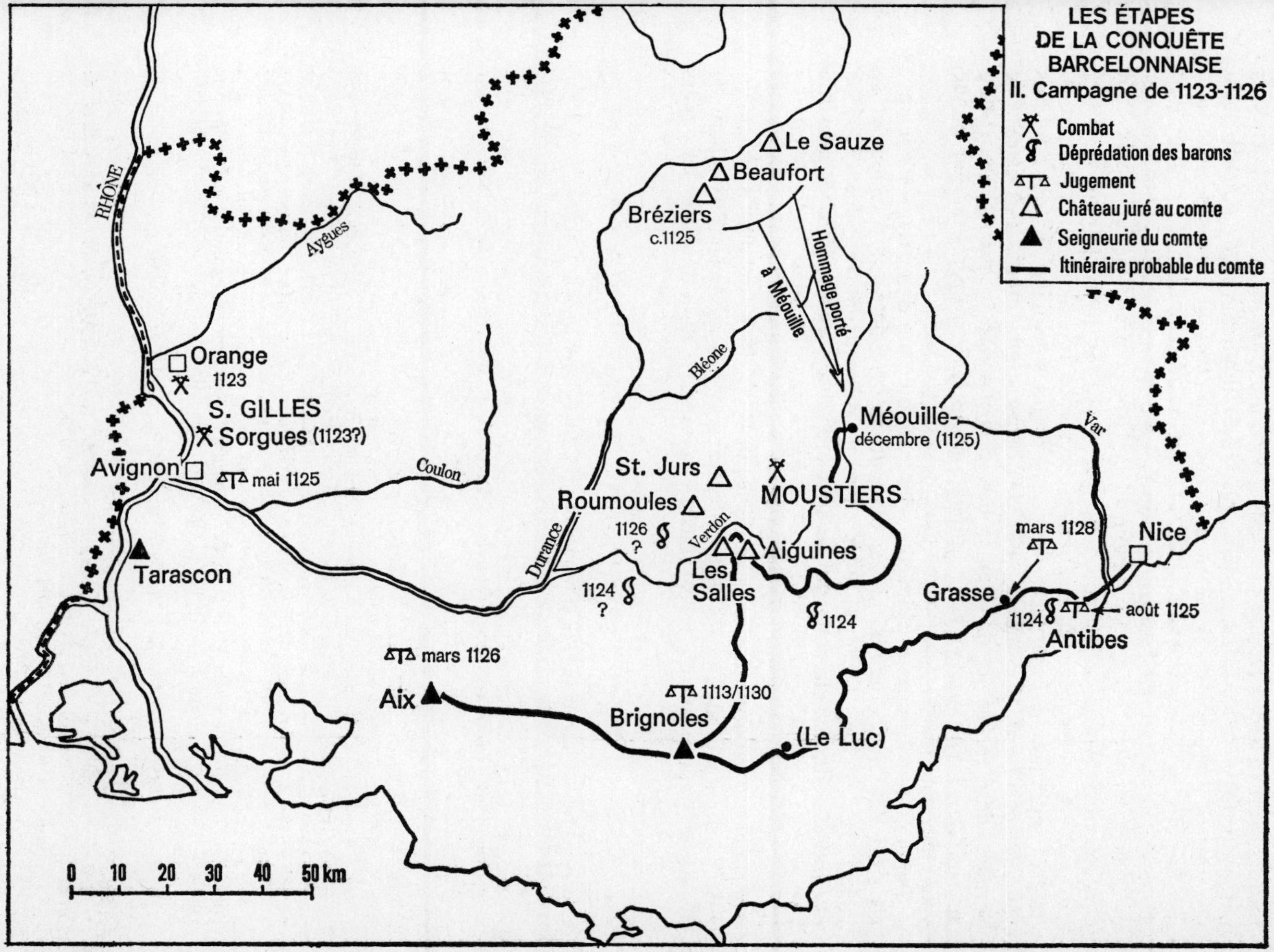
LES ÉTAPES
DE LA CONQUÊTE
BARCELONNAISE
II. Campagne de 1123-1126
Combat
Déprédation des barons
Jugement
Château juré au comte
Seigneurie du comte
Itinéraire probable du comte
RHÔNE
Aygues
Orange
1123
S. GILLES
Sorgues (1123?)
Avignon
mai 1125
Coulon
Tarascon
Durance
Le Sauze
Beaufort
Bréziers
c.1125
Hommage porté
à Méouille
Bléone
Méouille-
décembre (1125)
Var
St. Jurs
Roumoules
MOUSTIERS
1126
?
Verdon
Aiguines
Les
Salles
1124
?
1124
mars 1128
Nice
Grasse
1124
août 1125
Antibes
mars 1126
Aix
1113/1130
Brignoles
(Le Luc)
0 10 20 30 40 50 km

FIG. 11

l'évêque [92], mais le chapitre, composé de membres des lignages chevaleresques, résiste aux prétentions d'un cadet des vicomtes, qui voulait s'emparer du siège [93]. Les succès militaires de Raimon-Bérenger emportent la victoire : il détruit Sorgues, seigneurie des vicomtes qui commande la route du Nord [94], et assiège Anfos dans Orange si durement que celui-ci doit demander le secours et l'ost toulousain [95]. Le 5 mai 1125, Raimon-Bérenger et Douce tiennent la cité d'Avignon, et le 16 septembre 1125, la paix était conclue entre Anfos et Raimon Bérenger. Le traité nous indique qu'Anfos gardait certes l'Argence et Beaucaire, et même l'île de Valabrègue, mais qu'il abandonnait Mésoargues, dont les vicomtes avaient été pourtant ses vassaux, et l'île de Loubières, près de Tarascon, la moitié d'Avignon, de Sorgues, de Caumont et du Thor ; outre cela il renonçait à toute prétention au sud de la Durance [96]. La réunification de la Provence était en bonne voie, mais au profit des Barcelonais.

Pendant que le comte réduisait à l'ouest son plus dangereux adversaire, les sires de l'Est, dont la fidélité était de fraîche date, se révoltent et se jettent sur les biens d'Eglise et les châteaux dépendants du comte. La liste est impressionnante de ceux qui se sont crus alors tout permis : Truan (de Laurade et de Châteaudouble) brûlait Spéluque d'Ampus [97] ; les Pontevès incendiaient Brauch et réduisaient Albiosc en solitude [98] ; Fouque de Grasse avait enlevé Vallauris à Lérins et dévastait Arluc [99]. Les Solliès reprenaient à S. Victor les domaines qu'ils lui avaient restitués en 1116 [100]. Guillem de Moustiers, entre autres torts causés au comte, molestait les chevaliers

---

« quicquid ab ea negligentia tirranorum alienatum est vobis, requirendum et postea possidendum mandamus ... » (CNDD n° 24).

92. Arbert meurt le 9 mars 1122 à Maguelonne (LEP dioc. d'Avignon).

93. Entre 1107 et 1122 les chanoines juraient de ne pas recevoir pour évêque Peire Bérenger (fils du vicomte Rostaing Bérenger) ni aucune autre personne qu'on voudrait leur imposer par la violence comme évêque, prévôt, doyen ou sacriste (CNDD n° 77, postérieur à 1107 puisqu'y figurent Olivier Aubry et son frère Pons Doon, futur archevêque d'Aix). Peire Bérenger finira sa vie comme chanoine de S. Ruf en 1153 (Manteyer, *op. cit.*, p. 393).

94. Cf. la lettre de Bérenger d'Avignon évêque de Fréjus à l'abbé Pierre de Cluny : « Visis sanctitatis vestrae litteris de destructione in nostris temporibus et desolatione loci de Ponte. » (CLU n° 3964 ; Pierre, abbé depuis 1122, Bérenger, mort le 5 juillet 1131, LEP dioc. d'Avignon note 4). Sur la seigneurie des vicomtes d'Avignon à Sorgues, cf. LDP.-S.

95. « Anno MCXXIII exercitus Tolosanus ivit apud Aurencam ad solvendum et liberandum dominum Ildefonsum » (*chron. S. Saturnini Tolosae*, HGL V col. 50). « Berenguerius Aurasicensis episcopus requisivit a nobis (Anfos) assensu Titburge filie Raimbaldi, quasdam justitias ecclesiae suae et possessiones quas ipse ante guerram et ecclesie perfate destructionem tenuerat », 8 septembre 1126, Orange (Catalogue n° 260). Sur la fin de sa vie le sire de Montpellier s'assura par cédule que les héritiers de ceux qu'il avait alors capturés ne lui tenaient pas rigueur. Il y avait là Pons et Dragonnet de Mondragon pour leur père, ainsi que la veuve de Guillem Rostaing *Cortasola* (1161/1162, Germain Cartulaire des Guillems de Montpelliers, Montpellier 1884-1886, n° 184 et 185).

96. 5 mai 1125. — Jugement entre Peire abbé de S. André et Isnard, pour un manse au Thor (Catalogue n° 252 et 255).

97. 22 décembre 120/1124, CL Flammare, n° 296.

98. Le texte nomme P(ons) d'Allons, l'épouse de Guillem Augier, et les chevaliers de Montbrien (LDF-N) janvier 1125 (CL *Flammare*, n° 290).

99. Fouque de Grasse LDP-B, *ibidem*.

100. 1116 (catalogue n° 241), ils s'accordent à nouveau avec l'abbaye en 1122 (Rolland, *in* Mélanges Busquet, p. 28).

d'Aiguine, de S. Jurs, et des Salles, dont le comte lui avait confié la seigneurie [101]. Le comte ne leur laisse pas le temps de jouir de leurs rapines. En août, il gagne la région d'Antibes et fait rendre gorge à Fouque de Grasse [102], entraînant avec lui Guillem de Boulbon, le vicomte de Marseille Joufré et son cousin Raimon Joufré et des nobles de l'Outre Durance : Joufré de Reillanne, Bertran de Cavaillon et Raimon de Dauphin [103]. L'évêque de Glandevès, Imbert, vient alors à lui [104]. Dans les mois qui suivent, Raimon se retourne contre Guillem de Moustiers ; battu, celui-ci perd la seigneurie des châteaux dont il avait lésé les chevaliers et ceux-ci font directement l'hommage au comte [105]. En décembre 1125 Raimon Bérenger est à Méouilles, au nord de Castellane, où il reçoit le serment de Guillem de Roumoules, avec promesse de rendre le château de Roumoules à réquisition [106]. A la même époque deux chevaliers, Peire Lombard et Ripert de Seynes, lui firent hommage pour les châteaux de Bréziers, Beaufort et du Sauze [107] qui étaient auparavant tenus du comte par Arnaud et Henri Flotte, sires de la Roche des Arnaud sur la rive droite de la Durance [108]. Le comte a employé contre Arnaud le procédé dont il avait usé à l'égard de Guillem de Moustiers. En mai 1126, Raimon-Bérenger, confirmant un jugement de

---

101. « Ego Raimundus Berengarii ... dederam Guillelmi de Mosterio per sua fide castrum S. Georgii et retinui ospicium meum atque justitiam ... Et propter hoc malum quod illis (= militibus) faciebat, habui magnam guerram cum illo, ubi feci magnam amissionem peccunie. Et propter aliud malum quod mihi faciebat et quod mihi noluit redirigere, recuperavi senioraticum castri et militum quem ei dederam. Post mortem vero jamdicti Guillelmi, uxor ejus et filii sui requisierunt ipsum senioraticum quem ego recuperaveram de Guillelmo per jamdictam suam culpam, militibus ipsis quibus ego dederam. Et quia milites ipsi noluerunt accipere per eos ipsum senioraticum quem recuperaveram et dederam illis ut haberent per me jamdicta domina et filii sui fecerunt illis magnam guerram et grande malum. Et ob hanc causam predicti milites mihi querimoniam facientes, venerunt ante me ... Ipsa quidem domine et filii fecerunt querimonia de militibus ante me, sed milites responderunt ..., et curia mea dedit eis rectum judicium quod ab utraque parte laudaveritur. Sed domina jamdicta et filii sui istud judicium facere noluerunt, dejudiciumque facere voluerunt. » (Le comte donne définitivement la seigneurie du château et de deux autres aux chevaliers) 15 mai 1126 (catalogue n° 258).

102. Catalogue n° 253.

103. Aurait-il recruté des nobles du comté de Forcalquier pour lutter contre Anfos de S. Gilles ? L'or ne lui manquait pas.

104. Imbert de Glandevès 1108-1146, (LEP dioc. de Glandevès note 5).

105. Cf. *supra* note 101.

106. L'acte a été fait à la S. Nicolas, au château de Méouilles. Or, le 17 octobre 1126, puis du 17 août 1128 à sa mort, il semble que Raimon Bérenger ait été à Barcelone (Miquel-Rosell, *op. cit.*, n° 238, 523, 535, 187, 213, 182, 525). Il devait y être également dans la période 1118/1119. (*Ibidem* n° 245, 691, 166, 487, 665, 211, 186). Le serment de Guillem serait donc du 6 décembre 1122-1125, plus probablement de 1125.

107. Catalogue n° 262. On connaît au XIVe siècle deux familles du nom de « Lombard » dans les Hautes-Alpes, l'une près de Volonne (Isnard, *op. cit.* pp. 45, 105, 207, 397), et l'autre précisément à Méouilles (*Ibidem* pp. 16, 28, 84, 176, 224, 230, 329, 376). Remarquons que les Pontevès ont eu des biens à Méouilles (*ibidem*, p. 230) et plusieurs d'entre eux portent le surnom d'Allons, qui est tout proche. Or les Pontevès ont été en rivalité avec les Moustiers pour l'évêché de Riez (LEP dioc. de Riez, notes 2, 3 et 5). Le choix du château de Méouilles n'est peut-être pas fortuit.

108. Raimon Bérenger vendant la seigneurie de ces châteaux à l'archevêque d'Embrun, dira qu'Arnaud les avait tenus de ses prédécesseurs, donc au moins de Bérenger-Raimon et de Raimon-Bérenger III. 1155 (Catalogue 357).

sa cour, enlevait définitivement aux Moustiers, la seigneurie des châteaux de S. Jurs, Aiguine et les Salles. Ce jour-là se trouvaient à ses côtés, Boniface de Castellane, Bertran de Mison et son frère Isnard d'Entrevennes, Fouque de Solliès et plusieurs chevaliers tarasconnais [109]. Le dernier acte en Provence du comte nous le montre tenant une cour à Grasse en mars 1128 [110]. Toute la Provence entre la Durance, les Alpes et la mer, semblait pacifiée, et soumise à la maison de Barcelone.

Arrêtons-nous un instant et comparons les forces menées par Raimon Bérenger contre les sires, à celle dont avaient pu disposer ses prédecesseurs au XIe siècle. Ceux-ci s'étaient appuyés essentiellement sur une coalition d'une fraction de l'Eglise, et d'une partie des grands pour lutter contre les autres ; nous savons la fragilité de telles alliances [111]. Le comte de Barcelone, par contre, bénéficie d'abord de l'appui d'une Eglise réformée et beaucoup plus forte : elle lui donne des conseillers fidèles et habiles, comme les évêques Laugier d'Avignon, Manfred d'Antibes, Peire de Nice, comme l'abbé de S. Ruf d'Avignon, Ollegaire [112], des alliés puissants, comme l'archevêque d'Arles Atton, comme l'évêque de Riez, Augier de Pontevès. Grâce à eux, Raimon obtient du Pape la reconnaissance de sa légitimité. Ensuite, le nouveau comte groupe autour de lui les chevaliers citadins du Bas-Rhône, Arlésiens, Aixois, Avignonnais. Par eux, il tient le passage du Rhône et les cités les plus importantes du pays. Enfin, bon gré mal gré, un certain nombre de grands prêtent main-forte au comte, soit qu'ils convoitent les dépouilles de leurs voisins, comme les Baux, soit simplement qu'ils préfèrent se ranger dans le camp du plus fort. Leur appui n'est pourtant plus prépondérant. Et la politique du comte à leur égard est claire : chaque fois qu'il peut isoler une grande famille, il l'élimine totalement, comme ce fut le cas pour les Brussans, ou la réduit à peu de chose, comme il le fit pour les vicomtes d'Avignon [113]. Lorsque les circonstances ne se prêtent pas à une solution aussi définitive, par exemple dans le cas des Flotte et des Moustiers, il essaie de s'attacher directement les chevaliers campagnards qui gardent les châteaux, s'assurant ainsi une emprise directe sur des groupes qui échappaient auparavant à son influence.

La suite des événements allait montrer que cette voie était la bonne, et qu'une alliance avec certains grands ne pouvait être que provisoire. A la mort de Raimon Bérenger, qui avait su se faire craindre, Raimon des Baux, à qui sa fidélité avait été fort profitable, crut arrivé le moment de la rompre, et de passer définitivement dans le camp adverse, celui d'Anfos de S. Gilles. On le voit en tête des fidèles qui entourent Anfos à Narbonne lorsque celui-ci conclut une alliance avec Roger, comte de Foix. Il y a là

---

109. Texte cité *supra* note 101.

110. Catalogue n° 266.

111. Cf. *supra*, p. 209.

112. S. Ruf avait déjà eu un chanoine catalan en la personne de Bertran qui devint évêque de Barcelone (*Vita S. Ollegarii*, p. 473). Les comtes catalans avaient fait des donations à l'abbaye avant d'être comtes de Provence, 23 novembre 1111, et 5 janvier 1112 (U. CHEVALIER, COSR, n°12 et 13).

113. Devenus simples chevaliers de Manosque, ils sombreront dans l'obscurité la plus complète, MANTEYER, *op. cit.*, pp. 398, 399.

non seulement les fidèles habituels, mais aussi : Peire Bermon de Sauve (des Anduze) et Guillem Uc (des Adhemar) de Montélimar [114]. Dans le même temps, Anfos mène une habile politique de mariages. Il se réserve de marier l'héritière de Melgueil [115] ; sans doute, grâce à lui, son fidèle Rostaing de Sabran épouse Constance Amic, héritière de cette branche des vicomtes d'Avignon [116], et Bertran des Baux s'unit à Tiburge d'Orange [117]. Dans l'un et l'autre cas il favorise l'installation dans le Venaissin de familles qui lui étaient dévouées. Les Amic Sabran seront comblés de dons par le fils d'Anfos, le comte Raimon. A l'aîné ira le titre de connétable qui restera dans la famille jusqu'à la fin du XIIIe siècle [118] ; au cadet, l'inféodation de tout ce que tenait encore le comte dans le bas du Comtat : Caumont, le Thor, Germignargue, Thouzon [119]. Leurs alliances avec les comtes de Forcalquier achèveront de donner son lustre à leur famille [120]. Avec ces grands, les actes, plus nombreux, nous montrent autour du comte, son baïle du Venaissin, Maussang, et un groupe nombreux de chevaliers comtadins (Pernes, Beaucaire, Caderousse, Avignon, Aramon, Pujaut, Sorgues, Sorts, Gicon, l'Isle sur Sorgues, Venasque) [121]. Face à Anfos de S. Gilles, le comte barcelonais Bérenger Raimon est bien jeune pour lutter. Il réussit cependant à repousser une attaque en 1133 et à épouser l'héritière de Melgueil, Béatrice, s'alliant ainsi avec les sires de Montpellier [122]. On trouve alors en sa compagnie Raimon des Baux, qui joue apparemment un jeu ambigu, quelques Catalans, comme le sénéchal Guillem Raimon, Raimon de Pugalt, ou Guillem Peire de Castellet [123], quelques chevaliers du Gévaudan [124], mais aussi les mêmes fidèles que ceux de son père, chevaliers arlésiens, tarasconnais ou aixois [125], et avec eux Raimon de Soliès et Uc Joufré de Marseille frère du vicomte Joufré [126] ainsi que l'évêque d'Avignon, Laugier [127]. Voyant qu'il perdait Melgueil, Anfos réagit habilement : dans les années 1141 et 1142, les hommes de Montpellier se révoltent et reçoivent son soutien [128]. Puis en 1143/1144, Anfos fait la paix avec Roger (Trinquavel) de Béziers et Ermengarde, vicomtesse de Narbonne et son mari, Bernad d'Anduze, alliés du comte de Barcelone [129]. Le 2 septembre 1143,

---

114. HGL V col. 962.
115. HGL V col. 983.
116. Manteyer, *La Provence...* pp. 408, 409.
117. LDP-M.
118. Manteyer, *Ibidem,* pp. 410, 411.
119. E.G. Leonard, C.A.R.T. n° 23 et 24 (1162), 56 et 59 (1171).
120. Guillem de Sabran et ses frères étaient cousins du comte Bertran (1168 Hosp. de S. Gilles f° 160 v°).
121. Catalogue n° 282 bis, 286, 288, 289, 291.
122. HGL V, col. 988.
123. Sur les Catalons, cf. *supra,* note 47.
124. Guitard de Séverac, Bernad Joufré de Milhau.
125. Joufré Porcelet, Raimon Sacristain, Guillem Ganteaume, Guillem le Jeune de Tarascon, Guillem d'Eguille, Raimon de la Roque, Guillem Raimon l'Avignonnais.
126. LDP-I.
127. ... 1124-1135 ... déjà auprès du comte en 1132, le 15 mai à Aix, avec l'évêque élu de cette ville, et le 26 mai en Arles, catalogue n° 281 et 282.
128. Jaffe, n° 8154 et s.
129. HGL V. vol. 1069. Sur la querelle entre Ermengarde, héritière de son père, Aimery,

il conclut un accord pour l'Argence avec l'archevêque d'Arles, du conseil de quelques-uns de ses barons, et, parmi eux, il nomme Raimon des Baux, son fils Uc, et Peire de Lambesc. Le 5, il est à S. Gilles et fait la paix avec les Génois [130].

C'est à ce moment que Guillem de Rians « et d'autres nobles » déclenchèrent leur guerre contre le comte Bérenger-Raimon [131]. Coalition puissante : Raimon des Baux et ses fils prétendants au comté [132], Peire de Lambesc, leur parent par alliance, Gui de Fos et d'Hyères [133]. Ensemble ces quatre sires dominent aisément toute la Basse-Provence de l'Ouest, celle précisément d'où le comte tirait ses appuis les plus assurés. Seuls, les chevaliers arlésiens prêtèrent secours au comte [134]. En vain : le coup de grâce lui fut donné par les Génois, qui le tuèrent près de Melgueil [135]. Quel beau succès pour la politique des S. Gilles et pour la réaction seigneuriale !

---

vicomte de Narbonne et Anfos, cf. A. GRABOIS, *Une étape vers la désagrégation de l'Etat Toulousain au XIIe siècle, in* Annales du Midi, tome 78, 1966, p. 16 Aimery était mort, aux côtés du comte de Barcelone à la bataille de Fraga. Sa fille, conseillée par le même comte, au lieu d'épouser Anfos de S. Gilles, se maria avec Bernad d'Anduze.

130. Catalogue n° 289 et 291.

131. « Guillelmus de Rians vel uxor ejus seu filii nullam exactionem fecerant in villa S. Antonini usque dum ipse Guillelmus de Rianz et alii nobiles moverunt guerram contra comitem Berengarium Raimundum ». Catalogue n° 338.

132. « Notum sit omnibus diu fuisse rixam atque discordiam inter Berengarium Raimundi comitem Provincie et Raimundum de Baucio ... eo quod Stephania uxor predicti Raimundi de Baucio et filii sui partem et hereditatem in comitatu Provincie requirebant ... Illis vero super hoc diu litigantibus et guerram sibi alterutrum facientibus, contigit prenominatum comitem ... ab hoc seculo emigrare. Post cujus obitum comitatus totius Provincie remansit fratri suo Raimundo Berengarii ... Predictus autem R. de Baucio et uxor ... in eadem guerra et contencione cum predicto comite ... longuo tempore permanserunt. In qua contencione et guerra tamdiu cum eodem comite et cum hominibus suis Arelatensibus et cum aliis adjutoribus suis extiterunt donec predictus Raimundus de Baucio sponte sua adiit Barchinonam ibique se ipsum in manu comitis misit ... et dedit ei potestatem de castro de Trencatraies ideo quia patri et matri jamdicti comitis retroactis temporibus eam dederat et juraverat. Sed ... accidit Raimundum de Baucio ex hoc mundum transire. Quo defuncto supradictus comes ... venit in Provincia ibique Stephania uxor Raimundi de Baucio et filii ejus ... se ipsos miserunt in manu sua pro faciendis atque complendis suis mandatis ». (Préambule de la paix de septembre 1150, catalogue n° 315). Le dernier acte de Raimon des Baux est la fondation de Silvacane, abbaye cistercienne fille de Morimond en 1147 (GCN tome I, instr. col. 344).

133. Le comte ne consentit à s'accorder avec Gui de Fos qu'en mai 1151. « Et propter offensam quam Guido de Foss fecerat comiti et ei jus facere non poterat, dat ei decem milia soldorum melgoriensis monete, octo milia pro se ipso et duo milia pro fidejussore Petri de Lambisco » (catalogue n° 326). Peire de Lambesc avait donc lui aussi été mis à l'amende par le comte et Gui s'était constitué son plège pour 2 000 sous. Lui-même, à son tour, donna pour plèges Raimon Joufré de Marseille, Isnard de Rians et Amiel de Fos. Or il faut remarquer que Peire de Lambesc, Uc des Baux et Gui de Fos, sont auprès du comte dès le 22 mai 1150, à Aix, où un plaid les nomme tous les trois ensemble, en détachant soigneusement leurs noms de ceux des autres assistants. Ce plaid aboutit à la condamnation des usurpations faites par Peire à Pélissanne, domaine de Montmajour ; un autre plaid tenu à Tarascon le 10 mai 1150, avait condamné les usurpations d'Uc des Baux à Miramas, également domaine de Montmajour (Catalogue n° 309 et 310).

134. Cf. texte cité *supra* note 132. En 1140, sont avec Bérenger-Raimon Raimon Ganteaume et Guillem de Tarascon, Joufré Porcelet, d'Arles et Guillem-Raimon l'Avignonnais, HGL V col. 1044. En 1145, près de la comtesse Béatrice, Guibert d'Arles, HGL V col. 1078.

135. 1144 Catalogue n° 298.

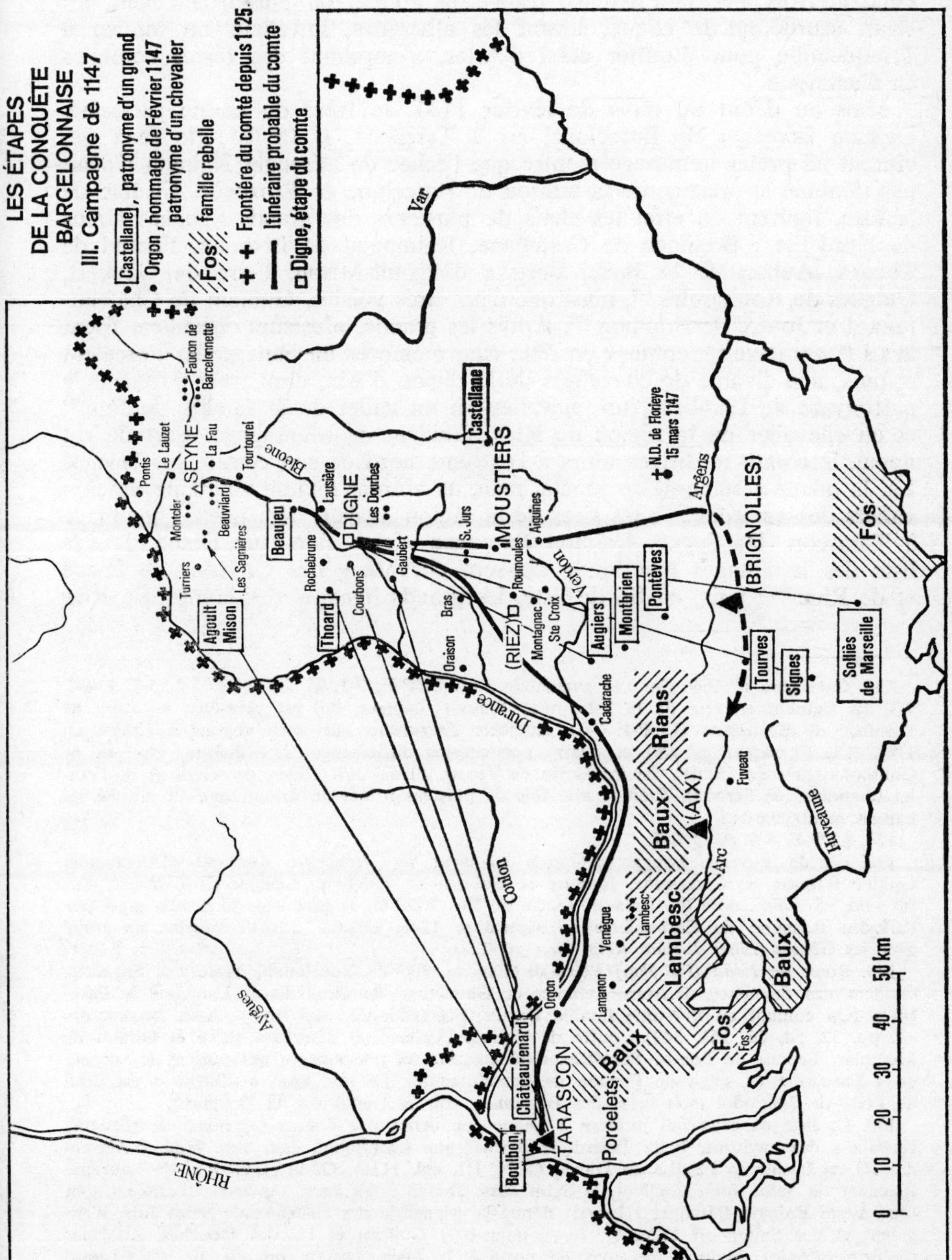
LES ÉTAPES
DE LA CONQUÊTE
BARCELONNAISE
III. Campagne de 1147
Castellane, patronyme d'un grand
Orgon, hommage de Février 1147
patronyme d'un chevalier
Fos famille rebelle
Frontière du comté depuis 1125
Itinéraire probable du comte
Digne, étape du comte
RHÔNE
Boulbon
TARASCON
Châteaurenard
Orgon
Porcelets
Baux
Fos
Lambesc
Rians
(AIX)
Arc
Fuveau
Huveaume
Tourves
Signes
Solliès de Marseille
(BRIGNOLLES)
Pontèves
Montbrien
Augiers
Cadarache
Durance
Coulon
Aygues
Lamanon
Vernègue
Oraison
Bras
(RIEZ)
Montagnac
Ste Croix
Roumoulles
Verdon
MOUSTIERS
Aiguines
St. Jurs
Gaubert
Courbons
Thoard
Rochebrune
DIGNE
Les Dourbes
Lausière
Beaujeu
Agoult
Mison
Turriers
Les Sagnières
Monclar
Beauvilard
SEYNE
Pontis
Le Lauzet
La Fau
Tourtouret
Faucon de Barcelonnette
Bléone
Castellane
N.D. de Florieye
15 mars 1147
Argens
Var
0 10 20 30 40 50 km

FIG. 12

Pendant trois ans, la Provence resta sans comte, ou plus exactement, les Baux usurpèrent le comté, levant les albergues, installant un tonlieu à Trinquetaille pour étouffer celui d'Arles, s'emparant des terres comtales en Camargue.

Mais au début du mois de février 1147, le frère du comte assassiné, Raimon Bérenger de Barcelone, est à Tarascon, et la liste de ceux qui vinrent lui prêter hommage montre que l'échec de Bérenger Raimon n'avait pas diminué le prestige de la maison de Barcelone en Provence. En tête de la liste, figurent en effet les chefs de plusieurs des grands lignages alpins du Nord-Est : Boniface de Castellane, Raimbaud de Beaujeu, Féraud de Thoard, Aubert de la Javie, Bertran d'Agoult-Mison, Peire de Gaubert, Guigues de Roumoules [136], ainsi que deux sires voisins, Guillem de Châteaurenard et Joufré de Boulbon [137]. Après les grands, plusieurs chevaliers firent aussi l'hommage au comte : en tête, cinq membres du lignage des Porcelet ; et puis, une dizaine de chevaliers de la région d'Aix, dont trois portaient le patronyme de Lambesc, un chevalier ou un cadet de la famille de Fos [138] et un chevalier de la région de Riez, Guillem de Montagnac. Fort de cet appui, le comte se dirigea alors à l'extrême nord de son comté, sur Seynes. Là, la même cérémonie se répéta, mais ne vinrent qu'une vingtaine de chevaliers des environs [139] ; les sires de la région avaient déjà prêté l'hommage à Tarascon. De Seyne, Raimon Bérenger revint alors sur Digne. Là, la liste des hommages mentionne dix-sept chevaliers des environs de Digne et de Riez [140] ; puis, en fin de liste, les grands lignages des comtés de Riez

---

136. Catalogue n° 299. Sur ces personnages cf. LDP-E, 7-1, K 5-1 ; 4-8, 5-2, 5-7, L 6-7, 7-3. Ils figurent en tête de la liste, avec Raimon Laugier, qui est peut-être un frère de Boniface de Castellane (LDP-E 7-3), Audibert *Targavaira* que nous voyons à Grasse en 1148 (CL FLAMMARE n° 99) et quatre personnages difficilement identifiables, Guillem de Courbons (près de Digne), Isnard Garin de Toard, Peire *Gili* (Gilles, ou Gérin ?) et Feralet (diminutif de Féraud). Etait-ce une fois de plus les soldes en or qui avaient alléché les barons montagnards ?

137. LDP-F 8-6 et Q 7-7.

138. Uc de Fuveau, Laugier d'Orgon, Rostaing du Vernègue, Audibert d'Allamanon, Guillem-Raimon de Cadarache, Ranoux et Guillem de Lambesc, Laugier de Lambesc. Sur ce nom, cf. *supra*, note 66. Raimon Joufré de Fos LDP-G. Il était avec le comte, ainsi que l'arlésien Rostaing de Carbonières en septembre 1146, lorsque celui-ci conclut un traité avec les Gênois (*Liber Jurium Reip. Gen.* n° 127).

139. Roux de *Fada* (La Fau) Peire de Faucon, Uc de Tourtourel, Peire des Sagnères, Guillem des Sagnières, Bertran Aténoux et Gaudemar de Beauvillard, Lantelme « Esxarid » (On connaît au XVIe une famille Escalis, possessionnée vers Bras d'Asse, ISNARD, *op. cit.* pp. 52, 54, 66, 163, 349). Joufré de Valoria (Vallavoire) Lantelme, Peire et Giraud de Montclar, Leonce de Pontis, Pons-Ricau du Lauzet, six personnages qui portent le surnom de « Faucon » (Il s'agit de Faucon de Barcelonnette). Le seul nom « éloigné » est celui de Pons de Merindol (soit celui des Baronnies, soit Mérindol sur la Durance).

140. La liste de ceux qui jurèrent à Digne commence par donner les noms de plusieurs chevaliers des environs, Peire Isnard de Rochebrune (mentionné dans une bulle d'Alexandre III en faveur de l'Eglise de Digne, GCN, III, col. 1118), Gérin et Géraud de Lauzière, Rostaing de Saint Jurs, Guillem de Saint Jurs, Joufré d'Aiguines(ces trois chevaliers sont ceux à qui Raimon Bérenger III avait donné la seigneurie des châteaux de Saint Jurs, d'Aiguines et des Salles, en 1126, cf. *supra* note 101) Guillem et Uc des Dourbes, Adhémar de Bras (d'Asse), Malpoil (ce nom est porté à la Javie, ISNARD, *op. cit.* p. 193), Isnard « Barreira » (possessionné à Sainte Croix de Verdon, CSV n° 1092, et qui paraît aussi à

et de Fréjus : Guillem et Raimon de Moustiers, Uc d'Oraison, Isnard de Volonne, Pons Arbert (d'Allons) et ses parents Fouque de Pontevès, Guillem Augier, Cordel et Guigue de Montbrien, Fouque de Solliès et Guillem de Marseille, Bertran de Signes, Bérenger et Joufré de Tourves [141]. Le lieu où ces puissants barons ont fait hommage, et leur place dans la liste montrent bien qu'ils ne sont venus que contraints et forcés. La tactique du comte est claire. En un mois, il avait joint les terres de ses alliés du Nord, puis, sans doute avec leur aide, recevait les hommages plus tardifs, donc plus réticents, des barons du Centre, qui ne vinrent le trouver qu'à Digne. Mettant à profit leur fidélité nouvelle, il continua sa marche vers le sud, jusque vers Lorgues, en compagnie de Boniface de Castellane, de Boniface (de Roumoules ?), de Guigue de Montbrien et de Guillem de Châteaurenard [142]. A ce moment, on peut supposer que le comte a recueilli le plus grand nombre possible d'hommages et de fidèles ; il se retourne contre ses adversaires, les écrase et repart en Espagne [143]. Lorsqu'il revient le 10 mai 1150 à Tarascon, il entreprend un périple dans toute la Provence, passant à Hyères, s'arrêtant plusieurs fois à Lambesc [144]. En 1155 et en 1162, les Baux tenteront encore de se rebeller contre le comte [145] ; chaque fois, leur château des Baux sera assiégé et ils seront vaincus [146]. La dernière révolte d'un grand sera celle de Boniface de Castellane, qui apprendra à ses dépens

Callian, près de Fréjus CL FLAMMARE n° 32 et 33), Truan de Laurade (Laurade est près de Tarascon, mais Truan est également sire du petit village d'Ampus, au Nord de Fréjus, cf. *supra*, note 97 et p. 147).

141. Sur ces personnages, cf. LDP-L 6-3, 6-4. N 5-8, 5-6, 5-2, 5-3,, 5-9, I 7-12, 7-1, P. 6-4, 6-3, 6-4. Aicard « Saumade » pourrait bien être Aicard, oncle de Bertran de Signes, qui avait des biens à Gonfanon (catalogue n° 312).

142. Le 15 mars 1147, il donne un diplôme à l'abbaye de Notre-Dame de Florièye, près de Lorgues (catalogue n° 300).

143. C'est ce qu'on peut induire du texte cité *supra* note 132, où l'on voit que Raimon des Baux est allé demander la paix à Barcelone, après 1147 (puisqu'il est mort sans revenir en Provence) et avant 1150. Les terres des rebelles avaient dû être ravagées par l'ost comtal. Dès avant le 5 novembre 1147, Raimon Bérenger était en Espagne, puisqu'à cette date il avait pris Almeria (*Liber Jurium Reip. Gen.* n° 135) puis il est en Catalogne (MIQUEL-ROSELL, op. *cit.* n° 161 et 184). En 1149 il fait le siège de Lérida qu'il prend le 25 octobre (J. CABESTANY, P.E. SCHRAMM et E. BAGUE, *Els primers comtes reis*, Barcelona 1960, p. 26). Il était encore à Lérida en janvier 1150 et à Luna en février 1150 (DELAVILLE LE ROUX, *op. cit.* n° 181 et 182).

144. 10 mai 1150 Tarascon (catalogue n° 309), 22 mai, Aix (catalogue n° 310), 2 juin, Lambesc (catalogue n° 31), 6 juillet, Les Arcs (n° 311), 11 juillet, Hyères (n° 312), 23 juillet, Lambesc (n° 313), 17 août, Lambesc (n° 314), septembre, Arles (n° 315, 320, 321, 322, 324).

145. Il est en Espagne de janvier 1151 à août 1151 (MIQUEL-ROSELL, *op. cit.* n° 29, 14, 15, 246), il y est le 27 décembre 1152 (*ibidem* n° 454) en avril 1153 il est de retour en Provence, à Aix et peut-être à Nice (catalogue n° 331 et 332), revient en Catalogne, puisqu'il est à Lérida en novembre 1153 (MIQUEL-ROSELL, n° 463). Lorsqu'on le revoit en Provence, le 23 octobre 1155, en Arles, c'est pour mater une deuxième révolte des Baux. Il fait le siège des Baux, en compagnie de Trencavel (de Béziers), Ermengarde, vicomtesse de Narbonne, Guillem de Montpellier et ses habituels fidèles Catalans (DIAGO, *Historia de los ... condes de Barcelona* f° 251). Le 23 février 1162 le comte fait à nouveau le siège des Baux (catalogue n° 359).

146. Paix de décembre 1156, en Arles : les Baux s'engagent une fois de plus à ouvrir au comte le château de Trinquetaille, et s'ils n'exécutent pas, promettent de lui abandonner ce qu'ils ont en Arles, ainsi que les châteaux des Baux, de Castillon, et de Vitrolles 1162, cf. *infra*, notes 230 et 232.

qu'il était bien tard pour se révolter, lorsque tous ses pairs avaient été battus [147].

Dans les années 1160, il n'y a plus aucun grand au sud de la Durance qui puisse, ou qui ose, se mesurer au comte. Certes, des sires apporteront parfois un appui aux adversaires du prince, le comte de Toulouse, les Génois, et certaines communes, mais ils ne tenteront plus un soulèvement pour leur propre compte. Le pouvoir comtal peut être combattu, il n'est plus discuté. Cela, la puissance de la maison barcelonaise, les épées de ses chevaliers, l'or de ses marchands ne suffisent pas à l'expliquer. La raison de cet affermissement du pouvoir comtal en un pouvoir quasi monarchique réside dans un changement profond de ses rapports avec la seigneurie banale. Le comte barcelonais ne se contente pas, comme ses prédécesseurs ou ses rivaux, de combattre les grands, il s'en prend à la seigneurie banale, bastion de leur pouvoir, à deux niveaux. En bas, il assujettit les hommes des seigneuries en les obligeant à lui verser des taxes dont il prétend avoir le monopole. En haut, il force leurs seigneurs à entrer dans les cadres stricts et contraignants d'une véritable féodalité.

— L'INVESTISSEMENT DE LA SEIGNEURIE —

Les sires n'avaient guère profité de l'augmentation de revenus procurée par les tonlieux et les péages. Les vicomtes de Marseille mis à part, les seuls péages seigneuriaux que nous connaissions sont le péage de Trinquetaille, créé par les Baux pour concurrencer celui d'Arles, et auquel ils durent renoncer [148], et celui de Mornas, que partageaient les Mondragon avec le comte et l'archevêque d'Arles [149]. Tous les autres tonlieux étaient aux mains des comtes ou des évêques [150]. Le contrôle des marchés urbains échappait donc aux grands. Mais on aurait pu penser qu'ils avaient au moins réussi à créer dans leurs seigneuries des marchés locaux, ou à s'emparer de ceux qui existaient déjà. Prenons l'exemple de deux régions sur lesquelles nous sommes assez bien renseignés, le comté de Forcalquier et le Venaissin. Dans le premier, les textes nous révèlent, pour la période 1120-1130 l'existence de quatre marchés : Pertuis, Volx, Forcalquier et Gap. Le marché de Pertuis était à l'abbaye de Montmajour depuis le milieu du XIe siècle ;

---

147. Traité entre Boniface de Castellane et Alphonse d'Aragon : « Preterea concedit et laudat ... dominus Rex ... predicto Bonifacio et suis hec omnia que Bonifacius habebat et possidebat, vel homines sui per eum ea die qua dominus Rex Rodanum transivit et venit in obsidione Castellane ». Grasse 1189 (Arc. des B. du R. B 293).

148. 1150 (Catalogue n° 318) où le comte force les Baux à abandonner les droits qu'ils levaient au Bourg Neuf et à Trinquetaille à son détriment et à celui de l'archevêque.

149. Cf. *supra*, p. 301, note 77.

150. Aux mains des Barcelonnais : Arles, engagé aux Porcelet (cf. *supra*, p. 242) — la liste des autres péages du comte au XIIIe siècle est donnée *in* CSV p. LXXIII à C. Il semble que le péage de Tarascon date au moins de 1063 (Catalogue n° 169) et celui d'Orgon, au moins du début du XIIe siècle (Catalogue n° 236 et 273). — Aux mains des Forcalquier : Sisteron, avant 1129 (Catalogue n° 267) — aux mains des S. Gilles ; Beaucaire (Catalogue n° 214) — S. Gilles, 1109 (Catalogue n° 239) — Valliguières, 1163 (Catalogue n° 368) — Pont S. Esprit 1164 (Catalogue n° 370) — Mornas, 1170 (ALBANES, *in* Rev. Soc. Sav., 6e série V (1877) p. 286).

en 1120, le comte Guillem et son baïle s'en sont emparés [151]. Le marché de Volx appartenait au sire de Volx ; le comte le force à l'abandonner en 1126 [152]. Les paysans de la région iront donc au marché de Forcalquier, qui est au comte [153]. A Gap, le marché revient tout entier à l'évêque et au comte, et celui-ci y a établi au début du XIIe siècle un lesdier qui perçoit les taxes [154]. En Venaissin, la situation n'est pas différente : le comte de S. Gilles restitue le marché de Carpentras à l'évêque, et il interdit aux sires de Monteux de percevoir une lesde, en d'autres termes d'ouvrir leur propre marché, car celui de Carpentras a le monopole depuis l'Ouvèze jusqu'à la Sorgue [155], donc jusqu'aux marchés de Vaison au nord [156], de Sorgues à l'ouest [157], et de Cavaillon au sud [158]. A Monteux comme à Volx, ou comme à Trinquetaille, les sires ne réussissent pas à créer un centre commercial où ils pourraient détourner à leur profit une partie de la manne qui va remplir les coffres des comtes ou des évêques. Bien au contraire, ce sont leurs propres hommes qui iront porter sur ces marchés extérieurs à la seigneurie les excédents de leur récolte. La commercialisation de ces excédents, et les taxes qui la frappent échappent au contrôle du sire. L'autarcie de la seigneurie banale est dangereusement compromise.

Il y a plus grave encore. Non content d'attirer les hommes du sire hors de la seigneurie, le comte prétend y entrer pour les taxer directement, par le biais d'un droit qu'il transforme et développe, l'albergue. Cette ancienne prestation publique avait parfois été accaparée par les grands durant le XIe siècle. Pour que le pouvoir comtal puisse l'exercer d'une manière régulière, il fallait qu'il soit fort, et sans cesse en mouvement. Il est donc probable que l'exercice des albergues par les comtes, durant les désordres du début du XIIe siècle avait été assez sporadique.

Une enquête sur les droits comtaux au sud de Sisteron nous montre que les choses avaient changé dès 1123, et peut-être dès 1115 : en effet, de 1123 à 1129, date de sa mort, il ne s'est pas passé une année sans que le comte Guillem de Forcalquier ne fasse des albergues dans la région d'Apt [159]. Il en

---

151. 1120 (Catalogue n° 246) — 1124 (Catalogue n° 251). — Le marché de Pertuis était au comte en 1041/1042 (Catalogue n° 134).

152. Accord entre le comte et Uc de Volx, 1126 (Catalogue n° 259).

153. Le marché de Forcalquier paraît dès 1040 (CSV n° 671).

154. « W. Cisbrannus, cujus patrem primo constituit comes lesdarium, ... recipiebat leudam pro comite, ab hora nona III ferie usque ad occasum solis sequentis sabbati et illi de Faudaone (ce sont les baïles) habent ibi tertiam partem et comes duas », enquête sur les droits du comte, période 1090-1129 (Arc. des B. du R. B 281).

155. (Le comte reconnaît) « forum quod in civitate tua Carpentorate ab antiquis temporibus fuit et adhuc est, et omnia que ex foro proveniunt ad jus episcopi pertinere ... dono etiam ... tibi ... quod in nullo castro vel villa vel aliquo loco aliquod forum preter tuum constituatur, in tota terra illa que continetur ab Ovesie fluvio usque ad Sorgium alterum fluvium ... promitto etiam quod dominos et homines de Montilio lesdam tuam quam auferunt tibi reddere faciam. » 1155 (Catalogue n° 336).

156. Le marché de Vaison est connu dès le XIe siècle, cf. *supra*, p. 283, note 240. Il est à l'évêque.

157. Le marché de Sorgues existe dès 1063 (CLU n° 3387) — les vicomtes d'Avignon en avaient une partie, les comtes sans doute le reste.

158. Le marché de Cavaillon est à l'évêque, 1171 (Bibl. Avignon ms 2399 f° 97).

159. Ces albergues sont connues par une enquête de 1168/1175 (référence et datation :

avait aussi à Gap et vers Embrun [160] : ce sont là deux régions frontières de la seigneurie des Forcalquier et des indices montrent qu'ils exerçaient aussi l'albergue en son centre, autour de Manosque notamment et non loin de Sisteron [161]. Examinons à présent la localisation des albergues que nous connaissons. Celles du comté d'Apt sont toutes situées soit dans la cité, soit dans le domaine des Agoult, sur seize villages ; par contre n'apparaissent ni le château d'Agoult ni celui de Simiane, qui sont les deux châteaux principaux de cette famille. On ne voit pas non plus que le comte ait fait albergue à Saignon, domaine de l'évêque, ni à Valsaintes qui est une abbaye. Plus étrange est l'absence totale d'albergue à Roussillon et à S. Saturnin, qui appartiennent à des branches de la famille des Castellane. Lacoste et Bonnieux ont été donnés en 1149, avant l'enquête, aux Agoult, et ce que le comte a donné là, c'était non pas un domaine, mais seulement sa seigneurie, c'est-à-dire les droits comtaux : il est donc normal que ces villages n'apparaissent [162] pas. Le pays d'Aiguès, au sud du comté d'Apt et du Lubéron ne connaît pas d'albergues comtales, mais il semble qu'il y ait eu là une seigneurie propre aux comtesses : Azalaïs, mère de Guillem, Garsende, sa femme, puis Azalaïs, sa petite-fille. De plus les droits comtaux sur quatre villages ont été donnés aux Hospitaliers en 1168 [163]. Dans le Sud du comté de Sisteron, les droits seigneuriaux sur tout un groupe de villages situés autour de Manosque ont été donnés aux Hospitaliers à la même date. Constatons au passage que certains de ces villages constituent le domaine des Volx [164]. Dans

catalogue n° 250 bis). Les événements décrits sont datés par rapport à la mort du comte Guillem, le 7 octobre 1129 (Catalogue n° 270). — Les témoins mentionnent le lieu où ils ont fait, ou vu faire, l'albergue, la durée de l'albergue et l'époque, approximativement, à un an près.

160. Cf. l'enquête sur Gap (note 25) ; aux Orres, à l'Est d'Embrun, 30 albergues — 1127 (Catalogue n° 264). A Embrun même, cf. enquête de 1177 (Arc. des B. du R. B 288).

161. Cf. *infra*, note 163.

162 Les seize villages sont : — à l'Est d'Apt : Banon, Monsaliers, la Rochegiron, Gignac, Rustrel, *Launanicus* (identifié, CA p. 131 note 7), Viens, Meyrigues (Cassini), Caseneuve, S. Martin, Castillon, le Boisset ; — à l'Ouest d'Apt : les Tourettes et Clermont (ancien domaine épiscopal passé aux Agoult), Gargas, Joucas et Gordes. — sur Saignon : cf. 1113 (CA n° 115) rachat par l'évêque. — Valsaintes (M.Z. ISNARD, *Etat documentaire et féodal de la Haute-Provence*, Digne, 1913 p. 438). — Lacoste et Bonnieux étaient d'anciens alleux des Castellane (LDP-1). — Cf. 1151. Enquête sur le testament de Guigue de 1149 (Catalogue n° 325) ; il donnait également l'albergue d'Apt.

163. Cf. en 1130 (Catalogue n° 277). — En 1149 (enquête de 1151 — Catalogue n° 325) : « dedit etiam matri sue castrum Pertusii et ejus territorium ad faciendum quicquid vollet. » En 1168 (Hospit. de S. Gilles f° 160 v°), testament du comte Bertran : « Sorori autem mee Adalaïs relinquo castrum S. Martini de Brascha et castrum de la Mota et castrum de Cucurone. » Ansouis, la Tour d'Aigues, avec des droits sur la Motte, Cucuron, Peypin et Sannes, passeront au XIIIe siècle aux Sabran (*Atlas Historique de Provence,* carte 5), qui sont alliés des comtes de Forcalquier.

164. La grande donation aux Hospitaliers par Bertran en 1168 (Hosp. de S. Gilles f° 160 v°), avant de partir à Jérusalem (Orig. Arc. des B. du R. 56 H 4627). Manosque avait été déjà donné aux Hospitaliers par Guigue en 1149 (Catalogue n° 325). Bertran donne en plus « quicquid juris habeo » dans les châteaux de Châteauneuf Bénévent (= Sainte Marguerite, commune de Pierrevert), Grambois, Limaille (commune de la Bastide des Jourdans), Beaumont (de Pertuis), Roque Corbière (=Corbière), Sainte Tulle, Pierrevert, S. Martin (les Eaux), Dauphin, la Roque (de Volx), Volx et Montagut (commune de Volx).

Ce qu'il donne ici c'est uniquement les droits que le comte avait pu conserver sur ces villa partie Nord du comté, le long de la Durance, tout un groupe de domaines ecclésiastiques échappent à l'albergue : celui de l'évêque de Sisteron, et, par donation expresse en 1149, celui du prieuré clunisien de Ganagobie, celui du monastère S. Martin de Cruis [165], et celui des Templiers [166]. Le Val de Jabron a été donné en 1168 à Raimon de Mévouillon par le comte Bertran [167], il échappe à l'albergue. Restent deux albergues assez isolées [168] et trois « taches blanches » sur la carte : la plaine de Forcalquier, qu'on peut supposer être domaine direct du comte, le domaine des sires des Orgues et de Montlaur, et celui des Reillanne [169]. Ici l'explication nous échappe. Quoiqu'il en soit, remarquons que, durant la première moitié du XIIe siècle, dans cette partie de la Provence, l'albergue comtale s'exerce encore sur de grandes seigneuries laïques (Agoult et la Roque) et sur certaines seigneuries monastiques (Ganagobie et Cruis). Par contre, après 1149 et 1168, les seules albergues qui restent au comte sont celles du Gapençais et de l'Embrunnais et peut-être celles de ces trois zones blanches précédemment indiquées : en 20 ans, les comtes ont ainsi perdu 35 albergues de village et 2 albergues de cité. On comprend dans ces conditions que le dernier des Forcalquier,

---

lages ; en effet, Corbières était tenu pour moitié de S. André d'Avignon par (Aicard), son frère Guigue et leur mère, Laure (de Volx ?) (l'acte comporte une lacune). 1156 (BN lat. 13916 f° 28 v°). — Quant à la Volx et la Roque de Volx, ils sont à Uc de Volx et à ses fils Aicard et Guigue, en 1126 (Catalogue n° 259). Dans le même acte est nommé le château de Montaigu, mais une lacune empêche de savoir pourquoi il est cité. Sainte Tulle est également en partie à l'abbaye S. André — 1165 (GCN I instr. col. 58). S. Martin les Eaux paraît être, à partir du XIIIe siècle, propriété de la famille de Lincel et on n'y voit aucune trace d'un domaine comtal (M.Z. ISNARD, *op. cit.* p. 358).

165. Sur le domaine de l'évêque de Sisteron, cf. *supra*, p. 84. Les terres de Cluny échappent, au moins depuis 1149, aux droits comtaux : « Ecclesie de Podio Canagobie et monasterio Cluniacensi quicquid comes in praefati villa habebat et in villa Segoncie et in eorum territorio similiter dedit » (Catalogue n° 325). S. Martin de Cruis : l'évêque Giraud avait voulu le donner à S. Victor pour qu'il soit réformé (CSV n° 660), mais le monastère montra qu'il était terre de S. Pierre dès mars 1074 (lettre de Grégoire VII à Giraud, GCNN I instr. col. 446.). En 1166, un prévôt Isnard était à la tête de l'église S. Martin de Cruis (GCNN Arles n° 610). On connaît un sacriste Peire Isnard en 1150/1157 (Catalogue n° 348 bis). Le testament de 1149 donne à S. Martin tout ce qu'avait le comte au terroir de Cruis (Catalogue n° 325). — Peyruis avait été donné par Lambert de Reillanne et Galburge à Cluny (cf. la confirmation de leur fils Boniface en 1013, GCN I col. 509) ; mais cette donation a-t-elle été suivie d'effet ? L'enquête de 1168/1175 mentionne des sires de Peyruis, sans malheureusement les nommer ; c'était peut-être simplement là une façon de nommer les moines de Ganagobie ; en 1173 c'est à eux que le comte reprendra Peyruis (M.Z. ISNARD, *op. cit.* p. 282).

166. Labrillane donné par la comtesse Azalaïs ,1144 (Catalogue n° 293) — confirmé par Guillem en 1152-1155 (Catalogue n° 334. — Conflit sous l'évêché de Pierre de Sisteron (1145-1171) qui avait voulu l'échanger aux Templiers contre l'église Notre-Dame des Anges (*de Allonno*), 1174 (GCNN I instr. col. 451).

167. « Consanguineo meo Raimundo de Medullione relinquo Sistaricum et vallem de Nogueriis et vallem S. Vincentii », 1168 (Hospit. de S. Gilles f° 160 v°).

168. Ces deux albergues sont Montfort et Châteauarnoux. Ils furent engagés au comte Guillem en 1182 par Raimbaud « d'Agoult » (Arc. des B. du R. B 291). Il s'agit de la branche « d'Agoult » - Mison, qui tient au XIIIe siècle une partie du Château Arnoux (cf. *Atlas Histor. de Provence,* carte 55) et de Montfort (M.Z. ISNARD, *op. cit.* p. 243 et p. 98).

169. LDP-R et LDP-O

Guillem, ait prétendu en 1174 faire révoquer par l'Empereur, tous les droits de justice et d'albergue aliénés avant lui [170].

Certains indices montrent qu'il en est de même en Basse-Provence rhodanienne. La carte du domaine comtal atteste que les albergues comtales sont extrêmement rares à l'ouest de S. Maximin [171] : il y a certes dans cette région des seigneuries comme celles des vicomtes de Marseille qui avaient bénéficié de la concession des droits comtaux [172], des domaines depuis longtemps immunistes comme ceux de l'Eglise d'Arles [173] ou du monastère de S. Victor [174], des concessions anciennes du droit d'albergue aux grands [175] ; mais encore au début du XIIe siècle le domaine des Brussans, soit une bonne partie de l'Ouest du comté d'Aix, devait l'albergue au comte, comme la devaient les Baux pour Méjeanes ou pour le Bourg Neuf [176], les évêques d'Avignon pour Noves et Verquières [177] ou ceux d'Aix pour Félines et S. Cannadet [178]. Le mouvement d'abandon fut moins fort à l'est. En 1126 le comte précisait qu'il gardait le gîte aux Salles, à Aiguines et à S. Jurs. En 1150 il confirmait la donation du gîte de Pignans à la collégiale de ce lieu, mais entendait conserver celui de Gonfaron [179]. Et la carte du domaine en 1263 nous montre que les albergues sont nombreuses dans les comtés de Digne et de Riez, de Fréjus, de Vence et de Nice et dans la baillie de Théniers. En 1150, le comte pouvait prétendre donner aux Hospitaliers une albergue dans chaque village ou château de Provence [180]. Retenons que les albergues ou plus exactement le droit d'albergue des comtes s'est généralisé en Provence jusqu'au milieu du XIIe siècle ; après cette date il continue à être assez répandu dans la Provence de l'Est. Mais si le droit d'albergue s'est si bien maintenu au XIIe siècle, n'est-ce pas parce que son exercice s'est trouvé grandement facilité ?

L'albergue était en effet, à l'origine, souvent perçue sur les lieux et

---

170. « Comes petit sibi dare sentenciam si de jure in irritum deberet renovari quicquid ab antecessoribus de jurisdictione et de jure hospitiorum et dignitate comitatus alienatum esse constaret. » 1174 (MGH *Leges* II-144).

171. Cf. *Atlas Histor. de Provence* carte n° 60 : « Le domaine comtal de Provence vers 1265 et le marquisat de Provence vers 1253 » (E. BARATIER) où sont méthodiquement relevées les seigneuries où le comte lève le droit d'albergue au XIIIe siècle, et E. BARATIER, *La démographie provençale du XIIIe au XIVe siècle*, Paris 1961.

172. Cf. *supra*, p. 117.

173. Une partie du domaine de l'Eglise d'Arles est composée d'anciens fiscs (cf. *supra*, p. 82).

174. Cf. *supra*, p. 114. Cf. aussi les domaines de Montmajour, comme Miramas, où Uc des Baux prétendait lever l'albergue, 1150 (Catalogue n° 309).

175. Cf. le cas de Mazauges (*supra*, p. 123).

176. Donation par le comte du domaine des Brussans. « Et dedit ei dominium quod habebat in terra et justitiam et arbergia. — Et dedit illi in villa de Mejanis arbergia », 1116 (Catalogue n° 237). L'*hospitium au Bourg Neuf* ne résulte peut-être que de l'accord de 1150 (Catalogue n° 315).

177. 1122/1130 (catalogue n° 276 et 294) — 1150 (catalogue n° 323).

178. 1199 (GCNN I Instr. col. 21) — 1200 (*Ibidem* col. 24).

179. 1126 (catalogue n° 258) — 1131/1144 (catalogue n° 297) — 1150 (catalogue n° 312).

180. « Donamus ... jamdicto Ospitali ... in omnibus castris et villis Provincie quotannis unum ospicium in uno probiori et meliore homine uniuscujusque castri vel ville, ibi videlicet ubi ospicium non habebant », 1150 (catalogue n° 320).

immédiatement consommée ; c'était là d'ailleurs sa raison d'être : permettre l'entretien de la suite comtale. Mais que se passait-il lorsque les cavaliers du comte ne paraissaient point dans le village mis à contribution ? Ou bien, l'albergue n'était pas perçue et, une fois l'année passée, le comte ne pouvait plus rien exiger [181] ; ou bien, le comte envoyait chercher la nourriture qu'il aurait consommée, viande et vin essentiellement [182]. Dans un cas comme dans l'autre, le procédé n'était pas toujours avantageux ni commode pour le comte et l'on comprend que celui-ci ait pu parfois y renoncer. Or dès avant 1149 [183] nous voyons que l'albergue peut être « rachetée » pour une somme d'argent. C'est le comte qui en décide et il semble que ce rachat ne se soit pas partout imposé sans mal. Exigé au début de façon assez irrégulière, il devient habituel dans certains villages dès la période 1129-1149 : ainsi le comte Bertran Ier de Forcalquier contraignit les hommes de Montfort à jurer de lui donner chaque année 60 sous pour l'albergue. Lorsque le comte Raimon de S. Gilles donna aux Hospitaliers l'albergue de S. Martin de Masmolène, les 20 sous qui en tenaient lieu étaient perçus coutumièrement. Et en 1153 des collectes étaient faites à Nice pour le gîte du comte [184]. Le chiffre auquel est fixée l'albergue doit, dès l'origine, avoir un rapport avec les feux : à Embrun, une enquête de 1177 reconnaissait qu'elle était de 6 deniers par feu. A Arluc, elle était en 1166 de 12 deniers par feu ; mais on précise déjà que si le total atteint 100 sous, l'albergue ne devra pas dépasser ce chiffre [185]. Caumont payait en 1171 cent cinquante sous par an ; le Thor, 200 sous, Thouzon, 40 sous [186]. Châteaux Arnoux près de Montfort payait 60 sous par an [187]. Ces chiffres ne sont guère éloignés de ceux des albergues du XIIIe siècle [188] ; il est vrai qu'à cette époque l'impôt principal n'est plus l'albergue, mais la queste, beaucoup plus considérable. Au XIIe siècle par contre, la perception de l'albergue arrivait à rapporter de bonnes sommes. Lorsque les Baux usurpèrent entre 1143 et 1149 un certain nombre d'albergues comtales, le manque à gagner pour le comte fut estimé à environ 10 500 sous [189]. Lorsque les comtes le désiraient, ils pouvaient ainsi remplacer leurs albergues par quelques milliers de sous.

---

181. « Et si non acciperet usque ad festum Omnium Sanctorum de anno preterito non debet postea exigere ; de subsequenti statim poterit cum voluerit. » 1177, Embrun (Arch. des B. du R. B 288).

182. Cf. déjà en 1030/1032, texte cité *supra*, p. 123, note 281.

183. « Pontibus Lombarda de receptione comitali in civitate (Apt) ... semel recepto VIIII noctibus quia nolebant redimere ... et vidit quod Bertrandus comes cepit castrum Montis fortis per vim et coegit homines jurare nomine albergi dare singulis annis LX sol », Enquête de 1168-1173, (Arch. des B. du R. B 281).

184. « (Dono) ... ipsum censum sive canonem quem singulis annis pro albergo de ipsa villa accipere consuevaram scilicet XX sol. publice monete », 1164 et Nice, 1153 (catalogue n° 369 et 331).

185. Embrun (Arc. des B. du R. B 288) — Arluc 1166 (catalogue n° 373). Albergues fixées ou albergues affouagées au XIIIe siècle, cf. BARATIER, *op. cit.*, p. 22 et 23.

186. E. LEONARD, *op. cit.*, n° 59.

187. Enquête de 1168-1173 (Arc. des B. du R. B 281).

188. Dans le cas d'albergues affouages, 12 deniers par tête (BARATIER *loc. cit.*).

189. Les Baux déclarent : « reddimus atque solvimus vobis illud pignus de Camargues quod pater noster Raimundus de Baucio accepit a Berengario Raimundi fratre vestro pro C et XXX marchas argenti ; quod facimus per emendationem ospitiorum quos accepimus in Pro-

Il ne faut pas oublier non plus que les comtes, plus facilement que les grands, pouvaient trouver des ressources extraordinaires : emprunts, amendes, aliénations du domaine. Raimon Bérenger Ier de Provence a pu emprunter entre 1112 et 1116, onze mille sous à Raimon des Baux, et, entre 1122 et 1130, mille sous à l'évêque d'Avignon, Laugier [190]. Son fils, Bérenger Raimon, avait emprunté 6500 sous à Raimon des Baux, 1000 sous à l'évêque Laugier, et, profitant des droits nouveaux qu'il avait acquis par son mariage, 6500 sous à l'ouest du Rhône [191]. Son frère, Raimon Bérenger II, avait emprunté 1200 sous à Bertran Porcelet, et 3000 sous à Joufré, évêque d'Avignon [192]. Le même comte avait pu imposer 4000 sous d'amende aux Baux, 8000 à Gui de Fos, et plus de 2000 à Peire de Lambesc. La donation en bénéfice à l'archevêque d'Embrun de ses droits sur trois châteaux de l'extrême Nord du comté lui permettait d'obtenir de l'archevêque 1100 sous [193]. Ces sommes supplémentaires qu'emprunte le comte sont gagées sur les tonlieux, sur les marchés, sur les albergues, sur toute cette richesse nouvelle que lui fournissent, directement ou indirectement les hommes des seigneuries, pour cela seul qu'il est le comte.

En même temps qu'il les privait du surcroît de production de leurs paysans, le comte exigeait des sires des services qui, pour être plus nobles que ceux des manants, n'en étaient pas moins contraignants.

— L'AFFERMISSEMENT DU LIEN VASSALIQUE —

Le développement des textes concernant le lien d'homme à homme dans la première moitié du XIIe siècle est frappant ; cette documentation plus nombreuse et plus riche permet de s'avancer sur un terrain relativement plus sûr qu'à la période 1040-1100. Non seulement on dispose entre 1100 et 1166 de trente-cinq « serments de fidélité » [194] contre 19 pour l'époque précédente [195]

---

vincia propter comtivum et addimus vobis IIII or milia solidos propter ospicia eadem. » 1150 (Catalogue n° 315).

190. 1160 (catalogue n° 237) — 1122/1130 (catalogue n° 276).

191. 1150 (catalogue n° 315 — cité note 53). — 1131-1144 (catalogue n° 294). L'emprunt de 130 marcs était gagé sur le château de Paulhan, au diocèse de Béziers — 1140 (HGL. V col. 1044).

192. 144/1162 (catalogue n° 360). — 1144/1162 (mention *in* Arc. des B. du R. B 292).

193. 1150 (catalogue n° 315 — cité note 132). — 1151 (catalogue n° 326) : Gui de Fos doit l'amende de 8 000 sous, plus 2 000 sous pour lesquels il s'était constitué plège de Peire de Lambesc. Les droits cédés à l'archevêque proviennent de la confiscation du bénéfice d'Arnaud Flotte, 1155 (catalogue n° 335).

194. A — serments prêtés au comte de Barcelonne : 1. 1116 (catalogue n° 238) : Pons de Fos pour Fos et Hyères ; 2. 1125 (catalogue n° 255) : Anfos, comte de S. Gilles ; 3. 1126 ? (catalogue n° 261) : Guillem de Roumoules pour Roumoules ; 4. 1126 ? (catalogue n° 262) : Peire Lombard et Ripert de Seynes pour Bréziers, Beaufort et le Sauze ; 5. 1150 (catalogue n° 316 — original) : Estève des Baux et ses fils pour Trinquetaille ; 6. 1150 (catalogue n° 317 — original) : Estève des Baux et ses fils ; 7. 1156 (catalogue n° 340) : Estève des Baux et ses fils ;

B — serments prêtés au comte de Forcalquier : 8. 1101/1105 (catalogue n° 221 — original) : Ermessen (vicomtesse d'Avignon) pour Avignon, Manosque et Forcalquier ; 9. 1113/1117 (catalogue n° 245 — original) : Pons d'Allons.

mais aussi de vingt-deux actes ou *convenientiae* [196] et de mentions éparses dans d'autres actes. Quand on examine ces différents textes on constate d'abord la permanence de l'utilisation du serment de fidélité pour certains

---

C — serments prêtés à l'archevêque d'Arles : 10. 1115/1128 (Livre Noir f° 22 v° et 23) : serments de Raimon Isnard, d'Audibert et de Guillem Peire à l'archevêque Atton ; 11. 1131 (GCNN Arles n° 3228) : serments de Bertran Gautier et d'Aufant à l'archevêque Bernad, pour S. Chamas ; 12. 1132 (catalogue n° 281) : Raimon Joufré de Marseille, au même ; 14. 1142 (Livre Noir f° 30 v°) : Peire de Lambesc, à l'archevêque Raimon (de Montredon) ; 15. 1152 (corriger 1142) (GCNN Arles n° 563) : Raimon des Baux et son fils Uc, au même ; 16. 1143 (Livre Noir f° 23 v°) : Raimon de S. Cannat au même ; 17. 1143 (Livre Noir f° 19) : Guillem de Montdragon au même, pour Montdragon ; 18. 1143 (catalogue n° 290) : Anfos, comte de S. Gilles au même ; 19. 1144 (Arc. des B. du R. 3 G 17 f° 132 v°) : Renard d'Eygalières, Pons et Bertrand de Châteaurenard, au même ; 20. 1155 (GCNN Arles n° 577) : Joufré de Marseille, fils de Garrejate, au même ; 21. 1155 (GCNN Arles n° 597) : Uc Joufré de Marseille, fils de Garrejate, au même ; 22. 1159 (GCNN Arles n° 595) : Joufré de Marseille. fils de Poncia, au même ;

D — serments au chapitre d'Avignon : 23. c.1100 (CNDD n° 68) : Pons, fils de Gotalinde au (chanoine) Renard ; 24. c.1100 (CNDD n° 69) : Uc, fils de Gotalinde, au même ; 25. c.1100 (CNDD n° 70) : Guillem, fils d'Ermengarde, au même ; (On peut dater ces serments d'après le chanoine Renard, qui paraît dès 1094 (GCNN Arles n° 455-CSV n° 220) et 1096 (CNDD n° 53) ; 26. sans date (CNDD n° 50) : Peire, fils de Gerberge, pour Saléon.

E — serments à l'évêque d'Avignon : 27. 1133 (G. Bayle, *in* Bull. Histor. Arch. Vaucluse IV — 521) : Peire de Noves et autres à l'évêque Laugier ;

F — serments à l'évêque d'Apt : 28. (1110) (CA n° 118) : Guiran et Bertran Raimbaud d'Agoult à leur oncle, l'évêque Laugier, pour Saignon ; 29. c.1120 (CA n° 120) : les mêmes au même, pour Clermont ;

G — serments à l'évêque de Marseille : 30. 1152 (GCNN Marseille n° 152) : Raimon Joufré de Marseille, fils de Douceline, à l'évêque Peire ; 31. 1157 (GCNN Marseille n° 159) : Raimon de « Felgueriis » au même pour S. Cannat ;

H — serments à l'évêque de Nice : 32. c.1108 (CN n° 84) : les caslans de Drap à l'évêque Isnard ; 33. 1115 (CN n° 85) : les caslans de Drap à l'évêque Peire ;

I — serments à l'abbé de S. Victor : 34. 1134-1145 (Original — ROLLANT *in* Mél. BUSQUET p. 30 n° IV) : Amaury Carbonel, sa femme et ses fils (caslans de Nans) à l'abbé Peire ;

J — serments réciproques des fils de Tiburge d'Orange, l'un envers l'autre : 35. 1150 (FONT-REAULX *in* Mél. BUSQUET, p. 45).

195. Cf. *supra*, 1re partie, chap. IV, p. 164.

196. Pour les comtes de Barcelone : a.1150 (catalogue n° 315) : correspond aux serments n° 5 et 6 ; b. 1151 (catalogue n° 326) ; c. 1162 (catalogue n° 363 bis).

— Pour les comtes de Forcalquier : d. 1126 (catalogue n° 259) ; e. 1127 (catalogue n° 263) ; f. 1127 (catalogue n° 264) ;

— Pour les comtes de S. Gilles : g. 1159/1160 (catalogue n° 354) ;

— Pour l'archevêque d'Arles : h. 1115/1123 GCNN Arles n° 485) : qui correspond au serment n° 10 ; i. 1142 (*Ibidem* n° 543) : qui correspond au serment n° 14 ; j. 1143 (catalogue n° 289) qui correspond au serment n° 18 ; k. 1165/1166 (GCNN Arles n° 608) ;

— Pour l'évêque d'Avignon : l. 1130/1142 (CNDD n° 119) ; m. 1157 (indiqué GCNN Avignon n° 4414) ;

— Pour l'évêque d'Apt : n. 1110 (CA n° 117) : qui correspond au serment n° 28 ; o. 1122 (CA n° 118) ; p. c.1120 (CA n° 121) : qui correspond peut-être au serment n° 29 ;

— Pour l'évêque de Marseille : q. 1128 (GCNN Marseille n° 142) ; r. 1165 (GCNN Marseille n° 165) ;

— Pour l'évêque de Sisteron : s. 1102 (catalogue n° 217) ; t. 1105/1124 (GCNN I instr. col. 446) ;

— Pour l'évêque d'Antibes : u. 1155 (Orginal. — AEA n° 73) ;

— Pour l'abbé de S. Victor : v. 1122 (Original. — ROLLAND *in* Mél. Busquet p. 28 n° III) ;

— Pour les princes d'Orange : w. avant 1150 (mort de Tiburge) (C. BRUNEL, *op. cit.* n° 226).

actes que nous avions déjà rencontrés au XIe siècle. En ce sens le serment de fidélité est encore prêté pour affermir un partage entre parents [197], un traité entre comtes [198] ou pour jurer un asseurement [199]. Les formules mentionnent, en plus du serment, un toucher de mains, qu'il faut distinguer de l'*immixtio manuum* : le personnage qui jure étend sa main droite et donne sa main gauche au bénéficiaire du serment [200]. Cet emploi du serment de fidélité est proche d'un autre rite, celui de l'*in fide suscipere* qui assure la défense et la protection et se scelle par un baiser, sans qu'un serment soit apparemment nécessaire [201]. Dans ces différents cas, il n'est pas besoin de supposer un lien de vassalité, ou de soumission, bien au contraire. L'aide, quand elle apparaît, résulte de l'engagement lui-même, et non d'un devoir vassalique. Mais précisément elle n'est pas toujours mentionnée [202].

D'autres serments, par contre, impliquent plus nettement le lien vassalique. Certes, ceux des caslans au maître d'un château ne nous apprennent guère plus qu'au XIe siècle, c'est-à-dire pas grand-chose [203]. Mais un certain nombre

---

197. C'est le cas pour 35.

198. Comme pour 2.

199. Comme dans le cas de 23-24-25 où ceux qui jurent s'interdisent de rien lever sur le domaine de Saléon, qui appartient à la Cathédrale d'Avignon ; — pour 9, où l'accord entre Pons d'Allons et le comte de Forcalquier est qualifié de *placitum* : — pour le serment de l'évêque aux châtelains de Sisteron, dans t. ; — pour la promesse de Guillem de Solliès de ne pas enlever Nans aux moines de S. Victor (début de *v*).

200. « Aus tu (Talis) ... qui per za ma mi te(n)s, eu (talis) ». (Serment 23-24-25) (cf. 1062/1083, *supra* 1re partie, chap. I note 40). Ce geste est illustré par certaines miniatures du *Liber feudorum major* des comtes de Barcelone (cf. Miquel-Rosell édit.).

201. 1. L'évêque Bertran de Sisteron était en désaccord avec la comtesse (de Forcalquier) Azalaïs. Ils s'accordèrent enfin et : « ipsa comitissa in fide sua me et ecclesiam prefatam necnon et clericos in tuitione ac defensione contra omnes homines sucepit ... », 1102 (catalogue n° 217). 2. En 1122 Guillem de Solliès et Roux, abbé de S. Victor, mirent fin à leurs discordes. Guillem fit la promesse de ne plus agresser les hommes des moines à Nans, puis : « pro hac etiam promissione ac difficinitione antedictus Guillelmus suscepit in fide Domini Dei et sua abbatem et monachos, Pontium quoque vicecomitem (de Marseille) et conjugem suam ac Bertrannum Iterii (d'Aubagne) et omnes hos in hac fide est osculatus » (note 196-v). 3. En 1127 le comte Guillem de Forcalquier fait une donation aux chanoines d'Embrun et « insurper etiam et cannonicos et omnes res eorum in bona fide ad custodiendum et protegendum deinceps suscipio » (note 196-e). 4. En 1159/1160 le comte de S. Gilles déclare à l'évêque de Carpentras « in fide mea et osculo te suscipio, et mandato meo, tactis sacrosanctis evangeliis jurant Guillelmus de Sabrano constabularius, Giraudus Amicus, Bertrandus de Baucio, Draconetus, Ricauus de Insula, Guillelmus de Sparrone, Petrus de Cadarossa » (note 196-g). On le voit : le comte embrasse ; ses fidèles jurent sur les évangiles. La même distinction est faite en 1102.

202. 9 mentionne « adjutorium contra omnes homines, excepto contra comitem de Barcilona. » 23, 24, 25, le serment de Guillem de Solliès dans *v* et le serment de l'évêque dans *t* ne comportent aucune promesse d'aide (cf. déjà le serment n° 7 de la période 1040-1100), *supra* p. 166, note 204. Par contre la *susceptio in fide* implique évidemment l'aide. Il faut noter que l'*adjutorium* va être très souvent lié au qualificatif *fidelis*. L'expression *fidelis adjutor* apparaît dès 1105 dans le testament de Raimon de S. Gilles, lorsqu'il recommande à son fils Bertran de protéger l'Eglise d'Arles (catalogue n° 219). On trouve la promesse d'un *fidele adjutorium* dans le serment des nobles de Forcalquier à l'évêque de Sisteron en 1102 (note 194 — serment 5). L'expression est de règle dans les serments arlésiens ou marseillais.

203. 32, 33 et 34, qui reprennent d'ailleurs les serments 12 et 17 de la période 1040-1100. Avant 1150, Guillem d'Orange, fils de Tiburge, qui donne en gage le château de Barret (de Lioure) à Raimon de Mévouillon s'engage à faire prêter serment à celui-ci par les caslans

d'indices nous montrent que dans la majorité des cas ces serments impliquent une subordination : c'est d'abord la généralisation de la formule *dare ad fidelitatem et servitium* [204] ; c'est surtout l'apparition indiscutable de l'hommage à tous les niveaux. La première mention sûre est de 1092 : Abellon, fils de Constantin, laisse à son fils Peire, dans le village de Briançonnet, un manse que lui et les siens devront tenir de l'abbé de Lérins, à qui ils devront prêter la fidélité, le service et l'hommage [205]. En 1102, les nobles de Forcalquier, sans doute avec l'autorisation de la comtesse, placèrent leurs mains jointes dans celles de l'évêque Bertran et devinrent ses hommes, puis ils jurèrent fidélité sur l'autel et sur les évangiles [206]. Dans ces deux cas, un peu isolés, ceux qui prêtent l'hommage ne sont pas des grands. Il faut attendre 1122 pour voir s'affirmer régulièrement l'hommage de grands personnages [207]. Mais,

---

du château : « a fan li jurar lo castel e la vila de Barret az caslans, a Raimbaut et a Bermon e ad Ugo e Bertran que lo li rendan sens son engan ». (note 196-w).

204. Par exemple : 1127 (note 196-e) — 1127 (note 196-f) — 1125/1131 Flammare. CL n° 194) — 1130/1142 (note 196-l) — 1142 (note 196-i) — 1150 (catalogue n° 321) — 1155 (catalogue n° 33) — 1165/1166 (note 196-k). Cf. déjà la même expression : en 1092 (Flammare CL n° 193) et avant 1080-1100 (CA n° 101). Elle est au XIIe siècle visiblement employée pour désigner la donation en fief ; *beneficium* (1127 — note 196-f) — 1155 (catalogue n° 335) ; *feudum* : en 1125/1131 (comme le montre 1159 — Flammare CL n° 196) — 1142 (note 196-i) — 1150 (catalogue n° 321).

205. « Hereditatem meam que ex jure paterno accidit, scilicet quartam partem tocius castelli Briançonis ... monachis Lyrinensibus ... dono ... Petro dicto filio meo mansum solum modo tribuo tali conditione ut ipse et sui per S. Honoratum ... teneant, ac fidelitatem et servicium et hominium eis impendant. Sin autem ab eo manso eos expertes facio, et ab omni honore meo exheredo. » 1092 (Flammare CL n° 193).

206. Après la *susceptio in fide* de la comtesse (citée *supra,* note 201) : « omnes prefati milites ipsius castri junctas manus suas inter meas posuerunt, et mihi homines fuerunt et fidele adjutorium ac defensionem contra omnes homines qui hanc vellent dissipare vel minuere ecclesiam mihi promiserunt ... fides suas super altare cum textu evangeliorum offerendo. » (note 196-s).

207. Sans doute vers 1121 (GCNN Marseille n° 138), le vicomte Pons de Peynier aurait prêté un hommage à l'évêque de Marseille. Mais le texte qui nous renseigne date de 1164 (*Ibidem,* n° 163). Par contre, en 1122, Audibert Garac (de Castellane) est l'homme de l'évêque d'Apt : « Et hanc convenientiam ego, episcopus et canonici, tibi et tuis facimus ut istud feudum quod tibi donamus, non poterimus... aliquo modo alienare propter quae tu ... aliquid ex isto feudo perdatis. Et quod in isto castro ... non mittamus superseunioratum praeter S. Mariam ... et episcopum Aptensis ecclesiae. Nec auferemus tibi vel tuis nisi pro forfacto quod nec esdire nec emendare possitis aut velitis. Et ego Aldebertus et filii mei, propter istud castrum homines episcopi sumus, et successoribus ejus vel nos vel successores nostri homines erimus et jurabimus istud catellum epicopo et successoribus ejus sicut domino. » (note 196-o). Oon a ensuite l'indication d'hommages : — du vicomte de Marseille à l'évêque (note 196-q et note 194-30) ; — du vicomte d'Avignon envers l'évêque (note 196-1) ; — de Peire de Lambesc à l'archevêque d'Arles (note 196-i) ; — du comte Anfos de S. Gilles au même archevêque (note 196-j) ; — de plusieurs grands de Provence au comte de Barcelone (catalogue n° 299) ; — de Raimon de Grasse à l'évêque d'Antibes (note 196-u) ; — du vicomte de Marseille à l'archevêque d'Arles (note 194-20 = Livre Noir f° 45 — Le titre habituel « sacramentale de ... » est remplacé par « carta de ominio ») ; — de Guigue de Gaubert à l'abbé de Montmajour (1157 — catalogue n° 351) — des Signes à l'archevêque d'Arles (1165/1166 — note 196-k). A un niveau social moins élevé on trouve les hommages : — de chevaliers provençaux au comte en 1147 (catalogue n° 299) ; de Raimon « de *Felgueriis* » à l'évêque de Marseille (1157 — note 194-31) ; — des chevaliers de Briançonnet à l'évêque de Lérins (1159, Flammare CL n° 196) ; — des sires de Venasque au comte, puis à l'évêque de Carpentras (1159/1160, note 196-g) — des Aubagne pour Ners à l'évêque de Marseille (1165, note 196-r) ; — d'Isnard de Barret à l'archevêque d'Arles (1165/116, note 196-k).

il faut le remarquer, c'est grâce aux *convenientiae*, où l'on en a des mentions éparses, que nous savons qu'il y a eu hommage [208] car les serments proprement dits continuent souvent à le taire. Pourtant on éprouve parfois le besoin d'ajouter, après la date et la liste des témoins du serment, la mention de l'hommage [209]. Mais dans les cinq serments prêtés à l'archevêque d'Arles en 1132, 1155 et 1159, par les vicomtes de Marseille, pas une fois l'hommage n'est mentionné. Nous savons pourtant par un texte de 1150-1156 qu'ils le lui devaient [210]. De même le comte Anfos de S. Gilles prête serment de fidélité en 1143 à l'archevêque d'Arles. Le texte du serment lui-même ne nous livre que les mentions habituelles [211] et c'est l'accord conclu qui nous montre qu'il y a eu hommage de la part du comte [212]. Il ne faut pas demander aux serments de nous renseigner sur l'hommage [213]. Il ne faut pas non plus leur demander de nous éclairer sur le fief. Les *convenientiae* au contraire montrent que c'est souvent au fief que les contemporains lient la prestation de l'hommage comme on le fait ailleurs à la même époque [214]. Si, par un hasard malheureux, ne nous étaient restés pour le XIIe siècle que les serments de fidélité, nous pourrions presque croire, à les lire, que ni le fief, ni l'hommage n'existaient alors. Il serait, par conséquent, dangereux, parce que le même type de texte ne nous parle pas d'hommage au XIe siècle, de penser

---

208. En 1053, mention d'une *commendatio* (CA n° 84 — Cf. *supra*, p. 164). Deux mentions en 1092 et 1102 et 21 mentions de l'hommage, de 1122 et 1166.

209. En 1152 (note 194 n° 30), le texte habituel se termine par la mention de la date et des témoins : « factum est sacramentum istud in Massilia in domo episcopi anno ... hujus sacramenti testes sunt ... » Puis il ajoute : «in presentia istorum et aliorum quamplurimorum predictus Raimundus Gaufredi jamdicto episcopo Petro hominium fecit et sicut superius continetur fidelitatem juravit. »

210. Note 194 — serments n° 12-13-21-21-22. En 1150-1156, un texte arlésien qu'il faut peut-être mettre en rapport avec les serments de 1155 (note 194-20 et 21) indique : «nobiles viri qui fuerunt ad proditionem redierunt ad fidelitatem suam (= archiepiscopi) et recognoverunt eum dominum suum ... » Le texte indique ensuite ce que tiennent les sires de Lambesc, puis ceux de Marseille, et pour eux, il ajoute : « et hec omnia habent domini Massilie ab archiepiscopo et debent ei facere hominium et jurare fidelitatem » (texte étudié *supra*, p. 283, note 224) ; précisément, sur un des serments de 1155, le titre *carta de ominio* remplace celui de *sacramentale*. Les sires de Marseille auraient-ils profité des troubles en Arles pour se dérober à l'hommage ?

211. Note 194 — serment n° 18.

212. « Et propter ipsum feudum ego Ildefonsus comes et successores debemus unicuique Arelatensi archiepiscopo homagium facere », 1143 (note 196-J).

213. Le caractère stéréotypé des serments à l'archevêque d'Arles montre que les scribes de l'archevêque avaient à leur disposition une formule, comme celle qu'ils avaient pour la promesse d'obédienne (cf. la formule, avec les noms en blanc, sous le titre « forma promissionis obedientie suffraganeorum Arelatensis ecclesie », Livre Noir, feuillet de garde, au verso). Ils auraient répugné à insérer dans leur formule une mention de l'hommage. Mais, finalement, est-ce là une bonne raison ? Les scribes pouvaient ajouter la mention de l'hommage comme le fit le Marseillais de 1152 (cf. *supra* note 209). Ils savaient aussi parfaitement établir de nouvelles formules quans ils le désiraient, et ils le firent, précisément pour les promesses d'obédience (cf. *supra*, p. 64 note 183 et p. 272).

214. Témoin la fréquence dans les *convenientiae* de la formule : « propter hoc feudum » ou « propter hec beneficia ... fecit talis hominium ». 1155 (note 196-u) — 1157 (GCNN Marseille n° 156-158) — 1157 (note 194 n° 30) — 1165 (note 196-r) — dans les textes marseillais. Cf. aussi textes cités *supra* en 1122 (note 207) et 1143 (note 212). F. L. GANSHOF, *Qu'est-ce que la féodalité* ? Bruxelles 1957, p. 195.

que l'hommage est apparu en Provence seulement au XIIe : des *convenientiae* plus nombreuses au XIe nous l'auraient peut-être fait rencontrer depuis longtemps. Il faut ici tenir compte des déformations de point de vue que nous impose la plus ou moins grande rareté d'un type de documentation [215].

Restent pourtant certains traits curieux qui prouvent que l'hommage a en Provence une tonalité particulière, au moins au niveau des grands. Que l'on compare la formule qui exempte l'archevêque d'Embrun de l'hommage, par respect pour sa personne [216] à celle où l'on déclare que le vicomte de Marseille, Raimon Joufré, a prêté l'hommage à l'évêque « pour le satisfaire ainsi que l'Eglise, et en considérant ce qui est honorable et digne, comme il a paru digne » [217] : que de réticences pour un acte ailleurs banal ! De même, lorsque l'abbé de Montmajour demanda au comte de forcer Guigue de Gaubert à lui prêter hommage pour le château d'Estoublon, parce qu'il le tenait de lui, Guigue fut condamné et il fit hommage à l'abbé, recevant de sa main le château « à la fidélité accoutumée ». Est-ce à dire que l'hommage l'était moins [218] ? Cette répugnance à l'hommage, on la trouve dans l'entourage provençal et méridional de Raimon de S. Gilles à la Croisade : lorsque l'empereur Alexis Comnène lui demanda de lui prêter hommage et fidélité, comme l'avaient fait les autres chefs croisés, le comte consulta les siens puis accepta de jurer à Alexis sécurité pour sa vie et son « honneur » ; et, comme on lui réclamait l'hommage, il répondit qu'il ne le prêterait pas, même pour sauver sa tête [219]. Le raisonnement de Raimon et des siens est clair : le serment de fidélité n'emporte pas soumission ; l'hommage, si. Et il faut croire que, contrairement aux barons français, ils attachaient au rite beaucoup d'importance. L'hommage apparaît donc aux grands du Midi, à l'orée du XIIe siècle, comme quelque chose d'assez fort et d'assez lourd de conséquences, quelque chose que, pour cette raison, on hésite à prêter. Par contre, un demi-siècle plus tard, le petit-fils de Raimon, Anfos, prêtera hommage à l'archevêque

---

215. P. Bonnassie note aussi en Catalogne l'accent mis sur le serment au détriment de l'hommage qui pourtant existe. Cf. *Les structures sociales...* discussion du rapport E. NORTIER, p. 141.

216. Cf. texte cité *supra*, p. 272, note 154.

217. « Episcopo ecclesieque satisfacere volens, honestum decorumque considerans prout decuit, ipsius (episcopià homo effectus est et fidelitatem tam episcopo quam ecclesie juravit. » 1128 (note 194 n° 9). C'est là le premier hommage assuré du vicomte à l'évêque.

218. « Notum sit ... quod controversia erat inter Poncium abbatem Montis majoris et Guiguo de Galberto, de castro Stubulonis ; abbas dicebat quod Guiguo tenebat castrum Stubulonis pro eo, et pro hoc debebat ei facere hominium ... (on ne donne pas la défense de Guigue) ... comes et judices ... judicaverunt quod Guiguo de Calberto faceret hominium abbati pro castro Stubulonis ... Dato hoc judicio, statim in presentia comitis et curie Guiguo de Calberto fecit hominium Poncio abbati Montimajoris, accipiens castrum Stubulonis de manu ejus ad fidelitatem consuetam ». 1157 (catalogue n° 351). On ne distingue pas clairement si Guigue niait tenir le château pour l'abbé, ou seulement lui devoir un hommage. Cf. aussi (*supra* note 210) la réticence possible des vicomtes de Marseille à prêter un hommage à l'archevêque d'Arles vers 1150-1156.

219. « Mandavit itaque imperator comiti ut faceret ei hominium et fiducium sicut alii fecerunt ... Igitur comes, accepto consilio a suis, Alexio vitam et honorem juravit quod nec per se nec par alium ei aufere consentiat, cumque de hominio appellaretur, non se pro capitis periculo id facturum respondit. » (*Hist. Anon. de la 1re Croisade* — L. BREHIER, Paris 1964, p. 32). L'anonyme était originaire de l'Italie méridionale (*Ibidem*, p. II).

d'Arles [220]. Et, en 1165, un acte arlésien nous montre qu'on peut prêter hommage à plusieurs seigneurs [221]. L'hommage s'était-il à la fois répandu et par là même dévalué ? Il est possible que les croisades aient contribué à généraliser sa pratique parmi les grands du Midi [222].

Il est possible aussi que les comtes Barcelonais en aient imposé la rigueur aux grands de Provence et à d'autres moindres personnages dès 1113. Le fait est certain en tout cas pour les hommages de 1147 [223]. Quant à la pluralité d'hommages, elle n'est pas fréquemment attestée. On s'aperçoit aussi qu'elle peut être utilisée par le seigneur éminent pour se rattacher le vassal de son vassal : à Salon, Isnard de Barret doit l'hommage aux Signes qui le doivent eux-mêmes à l'archevêque ; mais il le doit aussi directement au même archevêque [224]. De même en 1151, le comte inclut dans le serment de Gui de Fos que les hommes de Fos et d'Hyères, chevaliers ou paysans, promettront par serment de lui rendre ces châteaux à sa réquisition [225]. Dans ces deux cas, l'archevêque ou le comte font jouer en leur faveur la possibilité de prêter plusieurs hommages ou plusieurs serments. Inversement la multiplicité de serments où l'aide était promise pouvait inciter certains à se soustraire à celle qu'ils devaient au comte. Pour remédier à cette ambiguïté fâcheuse, certains textes comportent une clause de réserve de fidélité au comte [226].

Le comte peut donc utiliser, dans ses rapports avec les grands au XIIe siècle, une fidélité renforcée et aménagée à son avantage. Les obligations qu'elle comporte à présent, outre les anciennes obligations négatives, sont positives : l'aide pour le plaid et la guerre [227]. Contre ceux qui ne respectent

---

220. 1143 (note 196-j).

221. Les frères Fouque et Joufré de Signes avaient eu, sans doute de leur mère (de Lambesc, puisqu'ils ont un oncle de cette famille), des biens à Salon. Mais l'archevêque avait en 1142 récupéré tout ce que tenaient les Lambesc dans ce château (note 196-i). Finalement en 1165/1166, l'archevêque et les Signes s'accordèrent (note 196-k) : les Signes firent hommage pour leurs biens de Salon à l'archevêque ; puis, de la volonté de celui-ci, ils concédèrent ces biens à Isnard de Barret, contre 1 000 sous, un cens annuel de 40 sous, et le gîte. Isnard leur fit alors hommage. Enfin l'archevêque confirma ces mêmes biens à Isnard et celui-ci lui fit hommage à lui aussi.

222. Notamment par les Normands. F.L. GANSHOF, *op. cit.*, p. 91.

223. Le texte de 1113 (catalogue n° 235 bis ?) n'est malheureusement qu'une liste de noms. Le texte de 1147 indique, avant de donner lui aussi une liste de noms : « barones Provincie fecerunt hominaticum ad Raimundum comitem ... et manibus suis propriis juraverunt ei fidelitatem de corpore suo et de omnibus suis membris et de omni honore suo et nominatim de Provincia » (Catalogue n° 299).

224. Cité *supra,* note 221.

225. « Quod ipse Guido jurat vitam et membrum et totum honorem suum comiti ... Isdem vero Guide jurat comiti vel ejus nepoti, cum militibus et rusticis de castello Eiras et Foss, ut quandocumque comes aut ejus nepos costellum Eiras per se aut per alios habere voluerit ... reddat », 1151 (note 196-b).

226. Cf. 1113/1117 texte cité *supra* note 202. Ajouter : 1164 enquête : « Aicardus de Tollon jurato dixit quod ipse interfuit in placito in loco ubi dicitur Leca ... Ibidem Pontius de Podio Nigro et filius ejus Gaufredus de Massilia episcopo fecerunt hominium et juraverunt ei vitam et membra et adjutorium contra omnem viventem, excepto comite. » (GCNN Marseille, n° 163).

227. Serment de Pons de Fos au comte : « Ego Poncius ... ero vobis adjutor cum mei homines et honorem meum, guerreiare, deffendere, placitare ut melius potuero par fidem rectam sine vestro enganno. » (1116) (note 196 n° 1). Serment de Raimon de Grasse à l'évêque

pas ces engagements, le comte dispose d'une action *de perjurio et hominio* [228] : le fidèle devra s'amender ; s'il ne le peut, on pourra procéder à une commise, *damnatio beneficii.* La commise n'intervient qu'en cas d'insolvabilité du fidèle ou quand il refuse de s'amender [229].

Mais il y a beaucoup plus remarquable : le comte, délaissant l'action *de perjurio et hominio* peut engager une action *de traditione et felonia* [230]. Nous sommes là en présence d'une action très ancienne qui se rattache au crime de lèse-majesté, à ce qu'on pourrait appeler la haute trahison [231] : la preuve en est le duel judiciaire ou l'aveu et la sanction, la peine de mort et la confiscation générale des biens au profit du fisc. C'est cette procédure que le comte a tenté d'employer contre les Baux devant la cour impériale.

---

d'Antibes : « Et adjuvabit episcopum Raimundus de Grassa (lacune) ejus bono animo, de placito et guerra, salva honestate sua » 1155 — (note 196-u).

228. « Si placuerit comiti Barzillonensi et ... comiti Provincie impetere Hugonem de Balzio de perjurio et hominio et Hugo se defendere noluerit aut confessus fuerit, domnus imperator de hoc justitiam faciet secundum quod curia ejus dictaverit », 1162 (note 196-c).

229. Ainsi Uc de Volx rend au comte un bien que celui-ci lui avait donné (en fief ?) : « Et reliquit etiam ad ipsum comitem illum honorem quem comes dederat ei in Manuasca ... propter forifactum quod fecerat ei quod non poterat emendare. » — 1126 (catalogue n° 259). Ou encore en 1155 la commise sur Arnaud Flotte « Quicquid juris vel proprietatis Arnaldus Flotte in supradictis castris et locis per nos et antecessores nostros hucusque habuisse videtur, ab eo revocante ea occasione quia damnationem beneficii sui quod per nos habebat incurisse videtur, propter detestabilis scelus quod commisit sicut Ecclesiae Dei et fere toti mundi innotuit ... tibi Guillelmo Ebredunensi archiepiscopo ... concedo. » (catalogue n° 335). La commise est précisée dans certains textes, notamment lorsque le seigneur fait un serment à son fidèle. Ainsi dans un serment prêté par la comtesse Estève au prévôt du chapitre arlésien, elle précise : « non vos tolrai lo castel d'Albarone ... si talem forfactum non facias de tolre ciutat aut castel, qui istir non pogues aut emendar de ton aver non volgues. » (Cf. aussi note 196-t). Il suffit de comparer ce texte avec un texte aptésien de 1122 (cité *supra,* note 207). « Nec auferemus tibi... nisi pro forfacto quod nec esdire nec emendare possitis aut velitis », pour voir qu'il y a là une formule qui n'est pas exceptionnelle. (Cf. aussi avant 1113, la clause dans CA n° 116). Esdire = estare in justicia ?

230. C'est ce que montre la suite du texte de 1162 (cité *supra,* note 228) « Si autem de tradicione et felonia eum appellaverint et Hugo se defendere per pugnam in propria persona contra suum parem ad laudamentum curie noluerit vel si in pugna victus fuerit vel confessus in pugna vel extra pugnam, domnus Imperator Balzium dabit in feodum comiti Provincie et Hugo terram suam et honorem amittet » (note 196-c). Félonie et trahison paraissent bien associées dans les textes. HOLLYMAN, *Le développement du vocabulaire féodal en France,* Genève 1957, p. 152 en cite deux qui sont intéressants : « Zo sun tuit omme qui de joven sun bo/ ... / E, cum sun vell, esdeven fello / E fan perjuris et granz traïcios » (milieu X^e^ — « la chanson de Boëce » — vers 233-236. — T. HUNDGEN. *Das Altprovenzalische Boëthiuslied.* Oppeln 1884), et un passage de la chanson de Roland où Charlemagne ordonne à Bègue : « Ben le me garde si cume tel felon/ De ma maisnée ad faite traïson/ .../ Pur ço le juz jo a pendre e a murir/ .../ Si cume fel ki felonie fist. » (1125-1150, La chanson de Roland : vers 1819-1820, 3828 et 3834 — F. WHITEHEAD, Oxford 1946).

231. La procédure est décrite par Ermold le Noir (vers 1796 à 1875) (E. FARAL, Paris 1964, p. 136 à 142). La notion de ce crime ne s'était pas perdue au XIe si:cle, puisque Fulbert de Chartres en connaît l'existence (J.F. LEMARIGNIER, *A propos de deux textes sur l'histoire du Droit Romain — 1008-1308* — BEC 1940, pp. 157 et 159 note 1, qui rappelle l'origine romaine, CTh IX, 14,3 et CJ IX, 8, 5). Une constitution impériale du XIIe en prévoit l'application, cf. LEHMANN, *Das langobardische lehnrecht,* Göttingen, 1896, XXVII § 2 et 3. Cf. LEMOSSE, *Le Lèse Majesté dans la monarchie franque,* RMA latin 1946 p. 5 ; C.G. MOR, *A l'origine de l'Ecole de Montpellier, Rogerius ou Placentin* ; Album J. BALON, 1968 p. 145 ; J.P. POLY, *les juristes provençaux, op. cit.*

S'il accuse Uc des Baux de trahison et félonie, et qu'Uc refuse de combattre contre l'un de ses pairs au choix de la cour, ou s'il est vaincu dans le duel, ou s'il avoue... il perdra sa terre et ses bénéfices. En fait, *Bulgarus* avocat du comte accusait les Baux à la fois d'infidélité et de lèse-majesté. *Rogerius,* leur défenseur, demandait avant tout examen au fond que la possession de leurs biens, saisis après le siège de 1162, leur fût rendue. Il eut gain de cause, et les Baux purent regagner la Provence pour reprendre leurs terres, en promettant de revenir bientôt devant la cour. Personne ne prit cette promesse au sérieux, et eux moins que tout autre [232]. Les temps n'étaient pas encore mûrs pour les punir comme on l'avait fait des Brussans, ces « traîtres... inculpés de la mort du comte Gerbert » qui avaient perdu tous leurs biens, alleux et bénéfices [233]. Cette rigueur est tout l'avantage de l'action pour trahison : dans un pays où les grands alleutiers sont nombreux, à une époque où l'on distingue encore alleux et bénéfices, elle permet l'élimination radicale des rebelles que la commise n'aurait pu gêner sérieusement [234]. On peut même penser que l'usage de cette action par le comte faisait perdre son principal intérêt à cette distinction des alleux et des bénéfices, et préparait la voie à l'idée que toute seigneurie est tenue de lui. Elle trouvait son fondement et sa justificaton dans une conception véritablement monarchique du pouvoir comtal : qu'il soit de S. Gilles ou de Barcelone, sur son sceau ou sur les miniatures des cartulaires, le comte siège en majesté, comme les rois de pierre au portail de S. Trophime [235].

Ainsi le comte, dès la première moitié du siècle, joue sur les deux tableaux : tantôt seigneur féodal, appliquant aux grands la commise, tantôt *prince* et héritier du roi carolingien, puisant dans l'arsenal des lois romaines le châtiment de la trahison. Sous cette rude poigne s'édifie tant bien que mal une hiérarchie féodale : le comte de Barcelone fait hommage à l'Empe-

232. Cf. le commentaire que donne AZON *Ad singulas leges XII librorum codicis Justiniani commentarius, Parisiis* 1577, Lib. V, Tit. XVI, *De donationibus inter virum et uxorem factis,* p. 403 (*Pendente criminis cognitione, possessio bonorum auferri non debet*) L. 15 *Si maritus...* « ... Et facit lex ista ad quandam magnam causam quae quandoque agitata fuit in curia domni imperatoris Friderici. Accusabantur Baucenses magni viri Provincie de infidelitate coram imperatore a comite Barcilonensi, et sic nuncius imperatoris occupavit omnia bona quae tenebant de imperatore. Dominus R(ogerius) qui in causa pro eis orabat induxit lex istam pro se, dicens interim dum de causa cognoscitur, non debere eos carere possessione bonorum. Dominus B(ulgarius), cujus scholaris fuit R(ogerius), adversae parti prestans patrocinium in contrarium allegabat, dicens quia propter infidelitatem commissam et crimen leasae majestatis non erant bona restituenda. Sed tamen pro R(ogerio) fuit lata sentencia, videlicet quod restituta possessione cognoscatur de crimine infidelitatis. Et sic cum iretur pro possessionne recuparanda, infra breve tempusredituri iverunt, sed non comparuerunt posteo coram praeside. » Les biens que tenait de l'Empereur Uc des Baux étaient en fait, depuis un diplôme de Conrad III, l'ensemble de son patrimoine, 1143 (BARTHELEMY, *op. cit.*, n° 40).

233. Cf. *supra,* note 63.

234. Les sires de Cereste et de Reillanne ne tenaient en fief du comte au début du XIIe siècle que le territoire de « Brézieux » (Enquête sur les droits du comte. Catalogue n° 250 bis) (Identification : cf. CLOUZOT, p. 54 note 2). De même Uc de Volx ne tenait en fief qu'une terre à Manosque (1126 — texte cité *supra,* note 229). Mis à part le terroir d'Arles (cf. *supra,* p. 288), les fiefs des grands ne paraissent pas très nombreux.

235. Cf. planche ci-jointe.

reur pour la Provence qu'il tient en fief de lui ; le comte de Forcalquier devra l'hommage au comte dont il tiendra en fief son comté [236]. Les grands feront aussi hommage au comte [237]. Et, quand il le peut, le comte tâche d'atteindre un niveau plus bas [238]. D'une manière plus générale, les comtes tentent de regrouper dans leur cour ceux qu'ils nomment d'un terme nouveau en Provence : leurs barons [239]. Et en 1177, Anfos d'Aragon pourra s'adresser « à ses fidèles, les nobles de toute la Provence » [240] : c'était sans doute faire bon marché des liens qui unissaient encore bien des chevaliers aux grands de la terre provençale. C'était aussi oublier un peu vite qu'il ne régnait que sur une moitié de la Provence et qu'en d'autres parties de l'ancien *regnum Provincie,* certains grands avaient réussi, en évitant de s'engager dans les liens d'une fidélité nouvelle et renforcée, à ériger leur seigneurie en principauté indépendante.

Ces principautés indépendantes sont la marque de ce que l'on pourrait appeler un échec relatif de la politique de féodalisation des nouveaux comtes. Toutes n'ont d'ailleurs pas réussi à atteindre au même degré d'autonomie et il faut, à cet égard, distinguer la principauté d'Orange, « les baronnies » qui sont les terres des Mévouillon, et la seigneurie des Agoult. On pourrait ajouter à cette liste, précisément parce qu'elle est un échec significatif, la principauté que les Baux tâchèrent d'édifier pendant toute la première moitié du XIIe siècle en Basse-Provence.

La famille qui domine Orange et les terres avoisinantes au XIIe siècle est une branche de ce puissant lignage qui donna, durant tout le XIe siècle, des évêques à Vaison et à Gap ; qui, par une alliance heureuse, commanda aussi à Nice et à Vence, et parvint, un moment, à mettre la main sur

---

236. « Imperator concedit et dat in feodum comitatum Provincie sicut tenet nunc comes Barchilonensis et predecessores ejus tenuerunt a Durentia scilicet usque ad mare et ab Alpibus usque ad Rodanum et sicut divisit cum comite Anfuso ... comes Provincie jurabit fidelitatem domino Imperatori Frederico contra omnes homines et hominium faciet ei, et servicium ... Preterea dat ei in feodum comitatum de Forochalkerii cum omnibus regalibus suis pertinentibus ad comitatum ita quod comes de Forochalkerii faciat hominium et fidelitatem comiti Provincie quemadmodum deberet Imperatori, et si noluerit perdat comitatum. » 1162 (Catalogue n° 363 bis).

237. 1147 (cité *supra,* note 223).

238. Cf. *supra,* note 226.

239. En 1147, le scribe mentionne « les barons » de Provence venus faire hommage au comte de Barcelone (note 223). On a vu qu'il avait parmi eux de grands et de moins grands personnages. En 1132, Anfos de S. Gilles indique qu'il a agi : « concilio baronum meorum » (HGL V col. 980 : il s'agit d'Auzias de Castries et de Bernad de Canet). En 1143, la même expression désigne : Raimon des Baux et son fils Uc, Rostaing de Sabran, Raimon de Mallac, Brémond d'Uzès, Gaucelm de Claret, Peire de Lambesc et un Arnaud Rainon (Catalogue n° 289). En 1155, les barons de Raimon de S. Gilles sont : Guillem de Sabran et son frère Giraud Amic, Ricau de l'Isle (sur Sorgues), Uc des Baux, Brémond de Posquières et le baïle du comte, Maussang (Catalogue n° 336). Cf. aussi 1143 et 1152 (GCNN Arles n° 548-568). Le mot paraît d'un emploi tardif en Provence. Par contre il est employé en 1072 en Navarre et en Aragon (J.M. LACARRA, « *Honores et Tenencias* » *en Aragon,* in les structures sociales de l'Aquitaine ... Paris 1969, p. 146 et 174), dès le XIe siècle en Normandie (M. FAUROUX, *Recueil des Actes des Ducs de Normandie,* Caen 1961, p. 60). A Narbonne et en Mâconnais, le mot n'est utilisé qu'au XIIe *siècle* (G. DUBY, *op. cit.*, p. 455 et 647 — HGL V col. 830).

240. « Fidelibus suis tocius Provincie nobilibus », 1177 (CSV n° 902). L'expression : *in presentia nobilium curie* est fréquente dans les chartes des Barcelonais : 1157 (catalogue n° 350), 1177 (CSV n° 759-902-1110), 1178 (CSV n° 903).

l'évêché de Sisteron. Peu après 1065, l'un d'eux Bertran Raimbaud, se maria avec la veuve du comte Guillem Bertran, Azalaïs. Il eut d'elle, trois fils : un Peire qui dut mourir assez vite, un Laugier, chanoine d'Avignon, et Raimbaud, prince d'Orange, qui se faisait appeler comte par ses compagnons de Croisade, sans doute parce qu'il était fils d'une comtesse. Raimbaud n'eut qu'une fille, Tiburge, et comme il mourut avant 1106, ce furent sa mère et sa fille qui durent mener sa terre [241]. Elles y réussirent assez bien ; avant 1106, Tiburge avait été mariée à Giraud Adhémar de Montélimar [242]. Pendant la guerre de 1123, ils paraissent s'être rangés aux côtés du comte de S. Gilles leur seigneur [243]. Mais un peu plus tard, vers la fin de sa vie, Tiburge, profitant de la qualité d'alleu de ses terres et de son ascendance comtale, fit hommage au Pape et déclara les tenir de lui moyennant un cens d'un marc d'argent. Dans son testament, elle fit jurer à ses deux fils Guillem et Raimbaud que jamais ils n'imposeraient à leurs terres la seigneurie d'un comte [244]. Puis elle mourut et on l'enterra en l'abbaye S. Florent où reposait déjà la comtesse son aïeule [245]. Il est frappant de voir que Tiburge a nommé son fils aîné, Guillem et que celui-ci porte sur son écu le « cornet », armes parlantes qui font allusion au « Guillaume au Cor nez », ou Guillaume d'Orange de la légende [246]. On comprend ainsi la localisation à Orange des exploits du marquis Toulousain du VIIIe siècle, défenseur de la Chrétienté contre les musulmans d'Espagne : il y a eu confusion avec le comte d'Arles, Guillem, lui aussi vainqueur des Sarrazins au Freinet [247]. Et Guillem, prince d'Orange, était lui-même, par Azalaïs, sa bisaïeule, un descendant de ce

---

241. LDP-M-Manteyer, *La Provence...* p. 310.

La comtesse Azalaïs meurt le 12 octobre 1106 et ne mentionne dans son testament que sa petite fille Tiburge déjà mariée avec Giraud Adhémar (Catalogue n° 224 et 225).

242. Le 27 août 1107, Giraud Adhémar consentait à l'élection de l'évêque d'Orange, avec le titre « d'Aurasicae princeps ». (GCNN Orange n° 66).

243. Dans une lettre à Giraud Adhémar, où il lui reproche d'avoir exercé le droit de dépouille, l'archevêque d'Arles, Atton, dit : « sicut in adversitate tua quamvis multorum precibus sollicitaremur adversarii, tamen tue parti fieri voluimus, ita consecute victorie successu, super adversariis tuis te prosperari minime nobis displicet. » Atton a été archevêque entre 1112/1115 (GCNN Arles n° 479 et 483) et le 6 novembre 1128 (*Ibidem*, n° 511-512-513). Bérenger est mort le 27 août 1127. La lettre doit donc avoir été écrite à la fin de l'année 1127. Les événements dont eut à souffrir Giraud sont le siège d'Orange de 1123 (Catalogue n° 250).

244. « Preterea volo ut omnes sciant quod terram meam habeam de manu domini Papae et servio ei per singulos annos unam marcam argenti et volo quod Willelmus filius meus solvat medietatem per singulos annos et Raimbaldus aliam medietatem. Et si aliquis filiorum eorum super dominium Romane Ecclesie dominium de comite quacumque occasione immiteret super honorem meum, ... illum exheredo de toto honore meo », 1150 (Font-Reaux, *in* Mél. Busquet, p. 45). Effectivement le *Liber censuum* mentionne un demi-marc d'argent payé par Guillem, sire d'Orange (GCNN Orange n° 98).

245. Font-Reaux, *loc. cit.* — Pour Azalaïs, cf. catalogue n° 225.

246. 1193, Barthelemy, *op. cit.*, p. 558 n° 24.

247. Cf. *supra*, p. 28. Guillem était mort en 994 à Avignon, en faisant don de Sarrians à Cluny (Catalogue n° 46 et 47) — Sarrians est à seize kilomètres au Sud-Est d'Orange. La légende du combat livré aux Alyscamps par Guillem et son neveu Vivien, est bien établie en Arles dès 1202/1217 : « Habet hec ecclesia cimiterium spaciosum in cujus sinu corpora infinita eorum requiescunt qui sub beato Karolo et beato Willemo et Viziano nepote ejus, triumphali agone peracto proprio sunt sanguine laureati », (GCNN Arles n° 773).

comte [248]. Chanter les exploits de Guillaume, et la haute tour d'Orange [249], après les combats de 1123, c'était chanter les vertus d'une famille qui se voulait souveraine : le Guillaume de la chanson n'avait-il pas conquis sa terre sur les Sarrazins ? Le Pape vivant et le héros légendaire garantissaient ainsi l'indépendance de la jeune principauté.

Pendant ce temps, une autre branche de la famille, celle des Mévouillon, installée sur les alleux du Nord, dans une zone frontière du comté, procède d'une manière assez similaire. Comme Raimbaud, mais peut-être après lui, Raimon de Mévouillon était parti à la Croisade. Ses terres étaient donc placées sous la protection du Saint Siège et le Pape le rappela en 1125 [250]. La faiblesse du comte de Forcalquier dont Raimon était le parent [251], l'influence des comtes d'Albon, futurs dauphins sur cette partie de la Provence, et une bulle de Frédéric Barberousse le 8 août 1178 firent le reste [252]. A la fin du XIIe siècle les baronnies sont quasi indépendantes.

Voisins des Mévouillon, les Agoult-Simiane ont un domaine qui est à la frontière du comté de Forcalquier et du Venaissin. Nous avons vu qu'ils avaient été un soutien précieux pour la famille des comtes de Forcalquier dans la période 1126-1149 [253]. Mais en 1149 le comte Guigue donne aux Hospitaliers tout ce que les comtes avaient à Manosque et les Agoult se portent garants [254]. Les jeunes comtes, neveux de Guigue, et leur mère refusent d'exécuter le legs ; Bertran Raimbaud d'Agoult témoigne alors contre eux [255]. Les Agoult avec Bérenger du Pont (des vicomtes d'Avignon) et d'autres grands de Provence, font partie des témoins qui appuient les plaintes des Hospitaliers auprès de l'empereur Frédéric Barberousse le

---

248. Probablement au 7e degré (cf. généalogie des comtes). Un neveu du Guillem de la légende s'appelle Girart ou Géraud, ce qui évoque le père de Guillem, Giraud Adhémar, comme Tiburge peut évoquer le nom de Guibourg, la femme du Guillaume légendaire.

249. Cf. H. SUCHIER, *La chançun de Guillelme, französisches Volksepos des XI Jahrhunderts*, Halle 1911. On admet que la partie la plus ancienne de la « chançun de Guillelme » en langue d'oïl date de la fin du XIe siècle, la seconde partie datant de la première moitié du XIIe siècle, comme d'ailleurs une bonne partie des chansons en langue d'oïl du cycle des Narbonnais (FRAPPIER, *Les chansons de geste du cycle de Guillaume d'Orange*, Paris 1965, II, pp. 58 et 186). Mais on peut considérer comme certain qu'il y a eu des versions en langue d'oc. Dès le début du XIIe, on connaissait bien la chanson de Guillaume à son abbaye (cf. en dernier lieu, R. LEJEUNE, *L'esprit de la croisade dans l'épopée occitane...*, et *La question de l'historicité du héros épique Aimeri de Narbonne*). Contentons-nous de remarquer ici à quel point la famille de Guillem au court nez a été populaire parmi les provençaux « romains » (*supra*, p. 21 et ss.) comme d'ailleurs a dû être célèbre en Mâconnais un vicomte de Narbonne qui s'appelait, il est vrai, Aubry et non Aimery et qui avait été installé dans la cité lors de la descente de Carloman dans le Midi (*supra*, p. 19).

250. 1125 (RIPERT-MONCLAR. - *Cartulaire de Richerenches*, p. LXVIII).

251. Le comte Bertran l'appelle son cousin en 1168 (Hospitaliers de S. Gilles f° 160 v°).

252. G. LETONNELIER, *Les droits régaliens en Dauphiné*, *in* LOT et FAWTIER, Histoire des Institutions françaises, I, Paris 1957, p. 140. FONT-REAULX, *Cart. de S. Paul Trois Châteaux*, p. 123.

253. Cf. *supra*, note 40.

254. « Quod si violare vel pertubare presumpserint (nepotes mei), eis omnia que reliqui aufero et Guiranno et Bertranno Raimbaldi omnia bona mea relinquo ut quod reliqui Hospitali et pauperibus, firmum manere faciant », 30 mai 1149 (catalogue n° 308).

255. Cf. l'enquête de 1150 et 1151 (catalogue n° 325).

6 août 1162 [256]. Dans le même temps, ils figurent régulièrement, à partir de 1150, auprès des comtes de la Maison de Barcelone [257]. A la fin du siècle, ils prétendent être rattachés directement à l'Empereur et diffusent la légende selon laquelle ils auraient eu pour ancêtre un salien, Loup, à qui l'Empereur aurait donné ses terres [258]. Et comme les Orange ont leur cornet, les Agoult porteront un loup sur leur écu [259]. Une partie de leur domaine, le Val de Sault, deviendra baronnie [260].

Quant à la famille des Baux, nous avons vu les efforts qu'elle déploya pour édifier, elle aussi, un « comté » indépendant. Là encore, on retrouve les mêmes traits : descendance par les femmes de la souche comtale [261], tentative pour se rattacher directement à l'Empereur [262] ; peut-être même développement d'une légende propre : leur blason, l'étoile à seize rais [263] dont la devise nous indique qu'elle représente l'étoile qui guida les rois mages : « a l'hazar, Bauthezar » ; allusion à une légende de croisade, dont nous avons par ailleurs, des exemples [264].

Vers le milieu du XIIe siècle, certaines familles provençales, parmi les plus puissantes et les plus illustres, sentent que le temps de l'indépendance de fait est passé. Le développement d'obligations, qu'on peut à présent qualifier de féodales, leur impose de fonder en droit leur indépendance ou de se soumettre. Exploitant le courant légendaire du XIIe siècle [265] et les visées politiques des deux autorités suprêmes, le Pape et l'Empereur, certains grands échappent au pouvoir comtal qui se reformait autour d'eux.

---

256. « Adiens nostram celsitudinem Hugo Bosonis, frater Sancti Hospitalis Ierosolimitani, sua coram nobis allegatione ac venerabilis Ebredunensis archiepiscopi atque Gaufredi Avinionensis episcopi, et Guirandi de Simiana et Rostagni de Goldo (et) fratris ejus ac Berengueri de Ponte aliorumque plurimorum Provincie procerum attestatione, assueruit qualiter Guido comes Forcalquerii... » (11 août 1162 - Catalogue n° 365).

257. Lambesc : 17 août 1150 (catalogue n° 314) — Bertran Raimbaud : Arles. Septembre 1150 (catalogue n° 315 — et 1150 (catalogue n° 323) — les deux frères : 1151 (catalogue n° 328) — Bertran Raimbaud : 27 septembre 1156 (catalogue n° 338) — Décembre 1156 (catalogue n° 350) — 19 janvier 1166 (Catalogue n° 372 et 373). Guiran de Simiane.

258. En 1202, le comte de Forcalquier avait demandé son hommage à Isnard d'Entrevennes d'Agoult : celui-ci forgea un faux de l'Empereur Henri V où un prétendu Loug d'Agoult était vassal direct de l'Empereur. L'empereur Philippe lui accorda un diplôme en 1204 immédiatisant le val de Sault (J. Barruol, CA, p. 71, note 17). Un acte du cartulaire d'Apt rassemblé vers 1135 indiquait que Gui [d'Agoult] avait été salique (CA n° 7). Le faux n'existait pas encore en 1178 lorsque Raimon d'Agoult obtint un diplôme de Frédéric (P. Fournier, *op. cit.*, p. 63).

259. J.A. Pithon Curt, *Histoire de la noblesse du Comtat Venaissin*, 1743, IV, p. 93.

260. *Atlas Historique de Provence*, carte n° 60.

261. Par Etiennette, cf. Généalogie comtale.

262. 1143, Pseudo diplôme de Conrad (Barthelemy, *op. cit.*, n° 40).

263. Ces armes ne sont attestées que depuis 1214 (Barthelemy, *op. cit.*, p. 551 n° 1 et 2, p. 556 n° 19).

264. Cf. la légende du Limousin Goufier de Lastours, et de son lion apprivoisé (*De praedicatione crucis in Aguitania*, Historiens des Croisades : historiens occidentaux, tome v. p. 351).

265. C'est au XIIe siècle que se développent les légendes concernant l'arrivée en Provence des Saints Orientaux. (Manteyer, *La Provence*, p. 69-70). De même que les églises provençales tâchaient de rattacher leur fondation à un apôtre, les grands haussaient leur origine jusqu'à la légende. On pensera aux Lusignan et à Mélusine ou aux légendes d'inhumation des preux aux Aslyscamps d'Arles rapportées par Gervais de Tilbury, III, 90 (MGH XXVII, p. 390). A son époque, on vient à nouveau de loin pour s'y faire enterrer.

Ils cristallisaient ainsi [266], figeaient sur la carte, parfois pour plusieurs siècles [267], les points forts de la « liberté » féodale, cette liberté que leurs ancêtres, les plus fortunés des *pagenses,* s'étaient mis en demeure de conquérir, deux siècles auparavant. Mais leur victoire n'était plus qu'un « accident » historique, sans importance. Tout autour d'eux, les hommes et les terres se groupaient à nouveau sous le commandement d'un seul : le comte frayait la route au roi.

---

266. L'expression est de J. de FONT-REAULX, *loc. cit.*
267. Ainsi la principauté d'Orange, qui durera jusqu'au XVIIIe siècle.

Conclusion

Longtemps la Provence était restée, pour « nos ancêtres francs », l'une des vastes marges méridionales de leur royaume d'entre Seine et Rhin. Terre dominée mais toujours étrangère et inquiétante ; ceux d'entre eux qui, entourés de leurs parents et de leur clientèle, s'en allaient l'inspecter ou la gouverner, devaient se familiariser avec un système de relations sociales bien différent de celui qu'ils pratiquaient dans leurs terres du Nord : l'absence de régime domanial, l'usage de contrats agraires, l'individualisme successoral, la soumission quasi générale des moines à l'évêque, l'exemption réduite aux *tributa,* la rareté des bénéfices et la répugnance envers l'hommage étaient autant de traits divers, mais finalement cohérents, d'une culture qu'il faut bien appeler romaine, si « vulgarisée [1] » et dégradée qu'on l'imagine. Cette culture que nous avons du mal à apercevoir à travers des textes qui n'étaient pas faits pour nous la transmettre [2], c'est essentiellement celle du groupe jadis dominant, à présent soumis, des descendants appauvris de la noblesse sénatoriale, groupe placé comme en charnière entre les nouveaux maîtres francs, méprisants et avides et des paysans apparemment rebelles aux servitudes latifundiaires. Affaiblie et désemparée, cette classe n'en est pas moins fière de ses origines et consciente de sa romanité.

En tant que groupe distinct, ses jours sont pourtant comptés. La liquidation de la noblesse « romaine » est l'œuvre d'une horde franque qui lui porte le coup de grâce au début du Xe siècle : ruines, pillages et meurtres, lorsque s'achève la longue chevauchée des « bourguignons » le pays est enfin maté, la classe des maîtres unifiée ; à ce prix se réalise dans les décennies qui suivent la « fusion des races [3] ». La nouvelle noblesse issue de la crise des années 896-916 ne tarde pas à disloquer complètement le système dans lequel

1. Au sens où l'on parle d'un Droit romain vulgaire.
2. Il ne faut pas demander aux annales franques de chanter les vertus des familles indigènes.
3. Ironie du sort : ce sont les francs, beaucoup plus que les sarrazins ou les hongrois, qui apparaissent à la recherche moderne comme les « derniers envahisseurs ».

avaient vécu ses pairs pour lui substituer quelque chose de nouveau : l'ancien régime, c'était celui que nous appelons aujourd'hui, avec des réserves, l'Etat carolingien [4], forme politique de l'opposition des noblesses et de leur équilibre ; c'était le souci du Palais de choisir des conseillers parmi les peuples soumis, la balance tenue entre les comtes francs et des *vassi regales* souvent autochtones, les instructions données aux *missi* et surtout la séparation entre domaine public et domaine privé, distinction juridique mais dont la base sociale était beaucoup plus solide qu'on pourrait l'imaginer. Le domaine fiscal, c'est celui où sont installés les guerriers francs envoyés par le roi pour surveiller le pays ; il est muni du ban et des moyens concrets et frappants de le faire respecter. Le domaine privé, au contraire, c'est celui qu'on laisse aux maîtres autochtones, la force militaire leur manque pour exercer une emprise solide sur la paysannerie. Entre les deux évolue le domaine d'église, à l'origine peu distinct du domaine privé « romain », et qui, par l'entrée d'évêques francs dans l'épiscopat, par la confusion entre *episcopatus, comitatus* et bénéfice, glisse peu à peu vers le statut du domaine fiscal.

Qu'elle soit bipartite ou tripartite, la distinction perd sa raison d'être lorsque se réalise l'union des noblesses : les nouveaux nobles fusionnent en les transformant les notions de « public » et de « privé » ; le régime de la prise — tolte — vient renforcer celui de la rente — tasque. Au régime « public » est empruntée la contrainte coutumière et légitime, mais elle sert à alourdir et à étendre la rente en nature, caractéristique du régime « privé », sous forme d'ex-« droits publics » élargis et systématisés [5]. C'est avec cet arsenal juridique qu'au xe siècle les nouveaux maîtres partent à la conquête des campagnes repeuplées.

Conquête qui ne va pas sans lutte : à mesure que les « nobles » affermissent leur prise sur ceux qui produisent se révèlent deux contradictions. Entre les grands et les alleutiers paysans d'abord, ceux-ci supportant d'autant plus impatiemment le ban que ceux-là s'efforcent de le rendre plus lucratif. Entre les grands et une Eglise régulière péniblement restaurée, qui se pose en défenseur des humbles, les sires tentant d'étendre leur ban aux domaines ecclésiastiques voisins, dépourvus de défense. La première de ces contradictions est résolue en faveur des grands : en les faisant entrer dans leur vassalité, ils s'associent les alleutiers les plus énergiques pour mieux dominer les autres et les terroriser ; ils rendent ainsi manifeste l'inexistence du pouvoir comtal en tant que force autonome. Mais les alleutiers devenus chevaliers échappent au ban et même y participent, la classe des privilégiés s'alourdit, son extension dépasse les possibilités du développement agraire qui la portait et menace de l'enrayer.

Ainsi s'aggrave la seconde contradiction : pressés par la nécessité, les chevaliers tentent de faire disparaître le domaine d'église et l'Eglise avec lui. Les clercs religieux réagissent alors en dressant leur propre seigneurie

---

4. Cf. les remarques de G. Ballandier.

5. La vieille querelle sur l'origine des droits féodaux — droits publics « déchus » ou coutumes domaniales « naturelles » — n'a dans cette optique guère de sens.

banale et en distinguant bonnes et mauvaises coutumes [6], soit au fond un compromis avec les paysans : qu'ils acceptent les nouvelles charges et la pression se relâchera. Mais pour faire triompher la voie qu'ils ouvrent, les réformateurs doivent imposer aux pillards le respect des faibles et des biens d'église, desserrer l'étreinte que la terreur chevaleresque exerce sur la paysannerie. C'est là tout le but de la Paix, puis de la Trêve : discipline imposée aux dérèglements des cavaliers pillards. Et, comme elle opposait bonne et mauvaise coutume, l'Eglise tente de distinguer dans les guerres qui traversent inévitablement une noblesse pléthorique et convoiteuse le combat légitime des partisans de la Trêve contre ceux qui la refusent. Certes, c'est opposer au feu un contre-feu instable et le front n'est guère net qui sépare les sires « paciers » de leurs pairs ; mais les réformateurs peuvent-ils agir autrement à une époque où les grands ont drainé à eux toute la force guerrière du pays ?

Enfin, Prise et Largesse vont reculer devant la règle et l'accumulation. La seigneurie banale, une fois stabilisée, se révèle en Provence bien différente de ce qu'elle est au nord : le ban n'y est pas utilisé, comme en Mâconnais [7], pour accroître les services des tenures et en égaliser le montant, c'est-à-dire pour restaurer le système domanial, et pour cause, ce système n'ayant ici jamais existé. Par contre, en augmentant la rente en nature dans une situation où la production s'améliore, la seigneurie banale peut, comme en Lombardie [8], mettre sur le marché le surplus de sa consommation. Les deux tendances opposées — consolidation des services ou renforcement de la rente — sont liées à l'absence ou à l'existence de grands marchés urbains. La seigneurie banale en Provence est sans doute l'un des éléments du mouvement d'expansion et de réanimation des échanges marchands.

Parmi les seigneurs, certains, et non les plus grands, sont pourtant mieux placés que d'autres. A mesure que s'affirme l'élan productif, après 1070, apparaît de plus en plus clairement la position centrale de ceux des alleutiers qui, résidant dans les cités, avaient été chargés d'en assurer la garde. A la fin du siècle, une fraction d'entre eux fournit ses troupes à la Réforme grégorienne, alors que l'autre la combat. La victoire acquise et la seigneurie épiscopale une fois établie, les chevaliers citadins deviennent l'élément prédominant dans les grandes cités provençales de l'Ouest. A l'intérieur des murs, aucune force sociale qui puisse leur faire opposition : les grands y sont rares, puisque, à la différence des *capitanei* lombards, ils ont presque tous abandonné leur résidence en ville dans la première moitié du XIe siècle ; les roturiers n'y seront nombreux et influents qu'à la fin du XIIe siècle. Les communes provençales seront à leur origine aristocratiques et non bourgeoises.

Ce sont les chevaliers urbains qui attirent en Provence le comte de Barcelone et qui le soutiennent. Comte, évêques, communes, cette triple alliance urbaine entame profondément l'indépendance seigneuriale et com-

---

6. L'abbé de Montmajour Archinric fixera ainsi, au début du XIe siècle, les coutumes dues par les paysans de Correns.

7. G. DUBY, *La société... op. cit.*, p. 316 et 502.

8. G. VIOLANTE, *I vescovi del l'Italia, op. cit.*, p. 204, note 1.

mence à établir la domination des villes sur les campagnes. Ainsi renaît le pouvoir comtal, devenu un véritable pouvoir princier ou premier. L'idée d'une responsabilité suprême du roi ou de l'empereur dans la conduite du peuple de Dieu avait été tant bien que mal sauvegardée par l'Eglise jusqu'au milieu du XIe siècle. La Réforme lui a porté un coup très dur dont le comte recueille indirectement le profit. S'il accepte parfois de tenir son comté de l'empereur, il est cependant *princeps ;* se dresser contre lui, c'est tomber sous le coup de la *lex majestatis ;* il a ses droits qui sont les droits royaux — *regalia* — qu'il impose partout où il le peut sans avoir à en prouver l'usage antérieur. Ainsi s'explique en partie la renaissance du Droit Justinien dans le Midi, droit de Rome plus que de Bologne, qu'enseigne, en Provence, le plus prestigieux des chapitres réformés, celui de S. Ruf, et que diffusent des clercs presque tous issus des lignages chevaleresques.

Prince, le comte barcelonais est aussi seigneur, venu d'une Catalogne qui est depuis les années 1060 l'une des terres les plus « féodalisées » d'Europe [9]. Son alliée, l'Eglise réformée, a utilisé le lien vassalique. Ses soutiens, les chevaliers citadins, sont le seul groupe social en Provence parmi lequel le fief et l'attache vassalique ont eu un développement important au XIe siècle. Aussi le comte, en même temps qu'il exige le respect dû à un monarque, s'attache à obtenir des grands les services qu'on doit à un seigneur, à donner à leur fidélité bien vague et bien négative un contenu précis et contraignant. Il y parvient d'autant mieux qu'il dispose de sanctions plus lourdes. Prince et seigneur, il exerce tantôt la confiscation des biens, tantôt la commise des fiefs. Distinctes sur le plan du droit, ces deux peines ne sont, dans la pratique, que des modalités plus ou moins graves de la répression qui frappe les rebelles, le même fait méritant au choix du comte une qualification différente. Cette association de la commise et de la confiscation ne tarde pas à entraîner la confusion entre le fief et l'alleu, confusion que les grands avaient tenté de faire au profit de l'alleu et qui s'inverse maintenant à leur désavantage. Une hiérarchie féodale s'instaure dont le roi de France, un jour, viendra prendre la tête. Hiérarchie pourtant moins étagés en Provence qu'en d'autres lieux, parce que la seigneurie banale dont elle était un dépassement, avait été ici moins complète : témoins tous ces villages, toutes ces villes de syndicat avec lesquelles le comte entretiendra des relations directes, et qui l'appuieront de leur argent et de leurs « cavalcades ».

Qu'apporte l'étude de la Provence au modèle de la « société féodale » ? Les deux aspects traditionnels de la féodalité — développement de la seigneurie banale, c'est-à-dire dislocation de l'Etat, et diffusion du lien vassalique — y sont comme dissociés. Le premier intervient assez tôt et d'une manière brutale [10] dans une société où le régime domanial est sans doute pratiquement inexistant [11]. Le second est au contraire tardif et manque du

---

9. P. BONNASSIE, *Les conventions féodales...*, p. 204.

10. En France mineure, G. F. LEMARIGNIER, *Le Gouvernement royal,* p. 64 et 82 ; en Mâconnais, G. DUBY, *op. cit.*, p. 364 ; en Lombardie, C. VIOLANTE, *Il monachesimo cluniacense,* p. 155.

11. G. Tabacco remarque que la société féodale ne s'installe en Lombardie que vers le milieu du XIe siècle, alors que le grand domaine est en crise depuis plus d'un siècle, *Fief et seigneurie,* p. 204.

support d'une tradition solide. Ce décalage chronologique n'est pas dû à quelque improbable hasard historique. La féodalisation achevée de la société, c'est-à-dire la généralisation du fief et de l'attache vassalique mène, en Provence — et pas seulement là ! — à la réédification de l'Etat monarchique. En ce sens, la féodalité ne s'oppose pas à l'Etat, elle y conduit. Car ce n'est pas l'existence de liens d'homme à homme qui porte en soi la destruction de l'autorité publique [12], mais bien leur usage à un niveau social précis : lorsque les grands utilisent ces liens pour vassaliser les alleutiers aisés, cela signifie qu'il n'y a momentanément plus de force sociale capable de s'opposer à eux et, partant, que l'Etat, forme de règlement des conflits sociaux, n'a plus de raison d'être. Lorsque ces mêmes liens vassaliques sont imposés par le comte et ses alliés aux grands, ils marquent au contraire la renaissance de l'Etat, compromis passé de force plus que de gré entre les barons ruraux et les chevaliers citadins, entre les maîtres des campagnes et ceux des villes.

---

12. C'était pourtant en partie l'opinion de M. Bloch, *La société féodale*, pp. 333 et 585. Couverte d'une pareille égide on comprend que l'idée se soit presque partout imposée.

Sources et bibliographie

SOURCES MANUSCRITES

Pour tenter de remédier à l'éparpillement de la documentation, et tâcher de lui restituer quelque chose de sa physionomie la plus ancienne, nous avons regroupé ces différentes sources d'après leur lieu de rédaction. On se rendra mieux compte, ainsi, de ce que pouvait être l'activité scriptuaire de tel ou tel centre monastique ou cathédral.

Fonds des évêchés : province d'Arles

Arles — (S. Etienne/S. Trophime) : cartulaires 1. *Liber S. Stephani vel S. Trophimi arelatensis aecclesiae de rebus ibidem pertinentibus* (dit : authentique de S. Trophime), OR. fin XIe, arc. com. Arles, GG — 2. *Liber auctoritatum per apostolice sedis episcopos, piissimosque Honorium et Theodosium augustos Arelat. ecclesie concessarum* (dit : cartulaire B), OR XIIe arc. B. du R. 3 G 17. — 3. *Livre Noir* (dit : authentique de l'archevêque) OR XIIe arc. B. du R. 3 G 16. (Les livres rouge et vert, arc. B. du R. 3 G 19 et 3 G 20, du XIIIe, n'ajoutent pratiquement rien aux trois précédents). — Chartrier : quelques épaves OR arc. B. du R. 3 G 1 et 2. — Obituaire : Martyrologe d'Arles OR XIe Bibl. Vat. ms Reg. 540 (*non vidi*). — Listes épiscopales : I. OR IXe BN lat. 2312 f° 2 v° et 2. OR XIIe BN lat. 5295 f° 101 v° (édit. Albanès GCNN Arles). — Aux archives de l'archevêché, il faut ajouter celles du *monastère S. Césaire,* qui en dépendait ; Chartrier : quelques épaves très dispersées 1. copie XVIIIe Bonnemant Bibl. Arles ms 168 p. 44 et 22. 2. Copie XVIIe Bibl. Carpentras mss 706 f° 3 et 1881 f° 72. 3. OR Bibl. Arles ms 881 n° 4 — arc. B. du R. 60 H 24, n° 26, 60 H 16 n° 87 et 48, 60 H 20 n° 8 et 60 H 25 n° 36. 3. copies BN Nouv. acq. lat. 1367 f° 193 et ss [1]. — Inscriptions : Restauration du monastère, 873, OR frag. Musée lapidaire d'Arles (art chrétien) = copie complète (édit. Albanès GCNN Arles) — épitaphes de religieuses OR Musée lapidaire, *ibidem.*

Avignon — (S. Etienne et Notre-Dame). : cartulaire : 1. *Liber Sorgiae et variorum* OR XIIe arc. Vaucluse, édit. Duprat. 2. *Homagia diversorum* OR XIIIe arc. Vaucluse archevêché G 15 Obituaire : Bibl. Avignon, OR XIe, ms. 98. Auxquels il faut ajouter les archives de l'abbaye S. Laurent, Chartrier : épaves, copie XVIIIe Bibl. Avignon ms 2465. — Obituaire : sans doute OR XIe, Bibl. Vat. ms 5414 (*non vidi*). — Inscriptions : épitaphe de l'évêque Bénézet († 1046) (édit. Albanes, GCNN Avignon).

---

1. Dans l'inventaire du chartrier du Couvent de S. Césaire dressé au XVIIIe siècle par l'abbé Bonnemant (Bibl. Arles ms 571) celui-ci ne mentionne que des actes du XIIIe siècle ou postérieurs, répartis en 10 liasses.

Carpentras-Vénasque — (Notre-Dame, S. Pierre et S. Siffrein). Chartrier : une épave OR Bibl. Carpentras ms 559. — Inscriptions : épitaphe de l'évêque Airard († 984 ?), copie Bibl. Carpentras ms 1206 p. 281 ; épitaphe de l'évêque Joufré († 1119/1124) (édit. d'après l'original par Fornery, *op. cit.*).

Cavaillon — (S. Véran). Chartrier : une épave OR arc. Vaucluse E (duché de Caderousse), (édit. MANTEYER, *La Provence...*, p. 523.).

Marseille — (Notre-Dame). Cartulaires : 1. Livre jaune (chapitre) OR XIIIe arc. B. du R. 6 G 438. 2. Livre vert (évêque) OR XIVe arc. B. du R. 5 G 91. — Chartriers : chapitre, arc. B. du R. 4 GM 1 à 4. Evêque, *ibidem* 5 G 1. — Obituaire : frag. copie XVIIIe BN lat. 12702, (Molinier n° 626, édit. Albanès.). — Polyptique : OR IXe siècle, arc. B. du R. (édit. Guérard ; autres fragments cf. Guérard n° 291 et Ruffi, *op. cit.*). Archives de l'abbaye S. Sauveur, Chartrier : épaves, arc. B. du R. 61 H 1.

Orange — (Notre-Dame). Cartulaire : frag. OR XIIe 1. Bibl. Carpentras ms 1589. 2. Bibl. Avignon ms 1830 (édit. Duhamel) — copies Bibl. Avignon mss 2399 et 2754. — Inscriptions : épitaphes de la comtesse Azalaïs († 1106) (édit. Albanes GCNN Orange col. 25) ; de l'évêque Peire de Vaison († c. 1055) (édit. Boyer de S. Marthe, I p. 97) ; de l'évêque Bérenger († 1127) OR Musée lapidaire d'Orange.

Vaison — (Notre-Dame et l'église S. Quenin). Cartulaire : XIIe (frag. édit. Boyer de S. Marthe livre I, d'après l'original, de 46 f°, trouvé par lui chez le marquis d'Aulan, et restitué à l'évêque, J.L. de Cohorne). — Inscriptions dans le cloître (édit. Lasteyrie).

Province d'Aix

Aix — (Notre-Dame et l'église S. Sauveur). Cartulaire : (archevêque) OR XIIIe Thesaurus, arc. B. du R. 1 G. — Chartrier : épaves, OR arc. B. du R. 2 G2. — Polyptique : OR 1050-1056, avec des ajouts vers 1080, arc. B. du R. 2 G 1, n° 3, (édit. de Grasset).

Apt — (Notre-Dame). Cartulaire : *Custodite sicut scitis*, XIIe, copies XVIIe, (édit. Didier). — Vie de l'évêque Estève († 1046), par un contemporain, chanoine de la cathédrale (*Ex libris* du chanoine Raimon Bot († 1319) édit. Bollandistes d'après des transcriptions de l'époque). — Inscriptions : copies Boze Bibl. Carpentras ms 1958 pp. 109 et 103 ; *Ibidem* ms 1930 p. 92.

Fréjus — (Notre-Dame et S. Léonce). Chartrier : un acte copié dans un registre de l'évêché fin XVIIe, arc. évêché de Toulon, ms n° 6, f° 183 bis. — Obituaire : martyrologe de Fréjus, OR arc. évêché de Toulon.

Sisteron — (Notre-Dame et S. Thyrse). Chartrier : frag. copie XVIe Livre Vert, copies XVIIe pour Peiresc Bibl. Carpentras ms 1857 f° 309 et ss., BN lat. 17558 f° 63 et ss. Columbi, Bibl. Lyon ms 490, Gastinel, vue par N. Didier à Montélimar, collection Valentin du Cheylard n° 1 (*non vidi*). — Liste épiscopale : jusque vers 950, *ibidem*. — Fragment de chronique, après 1060, peut-être rédigée par l'évêque Giraud 1er, (édit. N. Didier).

Forcalquier — *Eglise S. Mary*. Obituaire : obituaire de S. Mary OR XIIe BN lat. 5248, (Molinier n° 631, édit. Roman).

Province d'Embrun

Embrun — (Notre-Dame et S. Marcellin). Chartrier : contenait au XVIIIe fort peu d'actes des XIe et XIIe d'après un inventaire de 1790/1791 (P. Guillaume, Gap 1892). Quelques pièces ont été transcrites par Marcelin Fornier et édit. par Guillaume.

Antibes — (Notre-Dame). Chartrier : des épaves, cf. Doublet, *op. cit.*, introduction, p. XCIII et ss.

Nice — (Notre-Dame). Cartulaire : OR XIIe (édit. Cais de Pierlas). — Obituaire : (édit. Cais de Pierlas) (*non vidi*). Il faut y ajouter les archives de l'*abbaye de S. Pons*. Chartrier : frag. copies XVIIIe (édit. Cais de Pierlas).

Senez. — Obituaire : OR XIIe bibl. Carpentras, ms 72.

Vence. — Vie de l'évêque Lambert († 1154) par un contemporain, BN lat. 17558, édit. Bollandistes. — Inscriptions : son épitaphe, *Congrès archéo. de France*, 1932, p. 351.

Monastères indépendants

S. Pierre de Montmajour (dioc. d'Arles). Chartrier : OR 1. arc. B. du R. 2 H. 2. Bibl. Arles ms 881. 3. arc. du Palais de Monaco, A, (édit. Labande) — Copies XVIIe Chantelou a) BN lat. 13915, b) Bibl. Arles ms 162, c) ibidem ms 755 (édit. du Roure, d'après c), très défectueux. d) arc. B. du R. 2 H 650 — *Monasticon Benedictum* BN lat. 12685. — Véran Bibl. Arles ms 882 ; — un inventaire de 1745 (inventaire bleu) qui mentionne un peu plus d'une centaine d'actes, montre que le chartrier, tel qu'il était conservé alors, nous est à peu près entièrement parvenu. A cette date de 1745, les commissaires, qui procédaient sur arrêts du conseil (1738 et 1742), avaient dû jeter sans pouvoir la déchiffrer une grosse liasse de divers titres en parchemin (arc. des B. du R. 2 H 642). — Cartulaires des prieurés de Correns OR XIIe arc. B. du R. 2 H 347, (édit. Devos), et de Carluec OR XVe *ibidem* 2 H 318. — Obituaire : frag. copies XVIIe Chantelou BN lat. 13915 f° 327 ; Estiennot, BN lat. 12761, p. 297 et ss. ; pour Peiresc, BN lat. 8958 f° 286 v°, Molinier n° 623. — Inscriptions : épitaphes du comte Joufré († 1019), OR Musée lapidaire d'Arles (art. chrétien), de l'abbé Bénézet († peu après 1040) par le moine Arnoux (copie XVIIe Chantelou, *op. cit.*), de la fondatrice Teucinde († c. 977 OR près du monastère), de divers moines (Mabillon, *Annales* IV, 698).

S. André du Mont Andaon (dioc. d'Avignon). Cartulaires : 1. XIIe frag. copie XVIIe Polycarpe de la Rivière, Bibl. Carpentras ms 515 (Polycarpe est un faussaire avéré, mais c'était aussi un faussaire grossier ; cf. *ibidem* p. 661, ou Bibl. d'Avignon ms 2465 f° 77. Par contre les actes de S. André qu'il cite d'après le cartulaire sont de forme correcte. Ce cartulaire avait disparu des archives de l'abbaye lorsque Menard les visita au XVIIIe ; Polycarpe qui était prieur de Bonpas, avait dû l'emprunter et oublier de le rendre. Bouquier (Bibl. Aix ms 911) avait vu le cartulaire, édit. Manteyer, *chartes ... Avignon.* 2. Fragment de cartulaire, copie XVIe BN nouv. ac. lat. 2029. — Chartrier : frag. copies XVIIIe et XVIIIe Chantelou BN lat. 13916 (et copie Bibl. Avignon ms 2401) ; Estiennot BN lat. 12762 ; Suarez BN lat. 8971 ; Menard Bibl. Avignon 2466 ; Massilian, ibidem ms 2399. Un inventaire (arc. du Gard H 269) montre que ces érudits ont transcrit à peu près tous les actes subsistant dans le chartrier à leur époque. — Obituaire : Nécrologe de S. André, frag. copie Menard (Bibl. Avignon ms 2849). — Vie de l'abbé Pons († 1087), par le moine R(aimon) à la demande des disciples de Pons, l'abbé Peire (Aubert) (1088-1132) et Rostaing de Vénasque, copie XVIIe BN lat. 13916 f° 11 et Bibl. Carpentras ms 513 f° 46 (édit. Mabillon).

S. Victor de Marseille. Cartulaires : 1. Grand cartulaire (*Liber magnus*) OR fin XIe début XIIe, arc. B. du R. 2. Petit cartulaire, OR XIIIe *ibidem* (édit. Guérard). — Chartrier : OR, arc. des B. du R. 1 H, (édit. P. Amargier) et quelques pièces qui en sont sorties avant le XIXe, cf par exemple arc. B. du R. B 276, ou Ruffi, Hist. de Marseille p. 484, HGL V col. 670, ou bien encore les originaux édités par Rolland, *op. cit.* — Obituaire : frag. copie XVIIe BN lat. 12702 f° 172 Molinier n° 626. — « Chronique » de S. Victor (qui est, pour notre période, plutôt une liste abbatiale) OR Bibl. Vat. cod. reg. lat. 123, f° 119, v°, (édit. Albanes). — Inscriptions : épitaphe de l'abbé Isarn († 1047), édit. Bollandistes AASS, septembre VI 749. — Vie de l'abbé Isarn, par un moine victorin d'après les témoignages de ses disciples, Renaud (1037, 1038,

CSV 245 et 603) et Peire (1043, 1060, CSV n° 769, 370, 764, 578), rédigée sans doute après la mort de l'archevêque d'Arles Raimbaud († 1069) OR ? BN lat. 5672 (édit. Mabillon).

S. Honorat de Lérins (dioc. d'Antibes, dépendant de Cluny). Cartulaire : OR XIIIe, arc. Alpes-Maritimes H 10, édit. 1. Flammare, 2. Moris et Blanc. — Obituaire : *Necrologium vetus* frag. copie XVIIe Estiennot BN lat. 12774, p. 124 et ss., et Gioffredo, *op. cit.*, pp. 310, 330, 331, 348, 353 et 354. Molinier n° 639. — Liste abbatiale : commence en 1046, copie XVIIe BN lat. 12774, p. 110. — Chronique ? : frag. 849-1102, *ibidem* p. 113. — Inscriptions : épitaphe de l'abbé Audibert († 1102) *ibidem*, p. 110. Divers : Commentaire des Psaumes, préambule ; l'auteur est le moine Daniel, et le dédicataire l'abbé Audibert († 1102) BN lat. 12773 f° 486. Pour les *prieurés dépendants de Cluny,* on s'est reporté à l'édition des chartes de l'abbaye-mère, faite par Bernard et Bruel ; en ce qui concerne le prieuré de S. André le Gap, à l'édition de Guillaume. Aux fonds des abbayes provençales, il faut ajouter, pour les prieurés provençaux, ceux de S. Gilles, et de Psalmody.

S. Gilles (dioc. de Nîmes). Cartulaire : Bullaire, OR XIIe BN lat. 11018 édit. Goiffon. — Chartrier : frag. copie XVIIe BN Languedoc vol. 41 f° 99 et ss. — Pour le prieuré de S. Eusèbe d'Apt, bibl. Carpentras, ms 1654 et 706. — Obituaire : OR (1128) Brit. Museum add. mss 16979, Molinier n° 620 (non vidi). — Chronique ? frag. BN Languedoc, *loc. cit.*

S. Pierre de Psalmody (dioc. Nîmes). Chartrier : registre XVIIe arc. Gard H 106 — copie XVIIe, Estiennot BN lat. 12774, p. 200 et ss.

Archives des ordres nouvellement créés au XIIe

Hospitaliers de S. Jean de Jérusalem. Cartulaires : 1. *Authenticum domus Hospitalis S. Egidii* (Grand prieuré de S. Gilles) OR XIIe arc. munic. Arles GG 89. 2. *Authenticum praeceptoriae S. Thomae de Trencatalliis* (Prieuré de Trinquetaille) OR fin XIIe début XIIIe arc. B. du R. 56 H 3217, (édit. P. Amargier). 3. Cartulaire des Hospitaliers de Manosque OR XIIIe, ibidem 56 H 849. 4. Rôle des donations faites à la commanderie de S. Martin de Gap OR XIIe ibidem 56 H 382. — Chartrier : arc. B. du R. 56 H 4040 et ss. (Ceratines pièces ont été publiées par Delaville le Roulx).

Templiers. Cartulaires : 1. *Autenticum domus militiae templi S. Egidii* OR XIIe arc. munic. Arles GG 90. 2. Cartulaire de la commanderie de Richerenches (édit. Ripert de Monclar). 3. Cartulaire de la commanderie de Roaix, (édit. Chevalier). — Chartrier : arc. B. du R. 56 H 5174 et 5247. (Certaines pièces ont été publiées par Albon).

Ordre de Cîteaux — abbaye de Silvacane (dioc. d'Aix) Chartrier : arc. B. du R. 3 H liasses A et 6.

Ordre de Chalais — abbaye de Boscaudon (dioc. Gap) édit. Roman.

Chartreux — abbaye Notre-Dame de Bertaud (dioc. Gap) édit. Guillaume.

Collégiale de S. Ruf (dioc. d'Avignon). Cartulaire du prieuré d'Eyguières (dioc. Aix) OR frag. arc. B. du R. 17 G 1 — Chartrier de l'abbaye-mère (dioc. Avignon) fragments édit. Chevalier.

Enfin les *archives des comtes de Provence* des maisons de Forcalquier et de Barcelone : arc. B. du R. B. 276 et ss.

SOURCES IMPRIMEES

J.H. Albanes, *Chronique de S. Victor de Marseille, in* Mélanges d'Archéologie et d'histoire de l'Ecole Française de Rome, 1886, p. 320.

J.H. Albanes et U. Chevalier, *Gallia christiana Novissima,* tome I, Province d'Aix, Montbéliard 1899 ; tome II, évêché de Marseille, Valence 1899 ; tome III, archevêché d'Arles,

Valence 1901 ; tome IV, évêché de S. Paul Trois Châteaux, Valence 1909 ; tome V, évêché de Toulon, Valence 1911 ; tome VI, évêché d'Orange, Valence 1916 ; tome VII, évêché d'Avignon, Valence 1920.

J.H. ALBANES et U. CHEVALIER, *Mortuologue de l'église de Marseille,* Paris 1910.

ALBON (Marquis d'), *Cartulaire général de l'ordre du Temple* (1119-1150), Paris 1913 (fasc. complémentaire Valence — Paris 1922).

P. AMARGIER, *Chartes inédites du fonds de S. Victor de Marseille,* Aix 1967 (dactylographié).

A. ASHER, *The itinerary of Rabbi Benjamin de Tudela,* Londres-Berlin 1840.

L. BARRAU-DIHIGO et J. MASSO-TORRENTS, *Gesta comitum Barchinonensium,* Barcelona 1925.

L. BARTHELEMY, *Inventaire chronologique et analytique des chartes de la maison des Baux,* Marseille 1882.

F. BENOIT, *Recueil des actes des comtes de Provence appartenant à la maison de Barcelone* (1196-1245), Monaco 1925.

A. BERNARD et A. BRUEL, *Recueil des chartes de l'abbaye de Cluny,* Paris 1876-1903.

E. BLIGNY-BONDURAND, *Les coutumes de S. Gilles* (XIIe-XIVe siècles), Paris 1915.

BOLLANDISTES, *Acta sanctorum ; Vita S. Babonis,* mai V p. 185 ; *Vita S. Lamberti Ventiensis episcopi* mai V p. 924 ; *Vita S. Stephani Aptentis episcopi* novembre III p. 309.

H. BOUCHE, *Chorographie ou description de la Provence,* Aix 1664.

BOUQUET, *Recueil des historiens de France,* Paris 1738.

L.A. BOYER de S. MARTHE, *Histoire de l'Eglise de Vaison,* Avignon 1731, *Histoire de l'Eglise de S. Paul Trois Châteaux,* Avignon 1710.

L. BREHIER, éditeur de *Histoire anonyme de la première croisade,* Paris 1964.

C. BRUNEL, *Les plus anciennes chartes en langue provençale,* Paris 1926 et *supplément,* Paris 1952.

E. CAIS DE PIERLAS et G. SAIGE, *Chartrier de S. Pons de Nice,* Monaco 1903.

E. CAIS DE PIERLAS, *Cartulaire de l'ancienne cathédrale de Nice,* Turin 1888 ; *Obituaire de l'ancienne cathédrale de Nice,* Turin 1896.

U. CHEVALIER, *Cartulaires des Hospitaliers et des Templiers en Dauphiné,* tome III, Roaix, Vienne, 1875.
Cartulaire de l'Eglise de Die, Grenoble 1868.
Cartulaire de S. Barnard de Romans, Lyon 1856.
Codex diplomaticus ordinis S. Rufi, Valence 1891.

Chronicon Novaliciense, in Monumenta Historiae Patriae, Scriptores III, Turin 1848.

E. CLOUZOT, *Pouillés des Provinces d'Aix, d'Arles et d'Embrun,* Paris 1923.

J. DELAVILLE LE ROULX, *Cartulaire général de l'ordre de S. Jean de Jérusalem* (1100-1310), Paris 1894 à 1906.

Dom C. DEVIC et dom J. VAISSETTE, *Histoire générale du Languedoc* (deuxième édition revue par Molinier), Toulouse 1875, tomes II et V.

J.-C. DEVOS, *Contribution à l'étude du cartulaire du prieuré de Correns,* D.E.S. Lettres Paris 1953. (Dactylographié — arc. des B. du R.).

N. DIDIER, H. DUBLED, J. BARRUOL, *Cartulaire de l'Eglise d'Apt* (835-1130), Paris 1967.

G. DOUBLET, *Recueil des actes des évêques d'Antibes,* Monaco-Paris 1915.

L. DUHAMEL, *Fragments d'anciens cartulaires de l'évêché d'Orange, in* Mémoires de l'Académie de Vaucluse, 1896, p. 383.

E. DUPRAT, *Cartulaire de N.D. des Doms d'Avignon,* Avignon 1932.

ESPANA SAGRADA, *Vita S. Ollegarii,* tome XXIX, Madrid 1775, p. 472.

E. de FLAMMARE, *Cartulaire de l'abbaye de Lérins,* Nice 1883 et 1885.

J. de FONT-REAULX, *Cartulaire de l'évêché de S. Paul Trois Châteaux* (XIIIe), Valence 1950.

GERMER-DURAND, *Cartulaire du chapitre de l'Eglise de Nîmes,* Nîmes 1874.

H. de GERIN-RICARD et E. ISNARD, *Actes concernant les vicomtes de Marseille,* Monaco-Paris 1926.

GIOFFREDO, *Storia delle Alpi Maritimi, in* Monumenta Historiae Patriae, Scriptores II, Turin 1848.

GOIFFON et ANNOT, *Bullaire de S. Gilles,* Nîmes 1882

GRASSET (Vicomte de), *Polyptique de N.D. de la Seds et de S. Sauveur d'Aix, in* Revue d'Histoire de Provence, Tome I, Aix 1891, p. 361.

F. GRAT, *Annales de S. Bertin,* Paris 1964.

B. GUERARD, *Cartulaire de S. Victor de Marseille,* Paris 1857.

P. GUILLAUME, édit. de M. FORNIER, *Histoire des Alpes-Maritimes,* Paris 1890-1892. — *Docu-*

ments inédits sur le prieuré de S. André de Gap. Montbéliard, 1882. — *Chartes de N.D. de Bertaud, Gap*, Paris 1888. — *Chartes de Durbon*, Montreuil-sur-Mer 1893. — *Rôle des donations de la commanderie de Gap* (XIe-XIIe), Paris 1881.

JAFFE et LOWENFELD, *Regesta pontificum romanorum*, Leipzig 1888.

L. LABANDE, *Chartres de Montmajour aux archives du palais de Monaco, in* Annales de la société d'études provençales, 1908 p. 29.

L. LABANDE, *Documents relatifs aux seigneuries de Menton, Roquebrune, et la Turbie*, Monaco 1909.

R. de LASTEYRIE, *Restitution d'une inscription du* XIe *siècle*, Paris 1904.

P. LAUER, *Annales de Flodoard* (919-966), Paris 1906.

E. LEONARD, *Catalogue des actes de Raymond V de Toulouse* (1149-1194), Nîmes 1932.

E. LEROY, *Cartulaire* (plutôt chartrier) *de S. Paul de Mausole*, Bergerac 1961.

MABILLON, *Acta Sanctorum ordinis S. Benedicti, Vita S. Maïoli, auctore Syro*, saec. V, p. 786 ; *vita S. Isarni abbatis S. Victoris massiliensis*, saec. VI, *pars*, I, p. 609 ; *Vita S. Poncii, abbatis S. Andree*, saec. VI pars 2 p. 494 ; *Vita S. Arnulfi episcopi Vapicensis*, saec. VI, pars 2, p. 237.

G. de MANTEYER, *Les chartes du pays d'Avignon* (439-1040) Mâcon 1914.

P. de MARCA, *Marca Hispanica sive limes hispanicus*, Parisiis 1688.

J. MARION, *Cartulaires de Grenoble*, Paris 1869.

F. MIQUEL-ROSELL, *Liber feudorum major*, Barcelona 1945.

C. DE MONTEYNARD, *Cartulaire de Domène* (1027-1233), Lyon 1859.

H. MORIS et E. BLANC, *Cartulaire de l'abbaye S. Honorat de Lérins*, Paris 1883 et 1905.

R. POUPARDIN, *Recueil des actes des rois de Provence* (855-928), Paris 1920.

F. de RIPERT de MONCLAR, *Cartulaire de la commanderie de Richerenches de l'ordre du Temple* (1136-1214), Avignon Paris 1907.

H. ROLLAND, *Chartres inédites de S. Victor de Marseille* XIe XIIe siècles, *in* Mélanges ... Busquet, Marseille 1957 p. 23.

J. ROMAN, *Obituaire du chapitre S. Mary de Forcalquier* (1074-1593), Digne 1887. — *Chartes de l'ordre de Chalais* (*abbaye de Boscaudon*) (1100-1400), Paris 1923.

DU ROURE (Baron), Edition de dom Chantelou, *Histoire de l'abbaye de Montmajour, in* Revue d'Histoire de Provence tome I, Aix 1891 (mieux vaut consulter l'exemplaire manuscrit de Chantelou à la BN lat. 13915).

DU ROURE (Baron), *Actes du cartulaire de Barjols, in* Bulletin de la société d'études scientifiques de Draguignan, 1916/1917, p. 105.

L.A. DE RUFFI, *Dissertations... sur l'origine des comtes de Provence*, Marseille 1712.

O. TERRIN, *Cartulaire du chapitre d'Agde*, Nîmes 1969.

BIBLIOGRAPHIE

R. d'ABADAL i de VINYALS, *Els primers comtes catalans*, Barcelona 1958. — *L'abat oliba, bisbe de Vic*, Barcelone, 1962. — *A propos de la domination de la maison comtale de Barcelone sur le Midi, in* Annales du Midi, 1964, p. 315.

E. AMANN et A. DUMAS, *L'Eglise au pouvoir des laïques* (888-1057), *in* FLICHE et MARTIN, Histoire de l'Eglise VII, Paris 1940.

P.A. AMARGIER, *La capture de S. Maïeul de Cluny et l'expulsion des Sarrazins de Provence, in* Revue Bénédictine, 1963, p. 316. — *Aux origines de la famille des vicomtes de Marseille, in* MA, 1964, p. 161. — 966 ou 977, *la date d'un millénaire, in* PH, 1966, p. 309. — *Chartes inédites* (XI *siècle*) *du fond de Saint Victor de Marseille, Edition précédée d'une étude historique*, Aix 1967 (dactylographiée). — *La mentalité monastique en Provence au* XIe siècle Annales ESC 1969 p. 424.

M.H. AMMAN, *Die Deutschen im S. Gilles im* XIIe *Jahrhundert in* Festschrift H. Aubin, Wiesbaden 1965.

H. ANTONIADIS-BIBICOU, *Recherches sur les douanes à Byzance*, Paris 1963

J. ARNOUX, *Les fiefs du monastères de Saint Martin de l'Ile Barbe, in* Annales des Basses-Alpes, 1908, p. 21.

ARTAUD, *La transhumance dans les Basses-Alpes* (IXe-XXe siècle), *in* Annales de Haute-Provence, 1961, p. 263).

R. AUBENAS, *Les châteaux-forts au* XIe *siècle, in* RHD 1938, p. 548.

L. AUZIAS, *L'Aquitaine carolingienne*, Toulouse-Paris 1937.

P. Babey, *Le pouvoir temporel de l'évêque de Viviers au Moyen Age* (815-1452), Lyon 1956.

J. Balon, *La donation de la villa caladius à l'abbaye de S. Victor de Marseille, in* Mélanges Tisset 1970.

E. Baratier, *Maillane et ses seigneurs à l'époque médiévale, in* Mélanges Busquet, Marseille, 1967, p. 119. — *La démographie provençale du* XIIIe *au* XIVe *siècle,* Paris 1961. — *La Fondation de l'île Saint-Geniès* XIe-XIIe *siècles, in* PH 1964, p. 26. — *La Fondation et l'étendue du temporel de l'abbaye de Saint-Victor, in* PH, 1966, p. 393. — *Enquêtes sur les droits et revenus du Comte Charles Ier d'Anjou en Provence,* Paris 1966. — *Histoire de la Provence,* Toulouse, 1969.

R.H. Bautier, *Les grands problèmes politiques et économiques de la Méditerranée médiévale, in* RH 1965, p. 3.

F. Benoit, *Les abbayes du sel : l'héritage antique du delta au moyen âge, in* Delta, 1961, p. 17.

U. Berliere, *Le nombre des moines dans les anciens monastères, in* Revue bénédictine 1929 et 1930, p. 231.

S. Berthelier, *L'extension de l'ordre de Cluny du* X^e^ *au* XIe *siècle, in* Revue archéologique 1938, p. 319.

Billioud, *Le bois des Hautes-Alpes en Provence* (XIIe-XIXe), *in* Bulletin de la Société d'étude des Hautes-Alpes, 1960, p. 106.

A. Blanc, *Valence des origines aux Carolingiens,* Valence 1964.

B. Bligny, *L'Eglise et les ordres religieux dans le Royaume de Bourgogne,* Grenoble, 1960. — *Le Royaume de Bourgogne, in* H. Beumann, *Karl der Grosse I,* Düsseldorf, 1965, p. 247.

M. Bloch, *La société féodale,* I, *La formation des liens de dépendance,* Paris 1939, II, *Les classes et le gouvernement des hommes,* Paris 1940, réédition Paris 1968.

B. Blumenkranz, *Juifs et chrétiens dans le monde occidental* (*430-1096*), Paris 1960.

P. Bonnassie, *Les conventions féodales dans le Catalogue du XIe siècle, in* Les structures sociales de l'Aquitaine, du Languedoc et de l'Espagne au premier âge féodal (Colloque de Toulouse 1968), Paris 1969, p. 187. — *La Catalogne du milieu du Xe à la fin du XIe siècle,* croissance et mutations d'une société, Toulouse 1975, tome I (tome II à paraître).

M. Boulet, *Le commerce médiéval européen, in* J. Lacour-Gayet, Histoire du Commerce II, Paris 1950. — *La Foire, in* Recueil de la société Jean Bodin, V, Bruxelles 1953.

E. Bournazel, *Le gouvernement capétien au XIIe siècle (1108-1180),* Limoges 1975.

V. Bourrilly, R. Busquet, *La Provence au moyen âge* (1112 à 1481), *Institutions politiques, Eglise, in* Encyclopédie des Bouches-du-Rhône, II, Marseille, 1923.

R. Boutruche, *Seigneurie et féodalité,* I *Le premier âge des liens d'homme à homme,* Paris 1959, II *L'apogée,* Paris 1970.

R. Boyer, *L'ancienne église de Six Fours, in* PH, 1957, p. 249.

C.R. Bruhl, « *Fodrum, gistum, servitium regis* », *studien zu den wirtschaftlichen grundlagen des königstums,* I et II, Köln-Graz, 1968.

C. Brunel, *Les juges de la Paix en Gévaudan au milieu du XIe siècle, in* BEC 1951.

R. Buchner, *Die Provence in Merowingischerzeit,* Stuttgart 1933.

R. Busquet et R. Pernoud, *Histoire du commerce de Marseille, Tome I,* Paris 1949.

R. Busquet, *Les origines et le développement des Institutions communales à Marseille et en Provence au moyen âge,* Marseille 1949. — *Rois de Bourgogne et Comtes de Provence, in* PH, 1951, p. 144. — *Le rôle de la vicomté de Marseille dans la formation du Comté de Provence et l'origine de ses vicomtes, in* PH, 1954, p. 66. — *La Provence, in* Lot et Fawtier, Histoire des Institutions françaises au moyen âge, Tome I, Paris 1957, p. 249.

J. Cabestany, P.E. Schramm et E. Bague, *Els primers comtes reis,* Barcelona 1960.

R. Caillemer, *Le retrait lignager dans le droit provençal,* Studi giuridici... Fada, Naples 1906. — *Les idées coutumières et la renaissance du Droit romain dans le Sud-Est de la France, I La laudatio des héritiers,* Edité par P. Vinogradoff, Oxford 1913.

N. Calvino, *Relazioni medioevali tra Genova e la Liguria occidentale, X-XIIIe s.,* studi liguri Bordignera 1950.

M.L. Carlin, *La pénétration du droit romain dans les actes de la pratique provençale* (XIe-XIIIe siècles), Aix, Marseille 1964.

L. Carolus-Barre, *Le censier de la « villa Doledonum » et l'aire d'extension de l' « apendaria »,* in Mélanges... Brunel, Paris 1955, p. 235.

M. Carriere et P. Marechal, *La Foire de Beaucoire,* Toulouse 1950.

M. Castaing-Sicard, *Monnaies féodales et circulation monétaire en Languedoc* (*Xe-XIIIe siècles*), Toulouse 1961.

A. Castaldo, *L'église d'Agde* (x^e-xiiie siècle), Paris 1970.

G. Chevrier, *Sur quelques textes provençaux du XIe relatifs à l'acte à cause de mort,* Etudes J. Macqueron, Aix 1970.

C.M. Cipolla, *Money, prices and civilization in the mediterranean world,* Princeton 1956.

L.A. Constans, *Arles antique,* Paris 1921.

M. David, *Les laboratores du renouveau économique du XIIe s. à la fin du XIVe s.*, RHD, 1959.

Delcambre, *Géographie historique du Velay, du « pagus » au comté et au baillage, in* BEC 1937, p. 17.

C. Delebecque, *Les origines du Consulat de Tarascon, in* Mémoires de l'Institut historique de Provence, 1930, p. 137.

C. Dereine, *Vie commune, règle de S. Augustin et chanoines réguliers au XIe siècle, in* Revue d'histoire ecclésiastique, 1946, p. 365.

J.C. Devos, *La formation du temporel de l'abbaye de Saint-Victor de Marseille,* Paris 1950 (*dactylographié,* arc. B. du R. VIII F 53). — *L'abbaye de Saint-Victor et la Réforme Grégorienne, in* Mélanges... Busquet, Marseille 1957, p. 32. — *L'abbaye de Saint-Victor et la famille vicomtale de Marseille, in* Bull. phil. et histo. du Comité de Travaux Hist. et Scient. 1958, p. 365.

J. Dhondt, *Etudes sur la naissance des principautés territoriales en France* (*IXe-Xe siècles*), Gent 1948.

N. Didier, *Le texte et la date du statut de Guillem de Forcalquier* sur les filles dotées, Etude... Dumas, Aix 1950, p. 115. — *Les Eglises de Sisteron et Forcalquier du XIe à la Révolution,* Paris 1954.

G. Doublet, *Les évêques de Nice, in* Annales Catholiques des Alpes-Maritimes, Nice 1925, p. 19.

G. Duby, *La société aux XIe et XIIe siècles dans la région mâconnaise,* Paris 1953. — *Les villes du Sud-Est de la Gaule du VIIIe au Xe siècle, in* Settimane di Studio... Spoleto 1959, p. 231. — *Les chanoines réguliers et la vie économique des XIe et XIIe siècles, in* Atti della settimana di studio ... Mendola 1959, Milan 1962, p. 72. — *Une enquête à poursuivre : la noblesse dans la France médiévale, in* RH 1961, p. 6. — *L'économie rurale et la vie des campagnes dans l'Occident médiéval,* Paris 1962. — *Les laïcs et la Paix de Dieu, in* Atti della Settimana di studio ... Mendola 1965, Milan 1968, p. 448. — *Le gouvernement royal aux premiers temps capétiens : à propos d'un livre récent, in* MA 1966, p. 531. — *Remarques sur la littérature généalogique en France aux* xie *et* xiie *siècles,* CRAI 1967, p. 335. — *Les structures familiales aristocratiques en France au* xie *siècle en rapport avec les structures de l'Etat, in* L'Europe aux ixe-xie siècles (1965), Institut d'histoire de l'académie polonaise des sciences, Varsovie 1968, p. 57.

T. Dunin-Wasowicz, *S. Gilles et la Pologne aux XIe et XIIe siècles,* Annales du Midi, 1970.

E. Dupont, *Les cités de la Narbonnaise Première depuis les invasions germaniques jusqu'à l'apparition du consulat,* Nîmes 1942.

E. Duprat, *Le Testament de Giraud Amic, in* Annales d'Avignon, 1912, p. 151. — *Etude de la Charte de 1040 relative à la consécration de l'église Saint-Victor de Marseille, in* Bulletin hist. et philo. du Comité de Travaux historiques, 1922. — *La Provence dans le haut moyen âge,* Encyclopédie des Bouches-du-Rhône, II, Marseille, 1923.

J.A. Durbec, *Les Templiers en Provence : formation des Commanderies et répartition géographique de leurs biens,* Gap, 1960.

E. Engelmann, *Zur Städtischen Volksbewegung in Südfrankreich, Kommunefreiheit und Gesellschaft : Arles 1200-1250,* Berlin 1959.

H. Espitalier, *Les évêques de Fréjus du VIe au XIIIe siècle,* Draguignan 1894.

P.A. Fevrier, *Le développement urbain en Provence de l'époque romaine à la fin du XIVe siècle,* Paris 1964.

A. Fighiera, *L'abbaye bénédictine de S. Pons,* Aix 1948 (Thèse de lettres).

A. Fliche, *La réforme grégorienne et la reconquête chrétienne, in* Fliche et Martin, Histoire de l'Eglise, VIII, Paris 1940.

M. Fontana, *La Réforme grégorienne en Provence orientale,* Aix 1957. (Mémoire).

J. de Font-Reaulx, *Le testament de Tiburge d'Orange et la cristallisation de la Principauté, in* Mélanges... Busquet, Marseille, 1957, p. 41.

J.M. Font-Rius, *Les modes de détention des châteaux dans la « Vieille Catalogne » et ses* *marches extérieures du début du IX*e *au début du XI*e *siècle, in* Colloque de Toulouse (*op. cit.*) p. 63.

P. FOURNIER, *Le royaume d'Arles et de Vienne* (1138-1178), Paris 1891.

F.L. GANSHOF, *Note sur un passage de la vie de Saint Géraud d'Aurillac, in* Mélanges... Jorga, Paris, 1933, p. 295. — *Notes sur les ports de Provence du VIII*e *au X*e *siècle, in* RH, 1938, p. 28. — *Les avatars d'un domaine de l'Eglise de Marseille à la fin du VII*e *et du VIII*e *siècle,* Studi... Luzzatto, I, Milan 1949, p. 55.

F.L. GANSHOF, *Charlemagne et le serment, in* Mélanges... Halphen, Paris 1950, p. 250. — *L'origine des rapports féodo-vassaliques,* I, *Les relations féodo-vassaliques à l'époque carolingienne, in* Settimane di Studio... Spoleto 1953, p. 68. — II *Les relations féodo-vassaliques aux temps post-carolingiens, in* Settimane di studio... Spoleto 1954, p. 68. — *Charlemagne et les institutions de la monarchie franque, in* H. BEUMANN, Karl der Grosse I Düsseldorf 1965, p. 349, *Charlemagne et l'administration de la justice dans la monarchie franque, ibidem,* p. 394. — *Les bureaux du tonlieu de Marseille et de Fos, in* Mélanges Didier, Paris 1960, p. 125.

M. GARAUD, *Les châtelains du Poitou et l'avènement du régime féodal,* Poitiers 1964. — *A propos d'une lettre de Fulbert de Chartres à Guillaume le Grand comte de Poitou et duc d'Aquitaine, in* Etudes... Le Bras, I, Paris 1965, p. 559.

J. GAUDEMET, *La collation par le roi des bénéfices vacants en régale des origines à la fin du XIV*e *siècle,* Paris 1935. — *L'Eglise dans l'empire romain,* Paris 1958. — *Les institutions ecclésiastiques en France du milieu du XII*e *au début du XIV*e *siècle, in* Lot et Fawtier, Histoire des institutions françaises au Moyen Age, III, Paris 1962, p. 141. — *Le Droit romain dans la pratique et chez les docteurs au XI*e *et au XII*e *siècle, in* Cahiers de civilisation médiévale, 1965, p. 365. — *Les ordalies au moyen âge, in* Recueil de la société Jean Bodin II, Bruxelles 1965, p. 95. — *L'élection épiscopale d'après les canonistes de la deuxième moitié du XII*e *siècle,* Settimana... Mendola, 1971.

P.R. GAUSSIN, *L'abbaye de la Chaise-Dieu* (*1043-1518*), Paris 1962.

J. GAY, *L'Italie méridionale et l'empire byzantin* (*867-1071*), Paris 1904.

J. GHIJSSENS, *Hypothèses sur l'évolution du poids et de la teneur en fin des deniers carolingiens sous les successeurs de Charlemagne, in* Bulletin du cercle d'études numismatiques, Bruxelles 1965, p. 60.

G. GIORDANENGO, *Epistola Philiberti : Note sur l'influence du droit féodal savant dans la pratique du Dauphiné méridional,* Mél. d'Archéo. et d'hist. de l'Ec. Fr. de Rome, 1970, p. 809.

A. GOURON, *Les étapes de la pénétration du Droit romain dans l'ancienne Septimanie,* A.M. 1957. — *La diffusion des consulats méridionaux et l'expansion du droit romain aux XII*e *et XIII*e *siècles, in* BEC, 1963, p. 26.

R. GRAND, *Le contrat de complant depuis les origines jusqu'à nos jours, in* RHD 1916, pp. 169, 337, 555.

H. GRASSOTTI, *La durée des concessions bénéficiaires en Léon et en Castille : les cessions « ad tempus », in* Colloque de Toulouse (*op. cit*) p. 79.

C. HIGOUNET, *Un grand chapitre de l'histoire du XII*e *siècle : la rivalité des maisons de Toulouse et de Barcelone pour la prépondérance méridionale, in* Mélanges... Halphen, Paris 1951, p. 313. — *Le groupe aristocratique en Aquitaine et en Gascogne* (*fin X*e *début XII*e *siècle*) *in* Colloque de Toulouse (*op. cit.*) p. 221.

H. HOFFMANN, *Gottesfrieden und Treuga Dei,* Stuttgart 1964.

K.J. HOLLYMAN, *Le développement du vocabulaire féodal en France pendant le haut moyen âge,* Paris-Genève 1957.

P. IMBART DE LA TOUR, *Les élections épiscopales dans l'Eglise de France du IX*e *au XII*e *siècle,* Paris 1891.

L. JACOB, *Le royaume de Bourgogne sous les Empereurs Franconiens* (1038-1125), Paris 1906.

H. JANEAU, *Les institutions en Dauphiné au moyen âge : les agents locaux de la primitive justice comtale* (*XI*e*-XII*e *siècles*) *in* Annales de l'Université de Grenoble (Lettres-Droit) 1943.

H. JOHN et L. HILL, *Raimon IV de S. Gilles, comte de Toulouse,* Toulouse 1959.

L. JOUVE, *Le temporel de l'Eglise de Marseille avant 1257,* Aix 1962, (dactylographié Ar. B. du R. VIII F. 83).

F. KIENER, *Verfassungsgeschichte der Provence* (610-1200), Leipzig 1900.

W. KULA, *Théorie économique du système féodal,* Paris-La Haye 1970.

L.H. LABANDE, *Etude sur Saint-Symphorien-de-Caumont, in* Mémoires de l'Académie de Vaucluse, 1900. — *Bullaire de l'abbaye de Lérins, essai de reconstitution VI*e*-XIII*e *siècles, in*

Annales de la Société des Alpes-Maritimes, 1922-23, p. 115. — *L'Eglise de Marseille et l'abbaye de Saint-Victor à l'époque carolingienne, in* Mélanges... Lot, Paris 1926, p. 307.

J.M. LACARRA, *« Honores et tenencias » en Aragon (XIe siècle), in* Colloque de Toulouse (*op. cit.*) 1968, p. 142.

J. LAFAURIE, *Numismatique des Carolingiens aux Capétiens, in* Cahiers de civilisation médiévale, 1970, p. 117.

R. LATOUCHE, *Nice et Cimiez V^e-XIe siècles, in* Mélanges... Lot, Paris, 1926, p. 331. — *Les idées actuelles sur les Sarrazins dans les Alpes, in* Revue de Géographie alpine, 1931, p. 199. — *Histoire du Comté de Nice,* Paris 1932. — *Quelques aperçus sur le manse en Provence aux Xe et XIe siècles, in* Mélanges... Brunel, II, Paris, 1955, p. 101.

R. LATOUCHE, *Les origines de l'économie occidentale,* Paris 1956, 2e édition 1970. — *Le bourg des juifs de Vienne au Xe siècle, in* Mélanges... Didier Paris 1960, p. 189.

J. LE GOFF, *Note sur Société tripartite, idéologie monarchique et renouveau économique dans la chrétienté du IXe au XIIe siècle, in* L'Europe au IXe et au XIe siècle (*op. cit.*) p. 63.

P. LEHMANN, *Das longobardische Lehnsrecht,* Göttingen 1896.

P.S. LEICHT, *Il feudo in Italia nell' età carolingia, in* Settimane di studio... Spoleto 1953, p. 75.

R. LEJEUNE, *L'esprit de la croisade dans l'épopée occitane,* Cahier de Fanjaux, 1969. — La *question de l'historicité du héros épique Aimeri de Narbonne,* Mélanges Perroy, Paris 1973, p. 50.

J.F. LEMARIGNIER, *A propos de deux textes sur l'histoire du droit romain au moyen âge* (1008 et 1038), *in* BEC 1940, p. 157. — *Recherches sur l'hommage en marche et les frontières féodales,* Lille, 1945. — *Les actes de droit privé de S. Bertin au haut moyen âge. Survivance et déclin du droit romain dans la pratique franque, in* Mélanges... De Visscher IV, 1950, p. 35. — *L'exemption monastique et les origines de la réforme grégorienne,* A Cluny, Congrès Scientifique... Dijon 1950, p. 288-340. — *La dislocation du « pagus » et le problème des « consuetudines », in Mélanges...* Halphen, Paris 1951, p. 401. — *Structures monastiques et structures politiques dans la France de la fin du Xe siècle et des débuts du XIe siècle, in* Settimane di studio... Spoleto 1957 IV, p. 357. — *Le domaine de Villeberfol et le patrimoine de Noirmoutier au XIe siècle, in* Mélanges... Petot, Paris 1959, p. 347. — *Les institutions ecclésiastiques en France de la fin du Xe au milieu du XIIe siècle, in* Lot et Fawter, Histoire des institutions françaises au moyen âge, III, Paris 1962, p. 2. — *Le gouvernement royal aux premiers temps capétiens* (987-1108), Paris 1965. — *De l'immunité à la seigneurie ecclésiastique : les « territoires coutumiers » d'église en Ile-de-France et dans les régions voisines d'après les diplômes des premiers Capétiens, in* Etudes... Le Bras II, Paris 1965, p. 619. — *Aux origines de l'Etat français : royauté et entourage royal aux premiers temps capétiens, in* L'Europe aux IXe *et* XIe siècles (*op. cit.*) p. 43.

J. LESTOCQUOY, *Les villes de Flandre et d'Italie sous le gouvernement des patriciens* (XIe-XVe *siècles*), Paris 1952.

L. LETONNELIER, *Essai sur les origines des châtelains et des mandements en Dauphiné, in* Annales de l'Université de Grenoble (Lettre) 1925.

R. LOPEZ, *Aux origines du capitalisme gênois, in* Annales d'histoire économique et sociale, 1937, p. 429.

LOPEZ et RAYMOND, *Medieval trade in the mediterranean world,* New York 1955.

R. LOUIS, *Girard comte de Vienne,* Auxerre 1946.

A. MACHABEY, *La métrologie dans les musées de province,* Troyes 1962.

E. MAGNOU-NORTIER, *L'introduction de la réforme grégorienne à Toulouse,* Toulouse 1958. — *Note sur le sens du mot « fevum » en Septimanie et dans la marche d'Espagne (fin X^e début XIe siècle), in* Annales du Midi 1964, p. 141. — *Fidélité et féodalité méridionales d'après les serments de fidélité* (X^e début XIIe siècle) *in* Colloque de Toulouse, (*op. cit.*) p. 115. — *La société laïque et l'église dans la province ecclésiastique de Narbonne,* (*VIIIe-XIe siècles*), Toulouse 1974.

J. DE MALAFOSSE, *Contribution à l'étude du crédit dans le Midi au Xe et XIe siècles, in* Annales du Midi 1951, p. 105.

G. de MANTEYER, *Les origines de la Maison de Savoie en Bourgogne 910-1060,* Rome 1899, et *notes additionnelles,* Paris 1901. — *Les origines de la Maison de Savoie en Bourgogne : la paix en Viennois et les additions à la bible de Vienne,* Grenoble, 1904. — *La Provence du Ier au XIIe siècle,* Paris, 1905 et les Tables, Gap, 1926. — *Les origines du Dauphiné de Viennois ; la première race des Comtes d'Albon, 843-1228,* Gap, 1925. — *La Marche de*

Provence et l'évêché d'Avignon jusqu'aux partages, Gap, 1939. — *Le nom et les deux premières enceintes de Gap*, Gap 1905.

J.Y. MARLOTTE, *Le Royaume de Bourgogne et les souverains allemands du haut moyen âge* (*888-1032*), *in* Mem. Soc. hist. du Droit Bourguignon, 1962.

M. MERITAN, *Etude sur les abbés et le monastère de Saint-André d'Avignon, in* Mémoires de l'Académie de Vaucluse, 1898, p. 14.

D. MIRET y SANS, *La Casa condal de Urgell in Provenza, in* Boletin de la Real Academia de Buenas letras de Barcelona, 1903, p. 32.

C.G. MOR, *Qualche problemi circa le assemblee dell'età post carolingia, in* Settimane di studio... Spoleto 1954, p. 115. — *Storia politica d'Italia, L'Età feudale*, II, Milano, 1952. — *L'introduction du Droit de Justinien en France*, Rec. Mém. et Trav. de Droit écrit, 1955 p. 48.

M. Th. MORLET, *Les noms de personnes sur le territoire de l'ancienne Gaule*, t. I et II, Paris, 1968 et 1972.

L. MUSSET, *Les invasions : le second assaut contre l'Europe chrétienne* (VIIe-XIe siècles), Paris 1965.

P. OURLIAC, *Le retrait lignager dans le Sud-Ouest de la France, in* RHD 1952, p. 328. — *La Convenientia, in* Mélanges... Petot, Paris 1959, p. 413.

H. PIRENNE, *Histoire économique de l'Occident médiéval*, Paris 1951. — *Histoire économique et sociale du moyen âge*, (2e édition revue par H. Van Werveke), Paris 1963.

PISTARINO, *Genova e l'Occitania nel secolo XII in* Actes du Ier Congrès historique Provence-Ligurie 1964, Aix-Marseille 1966, p. 64.

J.-P. POLY, *Les légistes provençaux et la diffusion du Droit romain dans le Midi, in* Recueil de Mémoires et Travaux... Mélanges Roger Aubenas, Montpellier 1974.

R. POUPARDIN, *Le royaume de Provence sous les Carolingiens*, Paris 1901. — *Le royaume de Bourgogne* (888-1038), Paris 1907.

J. POURRIERE, *La Ville des Tours d'Aix-en-Provence*, Aix 1958.

Y. RENOUARD, *Etudes d'histoire médiévale*, Paris 1968.

F. REYNAUD, *L'organisation et le domaine de la Commanderie de Manosque, in* Mélanges... Busquet, Marseille 1957, p. 78.

H. RICHARDOT, *Les francs fiefs, essai sur l'exemption des services du fief*, RHD 1949.

P. RICHE, *Education et culture dans l'Occident barbare* (*VIe-VIIIe siècles*), Paris 1962.

H. ROLLAND, *Monnaie des comtes de Provence, XIIe-XVe siècles*, Paris 1956. — *La monnaie de Saint-Gilles, in* PH, 1959, p. 32.

J. ROMAN, *Les vicomtes de Gap, in* Bulletin de la société d'études des Hautes-Alpes, 1883, p. 63. — *L'ordre de S. Jean de Jérusalem dans les Hautes-Alpes*, Grenoble 1884. — *Les legs faits par Abbon dans son testament dans les « pagi » de Briançon, Embrun, Chorges et Gap*, Grenoble 1901.

J. DE ROMEFORT, *Aux origines provençales de la gabelle : le monopole du sel à Tarascon en 1150, in* Mélanges... Busquet, Marseille, 1957, p. 59.

G. ROSSETTI, *Società e istituzioni nel contado lombardo durante il medioero : Cologno monzese*, Milano 1968.

G. ROSSI-SABATINI, *L'espansione di Pisa nel Mediterraneo fino alla Meloria*, Florence 1938.

C. SANCHEZ-ALBORNOZ, *El precarium en Occidente durante los primeros siglos medievales, in* Mélanges... Petot, Paris 1959, p. 481.

G. SAUTEL, *Les villes du Midi méditerranéen au moyen âge : aspects économiques et sociaux* (*IXe-XIIIe siècles*), *in* Recueil de la société Jean Bodin VI, Bruxelles 1955, p. 313.

V. SAXER, *L'acquisition du domaine de S. Maximin par l'abbaye de S. Victor au XIe siècle, in* PH 1954, p. 75.

SAYOUS, *Aristocratie et noblesse à Gênes, in* Annales d'histoire économique et sociale 1937, p. 366.

J. SCHNEIDER, *Aspects de la vie urbaine en France au premier âge féodal, in* Comptes rendus de l'acad. des inscrip. et des belles lettres 1957, p. 50. — *Structures sociales de l'Aquitaine, du Languedoc et de l'Espagne au premier âge féodal, ouverture et conclusion du colloque de Toulouse* (*op. cit.*), pp. 11 et 280.

T. SCLAFFERT, *Le Haut-Dauphiné au moyen âge*, Paris 1925. — *Culture et déboisements en Haute Provence au moyen âge*, Paris, 1959.

E. SMYRL, *La famille des Baux* (*X^e^-XIIe siècles*), *in* Cahiers Centre d'Etudes Civ. Med. II (1968).

S. SOBREQUES-VIDAL, *Els grans comtes de Barcelona*, Barcelona 1961.

L. STOUFF, *L'histoire de la Provence médiévale à la Faculté des Lettres et sciences humaines d'Aix, in* PH 1965, p. 168.
G. TABACCO, *Fief et seigneurie dans l'Italie communale : l'évolution d'un thème historiographie, in* MA 1969, pp. 1 et 203.
M. DE TAILLAS, *Etude sur le pouvoir temporel des évêques de Gap, in* Bulletin de l'Académie delphinale, 1878/1879, p. 210.
J. DE TERRIS, *Les évêques de Carpentras,* Avignon 1886.
J. THIRION, *Au début de l'architecture romane en Provence ; l'ancienne église de S. Donat* (*B.A.*), *in* Bulletin monumental, 1969, p. 271.
C. THOUZELLIER, *Catharisme et valdéisme en Languedoc,* Paris 1966.
P.C. TIMBAL DUCLAUX DE MARTIN, *Le droit d'asile,* Paris 1939. — *Les villes de consulat dans le Midi de la France, in* Recueil de la société Jean Bodin VI, Bruxelles 1954, p. 343.
P. TISSET, *L'abbaye de Gellone des origines au XIII*e *siècle,* Paris 1933.
P. TOUBERT, *La liberté personnelle au haut moyen âge et le problème des « arimanni », in* MA 1967, p. 127. — *Les structures du Latium médiéval,* Rome, 1973.
P. VAILLANT, *Œuvres inédites de Georges de Manteyer* (*1867-1948*) *en dépôt à la bibliothèque de Grenoble, in* Bulletin de la société d'études des Hautes-Alpes 1952, p. 70.
C. VERLINDEN, *L'esclavage dans l'Europe médiévale,* Bruges 1955.
P. VIARD, *La dîme ecclésiastique dans le royaume d'Arles, in* ZSS (g.a.) 1911, pp. 130 et 148.
H. VIDAL, *« Episcopatus » et pouvoir épiscopal à Béziers à la veille de la croisade albigeoise* (1152-1209), Montpellier 1951.
C. VIOLANTE, *La società milanese nell' età precomunale,* Bari, 1953. — *La Pataria milanese e la riforma ecclesiastica I le premesse* (*1045-1057*), Roma 1955. — *Il monachesimo cluniacense di fronte al mondo politico ed ecclesiastico* (sec. Xe-XIe), *in* Spiritualità cluniacense, Todi 1960, p. 155. — *Les prêts sur gage foncier dans la vie économique et sociale de Milan,* Cahiers Civ. Med. 1962. — *I vescovi dell' Italia centro-settentrionale e lo sviluppo dell' economica monetaria, in* Vescovi e diocesi in Italia nel mediovo, Padova 1964, p. 193. — *L'età della riforma della chiesa* (*1022-1122*), in Storia d'Italia a cura di N. Valeri, I, Turin 1966. — *Les origines des fondations victorines dans la cité et au diocèse de Pise, in* PH 1966, p. 361.
A. WILMART, *Composition de la petite chronique de S. Victor de Marseille jusqu'au début du XIII*e *siècle, in* Revue bénédictine 1933, p. 142.
M. ZARB, *Du statut juridique des vicomtes de Marseille aux XI*e *et XII*e *siècles, in* RHD 1951, p. 239. — *Histoire d'une autonomie communale : les privilèges de la ville de Marseille du X*e *siècle à la Révolution,* Paris 1961.

TOPOGRAPHIE, TOPONYMIE

Outre les cartes IGN au 1/50 000e et au 1/25 000e et la carte de Cassini, on a utilisé :

E. BARATIER, C. DUBY et E. HILDESHEIMER, *Atlas historique de Provence,* Paris 1969.
J. BESSE et BEAUNIER, *Abbayes et prieurés de l'ancienne France,* tome II (Aix, Arles, Avignon, Embrun), Paris 1909.
F. BERTRAND, *Manuel de toponomastique vauclusienne,* Avignon 1932.
A. BLANCHET, *Forma orbis Romani* I (Alpes-Maritimes), Paris 1931 ; II (Var), 1932 ; V (Bouches-du-Rhône), 1936 ; VI (Basses-Alpes), 1937 ; VII (Vaucluse), 1939.
J. BRUN-DURAND, *Dictionnaire topographique de la Drôme,* Paris 1891.
E. CLOUZOT, *Pouillés des provinces d'Aix, Arles et Embrun,* Paris 1923.
GERMER-DURAND, *Dictionnaire topographique du département du Gard,* Paris 1862.
M. ISNARD, *Etat documentaire et féodal de la Haute Provence,* Digne 1913.
C. ROSTAING, *Essai sur la toponymie de la Provence depuis les origines jusqu'aux invasions barbares,* Paris 1950.
VERLAQUE, *Supplément au dictionnaire géographique du cartulaire de S. Victor de Marseille,* Draguignan 1893.

Index locorum

— A —

— B —

— C —

— D —

— E —

— F —

— G —

— H —

— I —

— J —

— L —

— M —

— N —

— O —

— P —

— R —

— S —

— T —

— U —

— V —

Index nominum

Noms et surnoms sont donnés sous leur forme méridionale : Aldebertus = Audibert, *Benedictus* = Bénézet, *Heribertus* = Arbert, *Hugo* = Uc, etc. Exception est faite pour les personnages du Nord du Royaume et pour ceux dont l'usage contemporain a fixé le nom : Hugues d'Arles et non Uc d'Arles. Les clercs sont regroupés à leur seul nom, puisqu'il est rare qu'ils portent leur surnom : Peire (de Mirabel) sera placé à *Peire évêque de Sisteron*. Des renvois ont été aussi donnés aux surnoms lignagers, aux dignités épiscopales et abbatiales, aux personnages étrangers à la Provence (au mot : Extérieurs).

— A —

— B —

— C —

— D —

— E —

— F —

— G —

— H —

— I —

— J —

— L —

— M —

— N —

— O —

— P —

— Q —

— R —

— S —

— T —

— U —

— V — W — Y — Z —

Index rerum

— A —

— B —

— C —

— D —

— E —

— F —

— G —

— H —

— I —

— J —

— L —

— M —

— N —

— O —

— P —

— Q —

— R —

— S —

— T —

— U —

— V —

— Z —

Table des abréviations

AEA	Doublet, *Actes des évêques d'Antibes.*
AHP	E. Baratier, G. Duby, E. Hildesheimer, *Atlas historique de Provence.*
Arc.	Archives départementales.
Arc. B. du R.	Archives départementales des Bouches-du-Rhônc.
ARP	Poupardin, *Actes des rois de Provence.*
AST	Authentique de saint Trophime (cf. sources : Arles, églisc cathédrale).
AVM	Gérin Ricard, *Actes des vicomtes de Marseille.*
BEC	Bibliothèque de l'Ecole des Chartes.
Bibl.	Bibliothèque municipale.
BN lat.	Bibliothèque nationale, fonds latin.
BSM	Boyer de Saint-Marthe, *Histoire de l'Eglise de Vaison.*
CA	Didier, *Cartulaire d'Apt.*
Cart. B.	Cartulaire B. (cf. Sources : Arles, église cathédrale).
Catalogue	Catalogue des actes des comtes de Provence *.
CDOSR	Chevalier, *Codex diplomaticus ordinis S. Rufi.*
CL	Cartulaire de Lérins.
Clouzot	Clouzot, *Pouillés des provinces d'Arles, d'Aix et d'Embrun*
CLU	Bernard et Bruel, *Recueil des chartes de Cluny.*
CN	Cais de Pierlas, *Cartulaire de Nice.*
CNDD	Duprat, *Cartulaire de Notre-Dame des Doms.*
CPA	Manteyer, *Chartes du pays d'Avignon.*
CSP	Cais de Pierlas, *Cartulaire de S. Pons de Nice.*
CSPM	Leroy, « *Cartulaire* » *de S. Paul de Mausole.*
CSV	Guérard, *Cartulaire de S. Victor.*
FOR	A. Blanchet, *Forma orbis Romani.*
GAMS	Gams, *Series episcoporum.*
GCN	*Gallia Christiana nova.*
GCNN	Albanes, *Gallia christiana novissima.*
HGL	Devic et Vaissette, *Histoire générale du Languedoc.*
Hosp.	Fonds des Hospitaliers.
JAFFE	Jaffe, *Regesta Pontificum.*

LDP	Lignées et domaines en Provence *.
LEP	Listes épiscopales de Provence *.
Livre Noir	Cartulaire de l'archevêque d'Arles (cf. sources : Arles église cathédrale).
MA	Le Moyen Age.
MGH.cap.	*Monumenta Germaniae Historiae, Capitularia.*
MGH.D.K	*Monumenta Germaniae Historiae, Diplomata Karolinorum.*
MGH.SS.	*Monumenta Germaniae Historiae, Scriptores.*
MHP.SS.	*Monumenta historiae patriae — Scriptores.*
PH	Provence historique.
PL	Migne, Patrologie latine.
RH	Revue historique.
RHD	Revue d'histoire du Droit.
RHF	Bouquet, *Recueil des historiens de France.*
RHP.I.	Du Roure, éditeur de Chantelou *in Revue historique de Provence,* tome I.

* Ces trois titres correspondent à trois recueils, annexes de la version dactylographiée de cet ouvrage (thèse Droit 1972, Université de Paris II). Il ne nous a pas été possible de les éditer pour le moment. Nous espérons pouvoir le faire par la suite.

Table des représentations graphiques

Table des matières